国家重点图书出版规划项目

20世纪中国知名科学家学术成就概览

总 主 编 钱伟长

本卷主编 叶叔华

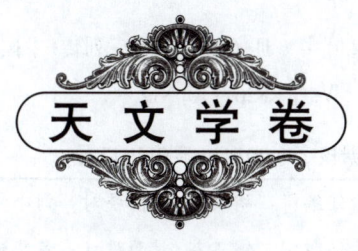

天 文 学 卷

第一分册

科学出版社

北京

内 容 简 介

国家重点图书出版规划项目《20世纪中国知名科学家学术成就概览》，以纪传文体记述中国20世纪在各学术专业领域取得突出成就的数千位华人科学技术和人文社会科学专家学者，展示他们的求学经历、学术成就、治学方略和价值观念，彰显他们为促进中国和世界科技发展、经济和社会进步所做出的贡献。

全书按学科分别结集卷册，并于卷首简要回顾学科发展简史，卷末另附学科发展大事记。这与传文两相映照，从而反映出中国各学术专业领域的百年发展脉络。

书中着力勾画出这些知名专家学者的研究路径和学术生涯，力求对学界同行的学术探索有所镜鉴，对青年学生的学术成长有所启迪。

《20世纪中国知名科学家学术成就概览·天文学卷》记述了约一百位天文学家。其中，第一分册收录了50位天文学家，并有《20世纪中国天文学》和《20世纪中国天文学大事记》。

图书在版编目(CIP)数据

20世纪中国知名科学家学术成就概览·天文学卷·第一分册/钱伟长总主编；叶叔华本卷主编. —北京：科学出版社，2014.1

国家重点图书出版规划项目. 国家出版基金项目

ISBN 978-7-03-039580-1

Ⅰ.①2… Ⅱ.①钱… ②叶… Ⅲ.①天文学家-列传-中国-20世纪 ②天文学-技术发展-成就-中国-20世纪 Ⅳ.①K826.1 ②N12

中国版本图书馆CIP数据核字（2014）第011947号

责任编辑：胡庆家/责任校对：刘小梅
责任印制：钱玉芬/封面设计：黄华斌

科学出版社 出版
北京东黄城根北街16号
邮政编码：100717
http://www.sciencep.com

中国科学院印刷厂 印刷

科学出版社发行 各地新华书店经销

*

2014年1月第 一 版　　开本：889×1194　1/16
2014年1月第一次印刷　　印张：35
字数：650 000

定价：175.00元
（如有印装质量问题，我社负责调换）

《20世纪中国知名科学家学术成就概览》
天文学卷编辑委员会

主　编　叶叔华

副主编　艾国祥　苏定强

编　委（按姓氏汉语拼音排序）

　　　　　艾国祥　方　成　黄润乾　李　元
　　　　　苏定强　熊大闰　叶叔华　张家铝
　　　　　赵　刚　周又元　朱能鸿

《20世纪中国知名科学家学术成就概览》
总　序

记得早在21世纪的新世纪之初，中国科学院、中国工程院和中国社会科学院的一些老同志给我写信，邀我来牵头一起编一套书，书名就叫《20世纪中国知名科学家学术成就概览》（以下简称《概览》）。主要目的就是以此来记录近代中国科技历史、铭记新中国科技成就，同时也使之成为科技创新的基础人文平台，传承老一辈科技工作者爱国奉献、不断创新、追求卓越的精神，并以此激励后人。我国是一个高速发展中的大国，世界上的影响力不断增强，编写出版这样一套史料性文献，可以总结中华民族对人类科技、文化、经济与社会所做出的巨大成就与贡献，从而最广泛地凝聚民族精神与所有炎黄子孙的"中华魂"，让中国的科技工作者能团结奋进，为共建和谐的祖国多做贡献，更可以激发年轻一代奋发图强，积极投身祖国"科教兴国"战略的伟大实践中。

在党和政府的高度重视和长期大力支持下，酝酿已久的《概览》项目终于被列为国家重点图书出版规划项目，并由科学出版社承担实施。

《概览》总体工程包括纸书出版、资料数据库与光盘、网络传播三大部分。全套纸书计划由数学、力学、天文学、物理学、化学、地学、生物学、农学、医学，机械与运载工程、信息与电子工程、化工冶金与材料工程、能源与矿业工程、环境与轻纺工程、土木水利与建筑工程，以及哲学、法学、考古学、历史学、经济学和管理学等卷组成。

《概览》纸书预计收录数千名海内外知名华人科学技术和人文社会科学专家学者，展示他们的求学经历、学术成就、治学方略、价值观念，彰显他们为促进中国和世界科技发展、经济和社会进步所做出的贡献，秉承他们在百年内忧外患中坚韧不拔、追求真理的科学精神和执著、赤诚的爱国传统，激励后人见贤思齐、知耻后勇，在新世纪的大繁荣、大发展时期，为中华民族的伟大复兴和全人类的知识创新而奋发有为。

在搜集整理和研究利用已有各类学术人物传记资料的基础上，《概览》以突出对学术成就的归纳和总结为主要特色。在整理传主所取得的学术成就的基础上，分析并总结他们所以取得这些学术成就的情境和他们得以取得这些学术成就的路径，如实评介这些学术成就对学术发展的承前启后的贡献和影响，以及这些学术成就给人类社会所带来的改变。从知识发生、发展的脉络上揭示他们创造、创新的过程，从而给当前的教育界在培养创新型人才方面，以及给年轻科技工作者自我成长方面有诸多启示。同时，《概览》还力求剖析这些海内外知名华人科学技术和人文社会科学专家学者之所以成才成家的内外促因，提供他们对当前科技和学术后继人才培养的独到见解，试图得出在科学史和方法论方面具有普遍性意义的结论，进而对后学诸生的个人成长和科技人才培育体系的优化完善有所裨益。

在世纪转型的战略机遇期，编写出版《概览》图书，可以荟萃知名专家学者宝贵的治学思想、学术轨迹和具有整体性的科技史料，为科研、教学、生产建设、科研管理和人才培养等提供一个精要的蓝本。

他们的英名和成就将光耀中华，垂范青史。

钱伟长

2009 年 1 月 9 日

《20世纪中国知名科学家学术成就概览·天文学卷》
前　言

  天文学起源于人类生活和生产中对时间和方位的需要。从原始社会、游牧社会到农耕社会，逐渐发展了季节和历象，颁布历法，又往往是统治权威的象征。各个文明古国都建有天文观象台，由此引申的对天象奥秘、对浩瀚宇宙的探究，推动了天文学的发展。时至今日，宇宙大爆炸及其演化，暗物质、能量的本质，星系和恒星的结构与演化，黑洞的奥秘，太阳系探测，系外行星的探索，已经成为天文学与物理学、地球科学、生命科学等共同关注的前沿问题，并且推动了各方面的技术发展。

  中国古代天文学有过辉煌的历史。天象记录的完整与丰富，为世界之最，观测仪器之精巧，历法推算之精密，是中国古代天文学的骄傲。明朝开始，天文历算只许官办，严禁民间私习，使中国天文学的发展戛然而止。直到明末，外国传教士从历法改革带来西洋天文学，才有了转机。以后几经起伏，晚清的洋务运动带动了理工科人才的培养，到了20世纪二三十年代，一批早年留学欧美的天文学者，回国创建了中国天文学会、中山大学数学天文系、中央研究院天文研究所，并且建立了紫金山天文台等天文研究和教育机构，中国的天文学才有了生机。随后抗战爆发，人员与设备迁到大西南，跋涉几千里，颠沛流离，抗战胜利后，才又回迁重建。到新中国成立初期，急需的大地测量工作推动了天文时间的发展，人造卫星上天带动了天体力学应用和人卫观测网的建设，而天文学的整体发展，即随着不同时期各种政治运动而时起时伏。70年代后期，改革开放的春风，吹绿了中国的天文事业，国际交流蓬勃，学科均衡发展，特别是当代主流的天体物理学，更是活力迸发，引领全局。随着国力增强，一批创新的天文观测设施，如LAMOST、FAST、南极天文台等，都酝酿于20世纪之末，在21世纪之初逐步成真。以探月开始的太阳系探测，从计划推动到实际参与，都有天文界同人的努力。酝酿已久的中国天文卫星，也正在排队待放。更令人鼓舞的是2012年8月，国际天文学联合会大会在北京成功召开，国家领导人习近平在开幕式中莅临致辞，给中国天文界同人鼓励与鞭策。回首昔年之艰，深庆今日之盛，瞻望前景，繁花似锦，备感欣庆。

本卷以个人传记的形式介绍一些中国及华裔天文学家对天文所做的贡献，并且回顾 20 世纪中国天文发展历程，以供读者有一个整体图像，希望能使读者从整体上了解天文学在中国近百年来的发展历程与经验教训，并以史为鉴，继续前进。

本书的入传天文学者名单是经天文学卷编委会讨论后、通过投票决定的。入传者的传记由本人或其他天文学家或知情人撰写，每一篇传记皆由作者负责。有部分入传人在目前还找不到撰稿人，或者入传人本人目前不愿意发表其传记，只好暂付阙如，留待以后补充。本书在其他方面的一些缺点和不足，也同样有待以后再版时逐步加以弥补和改进。

《20 世纪中国知名科学家学术成就概览·天文学卷》编委会

叶叔华

2013 年 7 月

目　录

《20世纪中国知名科学家学术成就概览》总序 …………………… 钱伟长（ i ）
《20世纪中国知名科学家学术成就概览·天文学卷》前言 ………… 叶叔华（ iii ）
20世纪中国天文学 ………………………………………………………（ 1 ）
20世纪中国知名天文学家 ………………………………………………（ 59 ）
　　高　鲁（1877～1947）………………………………………………（ 61 ）
　　卢景贵（1891～1967）………………………………………………（ 69 ）
　　朱文鑫（1883～1939）………………………………………………（ 76 ）
　　高平子（1888～1970）………………………………………………（ 87 ）
　　张　云（1896～1958）………………………………………………（ 99 ）
　　余青松（1897～1978）………………………………………………（ 109 ）
　　刘世楷（1897～1966）………………………………………………（ 116 ）
　　李　珩（1898～1989）………………………………………………（ 120 ）
　　赵却民（1899～1982）………………………………………………（ 125 ）
　　陈遵妫（1901～1991）………………………………………………（ 129 ）
　　张钰哲（1902～1986）………………………………………………（ 139 ）
　　陈展云（1902～1985）………………………………………………（ 152 ）
　　赵进义（1902～1972）………………………………………………（ 163 ）
　　龚惠人（1904～1995）………………………………………………（ 172 ）
　　李鉴澄（1905～2006）………………………………………………（ 178 ）
　　程茂兰（1905～1978）………………………………………………（ 191 ）
　　邹仪新（1911～1997）………………………………………………（ 203 ）
　　程庭芳（1911～1968）………………………………………………（ 209 ）
　　叶述武（1911～1996）………………………………………………（ 217 ）
　　龚树模（1915～2001）………………………………………………（ 226 ）
　　容寿铿（1920～1970）………………………………………………（ 239 ）
　　潘　鼐（1921～　）…………………………………………………（ 248 ）
　　李　华（1922～1999）………………………………………………（ 259 ）

王绶琯（1923～）	（263）
韩天芑（1923～）	（274）
冯克嘉（1923～2006）	（281）
张俊德（1923～1977）	（288）
陈 彪（1923～）	（300）
万 籁（1924～2001）	（305）
李 元（1925～）	（314）
李春生（1926～）	（325）
卞德培（1926～2001）	（330）
席泽宗（1927～2008）	（343）
叶叔华（1927～）	（357）
章振大（1927～）	（370）
陈晓中（1928～）	（378）
李 竞（1928～）	（388）
叶式煇（1928～）	（395）
沈良照（1928～）	（404）
刘 辽（1928～）	（413）
郭权世（1929～）	（420）
万同山（1929～）	（431）
许邦信（1930～）	（437）
潘君骅（1930～）	（446）
苗永瑞（1930～1999）	（458）
沈海璋（1931～）	（468）
易照华（1931～）	（477）
陆 埮（1932～）	（488）
胡宁生（1932～）	（504）
张家祥（1932～）	（507）

20世纪中国天文学大事记 ……………………………………（520）

20 世纪中国天文学

引　言

20 世纪是天文学突飞猛进的一个世纪，恒星演化理论和宇宙大爆炸理论的建立具有重大划时代的意义，由此带来的人类对宇宙认识的飞跃可能只有 17 世纪万有引力定律的创立堪与匹敌。20 世纪人类探测天文世界的能力，也因地面大型光学望远镜和先进终端设备和处理手段的建立、射电望远镜的迅速发展，以及天文卫星的出现等而大大提高。60 年代以后，地面的光学天文和射电天文设备迈向巨型化、各个波段的空间天文设备一一启动，正在使天文观测进入到一个"全波段——大样本——巨信息量"的崭新时代。基于 20 世纪世界天文学发展的客观事实，20 世纪是人类在宇宙观念上发生深刻变革的时代，也是人类观测宇宙能力飞速发展的时代。观测技术的提高与理论研究的深化是 20 世纪天文学发展的两个相辅相成的目标，也是这一学科发展的内在驱动力。

在世界天文学发展的大背景下，中国天文学从传统到现代，也经历了一个"不寻常"的百年。天文机构从 20 世纪之初只有一个钦天监，发展成现代化的"五台三站一中心"的新布局；观测手段从传统的目视仪器，发展成拥有太阳磁场望远镜、2.16 米望远镜和 VLBI 系统等各种大型现代观测仪器与系统。更为重要的是，中国天文学研究的目标、任务和领域被大大拓展：从传统的以编算历法、预测日月食为农业、皇权服务，转变成了学科领域配置齐全，既兼顾国家建设需要，又遵循天文学自身发展规律的现代天文学。中国天文学所走过的这"不寻常"的百年历程，不仅与其努力追赶世界天文学发展的步伐息息相关，也和中国社会的发展紧密相连。

第一章　中国近代天文学的启蒙（~1911）

天文学，在中国古代科学技术历史上源远流长，成就突出。记载丰富的天象记录，不断改进的各种天文观测仪器，历代不断进步的历法推步，构成了中国古代天文学的三个主要方面。到了元代，郭守敬等设计建造了大量新型天文仪器，装备了堪称世界最先进的天文台——元大都天文台，编制了代表着中国历法最高水平的《授时历》，中国传统天文学成就也达到了历史最高峰。中国古代天文学历史悠久、传播广泛、特征鲜明，与古希腊行星天文学是世界天文学发展史上的两大主流。

一、明清时期中西天文学交流

中国古代传统天文学到明代大大衰落了，其原因主要是因为明朝建立伊始就对民间私习历法施行严格的"历禁"政策，阻碍了民间研究历法的热情和天文学人才的成长。加之钦天监内部官员，长期因循《授时历》旧法、旧数，不思精研历理、历数，致使中国历法失去了进步的能力与动力。两种因素结合导致了中国传统天文到明代中期衰落到了无人通晓历表编算之法的地步。万历末年来华的传教士利玛窦正是看中这一契机，积极施行"学术传教"的政策，推动明王朝使用西洋天文学进行历法改革。1629年，改历工作在徐光启的督导、外国传教士的参与下正式开始。此次改历费时5年，编译成介绍西方天文学的大型丛书《崇祯历书》，并在第谷天文学的基础上编算了明朝使用的历书。进入清朝后，《崇祯历书》被德国传教士汤若望删改成《西洋新法历书》得到大量印行，成为中国学者研习西洋天文学知识的"教科书"。根据西洋新法编算的《时宪历》也被清廷采用，颁行全国。汤若望被任命为钦天监掌印官，开了有清一代重用外国人担任钦天监官员的先河。

西洋天文学的传入使中国天文学家的知识体系得到了充实与丰富；清朝对民间私习历法的开禁，则使中国天文学的发展焕发生机。因此明末清初的中国天文学呈现出一种"新"的发展态势：历法编算采用了西洋天文学中的几何模型，日月行星历表采用了在第谷天文学基础上计算的历表，"地圆说"、"七政异天"、"固体天球"等新的宇宙观念成为了中国学者讨论的话题。更为突出的是，一些学者如薛凤祚、王锡阐、梅文鼎等开始利用中国传统宇宙理论的某些观念，在西方几何体系中开始了行星运动动力机制的探讨，这从世界天文学发展来看，也是一个全新的课题（宁晓玉，2007）。这些新变化标志着中国传统天文学开始与世界天文学发展接轨和融合。

这个过程在雍正、乾隆两朝被中断。康熙末年，愈演愈烈的中西"礼仪之争"导致了禁教令出台。雍正朝对传教士政策更加严苛，传教士被驱逐，切断了中西天文学交流的唯一媒介，中国天文学失去了改革创新的知识源头。其次，清廷大兴文字狱，致使很多学者的研究兴趣转向了考据，天文历算的研究局限在了对几本经书中天文内容进行琐碎的考证。既没有富有生命力的新问题，也没有更多学者专注于天文学研究，中国天文学的发展再次被延缓。此时还有一些零星的近代天文学成果传到中国来。1742 年完成的 10 卷本《历象考成后编》引入了日地位置颠倒的开普勒第一、二定律，替代了小轮体系。1773 年法国耶稣会士蒋友仁第一次向乾隆皇帝清晰地介绍了哥白尼学说。但是没有近现代天文学知识体系的大量传入和广泛传播，没有更多中国学者参与讨论与讲求，零星传入的哥白尼学说、开普勒定律只会让中国人感觉荒诞不经，中国天文学的近代化更无从谈起。

二、洋务运动时期近代天文学在中国的传播

洋务运动时期，京师同文馆设立天算馆是中国天文学乃至中国科学走向近代化的重大事件。此事发端于天文学，却影响到了化学、物理、医学、生理学和万国公法等领域。为设立天算馆，洋务派和反对派进行了艰苦的论辩，而仲裁者则是清廷的最高统治者。这场论辩持续数月，波及各省，达官显贵意见纷呈，为近代科学传入中国进行了思想准备和舆论宣传。论辩的结果是洋务派获胜。并且从最高统治者的态度来看，他们已经把"技艺之末"的天文、数学当做了"今日当务之急"，这是认识上的进步，由此也反映出清廷已经多少意识到了新兴之"科学"的威力。洋务派最终在京师同文馆设立了天算馆，并以此为由头，逐渐把京师同文馆从一个培养翻译人员的处所演变成了培养各方面科技人才的学校。

天文算学馆在 1878 年设立，分设有英文天文、英文算学和汉文算学各班。到 1898 年已经扩展成弧三角班、代数班、数学头班、数学二班以及汉文算学班，学员人数在逐年增加。天文知识教育被纳入教学大纲。学生在第五年学习平面三角和球面三角，第七年和第八年学习天文测算等与天文有关的课程。京师同文馆还于光绪十四年（1888 年）建成一座教学用天文观象台。上海也仿照北京同文馆建立了广方言馆，其中也教授天文知识（杜石然，林庆元，郭金彬，1991）。因为天算馆中招收的多是科甲出身的官员，他们很难专心于天文学研究，因此天算馆毕业的人很少有进入天文领域并有所建树的。

同一时期，在洋务派兴建的海军水师学堂，如福州马尾船政学堂、天津北洋水师学堂等，也有天文学内容在教授。这些海军学校内教授的天文学课程包括天象测量、经纬度测算和航海天文学的内容，主要是针对航海、测绘的应用来说，是"实用天文"的学科分支。福州马尾船政学堂是中国近代教育办得最成功的典范，不仅自主培养了我国的第一批海军人才，也培养出了清末启蒙思想家严复和中国近现代天文事业的开创者——高鲁。严复后来到天津北洋水师学堂任总教习，培养了中国天文事业的另一位创始人——常福元。

把中国的情形与同期世界天文学的发展进行比较就可以清楚地看到，无论是明清时期为了追求历法精度而引进西方天文学，还是洋务派出于航海和制造机器、火器的目的而提倡实用天文学，都已不能囊括近现代天文学的内容，而只能是其中的一个分支，"20世纪初，天体力学已经远远超出了历法这一传统任务的要求，而是深刻地开拓着天体之间机械运动的普遍关系和天体的起源和演化的研究。与此同时，初进20世纪，一个新的学科分支——天体物理学……正肩负着揭露天文世界的物理本质的使命而形成新的生长点。这一切都是顺应着作为自然科学一员的自身发展规律的发展，而再不依附于历法研究或其他的任务"（王绶琯，2003）。

20世纪之前中国官方机构的天文学与世界天文学的发展相去甚远，反而是中国民间的知识阶层开始大量介绍西方近代天文学成就，开始了中国近代天文学的启蒙时代，代表人物是李善兰和邹伯奇。1859年李善兰和传教士伟烈亚力合作把英国著名天文学家约翰·赫歇尔的名著《天文学纲要》翻译成中文，并取名《谈天》，内容包括哥白尼学说、开普勒定律和牛顿的万有引力定律。李善兰在其序文中开宗明义地说道："所译《谈天》一书，皆主地动及椭圆立说。此二者之故不明，则此书不能读。"他还说："哥白尼求其故，则知地球、五星皆绕日"，"刻白尔求其故，则知五星与月之道皆为椭圆"，"奈端求其故，则以为皆重学之理也"（王渝生，李善兰，1983）。《谈天》不仅向中国介绍了西方天文学知识和成就，同时也是对近代科学精神的宣传和弘扬。15年后徐建寅刊印了《谈天》的增订本。至此，从哥白尼开始到牛顿完成的、建立在牛顿力学体系基础上的西方近代天文学系统地传入了中国。邹伯奇对传播哥白尼学说的主要贡献是他制作了一架太阳系演示仪。在这架仪器上，太阳处在在中心位置，带有八个大行星，包括1864年新发现的海王星，与太阳大体处在一个水平面上。整个仪器反映了当时我国对太阳系最新、最完整的认识（李迪，戴学稷，1981；李迪，白尚恕，1984）。它是我国自己制造的第一架太阳系演示仪，是哥白尼学说的直观化和视觉化，对普及和宣传哥白尼学说大有裨益。这些人物的工作影响有限但意义深远，"虽然没有涉及实质性的建设，也没有在官方天文机构中产生影响，但是却标志着中国引进近代天文学的开端。同时也是在更广泛的意义上，标志着当时的知识阶层中开始使自己对近代自然科学的认识超脱单纯的实用观点，进而触及它的实质，特别是在它近二百年的这段历史中所呈现的社会功能及其深刻的文化内涵实质"（王绶琯，2003）。要在中国建设和发展中国近现代天文事业，需要大批在新式教育中产生的具备深厚科学素养的新型人才。

三、清末学制改革和近代天文人才的培养

20世纪头十年，清政府公布的一系列学制改革方案为新型人才培养松了绑。

1902年出台"壬寅学制",规定了现代科学教育的课程,把科学素养列入了国民的基本素质之中。1904年出台"癸卯学制"把现代科学教育纳入了各阶段的教育中。两个学制都在最高教育阶段设立"星学门",以培养专门的天文人才。1905年,科举制度的废除为现代教育在中国的推行扫清了最大障碍。自此读书做官不再是唯一出路,培养社会需要的各方面人才成为教育的主要目标。尽管这些学制改革因为清朝的灭亡而没有产生实际效果,但是它毕竟从社会基础上摧毁了中国从唐朝建立的科举取士的人才培养模式。

洋务运动以来,中国缺乏专门人才时经常借才域外:一是聘请洋人,一是留学国外。就留学来说,20世纪之前有1872年幼童留美,福州马尾船政学堂的留欧和世纪之交的两次留日浪潮。从1909年起,又形成了新的全方位"庚款留美"浪潮。借助于外国成熟的高等教育,中国培养出了当时社会急需的科技人才和教育人才。另外在中国各地兴建的教会学校对新型人才的培养也功不可没(孙宏安,2006)。20世纪二三十年代,随着一批欧美留学生的归国,一些重要大学的科学专业水平迅速提高,中央研究院、北平研究院等科研机构和一大批专业学会也得以成立,中国20世纪的科学家大都是在这个时期成长起来的,形成了民国时期中国科学发展的所谓"黄金十年"(郝刘祥,王扬宗,2004)。

粗略分析一下中国近现代天文事业开创者的教育背景,以及他们在海外进行的研究工作,便可深刻体会这一点。高鲁早年毕业于福州马尾船政学堂,1897年赴比利时布鲁塞尔大学学习工科,获博士学位。留学欧洲期间,高鲁对天文发生兴趣,并终身为中国天文事业发展而努力。他以实干家的行事风格,组织创办天文刊物、创建天文学会、募集资金购买新式观测仪器。他还根据自己对国际天文学发展趋势的把握,规划中国天文的发展方向,筹划新天文台的建设。

接替高鲁任中央研究院天文研究所第二任所长的余青松,曾经获得加利福尼亚大学哲学博士学位和匹兹堡大学天文学硕士学位。他在回国之前,在恒星光谱学研究上已经卓有成就。1922年余青松对食变星天鹅座CG星做了长期观测,完成了对该星的测光解轨,1923年发表《天鹅座CG星的光变曲线和轨道》的论文。1924年完成求解小行星1923PE之轨道根数和历表计算工作后转向恒星光谱研究。1924~1925年,余青松对赤纬-18°以北亮于照相星等4等的91颗恒星的131条光谱进行分光光度测量,研究了A型星紫外连续吸收光谱的特征,确定了连续吸收的波长范围和强度分布定律,并用玻尔的原子理论给以圆满的解释,指出这种连续吸收是由于氢。同时在研究中发现A型星紫外连续吸收带的强度与温度、绝对星等之间有一确定的关系,因而可从测得的连续吸收带的强度和温度求得绝对星等,进而求得恒星的视差，由此发明了确定 A 型星等的光谱学方法，此法可视为 1914 年亚当斯（W. Adams）和科尔许特（A. Kohlschutter）发明的分光视差法的脱胎和扩展。他们的分光视差法适用于红、黄诸星，分光判据选用红、蓝光谱线，但对于 A 型星缺乏合适的谱线。余青松的方法则专用于 A 型星，而以紫外连续吸收带为分光判据。他用此法确定了 63 颗 A 型星的分光视差。这一研究被视为现代研究恒星能量分布工作上的重要里程碑。此外他还研究了 B 型发射星的连续紫外辐射和 B 型星天鹅座 P 的连续总吸收、造父变星双子座 ζ 的光谱变化等。1926 年，由余青松创立的"恒星光谱分类法"被国际天文学联合会正式命名为"余青松法"，很快得到广泛应用，并被一些国家编入大学和中学的天文教科书中。英国皇家天文学会因此将他吸收为第 1 位中国籍会员。余青松亲自设计和建成了中国第一座近代天文台——南京紫金山天文台，以及其后的昆明凤凰山天文台。

天文研究所的第三任所长张钰哲，1927 年在美国芝加哥大学获天文学硕士学位。1928 年 11 月 22 日晚，他发现了一颗新的小行星，他将这颗 1125 号小行星命名为"中华"。1928～1929 年，张钰哲还完成了关于彗星的轨道计算、彗星的照相观测等课题的数篇论文。同时他研究了双星轨道平面在空间取向的规律性，于 1929 年完成以《关于双星轨道极轴取向在空间的分布》为题的博士论文，获天文学博士学位。1946～1948 年张钰哲再度访美期间，在天体物理领域做出了重要贡献。1946 年他从事分光双星韵光谱观测，发现了一颗新的食变星 BD-6°2376，被国际组织命名为麒麟座 FW 星。1947 年完成对食变星大熊座 W 星、室女座 AH 星和牧夫座 TZ 星的分光观测和研究，其成果发表于美国《天体物理学报》上。张钰哲还对食变星蝎虎座 RT 星做了近百次的照相观测，确定了该星的光变曲线（董光璧，1997）。新中国成立后他担任紫金山天文台台长十多年，规划和开创了新中国天文事业（董光璧，1997）。

创建中山大学天文系的张云在法国里昂大学获天文学博士学位。张云主要从事物理变星、食变星的测光研究、造父变星的统计和脉动理论等研究工作。1946 年张云去美国哈佛大学讲学，先协助当时正在叶凯士天文台访问的张钰哲发现了新食变星 BD-6°2376。同年 12 月，张云又发现一颗北冕座 R 型新变星。该星被国际组织正式命名为鹿豹座 XX 星，并于 1948 年在美国《天体物理学报》上发表了《一颗北冕座 R 型新变星之光变曲线》的论文。此外他还观测研究了星团型变星大熊座 SX 星的光变曲线及其周期变化，其成果发表在美国《天文学报》上（董光璧，1997）。张云领导建设了中山大学天文系天文台，创办了《国立中山大学天文台两月刊》，并且在中国最早进行变星观测。

其他为中国天文学奠基做出卓越贡献的人，如陈遵妫、朱文鑫、李珩、赵却民和戴文赛等都有留学海外的教育背景并且在各个研究领域取得了一定成果。

第二章 近代天文学在中国的建立（1911～1949）

从1911到1949年近四十年的时间内，中国社会战事频仍、兵连祸结。在这种动荡的年月中，坚持学术研究极其困难，尤其像天文学这门需要巨大资金投入、良好观测条件和固定观测场所的学科，要想做出成绩更是难上加难。不过中国天文学家还是建立了一些与钦天监性质迥然不同的天文机构，从国外购买了新式天文仪器，做过一些现代天文观测和研究，创办了几种天文刊物，并且还与国际天文界也保持着联系。更为重要的是，一些天文研究教育机构在战乱中始终存在，它们集结和培养了一批卓然成家的天文人才，维系了中国近现代天文的火种。在这段时间内，中国天文事业迅速摆脱了旧有传统，实现了从传统到现代的转型，为中国发展近现代天文学奠定了基础。

一、民国时期在中国的天文台

民国时期在中国的天文台站根据归属大体可以分为两类：一类是中国自主建立的天文台，包括1912年在清钦天监基础上建立的中央观象台、1929年建立的中山大学天文台和1934年在南京建成的紫金山天文台；一类是清末外国在中国建立的天文台，其中包括法国在上海建立的徐家汇和佘山观象台，德国在青岛建立的青岛观象台。还有一所私立天文台，由于其存在时间短，影响较小，本文不做过多涉及。

（一）中央观象台

中华民国建立的当天，孙中山即发布了"改用阳历纪元令"，结束了中国自殷商时就行用阴阳合历的历史。公历的推行为即将成立的中央观象台提出了第一个政治性研究任务。1912年5月中央观象台建立，高鲁任台长，这是中国天文近代化最具实质性的进步。高鲁本人的教育背景决定了他不会再沿袭中国钦天监的旧有体制，而是要按照欧洲天文学科建制的标准建立一个全新的现代化观象台。中央观象台最先成立历数科，由高鲁、常福元任技正，负责编制中华民国民用历书。1912年和1913年的历书，因时间仓促，编算时还沿用清钦天监《历象考成后编》的旧法、旧数。1913年历数科彻底废弃了旧法，改用国际通用的S.纽康太阳表和P.A.汉森月亮表进行推算，旧历书中历注部分的内容也被删除，代以刊载"日序七曜干支节气等项及天文浅说，冀以学理，消除一切迷信云"的近现代天文科普内容。1914年中央观象台还编制了《观象岁书》，"内载太阳表、太阴表、七星表、恒星表、交食图表、月掩星表、星象纪要等项"（高鲁，1921）。这实际相当于中国天文年历的前身。同时中央观象台还进行了本台经度测量、订立中国标准时制度和测时工作。1913年中央观象台气象科成立，标志着中国的气象事业也就此起步。1921年又相继成立天文科和地磁科，中央观象台从结构建设上得到了完善，成为了一个标准的近现代天文台。

中央观象台还陆续购买了各科必需的现代天文仪器来装备天文台。到20年代时，中央观象台用于天文观测的仪器有德国制造的中星地平仪、多能经纬仪，法国制造的反光镜、钟机赤道仪、三棱镜顶距仪和英国制造的纪限仪等。守时用的还有欧洲各国生产的几台计时钟。这些仪器虽然规模都比较小，但却是欧美各厂精制之品。这些观测仪器的配置，让中国天文学从观测手段上实现了近现代化。高鲁对世界天文学发展主流，有着清楚的认识和判断，他认为"有关于学术者，非为天体物理、力学、光学高深之研究，不足以立新学发明之基"（高鲁，1921），因此他把中央观象台未来的发展重点放在了天体物理方面。他拟建京西碧云寺天文台，购买赤道仪，设立物理观测股，莫不以此为出发点。这些规划在中央观象台时期未及实现，最终成了南京紫金山天文台建设的目标。1929年中央观象台被中央研究院天文研究所接管，更名为"国立天文陈列馆"。

（二）中央研究院天文研究所

1927年，南京国民政府成立，在教育行政委员会下设立时政委员会，负责编制急需的国民历书。同年高鲁辞去中央观象台台长职务来到南京，与陈遵妫、陈展云三人组建了时政委员会。后来时政委员会被裁撤，成立了观象台筹备委员会。1928年观象台筹备委员会被裁撤，成立了中央研究院天文研究所，高鲁任所长，高平子和陈遵妫为专任研究员。新成立的天文研究所面临的首要任务是寻找合适的台址，建立现代天文台。1929年7月，余青松接替高鲁任天文研究所第二任所长，全面主持紫金山天文台的选址和建设工作。余青松放弃了高鲁的选址方案，改选紫金山第三峰为台址，并自己设计了建筑图纸。1930年紫金山天文台破土修建，1934年主体建筑完工，同年9月1日天文研究所迁入办公。

紫金山天文台建设前后费时5年，分期建设了子午仪室、大赤道仪室（包括办公室）、小赤道仪室（包括太阳分光仪室、照相暗室和研究室）、变星仪室、员工宿舍及其他的配套屋舍。大赤道仪室安装600毫米反射赤道仪，这架仪器附有石英棱镜摄谱仪，可以拍摄恒星的紫外光谱。子午仪室安装135毫米子午仪，配备了三台天文钟、两台计时仪、四台计时表以及两台无线电报机等仪器。小赤道仪室安装的小赤道仪有200毫米目视折光镜和150毫米摄影镜组成，配备有太阳放大投影器、日珥观测器、测微器和物端棱镜，还有一架海尔式太阳分光仪。变星仪室安装100毫米罗氏变星仪，用于拍摄造父变星。另外，从国立天文陈列馆搬来的古代天文仪器，包括简仪、浑仪、圭表、小地平经纬仪、小天体仪和漏壶也一并安放在天文台上。天文台建有图书室，收藏有星图、星表、旧天文书、外文书和杂志。到1935年，紫金山天文台已经发展成集古代、现代天文仪器于一身，设施配备齐全，建筑精美实用，在东亚堪称一流的现代化天文台（陈遵妫，2006）。

新建成的天文台尚未完全投入观测使用，1937年淞沪抗战爆发，天文所不得不携带部分轻便仪器（大、小赤道仪的镜头，太阳分光仪，变星仪）和一批珍贵图书疏散往大后方。1938年春，天文所几经辗转最终到达云南昆明。余青松选定昆明凤凰山为新台址，于1939年建成凤凰山天文台，附有变星仪圆顶室的办公室1座，太阳分光仪室、图书室、研究室和摄影暗室等建筑，还有职员宿舍和工友宿舍。1941年张钰哲接替余青松就任第三任所长，直到1945年赴美国进修，陈遵妫接任代理所长。这一时期天文研究所的人事变动频繁，观测和工作条件十分艰苦，真正能够开展的天文研究十分有限。除了继续编制历书之外，天文研究所利用变星仪描绘太阳黑子，还利用太阳分光仪进行过观测，进行过两次日食观测。抗战胜利后，陈遵妫与云南大学校长熊庆来商定，成立"凤凰山天文台"，由两个单位共同管理。天文所将早已安装多年的变星仪和太阳分光仪留给凤凰山天文台，其余大部分未安装的仪器和所有图书于1946年全部运回南京（陈展云，1985）。

战后的南京紫金山天文台损失惨重，天文所面临的首要任务是修缮被损毁的仪器和房屋，经过两三年的努力，至1948年紫金山天文台基本恢复了战前旧观。同时天文所的人员也有增加，先后增加了李珩、李元、陈彪、贺天健、罗定江和沈晓青等人。1949年南京解放前夕，天文研究所再次奉命搬迁，研究所人员携带仪器和书籍迁往上海，同年9月又返回南京。

天文研究所从建立到1949年新中国成立历经两次搬迁，每次都是整顿稍定就仓皇搬迁，没有大段时间进行观测研究。政府投入不能保证人员的工资，用于购买天文设备的资金则更少。研究所的科研人员流动性比较大，很难保证观测和研究的持久性。但是就是在这样极端困难的情况下，中国天文工作者还是开展了近现代天文观测和研究。1936年6月19日余青松、陈遵妫、邹仪新等赴日本北海道进行日全食观测，同时张钰哲、李珩去苏联伯力观测日全食。这是我国首次现代意义上的日食观测。1941 年 9 月 21 日，中国中部各省发生日全食，张钰哲、李珩、陈遵妫、李国鼎、龚树模组成的日食观测队冒着日本飞机的轰炸，翻越云贵高原和秦岭山脉，行程 3200 余千米从昆明赴甘肃临洮观测日食。这是在中国境内首次进行科学观测日食活动，也是一次颇具影响的天文普及活动。1948 年 5 月 9 日发生在中国华东和东南各省的日环食，天文研究所也派人赴浙江余杭县做了观测。太阳分光观测是一项国际合作项目，是天文研究所开展最早、观测最系统、次数最多的项目。从 1931 年 1 月起至 1937 年 7 月共观测 620 天，1192 次；在凤凰山天文台从 1939 年春到 1940 年末，共观测 110 天，172 次。观测结果提交给了法国巴黎默东天文台。太阳黑子观测开始于凤凰山天文台时期，从 1942 年到 1948 年，保持了 6 年的连续完整记录，共观测 1238 次。另外天文研究所还进行了编历工作，出版了一些年的《天文年历》。还进行了纬度测定、报时、变星、彗星观测和一些基础理论性的研究，这都是非常可贵的。这个在战争中艰难生存的天文机构，其最大的意义是"凝聚了有志于天文学的学者们，保存了'再生长'的种子"（王绶琯，2003）。天文所在南京紫金山和昆明凤凰山两处建设的天文台，后来分别演变成了新中国天文事业的摇篮——中国科学院紫金山天文台和全国规模最大的天文台——中国科学院云南天文台。

（三）外国在中国建立的观象台

清朝末年法国在上海建立的徐家汇、佘山观象台，德国在山东建立的青岛观象台，它们独立于中国社会，为各自国家提供服务。这些观象台所从事的天文研究不能算做中国天文事业的部分，但是当这些观象台被中国政府接收后，它们却给一穷二白的中国天文留下了家底，甚至在很长一段时间，这些观象台的设备和研究工作都领先于天文研究所。它们对中国早期天文人才的培养和训练，所进行天文研究的示范作用，在客观上对中国天文发展产生了比较大的影响。因此有必要对这三个台站留下的家底查查清楚，对其进行的天文观测和研究工作进行简单的归纳和梳理。

早期徐家汇天文台的工作主要以气象为主，目的是向上海的外国航船提供天气和风向预报，后来逐渐增加了地磁、地震方面的观测工作。与天文有关的工作开始于 1844 年，可供观测的天文仪器有：口径 80 毫米、长 83 厘米的自动无人差中星仪及口径 90 毫米的中星仪、一套收发报机、两架计时仪、等高仪和两架恒压、恒温天文钟，三架平时钟和那丁计时表等。徐家汇天文台利用子午仪、中星仪等天文观测仪器和一整套钟房设备，采用天文测时方法确定精确的时间，然后进行无线电授时。徐家汇天文台的授时和报时工作一直坚持进行，而且在时间精度和方法技巧上不断进行改进，为上海的航运事业提供了精确的时间服务。徐家汇观象台从 1884 年开始，在外滩天文台用落球方式报正午，1914年开始用无线电播时，开启了中国无线电授时的先河。1926年和1933年两次万国经度联测中，徐家汇观象台与美国的圣迭戈天文台、非洲的阿尔及尔天文台共同组成等边三角形，作为联测的基本点。1939年开始参加设在巴黎天文台的国际时间局的世界时合作，1940年开始发播XSG时号成为远东航海用的重要时号。

佘山观象台建立于1900年，它相当于徐家汇天文台的天文分部，从事更广泛的天文学研究。台内安装的天文仪器有：一架口径40厘米、焦距7米双筒望远镜，它实际上是两架平行的望远镜，一架用于目视观测，一架用于照相观测。这架仪器与当时巴黎天文台用作照相天图的仪器是同一类型，其性能可以和当时世界上最好的望远镜相媲美；还有一架口径10厘米、焦距1.4米的小赤道仪，常用于造父变星的照相观测；一架太阳分光仪和彗星照相仪、太阳偏振镜、黑子照相仪和底片亮度器等多种附属设备；还有一架可携式子午环，附设有一台恒星钟和三台计时仪，可以被方便地携往其他地方进行观测。

凭借这些性能优良的仪器，佘山观象台开展了多项天文观测并卓有成效。40厘米双筒望远镜在天文研究中发挥了重要作用。星云工作从1902年开始，曾拍摄到仙女座大星云、狮子座星云、宝瓶座星云、天琴座星云和猎户座星云等的照片。从1912到1943年，佘山观象台曾对NGC1750、1817、2682等星团进行过照相观测研究。恒星观测方面的工作主要是考订了清代《仪象考成》中3000多颗恒星的西文名称，并对其中可观测的恒星进行了照相观测。此外，还有新星、彗星、大行星和小行星的照相观测以及月亮观测。太阳观测是佘山观象台的重要工作，开始于1904年，主要包括：太阳黑子观测、太阳耀斑观测、日珥出现时刻和形态的记录、太阳光球上米粒组织和黑子精细结构的照相观测、太阳自转速度和太阳直径的测定以及日食观测。佘山观象台还出版多种学术刊物，如《佘山观象台年刊》、《气象与地磁观测年报》、《地震记录》、《物理气象记要》、《地磁公报》和《天文年历》以及与国内外天文机构交换的期刊资料20余种（阎林山，马宗良，1984）。可以看出，20世纪初的徐家汇观象台和佘山观象台已经是高度现代化的天文台，它们的研究和发展方向与世界天文学保持一致。中国老一辈天文学家陈展云先生评价徐家汇天文台对中国近现代天文学的影响道："它对中国观测科学的影响太大了。除了高均（高平子）、李铭忠、宋国模曾在那里学习天文外，中央观象台和青岛观象台都曾派人去那里学过地磁，青岛台还曾派人去那里学过地震。中央、青岛两台对业务发展方向唯徐家汇马首是瞻，模仿的程度很深。例如中央台内部组织设有磁力科，青岛台前期设有天文磁力科，这是因为徐台当年在昆山陆家浜设有观测地磁的机构。……可以看出启蒙时期前人对徐家汇天文台亦步亦趋的情景"（陈展云，1985）。

青岛观象台创建于1898年，最先是德国建立的一个简易气象台，1900年增建了天测室和报时球台，后改名为"气象天测所"。1904年4月1日该台利用口径4厘米、焦距25.5厘米的折轴式中星仪开始进行时间测量和报时工作。1905年气象天测所迁到现在青岛观象台的所在地。1909年台内又增添了赤道仪、子午仪、地震仪、地磁仪等设备，开展气象和天文方面的工作。1911年该所又更名为"皇家青岛观象台"，进行气象观测、授时观测、地磁观测、地震观测、潮汐观测和地形观测等业务，并下辖有济南等地的十多处测候所，是德国在中国的重要科研基地。1914年11月被日本强占后更名为"青岛测候所"，继续气象预报和授时工作，停止了该台的天文工作。

1924中央观象台从日本手中接管了青岛测候所，成立胶澳商埠观象台，台内设有天文磁力科和地震科，分别由高平子和蒋丙然任两科科长。1926年青岛观象台新添置了附带有超人差自记显微尺的新式中星仪，测时精度超过了中央观象台，代表中国参加国际经度联测。青岛观象台因此也获得了美国庚款董事会的一笔外汇，购置了口径32厘米标准天图式大赤道仪，这是当时中国最大口径的折射望远镜，也是该台的主要观测设备。1933年，青岛观象台参加了第三次国际经度联测。1938年青岛沦陷，观象台又落入日本人之手，1945年光复。除了上述提到的测时、授时工作和参加国际经度联测外，青岛观象台还进行过黑子观测、日月食观测，另外还进行过编历、小行星、恒星、星团、星云、宇宙构造和古天文整理等观测研究。这些成果刊登在当地报纸和观象台的刊物上。青岛观象台对中国天文的意义在于它是中国最早接收的外国天文台，是中国天文独立走向现代化的最早基地之一。1956年青岛观象台天文部分归入紫金山天文台，成为紫台的一个观测站。新中国成立后从事的天文工作还有参加佘山观象台摄影观测卫星星表工作、太阳黑子联测和发布工作、全国人卫观测网人造卫星观测工作。1978年青岛观象台被撤销建制，结束了它在中国天文事业发展中80年的历史（陈展云，1985）。1993年青岛观象台原名原隶恢复建制。

二、中国天文学会的创立

早在戊戌变法前中国就开始出现了政治性或者学术性的学会组织，变法失败后全国的学会几乎全被封禁。这一时期出现的学会组织，会员大都没有受到很好的科学训练，学会的目标也不是以科学研究为主，而是以引进和普及科学为主。它们存在的最大意义就是：一方面向中国引进了学会组织，为中国科学的建制化做出了贡献；另一方面传播了科学技术知识，开启了民智。辛亥革命后的二三十年代，由于科学家队伍的日益发展，科学技术方面的学术团体——学会才比较正规地建立起来。作为一个学术团体主要任务就是成立组织，进行学术交流，推动科学研究，还要建立相应的学术研究规范，进行研究成果的评价和奖励（孙宏安，2006）。中国天文学会就是这一时期建立的学术团体，它根据一个学会的标准要求，在各种条件的制约下，做到了它应该做的事情。

在学会成立之前，高鲁为了宣传天文，聚拢天文爱好者，于1915年以中国天文学会的名义发起创办了《观象丛报》月刊，登载天文、气象、地磁和地震方面的文章。这些文章只有部分带有研究性质，多数是翻译和介绍的文章，并且撰稿队伍不是很大。《观象丛报》是中国创建最早的学术期刊之一，在一定程度上反映了当时中国天文工作者所从事的工作内容和水平，也是传播近代天文知识的工具。另外，《观象丛报》还与外国的相关机构进行期刊交换，达到了与国际交流的目的，使中国天文事业在国际同行中得以显示。

1922年10月30日中国天文学会正式成立，共吸收会员47名，高鲁为会长，秦汾为副会长，会址设在在中央观象台。中国天文学会制定了《中国天文学会简章》，规定学会的宗旨是"求专门天文学之进步及通俗天文学之普及"。此后中国天文学会的下属机构逐渐建立，成立了基金保管委员会、变星观测委员会和天文学名词编译委员会。1932天文学会会址迁到南京，挂靠在天文研究所之下。到1944年中国天文学会还在昆明、永安、贵阳发展了分会。

学会建立之后就积极投入科学研究和科普宣传，主要有两种方式：创办学术期刊和出版图书。《观象丛报》自1915年创刊到1921年10月已经刊行到第七卷第三期，此后由于经济拮据不得已停刊。1923年7月天文学会再次发行《观象汇刊》月刊，后改为《中国天文学会会报》年刊，登载比较专业的文章，后来又改成了不定期刊，直到最后消失。1930年7月，天文学会开始出版登载通俗读物的杂志《宇宙》月刊，首任总编辑是高平子。1937年抗战时暂时停刊，1938复刊后一直出版到1949年12月。此外天文学会还组织出版了不少学术著作，如秦汾《应用天文学》、常福元《中星仪语》、高鲁《相对性原理》、《图解天文》，还有集体编著的《中西对照恒星表》等。中国天文学会还坚持每年举行年会，并且会上总有论文发表。此外学会接受私人捐助，设立了"隐名奖金"和"淡园奖金"，进行评奖和授奖活动。为求"通俗天文之普及"，天文学会在成立最初几年还坚持每月举行一次天文学演讲，计划筹建一个民众天文台。

更加难能可贵的是，中国天文学会积极参加国际天文学联合会的会议。早期因经费短缺，负担不起参会代表的旅费，只能委托在欧洲留学的学生就近出席会议。1925年中国天文学会委派在法国里昂大学攻读天文学博士学位的张云列席在英国伦敦和剑桥大学举行的第二届国际天文学联合会。1928年特派余青松、赵进义列席在荷兰莱顿召开的第三届会议。1935年7月在巴黎召开的国际天文学联合会上，高平子和潘璞参加了本次会议。高平子这次由国内专程前往，远道赴会，引起了国际天文学联合会的重视，受其邀请，中国天文学会正式加入国际天文学联合会，加入国际天文联合会使得中国的天文事业在国际上崭露头角（陈展云，1980；陈展云，1985）。

三、天文学人才的培养

中国各个天文机构的建立和观测研究工作的开展都标志着中国天文学共同体的初步形成，这是中国天文近代化的最大成果，也是向近现代化迈出了关键的一步。"建立科学共同体有两个方面，一是有充分多的科学人才，一是科学人才组织为科学共同体"（孙宏安，2006）。因此要想使近代天文的共同体在中国深深地扎下根，并形成能够自我持续发展的研究传统，需要解决的首要问题是培养充分多的天文人才。据统计，1949年以前曾有5所高等学校设置过天文专业，历史较长的有济南齐鲁大学天文算学系和中山大学数学天文系。1917年英美基督教会在山东济南创立齐鲁大学，下设文、理、医、神四个学院。理学院中有天文算学系，课程以数学为主，天文课程仅有普通天文、球面天文、实用天文和天文观测等几门。1924年张云在中山大学创立数学天文系，1929年建立天文台开展变星观测。中山大学天文系教授的天文课程有普通天文学、球面天文学、实用天文学、天体物理学和天体力学等科目。

两所大学天文系建立的前几十年，毕业的人不是很多，其中从事天文事业的人则更少。到20世纪40年代末至50年代初，报考两校天文系的学生逐渐增多，学生毕业后大部分从事天文研究和天文教育工作，成为新中国天文事业发展的中坚力量。齐鲁大学天文算学系培养出了后来的苗永瑞院士，还有一批在天文教学和组织管理中做出显著成绩的人，如赵却民、陈延芳、赵先孜等。中山大学数学天文系培养出了邹仪新、容寿铿、贺天健、李春生、章振大和陈晓中等，还有叶叔华院士和席泽宗院士。这些人物对中国天文事业所做的贡献反映了两所高校对中国天文事业发展所产生的影响（杜昇云，崔振华，苗永宽，等，2008）。

第三章　中国现代天文学布局的形成（1949～1978）

从中华人民共和国成立到"文化大革命"结束的近30年中，中国天文的发展随着社会的变化与动荡可划分为三个时期：第一时期是从 1949 到 1959 年。它是中国天文在经历了八年抗战和连年内战后的恢复、调整时期，也是新中国天文学事业发展的重要阶段。经过这 10 年的恢复调整，中国天文又站到了一个新的起点上。第二个时期是从 1960 年到 1972 年。它是中国天文发展遭遇低谷的时期。这期间中国社会发生了"反右运动"、"大跃进"和十年"文化大革命"一系列的政治运动，中国天文的发展遭到了冲击和破坏，几乎处于停滞状态。第三个时期是从 1973 年到 1978 年，这是中国天文发展的转折时期。这一时期中国逐渐意识到了基础理论研究的重要性，于 1973 年召开天文座谈会，解决天文学研究的恢复和发展问题。中国天文由此获得了转机，一些天文台站得到扩建和补充，天文观测仪器得到研制恢复，中国天文事业的现代格局初步奠定。1975 年的"南片天体物理讨论班"也是天文学界的一件大事，它对天文学界思想解放、学科发展和人才培养都有重要意义。

一、50 年代中国天文学及其成就

50 年代科学技术在中国得到了强有力的支持，这在以前是无法想象的。国家对天文事业的支持力度也突破了以往，新中国在天文仪器设备制造和修复以及天文台站的基建方面的投资达到了 1911 年到 1949 年全国天文总投资的 15 倍。此前中国天文还没有正规的学术期刊，自 1952 年《天文学报》创刊，到 1959 年已经出版了 11 期，登载中国天文工作者的学术成果逾百篇。全国的天文工作者人数已经达到了数百人，是 1949 年以前的十余倍（张钰哲，程茂兰，朱人俊，等，1959）。这一时期还进行了天文机构和天文力量的整合：把星散于全国的各天文台站，统一划归中国科学院紫金山天文台领导；中山大学数学天文系和齐鲁大学天文算学系合并后迁往南京，成立南京大学天文学系。国家的支持与天文研究力量的加强，迎来了中国近代天文发展最迅速的十年。

（一）中国科学院紫金山天文台及其天文成就

1950 年 5 月 12 日，"中央研究院"天文研究所正式更名为中国科学院紫金山天文台，张钰哲任台长。抗战时期天文所建立的凤凰山天文台更名为中国科学院紫金山天文台昆明工作站，由紫台和云南大学共同管辖，1958 年脱离了云南大学，归属紫金山天文台领导。同年 12 月 12 日，紫金山天文台分别派陈彪、贺天健接管徐家汇天文台的授时工作和佘山天文台的天文工作，两台名称也分别改为徐家汇观象台、佘山观象台，成为紫金山天文台下属的天文观测站。1957 年仪器装备颇为精良的青岛观象台划归紫金山天文台领导。

紫金山天文台除了向外整合，内部的研究室和研究小组也逐渐建立和充实，成立了历算、实用天文、太阳、天体演化、小行星、人造卫星和射电天文等七个组，开展太阳活动区物理和太阳预报研究、恒星测光和光谱研究、恒星内部结构与演化的研究、人造卫星的观测和研究以及独立编算天文年历的工作（中国科学院紫金山天文台，1985）。天文观测仪器和和装备在这段时期也大有改观。到 1954 年紫金山天文台本部修复了 60 厘米反射望远镜和 20 厘米折射望远镜，并做了很多改进，分别用来做小行星的定位观测、变星的照相测光、光电观测工作和太阳黑子观测，向全国相关单位发布太阳黑子相对数。后来还购置了 100 毫米蔡司中星仪开展时纬的观测，后来该台仪器还实现了光电观测。1956 年还建成了恒温钟房，增加了雪特摆钟等设备。同年 60 厘米望远镜还增配了光谱仪等设备，开始进行了恒星光谱工作。1958 年安装了 140 毫米色球望远镜，开展太阳的色球观测研究。经过十年的建设和发展，中国科学院紫金山天文台从观测设备、研究室的设置和所研究的天文课题方面都成了一个颇具规模的现代化天文台，某些领域的研究甚至达到了国际水平。

这一时期紫金山天文台在中国"两弹一星"研制中发挥了极其重要的作用。1957 年 10 月 4 日苏联成功地发射全世界第一颗人造卫星之后，中国科学院于同年 10 月 15 日设立了人造卫星光学观测和射电观测组，由紫金山天文台张钰哲和电子研究所陈芳允负责组织，指导全国各个人造卫星观测站的建设和业务工作。从此我国第一个人造卫星跟踪网诞生。当时跟踪网由北京、南京、兰州、昆明、拉萨、广州、西安、上海、武昌、长春、乌鲁木齐和天津 12 个人卫站组成，后来被称为"中国科学院人造卫星观测系统"。1958 年跟踪网又增建了 16 个人卫站。1959 年中国科学院人造卫星观测办公室成立，由紫金山天文台主管，统一管理全国 28 个人造卫星观测站。这个办公室当时的主要任务是负责观测苏联卫星；开展人造卫星轨道计算和预报工作；为中国人造卫星上天做准备，承担中国卫星观测的技术指导和业务汇总工作。

其他观测台站在 50 年代也取得了重要成果。昆明天文工作站仍以太阳黑子观测为主，由于晴日多，每年的观测可达 300 天左右，取得资料的数量和质量在全国联测网中始终处于领先地位，此外还做了一些变星的照相观测。上海徐家汇观象台增添了授时工作的近代设备，包括石英钟组、有光电记录装置的中星仪和超人差棱镜等高仪等。每天发播时号增加到 8 次，时号的稳定度也从 1952 的 0.018 秒提高到 0.002 秒，充分满足了使用部门的需要。佘山观象台主要是开展照相天体测量学的观测和研究，此外也进行小行星的普遍群摄动和轨道改进以及太阳黑子观测和太阳黑子辐射热的观测。青岛观象台开展了太阳黑子的观测。1957 年在北纬 39.8 度纬度圈上建立的天津国际纬度站已经正式投入了观测工作。而筹建最晚的北京天文台也已陆续开始了用色球望远镜做日面活动的观测，此外还正在北京西北山区进行天体物理台站址的查选（张钰哲，程茂兰，朱人俊，等，1959）。

（二）南京大学数学天文系和其他领域的成就

1952年为了加强天文教学单位和天文研究单位之间的交流与合作，也为了充分利用紫金山天文台的天文设备，南京大学数学天文系成立。这一举措使中国天文人才的培养在质量和数量方面有了保障和显著提高。1953南京大学数学天文系天文台兴建，台内购置了28厘米折射望远镜、15厘米折射望远镜和20厘米反射望远镜等，提供给学生实习和教师从事科研活动。从1953年到1957年的五年中，南京大学数学天文系在仪器设备和基本建设方面的投资超过前中山大学二十年和齐鲁大学三十年中在天文仪器设备和基建上的两倍。1958年前后南大数学天文系对天文教学计划和教材内容进行了改革，充实实验和实习部分的内容，同时加强基础理论课的教学。除了修订教学计划，对各门课程的教学大纲和教材也进行了修订，基础天文课的教材完全重新编写（张钰哲，程茂兰，朱人俊，等，1959）。到了1962年南京大学数学天文系出版第一批自编天文学教材，改变了我国以往完全采用国外教材的状况。

天文科普方面最重要的成就是修建了北京天文馆。1954年中央文化工作委员会决定筹建北京天文馆，由中国科学院负责筹划，专门拨款200万元。1955年10月天文馆破土动工，1957年9月建成开幕。北京天文馆的主体建筑是直径23.5米的圆穹形天象厅，最主要的演示设备是从德国蔡司光学厂进口的天象仪，其次还包括展览厅、学术报告厅、光学和色球望远镜天文台等建筑。1958年创刊的《天文爱好者》编辑室也在北京天文馆内。北京天文馆在当时已经进入了世界大型天文馆的行列，为中国天文普及和教育创造了极好的条件（崔振华，1997）。

50年代中国天文学史研究也受到了高度关注，并迅速实现了从原来个人业余研究到了专门机构研究的转化。1957年1月中国科学院成立中国自然科学史研究室（1975年扩建为自然科学史研究所），内设天文学史组（后与数学史组合并为天文和数学史研究室）从事中国古代天文学史研究，由此形成了专业研究队伍与业余研究者相结合的新格局，推动天文学史研究全面向纵深发展的态势。

（三）十二年天文学发展远景规划的制定

"国家十二年天文学发展远景规划"是中国天文未来十二年发展的纲领性文件，

它不但设计规划了中国十二年天文学发展的重点领域和建设的重要项目,其作用甚至超越了十二年,确定了中国天文学今后的发展模式。1955 年年底中国开始考虑制定科学技术发展的长远规划,1956 年 1 月 31 日召开动员大会,3 月国务院正式成立以陈毅副总理为主任的科学规划委员会。中国科学院的苏联总顾问拉扎连科(Л. Б. Романович,1910~1979)全力投入规划的制定过程中。同年 4 月 16 位苏联科学院院士、通讯院士和教授应邀来对中国草拟完成的规划草稿提意见。紫金山天文台被授权制定《国家十二年(1956—1967)天文学发展远景规划》,1956 年年初在张钰哲台长的主持下,孙克定、李珩、戴文赛开始制定,11 月完成。苏联天文学家谢维尔内(A. B. Severny,1913~1987)也应邀参加了讨论。

天文学科属于基础学科,与地质地理、生物、数学、物理、化学六个学科被列为自然科学基本理论若干领域发展的重点任务,属于整体规划中的第 55 项。1956 年 10 月 29 日《1956—1967 年科学技术发展远景规划纲要(修正草案)》第四节《基础科学的发展方向》第三条"天文学"中写道:"天文学研究各种类天体系统的结构和演化,同时也研究如何使天文现象更好地为人类的物质生活服务。由于我国在天文学方面的基础薄弱,十二年内不能在各方面都求得充分发展。因此发展重点选为:授时和纬度变化、方位天文、天体力学和年历编算、太阳物理、恒星天文和恒星物理、星云物理和无线电天文"。这次规划最重要的意义是奠定了中国天文学此后十余年发展的大方向:以完成任务为目标,同时开展对这些任务赖以完成及发展的理论和方法的研究,从而达到了"以任务带学科";针对当代天文的主流,首先是天体物理进行了安排,提出了建设天体物理的观测基地。……后来的事实证明,这次天文学规划的要点基本上都得到了执行,并收到了成效(方成,2005)。

总之,50 年代中国天文学的发展取得了不凡的成绩,当中国天文工作者总结十年发展的经验和取得成就的根本原因时,他们说:"在解放后短短的十年内,我国天文工作所以获得显著的进展,最根本的原因是由于我国社会主义制度的优越和中国共产党的正确领导。……通过十二年科学技术发展远景规划的制定,使我们比较系统地了解了国际天文学发展的状况,国家建设对天文工作的要求,明确了研究的方向,找出了应该迅速发展的空白部门。从 1953 年起,每年还制定科学研究的年度计划,使科学研究纳入计划的轨道。党指示我们,天文学研究要为国家建设服务。十年来授时工作得到迅速发展是以任务带学科的工作方法的典型范例。人造卫星的观测与预报的进展过程,可以说是学科带动任务,而任务又带动学科"(张钰哲,程茂兰,朱人俊,等,1959)。当然这十年的天文学飞速发展还有其他的原因,那就是国内有一批高素质的归国天文学家领导着中国的天文事业,国际上还有苏联专家的无私援助。

二、天文台站的建设和扩充

50年代中国天文学的快速发展以及天文学十二年远景规划的提前完成,为中国天文事业开了一个好头,也为今后的发展确立了计划发展和任务带学科的发展模式。1962年中国又制定了1962~1972年的科学技术发展规划纲要,简称"十年规划",其中的天文学规划基本上没有脱离十二年远景规划的轮廓,可以说是十二年远景规划的延续。可惜这个"十年规划"被一系列的政治运动中断了,没有得到很好地贯彻执行。虽然中国天文在这一时期遭遇发展的低谷,但是两个"规划"的执行客观上还是带动了天体测量、人造地球卫星、太阳物理、射电天文等学科的发展。同时60年代建成的北京天文台和陕西天文台,加强了紫金山天文台天文仪器设备,也为我国天体物理的发展奠定了基础。这期间建立了直属中国科学院的南京天文仪器厂,为我国以后研制包括2.16米望远镜在内的一大批中小型天文观测设备创造了条件。此外,1960年北京师范大学成立了天文学系,同年北京大学开设了天体物理专业,为天文人才的培养增添了新的基地(方成,2005)。

(一)北京天文台的建设

十二年天文学远景规划把提高授时精度,满足大地测量和精密地图编制的国防需要,作为天文学规划的重中之重来安排,因此在最初兴建的几个天文台站,大都与授时任务有关。计划最先安排在兰州建立授时中心,但因兰州是地震多发带,不适宜建天文台,兰州的仪器和人员于1958年搬迁到位于北京北郊时讯保护区内昌平县沙河镇。沙河站最早是为建立授时台而选定的地址,但是由于北京天文台其他台站尚未开建,研究人员陆续进驻沙河站,使得沙河站实际上成为了北京天文台的前身。中苏海南岛日环食联合观测后,苏联留下了两台厘米波射电望远镜,在陈芳允和王绶琯的主持下,这两台望远镜安装在了沙河站,射电天文组成为沙河站最先成立的研究小组。授时组成立于1959年,当时配备了石英钟组、等高仪和中星仪等仪器,1960年5月1日开始提供准确度为0.01秒的北京标准时间时号,提高了广播报时的质量和可靠性。70年代发展为精度更高的光电等高仪及光电中星仪观测,授时精度进一步提高。1960年沙河工作站正式成立,王绶琯任站长。此后沙河站还陆续成立了太阳物理组、人造卫星观测组、恒星、星系研究组等研究小组。到1965年底时,沙河站已经发展成为一个拥有285人,其中科研人员104人,以天体物理为主的综合性天文台。

在北京地区兴建以天体物理研究为中心的天文台也是"十二年规划"的内容。1957年11月，中国科学院通过了"北京天文台筹建计划"，确定在北京建立一个现代的具有中型仪器、以天体物理研究为主的综合性天文台。此前国际著名的天体物理学家程茂兰克服重重阻力从法国回国。程茂兰主要从事天体的光谱分析研究。"他对B型发射线星和共生星进行了长期的监测研究，发现和证认了不少的新谱线及它们的变化规律，并据之提出过许多合理而成功的解释；较早地进行了恒星的照相红外分光光度研究，并首次给出了各光谱型恒星的帕邢跃变值以及帕邢跃变与巴尔末跃变的相关关系；对猎户座气体星云进行过光谱研究，在370纳米到670纳米间首次找到1162条发射线；还对夜天光光谱进行过成功的研究；发展了用照相分光光度法确定大气中臭氧层厚度的方法"（蒋世仰，2008）。1958年2月，"中国科学院北京天文台筹备处"成立，程茂兰被任命为筹备处主任，一级研究员。

8月在程茂兰的指导下，紫金山天文台李竞、李启斌、黄珊和沈良照等人组成选址小组，以科学方式开展选址工作。选址小组经过七年的努力，确定河北兴隆连营寨为我国第一个天体物理光学观测基地。1965年兴隆站开始兴建，1968年第一期建设任务完成，4月双筒天体照相仪和施密特望远镜从沙河站搬迁到兴隆站，8月1日兴隆站举行了竣工典礼，北京天文台兴隆站正式落成。10月60厘米口径中间试验望远镜在兴隆站安装成功，从此兴隆站进入了仪器调试和天文观测研究阶段。但是此后发生的"文化大革命"严重干扰了科研工作，兴隆站的观测和研究几乎处于停滞状态，直到1972年全国科技工作会议召开，基础研究受到重视，兴隆站开始利用60厘米望远镜进行光电测光工作，其他的研究也逐步恢复正常的。

米波射电天文观测站的选址工作开始于1959年，经过5年的踏勘测试，选定了密云不老屯村为射电天文工作站。1964~1967年陆续建成了观测室、实验室和图书馆及其配套的生活设施。1967年在王绶琯的主持与澳大利亚射电天文学家克里斯琴森（W. N. Christiansen）的帮助下，建成了工作全长约1千米，由16面直径6米天线组成的多天线太阳干涉仪，开展了对太阳I型爆发和"噪暴"样本的收集和研究工作。70年代又在此基础上发展成频率为450×10^6赫的"2×16"太阳复合干涉仪，该系统与1974年12月初调试成功，分辨率和灵敏度都有很大的提高。

怀柔站的选址最先经过了1967~1969年的三年的大气宁静度、地形和自然环境的勘察。1972年太阳磁场望远镜的研制工作正式启动，为了给这台望远镜寻找一个合适的观测点，1973年由艾国祥、史忠先等人组成的选址小组着手太阳观测站的选址工作，1975年确定怀柔水库北岸作为太阳观测基地。1984年建成了24米高的塔式观测室，1985年太阳磁场望远镜安装在怀柔站并投入观测。至此怀柔站成为国际太阳磁场观测网中重要的地面观测基地之一，经过以后多年的建设，怀柔太阳观测基地已经形成了太阳观测仪器系统研制，太阳活动观测和科学研究、学术交流活动等多方面配套的一流的综合型科研力量。

特别值得一提的是，由于十二年远景规划中有"立即在我国开展纬度变化的观测和研究"的立项，筹建纬度站就成了当时的第一要务。1956年紫金山天文台派邹仪新和苏联专家选定在天津西郊曹庄建立纬度站。1957年进行基建，1958年从苏联购置的ZTL-180天顶仪安装调试成功，标志着新中国成立后的第一个天文台站建设成功。1962年天津纬度站划归北京天文台筹备处建制，成为了北京天文台最早的天文台站（中国科学院北京天文台，1990；中国科学研国家天文台，2010）。

（二）上海天文台的成立

1962年8月，徐家汇观象台和佘山观象台从紫金山天文台分离，成立了上海天文台，李珩任首任台长。1962年之前，徐家汇观象台先后设置了测时组、钟房组、电子实验室、机械组、金工场和图书馆。佘山观象台成立了"方位天文"、"理论天文"、"太阳物理"三个课题组。上海天文台成立后，原来的课题组调整成三个研究室，即时间纬度研究室、照相天体测量及恒星天文研究室、时间频率研究室，并设有图书馆和一个小型金工场。

时间纬度研究室由叶叔华担任副主任，未设室主任，开展地球自转变化、地极移动、星表和天文常数等。1963年在上海天文台和有关天文台的共同努力下，我国的世界时精度达到千分之二秒，居世界前列。1965年8月，由上海天文台负责的我国"综合时号改正数"通过了国家级鉴定，同年12月科技部批准其成为我国世界时基准，1966年1月1日开始启用。1968年7月上海天文台派出业务骨干参加筹建陕西天文台。1973年2月总参测绘局在北京召开全国经度网联测工作会议，决定全国经度网由上海、北京、蒲城、西安、昆明五个点组成，上海天文台经度值为起算值。1974年该室组建射电天文组，从事甚长基线干涉测量技术（VLBI）的研究。

照相天体测量及恒星天文研究室主任由李珩台长兼任，万籁为副主任。他们利用长期积累的历史资料和40厘米天文望远镜，开展星团自行、变星自行、恒星绝对自行、星团星协的内部运动和双星目视定轨等研究工作。70年代起，以万籁为首的研究人员提出开展银河系结构和演化的研究。为赶上世界先进水平，提出急需研制大型望远镜的课题，是研制1.56米天体测量望远镜的最早倡导者。在卫星观测方面逐步引入了卫星激光测距和多普勒观测等新技术，并参加了国际地球自转联测等工作。

时间频率研究室室主任为龚惠人,副主任是程述铭,主要的科研工作是:标准时间和标准频率的发播,时间同步研究,原子时的建立,氢原子钟和氨分子钟的研制和应用及相关电子仪器的研制等。时间频率研究室长期以来承担着我国的标准时间、频率的发播任务,时号发播质量逐年提高,为天文学、大地测量、航海和国民经济和国防建设提供了卓有成效的服务,并且为我国当时的人造卫星发射提供了精确时间和标准频率保障。为了独立自主地建立我国原子时系统,1969年上海天文台承担了研制氢原子钟的任务。1972年1月氢原子钟研制取得重要进展,获得氢原子振荡信号。1975年9月研制成功国产第一台氢原子钟,准确度达7×10^{-12},稳定度达3×10^{-12},并开始在标准频率发播中试用。

70年代末,上海天文台把授时工作转移给了陕西天文台,并对本台的研究课题方向和研究室的设置进行了及时调整,提出进行甚长基线干涉测量、卫星激光测距、球载红外天文观测等新技术的开发和研制工作;把原来的时间纬度研究室更名为"基本天体测量研究室";原照相天体测量及恒星天文研究室更名为"天体物理与恒星天文研究室";"时间频率研究室"名称不变。同时新成立了天文仪器研究室、射电天文研究室、卫星动力学研究室、红外天文研究室筹备组、理论天体物理研究组、天文学史研究组、超导腔应用研究组(刘鹏远,丰建熙,2009)。

(三)陕西天文台的建设

紫金山天文台实用天文研究室、上海天文台测时组、北京天文台沙河授时站、测量与地球物理研究所武昌时辰站组成了中国的世界时网,共同研究确定我国综合时号改正数订定的方法,并于1963年取得成功,使得我国的世界时服务精度跨入了国际先进行列。为了进一步加强中国授时系统的稳定性,并从战略布局上考虑,在我国西北地区建立授时台的计划又被重新提出。此时授时服务对象已不仅仅局限于国防、民用和大地测量,新兴的空间技术更加依赖于高精度的授时工作。

1966年2月上海天文台提出了《西北授时台筹建方案》和《西北授时台第一期基本建设设计任务书》,同年3月中国科学院做出了在陕西关中地区建立授时台的决定,代号"326工程"。两年后"326工程"的任务进一步明确:以授时为中心,开展世界时、原子时研究;当时采用短波发射时号,原则同意采用中等功率的长波发射时号。1970年"326工程"中的短波发射系统基本建成,一个新建天文台的名称"中国科学院陕西天文台"也正式代替了"326工程"。短波授时台在吴守贤等人的负责下进行了三年的试播,呼号为BPM,试播监测后发现发射功率太小,信号波形未达到设计要求,覆盖范围太小,需要停播扩建。1979年短波授时台进行扩建后的重新试播,并于 1981 年 7 月 1 日正式承担发播我国短波时号任务,上海天文台的 BPV 时号停止发播。在营建短波授时台时,陕西天文台还筹建了太阳色球望远镜和射电天文观测系统。

早在酝酿西北建立授时台时,国防部门就提出了建立长波、超长波授时台的动议。1967 年上海天文台在"326 工程"增加了发射长波的计划,1973 年 6 月 16 日国务院、中央军委批复同意长波授时台与长波导航试验台结合建设,并指出要先安装小功率发射台进行试验,然后再安排大功率发射台的研制和基建。长波授时台(代号"3262 工程")台址选定在陕西蒲城县,1973 年成立"3262 工程"协调小组。1974 年,在戴仲溶、苗永瑞负责下制定了"3262 工程"总体方案,它是长波授时台建设的依据,试验性的小长波授时台建设只用了两年时间,1976 年开始试播,1979 年 11 月 1 日正式每天定时发播时号,呼号为 BPL。1980 年小长波台通过技术鉴定,确认它达到了设计精度要求,可以正式提供长波授时服务,满足国防的急需。

大长波授时台的建成则是改革开放以后的事了。1978 年大长波授时台开始建设,主体工程包括发射机房、传输电缆、天线架设等土建工程和所需设备研制。从 1978 年起算,到 1983 年 6 月 7 日大功率脉冲发射机与天线联调成功,再到 1985 年 7 月 1 日,以全功率正式试验发播 BPL 长波授时信号,整个工程历时 7 年多。1986 年长波授时台通过国家级鉴定:"长波授时台技术指标达到总体方案的设计要求,它的建成把我国的授时精度由毫秒量级提高到了微秒量级,使我国的原子时系统方面进入了世界先进行列,填补了我国在授时领域的空白……"(漆贯荣,2001)。

70 年代末陕西天文台装备的观测仪器有光电中星仪、光电等高仪和用于人造卫星观测的光学跟踪打印经纬仪,开展的天文工作除了授时服务以外,还进行天体测量学、太阳物理、日地关系、天体力学、人造卫星观测与研究,是一个综合性的天文研究机构。

(四) 云南天文台的扩建

天文研究工作需要不同经纬度台站的联合观测,我国地域辽阔,在南方低纬度地区建立一个综合性天文台非常必要。这个设想在国家十二年天文学发展远景规划中就被提出来了,在随后的"十年规划"中也有此项目,云南天文台得以扩建也是执行这两个规划的结果。经过多年选址,昆明地区海拔高,天气晴朗,大气透明度和宁静度良好,并且纬度低,适合于观测南天星象,扩建原有的凤凰山观测站就成为南方大天文台顺理成章的事情了。1972 年 2 月中国科学院决定把紫金山昆明工作站扩建成中国科学院云南天文台,让它成为"天体物理为主的综合性天文台暨中国南方天文实测研究基地"。

云南天文台的扩建工程分为两部分,先建设台本部,大型天文观测设备另行选址建设。1975年台本部开始动工扩建,1982年第一期工程完工,先后建成了科研主楼,恒星物理、太阳物理、天体力学、天体测量、射电天文研究实验室等,安装的重要天文设备有1米RCC反射望远镜(1979年)、50厘米天文大地测量自动照相机(1974年)、Ⅱ型光电等高仪(1974年)、7.5厘米和3.2厘米太阳射电望远镜(1977年)、18厘米色球望远镜(1981年)、10米射电望远镜(1982年)、26厘米太阳精细结构望远镜(1985年)、60厘米望远镜(1983年),另外还有TQ-16国产大型电子计算机(1977年)。其中1米望远镜是我国当时口径最大的光学望远镜,对全国天文学家开放使用,为我国天体物理实测研究提供了强有力的工具。

1978年云南天文台组建了6个研究室。太阳物理研究室开展太阳活动区多层次的实测和研究,研究方向主要为太阳活动区物理、太阳活动预报以及日地关系研究。恒星物理研究室主要研究银河系天体和星系物理,并承担光学大望远镜的选址工作。射电天文研究室以太阳射电爆发为主要观测和研究对象,也兼做宇宙射电研究。天体力学研究室,主要从事人造卫星的精密定位和轨道计算研究。天体测量研究室主要任务是用多种仪器进行时间和纬度的变化的精密测定,研究纬度变化和地壳地震之间的关系。研究室在冒蔚的领导下还设计研制了低纬子午环。天文新技术研究室主要移植各种新技术应用于天文实测和研究,开展天文高分辨图像复原的理论研究、实验和实际应用。1984年云南天文台还成立天体演化理论研究组,开展恒星演化的理论研究工作。云南天文台的扩建,初步改变了我国原有天文台过于集中在沿海的格局,是我国当时比较理想的天文观测基地(凌宗顼,吴铭蟾,2010)。

(五) 南京天文仪器厂的扩建

南京天文仪器厂筹建于1958年,建设初期即明确该厂的任务是试制和生产大型反射望远镜和射电望远镜及一般的光学精密电子仪器,负责全院大型精密机械加工等,归紫金山天文台领导。南京天文仪器厂是一个比较有中国特色的天文仪器研制机构,它把天文仪器的研究和加工结合在一起,为我国天文学的发展,"自力更生"研究和制造所需的设备。

1966年南京天文仪器厂从紫金山天文台分离,成立了独立的中国科学院天文仪器厂。1974年根据中国科学院1973~1980年天文学规划,要求天文仪器厂恢复和承担2.16米望远镜等天文仪器的研制和生产,天文仪器厂被批准扩建,扩建总投资达1270万元，1983年底扩建工程完工。扩建后的天文仪器厂，实验、研制设备、设施得到了大幅度的改善，实力明显增强，成为我国大、中型天文仪器和光机电一体化仪器研制基地（范晓松，栗效东，张丽萍，2010）。

南京天文仪器厂在中国天文事业的发展中发挥了巨大的作用。1964年该厂研制成功我国第一台60厘米级天文望远镜——43/60/80折反射望远镜，它是我国第一台自行设计、自行加工、自行装备调试的望远镜，在研究和掌握观测我国卫星轨道方面发挥了积极作用。接着又先后研制成功了I型、II型光学跟踪经纬仪、打印经纬仪等仪器，填补了人卫光学和照相观测仪器的多项空白。1968年该厂研制成功了2.16米望远镜的中间试验望远镜——60厘米望远镜，安装在兴隆观测站，担负起了恒星光电测光任务。在太阳望远镜方面，苏定强、王亚男研制成功了我国首台Lyot双折射滤光器，改变了我国滤光器依赖进口的状况，被广泛应用于国际太阳望远镜的研制上。在时间、纬度观测仪器方面，在相关天文台的配合下，研制成功了I型光电等高仪，1974年又研制成功了II型光电等高仪；它不仅能用光电法记录恒星，并在天体测量仪器领域中，在世界上首次应用真空镜筒成功地自动抵消了天文大气折射和大气色散。1976年又研制成功了世界上第一台照相天顶筒，其观测结果达到了国际同类仪器的最高水平（陈遵妫，2006）。

（六）其他天文机构的建设和发展

在此期间还有一些天文机构得以建立和发展。中国科学院测量与地球物理研究所武昌时辰站组建于1962年，建成后主要参与中国综合世界时工作，1968年参与建立了中国瞬时极坐标系统，70年代参加了国际时间局系统和国际极移服务系统，还参与了中国综合原子时系统并相应建立了地方原子时。乌鲁木齐天文站、长春人造卫星观测站、广州人造卫星观测站最先都是中国科学院人造卫星观测办公室统一领导下的人造卫星观测站。乌鲁木齐卫星站经过40多年的发展，已经发展成为以射电天文为主要方向、同时开展人造卫星动力学的观测和研究以及对太阳的巡视观测的基地之一。长春人造卫星观测站成为了国内进行卫星观测定轨的重要观测站，是全国卫星观测网中最好的观测站之一。广州人造卫星观测站主要从事人造卫星的观测、轨道理论研究及国际航天新技术应用等工作。

1960年2月北京师范大学天文学系成立，1976年开始设立天文学专业，分天体物理、天体力学和天体测量、光电探测技术三个方向，培养德智体全面发展的从事天文学研究和天文学教育的专门人才。同年北京大学在地球物理系下面设立天文学专业，1976年发展成为天体物理专业，为大专院校和科研单位培养本科生和研究生，也从事分子天体物理、高能天体物理、射电天体物理和终端设备的研制等方面的研究。这两个单位与南京大学天文系成为培养中国天文人才的基地。

中国科学技术大学天体物理研究室最先是一个自发组织研究相对论的小组，1973年被命名为"相对论天体物理组"，1975年又改名为"天体物理组"。1978年9月被批准成立系级研究级别的中国科学技术大学天体物理研究室，由当时的北京天文台台长王绶琯院士任研究室主任，它是我国研究宇宙学、河外星系动力学、星系的形成和演化的中心。

这些天文台站的建设和扩充，高等教育中天文系和天文专业设立，以及天文学科新的研究领域的拓展给中国天文学事业的发展奠定了必要的基础。1992年中国天文学会理事长李启斌在中国天文学会成立七十周年之际，总结中国天文学在70年代的发展成绩时说道："我国的天文机构，在80年代初即已形成五台（紫金山天文台、上海天文台、北京天文台、云南天文台、陕西天文台），一厂（南京天文仪器厂），三系（南京大学天文系、北京师范大学天文系、北京大学地球物理系天文专业），三室（中国科学技术大学天体物理研究室、高能物理研究所高能天体物理研究室、自然科学史所数学天文学史研究室），四站（武昌时辰站、乌鲁木齐天文站、长春人造卫星观测站、广州人造卫星观测站）和一馆（北京天文馆）的格局。十年（1982~1992）中，研究机构的设置保持稳定的局面，而这些机构的装备上却有飞速的进展。十年中建成的设备超过了过去60年的总和"（李启斌，1992）。

由此可见中国天文事业到20世纪70年代末是奠定基本格局的时期，20世纪最后的20年则迎来了天文观测技术与仪器研制发展，学科建设与研究领域的拓展，基础理论研究深化的新阶段。天文研究在最后二十年的恢复与发展，很大程度上得益于1973年6月~7月在北京召开的天文座谈会。

三、中国天文学发展的转机

必须看到这一时期中国社会发生了一系列的政治运动，知识分子在历场运动中成为首当其冲的打击对象，科学研究受到严重的破坏。在"反右"和"大跃进"运动中，许多知名科学家遭到无情批判，有造诣的科学家被污为"反动学术权威"，本来就很薄弱的中国科学界受到严重破坏，元气大伤。作为基础性研究的天文学更是受到严重干扰，大部分天文工作处于停顿状态：紫金山天文台的天文基础研究基本中断，只尽力维持研制和发射人造卫星的相关工作、出版天文年历、维持天文测时和坚持太阳活动监测等工作。10年中紫金山天文台发表的论文和学术报告仅50篇，著作3部，远远低于1966年之前的成果数。北京天文台兴隆观测站自建成后就很少进行过常规观测，中国天文学家用于发表成果的《天文学报》被停办，仅有的两个天文学系停止正常招生达 8 年之久。国内的政治环境切断了中国天文学界和国际同行交流的通道，失去了解天文学国际前沿的机会，这种破坏和负面影响更为巨大。

1973 年困境中的中国天文学研究出现了转机。在周恩来总理关于加强基础科学理论研究的指示精神下，中国科学院于 6 月 21 日到 7 月 16 日，在北京召开天文座谈会。全国的天文机构和其他相关科研院所共 34 个单位，99 人参加了这次座谈会。会议重点讨论了如何开展天体演化研究，还制定了 1973~1980 年天文学发展规划（草案）。

会议论证了开展天体演化研究的意义，国内外天体演化研究发展的状况，提出了四个具体的研究课题，即恒星演化研究、太阳演化研究、太阳系（包括地球）的演化研究以及星系演化和宇宙论的研究。这些课题的设计带有时代特征。为了保障研究的顺利进行，座谈会制定了几项措施，这对以后的中国天文学发展产生了深远的影响。一是研究队伍的组织问题，要求抓紧组织理论队伍，各天文台必须建立专门的理论班子，建议各单位组成天体演化研究小组。二要加强理论队伍的培训，建议南京大学、北京大学和北京师范大学分工组织几次半年至一年的学习班，以提高现有工作台站的理论水平。在这项措施中，明确规定了要落实南京大学、北京大学和北京师范大学天文学专业的招生问题，并建议在全国各综合性大学物理系开始天体物理和天体演化的课程。三要加强学术交流，这项措施特别提出了要抓紧《天文学报》的复刊工作，组织参加重要的国际学术会议，进行必要的出国考察，适当派遣留学生。四要加强技术装备，重点提出了要加强南京天文仪器厂的设备和人力，要落实新的光学望远镜的研制等。五要完善天文台站的合理布局，尤其是要加速建设云南天文台，巩固和充实陕西天文台，适当考虑建设新疆地区的观测站。

这次天文座谈会对全国天文研究工作逐步恢复具有重大意义，揭开了中国天文学再发展的序幕。回顾中国天文学在 20 世纪的发展历史，中国天文学工作者这样说："中国天文学的格局，是在我国《十二年科技发展规划》指导下逐步确立的。这个格局的形成，归功于当时正确的科技政策。而取得较大发展，是 1973 年天文座谈会以来的这十几年"（林兆驹，张柏荣，沈海璋，等，1989）。中国天文学后来的发展也证实了这一点。

此处还需要特别提到"南片天体物理讨论班"的举办。1975 年上半年，由原南京大学天文学系主任戴文赛先生提议，组织"南片天体物理讨论班"，参与策划的有南京大学的曲钦岳、汪珍如，中国科学技术大学的程福臻等，希望就当时天体物理的前沿问题进行交流和研讨。组织的大型学术活动有三次：第一次是1975年南京江苏饭店"南京地区天体物理讨论会"，这是一次阐述两种观点的摊牌会，中国科学技术大学天体物理组介绍了一系列观测进展，说明现代宇宙学是当前天体物理学的前沿方向；而上海的李柯组对现代宇宙学的科学性存疑并取批判态度。第二次是1976年7月合肥稻香楼"南片天体物理讨论会"，这是北方所谓的"相对论批判组"来人，学术会议刚开一天，唐山大地震，会议散伙。第三次是在打倒"四人帮"后的1977年，在南京大学主办"相对论讲习班"，系统讲授"广义相对论"，来自全国各地近百名年轻的教员、研究人员兴高采烈前来听讲，戴文赛、龚树模两位老先生从始至终参加讲习班。"南片天体物理讨论班"对我国天体物理学的发展，尤其是对现代宇宙学、相对论天体物理研究的开启发挥了关键作用，一大批优秀的年轻学者脱颖而出。

第四章　改革开放中的中国天文学（1978～2000）

这一时期中国社会进行着改革开放的创举，中国科学也在经历着一次次的改革和重组，中国天文事业的发展也在围绕着"改革"与"开放"两大主题探索着新的发展路径。此前中国天文围绕的核心是满足国防需求，把重点放在天文机构、天文台站的建设方面，同时对关系国计民生的天文学基础研究给予了关注。此后中国天文围绕国家经济建设的需求和学科自身发展的需要，观测设备和仪器方面的投资力度加大，研究力量得到补充和整合，研究方向和研究课题进行了调整和重新布局。经过改革开放后十几年的积累、充实和发展，我国天文机构的改革、天文研究、天文教育、天文科普和天文期刊等方面取得了举世瞩目的成就。

一、改革开放以来中国天文学的发展战略

有学者将1978年改革以后30年科技体制改革与演变分为四个基本阶段：第一阶段（1978～1985），对"文化大革命"的拨乱反正和计划体制框架下的"休养生息"。第二阶段（1985～1996），此阶段主要集中于拨款制度的改革，技术市场的建立和科研机构的放活。第三阶段（1996～2006），"科教兴国"战略的提出和实施。第四阶段（2006至今），鼓励自主创新和建设完善国家创新体系。1985年是中国科技体制改革的一个重要转折点（寇宗来，2008）。1985年3月13日，《中共中央关于科学技术体制改革的决定》发布，标志着中国科技体制改革进入到有领导的全面展开阶段。此后国家陆续推出了包括改革科技拨款制度、科研事业费管理办法、专

业技术职务聘任制度、自然科学基金制度等一系列重大举措。同时中国科学院实行了推行所长负责制、以重新组建的研究组代替研究室的基层单位、改革研究所人事管理和职称评定等一系列的改革措施。1995年《中共中央、国务院关于加速科学技术进步的决定》颁布，提出了科教兴国战略，并确定深化体制改革的重点是，调整科技系统的结构，分流人才。

与国家和中国科学院的各期改革措施相适应，各大天文台的科研工作自1978年之后逐渐步入正轨，并开始调整新的研究方向。以北京天文台为例，天文座谈会后，根据中国科学院《关于继续进行科学技术干部提职称工作的通知》，对全台科技人员进行了职称评定，同时大幅度提高了科研人员的工资。一批学术骨干陆续被派往欧、美、澳等地进修，使自己的研究与国际主流衔接。组建了星系物理研究室，恢复了研究生招生培养制度。1989年前后，根据国家加大科技机构开放和改革力度的政策，在领导体制上实行了"所长任期目标责任制"，在科研管理方面，撤销了研究室建制，在清理课题的基础上，实行以课题为基本单元的合同制管理，科研经费按照课题进行分类管理。1993年之后，各大天文台又开始实行首席科学家制，对全体职工实行职务、职称的聘任制，并将工作业绩和相应的物质奖励挂钩，鼓励创新等制度。

中国科学院规定1985年开始对天文口的常规科研经费按1982~1984年三年常规经费平均水平实行切块包干、内部统筹协调的办法进行经费划拨和管理。为了合理利用有限的资源、通过经费的分配、使用来统筹和协调全院的天文研究工作，1985年成立的中国科学院天文委员会，负责明确天文学科的发展方向，制定长远战略；建立发展模式，统筹重大设施建设；调整学术格局，鼓励联合，鼓励开拓；优化台站布局，鼓励竞争（李启斌，沈海璋，苏洪钧，1990）。中国科学院天文委员会在中国天文改革方面扮演着极其重要的角色，"在12年中作为一个咨询和协调结构，对全院范围内天文学科的整体布局，配合各单位的改革调整，协助建立和支持光学和射电天文两个联合开放实验室，集中管理具有全国意义的重要观测设备，并统筹大型观测设备的建设和完善，支持各分支学科研究的均衡发展等方面发挥了积极作用"（严俊，2010）。

1998年8月中国科学院开始了知识创新工程的实施计划，天文学科作为首批知识创新单元，开始了天文学知识创新方案的启动工作。我国天文学的特点是大型的天文设备、天文野外台站和实验室（射电天文和光学天文实验室）都集中在中国科学院，并集中了大部分的研究队伍和人才，科学院对天文学界提出了凝练科学目标、整合研究队伍、统一资源配置、研究天文机构的机制和体制的改革方案。同年中国科学院基础科学局组织成立了天文学科调研小组,征求各天文台、站领导和专家意见,先后组织多次会议贯彻院党组的精神,成立国家天文台,优化各台站的优势领域,精简天文研究队伍,减少低水平的重复研究,提出了基础研究既要在国际上占一席之地,也要积极解决国家战略需求的发展目标。

1999年9月经中国科学院党组批准在五台三站一中心的基础上成立了中科院国家天文观测中心,常设机构挂靠在北京天文台,北京天文台台长艾国祥任中心主任,基础科学局天文处处长王宜任副主任,汪景琇和各台长同时兼任副主任,开始进一步的深化改革工作。广州人卫站由于天气影响经院批准取消,并入广州能源所;南京天文仪器研制中心根据需要和性质,原生产部分成立公司,并入院企业管理,市场运作;围绕国家大科学工程LAMOST为主的工作和人员组建成立研究所。与研究力量的调整与重组同时,中国天文学研究的目标进一步凝练,学科布局进行了重新安排,主要进行九大学科领域的研究:宇宙大尺度结构与暗物质和暗能量、星系形成和演化、天体高能和激发过程、恒星形成和演化、太阳磁活动和日地空间环境、天文地球动力学、太阳系天体和人造天体动力学、空间天文观测手段和空间探测以及天文新技术和新方法。还确立了天体物理、太阳物理、天文地球动力学与人造卫星精密定轨以及空间天文学为四大优势领域给予重点支持(艾国祥,2010),重点支持六大观测基地:河北兴隆站、北京怀柔站、乌鲁木齐南山站和上海佘山站、青海德令哈站以及南方天文观测基地。在技术发展方面设立了空间天文技术、天文光学及红外探测器、毫米波和亚毫米波、大射电望远镜技术、LAMOST工程技术、VLBI技术实验室,南京天文光学新技术实验室负责运行公共实验室,并进行相关天文高技术的研究、发展和技术储备,为天文学发展服务并承担国家战略需求和课题。

2000年将中国科学院的知识创新工程方案报科学技术部,力争列入国家科技体制改革方案。2001年初由中国科学院发文和科学技术部的会签,正式报中央机构编制委员会办公室,经多次汇报和中央机构编制委员会的领导现场考察和调研,2001年初获批准成立国家天文台,原北京天文台融入国家天文台,设在北京。继续保留紫金山天文台和上海天文台的院独立法人单位;云南天文台、乌鲁木齐天文站和长春人卫站直接由国家天文台领导,南京天文仪器研制中心成立国家天文台南京光学天文仪器研究所;陕西天文台改名为国家授时中心,是中国科学院的独立法人单位。2001年5月中国科学院国家天文台正式成立,中国科学院天文开始进入了新的发展阶段。

此外,中国科学院和高校密切合作,建立了华东天文与天体物理中心(1999年)、上海天文地球动力学研究中心(2000年)和北京联合天体物理中心(2001

年)。北京大学天文学系、中国科学技术大学天文与应用物理系、清华大学天体物理中心等机构的建立为天文人才的培养注入了新的活力(严俊,2010)。所有这些改革措施的执行使中国的天文机构和研究队伍发生了深刻的变化,随着改革的深入和发展,竞争、高效成为天文队伍和机构改革的主旋律。

二、国际交流与合作

"十年动乱"严重破坏了科学研究环境,造成了人才断档和与国际发展潮流的隔绝。1977年9月中国科学院在北京召开全国自然科学学科规划会议,制定1978~1985年全国基础科学发展规划。我国天文界各单位代表60余人,对我国天文学的发展进行了协商安排,制定了相应的发展规划。1978~1985年的天文学科发展规划决定从基础做起,考虑的焦点是人员和设备问题。解决人才问题的重要部署之一是有计划地派遣天文各分支骨干力量到欧美进修一二年。从1979年开始,随着国家的改革开放,与欧美以及国际天文联合会的高层次互访很快沟通了中国天文学国际发展的渠道。从1977年到1981年,中国科学院与联邦德国、法、英、意、瑞典、美、日、荷等国家科学团体陆续签订了合作协议与人员交流项目。从1978起国家开始公费选派学校师资去欧美发达国家进修,天文专业涉及的教师人数占总人数的15%。到80年代初期,很多当时的中年天文学家经过出国进修,使自己的专业研究与国际衔接,加上一批带着课题奋斗在设备研制的实测天文学家,中国天文研究的面已逐渐在各个不同分支学科前沿上展开。天文师资力量的出国进修对天文教育水平的提高意义重大,影响深远。天文研究人才出国进修,对推动中国天文事业的发展,缩短与国际上先进国家在天文学研究领域的差距,尽快赶上国际先进水平起到了非常重要的作用(王绶琯2003)。

1960年2月5日,由于国际天文学联合会(IAU)执行委员会接纳台湾为正式会员,中国天文学会因此退出了IAU及其所属委员会,与国际学术组织的联系和交往被迫中断。六七十年代中国发生的一系列政治运动,使中国科学受到了很大冲击和破坏,许多科学家被"靠边站",成了批判对象,与国际社会的交往几乎不可能。1972年全国科技工作会议后,中国开始恢复正常的科学研究,新的国际交往也随之展开,中国天文学界开始了与其他国家的学术互访活动。1972年王绶琯赴瑞士参加国际会议,同年美籍华人天文学家林家翘、范章云到中国访问。"文化大革命"结束后,中国社会发展步入正轨,中国与世界进行科学对话与交往的大门进一步敞开,科学文化的国际交流迅速增多。1976年11~12月北京天文台王绶琯率领中国科学院天文代表团访问美国,并参观考察了美国的21个天文研究机构。这次访问是

"文化大革命"后第一个出访的科学代表团,揭开了中国天文学界与国际交流的帷幕。1977年10月国际天文学联合会主席、基特峰天文台台长L. Goldberg率领美国天文代表团访问了北京天文台、紫金山天文台、南京大学和南京天文仪器厂,并进行了多学科的学术交流,开启了中国天文学与国际交流的新时期。随着中国大陆天文学界与国际交流的日益增多,恢复IAU合法地位被提上日程。1979年8月,以张钰哲为团长,赵先孜、叶叔华、洪斯溢、易照华和中国科协官员朱进宁一行6人组成中国天文代表团赴加拿大蒙特利尔参加第18届国际天文学联合会学术会议,代表团的主要任务就是为恢复中国天文学会IAU会籍进行谈判。1980年5月恢复中国天文学会会籍问题得到了解决,1982年8月,在希腊举行的第18届IAU大会上,正式宣布了恢复中国天文学会的合法席位。

中国与国际交流正常化以后,一些国际会议得以在中国举办。1983年11月21～25日昆明国际太阳物理学术讨论会在云南天文台举行,1987年IAU第四次亚洲-太平洋地区天文会议在北京举行,此外还有中德天体物理研讨会和中日太阳物理学术交流会在中国举行。到1998年IAU在中国举行的国际会议达12次之多。随着中国天文实力的增强和研究水平的提高,中国在国际学术组织的地位也在逐渐上升,中国天文学家开始在这些组织中担任职务。1988年8月2日～13日,在美国巴尔的摩举行的第20届IAU大会上,叶叔华当选IAU副主席,成为第一位当选这个职位的中国人和第一位中国女性。在第21届IAU大会上,叶叔华连任该职位。此后又有几名中国天文学家选入了IAU各专业委员会:艾国祥于1997年当选第10"太阳专业委员会"副主席,2000年当选主席;金文敬1997年第23届IAU第8"方位天文"和第24"照相天文"专业委员会副主席,2000年第24届IAU这两个专业委员会合并为天体测量专业委员会,她是两个专业委员会合并后的首任主席;苏定强2000年当选第9"天文仪器"专业委员会副主席,2003年当选主席;南仁东2003年当选第40"射电天文"专业委员会副主席,2006年当选主席。

自1978年之后,中国天文界开始参与国际组织的天文联测。1979年中国太阳射电观测开始参与国际联测,最重要的是国际太阳活动峰年联测工作以及太阳射电高时间分辨率观测。1983～1984年中国参加了国际地球自转联测,此后还有哈雷彗星回归等国际联测都取得很好的观测效果,获得国际同行的认可(傅承启,叶叔华,2009;王绥琯,2003)。

改革开放以来,中国天文学会恢复了IAU的合法席位,并通过举办国际会议,在国际学术组织中任职,参加各种国际联测,加强国际合作以及在国际期刊上发表论文等活动,融入了世界天文学发展的主流。

三、天文观测仪器及其新技术与方法研究

与其他自然科学所不同的是，天文学研究特别依赖天文观测，因此观测手段和技术方法的不断创新成为贯穿天文学发展的主要线索。在中国天文基本格局建立之后，研制大量观测仪器，补充和装备各大天文台成为急需解决的问题。因此在1978～1985年的天文学科发展规划中，设备也成为考虑的焦点之一。鉴于当时中国的经济条件和技术加工能力，观测仪器研制的要求定在了能够对国际上开拓的前沿领域进行"最低可及"的观测。对光学望远镜来说就是能进行有意义的光谱观测；对射电望远镜来说就是能有效地观测宇宙射电。如何以有限的投资来取得尽可能高的学术效益，以能达到带动中国天文学起步、进入国际合作与竞争的目的，是考虑这些"重点建设"设备的主要问题。尽管目标定在"最低可及"，但是中国天文学家却凭借着聪明才智和艰苦奋斗的精神，充分发挥有限的资源，让一些天文仪器的性能达到了世界先进水平（王绶琯，2003）。

（一）三架新望远镜

1958年中国就提出建造2.16米光学望远镜的设想，1968年完成了它的60厘米中间试验望远镜，此后由于"文化大革命"2.16米望远镜的研制中断。1972年重新启动，1974年研制工作全面展开，1989年2.16米望远镜在北京天文台兴隆观测站落成，1996年通过了鉴定。2.16米望远镜集中了光学、机械、电控和自动化多种先进技术于一体，配备了现代化的焦面仪器，是一台2米级的达到国际先进水平的光学望远镜。在2.16米望远镜中苏定强提出了卡塞格林和折轴两个系统共用副镜的思想和加一块中继镜的折轴系统，并发现转换时只要小量移动副镜和将中继镜取为扁球面，折轴系统能同时消去球差和彗差。以后欧洲南方天文台VLT中的4架8米望远镜也都采用了与此类似的折轴系统。像场改正器的设计达到了国际领先水平。2.16米望远镜中机械结构精心设计和加工，采用了油垫、齿轮传动等先进技术，上海、南京的一些大工厂在大件加工上给予了大力的支持。电控和自控在国内率先研制成用于光学望远镜的计算机控制系统，采用了数字锁相等先进技术。1998年"2.16米光学天文望远镜"获国家科学技术进步奖一等奖，获奖单位是：南京天文仪器研制中心、北京天文台、中国科学院自动化研究所，前5名获奖人是：苏定强、包可人、潘君骅、黄磷、黄玉棠。2.16米望远镜的成功是近百位科技人员和工人多年努力的结果，研制中多年得到我国著名前辈光学家龚祖同先生的领导与关怀。2.16米望远镜使我国天文学的研究由测光进到了光谱，由银河系内进到了银河系

外。从1989年到2008年这架望远镜一直是国内最大、也是远东最大的光学望远镜，通过它取得了大量的天文成果。2005年王大珩先生在国际光学委员会（ICO）举办的第20届国际光学大会（长春）开幕式上的讲话中列举了中国光学工程的六个里程碑，其中两个是天文方面的，就是2.16米望远镜和LAMOST。

1987年上海天文台建成了1.56米天体测量望远镜。它是中国自行设计，采用国产材料研制成的一架大型天体测量光学观测设备，也是目前国际上口径最大的天体测量望远镜。主要用于精确测定恒星的三角视差，也可用于天体物理的观测研究工作。1974年上海天文台万籁等最先提出研制天体测量望远镜，并被列入中国科学院重点科研项目，由朱能鸿以及王兰娟、郑义劲为首的课题组负责设计建造。1986年安装在上海天文台佘山观测站，1989年通过院级鉴定，达到了国际同类望远镜的领先水平，1992年获国家科学技术进步奖一等奖。

1.26米红外望远镜是我国唯一的专用红外望远镜，主光路为典型的卡塞格林系统，副镜可作快速方形波摆动，以消除天空背景光的影响，主镜采用薄镜面，用水银带作侧支承，焦比1.9，整架望远镜结构轻巧紧凑，达到了极高的性能价格比，已通过计算机成功地实现了对望远镜重力变形、蒙气差等的精密校正，获得了高达 $1''\sim 2''$ 的指向精度。这对观测不可见的红外源有重要意义，并由计算机实现全自动观测。（苏定强，1992）。1.26米红外望远镜由南京天文仪器厂完成，主要参与的人员有胡宁生、汪达兴、姚正秋、周必方、郭红峰、蔡其忠等人。

（二）光学天体测量仪器

70年代我国研制成功的Ⅱ型光电等高仪，其观测精度就达到了国际领先水平，后来经过改造实现了全自动化，采用新的光子计数记录方法，极限星等达到了11等。80年代我国又研制成功了Ⅲ型光电等高仪，口径增大到26厘米，极限星等达到了12等。在子午环方面，我国和丹麦合作研制成功了新型的水平子午环。在天体测量方面极其重要的进展是在上海、长春和武汉建立了高精度的人卫激光测距系统。上海天文台的接收望远镜口径60厘米，发射望远镜口径15厘米，配有先进的计算机自动跟踪系统，卫星在地影中甚至在白天也可以观测，测距精度达到了 $2\sim 4$ 厘米，上海站已经成为了全球激光网中的一个基准站，并且与长春人卫站和武汉的仪器构成了我国一个高精度的卫星激光测距网络。

（三）太阳观测仪器

太阳磁场望远镜是中国天文学家首先提出并研制成的利用太阳光球和色球两条

谱线进行两层次磁场和速度场视频测量的望远镜。它的设计思想最先由艾国祥于1966年提出，1968年太阳磁场望远镜被列入了中科院重点项目，1972年项目正式启动，由北京天文台、南京天文仪器厂共同负责研制，1982年调试和试验观测成功，1985年安装在怀柔观测站。太阳磁场望远镜"心脏"部位的光学器件中，采用了窄带双折射滤光器作为二维单色器，使仪器的总效率比20世纪60年代发明的单点系统提高了25万倍，比70年代的单缝系统提高了500倍。1985年我国研制成功了两架太阳精细结构望远镜，口径28厘米，双折射滤光器透过带半宽0.24埃，分别安装在云南天文台和紫金山天文台赣榆站（艾国祥，2010）。1990年太阳多通道望远镜安装于怀柔观测站。它可同时提供9个波段上的太阳单色像，以用于太阳磁场、速度场和亮度场的同时观测。这些仪器的完成，标志着我国在双折射滤光器为核心的一类太阳观测仪器方面也达到了国际领先水平。

太阳光谱观测方面的仪器也有了长足进展，1982年南京大学建成了我国第一个太阳塔，配有高质量的多波段摄谱仪，还配备了CCD系统。1991安装在云南天文台的太阳光谱望远镜，它包括口径50厘米的望远镜和光栅面积达300毫米×320毫米的分光系统，用两个CCD系统接收，通过扫描可获得太阳圆面双波段两维光谱和观测矢量磁场。在日全食观测仪器方面也有了闪光光谱仪和多缝光谱仪等（苏定强，1992）。

（四）光学望远镜附属设备

望远镜的口径决定了可以得到天体信息的上限，即用它对从一定视亮度的天体所能收集到的光子速率和它能达到的空间分辨率。在一定观测台址的气候条件下，充分利用望远镜提供的上述两项基本条件，从天体的辐射中提取出观测课题所需要的信息，这就是附属仪器所承担的任务。附属仪器包括成像和分光等设备。一般来说，不够理想的附属仪器是指浪费了望远镜所提供的基本条件（光子利用率低或像的蜕化），浪费了望远镜的使用时间和不能有效地提取信息。光子利用率低是和望远镜口径减小相当的，为增大口径所支出的巨大财力就被白白地浪费了。所以大望远镜的拥有者是非常重视附属仪器的研制的（胡景耀，1984）。

在望远镜附属仪器的使用和研制方面，我国基本上跟随了国际的潮流。50年代前都使用的是照相乳胶，50年代末开始使用光电倍增管，研制成了各种光电光度计，70年代国际上开始建成电荷耦合器，即CCD。1985年我国建成第一个CCD系统，安装在云南天文台1米望远镜上，使观测暗星的极限延伸了3个星等以上。随后北京天文台给2.16米望远镜配备了两套CCD系统，还在60厘米施密特望远镜上用CCD开展了多天体测光，太阳磁场望远镜采用了电视CCD系统，获得了很大成功，其他台站的太阳精细结构形态和太阳光谱观测也逐渐使用。另外，传统的照相乳胶因为它具有面积大、均匀性好、空间分辨率高，也还在被使用，各台采用了各种敏化技术，提高了灵敏度。

分光仪器的研制也受到了重视。云南天文台的1米望远镜安装了卡焦和折轴摄谱仪，折轴摄谱仪使中国有了获得高色散光谱的可能。低色散摄谱仪在使用CCD记录后，其观测效率也得到了提高。而南京天文仪器研制中心和北京天文台联合研制的2.16米望远镜阶梯光栅摄谱仪，利用双色片将天体辐射成功地分为红、蓝两臂，并用CCD记录，可以同时覆盖几乎整个光学波段，提高了观测效率。另外，北京研制的光纤多天体摄谱仪，可以同时拍摄10颗以上的恒星有缝光谱。

（五）三台射电望远镜

20世纪70年代，在世界各国都把战略重点放在发展射电天文的国际形势下，我国也提出了建造三大射电天文设备，即米波综合孔径、甚长基线干涉仪（VLBI系统）和毫米波望远镜。这三项射电天文设备，波段上分别是米波、厘米波和毫米波，工作模式分别是综合孔径、长基线干涉和单天线工作，均具有比较高的现代化水平，综合了各种先进技术：精密天线制造和测量、自动控制、传输技术、数据采集和处理、磁记录技术、低噪声接收机技术、半导体器件和工艺、电子低温技术、频谱与谱线分析技术、视频技术、图像处理技术、计算机技术等。这三项宇宙射电设备的建成使我国射电天文发展中迈出了极其关键的一步，使我国宇宙射电的研究进入了国际先进行列（国家自然科学基金委员会，1997）。

米波综合孔径射电望远镜于1984年建成，由28面9米天线组成的。望远镜的设计方案最先由王绶琯于1973年提出，"七五"期间列为院重点科研项目，1975年正式开始研制。澳大利亚射电天文家W. N. 克里斯琴森提供了援助，北京天文台的陈宏昇、郑怡嘉、张国权和邱育海等是参与研制的科技骨干。1984年望远镜系统联调成功，经过试验观测达到了当时同类设备的国际先进水平。米波综合孔径望远镜是一种分辨率和灵敏度都很高、适合于观测不变的射电源的射电望远镜，主要用于北赤纬天区的射电源普查和特殊源的搜索以及用于宇宙射电源米波特征的测量。

上海天文台建设VLBI站的设想最先由叶叔华等人提出，1979年万同山、钱志瀚完成了实验型的VLBI系统。上海VLBI站的主体是口径25米的抛物面天线，配备有MK II 和MK III 的记录终端。MK III 的数据采集系统是当时世界上最先进的，这就使得佘山VLBI站达到了国际标准的多用途观测站的水平。佘山VLBI站于1987

年正式投入观测使用，1989年通过院级协议，并加入了欧洲VLBI网，成为正式成员，与日本网、德国网、欧洲网、美洲网和俄罗斯网进行了大量的国际联测。

1986年紫金山天文台在青海德令哈安装了13.7米口径的毫米波射电望远镜。70年代中国为发展分子天文学，提出了建造大型毫米波望远镜的计划。1978年开始了选址工作，紫金山天文台的刘思祥等人经过3年的努力选定了青海德令哈作为安装望远镜的地址。以紫金山天文台韩溥为首的科研群体和天文仪器厂立足于国内、国际相结合的方针，于1982年开始了望远镜的研制工作，以徐之材为首的科研群体在毫米波接收机的研制和发展做出了高水平的贡献。1986年安装在了德令哈，1990年通过验收。13.7米毫米波射电望远镜的成功研制和运转，为天文学家从事当今天体物理学十分活跃的前沿——分子天文学研究提供了有力的实测手段，为中国天文学填补了一个非常重要的空白。

除了以上列举的重要设备之外，80年代建成的观测仪器还有：激光人卫测距仪、低纬子午环、球载天文望远镜等重要的天文设备。"这一系列观测设备的建成使我国天文观测能力发生了根本的变化。这些设备是我国自行研制的，它们的研制成功，也标志着我国天文仪器研究能力的飞跃。其中，太阳磁场望远镜已达到了世界领先水平。2.16米望远镜的建成使我国拥有了远东最大的光学望远镜。这些重要设备分别投入北京天文台、上海天文台、云南天文台联合组建的光学天文开放实验室和紫金山天文台、上海天文台、北京天文台联合组建的射电天文开放实验室对国内外开放"（李启斌，1992）。

90年代中国经济的发展带来了科技教育投资的增长，与80年代相比，国家对天文的投入翻了两番。一批原有的主要设备，包括2.16米望远镜、VLBI网、13.7米毫米波射电望远镜等都配备了新型的终端设备，使性能和效率大大提高（方成，2002）。

（六）大天区面积多目标光纤光谱天文望远镜（LAMOST）

90年代国家对天文投资增大的标志性事件是把"大天区面积多目标光纤光谱天文望远镜（简称LAMOST）"列入国家大科学工程，总投资达2.35亿，建设周期预计是7年。王绶琯提出了大天区面积多目标光纤光谱望远镜的科学目标："一次观测获得数千个天体有缝光谱的巡天"，这样超大规模的有缝光谱巡天过去没有人提过。王绶琯提出了LAMOST的卧式中星仪式布局，苏定强提出采用形状变化的改正镜，LAMOST在观测的每一个瞬间都是一架反射施密特望远镜，但在不同的瞬间是不同（改正镜面形不同）的反射施密特望远镜，传统上这样的光学系统是没有的。

稍后，王绶琯提出在焦面上放置4000根光纤。邢晓正提出了分小区的光纤定位思想。1994年王绶琯、苏定强、崔向群、褚耀泉、王亚男等提出了研制LAMOST的建议，1997年国家计委批准立项，这是天文方面的第一个国家大科学工程。崔向群负责了LAMOST的研制，她创造性地发展并实现了新的薄镜面和拼接镜面相结合的主动光学，使我国的主动光学技术走到了国际前沿，具备了研制未来30米级极大望远镜的能力。LAMOST是一种新型的望远镜，是世界上口径最大的大视场望远镜，已于2008年10月建成，平均通光口径4.3米，视场5度，配有16台光谱仪，光纤数远超过第二多的SDSS，当前世界上其他几个项目也正在计划沿着王绶琯提出的4000根光纤的方向去做。LAMOST的成功为星系宇宙学、银河系的结构和演化、多种巡天的光学证认等研究创造了世界一流的条件。赵永恒负责了LAMOST的试观测，2012年8月已向国际上发布了先导巡天中获得的48万条天体的光谱，更多、质量更好的光谱即将在下一步得到。

（七）天文仪器新技术与方法的研究

天文仪器新技术与方法的研究是天文学研究中不可分割的组成部分，可以说没有天文仪器新技术与方法研究的发展，就没有天文仪器研制的发展。高精度天文镜面加工与检测技术的研究，40年代后期或50年代初期杨世杰就通过自己的钻研在我国最早掌握了天文镜面的加工与检验技术，他并培养了我国多名这方面的专家，将这种技术在我国传播开来。1956年杨世杰在紫金山天文台磨制成功中国第一个施密特（Schmidt）照相镜，为我国今后研制多个施密特望远镜奠定了基础。以杨世杰为核心，紫金山天文台成立了天文仪器研究室，在他的指导下成立了南京天文仪器厂光学车间。杨世杰为我国天文光学做出了重大贡献。天文镜面检测技术方面，潘君骅提出了"检验反射望远镜中二次凸面镜表面形状的新方法"，李培德于1972年研制成功了激光球面干涉仪，提出了"常用凸非球面副镜的两种检验方法"，周必方、施志果于80年代提出了"计算机全息图检验非球面镜的方法"等。20世纪80年代初期，王绶琯注意到了国际上把新兴的光纤技术应用于天文光谱观测的进展形势。随后由北京天文台王顺德跟踪这一形势的发展并进行探索性实验，到1990年左右王顺德、门力所用的光纤数目已达20多根。

双折射滤光器是法国天文学家李奥（Lyot）发明的太阳单色像观测仪器中的心脏。1968年苏定强、王亚男等研制成功我国第一个李奥双折射滤光器，这项工作在我国开辟了一条路，此后我国所有以双折射滤光器为核心的太阳观测仪器就全部由自己制造。1972年苏定强和王亚男提出了一个有创新的评价函数并编制了光学系统优化程序,这个程序是以后三十年间中国天文光学设计和研究用的主要程序,优化的结果像质都能与国外最好的相当,个别优于国外,为我国天文光学做出了重大贡献。1993年"天文望远镜光学的研究"获国家自然科学奖二等奖,获奖人是苏定强、王亚男、羿美良、王兰娟、周必方,获奖内容除以上提到的外,还包括他们对2.16米望远镜、像场改正器和一些天文光学系统的研究。主动光学是国外20世纪80年代发展起来的用于校正望远镜重力变形、热变形和低频大气扰动的新技术,是新一代大望远镜的关键技术。1993年,苏定强领导的小组建成了我国第一个薄镜面主动光学实验系统。1998年苏定强领导的小组又建成了我国第一个拼接镜面主动光学实验系统。这两个实验系统的成功,对我国今后研制大望远镜和LAMOST都有重要意义。1986年苏定强还提出了应用主动光学实现按传统概念不能实现的光学系统的思想。

斑点干涉像复原技术在我国开始于王义明于1983年开拓并完成了斑点干涉研究和实验之后,云南天文台仇朴章、邱耀辉等于1988年转入了二维高分辨率像复原的研究。另外刘忠、邱耀辉等提出了空域像复原的新方法也取得了比较好的效果。天文自适应光学技术的研究起步于1979年。后来在国家"863"计划的支持下,于1990年与云南天文台1.2米望远镜对接,于1990年9月实现了星体目标实时大气湍动校正,星象瞬时抖动量的均方根小于0.05,这是中国首次研制成功的天文自适应系统,成为美国和ESO的COME-ON计划之后第二个实现这一目标的国家。天文光干涉高分辨成像技术的研究在中国起步比较晚。1991年韩天芑、王正明、周必方联合向中国科学院申请"光学天文学中高空间分辨率技术和应用研究",1992年,该项目被列入中国科学院"八五"重点项目。经过课题组近5年的努力,中国在发展光干涉技术研究方面有了一些突破(王绶琯,2003)。

四、天文教育、科普和名词

20世纪80年代初,我国在四所高校设有培养天文学专业人才和具有坚实研究基础的天文系和天文专业。"文化大革命"期间,天文学专业停止招生达12年之久。1972~1975年招收了一些工农兵学员,按大专水平培养毕业。1977年全国高等学校恢复招生,天文学系也开始正常招收和培养基础天文人才。1978年研究生招生制度恢复,到1982年为止,各天文台相关研究单位以及高校的天文学专业,先后设立了硕士生、博士生专业和博士后流动站,在稳定大学本科教育的基础上逐步健全了高层次天文人才的培养体制。80年代天文学教育受到严重挫伤,招生受到限制。在整个80年代,全国毕业的天文学本科生共计440名,硕士生300多名,博士生将近60名。全国高校天文学本科生的招收限制在每年30～40人，研究生在40～50人，博士生在20～30人。这样的人才培养规模满足不了天文学研究发展的需求。90年代这种情况有所改观，形成了天文教育的发展时期。首先高校天文学系和天文学专业的招收本科生和研究生的名额有所突破，这使得在校的学生数额比以往大为增加。其次90年代高校和天文研究机构合作成立了不少天体物理中心，这些中心一般都具有招收研究生的资格，这就大大提高了研究生培养的能力。1998年中国科学技术大学成立天文与应用物理系，并开始招收天文学专业本科生。虽然到现在为止它培养的本科生人数有限，但是它的建立则使高校培养天文本科生的机构发展成了4个，突破了以前只有3个天文学系和天文学专业的局面。中国的天文教育最初模仿苏联模式，后来慢慢独立，形成了自己的特色。这些特色包括重视基础课的学习，专业划分很细；比较强调知识的传授但忽视能力的培养；偏重于理论知识学习而忽视实测能力的训练。90年代各天文教育单位认识到了这个问题，积极推行教学内容和课程体系的改革，制定和执行新的教学改革方案。南京大学天文学系和北京师范大学天文学系都在本科教育中按天文一级学科设置课程，拓宽和加强基础，同时加大实验室和图书馆的建设，为学生的能力训练创造更好的条件。此外还编写新的教材，鼓励学生参加早期科研训练是教育改革的重要内容。

另外天文的普及教育，近二十多年来天文普及教育在中国有了长足进展。经过多年的努力和宣传，现在全国已经有不少高校给本科生开设了天文选修课程，对提高学生的科学素养起到了很好的作用。天文科普工作在二十多年的发展也非常迅速。1978年成立了普及委员会，总部设在北京天文馆。许多地方纷纷建立起了天文爱好者学会，各地科技馆、大中小学校建立了普及型的天文台。各天文机构积极开展科普工作，或者建立科普天文台、或者成立天文普及中心和科普教育基地，向广大青少年普及天文知识。抓住特殊天象发生时机，通过各种媒体向大众传播是80年代和90年代天文普及的重要手段，如1985～1986年的哈雷彗星回归、1994年7月的彗木相撞、1996～1997年的百武和海尔–波普彗星、1997年的黑龙江漠河日全食观测，天文普委会和各天文研究机构都组织人力参加科普宣传活动，产生了巨大的社会效应（中国天文学会，1992；中国天文学会，2002）。

20世纪50年代国家非常重视科技名词在发展科学技术中的重要的基础和支撑作用，专门成立了学术名词统一工作委员会，集中力量审定、公布了各学科名词几十种，1958出版的《天文学名词》5000条就是其中的成果之一。"文化大革命"时期名词审定工作被迫中断，"文化大革命"后许多著名的科学家和名词工作者纷纷呼吁，请求恢复和建立科技名词的审定机构，以推动我国科技名词的规范和统一。

1983年6月27日中国天文学会天文学名词审定委员会在南京成立，张钰哲任主任，成立初期只是中国天文学会下属的一个工作委员会。1985年全国自然科学名词审定委员会成立，下设天文学名词审定委员会，天文学名词工作正式纳入国家名词审定体系。1987年8月12日国务院签发"国务院关于公布天文学名词问题的批复"，天文学名词成为全国自然科学名词审定委员会的第一项成果。同年科学出版社出版《天文学名词》和《天文学名词》（海外版），收录1956条基本名词。1991年5月中国天文学会天文学名词审定委员会审定的《汉英天文学词汇》由上海科技教育出版社出版，收录13400词条。

第五章 中国天文学成果概述

20世纪50年代以前中国学者所进行的近现代天文学研究已经在前文中涉及，本章主要概括50年代之后天文学研究成果。另外，前文历史性的回顾基本上把重点放在了天文台站的建设、天文观测仪器的研制和天文观测技术的发展上，本章不再单独罗列天文仪器研制方面的成就。本章按照天文学学科的主要分支领域，简明扼要地罗列50年代后中国天文学研究的主要成果（王绶琯，2003）。

一、天体测量学研究

20世纪50年代初，中国的天体测量学研究主要集中在授时、地球自转、纬度变化、天文常数、基本星表等领域。由于国家的重视和大力支持，于1965年8月根据中国世界时系统确定的中国综合时号改正数通过国家鉴定，正式为测绘、勘探、地震等应用部门使用。为保证授时信号有效覆盖全国，陕西天文台经国务院授权从1981年7月1日起正式发播我国的短波时号。为了适应航海事业和空间科学技术发展需要，陕西天文台于1973年起增建长波授时台，并在1986年6月20日通过国家鉴定，开始发播长波时号。长波授时台的建成获中国科学院1987年科技进步奖特等奖，1988年国家科技进步奖一等奖。同时我国还开始了高精度计时仪器的研究，先后研制成功氨分子钟、铷钟，1969年研制成功了氢原子钟，为开展VLBI研究和导航等高新技术打下了基础。1959年我国以上海天文台和紫金山天文台的六架测时仪器天文观测为基础，初步建立了我国的世界时系统，随后北京天文台、测量与地球物理研究所、陕西天文台和云南天文台先后加入，使得我国的世界时服务网更加完善。1982年"我国世界时系统的建立和发展成就"获国家自然科学奖二等奖。

70年代初，由于中国世界时系统工作已经初见成效，大量高精度恒星位置观测资料的积累，中国开始了恒星基本星表的改进工作，完成了 3 部综合星表。《中国授时赤经星表》和《光电等高仪总星表》与世界上同类星表相比，其精度名列前茅，曾为 FK5 基本参考架的建立做出了贡献。1988～1990 年在中国科学院测量与地球物理研究所完成了《中国大地测量星表》编制（金文敬等，2004）。

60 年代末，测定地球自转参数和研究地球动力学的经典天文仪器受到了新技术的冲击，我国在 70 年代中后期先后开始了激光测距仪和甚长基线干涉仪等先进的技术设备的研制，这使得我国的天体测量技术跟上了国际发展的步伐。1978 年中国天文学家叶叔华首次提出了天文地球动力学的概念，主要思想是通过天文学的手段研究地球的各种运动状态和力学机制。现在这些中国新发展起来的天体测量仪器已经参加多项国际合作。1983～1984 年国际地球自转联测（MERIT），中国的 13 架经典时纬仪器、2 架多普勒接收机和 1 架人卫激光测距仪参加了此次联测。通过这次大规模的国际合作，中国天文地球动力学研究走上了世界舞台，进入了新的发展阶段。1987 年上海 VLBI 站在叶叔华的筹划和主持下建设成功，1994 年又建成了乌鲁木齐 VLBI 站，并开始和亚洲、欧洲、美洲等其他许多地区开展合作观测和研究，为高精度地面参考系建立和研究现代地壳运动，积累了大量观测数据。现在经过二十多年的发展，天文地球动力学研究的领域已经大大拓宽。

二、天体力学研究

中国的天体力学研究真正开始于 20 世纪 50 年代中期，主要工作集中在紫金山天文台和上海天文台：前者从事小行星观测和定轨研究；后者从事小行星群的普遍摄动计算、轨道改进和行星历表预报工作。此后随着苏联卫星上天、计算机的应用、新观测技术的出现以及中国国防建设的需要，天体力学在中国比较全面地展开了。

1957 年苏联卫星发射成功是中国天体力学研究的转折点和契机，大多数天体力学工作者投入了人造地球卫星的观测、轨道计算以及运动理论的研究上。《人造卫星的观测和预报》出版为中国独立开展人卫观测和轨道预报奠定了基础。1958 年紫金山天文台全面开展了人卫轨道计算、资料处理、预报和摄动理论研究工作，并于 1965 年 3 月建成中国第一个比较完整的人卫测轨预报计算中心，投入常规测轨预报工作。1967 年紫台和数学研究所等单位，完成了中国第一颗人造卫星测轨预报实施方案的制定，接着又在各人卫监控站专用计算机上完成了测轨预报软件的编制。该方案和软件经 1970 年 4 月 24 日发射的中国第一颗人造卫星的实际使用证明，是一项完全成功的开创性成果。这项"东方红"卫星的轨道设计和测轨预报方案的制订，于 1985 年获国家科技进步奖特等奖。此后中国人造卫星运动理论精度不断提高，在国际上比较有影响的研究包括影响卫星运动的力学模型的精化、定轨计算方法的改进与研究、新的数值积分方法的探讨以及相应的应用研究，如：卫星定位、全球板块运动和区域地壳形变测定、地球自转参数、大气阻力参数测定等。中国人造卫星的定轨精度已经能够承担卫星动力测地等高精度的课题。1979年，紫金山天文台提出了"卫星动力测地实施方案"，开始中国的卫星测地工作。此项工作取得了诸多成果，填补了我国在卫星动力测地方面的空白，并获得1986年科学院科技进步奖一等奖和1987年国家科技进步奖一等奖。

天体力学理论研究主要集中在南京大学天文系，其中小行星运动中的轨道共振问题、三体及N体问题的定性研究、非线性天体力学方面的研究已经进入了国际先进行列。历书工作主要由紫金山天文台承担，从1958年开始独立编算天文年历，于1964年获得成功。1984年又出版新版《中国天文年历》，其历表精度达到了英、美天文年历的同等水平，满足了各部门的精度要求。陕西天文台在土星卫星和天王星卫星的定轨研究和南大天文系对土卫六受摄动特征的研究也受到了同行的重视。20世纪末，中国的天体力学研究在参考系和各种天体系统动力学模型的精化方面，对相对论效应的考虑和研究方面开始活跃了起来，研究内容几乎涉及了国际上这方面研究的所有方面。总之，经过50多年的发展，中国的天体力学研究已经覆盖了天体力学的主要研究领域。

三、太阳物理学研究

我国太阳物理学研究是天体物理学科中首先发展起来的一个分支，开创于民国时期的青岛观象台。20世纪五六十年代中国太阳物理的研究工作主要集中在太阳黑子相对数和活动周期的分析和统计、太阳内部结构和环流、日珥光谱分析、米粒组织理论若干方面。这一时期的太阳物理研究取得一些成绩，但尚未完全展开。70年代末中国除了在观测太阳的仪器和设备上加大投入外，对太阳物理的研究也逐步展开。80年代我国太阳物理界逐步建成了一批新型的、有特色的太阳观测设备，如：太阳精细结构望远镜、太阳多通道望远镜、太阳真空光谱望远镜以及快速太阳射电观测网。90年代太阳光谱观测实现了CCD二维光谱的观测，开辟了我国二维光谱的新领域。现在中国的太阳物理研究已经在国际学术界内取得了一定的发言权，把中国太阳物理研究推向国际前沿的契机，在很大程度上是艾国祥等人创造性地建成了我国太阳磁场望远镜赢得的。

中国太阳物理学的研究集中在太阳活动区物理方面，特别是以太阳活动峰年联测为线索，组织的太阳活动第21周和22周的全国规模的协作研究活动，取得比较好的成果。当代中国太阳物理研究以太阳磁场和太阳活动现象为研究重点。在太阳活动区向量磁场演化研究、太阳小尺度磁场内禀特性研究、磁对消、太阳活动对象二维光谱诊断及非局部热动平衡理论计算日珥大气模型的研究、太阳微波射电爆发的毫秒级尖峰辐射和太阳磁流体力学过程数值模拟方面，我国取得了国际先进的研究成果。太阳物理研究还取得了一批有重要价值的耀斑光谱资料，分析研究揭示耀斑谱线不对称性的规律，耀斑谱线的快速时空变化，并在耀斑动力学过程研究中取得了较大进展。在耀斑与电流和耀斑与暗条的关系，耀斑储能和触发机制，耀斑、日珥和黑子等的大气模型，耀斑环释能和演化，白光耀斑机制等方面进行了一系列探索，取得一批成果。此外在太阳活动预报方面，特别是宇宙飞行和科学实验、电离层突然骚扰等提供了准确的预报，取得了重要的应用价值。在日地关系、日震学以及日珥等活动的磁流体动力学方面也开展了不少研究工作（汪景琇，1998）。

四、太阳系与太阳系物理学研究

中国对太阳系的研究也是从50年代才开始。张钰哲在紫金山天文台最先开始系统地进行小行星、彗星观测。从开创到80年代中期，中国共发现了130多颗获得国际正式编号的新小行星和4颗新彗星。同时张钰哲和张家祥还开创了小行星的光电测光工作，以后有周兴海、杨修义等继续这项课题，到80年代共测得了40余颗小行星的完整光变曲线。90年代北京天文台开始进行施密特CCD系统的小行星巡天观测和研究，到1999年共发现小行星91颗，5颗近地小行星和1颗大偏心率的特殊轨道小行星。

20世八九十年代中国共进行三次大规模的彗星联测工作，即哈雷彗星联测、彗木相撞联测以及海尔-波普彗星的联测工作，取得了比较好的成绩，获得了世界的重视。1984年哈雷彗星回归，我国对其进行了精密定位测量和光度测量，对其光谱进行了多方面的研究，还收集了中国历史上对哈雷彗星回归的记载，出版了《哈雷彗星观测手册》。1994年发生了苏梅克-列维9号彗星的彗星碎片撞击木星的天象。紫金山天文台张家祥负责这次碰撞的预报工作，其预报精度达到很高的水平。在观测彗星撞击木星的过程中，中国学者报告了碰撞引起的十米波爆发，发表了观测报告，进行了CCD观测和射电观测。70年代后中国彗星物理研究也比较活跃，例如尘埃彗尾结构的研究、阿朗—罗兰彗星的光谱分析、彗星磁腔二维形状的研究等都是在这一时期作出的。

其他比较重要的研究成果有：1979年吉林陨石雨的研究，出版了《吉林陨石雨研究论文集》，还提出了吉林陨石形成演化模式。太阳系演化研究方面，50年代南京大学戴文赛、胡中为等进行了研究,80年代出版《太阳系演化》,总结了太阳系起源的理论。1988年出版的《现代行星物理学》是中国关于行星物理学的第一部专著。但总的来说,我国在行星物理与太阳系演化领域的研究队伍比较小,这些少量科研人员的工作也比较分散。

五、恒星和星际介质物理学研究

中国的恒星物理学开创于20世纪30年代。当时的一批留学生如余青松、李珩、张云、程茂兰和黄授书等在欧美留学期间大多从事恒星实测兼理论研究,他们中一些人的工作在国际上享有盛誉。50年代紫金山天文台张钰哲和贺天健最早在中国开展恒星脉动研究。龚树模早年从事恒星物理研究,发表太阳内部结构和赫罗图中星团主星序差位导源于氢氦成分差异的解释等多篇论文。李竞、沈良照对变星进行了照相测光。南京大学戴文赛研究了星协恒星自转的起源和各类光谱型恒星的视向速度分布及运动,曲钦岳则在恒星自转与谱线轮廓方面进行了研究。"文化大革命"期间,恒星物理学研究被迫中断,70年代初开始恢复。北京天文台沈良照等首先用兴隆60厘米望远镜对食变星MR Cyg,VVCep等进行光电测光,此后陈建生等与数学所陆启铿合作基于MR Cyg的观测资料利用计算机做测光轨道解,并改进了国际知名学者科帕尔提出的偏食解迭代方法。这一时期理论方面熊大闰发表了《脉动变星中湍动对流的统计理论》,可以解释造父变星脉动不稳定带红边界和其他的有关问题。

20世纪八九十年代大批科研骨干被派出国进修或者国际著名天文学家被邀请到中国讲学,国内的观测设备得到了充实改善,恒星物理学研究取得比较大的进展。在密近双星研究方面,有一批RS猎犬座型的巡天观测已被有关星表重点采用;首次发现恒星特大能量光学宽波段耀发事件;解出了一批晚型相接双星的测光和分光轨道解,研究了它们的物理性质和黑子活动等。在Be星和有关早型星的研究,在长时标变化方面,积累了10多年的UBV测光和低分辨光谱资料,对著名的Be气壳星金牛座ζ进行了光谱和光度的综合分析;短时标变化方面,发现了气壳谱线由单吸收核变成双吸收核的快变现象以及发射线强度和宽度的快速增加;通过国际联测确定了一批Be星可靠的广度快变周期是80年代关于Be星短周期性光变的重要结果之一。其他重要成果还有:研究了一批盾牌座δ型变星的多重脉动周期,其中金牛座的多重周期测定是迄今最重要的结果之一。在AGB到行星状星云的演化方面,证认了一批IRAS源,并做了多波段测光和光谱观测,进行了光谱分类和能量分类研究。云南天文台黄润乾在恒星结构和演化理论方面,出版了国内首批专著《恒星的结构和演化》以及 Stellar Astrophysics 两本专著。紫金山天文台熊大闰提出了国际领先的、当前最精确实用的、被国际同行誉为"熊氏理论"的恒星对流理论。胡景耀等基于兴隆 60 厘米望远镜建立的智能化超新星巡天系统，发现了大量超新星，并对一批超新星光变进行监测，对星系距离和宇宙学参数测定做出了贡献。

六、星系宇宙学研究

中国的宇宙学研究开始于 1935 年周培源在《物理学报》第 1 卷第 3 期上发表论文《膨胀宇宙新论》，这是我国第一篇现代宇宙学的论文。周培源的宇宙学研究惜因受抗日战争等环境影响而中断。"文化大革命"期间，他不顾年事已高，针锋相对地抵制"四人帮"的压力，大力支持我国年轻学者并身体力行地开展广义相对论的理论和实验研究。

70 年代星系和宇宙学研究在中国艰难起步，中国科学院物理研究所 13 室的陆启铿、郭汉英等讨论了常曲率时空的运动学效应和宇观红移现象，中国科学技术大学开始探讨标量张量理论中含物质和黑体辐射的宇宙解，以及有射电子源类星体的演化和用以测定宇宙学参数的可能性。1976 年美籍华裔学者林家翘来华讲学，中国科学院组织了星系旋涡结构密度波理论讲习班，来自全国天文学、力学界的中青年学者通过学习交流，在星系密度波的长期维持机理及与恒星形成的关系、通过二级渐近近似求密度波的幅度分布等问题上获得系列成果。

80 年代，随着我国天文学家与国外同行交流互访增多，有了利用国外大型设备的机会和条件，星系和宇宙学研究的领域也日益扩展，研究成果也得到了国际同行的关注。在星系研究方面，开展了选区星系红移巡天，为研究星系光度函数和宇宙大尺度结构提供了基础样本；通过对赛佛特星系的面源测光，提供了星系盘气体内流可能触发核活动的证据。在类星体研究方面，开展了双色法选区类星体红移巡天和候选体光学证认；高分辨率光谱观测和交叉相关方法研究 L_α 线丛。在宇宙大尺度结构研究方面，研究了类星体的成团性随红移的演化，不同光度星系的大尺度分布。

90 年代，中国天文学家在活动星系核的发现、辐射机制与中央能源，星系形成与宇宙大尺度结构的数值模拟，星系团引力透镜效应与暗物质分布，星系相互作用与活动性的关系，星系结构、动力学与化学演化，早期宇宙中的物理过程等主要前沿热点领域都做出了有一定国际影响的工作。

七、射电天文学研究

射电天文是新中国成立后开展比较早的几个天文研究分支之一，并且获得优先发展。1958年中苏联合海南岛日环食的观测，推动了中国第一支射电天文队伍的建立。中国射电天文从太阳射电开始，在六七十年代建立起一套米波、厘米波太阳射电望远镜，对太阳进行每日巡视，记录活动峰年太阳射电爆发，与光学望远镜一起承担太阳活动预报任务。80年代中国太阳射电的主要成果是参与国际太阳活动峰年联测和建立太阳射电高时间分辨率同步联测网。观测发现了一批太阳爆发的快速精细结构特征，在微波尖峰辐射机制、准周期震荡及多波段耀斑事件分析方面有了较大进展。90年代为迎接第23周太阳峰年的到来，"太阳射电宽带快速频谱仪"于1994年启动，2000年6月完成，该设备建成使中国的太阳射电水平居国际前列。

在20世纪六七十年代"宇宙射电天文"，即"非太阳射电天文"在我国基本上还是一片空白。八九十年代中国建立起密云米波综合孔径射电望远镜、上海天文台的佘山VLBI望远镜和紫金山天文台的青海13.7米毫米波望远镜三大射电设备，我国的宇宙射电天文发展迈出了关键的一步。三大设备建立后，已经取得国际上瞩目的天文成果。米波综合孔径系统投入观测后，进行了北天区巡天计划，制作成了中国第一个射电源巡天星表，记录了34000个射电源，另外还观测了强射电源天鹅座A附近天区，得到了超新星遗迹G78.2+2.1的完整结构，并为推导它的低频频谱分布提供了观测资料。13.7米毫米波望远镜是主要用于分子天文观测的设备。紫金山天文台对年轻恒星作多种分子谱的成图观测，发现了L1287等天体成协的双极流和致密旋转分子气体盘，6个新双极流和近百个外流候选体，还在HH111发现原恒星周围的动态分子下落盘，引起了国际学界的重视。另外毫米波望远镜观测到了"水脉泽观测星表"，在435个待测源中发现了100个水脉泽。上海天文台的VLBI的25米射电望远镜可观测羟基和水。上海天文台进行了NGC4258水脉泽VLBI研究，发现了水脉泽在开普勒分子环上的分布；还有根据VLBI网观测研究，提出的新方法给脉泽谱特征与脉泽斑间的联系和外流不准直性等；利用该设备和声表面波频谱仪观测水脉泽，获得了11颗水源的分子谱线轮廓图。80年代初，中国射电天文学家就对视超光速现象开始进行研究，80年代中期提出了探测视超光速源的VLBI观测研究计划。经过多年的努力，中国学者不仅在视超光速射电源的理论探讨上，还是在视超光速射电源的发现、证认和统计分析方面做出了贡献。

八、高能天体物理学研究

高能天体物理学主要研究的是发生在宇宙天体上的高能过程和高能现象，它开始于1962年用火箭携带仪器上天发现了X射线源ScoX-1。而中国空间天文学的起步则肇始于中国科学院高能物理所宇宙线室从高能天体物理研究出发，积极倡导气球科学观测。1977年中国决定发展高空科学气球，与此同时高能物理研究所高能天体物理实验室开始复合晶体闪烁计数器球载望远镜HAPI系列的研制，开展硬X射线天文的实测研究。另外紫金山天文台和高能所还分别研制了高压充氙多丝正比室（Xe MWPC），用于硬X射线能区低端的天文观测。

《宇宙γ射线爆的恒星"超耀斑"模型》（1976）是中国在高能天体物理学理论研究的第一篇论文。80年代高能天体物理研究发展的比较迅速，首先南京大学对宇宙γ射线爆和X射线爆进行了研究，并在第17届国际宇宙线会议（1981）上作了报告。80年代中国天文研究者被派往美国进修，发现了超新星遗迹CTB80的X射线类喷流结构，建立了其理论模型。两年后与美国关于超新星遗迹和其脉冲星的X射线辐射的合作研究，发现了被国际广泛应用的"Seward-汪关系"。80年代中后期，中国科学技术大学开始了软X射线谱研究。1999年出版的《X射线天体物理学》是中国17位X射线研究专家的集大成之作。国内γ射线爆研究比较集中的是高能物理研究所和南京大学。高能所的研究人员在建设高能天体物理数据库及分析系统的基础上，取得重要成果，如首次获得天鹅座X-3的高能γ射线像，发现γ射线爆的长期变化。在实验数据分析方法方面，建立准确处理稀有事例的置信分布方法，导出了以他们的名字命名的"李—马准则"已在多学科广泛应用。在中子星物理研究方面，南京大学首次提出奇异星或带有奇异物质核心的中子星，其径向振动会受到极强阻尼。1996年《奇异星及其观测效应的研究》获得了国家科技进步奖一等奖。在射电脉冲星的观测与理论研究方面，中国学者的研究主要集中在脉冲星的演化特征、辐射区物理、辐射机制和观测研究方面，20多年发表论文200余篇，并且在国际上已经取得了一定的影响。20世纪末，中国科学技术大学的研究人员开展了对活动星系核相对论展宽的铁荧光线的观测研究，在X射线铁K荧光线的光变、轮廓、观测视角等方面取得了重要的成果。中国科学技术大学的研究人员还通过国际合作，参加了著名空间天文学家Riccardo Giacconi领导的钱德拉X射线望远镜南天深场项目，为彻底解决X射线背景辐射起源问题做出了自己的贡献。

九、天文学史研究

20世纪前半期，中国天文学史研究纯粹依赖于学者的研究兴趣。朱文鑫、高平子等从西方回来的学者，开创了从现代科学角度研究中国古代天文学的先河。50年代后天文学史研究受到了国家的大力支持，到60年代形成了专业研究队伍和业余研究者相结合的局面。这段时期研究的代表作有席泽宗的《古新星新表》，这是当时中国天文学家在国际上影响最大的工作之一，对于天体物理学的发展有重大历史意义。其他如钱宝琮的《授时历法略论》、李俨的《中算家的内插法研究》、严敦杰的《中国古代的黄赤道差计算法》等研究都是在这一时期有影响的工作。"文化大革命"时期中国天文学史的研究一度被中断。1974 年成立中国天文学史整理研究小组，集中力量完成了《中国天文学史》、《中国古代天象记录总集》等 4 部著作和 6 册论文集，其后续工作《中国天文学史大系》丛书是对中国古代天文学成就系统的全面整理和研究。

80 年代之后，天文学史的研究发展趋向多元化，这段时期完成的代表性工作有：陈遵妫的《中国天文学史》，把中国古代、近代、现代的丰富史料做了系统而全面汇集整理，阐述了中国天文学的发展历程和所取得的成就。《中国古代天象记录总集》是 80 年代完成的最重要的天文史工作之一，为研究中国古代天文科技提供了广泛的科学素材。《中国古星图》收集中国各类星图 150 余幅，并对中国星图发展脉络和总体特征进行了总结和概括。《中国星空研究》是第一部用英文论述中国星空构成及其社会背景和研究石氏星经成书年代的专著。《中国恒星观测史》以丰富的资料和深入的研究，全面总结了中国星官系统的形成与演变。在天文仪器研究和复原方面，《中国漏刻》一书，全面深入地研究古代水漏刻的历史发展，从文献考察、实验模拟等，对我国历史上著名漏刻的构造、型质和精度进行了研究。《天学真原》则对天文学在古代中国的特殊地位做了深入的考察。天文年代学研究方面重要进展则是在"夏商周断代工程"中，依据武丁后半期宾组 5 次月食限定的商后期年代框架，"懿王元年天再旦于郑"研究和通过多种天象历日记载确认武王伐纣在公元前 1046 年，这些结果被"夏商周断代工程"采用，成为中国历史的重要参考（席泽宗，陈美东，2004）。

第六章 21 世纪中国天文学的序幕

在整个 20 世纪，中国天文学作为一门需要大投资、大设备的基础学科，其发展受到了社会条件的多方限制，但它还是取得了从无到有、再到某些领域进入世界前沿的辉煌成就。进入 21 世纪后，随着国家综合实力的增强，对基础学科投资与支持的加大，中国天文学迎来了全新的发展机会。21 世纪刚刚开了个头，在这头 10 年中，中国天文已经建成和在建的大型观测设备，已经取得和正在进行的理论研究成果以及 2012 年在北京召开的第 28 界 IAU 大会等，都标志着 21 世纪中国天文发展的大幕已经拉开。

一、65 米射电望远镜

2012 年 10 月 28 日 65 米射电天文望远镜安装在了上海天马山北侧，它直径 65 米、高 70 米、重约 2700 吨，目前设置了从 21 厘米到 7 毫米的 8 个接收波段，涵盖了开展射电天文观测的厘米波波段和长毫米波波段，具有主动面调整系统、VLBI 数据采集终端、氢原子钟和时频比对设备等，是中国目前已建成口径最大、全方位可动的高性能射电望远镜，能够观测 100 多亿光年以外的天体。这台望远镜将成为我国甚长基线干涉网（VLBI）的重要成员，并在天体物理、射电天文、天体测量和深空探测等多种学科中作为我国乃至世界上一台主干观测设备，做出一流的科学成果。上海 65 米射电望远镜是中国科学院和上海市人民政府于 2008 年 10 月底联合立项的重大合作项目，由中国科学院、上海市人民政府和国家探月工程项目联合出资建造，中科院上海天文台负责运行。亚洲第一的上海 65 米射电望远镜建成入选"2012 年中国十大科技进展"。

二、500 米口径球面射电望远镜（FAST）

1994 年北京天文台组建 LT 课题组，提出了利用贵州天然喀斯特地貌作为台址，建造 Arecibo 型望远镜阵列 LT 方案。同年 6 月，国家天文台联合中科院遥感应用研究所，启动 LT 选址工作。1995 年 7 月部分微波天线专家开始酝酿 LT 工程方案。11 月在国家天文台组建 LT 中国推进委员会。1997 年 5 月提出 KARST 先导单元——500 米口径球面射电望远镜 FAST 构想。在随后的 8 年中，FAST 项目展开了对选址、线馈源、相位阵馈源、馈源无平台驱动、反射面结构、电性能及焦场分析等研究。2005 年 11 月 28 日天文台正式成立了 FAST 项目指挥筹备组，历时 11 年的 FAST 项目进入了新纪元。2007 年 7 月 10 日，国家发改委正式批复 FAST 立项，项目进入可行性研究阶段。2008 年 12 月 26 日，FAST 工程奠基仪式在贵州省黔南州平塘县大窝凼洼地举行。

FAST 采用独创的设计，球面反射面被照明部分实时拟合成一个瞬时抛物面，500 米口径的反射面由约 1800 个 15 米的六边形球面单元拼合而成。此方案改正了球差，简化了馈源，克服了球反射面线焦造成的窄带效应。利用贵州南部独特的天然喀斯特洼坑可大大降低望远镜工程造价。FAST 的技术设计方案集成了目前几乎所有可能的先进技术思想，提出了创新性的主动反射面及光机电一体化馈源支撑方案。它将在以下六方面实现科学和技术的重大突破：观测中性氢线及其他厘米波段谱线，开展从宇宙起源到星际物质结构的探讨；对暗弱脉冲星及其他暗弱射电源的搜索；

作为地面及空间甚长基线干涉 VLBI 的一个巨大单元；高效率开展对地外理性生命的搜索；为我国自己的深空探测计划提供一个高灵敏度、高分辨率的地面跟踪与遥控基地；发展为新的巨型射电望远镜的模式。

FAST 作为一个多学科基础研究平台，有能力将中性氢观测延伸至宇宙边缘，观测暗物质和暗能量，寻找第一代天体。能用一年时间发现约 7000 颗脉冲星，研究极端状态下的物质结构与物理规律；有希望发现奇异星和夸克星物质；发现中子星——黑洞双星，无需依赖模型精确测定黑洞质量；通过精确测定脉冲星到达时间来检测引力波；作为最大的台站加入国际甚长基线网，为天体超精细结构成像；还可能发现高红移的巨脉泽星系，实现银河系外第一个甲醇超脉泽的观测突破；用于搜寻识别可能的星际通讯信号，寻找地外文明等。

FAST 在国家重大需求方面有重要应用价值。把我国空间测控能力由地球同步轨道延伸至太阳系外缘，将深空通讯数据下行速率提高 100 倍。脉冲星到达时间测量精度由目前的 120 纳秒提高至 30 纳秒，成为国际上最精确的脉冲星计时阵，为自主导航这一前瞻性研究制作脉冲星钟。进行高分辨率微波巡视，以 1Hz 的分辨率诊断识别微弱的空间讯号，作为被动战略雷达为国家安全服务。作为"子午工程"的非相干散射雷达接收系统，提供高分辨率和高效率的地面观测；跟踪探测日冕物质抛射事件，服务于太空天气预报（彭勃，2010）。

三、硬 X 射线调制望远镜（HXMT）

1992 年高能所的李惕碚等人应用非线性手段于数据分析，建立和发展了对象重建的直接解调方法（Direct Demodulation Imaging Method，简称 DD 方法），该方法具有灵敏度高、抑止噪声能力强、能突破望远镜的内禀角分辨率等传统高能天文成像方法所不具备的优点，用该方法指导仪器设计，能够用简单成熟的准直型望远镜实现高灵敏度、高空间分辨硬 X 射线成像观测。1993 年，高能所研制了球载硬 X 射线探测器 HAPI-4，在离地 38 千米的高空成功地对天鹅座 X-1 进行了扫描成像，证明了直接解调成像技术的可行及成像能力。由于气球观测高度的限制，因此提出了"空间硬 X 射线调制望远镜（Hard X-ray Modulation Telescope，简称 HXMT）建议书"。

HXMT 是一台空间 X 射线天文观测设备。HXMT 将完成宽波段 X 射线成像巡天，其中在硬 X 射线波段具有世界最高的灵敏度和空间分辨率，从而可以绘制高精度硬 X 射线天图，使硬 X 射线活动星系核（超大质量黑洞）的数量提高数倍并可能发现新的天体类型，革新人类对高能宇宙的认识。同时，HXMT 还是国际上已有计划中唯一能对黑洞等高能天体在硬 X 射线能区进行高灵敏度（窄视场）、高时间分辨（大面积）定点观测的空间设备，可以获得天体在宽的 X 射线波段，尤其是硬 X 射线波段的高质量的辐射时变和能谱信息，推进人类对极端条件下高能天体物理动力学、粒子加速和辐射过程的认识。HXMT 上还可能放置两台偏振 X 射线望远镜（Polarization X-ray Telescope，简称 PO），PO 计划由意大利空间局负责设计建造，将实现人类首次对宇宙天体的 X 射线偏振观测。HXMT 是国际上目前整体性能最先进的硬 X 射线天文望远镜。

HXMT 项目已经通过了对国防科技工业民用航天背景型号项目 HXMT 卫星有效载荷及应用关键技术研究的结题验收，项目组高质量地完成了全部研究内容，完成了所有样机的研制，达到并部分超过了规定的关键技术指标；关键技术已经取得突破，文档资料齐全有效，对有效载荷和地面应用系统方案及卫星总体方案提供了有力的支撑，为项目进入工程阶段的研制打下了坚实的基础。HXMT 天文卫星的发射升空指日可待。

四、21CMA

2004～2005 年，国家天文台在新疆乌拉斯台建设的探测宇宙原初结构专用微波阵列望远镜（21CMA）是世界上最早投入"宇宙第一缕曙光探测"的专用低频射电望远镜阵列。21CMA 工作波段为 1.5～4.2 米。21 厘米是中性氢原子的特征谱线。宇宙第一缕曙光的 21 厘米谱线，因为红移而正好落入 1.5～4.2 米波段范围（相应的红移量在 6～20）。21CMA 由长度分别为 2.74+6 千米和 4.1 千米的东西和南北两条基线组成，最高空间分辨率可达 2 角分。21CMA 共有阵列 81 组，天线 10287 面，每面天线均固定在地面上永久指向北极，使天线的指向不受地球转动的影响，始终观测北极天区 100 平方度的视场，获取微弱信号。国家天文台武向平领导的 21CMA 项目组，于 2003 年 8 月提出了初步方案，计划建设探测宇宙原始结构的专用"微波阵列望远镜"。2004 年 8 月，该项目组在新疆天山乌拉斯台高原上，东西走向 2.74 千米的基线上，架设了 23 组共计 2921 只对数周期天线和两组 254 只试验天线。2005 年 6 月初，项目组继续推进 21 厘米阵列的二期建设，至 2006 年 1 月，二期工程完成了东西基线 17 组和南北基线 40 组共 7366 只天线的架设和调试（苏宜，2009）。

五、厘米-分米波射电日像仪（CSRH）

新一代厘米-分米波射电日像仪（Chinese Spectral Radio Heliograph）是同时以

高时间、高空间和高频率分辨率对太阳进行射电频谱成像的设备,将在厘米–分米波段首次如"CT成像"般对日冕进行层析观测,探测日冕大气,研究太阳活动的动力学性质,可望在探索太阳剧烈活动起源和发生、发展规律方面获得原创性成果,并且对空间环境监测和太阳活动预报发挥重要作用。CSRH 分为两个综合孔径阵列,低频阵(0.4~2GHz)由40面4.5米天线组成,高频阵(2~15GHz)由60面2米天线组成,排列在方圆10平方千米的三条旋臂上。2009年CSRH作为国家重大科研装备研制项目正式立项,负责人颜毅华,项目计划于2013年底在位于内蒙古正镶白旗的明安图观测站建成。

六、南极天文台

南极内陆冰穹高原具有独特的光学红外和太赫兹观测条件,在很多方面不仅媲美太空,又可能架设大型的天文观测设备,被认为是地球上最好的天文台址。2005年1月我国第21次南极考察队首次登上南极冰穹最高点Dome A。同时我国政府还决定于2007年开始在Dome A建站。这为我国开展南极天文观测和与国际天文界合作开创了极好的机遇和条件,使我国在南极建设天文台成为可能。2005年6月由中国天文学家王力帆、崔向群发起,LAMOST工程指挥部承办,在北京召开"Dome C/A大视场望远镜国际讨论会",开始了我国南极Dome A天文观测及国际合作。2006年12月中国南极天文中心在南京紫金山天文台成立。南极天文中心与澳大利亚和美国合作,2007年在Dome A开展多项光学和太赫兹波段天文选址观测,并积极推动建造了4×14.5厘米望远镜阵CSTAR(2008年初安装并开始观测),和3×50厘米/68厘米南极巡天望远镜AST3(第一台AST3已在2012年初安装并开始观测),与澳大利亚合作提供Dome A能源和通讯的支撑平台系统PLATO。近年开始建议并积极推进国家大科学装置"南极天文台计划",即在Dome A已有望远镜的基础上再建造一台2.5米口径大视场高分辨光学/红外望远镜KDUST(昆仑暗宇宙巡天望远镜),和一台5米口径太赫兹望远镜DATE5(Dome A 5米太赫兹望远镜)。其中2.5米KDUST采用了中国自主创新设计的大视场高分辨"苏–俞–周"折轴光学系统。至今CSTAR和AST3已经获得大量观测数据并用于天文研究。中国南极天文台将通过弱引力透镜巡天、多波段成像观测星系和黑洞、观测高红移的超新星和伽马暴、太阳系外行星、极端星爆星系和银河系内分子云核的大样本谱线观测等研究天文学最根本的问题,即"一黑(黑洞)两暗(暗物质、暗能量)三起源(宇宙起源、星系起源、生命起源)"。中国南极天文台立项后有望2020年投入使用。

七、新疆 110 米大射电望远镜

新疆天文台通过对新疆 40 多个地点进行勘选普查，110 米大口径射电天文望远镜建设选定奇台县以南 45 公里，天山山脉海拔 1800 米，西约 1.5 公里、南北约 2 公里四面环山的矩形盆地。2011 年 7 月，中科院与新疆自治区政府会谈商定，成立 110 米射电望远镜项目领导小组，下设项目工作组和专家咨询组。110 米大口径射电天文望远镜科学目标包括脉冲星观测研究、恒星形成与演化研究、高精度 VLBI 天体测量及天文地球动力学和空间 VLBI 研究、活动星系核研究、巡天发现更多未知天体等，其科学应用将集中于三方面：一是航天器 VLBI 深空探测，包括探月、火星探测、深空测轨应用；二是脉冲星深空自主导航应用；三是脉冲星时间基准。

八、基础理论研究取得的成就

我国天文学家在宇宙物质分布、暗物质粒子性质、星系形成与演化的数值模拟、银河系磁场的测量、银河系化学演化以及太阳活动机理研究等前沿领域做出了一系列具有国际影响力的工作。

武向平"利用引力透镜效应研究宇宙中的物质分布"的研究工作覆盖了银河系内致密天体、星系晕的暗物质以及星系团等各个尺度上的引力透镜行为，集中研究了利用微引力透镜效应测量银河系晕中暗物质的影响、引力透镜能否成为解释"类星体-星系"和"类星体-星系团"成协的机制、利用引力透镜效应如何获得星系团中心及边缘的暗物质分布信息以及如何精确测定宇宙学基本参数等问题。本工作在如下三个方面做出了突出和创造性的贡献：星系团的引力透镜统计及预言星系团中心暗物质核的存在；成功解释银河系晕中暗物质寻找实验之谜；建立了三种独立方法联合检验星系团动力学状态的体系并延拓了其宇宙学应用。

戴子高、陆埮、郑广生、黄永锋、王祥玉完成的"伽马射线暴余辉和能源机制的研究"开辟了研究 γ 暴起源的新途径：突破标准模型的框架，通过对环境性质的研究来揭示 γ 暴的起源。首次发现了两种类型的介质：星风介质和致密介质；提出了 γ 暴的相变机制，解决了以往 γ 暴能源模型普遍存在的"重子污染"问题，而且用同一个相变机制解释了三类完全不同的高能暴；发现前人的标准模型完全不能描述晚期余辉，进而提出了一个动力学演化统一模型，可以完整地描述余辉从极端相对论到非相对论的整个演化过程；首次研究了中心脉冲星对余辉的重要作用，并利用该项目组提出的统一模型系统地研究了喷流效应，解释了一些复杂的光变曲线。

景益鹏负责的"宇宙结构形成的数值模拟研究"项目组建立了几个高分辨数值

模拟程序，取得了一系列高质量、高精度宇宙结构的模拟样本，这些样本均属国际上同类模拟研究中精度最高、样本最全的模拟；首次发现了小质量暗晕的成团性比 PS 理论的预言要强得多，并提出了暗晕成团的精确公式，被广泛用于预言星系和暗物质的成团性质，该工作也引发了许多修改 PS 理论的研究；首次提出了暗晕密集因子的对数正则分布公式，并被广泛用于预言星系的观测性质；发现暗晕的内部密度轮廓的幂指数在 -1.1 和 -1.5 之间，该工作已成为高精度研究暗晕结构的最有影响的三个工作之一；首次提出了描述暗晕内部物质分布的三轴椭球密度分布模型，并被广泛用于预言引力透镜、暗物质分布等多个研究领域；首次精确测量了星系对的速度弥散，其结果被广泛用于检验星系形成模型；最早提出了构造星系相关函数和速度弥散的星系团低权重模型，并已发展为目前流行的暗晕星系占有模型。

韩金林、乔国俊"银河系磁场的研究"历经十多年的观测，建立了国际上最大的银河系磁场探针样本；揭示了银河系几万光年范围内的磁场结构；建立了磁场结构双对称模型；证认出磁场效应的反对称全天分布图，推证出银河系晕中上、下反对称的环向磁场，首次给出星系尺度发电机运行的确切证据；得到星际磁场在中大尺度上的能谱分布。该项研究使人们对银河系磁场从局域认知发展到整体图像。

赵刚、陈玉琴、张华伟、施建荣、梁艳春完成的"通过恒星丰度探索银河系化学演化的研究"以大量高质量光谱观测为基础，采用创新的方法，分析各类恒星的化学丰度及演化趋势，结合观测结果与理论模型，探讨太阳系、银河系的化学演化。该项目的核心创新技术，即非局部热动平衡效应的计算是国际天文界公认的极其困难的研究领域。该技术被成功应用于解决重元素起源的 r-/s-过程论争。该项目发展起来的方法被应用于太阳系外行星系统的主星丰度分析，从多方面论证了高金属丰度是原初的，结果支持高金属丰度有利于行星形成的假说。

汪景琇的"太阳磁场结构和演化研究"基于我国太阳磁场观测，发展了系统的太阳向量磁场研究方法和概念，提出描述太阳磁活动的新物理量；提出太阳活动中存在两阶段磁重联的思想；证实在太阳黑子和网络之外，存在一类以网络内磁元形式出现的、内禀弱的太阳磁场分量。

九、2012 年第 28 届 IAU 大会

2012 年 8 月 20 日至 31 日第 28 届国际天文学联合会大会在北京国家会议中心举行，来自 90 多个国家的约 3300 名天文学家参加了此次盛会，参会人数为历届之最。国际天文学联合会大会每三年举办一次，是国际天文界最重要的学术和工作会议，被称为天文界的"奥林匹克"。2006 年 8 月，在捷克首都布拉格召开的第 26 届国际

天文学联合会大会上，中国天文学会为中国首次成功赢得了国际天文学联合会大会的主办权。

8月21日中国国家领导人习近平出席了第28届国际天文学联合会大会的开幕式，并发表了重要讲话，他说："90多年前，中国现代天文学开始起步。中华人民共和国成立以来，特别是改革开放以来，中国科学院建成了完整的现代化天文台站运行体系，继建成世界上光谱获取率最高的大视场光谱巡天望远镜之后，目前正在建设500米口径射电望远镜，并在空间天文和南极天文等重要前沿研究领域取得重要进展"。IAU主席罗伯特·威廉姆斯在大会开幕式上也说："中国近年来在天文学方面迅猛发展，国家加大在天文学领域的投入，一些大型天文学工程实施，也吸引了大批学生进入天文学研究领域。"中国科学院院士苏定强在大会开幕式上介绍了中国近年来在天文领域实施的大型项目以及未来的发展规划：中国将在2014年至2016年间启动建设的大型天文项目包括：HXMT（硬X射线调制望远镜）、DAMPE（暗物质粒子探测器）、SVOM（空间变源监视器）、POLAR（伽马射线爆发偏振观测实验）等。中国计划开展的天文项目还有南极天文台、大型太阳望远镜等。

除了大会全体会议外，此次会议还包括了8个大型专题学术讨论会、7个小型联合研讨会、18个特别分会以及4个大型邀请报告，内容涉及天文各分支学科及相关学科发展趋势、前沿热点和最新研究成果。此外大会还通过了四个提案：光学红外过滤通带的具体定义；长度天文单位的重新定义；成立国际近地天体（NEO）的预警系统；以及重构IAU各个分会，使其更加适应天文学最新发展，更加适于学校教育和科普宣传。

第28届国际天文学联合会大会的成功举办又恰逢中国天文学会成立90周年，这是对中国天文学近百年发展最好的纪念，也是中国天文学者近百年耕耘最大的收获。它对于中国天文学未来发展的意义则在于：它为中国天文学者，特别是青年学者，了解国际天文学发展情况及最新进展提供了一个难得的平台；它也是中国天文学家们在国际舞台上的一次集体亮相，而他们必将成为21世纪中国天文学史诗的书写者。

主要参考文献

高鲁. 1921. 中央观象台之过去与未来. 北京：京华印书局.

张钰哲, 程茂兰, 朱人俊, 等. 1959. 总论. 十年来的中国科学·天文学（1949~1959）. 北京：科学出版社.

张钰哲. 1979. 回忆昔日昆明凤凰山天文台的往事. 天文研究与技术, 2.

龚树模. 1979. 凤凰山的今昔. 云南天文台台刊, 2.

陈展云. 1979. 凤凰山天文台沿革. 云南天文台台刊, 2.

陈展云. 1980. 回忆旧中国天文学会. 中国科技史料, 3.

易照华, 曲钦岳. 1980. 新中国天文学研究概况. 自然杂志年鉴1979专论1//自然杂志编辑部编. 上海：上海科学技术出版社.

张钰哲主编. 1980. 中国大百科全书·天文卷·第一版. 北京：中国大百科全书出版社.

李迪, 戴学稷. 1981. 邹伯奇首创我国第一架自制的太阳系表演仪及其它. 学术研究, 4.

中国天文学会. 1982. 中国天文学在前进（1922~1982）. 中国天文学会编印.

王渝生, 李善兰. 1983. 中国近代科学的先驱者. 自然辩证法通讯, 5（64）.

李迪, 白尚恕. 1984. 我国近代科学先驱邹伯奇. 自然科学史研究, 4：378-390.

胡景耀. 1984. 光学望远镜附属仪器的发展动向. 天文学进展, 2（1）：70-76.

阎林山, 马宗良. 1984. 徐家汇天文台的建立和发展（1872~1950）. 中国科技史料, 5（2）.

陈展云. 1985. 中国近代天文事迹. 中国科学院云南天文台.

中国科学院紫金山天文台编. 1985. 紫金山天文台五十年（1934~1984）. 南京：南京大学出版社.

朱楞. 1986. 徐家汇天文台史料. 中国天文学史文集//《中国天文学史文集》编辑组编. 第4集. 北京：科学出版社.

林兆驹, 张柏荣, 沈海璋, 等. 1989. 试论我国天文学的未来发展. 天文学进展, 7（4）.

李启斌, 沈海璋, 苏洪钧. 1990. 天文委员会在发展我院天文基础研究中的作用. 中国科学院院刊, 1.

中国科学院北京天文台. 1990. 台庆资料汇编. 北京：北京天文台办公室编印.

杜石然, 林庆元, 郭金彪. 1991. 洋务运动与中国近代科技. 沈阳：辽宁教育出版社.

李启斌. 1992. 中国天文学突飞猛进的十年. 中国天文学在前进（1982~1992）. 北京：中国科学技术大学出版社.

苏定强, 王传晋. 1992. 我国光学天文仪器的十年进展. 天文爱好者, 6：6-8.

中国天文学会. 1992. 中国天文学在前进（1922~1992）. 合肥：中国科学技术大学出版社.

王绶琯, 卞毓麟. 1994. 天文学. 当代中国丛书·中国科学院（中）. 北京：当代中国出版社

崔振华. 1997. 北京天文馆文集（1957~1977）. 北京：北京科学技术出版社.

董光璧. 1997. 中国近现代科学技术史. 长沙：湖南教育出版社.

国家自然科学基金委员会. 1997. 天文学. 北京：科学出版社.

汪景. 1998. 太阳物理研究进展. 物理, 27（11）.

丁蔚. 1999. 天体物理学家余青松及其成就. 第七届国际中国科学史会议文集//王渝生主编. 郑州：大象出版社.

苏定强主编. 2001. 2.16米天文望远镜工程文集. 北京：中国科学技术出版社.

漆贯荣. 2001. 中国科学院陕西天文台（1966-2000）. 西安：陕西天文台印刷厂.

中国天文学会. 2002. 中国天文学在前进（1922~2002）. 中国天文学会编印.

王绶琯. 2003. 20世纪中国学术大典·天文卷. 福州：福建教育出版社.

金文敬, 等. 2004. 近10年我国天体测量的发展. 天文学进展, 22（2）.

席泽宗, 陈美东. 2004. 二十世纪中国学者的天文学史研究. 广西民族学院学报（科学版），1.

郝刘祥, 王扬宗. 2004. 科学传统与中国科学事业的现代化. 科学文化评论, 1（1）：18-34.

方成. 2005. 中国科学技术专家传略"前言". 中国科学技术专家传略·理学编·天文卷1//中国科学技术协会编. 北京：中国科学技术出版社.

陈遵妫. 2006. 中国天文学史（下）. 上海：上海人民出版社.

孙宏安. 2006. 中国近现代科学教育史. 沈阳：辽宁教育出版社.

杜昇云，崔振华，苗永宽，等. 2008. 中国古代天文学的转轨与近代天文学. 北京：中国科学技术出版社.

宁晓玉. 2007. 试论王锡阐宇宙模型的特征. 中国科技史杂志，28（2）：123-131.

陈晓中，张淑莉. 2008. 中国古代天文机构与天文教育. 北京：中国科学技术出版社.

蒋世仰. 2008. 中国近代实测天体物理学的领路人——程茂兰. 中国国家天文，11.

寇宗来. 2008. 中国科技体制改革三十年. 世纪经济文汇，1.

刘鹏远，丰建熙. 2009. 中国科学院上海天文台. 中国科学院院属单位简史//王扬宗，曹效业主编. 第一卷. 上册. 北京：科学出版社.

傅承启，叶叔华. 2009. 同一个星空——国际天文学联合会史. 上海：上海交通大学出版社.

苏宜. 2009. 天文学新概论. 第4版. 北京：科学出版社.

张藜. 2009. 中国科学院教育发展史. 北京：科学出版社.

范晓松，栗效东，张丽萍. 2010. 国家天文台南京天文光学技术研究所. 中国科学院院属单位简史//王扬宗，曹效业主编. 第二卷. 上册. 北京：科学出版社.

凌宗玒，吴铭蟾. 2010. 国家天文台云南天文台. 中国科学院院属单位简史//王扬宗，曹效业主编. 第一卷. 上册. 北京：科学出版社.

彭勃. 2010. 地球的耳朵：500米口径球面射电望远镜. 10000个科学难题（天文学卷）. 北京：科学出版社.

严俊. 2010. 继往开来，再创辉煌——中国科学院天文学研究60年. 中国科学院：2010科学发展报告//路甬祥主编. 北京：科学出版社.

中国科学院国家天文台主编. 2010. 中国科学院北京天文台台史（1958~2001）. 北京：中国科学技术出版社.

艾国祥. 2010. 世纪之交的天文学. 中国科学院：2010科学发展报告//路甬祥主编. 北京：科学出版社：184-193.

孙小淳，储姗姗. 2012. 六十年科学生涯中师德之念——王绶琯院士谈自己对老一辈"薪传"的理解. 科学文化评论，9（4）：91-102.

撰写者

宁晓玉，中国科学院国家授时中心博士研究生，中国科学院自然科学史所副研究员，长期从事天文学史研究。曾经参与国家社会科学基金资助的重大课题"中国古代传统文化中的科学思想、方法和价值取向研究"的课题，承担"中国古代传统天文学中的科学思想、方法和价值取向研究"的子课题；承担了"夏商周断代工程"中"天文计算中心后继工作"的课题，其他从事的课题还有"清初历算家王锡阐的综合性研究"，"《西洋新法历书》的历法研究"和"《历象考成》历法研究"等。在国内期刊发表论文20多篇。

孙小淳，江苏溧阳人，中国科学院自然科学史研究所研究员，主要从事天文学史研究。

20世纪
中国知名天文学家

高 鲁

高鲁（1877～1947），福建长乐人。天文学家。早年就读于福州马尾船政学堂。1905年去比利时布鲁塞尔大学留学，后来获该校工科博士学位。1909年追随孙中山参加同盟会，1911年回国，辛亥革命后任南京临时政府秘书，不久任中央观象台首任台长。1918年去欧洲，任留欧学生监督。1921年回国后仍任中央观象台台长。1928年任中央研究院天文研究所所长。1929年任驻法国公使。1931年回国后相继任监察院监察委员、闽浙监察使等职。1913年创办《气象月刊》，普及气象学和天文学知识。1915年此刊改为《观象丛报》，1930年更名为《宇宙》。1922年发起成立中国天文学会，并任首任会长。1927年筹划建立南京紫金山天文台。参与组织1936年和1941年两次日全食观测。1929年发明天璇式中文打字机。著有《图解天文学》、《日晷通则》、《星象统笺》、《中央观象台之过去与未来》、《相对论原理》等。

高鲁1877年5月16日出生于福建的一个有名的文化人家庭，其父高师廉，叔父高尚农、高子吉、高梦旦均为当地著名文人，高鲁少年时跟随他们攻读四书、五经，后进入福州马尾船政学堂（又名福建马尾海军学堂）学习航海，因而通晓实用天文。1905年毕业后被选派赴比利时布鲁塞尔大学学习工科。1910年获工科博士学位，毕业论文是关于飞机机翼的力学计算问题。他深通数理，更热爱天文，对法国天文学家C. 弗拉马里翁（C. Flammarion）等人的著作和为人很钦佩。治学之余更关心革命，他参加了孙中山在巴黎组织的同盟会。1911年学成归国，辛亥革命后，孙中山就任南京临时政府大总统，他任临时政府秘书兼内务部疆理司司长。1912年春，南北议和，民国政府迁都北京，教育部接收清廷钦天监，另成立中央观象台。教育部总长蔡元培委任高鲁为中央观象台台长，同时高鲁还在北京女子师范学校和北京大学任教职。1918年参加在巴黎举行的国际统一时辰会议，会后（1919年）被教育部委任为中国驻欧留学生监督。1921年回国复任中央观象台台长。1922年发起成立中国天文学会，任第一届会长。

1927年北伐战争胜利，高鲁先任国民政府教育行政委员会秘书（在当时，部长之下就是秘书）兼负责下设的财政委员会。同年10月，国民政府改组，取消教育行政委员会而设立大学院，大学院除担任科研任务外，兼管教育行政，蔡元培任院长，高鲁任秘书。大学院内设中央研究院，下设观象台筹备委员会，分天文、气象两组，高鲁兼任天文组组长。1928年春，国民政府取消大学院，设立教育部，另设中央研究院直属国民政府，由蔡元培任院长。中央研究院撤销观象台筹备委员会，并将其划分为天文和气象两研究所。高鲁任天文研究所第一任所长，同时还兼任江苏省政府委员，主管土地整理委员会。1929～1931年被任命为中国驻法公使，曾被委派为全权代表与爱沙尼亚签订通商条约及签订中国希腊友好条约，并被任命为国际联盟会议和海牙国际法庭的代表，还曾偕王宠惠、蒋作宾、伍朝枢诸使节联袂赴日内瓦废除在华领事裁判权。他办理外交工作数年，成绩斐然。在欧期间曾一度被任命为教育部长，后因故部长易人，他回国后改任国民政府监察院监委。1937年抗日战争爆发，高鲁随政府西迁重庆，多次巡视西南滇桂诸省。1942年任闽浙监察使返回福州。1944年9月日本侵略军占领福州，他因弹劾国民党第三战区司令长官顾祝同玩忽职守而于10月被免去监察使职，返任监察院监察委员兼军委会军风纪第一巡察团委员。

1929年以后，他的主要精力用于外交及政务活动，但仍积极参加和领导中国天文学会的学术活动。他在这段时期曾担任中国天文学会第八届（1929）、第九届（1930）、第十四届（1936）、第十五届（1937）、第十七届（1940）、第十八届（1941）和第十九届（1942）评议会会长，第七届（1928），第十届（1931）和第十五届（1939）评议会副会长，还担任五届总秘书职务。1934年11月他发起组织中国日食观测委员会，任委员兼编算组组长（委员会主任为蔡元培）。1941年9月21日日全食的全食带由新疆进入我国境内，经甘肃、陕西、湖北、江西、浙江和福建，其时他已届64岁高龄仍亲自赴甘肃临洮观测日全食。

1944年，高鲁由于长期积愤和劳累导致旧症复发，1945年扶病返归故里福州，辗转病苦数年之后于1947年6月26日逝世。

高鲁为中国现代天文事业大厦奠下第一块基石。他组织天文队伍，筹建现代天文观测台站、设备，推动天文学术研究和国际学术交流，向社会大众普及天文知识，对我国现代天文学的发展做了有成效的开拓性工作。

一、天文学研究

高鲁的研究方向偏重于中国天文学史，著有《星象统笺》，对星名的沿革作了细致的考订，还发表了《日盘日晷考》、《延熹土圭考》、《日晷通考》等数十篇关于天文文物的考订文章。他在比利时留学期间，曾潜心研究中西历法，独出心裁地编成以立春为岁首的长春历书。高鲁任中央观象台台长后，参照当时欧洲天文气象研究机构的工作经验，结合中国的具体情况，对清代钦天监的组织机构和工作内容作了彻底的改革。他废除了千百年来天文机构仅仅为授时编历服务的传统，在中央观象台内设历数、气象、天文、磁力（即地磁）四科。对编历工作也作了重大革新。他与中央观象台技正（研究员）常福元一起，毅然放弃了过去按清朝《历象考成续编》计算的旧方法，采用现代天文方法即按 S. 纽康（S. Newcomb）的太阳表和 P. A. 汉森（P. A. Hansen）的月亮表来编算历书，每年编算出版一部新历书作为各省地方历书的模式。新历书依照公历按月排比，每月下边只刊载昼夜长短、节气及纪念日等内容，连阴历也只记月亮的朔望与上下弦而略去阴历历日日期。新历书中剔除过去钦天监所颁的时宪历中黄道吉日等封建迷信的糟粕而改刊天文常识图说。鉴于民间私商出版历书仍按清朝《万年历》，因而造成历书混乱，为此，高鲁曾呈文教育部，禁止根据清朝《万年历》制造私历，对统一全国历法起了推动作用，1914年又仿效西方国家，编辑现代天文年历式的历书，称为《观象岁书》（后改称《天文年历》）。他还积极主张自己编算历书，曾说："余主持中央台务，读文定（即徐光启）治历之疏，私淑心殷，曾拟修历纲本大计，呈请教育部开局者，计有五次之多，终未成议，至今犹耿耿焉。"

高鲁在中央观象台期间，还曾和常福元一起利用经纬仪测量北京的经纬度。

二、参与筹建紫金山天文台

天文学是一门观测科学，发展天文学必须建立拥有先进观测设备的大型天文台。他积极倡议并推动现代天文台的建设。1915年他曾把建立现代天文台的设计图样和说明连同预算呈请北洋政府批准，同时还偕蒋丙然多次前往北京郊区西山等地选测建台地址。1927年11月中央研究院筹备委员会一致通过筹建观象台的决议。他原计划在南京紫金山第一峰建立天文台，并偕陈遵妫等亲自攀登紫金山第一峰勘探建台地址，还曾想把南京鼓楼改建成气象观测所。天文研究所成立后，他一心按原计划在紫金山第一峰建立天文台，亲自带人选测登山公路，并找人设计天文台建筑图样。不久因奉派为驻法公使不得不把建设天文台的任务留给其后任所长余青松。他曾非常惋惜地说："我真希望终身为祖国天文界效劳，把我国古代天文学在国际上的荣誉发扬光大，无奈因李石曾先生敦促，不得不暂时离开。"后来余青松继承高鲁的工作，于1934年在紫金山第三峰上建成了我国自行设计和建造的现代天文台——紫金山天文台。

三、创建中国天文学会

1915 年，高鲁任中央观象台台长期间，就倡议组织中国天文学会。由于天文学是个冷门，从事研究的人很少，因此他决定先用学会名义出版刊物，借以发现天文爱好者，再吸收为会员。他将 1913 年创刊的《气象月刊》于 1915 年扩充为《观象丛报》，并亲自撰文，宣传天文、气象知识。经过数年的努力，终于在 1922 年 10 月 30 日于中央观象台正式成立了中国天文学会，由北洋政府教育部批准立案。成立大会上由高鲁报告了学会的宗旨及数年来筹备的经过，会上选举高鲁为第一届评议会会长，秦汾为副会长。在高鲁领导下，学会以"求专门天文学之进步及通俗天文学之普及"为宗旨，团结国内天文工作者开展了编辑天文书刊、编订天文学名词、观测变星、开展学术讲演、奖励天文学著作以及联络研究等多种学术活动。在当时国家极不安定，经费极端短缺的情况下，学会得以维持和发展是和高鲁的呕心沥血分不开的。为了充实壮大天文学会，他把当时著名科学家李四光、竺可桢等，以及社会知名人士蔡元培、汪精卫、陈嘉庚等均劝入天文学会。还以其母的资产设立"霁云楼老人基金"来奖励会员的天文著作。对高鲁创建天文学会和发行《观象丛报》等开拓性工作，有人曾作过这样的评价："那时候近代天文知识在中国这块土壤上还处在蒙昧时期，需要开辟草莱，需要高鲁这样敢想敢干的勇士做开路先锋，需要有《观象丛报》这样有力的武器作为近代天文知识在中国启蒙的工具……它产生于风雨如晦的年代，1915 年是袁世凯称帝前夕，尊孔读经一类复古空气笼罩神州，而《观象丛报》却以传播近代天文知识的旗帜异军突起，不愧为万马齐喑中一声惊雷。"《观象丛刊》后改为《观象汇刊》，1924 年，因经费困难改为年刊，取名为《中国天文学会会报》，1933 年停刊。它们对培养和发现天文人才、宣传天文学成就起了巨大作用。当时许多天文界知名人士如高平子、竺可桢、余青松、张云等通过《观象丛报》和《中国天文学会会报》的媒介，声应气求，互相通信，成为朋友；有些人是在读了《观象丛报》等刊上的文章而学习天文学后来成为天文学家的。《观象丛报》在当时曾和世界各国的刊物交换，陆续收到近百种国外寄来的天文、气象、地磁、地震刊物，起到国际交流、汲取国外有关科学的先进经验的作用。我国天文界与国际天文学界的联络交往，大多由中国天文学会担任。如国际天文学联合会第二届大会（1925 年，英国剑桥）、第三届大会（1928 年，荷兰莱顿）及第五届大会（1935 年，法国巴黎），均有中国天文学会会员参加或列席。中国天文学会并于第五届大会正式加入国际天文学联合会,成为我国最早参加国际科学团体的学会,提高了我国天文学的国际地位。

高鲁还首先发起组织中国日食观测委员会,1936年我国派出观测队前往苏联西伯利亚和日本北海道观测日全食,成为我国现代天文史上光荣的一页。所有这些都和高鲁的倡导和组织分不开。

四、组织天文队伍

高鲁对组织早期我国天文队伍做了大量工作。他延揽天文人才,推荐学有专长的专家并委以重任,他以伯乐之贤而为人称道。高平子毕业于震旦大学,后从师佘山天文台法国学者蔡尚质(Stanislaus Chevalier)学习天文。高鲁经蒋丙然介绍得知后,先聘高平子为中央观象台的技正(后因高平子以学习尚未结业婉辞而未就),1923年聘高平子协助蒋丙然接收青岛观象台任天文科科长,1927年又亲赴上海礼聘高平子为天文研究所研究员。高鲁与余青松素昧平生,余青松留美学成回国后,高鲁因看到国外天文课本上载有余青松的光谱分类法,就把余青松推荐给蔡元培聘为第二任天文研究所所长。陈遵妫1926年留学日本回国,高鲁先请他到中央观象台兼职,后又聘为天文研究所研究员,陈遵妫在高鲁的诚意感召下,放弃北京女子师范学校教授职,赴南京就任于高鲁领导下的天文研究所。高鲁对有真才实学或热心天文的人员,即使素不相识也不惜折节相交。在任驻法公使期间,一次看到报刊上介绍李奥发明了日冕仪,能在无日食时观测日冕。他据姓氏(Lyot)认为是中国人,立即去函约李奥会面,见面之后才知弄错。他时刻不忘为国家发现人才,当时传为美谈。

五、其他方面的成就

高鲁深感"吾国气象事业向无过问者,逊清海禁初开,委托徐家汇天文台负责。当时既乏专家,又无常识,以致外人越俎代庖。"因此,他在中央观象台内设气象科,聘请留比农学博士蒋丙然为科长,创办气象训练班、培养气象观测人员,同时在京郊温泉村设立温泉测候所。还利用库伦(现乌兰巴托)设立中国银行的机会、附设库伦测候所,以便测量蒙古气候。他是我国现代气象的开拓者之一。

作为一代学人的代表,高鲁勇于接受新的科学思想。1923年爱因斯坦旅游讲学,途经上海,高鲁和北京大学等单位发起介绍相对论的科学报告会。在当时相对论还是新的科学，高鲁除亲自作科学讲演外，还编译《相对论原理》一书出版，成为我国最早传播相对论的学者之一。他曾说过："……继念新学发明，不为想法介绍，实在对良心不住，……因此联合同人，组织学会，从事研究而介绍之。其中最重要者就是相对论。"

他还热心科学普及工作，认为只有通过办刊物才能向广大人民群众宣传科学知识。除创办《气象月刊》、《观象丛报》等刊外，还亲自撰稿著书。他编译《图解天文学》，撰写系列文章《晓窗随笔》，宣传介绍了当时的天文和气象学术成果，对当时知识界起到了很大的启蒙作用。他还著有《近代欧洲外交史》、《联邦论》、《废战计划》等著作，对外交理论也有所建树。

1929年，高鲁创造发明了天璇式中文打字机，曾在巴拿马国际博览会展出并获奖。

高鲁担任高级官员职务30余年，从不结党营私。他在任江苏省政府委员时，当时省政府的职员曾这样评论他："不兼厅长的委员们，均往省府秘书处安插亲友，唯独高委员与众不同，竟不安插一个自己的亲信。"但他对研究天文的学者常延揽礼致，招来共事。他为政清廉，1941年赴甘肃观测日全食时，因经济拮据，每天以土豆为食，还不得不向别人暂借旅费返回重庆。1947年逝世时，身后萧条，仅有余款16万元（国民政府法币），以致竟无力成殓。

高鲁富有革新精神。辛亥革命后南京临时政府的第一号法令为"改用阳历令"。高鲁不仅编算新历，还积极推行公历，曾以中央观象台的名义公告全国替人换算阳历生日，无条件地为国民服务。1924年其母林氏夫人（霁云楼老人）七旬寿辰，也改用公历。其时正值军阀混战，北洋政府复古空气甚浓，山东省省长龚积柄公然通电恢复旧历。高鲁当时以实际行动坚持革新，反对倒退。

高鲁为人谨慎，不苟言笑。是一位立志革新、自强不息的爱国科学家，把毕生精力献给了中国的天文事业。

六、高鲁业绩　全球闻名

高鲁的传世之作有《中央观象台之过去与未来》（1930），用中、英、法文发表，已载入美国20世纪80年代出版的《科学技术史文献》第1卷《现代天文学和天体物理学》第84页，第311号文献：

"No. 311, Koo Lou: *The Past and Future of the Peking Central Observatory*, *Peking the Central Observatory*, 1930p. p. 27+21（Chinese & English）. Brief description of early astronomical instruments with commentary on present activites. "

Vol. 1. *Bibliographics of History of Science and Technology. The history of Modern Astronomy and Astrophysics.* A Selected, An notated Bibliography. P. 84. （国家图书馆藏书号 2/P1-091DDH）

仅此一文高鲁的业绩已永载世界科技史文献之中而全球闻名。

七、在科学普及上的贡献

1930 年由高鲁为首的天文学界人士创刊的《宇宙》杂志是中国天文学会主编的天文学综合性刊物，完全按照学会的办会宗旨及科学研究与科学普及并重，到 1949 年底，共出版 18 年（共出版 19 卷），发表文章五百多篇，是当时中国的全国性天文学杂志。高鲁倡导之功和科学普及的影响很大。

1947 年 8 月中国天文学会在上海参加七科学团体年会期间曾举行了高鲁先生追悼会，后来在《宇宙》的纪念高鲁的专号上发表了天文界人士撰写的十几篇文章，纪念他为创建中国现代天文事业所做的贡献。其中有一篇为提及高鲁推动在中国假天馆（Planetarium，天文馆）的历史功绩，并建议建立高鲁假天馆。早在 1932 年 2 月《宇宙》2 卷 8 期上发表了高鲁写的《假天——就是一架天象仪》，因此高鲁是最早把天文馆事业介绍到中国来的人，并且最先提出了"天象仪"做为 Planetarium 的天文现象放映仪器的中文名字，因此高鲁也是中国天文馆事业最早的推动者。2007 年长乐高鲁天文馆在福建长乐建成是对高鲁一生普及天文的极好纪念。

此外高鲁当年开始天文工作的中央观象台已经在 1983 年 4 月以全新的面貌向国内外开放并在《人民画报》1983 年 11 月号发表了多篇文章和照片介绍了北京古观象台的天文学史博物馆，并以 19 种文字向全世界广泛发行。

八、高鲁星（79419）的命名

小行星（79419）于 2010 年 5 月 27 日被命名为"高鲁星"。国际《小行星通报》第 70410 号，2010 年 5 月 27 日宣布：中国国家天文台施密特 CCD 小行星项目组 1997 年 6 月 26 日发现于兴隆观测站。

2010 年 11 月 3 日第十二届中国科学技术协会年会上"高鲁星"雕像揭幕仪式在长乐高鲁天文馆举行。中国科学院国家天文台院士、北京大学天文系主任陈建生等为"高鲁星"纪念雕像揭幕，并认为"高鲁星"的命名是对高鲁先生在天文学上

九、高鲁主要论著

高鲁编译. 1915. 图解天文学. 中国天文学会.

高鲁. 1915. 春秋时历考略. 观象丛报, 1 (4): 356.

高鲁. 1917. 二十八宿考 (1). 观象丛报, 2: 18-12.

高鲁. 1917. 二十八宿考 (2). 观象丛报, 3: 1-12.

高鲁. 1917. 中央观象台之过去与未来 (中, 英, 法文). 中央观象台.

高鲁. 1918. 二十八宿考 (3). 观象丛报, 4: 1-5.

高鲁. 1920. 国历浅说. 中央观象台.

高鲁编译. 1922. 相对论原理. 中国天文学会.

高鲁. 1927. 日晷通则. 中国天文学会会报, 4: 180-183.

高鲁. 1927. 延熹土圭考. 中国天文学会会报, 4: 191.

高鲁. 1933. 星象统笺. 中央研究院天文研究所.

高鲁. 1933. 中国天文学会产生以来小史. 宇宙, 3 (12): 245-247.

主要参考文献

蒋丙然. 1948. 纪念高曙青先生. 宇宙, 18: 129-131.

李杭. 1948. 用行动纪念高鲁先生. 宇宙, 18: 139-140.

何乐平. 1949. 高曙青先生传略. 宇宙, 18: 140-141.

张钰哲主编. 1980. 中国大百科全书·天文卷. 第一版. 北京: 中国大百科全书出版社: 84.

陈展云. 1985. 中国近代天文事迹. 中国科学院云南天文台.

陈遵妫. 1989. 中国天文事业奠基人——高鲁. 中国天文学史. 第四册. 第十编. 上海: 上海人民出版社.

撰写者

马星垣 (1933~2007), 首都师范大学地理系教授, 曾在北京天文馆工作多年。

李元 (1925~), 中国科普研究所研究员, 曾在中国科学院紫金山天文台以及北京天文馆工作多年, 1943 年曾与高鲁通信请教天文学。

卢景贵

卢景贵（1891～1967），山东掖县人。天文学家、机械工程师。原籍山东省掖县（今莱州市），出生于沈阳。1913年公费去美国伊利诺大学机械工程系学习。1917年毕业，获该校机械工程学学士学位。转至美国普渡大学攻读硕士，学业未成，奉召回国，参加工作。历任奉天省公立工业专门学校主任教授，津浦铁路局（济南）机械工程师，机车维修厂代理厂长。1923年任四洮铁路管理局局长，兼洮昂铁路工程局局长。1928年任东三省交通委员会总务处主任委员，代理会务。卢景贵虽然在大学学习机械工程专业，但在青少年时代，便对天文知识产生浓厚的兴趣，酷爱终生。广泛收集古今中外与天文学有关的书籍，孜孜不倦，自学研究。1931年九一八事变后，赋闲在家，专心著作。1937年由中华书局出版发行《高等天文学》（上下两卷）约80万字。其特点为，将实用天文学、弧三角天文学、理论天文学、天体力学、物理天文学及宇宙创造学汇于一书，并新旧兼收。1936年出版发行译著《月理初编》。卢景贵是20世纪30年代中国天文学会会员。辽宁省政协第一届委员。

一、求学之路　金榜题名

卢景贵字介卿，1891年出生在沈阳市一个经营布匹的商人家中。父亲卢士义（1843～1915），字宝臣。原籍山东省掖县城北卢家疃（今莱州市梁郭镇卢家村），务农为业。因为家中地少人多，生活很是困难。卢士义未能读书。十八岁（1861年）乘木船渡海在大连登陆，沿辽东半岛北上，只身闯关东，来到沈阳。每日走街串巷，叫卖布头。由于卢士义勤劳刻苦，待人诚实守信，数年后在沈阳城内东华门外开设一间"广义德"布店。晚年将店铺迁至沈阳南关，改店名为"天义德"。之后，从山东老家迎来父母双亲，在沈阳安家落户。卢士义夫妇共生有四个儿子，卢景贵排行第四。

卢士义闯关东创业有成，子女有了受教育的机会。卢景贵七岁入私塾读书。十六岁考入奉天（沈阳旧称）中学堂。1908年升入奉天高等学堂。1909年秋，北平农工部高等实业学堂招考专科学生，由奉天提学使在沈阳代为办理入学考试工作。

卢景贵投考被录取，进入该校机械专科学习。1911年8月武昌起义，北京各学校先后停课。1912年局势稳定以后，当时的教育部改组农工部高等实业学堂，让原来的学生重新入学，从一年级课程学起。卢景贵于是报考天津直隶公立实业专门学堂，插班入机械科二年级读书。

1913年奉天省（辽宁省旧称）为培养本地方的科技人才，举办公费赴美留学考试。卢景贵考试合格，金榜题名。1913年冬进入美国伊利诺大学机械工程系学习。1917年毕业于美国伊利诺大学，获机械工程学学士学位。在那里他学习了火车机车的原理和技术。同年进入美国路易斯安那州普渡大学攻读硕士学位。学业尚未完成，奉天省当局电召回国，参与筹建奉天省公立工业专门学校。遂于1918年回国，时年28岁。

由于时间久远，世事变迁，卢景贵留美学习的证件早已荡然无存。在美国伊利诺大学网站上获得该校1918年发布的"五十周年校友录"。其中第648页记载："8545卢景贵，机械工程学学士学位；1891年11月17日出生，中国，由奉天省考送入学……"（译文）。此外，天津市人民图书馆收藏了一本1931年由上海密勒氏评论报发行出版的《中国名人录》。其中收录了卢景贵，文中记述："卢景贵出生于沈阳，1917年获伊利诺大学机械工程学学士学位。"（译文）同时还配有传主大幅照片，可以作为佐证。

卢景贵学生时代前后共耗时21年，才得以大学本科毕业。反映了中国20世纪初，新旧教育制度的更替和时局动荡，学生的正常学习常被干扰。

二、职业生涯　一帆风顺

1918年3月从美国回到沈阳之后，卢景贵被委派到仍处在筹办阶段的奉天省公立工业专门学校，担任主任教授。不久又被改派到中日合办的本溪湖煤铁公司，担任机械工程师，管理该公司的机械维修工厂，后因为不满日方代表的专擅而辞职。1920年，由北平交通部派往津浦铁路局济南机械厂为工程师，管理火车机车（火车头）厂和机械厂两个厂的工作。主要工作之一为随车在行驶中测试新购入的火车头的运行是否合格，那是一项相当危险的工作。不久为代理厂长，兼胶济铁路局工程师。他在济南工作和生活到1923年。

1923年2月，东北地方当局为加速建设东三省铁路建设，计划启用本省公费培养的留学专门人才，电召卢景贵回沈阳。在面试中，得到东北当局最高负责人的重视。卢景贵被直接任命为四洮铁路管理局局长（马龙潭为督办）。不久，又任命他为督办兼局长。在此任期内,奉命创建洮昂铁路,兼任洮昂铁路工程局局长。1928年6月兼任东三省交通委员会路政处主任委员。1928年11月调任东三省交通委员会总务主任委员,代理会务。同时免去四洮铁路局局长职务。

1931年九一八事变后,东三省交通委员会奉命迁移到北平办公。1932年由顾维钧聘请为国际联合会调查委员会中国代表处专门委员。1933年东三省交通委员会被裁撤,人员解散。卢景贵回到天津赋闲。此后除了1936年短时期在上海川黔铁路公司曾任技术处处长之外,终其一生,他没有再做什么有实际意义的工作。

卢景贵20世纪30年代为中国天文学会的会员。1937年春,中国天文学会计划在青岛召开年会。他向当时供职的川黔铁路公司(上海)请假去青岛参加年会。会后,回天津家中小住。不料此时爆发了日军侵华的卢沟桥事变。平津一带战火连天,交通受阻,无法回到上海。从此长期寓居天津。

卢景贵在东三省铁路界服务十年有余。在铁路管理、修筑新路等方面建树颇多。最值得记述的有二:

(1) 1930年初向东北最高负责人提出"东北铁路网计划"。计划以葫芦岛港为中心,分筑四条以瑷珲、绥远、库伦、奇乾为终点的干线,用以抵制日方"满铁"以大连为中心的"满铁运输网"。这个计划得到东北最高负责人的赞同,并于1930年7月中旬举行葫芦岛港开工典礼。典礼相当隆重,国民党中央政府和铁道部均有高层代表出席,引起各方面的注意。

(2) 1932年应当时国联调查委员会中国代表处顾维钧的邀请,主持撰写《中国东北路电述要》。以"东北交通研究会"的名义刊印50册,分送有关部门。1932年10月国联调查团报告书在北平签字。报告书内关于中国东北中日路电问题的争执点,中国政府代表团所提出来的争辩理由,主要是根据《中国东北路电述要》的材料。最后的结果,自然是奈何不了侵略者的"强权",但卢景贵据理力争的爱乡爱国之心,不可泯没。

三、自学天文　酷爱终生

卢景贵曾对家人讲过,他学习机械技术是因为(在20世纪初)它是前沿技术,很多新兴产业都与机械加工有密切关系。那是走向机械化的时代。铁路建设当时在中国方兴未艾,是经济建设现代化的重要标志之一。所以学习机械工程技术起码可以容易找到理想的工作。而研究天文学则是他一生的爱好。

在1937年出版的《高等天文学》(上、下卷)的自序中,他说:"余向在学校时，即有志研究天文，凡有关书籍，无间新旧，遇必购之。及负笈新大陆，虽学机械工程，而对于天文学仍尝致力焉。"

短短几句话，流露出他自幼有志研究天文学的浓厚兴趣。他的兴趣从何而来呢？中学阶段自不必说，即使私塾阶段的学习内容亦能启发学生对天文学的兴趣。

据了解，美国伊利诺大学在 1913～1917 时期，并没有天文学系。该校建立天文学系在 1957 年。然而，早在 1895 年，该校即建有供学生使用的天文台。卢景贵自称："……及负笈新大陆……而尝对于天文学致力焉。"如果他在新大陆有什么天文学方面的学习或研究活动，肯定会与这个天文台有关。

他自幼入私塾数年，必然培养了阅读古籍的能力。中学教育期间，他的学习成绩优秀，特别见长于数理各科。1924 年出版的《东三省乡绅录》对此有简要的记叙：

"卢景贵自幼小便聪明过人。进入奉天中小学读书的时候，对于数学、理科，好像天生有领悟的能力。升学进入北京工业学校，又转到天津高等工业学校专门学习研究机械学科。每到考试总是名列前茅。各位教授常常感到惊异，并给予嘉奖。"（白话译文）他在美国学习机械学科四年多，阅读英文科学书籍的能力，当然达到顺畅读书的水平。

这三个条件：自幼读私塾，精于数学和有英文阅读能力，构成了他自学天文学的基础。然而，如果没有持久的对天文学的兴趣和爱好，大概不会造就他写出几十万字的专门著作来。

他的研究和写作环境十分简单，除专业书籍和刊物之外，只有一把算尺和两三件自行设计、请木匠打造的天体"仪器"，只此而已。

卢景贵算不上一个图书收藏家，但他确实是一位喜欢书、爱买书的人。在沈阳他忙里偷闲，不时光顾书店。天津市一些书商，如劝业场天祥市场的书肆，都知道有一位老主顾"卢某人"。有时他还专程去北京前门外琉璃厂去选购自己心喜的书籍。日积月累，到 20 世纪 50 年代初，他的"书库"存书量已很可观。存书的种类包罗万象，而以天文学类为主。正如他自己所说的那样"凡有关书籍，无间新旧，遇必购之"。包括中国古代有关天文典籍（多为线装书）和国外原版天文著作。如果想知道一位学人，他的兴趣在什么领域，只要看看他的书桌上或书柜里摆放着的书籍便可断定。

由于中国古代占星术对中国古代天文学的发展曾有一定的影响。所以卢景贵的藏书里，必然包括中国古代占星术的书籍。此外，他还收集了不少国外原版的星相学（Astrology）著作。在 20 世纪三四十年代，在天津他成为一名小有名气的"算命先生",不时有亲友辗转来问卜。他总是说:"我按书上所说的,认真给你细算,信不信由你。我概不负责。"他对星相学的爱好程度,可能并不亚于他对天文学的爱好。

20世纪60年代初,北京天文馆陈遵妫副馆长到卢景贵家里串门。他们可能是老朋友。陈副馆长向他要他保存的天文学资料,用来充实北京天文馆的馆藏。可见他喜爱收藏天文图书资料这件事,早已名声在外。

四、寓居天津 著书立说

1931年九一八事变爆发。卢景贵时年41岁。1931年九一八事变到1937年卢沟桥事变之间六年的时光,是他著书的最佳时期。他正在盛年,精力充沛。东三省交通委员会奉命迁移到北平之后,基本上处于无公可办的状态。他回到天津家中,把全部宝贵的时间和精力投入到自己钟爱的天文学研究之中。他开始整理平时积累的读书笔记。经过几年的努力,于1934年完成《高等天文学》(上、下)两卷共约80万字。1937年由中华书局出版发行。李珩评说,这是中国民国时期第一部天文学巨著(根据卢景贵长子卢鹤绂1980年7月12日日记内容)。

同一时期,他完成了英国布朗(Ernest W. Brown)所著 *An Introduction On The Lunar Theory* 一书的中文翻译工作,定名为《月理初编》。1936年由天津百城书局印刷,自行发行出版。卢景贵翻译该书之前曾征得布朗本人的同意。在翻译过程中译者发现原著有几处印刷错误和一处计算错误。译者同原著者之间有书信往来协商讨论。家人回忆曾看见过布朗的来信,布朗的来信为手书,字体花草,很难辨认(根据卢景贵长女卢鹤松和次女卢鹤柏的回忆)。此外,1936年卢景贵的长子鹤绂和次子鹤绅去美国明尼苏达大学学习。他二人曾奉父亲的吩咐,携带《月理初编》中译本去拜访布朗,由长子卢鹤绂当面把译书赠送给布朗(根据卢景贵次子卢鹤绅回忆)。这是20世纪30年代中美天文学者之间一段学术交流的佳话。卢景贵认为中国天文学者对月球的研究,历史久远,有很大的成就。但布朗对月球的研究运用牛顿万有引力学说计算更为精确,于是萌发把它介绍给国人的想法。

卢景贵自学生时代爱好天文学,学术兴趣广泛。但对经济知识,知之甚少。赋闲在天津,全靠有些储蓄,存在银行里吃利息,支撑全家十几口人的生活,尚有余力自己发行译著《月理初编》。1937年风云突变。七七事变之后,日伪政权运用金融手段,掠夺华北地区人民的财富。大量发行伪币,物价飞涨。家道迅速走向衰微。此时的他,依然不改初衷,继续著述。

天津八年沦陷期间（1937～1945）共完成以下几项著作：

（Ⅰ）《曹氏八卦掌谱》，约在1942年在天津出版发行。确切日期和出版发行单位已无人能回忆起来。

（Ⅱ）《武王伐纣之岁考》（未及出版），推证武王伐纣的年代，是公元前1046年，而不是公元前1122年。

（Ⅲ）《释迦牟尼生辰年岁考》（未及出版），根据小澈长沙囊台蒙古源流，推证释迦牟尼之生灭年。

后面两篇都是根据天文现象，推证历史事件发生年代的论文。在文稿上面有竺可桢教授的眉批。

（Ⅳ）《占星学正传》（未及出版），这是一部把古今中外数术之学，分门汇述于一编的巨著。

（Ⅴ）《卢氏汉字声韵之研究》（未及出版）。

1951年他在家中突患脑溢血，治疗后，留下后遗症，左半身瘫痪。1956年完成《蒸汽机车学》（未及出版），约四十多万字。他希望他的经验可能对新中国的建设有所助益。

卢景贵从1931年开始，到1967年辞世，在家赋闲三十多年，生活内容以著述为主。对他个人而言，1931～1937是他著述的最佳时期。完成了他自学生时代便有志研究的天文学著作《高等天文学》（上下卷），并且得以出版发行，向社会贡献了他的成果。这也许是他生平最值得庆幸的一件事。除了已出版的三种著作之外，其余五种，如上文所述，均未来得及出版发行。全部书稿保存完整，在"文化大革命"中遗失，下落不明。

五、爱乡爱国

1931年九一八事变的第二天，日本"满铁"理事木村派人传来口信，如不出走可以推荐出任伪职。木村为中日铁路争执中的日方谈判代表之一，是"满铁"的核心人物。事变后，"东山省交通委员会"尚在等待命令，再采取下一步行动。听到这个口信之后，知道事态紧迫。于是，亲自去到皇姑屯车站。找到一辆三等车厢，挂在逃难的列车后面，召集愿意出走的"东三省交通委员会"职工，连同家属，全部上车，连夜冒险开进山海关。9月24日全体平安到达北平。他不愿任伪职的意志十分坚决。

六、家　　庭

卢景贵于 1912 年与崔可言结为伉俪。崔可言（1892~1992）出生于沈阳。早年公费留学日本，在日本东京实践女子学校师范科学习。实践女子学校是当时日本接纳中国女性留学生最多的学校。鉴湖女侠秋瑾曾两度在该校学习。崔可言回国后，在奉天任中学教师。婚后不久去职。1916 年 8 月携两岁的长子鹤绂，随清华学生去美国伊利诺大学与卢景贵相聚。次子鹤绅即于 1917 年 11 月出生于美国印第安纳州西拉发叶县（W. Lafayette，IND）。

卢景贵和崔可言共生有六个儿子，三个女儿。长子鹤绂、次子鹤绅、长女鹤松、二女鹤柏、三子鹤绶、三女鹤桐、四子鹤绚、五子鹤纹、六子鹤维（刘华）。1967 年 8 月卢景贵因病在天津去世，享年 76 岁。1992 年崔可言在天津逝世，享年 101。

谨以此传记纪念卢景贵诞辰 120 周年。

七、卢景贵主要论著

卢景贵. 1936. 月理初编. 天津：百城书局.

卢景贵. 1937. 高等天文学. 上海：中华书局.

主要参考文献

美国伊利诺大学. 1918. 美国伊利诺大学五十周年校友录：684.

田边种活朗. 1924. 东三省官绅录. 第一编. 沈阳：东三省官绅录刊行局：353.

上海密勒氏评论报. 1931. 中国名人录（Who's who in China）.

卢景贵. 1937. 高等天文学·序言. 上海：中华书局.

周一川. 2007. 近代中国女性日本留学史（1872—1945 年）. 北京：社会科学文献出版社：313.

撰写者

卢鹤纹，传主之子。

朱文鑫

朱文鑫（1883～1939），江苏昆山人。天文学家。中国天文学史综合研究的开拓者与倡导者。1928～1933年当选为中国天文学会秘书、委员、中国天文学会永久会员。1907年考取江苏庚款留学生，赴美留学，入美国威斯康星大学攻读天文、数理学，获理学学士学位。加入美国数理天文学会，同时被选为留美中国学生会会长。1912年回国，出任上海南洋路矿学校校长，1924年更名为东华大学并任第一任校长。因成绩卓著，得国父孙中山亲赠"造路救国"匾额，并被选为全国欧美同学会总干事。朱文鑫对中国天文学的研究十分广泛，他的《天文学小史》可称为中国第一部天文学史专著。他把《史记·天官书》的单篇著作写成《恒星图考》在历史上可称史无前例，其开拓性和学术价值，不可低估。朱文鑫还编著了《天文考古录》、《历代日食考》、《历法通志》、《十七史天文诸志之研究》。全文翻译了英国麦克罕森的《近世宇宙论》，把西方最新的宇宙学成果引进中国。朱文鑫先生一生研究成果已发表的23种，未发表的有19种。朱文鑫还擅长赋诗和画山水画，并著有《槃亭文集》和《槃亭诗稿》等。朱文鑫对中国天文学的研究取得了很大的成就，成为我国现代最早从事天文学研究的最早科学家之一。他的功绩永远值得我们怀念。

朱文鑫的父亲朱剑舫出身于书香门第，擅长数学。朱文鑫五岁时，其父亲授四书、五经、数学、书法，既勤奋好学、又善于思考。十五岁经乡试，录取五贡之一副贡，十七岁中秀才。1901年十九岁考入苏州的江苏高等学堂。1904年肄业，与同学叶楚伧同赴上海参加爱国社，和蔡元培、章炳麟、邹容等人从事反清活动。1905年回苏州任苏州师范传习所教员。后与柳亚子、冯召清等人创办苏州女校，朱文鑫被举为校长。1907年考取江苏庚款留学生，赴美留学。入美国威斯康星大学，攻读天文、数理学，获理学学士学位，毕业后留校任教。后加入美国数理天文学会，同时被选为留美中国学生会会长。著有《中国教育史》和《攀巴司（Pappas）切圆奇题介》两书，并对18世纪法国天文学家梅西耶（Charl. Messier, 1730～1817）所发表的103个星团和星云的位置进行了重测，1930年出版了《星团星云实测录》。1934年由商务印书馆再版。

辛亥革命胜利后，1912年2月朱文鑫离美回国，经叶楚伦介绍加入同盟会曾担任上海《太平洋报》编辑。后到长沙高等工业学校任教半年。1913年2月又到上海担任南洋路矿学校校长，成绩卓著，得国父孙中山亲赠"造路救国"匾额。同时在南洋大学（今上海交通大学和复旦大学）兼任教授，后南洋路矿学校改名东华大学朱文鑫仍为校长（1924~1927），并被选为全国欧美同学会总干事。

1915年33岁的朱文鑫在数学上展开广泛研究，编著了《微分方程式》（英文）、《图解代数》、《算式集要》（英文）分别由南洋路矿学校、商务印书馆出版。

1915年10月5日由留学生赵元任、胡明复等联合发起，创办《科学》杂志，并成立"中国科学社"。朱文鑫积极参与编著了《中等教育算学通论》刊载在《科学》第二期上。

1927年国民党政府定都南京以后，朱文鑫进入政界，曾任江苏省政府秘书兼第一科科长，江苏省土地局局长，并培训了江苏省首批土地测量技术员。与此同时，朱文鑫运用了现代天文知识研究古代天文学史，其发表的著作有23种之多，未发表的有19种，取得了很大成就。成为我国现代最早从事天文学研究的科学家之一。1928年中国天文学会第六届年会至1933年第十届年会上当选为秘书，并兼第八届年会天文学名词编评委员。在第十届年会上又被选为评议员，1939年当选为天文委员会委员。

朱文鑫对中国古代天文学的研究，最为重要的著作如下。

1. 《史记天官书恒星图考》

《天官书》为《史记》130篇之一，由汉代太史令司马迁所选，是最早系统描述全天星官（相当于今之星座）的著作。所观星官91个，约500多颗恒星，后人对这段史料做了不少阐发，但不尚实测，徒取星经谶纬之语，益以晋隋之诸志，牵强附会，越弄越乱。朱文鑫则亲自观测，参详中文图书49种和海外图书21种，予以调理，绘制星图，使后世学者，以图对书，容易理解，是一部深受人们重视的专著。

朱文鑫在编著《史记天官书恒星图考》专著先述其历史，认定是汉初方士唐都的天文之学，并引司马迁书中"天官书"的内容包括"汉之言天数者，星则唐都、气则王朔、占岁月魏鲜，"三个部分。朱文鑫在文中亦以谈星、气、占岁三方面论述。实际上中国古天文学中的"气"、"候气"与"星后"历来都很重视。如被内斯坦取走的《敦煌星图甲本》的后半部分所描述的占云气及其48幅图与文。被伯希和取走的《星占》之末也是气，图较小而少。他认为唐都论述的"天学"不是司马迁祖传之学，而且与石氏、甘氏、巫咸氏三家之星亦不相同。关于候气，至今还未见有人做过专门研究。中国古代还有以数论表事物的，诸如三光的"日、月、星"三才的"天、地、人"，四诗风的"大雅、小雅、颂、四象"，及"五行、五声、六经、八音"等。并以"五"论事物相当突出。朱文鑫在天官书中提到的，东、南、西、北四官外，还特别提出有"中官"作为"五官"体制之一。在后来1934年成书的《历法通志》中展开了详细论述。直接从星体位置与名称做了仔细考订。并对一些特如星象，如"色齐"、"不齐"、"变色"、"若微亡"作了较为科学的解释。还强调古代恒星，星占记录中亦有不少的科学成分，未可应占验之说而忽视之。

故为《史记天官书恒星图考》作序的金天翮、陈定祥、张一麟三位不一而同地齐赞朱文鑫博日金古，能发前员精绝之诣。乃于举世不为之际，疏通归籍、网罗新说，殚精覃思、听夕忘倦、微论其造诣之深，即以识度论，固以加人一等矣。朱文鑫把《史记·天官书》的单篇著作，写成"恒星图考"，在历史上可称史无前例，其开拓性和学术价值，不可低估。为此，中国天文学会评议员会议（理事会）吸收他为中国天文学会永久会员。

2.《天文考古录》

《天文考古录》包括15篇文章，其中《历代日食统计》和《中国史之哈雷彗星》于1934年曾分别以英文发表于美国《大众天文学》（*Popular Astronomy*）42卷第三和四期上。前者可称为"历代日食考之概要"，后者收集了自秦始皇七年（公元前240年）到宣统二年（公元1910年）中国历史文献上的29次哈雷彗星记录。并与近代西方天文学家的许多研究进行比较，认为我国史志中的记载远比西方记载更早而详细，足证中史记载之古，并有助于欧西天文学者，良非浅鲜。而我古人实测之精微，亦足为世界所推崇。

《中国天文史年表》分中国和西洋两个部分。中国部分起于春秋，按朝分段。西洋从16世纪开始，隔50年为一段。每段中先列天文学家，再列大事，再列仪器，最后概论。读后能知中西天文史之大概。朱文鑫研究比较了中西天文学的发展历程，指出：中国天文发达而固步自封，西国天文进化迟而飞黄腾达。观我古人日食之推算、日斑之测验、彗孛流陨之记载，远非西史所能望其项背。对于中国古老的记载和西方近代的观测，他说："予未敢以经西人之推测，即认为精确无误。惟既经各天文家之研究，再读吾国史志，益觉古人观测之精，自有独到之处。且西人译载吾史，往往仅得零星片段，而未能尽悉其义例。故考证原史，表而出之，俾后之人读吾史者，当能知其本末，而国人之读西书所译者，亦不致数典忘祖唉！"可见朱文鑫没有迷洋崇外，是以科学态度分析接受中西天文文化。

同乡同学叶楚伧，为《天文考古录》写序文中称朱文鑫："归国后，以疏通经史天文历法为己任……又出所著天文考古录一卷，于中西新旧载籍、融会贯通，得其要领。诚足以发扬国光，昭示后进。良益浅鲜，实为不朽盛业。"

此外，朱文鑫的《天文考古录》中还有《中国历法源流》、《中国日斑史》、《春秋日食考》、《历代日食统计》、《〈汉书天文志〉客星考》、《唐风三星考》、《说辰》、《轩辕流星雨史略》、《江苏陨石小史》、《历代仪象志》、《读方志偶记》、《〈江苏通志〉天文小序》、《问字堂天文著述论》等，这些朱文鑫的研究中国古天文学的很多方面，由于篇幅所限未能一一论述。

3.《历代日食考》

朱文鑫的《历代日食考》1927年春天在袁观澜的推动下，开始收集资料至1930年完成，不料交商务印书馆付印时，发生了1932年的"一·二八"事变，全部稿件毁于日本帝国主义的炮火中。朱文鑫重整家中残稿，又历时二年，终于在1934年由商务印书馆出版面世，可谓历经艰难。

《历代日食考》全书除绪论、结论外，全书分十二卷。第一卷"古代日食考"讨论闻名世界而又有争议的《书经》和《诗经》中所记载的两次日食。以下11卷，按春秋战国及秦、两汉、魏晋、南北朝和隋唐、五代、宋、元、明、清等朝来研究，到乾隆六十年（公元1795年）为止。从正史中收集到92次日食记录，然后分段列表；第一项是史书上的日食查正说明，不可能相符的予以考证；第二项是相应的古代日期改为公历日期；第三项是儒略纪日；第四项东经120°北京地方平时和朔望时刻；第五项是日食种类，分全食、环食、全环食、偏食四种，根据奥波尔子（Oppolzer）的《日月食典》；第七项为备考，史书所记日食现象的原文照抄于此，原文有误者一一考订校正。

朱文鑫经过这样的整理，得偏食172次、全食336次、环食345次、全环食60次、无食者7次。但在《日月食典》中有8000次日食。平均每百年有日食2375次，其中偏食最多占83.8次；环食次之占77.3次；全食又次之占65.9次；全环食最少占10.5次。朱文鑫认为这一差异，是由于史书中失载者以偏食为多，因偏食所见之地域有限，而食分较小时，古人或不注意或不重视，故失载较多。

朱文鑫的《历代日食考》开启了现代天文计算方法对中国古代天象记录进行系统研究之先河。

4.《历法通志》

1934 年商务印书馆出版朱文鑫的《历法通志》全书共 24 卷，前六卷是历法的概况描述。第一、二卷中，先述历法总目，以为纲，次叙"沿革"，包括历史上 102 部历法的名称，作者及其编制年代、完成时间、历法所在史书名称。其中四种是统一名者，因此实际上是 98 种历法的"总目"。这对中国历代历法的总数做了相当全面的归纳。同时也描述了历法变革和延续的历史脉络。

《历法通志》第三卷"历法行用年表"，主要依据清代黄炳垕的《交食捷算·三·上元积闰表》中所历的历代被颁用历法的行用起止年份。还参考了高鲁的《史日长编》中的有关论述。

《历法通志》第四卷各历岁实，朔策表共给出了 74 种历法的回归年和朔望月长度值，算至小数点后第八位的日数值。经校算所给各历回归年长度值有小误者（指小数点后 6、7、8 位有误者）共计 22 种。此外大业历、占天历、观天历、晓庵历，都有误作，朱文鑫还分出小误、大误、芜误、刊误，可见其研究的仔细与精深。

《历法通志》第五卷对各历法的近点月、交点月表，分别给出了 38 种历法的近点月长度值和 30 种历法交点月长度值，均算至小数点 5 位的日数值。

《历法通志》第六卷为各历五星会合周期表，给出了 41 种历法的水星、金星、火星和土星的会合周期值，均算至小数点后第 2 位的日数值。

《历法通志》的第七到第十七卷中，朱文鑫对据以推算上述各历法的诸天数据的方法做了进一步的讨论和说明，也做了定量的考查，以表格形式和文字描述方式给出者，共同显示出了中国古代历法中的天文数据系统的基本面貌，已经相当成功地勾勒出了其多样性和准确性，随时间的推移而提升的基本特征。反映了 20 世纪 30 年代中国古历法研究的新水平。朱文鑫在古天文历法方面的开拓之功是永不会泯灭的。

5.《十七史天文诸志之研究》

朱文鑫的《十七史天文诸志的研究》是取于二十四史中天文律历志的记述做扼要介绍，分上、下两卷。上卷有《史记》、《汉书》至《明史》共计十七种律历、天文与五行诸志的成书和内容概略，并对有关主旨与内容展开研究加以评说。下卷朱文鑫对《晋书》、《隋书》的作者唐代李淳风的言天三家：宣夜、盖天、浑天之说，并指出"蔡邕谓宣夜绝无师传，周髀之盖天多数遗失，惟浑天之说仅得其情"。而在《隋书》一节又道：《周髀》宣夜之书、安天、穹天、昕天之伦。还提出以平园测浑体，称仰观为浑，俯视为平。固朱文鑫明确提出，中国言天者共有七家之说，其后又加入西方传入的"祆教"的方天说。于是就成为中国天文学史上特有的论天体构造的"论天八家"。还对与《宋史》同存的《辽史》（907～1121）的二百十四年也做了适当的评说。

这里还列举了北宋末苏颂出使辽国的一段故事。宋神宗熙宁十年（1077年）时，苏颂奉命出使了辽国。庆祝辽主生辰，适逢冬至节，而宋朝的奉元历比辽国的大明历要早一天，辽主向及此事，苏颂先大谈历法的编制理论，强调了各为本朝之历，或先或后，仅是时辰之差。"子"时是今天、明天的分界线，故有我先你后之分。其实那是辽国无精通历法之臣民，无从辩论，只得分头庆贺。回国后，汇报此事，宋神宗极为高兴，如不得当有失国体。宋神宗又问到底哪家准确，苏颂答辽历较准……。其实北宋用的奉元历，而辽历是采用前朝的大明历。

《十七史天文诸志之研究》一书的"绪言"中，朱文鑫写道"或谓处今日天学发皇之世，西洋之进岁，一日千里，岂非墨守旧章，固步自封乎。然余尝读欧美科学之史矣，于古人发明之学理。创造之仪器虽极简陋，无不记之弥祥，即断碑残器，片言归简，莫不珍拾藏之，弥见宝贵。岂为博物馆之陈列，考古之鉴赏哉。盖科学之发达，必有渊源，历史之陈迹，正所以领导后世之进化也。且新法之得以完成者，或经千百年之改革，千百人之心力，原非一蹴而至。亦犹长途之旅行，必循序而进，行远自迩，不易之论也。我国有二千多年完整之历史，为世界各国所不逮。天学之发达，远在西人之前。……岂得逶为已往之陈述，而不复以研究哉！"这里记录朱文鑫孜孜不倦地研究中国天文学史及国外学者的相关工作，给他极大的启示，面对中国古代悠久而又丰厚的天文学遗产，给他以极大的激情，同时产生了巨大的责任感。他正是怀着有益于"后世之进化"的理论，投入到古代"十七史的天文诸志的研究"中来。

《十七史天文诸志之研究》卷下由专论15篇短文，是朱文鑫的见解、心得与功力。例如第一篇《史记天文实录》，他将太史公搜集而记在各纪传，六国表和秦本纪内的天象记录归纳为一表。认为是"秦火之烬余。"又第八篇中将南北朝时南齐与北魏两朝所记的月食，据奥波尔子月食考作了汇考校正，也列表了以详述，供后人参考。他还指出中国史书，略于月食，所载简缺，虽始于六朝齐魏，终是简陋。再如，《隋丹元子步天歌论》短短七百余字，甚有独到见地。如论述晋《隋书·天文志》皆论中官而无三恒。"三恒"是步天歌所首创之速制。有的论题已在二十四史范围之外，如《苏颂（新仪象法要政）》就是其中之一，朱文鑫在这篇文章中指出，"该书著以图、祥以说。古器的规模毕具，机械的制作甚精，即后世西洋钟之法，亦不能出其范围"。又说水运仪象台"上层浑仪之上，覆以脱摘扳屋，便于移动启闭，实开后世天文台旋转屋顶之先河，西洋天文台建设移动尾顶始创于普鲁开赛天文台，时在公历 1561 年，后于苏颂将近五百年"。对于苏颂水运仪象台和《新仪象法要》的这些评价较英国李约瑟提出早约 20 年。

6.《天文学小史》

《天文学小史》是第一部中国天文学史专著。1935 年由商务印书馆出版，朱文鑫将其分为二册。上册为"绪论"、"天文学之源流"、"古代天文学史"。下册为"新天文学史"。"绪论"中包括作者对天文学和天文学史的看法做了适量的表述。

他认为："天文为科学之祖，文化之母。世界文化之起源，莫不与天文相表里；世界科学之发达，莫不藉天文以推进。天文学史者，所以明人类进化之次第，天文发达之源流也"。这里不可避免地论及中国天文学与西方天文学的起源之说，朱文鑫认为是两个独立的不同体系，东方文明起于中国，西方文明起于巴比伦。而有些人认为中国天文学起源于西方观点，原因是他们不了解中国古代文献。

朱文鑫还认为："天文之学，原无分乎古今中外，惟有一定元律，而无国界之分。若斤斤于彼我之争者，适见度量隘矣"。文中古代部分分国叙述，中国独立一章，占其篇幅二分之一。巴比伦、埃及、希腊、罗马、印度、阿拉伯、西亚、欧洲八节合为一章。近代部分从世纪开始，到 20 世纪为止，每个世纪一章，共分 5 章，占全书的一半篇幅，而是在广见博闻的基础上有所归纳整理，是一部很认真的专著。

(1) 中国古天文学史

朱文鑫把它分成 4 个时期：①唐虞至周秦；②两汉；③魏晋南北朝；④唐宋元明。各个时期择其重要天文学实践、天文著作、天文学成就、天文学家述其大略。重点问题的产生、发展和影响，都讲述得十分清楚。

唐虞至周秦阶段，重点介绍了古六历的历理，甘、石星表的观测和流传十二次、二十八宿的产生和作用。还特别提到春秋时期对哈雷彗星和天琴座的流星雨的世界上最古的观察记录。

两汉时期，概述了浑天、盖天、宣夜三家学说的产生和发展。简要介绍了《淮南子天文训》的内容，专门提及纬书中的地动说，还择要叙述了太初历、三统历以及东汉后的政历情况。另外，又按专题介绍了，交食推算法在汉代的发展，五星周期数的计算，太阳黑子、恒星、彗孛客星日中黑子的观测，仪象的研制等。在很多短的篇幅中，对于两汉天文学"学理之发展，实测的精勤，历法之创改，仪象之构造"，著述之丰富都给予叙述，并作了扼要介绍。

魏、晋、南北朝时期的天文学,亦取得了多项进步与成功。特别是对历法的多次变更,岁差的发展和应用,太阳位置及日食的推算方法,三恒二十八宿体系的确立,对彗星、太阳黑子的认识。首创定朔之法,调日法,对近点月交点月的认识,圆周率推算精度的提高,日行迟疾的发现及定气法的确立。随唐历法之争,都做了明晰的介绍。

(2) 西洋天文学史

朱文鑫把西洋天文史分成了八个方面:巴比伦、埃及、希腊、罗马、印度、阿拉伯、西域、欧西等地展开简述。埃及、巴比伦是古代西洋天文学的发源地,后希腊勃兴囊括古代文化之地,尽得二国天文图藉。罗马之兴后希腊二三十年。而五百年后,希腊衰落,其天算至学非罗马人所知。而阿拉伯人在托勒密后七百年,始传译其天文集,及各种算学书。天文之学,赖以不墜。后由回教徒传入西班牙又传入欧西。将巴比伦和埃及天文学,由希腊人继承发展,经阿拉伯人传入西方发展为近代天文学,其途径讲得很清晰。

如巴比伦部分,简述了巴比伦王朝的兴衰后,介绍了十二宫,六十进制,圆周率360等分,太阴历及袈勒底人的五星周期、交食周期(即沙罗周期),还有亚述人的日月食记载。

书中作者记述了希腊天文学用了较多的笔墨。对天文学成就,天文学家的活动,天文学的传承等都做了较为详细叙述。其中对希腊著名天文学家依巴谷的介绍,对托勒密《天文集》的各卷也做了详细介绍。

对印度天文学,《天文学小史》一方面介绍了其与中国和希腊天文学的关系,同时也介绍了印度天文学独有的如时日的划分、太阳年、太阴年、梵历等特征的简述。

西域天文学部分,对《元史·天文志》中有关部分做了较为详细介绍。

(3) 新天文学史

下册"新天文学史",从16世纪始,17世纪到20世纪分五个部分介绍。

"16世纪正值中、古、近代天文学的过渡期,亦是中古天文学变更的关键也"。作者着重介绍了哥白尼和第谷两个人,通过对两个人的生平经历介绍了16世纪天文学发展过程及主要脉络。特别是哥白尼的《天体运行论》采用分卷叙述方法,做了详细介绍。

17世纪是天文学发展的重要时期。如作者所述古人观天,全恃目力,推究诸星之方位,皆以几何学为基础。自似巴谷以来,均以轮法为推算之本。但不能出圆周运动之范围。至17世纪伽利略、哥白尼、牛顿诸家起始由几何而入力学之途,为天文学史开一新纪元。在17世纪天文学史这一文章,着重介绍了伽利略、开普勒、牛顿三位最著名科学家。同时对这个时期其他重要天文事件和天文家也都有论述。

18世纪的天文是"恒星天文学及理论天文学的时代。"作者用了很大篇幅介绍这一世纪在恒星、星团、星云等观测方面和天文学理论方面所取得的成就。

19世纪是天文学飞速发展时期,天文测算,日晷完善至19世纪末已达全盛时期。面对众多的天文学新进展,《天文学小史》选择了其中最重要的,包括小行星的发现,分光天文学的发展,利用时差测定恒星距离,恒星的重新观察海王星的发现。星团星云表的公布,星等划分法,望远镜制作的进步,太阳黑子和日冕的观察等等。

20世纪30年代,作者指出有两个最重大的问题:一是宇宙之组织,二是星象之进化。围绕着两个大问题,有一系列天文学新成就,这些都得益于望远镜的改良。并得到一些重要观察结果,还介绍了星团、变星、太阳的观察。朱文鑫还对爱因斯坦的相对论也做了详细的介绍。

《天文学小史》作为一本全面覆盖中外古今天文学发展历史的著作,对于各个时期的天文学都能抓住要点、问题进行阐释。同时概要介绍了天文学在各个时期发展的历史文化,背景及天文学家的生平事迹,还适当概括一些小趣事、小故事。因此朱文鑫的《天文学小史》是一本适合各层次人物阅读的天文学专著、天文科普读物。

7.《近世宇宙论》

《近世宇宙论》由英国麦克罕森(Macpherson)于1928~1929年在哥拉斯哥皇家工学院所作的八次演讲汇编而成,由朱文鑫全文翻译。该书从地心说、日心说、银河系结构一直讲到岛宇宙,也可称一册宇宙论的小史。朱文鑫可称20世纪中国宇宙学的引路人。他把西方最新的宇宙学成果引进中国,在当时是凤毛麟角,实是珍贵。

朱文鑫认为,宇宙之学无分呼古今中外,而期间有一定之律也。如月何以有时如镜、有时如钩。日何以有时极南,有时极北。日月食,何以有全、有偏,银河之星何以独密,星之距何以独远,造历者何以测候日星,能预推一年之节气。航海者何以观望星月,能行驶于无轧之海洋。而是以解答之者,惟有定律而已。其范围定律者何在?曰空间。何谓空间?即天文学所占地位之处。其应用定律者又何在?曰时间。何谓时间?即天文学所占地位之时。《后汉书》张衡在《灵宪》上云:上下四方为之宇,古行今来谓之宙。宇占空间、宙占时间。时空的观念,随历之演进而发展，宇宙之界限，由天文学进步而扩张。因此时间与空间是天文学之重要元素，有密切之关系。张衡之宇宙观与近史的爱因斯坦的"四元论"上下两千年，有息息相关之理。

其时东西学者，有谓中国天学，汉以前已由西方传入，殆亦睐于中国经史毋庸深辨。中国星象，散见于六经、《书》、《诗》、《春秋》之日食，及彗孛流陨之记载，正确详明，非西史所能及，故与其谓中国天文学得诸西方者。不如谓西方古天学得诸中国，较为可信。

其实在16世纪以前，中国传统宇宙观，大大地优于西学，十八九世纪中国传统国学荒疏了。而西方16世纪后，开近代天文学之新纪元。其时哥白尼创行星绕日之说，一变古来地心之宇宙。丹麦人第谷经过三十年之密测，为后人推举之根据。意大利人伽利略，创望远镜窥天。德国人开伯录，创椭圆定理。英国人牛顿，创万有引力。这几位都为近代天学做出了重要贡献。近数十年美国人研制了巨大望远镜，制造了多种精良仪器，取得了前人未涉的重要成果。学者应时而起，对宇宙学的研究日显进步。

朱文鑫对中国天文学的研究十分广泛，除上所述的一些重要研究成果外，还有许多未发表的文章。据他家乡学者陆宜泰先生的细心统计，已发表的研究成果有23种，未发表的还有19种，如《中西天学汇表》、《中国历法史》、《史之月食考》、《淮南·天文训补注》、《明史天文志考证》、《考古录校误记》、《观天新语》、《普通天文学》、《织女传》、《管窥杂识》等。如能汇集这些遗著，整理研究出版成书，对我国天文学史的研究无疑是十分有益的。

朱文鑫还参加了当时的中央研究院所组织的"天文学名词审查委员会"，任委员，共同修订审定了《天文学名词》。全书共收入天文学有关名词1324个。这是中国第一部《天文学名词》也是第一部科学名词。

朱文鑫还擅长赋诗和画山水画，《槃亭文集》和《槃亭诗稿》也是他的未发表作品之一。

朱文鑫逝世一周年，中国天文学会刊物《宇宙》，出版了一期天文专集，以示纪念。他的功绩值得我们永远怀念。

2003年12月由中国科学技术史学会、计时仪器史分会、中国科学院自然科学史研究所、昆山市政府，及他的家乡锦溪镇政府，隆重举行了朱文鑫诞辰120周年纪念活动，以表示对他的崇高敬意和深切怀念。

朱文鑫主要论著

朱文鑫. 1927. 史记天官书恒星图考. 上海：中华书局（1934. 上海：商务印书馆）.

朱文鑫. 1928. 江苏通志编纂委员会筹备概况报告书.

朱文鑫. 1930. 中国日斑史. 中国天文学会年报, 7.

朱文鑫. 1930. 中国日全食史. 中国天文学会年报, 7.

朱文鑫. 1930. 梅氏表之复测. 南京：江苏省土地局（星团星云实测录（更名）. 1934. 上海：商务印书局）.

朱文鑫. 1933. 天文考古录. 上海：商务印书馆.

朱文鑫. 1934. 历代日食考. 上海：商务印书馆.

朱文鑫. 1934. 历代日食统计（英文版）. 天文学刊.

朱文鑫. 1929. 中国史之哈雷彗. 中国天文会会报, 6（英文版：1934. 天文学刊）.

朱文鑫. 1934. 历法通志. 上海：商务印书馆.

朱文鑫. 1935. 天文学小史. 上海：商务印书馆（1939. 长沙：商务印书馆；1970. 台湾台北：商务印书馆）.

朱文鑫. 1935. 近世宇宙论. 上海：商务印书馆（1939. 长沙：商务印书馆；1968. 台湾台北：商务印书馆）.

朱文鑫. 1965. 十七史天文诸志之研究. 北京：科学出版社.

主要参考文献

陈美东，陈凯歌. 2008. 朱文鑫——纪念中国现代天文学家朱文鑫诞辰120周年. 北京：群言出版社.

撰写者

席泽宗，中国科学院自然科学史研究所院士。

陈凯歌（1945~），字祖维，出生于浙江乐清大荆。苏州市古代天文计时仪器研究所所长、高工。长期从事古代天文计时仪器、古钟表的复原研究与制作，20年间先后复原失传已久的张衡水运浑象、水运仪象台、大明殿灯漏等200多种，古代科技模型，如诸葛亮木牛、流马等178种，为弘扬中华科技文化做了些实事。2003年朱文鑫先生诞辰120周年，为其铸造了半身铜像，举办了生平展览，并与陈美东先生主编了纪念文集。

高平子

高平子（1888~1970），江苏金山人。天文学家、天文历学家。中国现代天文学主要奠基人之一，中国近代最有成就的天文学者之一和现代天文事业的奠基者和创建者之一。1924年他随蒋丙然从日本人手中接管青岛观象台，并留任为青岛观象台天文磁力科科长。在青岛观象台，高平子利用德国人留下的子午仪等设备，开展了测时、守时、授时工作，揭开了中国现代时间服务工作的扉页；利用口径16厘米天文望远镜为我国开创了现代太阳黑子观测与研究；参加第一届万国经度测量，取得优异成绩，得到国际同行的赞佩，这是我国天文界步入国际合作的起步。开创了中国太阳黑子观测和子午测时的工作；参加国际经度联测，成为我国最早参加国际经度联合观测的学者；系统地考察了我国古代天文观测方法——圭表测景，撰写成《圭表测景论》；主持《天文年历》及《国民历》的编纂工作；全力投入紫金山天文台的筹建工作，为紫金山天文台的筹备和建设做出重要贡献，并主管太阳分光观测；开创了以现代科学知识阐释我国传统天文历法的研究方向，使古籍文献的古义、古术及古术语得到现代解释，向全世界弘扬了中国传统的科技文化，促进了中外科学文化的交流。鉴于他在天文方面的成就，1983年国际天文联合会第十八届大会通过决议：将月球正面东经87.8°，南纬6.7°处的一座环形山命名为"高平子环形山"。这是我国获此殊荣的少数现代科学家之一。1970年高平子在台湾病逝。

一、简　历

高平子，本名高均，字君平，别号在园，1888年12月23日（光绪十四年十月二十一日）生于江苏省金山县张堰乡之秦山头（今属上海市）一个先代务农为业的书香家庭。因仰慕汉代天文学家张平子（张衡）之为人，因此自号平子，以立志发扬光大张衡对中国天文学的贡献。父亲高煌及叔父高燮皆以文学名世，父亲高煌是清光绪甲午科举人，也是金山县最后一名举人，一生重视教育，曾创办过实枚学堂、寅宾学堂。叔父高燮是江南著名藏书家，因受革命党的影响，写过鼓吹推翻满清统治的诗文，被誉为"笔摇清帝鼎"。堂兄高旭是近代革命诗社——南社的创建者之一。在这种家庭环境的影响和熏陶下，高平子自幼聪颖好学，成绩超群。6岁就读于家塾中，从小打下了深厚的国学根基。在他的家乡有位叫顾上之的学者，精通经史、先秦诸子，尤其喜欢天文历算之学，他的藏书和著作后来由高煌出资刻印。高平子少年时常翻阅顾氏的藏书，对天文历法产生了兴趣，这对他后来的治学方向起了很大的作用。

高平子的成长时代，正处在旧中国备受帝国主义列强侵略和欺侮的时代，许多有志之士开始向西方学习寻求救国的道路，办企业、办教育就是当时许多人的救国措施之一。高平子17岁考入著名教育家马相伯1903年在上海创办并任院长的上海震旦学院，先习拉丁文，再学法文，并跟随马相伯攻读几何、物理和哲学，经过8年学习，于1912年毕业，获理科学士学位。后自费到法国人办的佘山天文台学习现代天文理论和观测技术。跟随首任台长法国人蔡尚质神父，利用当时远东最大的40厘米折射天文望远镜，学习对太阳黑子、双星、星团、彗星等天体进行目视和照相观测。蔡尚质擅长太阳观测，待人诚挚，诲人不倦。高平子在他的指导下，除研读天文书籍外，还从事太阳黑子、小行星及双星的观测。后又从佘山天文台第二任台长卫尔甘做过小行星照相定位及小行星群普遍摄动的计算工作。其成果发表在《佘山天文台年刊》上。在佘山天文台的两年学习，高平子坚实地掌握了诸多现代天文理论、观测技术和计算方法，为他以后从事近代天文研究奠定了基础。1914年，高平子离开佘山天文台，担任震旦学院天象学教授，为培养专业天文工作者呕心沥血，不辞辛苦。随后居家研究顾观光天文历法的遗著，钻研清代梅文鼎的历法著作和唐代《开元占经》，于1923年发表《周髀北极璇玑考》，他以精密的论证推算出周代北极星的正确位置，引起学术界的高度重视；而他也像一颗新星在天文学界闪耀着夺目的光彩。

第一次世界大战后，中国收回青岛的租借权及胶济铁路沿线权益。1924年，高平子应中央观象台台长高鲁之邀随蒋丙然赴青岛，从日本人手中接管了青岛观象台，这是当时第一个由中国人自己掌管的外国人建立的天文机构，高平子留任青岛观象台首任天文磁力科科长，他从头做起，整理中星仪、摆钟、小赤道仪等观测设备，恢复被中断的天文观测工作，成为我国太阳黑子观测及子午测时工作的开创者。青岛观象台的接收，使矢志中国天文事业的高平子有了用武之地。

二、创建我国时间服务系统

1924年2月，我国接管青岛观象台后，高平子首先利用德国人留下的仪器开展时间服务工作，拉开了中国人独立自主从事时间服务工作的序幕。从此，青岛观象台的此项工作不断改进和发展，授时范围由本市扩大到全国，青岛的时政处于全国领先地位。准确的时间是生活、科研、国防所有领域中必不可少的。在自然界中最显赫的目标莫过于太阳，当人们发现太阳升落形成的昼夜交替是地球自转一周的结果后，地球自转周便成为计量时间的基本依据。但是，测量这一周期不能用太阳作为目标，因为太阳的视圆面太大，测量精度太低，天文学家便用一种称为子午仪的望远镜，以遥远恒星为目标测量地球自转的周期，这便是测时工作。天文学家不能总是在望远镜下测量标准时间，必须用精确的天文钟守住所测出的标准时间，这便是守时工作。守住标准时间也不是目的，还要把标准时间报告给大家，这便是授时工作。测时、守时、授时统称为时间服务系统。1924年我国接管青岛观象台后，高平子等所用仪器为折轴式子午仪，德国Carl Bamberg厂制造，No.8676，物镜口径40毫米，焦距255毫米，以及棱镜等高仪和R. Fuess制造的自动记时仪等，用观测中星的方法测算标准时间，其精度可达百分之一秒。用来守时的天文钟共5台，均为德国人遗物。其中有一台里弗拉（Riefler）电气钟，以8节干电池的电力驱动，钟面有玻璃封罩，内设温度表、气压表各一，并设有抽真空装置，放置在基本恒温的地下室内，是当时世界上精度很高的时钟。高平子对守时用钟有严格的管理制度，每日18时上弦，每周测算中星一次，以校核标准时钟的日差率。如果意外变化，则随时进行中星测算。其余时间除测算中星时核对外，平均每日三次以无线电接收国外天文台的调节时号，用以核对标准时钟，以求其平均日差率。如此长年坚持不辍，并有详细记录。授时工作德、日时期均在正午施放午炮授时。因午炮授时误差常达4~5分钟，在高平子主持下，1924年8月1日起改用电流施放午炮，授时精度大有提高，但因火药子弹干燥程度不同等原因，授时误差仍达数十秒之多。于是，为提高授时精度，1927年7月25日起废止午炮授时，改用电音报时器（日本大阪伊吹工业所制，电压120V，电流24.5A，5马力，可传播8千米左右）授时，每天3次，分别在6时零分至1分，12时零分至1分，18时零分至1分。为扩大授时范围1925年4月1日至1927年底，青岛观象台还委托青岛无线电报局代拍信号进行无线电授时。1928年1月1日起由青岛观象台自设之电台进行无线电授时，每天2次，分别在8时24分至30分和18时24分至30分。不但授时精度大有提高，而且授时范围也大大扩大，已超出青岛的范围扩大到全国。青岛观象台建成的我国自己的时间服务系统，不能忘记高平子的开创之功。

三、开创现代太阳黑子观测与研究

太阳黑子首先由中国人发现。早在两千多年前的汉成帝河平元年，即公元前28

年就有这样的记载:"日出黄,有黑气,大如钱,居日中",是世界公认的最早的太阳黑子纪录,比欧洲人发现太阳黑子早 800 多年。1610 年伽利略发明天文望远镜后,我国封建王朝夜郎自大,闭关锁国,长期不引进天文望远镜,由于国策不对,从而葬送了中国古代天文学在世界的先进地位。我国使用天文望远镜独立进行太阳观测研究工作则首先由高平子迈出了第一步,并为我国积累了第一批太阳黑子资料。

1925 年 5 月 1 日,高平子开始用口径 16 厘米、焦距 220 厘米赤道仪,以投影法描绘太阳黑子及光斑。太阳影像直径 18.2 厘米,只要晴天,每天绘图一张,若遇大黑子,还进行摄影。高平子除自己观测外,还亲自培训天文观测人才,在当时,国内专门从事这方面工作的极少,清末留学国外学习天文的如秦汾、朱文鑫等或从政或教书,均未从事天文观测工作。1931 年,青岛观象台建成我国第一座主权归中国的大型圆顶天文观测室,1932 年,成功装竣我国主权下第一架大型天文望远镜,都有高平子付出的辛劳。在青岛观象台期间,高平子还兼任了编辑部主任和管理仪器主任,对青岛天文事业的建设和发展做出了不可磨灭的贡献。

青岛观象台的太阳黑子观测开始最早、历史最长,直到抗日战争胜利后还由刘翰非、徐汇平等继续观测。由于当时没有日面经纬度盘,所以观测黑子记录不能归算为日面经纬度。高平子根据球面三角学原理设计出一种方法,先简单度量,然后通过公式算出日面经纬度,以太阳半球面积之百万分之一为单位,用高平子所制之专用方格板以目视法度量。青岛观象台第二次被日本人占领后,日本人也效仿高平子的方法进行观测和计算。用高平子创制的黑子在日面的经纬度球面经纬网格测定法,一直沿用至今,其撰写的《日面经纬度量简法》,刊登在《科学》第 10 卷第 8 期,观测资料发表于《观象月报》中,在《青岛市观象台十周年纪念册》及《青岛市观象台五十周年特刊》中均有选录。青岛观象台至今尚保存有高平子 1925 年 11 月 8 日~29 日;12 月 19 日~30 日;12 月 22 日~1926 年 1 月 2 日亲手描绘的太阳黑子图,其精微细致,令人钦佩不已,是我国最早、最珍贵的太阳黑子资料。著有《耀能论》、《太阳活动的大概》、《太阳图说》等。

高平子在军阀混战的缝隙中,在外强卷土重来的阴云笼罩下,在极艰难的环境条件下,惨淡经营于青岛观象台,为开拓我国天文事业,呕心沥血,奋力拼搏,迈出了我国现代太阳黑子观测工作的第一步,谱写了我国现代天文事业的第一页。

四、参加万国经度测量

地球自转形成太阳东升西落的昼夜更替,但地球上各地并不同时看到日出,而是依次看到日出,这便是各地经度差造成的时间差。随着无线电通讯的发明和发展,为测定全球各地经度提供了更精确的方法。于是万国天文学会(即国际天文学联合会)决定成立万国经度测量委员会,利用无线电方法重新测定各地经度。1925年7月17日,剑桥会议决定,由国际天文学联合会、国际测地学会、国际地质学会共同组成万国经度测量委员会,并公推法国弗利也(General Ferrie)为会长。1926年5月,弗利也函邀青岛观象台参加第一届万国经度测量。青岛观象台在台长蒋丙然主持下成立了以天文磁力科科长高平子为测量主任,主测员宋国模,助测员徐汇平组成的测量组,于1926年10月2日至11月30日进行了经度联测,当时我国正处于北洋军阀统治下,主管测量的北京测量局处于瘫痪状态,中央观象台没有子午仪,代表中国参加这次国际联测的历史性任务就落到青岛观象台高平子等人身上。所用仪器主要有:①子午仪,物镜口径40毫米,焦距255毫米,德国Garl Bamberg厂制造,No. 8676。②自动记时仪,R. Fuess制造。③标准时钟,D. R. P. Riefler制造,No. 187。④无线电收报机,长短波各一,皆为上海中国电气机器厂制造,短波波长界限为25米至45米,长波波长界限为200米至5000米;5000米至22000米,所测结果为:$8^h01^m16^s.812\pm0^s.007$。这一结果深受国际同仁的赞佩,万国经度委员会主席弗利也专函青岛观象台指出:"所测成绩优良,概为各国所赞佩",为我国赢得了荣誉,并获得庚子赔款董事会的信任,拨外汇为青岛观象台购置一台32厘米标准天图式赤道仪,这是当时中国自己拥有的最大的折光望远镜。此次联测后,由高平子撰写的《胶澳商埠观象台参加万国经度测量成绩报告书》参加比利时博览会,获优秀科技奖,这是我国天文界首次参加国际天文学联合科研活动,这里面凝聚着高平子的功绩和智慧,开我国天文界步入国际合作之先河。

为纪念这次具有开创性意义的天文科研活动,1987年中国天文学会与青岛市政府联合在青岛观象台所在地——青岛观象山耸立起一座"万国经度测量纪念碑"。"测量主任——高平子"镌刻在碑体上。

五、我国太阳分光工作的奠基人

高平子深知,太阳对于地球上的万物甚为重要,尤其与人的关系十分密切,因此他很重视对太阳的研究,在天文研究所购到一台海尔太阳分光仪后,高平子利用它观测太阳黑子、光斑等日面活动,还于1936年6月19日日全食时进行过分光观测,著有《新太阳分光仪述要》、《海尔式太阳分光仪续述》、《本年六月十九日日全食之分光观测》、《太阳分光仪上太阳视象偏角的要法》、《耀能论》等,高平子又是我国太阳分光工作的奠基人。

六、致力于筹建紫金山天文台

1928年，中央研究院天文研究所在南京成立，高鲁任第一任所长。应高鲁之邀高平子赴南京天文研究所任研究员，后高鲁离任余青松受命任第二任所长，因余青松延期到职，高平子任代理所长一年。天文研究所当时正在草创时期，高平子与助手测定了设在南京鼓楼所址的经纬度。在天文研究所，他做了多方面的首创性的学术工作。主持测定天文研究所临时所址鼓楼、江西庐山、河南登封测景（影）台等地的经纬度；负责接收北洋政府的中央观象台（后改属为天文研究所）；主持《天文年历》的编算工作。次年高平子利用太阳分光仪观测黑子、光斑等日面活动，是中国太阳分光观测的奠基人。对中国天文学会创办《宇宙》杂志，也颇费心思，担任了总编辑，做了很多工作。1931年4月，高平子辞去青岛观象台天文磁力科科长职务，6月受聘为青岛观象台名誉顾问。

高平子与余青松等共同致力于筹备和建设紫金山天文台达七八年之久，协助安装太阳分光仪、变星仪、60厘米反光望远镜及10厘米子午仪等仪器，尤其是1933年北京中央观象台的古代天文仪器浑仪和简仪迁往南京紫金山天文台陈设，高平子前后奔波，做了很多工作。他为紫金山天文台的筹建恪尽心力，成绩卓著。高平子和诸位天文工作者正是在怀着强烈的科学救国之梦，付出极大的艰辛才建成了第一座真正意义上由中国人自己建立的现代意义上的天文台。1934年紫金山天文台建成后，我国才有了进行现代天文观测研究的基地，高平子主管分光仪观测，一直到抗日战争。正当高平子等人发挥聪明才智为我国天文事业建功立业之际，日本侵略上海，天文研究所奉命内迁，先到湖南后经桂林到昆明。高平子因老父生病，未能随同内迁，他避居上海租界，闭门研究中国古代天文文献。如今面对我国近代天文事业的摇篮——紫金山天文台，我们不能忘记高平子的创始之功。

七、参加国际天文学联合会

1935年，高平子代表中国天文学会只身赴巴黎参加国际天文学联合会第五届大会，这是在国际天文学联合会上首次出现中国人的身影。高平子将紫金山天文台图册带到会议举办的展览会上展览，以扩大中国天文界在国际上的影响。在高平子的敦促下，大会决议接纳中国天文学会为正式会员国。从此，中国天文界正式跻身于国际天文学界之行列，这里面同样凝结着高平子的智慧和辛劳。

八、考察周公测景台

我国最早的天文观测仪器是专用土圭观测日影，而最早装置圭表的观测台是西周初年在阳城建立的周公测景（影）台，因周公营建洛邑选址时，曾在此建台观测日影而得名。该遗址位于今登封市东南13公里告成镇观星台南侧。唐开元十一年（723年），南宫说把周公所建的土圭改换为石圭，用青石制作，分台座和石柱两部分，通高3.91米。台座为圭，上小下大，呈梯形锥体。石柱为表，放在台座中间，高1.96米，表的顶端为屋宇式盖顶，南刻"周公测景台"字。测景台俗称"无影台"，又名"八尺表"，是我国古代测量日影、验证时令、计年的仪器。历史上不少天文学家、历法家如僧一行、南宫说等都到此进行过天文观测活动。元朝郭守敬在该测景台北约20米处建造了永久性的观星台，对原有的圭、表进行了改进，增设了能用来测量月亮位置的"窥几"，当时，天文学家郭守敬在全国27个地方建立了天文台和观测站，此处是其中之一。周公测景台在我国古代天文史上具有重要的意义。

1936～1937年，高平子与余青松、董作宾及李鉴澄奉命赴河南登封考察周公测景台，并测定其经纬度，由高平子和李鉴澄进行测量，实测测景台的经纬度为北纬34°24′00″，东经113°08′01″。高平子还系统地考察了我国古代天文观测方法——圭表测景，撰写了《河南周公测景台调查报告》，编入中央研究院周公测景台调查报告专刊。文中分析了圭表观测的用途可分为七项，主要是测定南北线，测定观测地的纬度，测定回归年的长度，测定黄赤交角和北天极的高度等。文中旁征博引对历代圭表测量的数据逐一分析，指出其与实测值的疏密程度，对周礼及周髀的著作年代、周公营洛及测量年代与测量地点作了科学的论证。高平子通过对中国天文历法的潜心研究，写成《史日长编》作为天文研究所专刊出版，这本书是年代学和历史学研究的极好工具书。他还曾参与了中国《天文年历》及《国民历》的编算工作。

周公测景台，比建于公元前二世纪的希腊亚历山大天文台和罗得斯观星台还早八百余年。1961年，国务院公布观星台为全国重点文物保护单位，现建有中国天文博物馆对游人开放，是普及天文知识的好地方，有兴趣的朋友到了夏至这一天可以到这里看看无影台是如何无影的。

九、用现代天文研究古天文

古历法是我国古代最有成就的科学领域之一，我国古历法中蕴含着极为丰富的天文学和数学知识，博广精深，一般人难以读懂和理解。高平子生平最佩服东汉天文学家张衡，认为"张衡的学说集古天文学之大成，其制作开形器研究之正轨"，"后世中国天文之中衰，只是后起者未能继轨前贤的责任"。早在佘山天文台学习期间，蔡尚质台长曾拿一册《史记天官书》向高平子询问。此事启发了高平子认识到研究中国古代天文学的重要意义，尤其是到台湾以后，由于无用武之观测阵地，便更加致力于中国古天文和古历法的研究。因此，1934年以后，高平子深入涉足了这一研究领域，潜心研究中国古代天文文献，用他自己的话说是"寝馈其间，时逾半纪"，利用现代天文学理论、数学原理和方法研究古代天文学和古历法的代表人物，在长达半个世纪的学术活动中，逐步形成了自己独特的天文历法理论和方法，并取得丰硕成果。他认为："中国之所谓天文实近于西方之'星占'，而历法则近乎西方天文学中之实用天文学……，而专家好学之士尤多究心于历法。"在这期间，他写成的《史日长编》以逐日儒略周日代替干支纪日附丽于历代年号年月中，对古代历史中的天象记录，只需根据史载帝号年月日直接查表立即可以得到儒略日，不需换算成公历，是年代学和历史学研究的极好工具书。另外，高平子曾对周髀中"北极璇玑"进行过考证，他用现代天文理论和数学方法证明所谓"璇玑"就是周代的北极星，不是现今的北极星，而是现在的"帝星"，即小熊星座的β星。他始终站在科学的立场上，主张把制历权交给民众，彻底摆脱权利、政治和愚昧的束缚和影响。他曾提出研究中国古天文的四项原则和16条大纲，四项原则为：①以科学方法整理历代系统；②以科学方法疏解并证明古法原理；③以科学公式推算疏密程度；④以科学需要应用古测天象，他专心以现代天文学理论和方法研究整理中国古代天文学，校注中国历代天文志及历志，对中国天文学史的整理和研究及现代天文理论的研究和阐述有诸多贡献。16条大纲是：①各家术语名异义同；②观测法之变迁改革；③仪器之制度改革；④干支及岁月时诸名称之起源改革；⑤中星列宿之起源及改革；⑥有史以来纪年之整理；⑦中历制度之共同原则及其历次之沿革（岁首、置闰、进朔、超辰等）；⑧改历演撰法之概要；⑨诸历用数之变迁；⑩古法推算得数与现代天文学公式推算得数之课校；⑪观测记录之考求及用现代公式校核；⑫历代数理上发明；⑬历代观测法之发明；⑭推算结果与实测结果之分别；⑮后人伪撰之考核；⑯传写脱误之订正。这一研究纲领的提出为我国天文学史研究指明了研究方向，提出了研究传统历法的具体方法。

高平子学贯中西，拟将中国历法加以彻底的整理，提出"以科学的方法疏解并证明古法原理"的主张，从资料较为完整的三统历着手，深入的研究了汉历，做出了前所未有的发现。他深入的研究了汉历中关于五大行星的记录，从古代推算结果和以现代天文学方法推算的结果加以对比得出结论：三统历与太初历确实有不同之处，如冬至时太初历以为"日月在建星"，三统历认为"牵牛初冬至"；太初历上元在太初元年前 4617 年，三统历上元则在太初元年前 143127 年，相差 30 个元，用三统历方法推算太初元年岁星始见时之平行度在女宿六度余，而依太初历则太岁在子之年岁星应在建星牵牛间；从现代天文计算方法与用三统历计算方法推算五星位置的比较得知，三统历方法的差数集中于王莽时代，而不是更早的邓平时代的最客观证据。另外，对推算五星位置的现代天文计算方法与四分历计算方法进行比较得知，四分历五星部分完成于灵帝时代，而不是完成于元和行历初年的客观证据。

高平子治历的另一重要科学方法是"以现代知识准绳而回读旧文，先以今文释古术，疏其术语，订其伪字，然后导其演算之结果寻其立术之意义以与今术对比"。他用现代天体力学的方法，推算出五大行星的行度表，再从这些表制成一组行星标准视行图与据汉历推演得来的图加以比较。经过对比研究，科学的证明了三统历、四分历关于五星视运动的记载确实是以实测为根据的，而不是据阴阳五行学说的臆想的产物。高平子还用这种方法令人信服地证明汉代关于五星会和周期的测定已达到了相当准确的程度。例如，水星的会和周期和现代测定值比较，三统历的误差不超过 0.03 日，四分历的误差则小于 0.01 日。

高平子还提出现代科学需要古测天象记录的主张。利用古代天象记录来验证当代天体物理的某些论断，曾以"从中国文献看星球爆发的消息"为题，译出著名科技史学家李约瑟书中的有关章节，并对其在中国文献中望文生义缺乏确切解释之处一一做了订正，得到李约瑟的函谢。他还指出蟹状星云的位置与宋史记载的方位小有出入，使这一问题的研究向更深入的方向发展。

高平子还主持了台湾《国民历》的编制工作，著述甚丰，著有《学历散论》、《元史天文志历志校注》、《平子著述馀稿》、《史日长编》、《平立定三差通解》、《周髀北极璿玑考》、《中国诸历岁实朔实表》、《日食周期之新研究》、《月食周期之新研究》、《史记天官今注》等，其中《史记天官今注》是一部学术性、专业性和知识性很强的著作，是研究汉书的学者所必须参阅的，否则对《史记天官书》是很难弄懂的。

高平子学识渊博，著述甚丰，他不但写高深的学术专论，而且还写天文科普书籍及教科书，他希望以此将天文科学知识及其对实际生活的应用较普及的提供给社会。

十、高平子环形山

宇宙中天体及天体上各种地形的命名，都是经国际天文学联合会研究决定的。

国际天文学联合会在命名中，历来遵循的原则是：只能用科学家、文学家的名字命名，不得用政治家和军事家的名字命名。月球表面满布环形山，其中近千座较大环形山经国际天文学联合会决议，都冠以世界著名科学家的名字，这一座座环形山犹如一尊尊不朽的丰碑，与日月同在，为世代传颂，享誉这种名垂宇宙荣誉的科学家都是人类的精英和楷模。

中国现代天文事业开始于1912年，从辛亥革命到中华人民共和国成立前夕是我国传统天文学向现代天文学的过渡时期。在这一时期中，建立了和清代钦天监截然不同的天文机构，从国外引进了现代天文仪器，成长起来一批掌握现代天文知识的天文研究人才，开展了按现代天文方法编制历书、太阳观测、经纬度测量、恒星观测、整理中国古代天文学遗产等一系列现代天文工作，奠定了我国现代天文学的初步基础。高平子是我国现代天文事业的奠基者和创建者之一，对发展我国天文科学做出了杰出的贡献，在天文学的功绩誉满全球。1982年8月17日~26日，在希腊帕特雷召开的国际天文学联合会第十八届大会上，为表彰我国著名天文学家高平子在天文学上的卓著贡献，决议将月球正面东经87.8度、南纬6.7度处的一座环形山命名为"高平子环形山"。高平子是当时我国唯一取得这一崇高荣誉的现代科学家。其他在月亮上得到命名的中国古代天文学家是战国时代的石申、东汉的张衡、南北朝的祖冲之、元代的郭守敬和明代的万户等，他们都位于月亮背面。

十一、爱好广泛　品德高尚

高平子对政治毫无兴趣，从未加入任何政治性党派及社团，终身致力于天文学及历学。1948年迁居台湾，1949年起在台湾气象所任技正，主持《天文月历》编算工作，直到退休，逝世前一直为台北"中央研究院"数学研究所研究员，他还受聘任台湾"教育部"学术审议委员。50年代初期，他即受聘为民间天文团体"天文同好会"的顾问、理事及常务理事多年。他还在台湾发起创立"中国天文学会"，连任几届理事长。正如1967年他在《学历散论》自序中所说："寝馈其间，时垂半纪"。他一直是台湾《国民历》的主编。当他健康欠佳、目眩神疲，唯恐影响《国民历》出版时，嘱有关人士将主编任务交丁有存、张忠二位先生担任。在他弥留病榻上时还念记着《国民历》的编制，很费力地问起："今后国民历的主编人，决定了没有……"。

高平子对宇宙探索和研究有颇深的造诣，达到很高的境界，他说："我今日的宇宙观：大宇圆融神物我，刹时流转去来今"。他不但精博天文学，还雅好文学艺术，正如他自己所说："对于艺术所好，雕刻为首，绘画其次，音乐再次，而对于戏剧则最少兴趣"。他是一位通书画，擅篆刻，并能吟诗填词，博学多才的天文学家。

高平子对子女的教育也堪称一代楷模。其孙高準从台湾大学毕业后，在美国堪萨斯大学及哥伦比亚大学做研究，并在澳大利亚雪梨大学读博士，为中国文化研究所硕士，英国剑桥大学副院士，美国爱荷华大学荣誉作家，《诗潮》诗刊创办人。他对子女的要求，首先自己身体力行，寓言教于身教之中。"弟子入则孝，出则弟，谨而信，汎爱众，行有余力，则以学文"、"一家仁，一国兴仁，一家让，一国兴让"是他对子女的庭训。从他给侄子的信中的一段话可见一斑："求学犹积钱也，积钱于君子，则助其为善；积钱于小人，则便其为恶。科学亦犹是也，能为人群福利，亦能为人类之灾祸。科学本身无理性，亦犹金钱之无善恶耳，无论积钱，积科学，皆可以为善利人群之术矣"。其堂侄高锟被誉为"光导纤维之父"，于2010年获得诺贝尔物理学奖。

高平子是一位治学严谨，德高望重，刚毅木讷，态度公正，学贯中西的天文学家，他谦以待人，俭以待己，与人为善，诲人不倦，不求闻达，淡泊名利，不忮不求，堂堂正正，光明磊落。1970年3月23日因冠心病病逝于台北。由于他对中国天文学发展的贡献，同年即被评为台湾"教育部"年度学术奖得奖人。台北中华学术院主编出版的《中国文化综合研究——近六十年来中国台北学人研究中国文化之贡献》一书选录了严复、蔡元培、梁启超、于右任等40位中国文化名人的学术传记，高平子也被选入其中。蒋中正以"绩学扬芬"、严家淦以"硕学清徽"挽额致哀。高平子留下四条遗愿：一愿食物化学有长足之进步，以期人类均可素食而除杀业；二愿废除一切攻击武器，以进大同；三愿生长老死各乘自然；四愿万物并育而不相害。并留下遗嘱，要求短丧薄殓，将遗体提供医学研究解剖之用，对社会做最后的贡献，足见高平子思想境界之高尚。

20世纪20年代，在中华大地上，共有徐家汇、香港和青岛三座观象台，号称远东三大观象台。然主权归我者仅青岛观象台。徐家汇观象台一直由法国人把持，直至中华人民共和国建立后，1950年底才收归我有。香港观象台1997年才回归我国。它们的工作自然不能与青岛观象台相提并论，高平子在青岛开展的工作，是中国人在自己的土地上，自己的主权下，按照自己的意愿，所做的前无车辙的开创性工作。他是我国现代实测天文事业的先驱和奠基人。在高平子之前及其同时代的我国天文学者，因无自己的现代天文观测阵地，也只能做些天文志、历志及天文理论探讨，或在他人的国土上从事天文工作。一直到1934年紫金山天文台建成后，我国的现代天文事业才有了长足的发展。

纵览高平子的一生，始终闪耀着中国知识分子对事业的执着追求，对祖国无限热爱，对后代高度负责的光芒。如今他的名字已作为中华精英之唯一，铭刻在月球正面，这不仅是高平子的光荣，更是炎黄子孙的骄傲。

十二、高平子主要论著

高均. 1915. 太阳图说. 徐家汇年报.

高均. 1916. 平立定三差通解. 观象丛报, 2 (1).

高均. 1922. 太阴图说. 佘山天文台.

高均. 1923. 周髀北极璿玑考. 中国天文学会会报, 4.

高均. 1932. 史日长编. 天文研究所.

高均. 1934. 明制简仪上之日晷盘考. 宇宙, 5 (5).

高均. 1935. 出席巴黎国际天文协会报告. 宇宙, 6 (3).

高均. 1936. 与董作宾论殷商历数书. 宇宙, 7 (2).

高均. 1951. 从越南三邦历法看汉化南行. 大陆杂志, 3 (6).

高均. 1951. 论天文同好精神. 天文通讯, 34.

高均. 1954. 论分时制度. 大陆杂志, 8 (9).

高均. 1954. 汉历五星步法的整理. "中央研究院"院刊, 1.

高均. 1955. 帕罗马天文台的新探空. 大陆杂志, 9 (7).

高均. 1955. 天文学进展的里程. 天文通讯, 8 (1).

高均. 1955. 民国以来的天文学. "中华民国"科学志.

高均. 1955. 假使地球永久在密云封闭之下. 天文通讯, 80.

高平子. 1969. 学历散论. "中央研究数学研究所"（台湾）.

高均. 1987. 高平子天文历学论著选. "中央研究院"数学研究所（台湾）.

主要参考文献

特刊编纂委员会. 1908. 青岛观象台十周年特刊. 青岛：青岛市观象台.

高平子. 1926. 胶澳商埠观象台参加万国经度测量成绩报告书. 青岛：青岛观象台.

特刊编纂委员会. 1948. 青岛观象台五十周年特刊. 青岛：青岛市观象台.

陈展云. 1985. 中国近代天文事迹. 昆明：中国科学院云南天文台.

撰写者

马星垣，首都师范大学教授。

孙寿甡，前青岛观象台台长。

孙立南，现青岛观象台台长。

张 云

张云（1896~1958），广东开平人。天文学家。中国近代天体物理学家，中国近代天文教育先驱。1920年考取公费留法，相继获得里昂大学理科硕士、天文学博士学位。1926年8月，张云受聘为中山大学数学系教授，在数学系内建立天文学专业方向，开创中国近代天文教育，同时积极筹划建立中山大学天文台，天文台于1929年6月29日落成。受中国天文学会委托，张云于1929年3月8日在广州主持召开中国天文学会变星观测委员会成立大会，并长期担任中国天文学会变星观测委员会主席（主任）委员。1930年，张云创办《国立中山大学天文台两月刊》。从1929年起，张云兼任中央研究院天文研究所通讯研究员，任多届中国天文学会评议会（理事会）评议员（理事）或候补监事。从1936年起，连任中国天文委员会第1、2、3届常务委员。张云曾任中山大学教务长，并先后三次任中山大学校长（代理校长）。张云的研究领域主要是物理变星、食变星的测光研究，造父变星的统计研究和脉动理论研究，其研究成就在当时颇受瞩目。1958年10月27日病逝于香港九龙。

张云生于商贾之家，其父张卓南（又名礼祺），在广州经营水烟筒及银器业，有七个子女，因曾受失学之苦，乃悉力供子女读书。张云为长子，少时家境困难，然笃志力学，1906年就读于广州，1913年进武昌高等师范学校，1917年毕业后于菲律宾怡朗华侨商业学校当校长，1919年返回广东于广东省立女子师范学校任教，1920年考取公费留法。他先进中法大学，继入里昂大学，相继获理科硕士、天文学博士学位。留法期间，因当时旅法国民党人吴稚晖、李石曾是中法大学负责人，张云和他们有交往。1925年7月国际天文学联合会在英国剑桥大学召开第二届大会，张云代表中国天文学会参加会议。

最迟在1926年初，张云已经完成博士论文 *Monographie préliminaire des céphéides*，此博士论文为研究造父变星的专著，其中的部分工作曾被李珩（上海天文台首任台长）在他的博士论文 *Rercherchers statistiques sur les céphéides* 中引用。张云博士毕业之后，到法国里昂天文台实习，期间于1926年3月完成《变星研究法》一书。在完成实习之后，张云赴英、德、意、法、比、瑞各地重要天文台参观，详加研究，以广所学。

1926年8月，中山大学聘任张云为数学系教授（1926年7月12日，广东大学更名为中山大学），随后数学系更名为算学（数学）天文系，并开设有天文学、高等天文、天体力学、天文实习等天文课程。这一时期，张云除了参与学校的教务和校务（海外部主任）工作，最主要的一件事情就是积极筹划建立天文台，他于1926年12月向当时尚在广州的国民政府提交报告申请建立广东天文台，未果。继而变更计划向中山大学申请建设规模较小的中山大学天文台，并向广东省政府申请部分资金支持，历时二年半，尝尽艰辛，最后功成。详细情形可参见张云撰写的《国立中山大学天文台成立始末记》（《自然科学》，第二卷第一期，第50-66页，1929年），现抄录部分于下：

"我国天学研究，发轫最早，然后继乏人，无相当之设备以供观测，故衰落无闻，不能与欧美并驾齐驱，允为我国学术界之耻，民国十五年秋，本大学有天文功课之设，惟理论讲述，无实习之机会，且地方上经纬度之测量，及标准时刻之决定等，均非有完备之天文台不可，云时任天文功课，感笔画讲授之困难，徒讲研理论之无补，遂有建筑天文台之动议。

……乃从事起草说明书及计划预算，分头接洽，请示意见以求当局之采纳，……。

呈文云：

呈为请拨款及公地建筑国立广东天文台，以研究天学，增高国家文化地位事。……至关于地方气候之观测；各国向例另设测候所，及全国气象局，以专其责；由天文台负责兼管者尚少，惟我国现处革新时期，百政待举，仍力求所以靡费者少，而收效者大，故此处所请天文台之建设，拟以一部分为气象之观测，附设气象台，以研究地方气候之变迁，兼司预告风雨及他种特殊气象之责，俾示民以时灭天灾之危害，一举而两得也。合将呈请设立广东国家天文台理由，及拟建筑天文台具体计划书，呈请察核，即日审查，予以通过。并请咨行国民政府迅予指定的款，及划出国有相当地后，以为建筑之用。实为德便云。

附建筑国立广东天文台兼气象观测所计划书。

……

自运动国立广州天文台建筑事失败后，乃变更计划，拟在校内建设较小规模天文台，以供实习，希冀将来有机会，再为扩充，使逐渐完备，时大学组织已改用校长制，正校长戴季陶先生，副校长为朱家骅先生，课余献议，颇得同情，乃将原定计划预算重新改造，使与学校经费，不发生困难，计划既妥，乃请学校拨款兴工，时十六年二月也。

……

……熟知动工之始，春雨连绵，工程阻滞，又值工会专横，工人跋扈，于是迟至是年六月，凡阅百日，仅竣打桩工程及地窖工程之一部，时学校将放暑假，戴工程师又以事他去，工程遂完全停顿，学校方面当时又以天文台之建筑，不特为本校学习及研究之用，且与地方关系，亦极重要，乃由学校将上列预算函请广东省政府，由省库拨款三万元，以为补助，时朱副校长兼民政厅长及省政府委员，力主此事，卒能通过，并于六月十七日先拨双毫一万元。……

迟至八月杪，学校另延聘曾君锐霆为工程师，于是旧事重提，请曾君负责办理，曾君接事后，即按旧图测量，知前图诸多未妥，乃重新绘画建筑图则，欲另起炉灶，且尤以前所用桩木长仅十二尺，实际入地者三尺，在地面浮土渣上九尺，认为危险不能建筑，并会同同校中教授之有工程经验如陈国机桂铭敬君等三人，拔桩试验，金认为不可用，曾君乃将危险情形提出学校建筑委员会，声明不能负责继续建筑理由，请示办法，时学校正受政潮影响，岌岌终日，对于天文台建筑，不免漠视，拟令中途辍工，而建筑费之已耗去者凡五千元，曾君旋因故辞去，负责无人，于是天文台之命运不绝如缕矣。当此台址未固，风雨飘摇。几成功亏一篑，云乃再励余勇，从事吹鼓，既而学校受省政府补助费，断难中止，乃不得已，另聘钟工程师柏祥，并催省政府再拨欠款，于十月二十日续领五千元，继续兴工。

钟工程师既接事，乃依建筑委员会议决案，雇工将台基之桩拔去，并挖浮土渣至地，然后打桩，同时并悟由校购料雇工之非计，乃变更建筑计划，登报招商开投，包承建筑，由工程师监督之，十一月中旬，当承商为第一次之开投也，所投工价，均远超底价以外，无结果，至十二月二日，不得已为第二次之开投，此次取价最低者，为建隆公司，壹万七千三百元，拟双方签约，预备开工。

合约既签订，以为从此可以鼓楫进行，速告成功矣，孰意……中央纸币低折，跌至六成，建隆公司亦被火烧去，办事人一逃而空，于是天文台工程又遭停顿。

至十七年二月，……政局略定，政府机关，因纸币低折至二三成，乃改发银毫八成，金融于是略定，予乃百折不馁，复鼓余勇，向学校陈呈请继续工程，建隆公司亦因大局略定，重来接洽，请照上日合约开工，于是天文台之生命，又如久旱甘霖，死而复苏，但学校方面，以此后改发银毫，只允照原价百分之九十支给，双方磋商，最终议定，减为壹万六千元，合约既重定，即行开工，时二月八日矣。

自建隆公司承建后，将原有地基，悉行毁拆，起桩拔石，重建台址，查从前所下之桩，为时仅一年，而所拔出者，或半已糜烂，或桩未全入，中途锯去者颇多，若不经此次之悉数拔换，则将来之台塌瓦倾，可以断言，此亦天文台建筑中小厄运之一，合当纪录者。以后工程进行极为顺利，至四月杪已竣工三分之一，预计七月可竟全功，……。

现在诸事幸已告竣，可以供观测研究之用，爰择于六月二十九日举行开幕典礼，于是两载孕育屡濒于危之天文台，始告诞生矣。

经营始末，大体具兹，此固不关学术，然可供关心学术者参考。

今国人皆知学术之落伍矣，亦复感学术之需要矣，然空议论居多，实施殊少，云初不自惴，欲于国民政府成立伊始，创设一规模极大之天文台，所以供学术上之钻研，亦足以纪我政府之成立，不久即自悟期难期实行矣，则缩小为大学附设之天文台，又得戴朱各先生之赞许，与省政府之襄助，宜其成功易也，乃不料阅时凡两载，停工五六次，工程师之再三易也，包工人亦屡更也，木椿已下又复拔换也，缕缕一命，其不自绝于中途也几希，云一介书生，初只知为学术上之攻讨，此时亦不得不奔走经营，时而督工，时而催费，两载光阴，尽牺牲于此天文台之建筑期中，犹幸能维持孱弱生命于不坠，差可告无咎于政府及赞助诸先生，然歉欧美伟大学术建筑之更可惊也，政局不定，经费困难，学术建设，本非容易，然而趋目前之小利，忘百年之大图，中国学术之不振，此其主因也欤。"

中山大学天文台（现址在广州市越秀区文明路215号大院内）于1929年夏天建成，设有赤道仪室、子午仪室、时计室等工作室，配有折光望远镜（13.5厘米 Refracting Telescope）、反射望远镜（20厘米 Reflecting Telescope）、六分仪（Sextantà Gyroscope）、经纬仪（Theodolite）、分光仪（Spectroscope）、坐标仪（Coeloshere）等一批天文观测设备，以及垂直地震仪（Vertical Sismographe）、水平地震仪（Horizontal Sismographe）等地震观测仪器和量云针（Nephoscope）、日照计（Sun-Shine-Recorder）、电气测风计（Electric Anemometer）、气压自记计（Barographe）等一批气象观测仪器，还拥有近3000册（幅）的天文气象图书、图表和杂志，并与世界各国279个天文台通信联系。张云兼任天文台主任（台长）、广州气象台台长，翌年又兼广州航空学校天文教官。

中山大学天文台建成后，除用于教学实习外，主要从事变星、太阳斑点、经纬度及时刻测定等天文观测与研究工作，也从事广州气象观测与研究工作。变星的观测与研究是天文台的重点工作，张云亲自参与变星观测工作，并从事各项天文和气象研究工作。在张云主持下，首次测定广州市经纬度；通过广州广播电台发布标准时号；为空军提供日月出没时刻值；参加1933年第二届"万国经度联测"；1936年参加苏日观测日全食；1941年6月，张云应中国日食观测委员会邀请，任中国日全食东南观测队队长，邹仪新担任干事，于8月初赴福建崇安及江西观测。

早在天文台建筑期间，国际天文学联合会"闻本校有天文台之建设，且广州所在之经度，担任观测尤为适宜，因广州之西，须至印度之Lahone方有其他之天文台担任，故该会特函张云教授加入此观测组织（即国际互助短期变星观测计划参加者于1928年夏到荷兰开会），以收切磋之效。"

1929年初中国天文学会决定将变星观测委员会移交中山大学天文台办理，张云等积极筹划，于1929年3月8日在广州召开中国天文学会变星观测委员会第一次大会，共有张云、赵进义等23人参加，会议选举张云为主席委员，赵进义为研究委员。

1930年，张云创办《国立中山大学天文台两月刊》，从当年2月起至1936年12月止，每两月出版一册，该刊除发表研究论文和传达国际天文学界最新消息外，还定期发表变星观测委员会会务和变星观测报告，同时刊登天文台各项天文常规观测资料和广州每月气象报告，张钰哲、李珩等均在此刊物发表过研究论文。该刊从1937年起改为年刊，内容着重发表天文台的特别研究工作，并一直同国内外天文台、天文教育机构以及有关研究单位进行刊物和情报资料交换，使中山大学天文台和数学天文系的藏书丰富多彩，它是当时国内除中国天文学会主编的《宇宙》杂志以外唯一的天文学期刊（《宇宙》杂志1930年7月创刊）。张云在该刊发刊词中所阐述的科学研究的理念，至今犹值得我们学习，他说：

"要想科学进步，第一个关键就是要打破秘密，和门户之见，大家赤裸裸的，媸也献献，美也献献，尽力表现，使后来的能取长补短，用最少的工作，收最大的效果。

我国几千年来科学的不进步，可说完全是犯了门户之见，和秘密的毛病，甲得一知半解，甲视为密术；乙得一技之长，乙以为绝技。到了现在，大家把门户打开一看，大家才相顾失色，知道彼此都没有什么了不起，或简直一无所有，然而数千年的大好光阴，都已白白化得可怜了，成千成万有作为的大哲大贤，都已跟着长江的水，滔滔东逝，走得干干净净了。我等后人空享着有数千年历史民族的美名，真实冤枉呀！

我国天文学不振，也犯着这个老病。我们由唐尧时代逆数，或者还见着些天文历史的痕迹，在古代天文史里，还占得头一二页的篇幅，然而以后就没有地位了，岂不十分可惜！

天文学在科学中是怎样重要，不必再替他在这里摇舌，然而我们总觉得，不只我国人，还有许多外国人，许多天文家等着我们天学无继的中国，对于天学有些表示，科学的真理，虽无个性，但科学的进步，是靠着人类的努力，我们也是园颅方趾，秉赋和别人相等，难道就自暴自弃吗？

本校天文台成立到现在，还未满岁，年级幼稚极了，但是我们已立意要用连绵不绝的精神，向天界探真理。在日积月累中，我们很希望向期望我们的人群中，有一些表示，这一个表示，绝不敢谓能替天学无继的中国负若干重责，但可以说是一个打破门户之见，打破秘密性中觉悟的表示。我们愿在相当期内，把我们工作的经过，公诸人群，至于献媸献美那就不敢自知了。"

1934年秋，中山大学开始搬迁到新校址石牌校区，张云又着手筹划在新校址处石牌校区建立新天文台。新天文台属于中山大学石牌校区的第三期工程，于1936年11月11日奠基，1937年秋竣工。新天文台（位于现在的华南农业大学校园内）面积为旧天文台4倍。

1939年初中山大学已搬迁到云南澄江，1940年8月张云任中山大学教务长，1940年秋，中山大学迁回到广东坪石，1941年7月，张云任中山大学代理校长。1941年11月，在条件极其艰苦的条件下，综合性学术刊物《中山学报》创刊，张云撰文发刊词，其作为抗战时期大学校长的理念令人敬佩，现抄录于下：

"传播文化，探究学术，是大学的重大使命。欧洲中世纪市民大学的兴起，主要的原因，是对于那无生气的，非实际的寺院教育的不满，这正是人类智识学术解放和进步的一种运动。近二百年以来，文化先进国家各大学对于学术文化的发展宣扬，都尽了光辉的责任。现在，如果论起创造现世界的文明的功绩来，恐怕除了西方那些对于学术有大贡献的大学莫属。在现代，一个大学的存在，正是反映着一个民族的灵魂，也是一个国家的乃至全世界的最高学术、文化成就的表征。

今天，我们中华民族正处在一个空前大激荡的情势中，全国和敌寇日本浴血战斗，已经历四年多的岁月，由于这个战争性质，严重和关系的复杂，恐怕还要扩大和持久，虽则我们相信最后胜利必属于我，但在物质的供给，精神的陶练，都要感到加倍的需要。从四年多的抗战，在我们考验中，一方面固然暴露了我们过去的学术文化的种种缺点，同时也显示了国人在这些方面努力的若干成就。无论文、法、理、工、农、医、教育的人员，都有相当成绩的表现，但这些贡献，和实际的需要比较起来，自然是很微弱的，抗战越接近胜利，其困难也必更多，而对于学术的需求，也越加迫切。战争一面残酷地摧毁着固有的学术成果，别一面又在强烈地催迫新学术的生成。大学要在抗战的历程中贡献出新学术来。

我们不仅抗战，同时又在建国。我们要在这炮火中建立一个文明而合理的新国家。向着这个伟大目标前进的过程中，学术的广泛而深入的赞与，是绝不容轻缓的事情。没有坚实强大的学术力量,想要建造一个理想的新国家,事实上决不容易成功。没有疑义,建国比起抗战来,更加需要学术的赞助推进。大学肩负着学术的建设,也就责无旁贷了。

中山大学是华南的最高学府,它有宏大的规模和光荣的历史,而国父生前讲述三民主义就在本校,尤其值得纪念。现在文明路旁那富有历史意义的讲堂,石牌的恢宏富丽的学舍,都已陷入敌手,而三四年来,校址又一再迁移,图书仪器自不免有着若干散失。但是中山大学的同事同学,大都依然能够专精一志,致力于学术的研求。因为大家都很明白,无论从大学建立的本旨说,从民族国家的遭遇说,我们今天都应该排除万难,为传播文化,探研学术而努力。"中山学报"的刊行,正是这种努力的部分的表现。关于"中山学报"的发刊,现有两点意义必须阐明的:

第一是本大学的特殊使命所在。中山大学是国父创办宣扬主义传播文化的机关,又是他亲临讲演三民主义的场所。它在名称上固然将永远和国父一样不朽,而在实质上尤其和国父保有密切的关系。国父不仅发明过精湛的政治哲理,建立了博大的学说体系,而且遗留给我们那谨严灵动的治学方法,奋进不已的治学精神。对于这些,我们无疑地要继承它,传播它。我们要以绝大的诚信和努力,在这纪念国父的大学中,强固国父宏伟的学统,树立以国父为楷模的学风!这是我们的大学的特殊使命,也是全体同事同学所应该朝夕萦心,而期待彻底完成的任务。

其次是对于学术致用问题的正当看法。提到大学学术研究问题,原有两种不同的主张:其一以为大学的学术研究,应该是纯理的,超实用的。在研究者的心中,只要问所研究的是否有意义或价值,却不必管它是否将被应用于社会和人生。另一以为大学是研究实际问题的机关。它所研究的,自然必须和当前社会人生的福利有密切关系,否则即使本身有着多大的意思和价值,也只是一种无用的'长物'罢了。这两种主张,原都各有不错的地方。但是两者却不应该对峙而应该综合起来,事实上也却有这种综合起来的可能。在这一点上,国父也就是我们最好的楷模。例如'孙文学说',一面是学理的发明,另一面又是革命实践的指针。

其实学术的致用,却有直接和间接的不同,又有对于物质和精神的差异。例如我们研究理论化学和应用化学,其结果都一样有用处,不过前者是间接的后者是直接的罢了。又如探讨工程学和攻习文学,前者所作用的在于物质的建设,后者却在于精神的陶冶。今后国家的需要,无论直接致用的学术或间接致用的学术。无论物质上的学术或精神上的学术,都无所歧视。我们现在对于学术研究的态度,决不因收效的迟速或应用范围的广狭而便有所轩轾。不过我们现在正在过着一种战斗的生活,经济是行为上应守的要则,学术研究固然不能图急功近利,但学术研究流于空疏虚浮，结果必至欲益反损了。

'中山学报'的诞生，正当前方炮火猛烈，后方建设奋进的时候，可作为本大学传播文化探研学术成果的部分表现的园地，负荷特殊的使命，高瞻前程，贡献于国家民族乃至于人类世界。"

1942 年 5 月，张云以"未能展其筹策"为由辞去代理校长职务，其后两年，携家人在湖南衡阳居住，1944 年赴重庆任西北各省高等教育视察团团长，1945 年抗日战争胜利后返广州，任两广教育特派员，从事接管事宜，1945 年末或 1946 年初，返校任教。1947 年 1 月张云应邀赴美国哈佛大学讲学，致力于变星研究，次年又应邀赴英访问。1948 年 6 月张云被任命为中山大学校长，因当时张云尚在国外，陈可忠被同时任命为代理校长，1948 年 10 月张云回国，以未能视事为由坚辞校长职务，由陈可忠继任校长。1949 年 6 月再次出任中山大学校长，在 1949 年广州"七·二三"事件发生后，张云曾带领各学院院长徐贤恭、萧锡三等到看守所探望被捕学生，并保释了部分学生。1949 年 10 月广州解放前夕，张云离校赴香港定居，执教于中专院校，继续天文研究和天文科普写作。

从 1929 年起，他兼任中央研究院天文研究所通讯研究员。中国天文学会评议会（理事会）第 10 届至第 12 届（1931.12～1935.4）评议员（理事），第 17 届至第 19 届（1940.9～1943.12）评议员（理事），第 20 届评议会（即第 1 届理事会，1943.12～1944.10）候补监事，第 26 届评议会（即第 7 届理事会，1949.12～1957.2）候补监事。1929～1944 年任中国天文学会变星观测委员会主席（主任）委员。从 1936 年起，连任中国天文委员会第 1、2、3 届常务委员。1939 年前后，任中央研究院评议员，并为广州气象天文组成员。

自 1926 年 8 月始，张云在中山大学开创和发展天文学教学和科研事业，主讲数天系理论力学外，还讲授数天系、物理系的普通天文学、球面天文学、实用天文学、天文学实习，高等天文学、高等天文学实习、日月蚀专论、天体物理学课程，编著有《普通天文学》、《高等天文学》等教材，培养了叶述武、邹仪新、叶叔华等一批知名天文学家。1947 年 7 月，中山大学正式成立天文学系，这是当时全国唯一的天文学系，也是新中国成立后南京大学天文系的前身。

张云从事的研究领域，主要是物理变星、食变星的测光研究，造父变星的统计研究和脉动理论研究。1947 年，张云在哈佛大学工作期间，先是协助当时正在叶凯士天文台讲学的张钰哲发现一颗新食变星（BD-6° 2376）。他根据张钰哲的来信，经过约两个月的时间，检查了哈佛天文台的天文底片，进行测量、计算，最后确认是新食变星，被国际组织正式命名为麒麟座 FW 星。接着，在当年 12 月又发现了一颗北冕座 R 型新变星。先是叶凯士天文台恒星光谱专家 W. P. Bidelman 注意到 HD25878 星的光谱型与北冕座 R 型变星很相似，要求验证。张云反复查阅了哈佛天文台 1899 年以来约 50 年的 1170 张底片，终于发现该星完全合乎北冕座 R 型星的类型，是一颗不规则变星，被正式命名为鹿豹座 XX 星。这一新发现，载于哈佛快报卡第 866 号，1948 年发表于美国《天体物理学报》（*The Astrophysical Journal*）上，为国家赢得了荣誉。在美国访问工作的这段时间他发表论文三篇，其中的一些工作在当时甚至多年后也被他人引用。在哈佛期间，他仍然关心着中山大学天文台观测设备的建设，经他游说，哈佛大学将曾经做出重要天文研究工作的、口径为 28 厘米的德雷柏折光望远镜赠送给中山大学天文台。1950 年该镜安装完毕，用于教学和观测，后安放在南京大学天文系供学生观测实习。

张云从 20 世纪 20 年代末起，专著和研究论文或研究报告颇丰，还译著了《天河系统和螺旋星云》、《星的光学分类》、《星球和原子》、《冥王星》、《最近土星光环隐匿的说明和观测》、《天文学讲话》、《月球》、《地球》等科普作品。他作为一个富有民族意识的学者，忧虑祖国天文事业凋零无继，他说："我国是天学先进的国家，……我们不应长久拿我们的古董来夸耀于人，靠着一些祖宗的旧遗产来自满"，而应"用连绵不绝的精神，向天学挥真理"，"向期望我们的天学无继的中国负若干重责"。纵观他一生中为发展我国近代天文学所做的一切，可以说他是民国时期为数不多的一名很有建树的天文教育家和天体物理学家。

（致谢：在本文撰写期间，笔者曾多次致电洪斯溢老师、张魁彦老师、章振大老师请教有关问题，中山大学图书馆在查找资料方面也提供了帮助。中山大学中法核工程与技术学院法方教授 Oceane Gewirtz 帮忙确认 *Monographie préliminaire des céphéides* 一文为张云在里昂大学的博士论文。）

张云主要论著

张云. 1926. 变星研究法. 广州：国立中山大学出版部发行.

Chang Y. 1926. Monographie préliminaire des céphéides. 法国里昂.

张云. 1929. "司父一"变星之特性. 自然科学, 2（1）：2-20.

张云. 1931. 广州气候与日斑之关系. 国立中山大学天文台两月刊, 2（1）：1-15.

张云. 1931. 茹勒世司父一变星之周期光曲线. 国立中山大学天文台两月刊, 2（5）：159-172.

张云. 1933. 造父变星之双星观. 国立中山大学天文台两月刊, 4：29-41.

张云. 1933. 造父变星之脉动观. 国立中山大学天文台两月刊, 4：61-72.

张云. 1933. V Ursae Minoris 变星特性及其观测. 国立中山大学天文台两月刊, 4：95-103.

张云. 1933. 几个无规则变星之观测. 国立中山大学天文台两月刊, 4：127-131.

张云. 1933. 普通天文学. 广州：国立中山大学出版部发行.

张云. 1934. 变星 SZ Cassiopeiae 之平均光曲线. 国立中山大学天文台两月刊, 5：79-88.

张云. 1934. 变星 RW Cassiopeiae 之平均光曲线. 国立中山大学天文台两月刊, 5：111-120.

张云. 1934. 233261-RS Cassiopeiae 变星之观测及其平均光曲线. 国立中山大学天文台两月刊, 5：139-148.

张云. 1935. 半规则变星 TW Pegasi. 国立中山大学天文台两月刊, 6：77-86.

张云. 1935. 变星 TX Cygni 之平均光曲线. 国立中山大学天文台两月刊, 6：107-113.

张云. 1936. 高等天文学. 南京：国立编译馆.

Chang Y. 1947. The new eclipsing variable BD-6^0 2376. ApJ, 106：303.

Chang Y. 1948. Light-curve of a new variable of R Coronae Borealis type. ApJ, 107：413.

Chang Y. 1948. Changes in the period and light curve of the cluster-type variable SX Ursae Majoris. AJ, 54：16.

张云. 1957. 二十世纪之天文学. 台北：正中书局.

主要参考文献

溢美. 1991. 张云传. 中国现代科学家传记//卢嘉锡主编. 第二集. 北京：科学出版社：294-298.

里昂市立图书馆. Liste des thése soutenues par les étudiants de l'Institut franco-chinois de Lyon（里昂中法大学博士论文目录）. http：//www.bm-lyon.fr/trouver/Fonds_chinois/ressources/IFCL-Theses-etudiants.pdf［2013-6-23］.

吴美霞. 2004. 中国天文学会. http：//www.bioon.com/popular/Class405/tianwen/200406/40253.html［2013-6-23］.

Askloef Sten. 1949. Trigonometric Parallaxes of Eighteen Stars – Determined by Photography with the McCormick 26-inch refractor. AJ, 54：176.

Kameswara Rao N, et al. 1980. XX Cam – The Inactive R CrB Star. J Astrophys Astr, 1：71-78.

撰写者

邓幼俊（1965~），江西南昌人，1987 年毕业于南京大学天文系，现任教于中山大学物理科学与工程技术学院，副教授，同时在中山大学太阳能系统研究所从事太阳能利用的研究工作。

余青松

余青松（1897~1978），福建厦门人。天体物理学家。青年时期，先后就读于上海圣约翰中学和北京清华留美预备学校。1918年进美国宾夕法尼亚州利哈伊大学土木建筑专业学习，1921年获学士学位。1922年入匹兹堡大学专攻数学天文学，1923年获硕士学位。1925年入加利福尼亚大学，并在该校利克天文台从事恒星光谱研究，发表论文多篇，其成果享誉世界，获哲学博士学位。1927年回国，任厦门大学教授，1929年任中央研究院天文研究所第二任所长。他亲自勘测和设计上山道路和天文台建筑，创建了紫金山天文台，并任紫金山天文台台长。1938年，余青松主持创建紫金山天文台第一分台——昆明凤凰山天文台。1947年，余青松出任加拿大多伦多大学天文学教授。1948年任职美国博尔德高山上的萨默斯-鲍希天文台，从事仪器设计。1948~1955年，在哈佛天文台从事天文研究工作。1955年起受聘于美国马里兰州胡德学院教授天文学，兼任该院威廉斯天文台台长，直至1967年退休。余青松曾任中国天文学会会长，是中国天文学会、美国天文学会、加拿大皇家天文学会、英国皇家天文学会、国际天文学联合会会员。

一、创建中国第一座现代化综合性天文台——紫金山天文台

1929年，余青松上任中央研究院天文研究所所长，由于他曾留学美国学习土木建筑设计和多年天文观测研究实践，全面了解现代化天文台建筑、设备以及观测和研究所必须的条件，因此，余青松义不容辞地承担了建设中国第一座现代化天文台的重任。

1. 选址筑路

对于天文台的选址，1929年夏后，余青松多次考察，讨论洽商，并反复斟酌、权衡利弊，终定紫金山麓第三峰。盘山道路由余青松亲自勘测、设计和招标，循北山之途于1931年夏季完工，由于布局合理，新中国成立后两次整修，走向未变，只是路面局部加宽改铺青石板车道。

2. 天文台本体建筑

自1931年4月绘制地形图开始，至1935年春变星仪、大宿舍等完工，历时四年整。

1）绘制地形图，定建筑配置

1931年4月，余青松亲自勘察，山顶测量多次，绘成地形图，按图配置建筑，屋架建于两小山峰之间，成半圆形，向南背北。中间最北处为天文台之"灵台"，即大赤道仪室，东侧是小赤道仪，其间为变星仪，西侧为子午仪室，各建筑按计划先后开工，逐步竣工。

2）由于要参加1933年国际经度联测，最先建造是子午仪室，1931年10月动工，1933年5月完工。子午仪室右下角有大理石镌刻的中央研究院院长蔡元培所题碑文。

3）1933年5月和9月，小赤道仪和大赤道仪相继开工，它们于1934年8月落成。前者右下角有考试院院长的所题碑文；天文台本部，即大赤道仪正面牌坊有当时国民政府主席林森所书"天文台"三字外，在其右下角还有当时行政院长的题文。

4）1933年12月变星仪开工，1935年春完工，变星室右下角嵌有大理石镌刻监察院院长于右任题的碑文。

5）其他建筑，如大小宿舍、大门等都在1935年春前完工。

6）各建筑物内，如大赤道仪室的600毫米反射镜（当时东亚最大的口径望远镜），小赤道的200毫米折射镜、子午仪、变星仪和它们的圆顶，以及处理观测结果的比较仪、光度计等附属设备都在余青松的主持下，于1935年基本配备齐全。特别是大赤道仪的直径8米圆顶，曲梁数十，作弧状集于天顶，顶以圆轨承之，屋顶旋转，天窗的开启皆以电钮操纵，技术难度，当时属高、精、尖，皆由余青松亲自设计、制作和安装，非常不易，实属难能可贵！

图书资料，其中不少为典籍珍本和善本以及外文藏书，各大天文台刊、星图星表等不少于6千册，为正式开展天文观测研究作了充分和全面准备。

从1930年夏到1935年夏，费时5年多，建成东亚第一座具有国际一流水平的现代化天文台——紫金山天文台。余青松任紫金山天文台的首任台长，这是用我国自己的人才、自己的力量和自己的技术建成的。从天文台的长远战略考虑到基本设计布局、天文台各大部分的建设、观测设备（包括附属设备）的设计、购置、安装到图书资料的落实，以及天文观测研究的正常进行到人员生活细节等都是余青松主持和领导以及研究所全体人员努力和奋斗的结晶,他们为我国现代天文学发展奠定了基础,开辟了新的里程碑,余青松为此立下了不朽的功勋!

3. 古代天文仪器南运,集古今天文仪器之大观

因华北局势紧张,浑仪、简仪、圭表(无底座)、小天体仪、小地平经纬仪和 2 个漏壶(元、明)等古代珍贵天文仪器 1933 年底运抵浦口,在余青松的指挥和安排下,1935 年初运至山上,在当时非常落后的运输条件下,把简仪、浑仪 10 吨以上的铜铸品搬到山顶,他们的勇气和智慧,令人感叹和敬仰。

这样,紫金山天文台成为中外唯一的集古今天文仪器大成的天文观测研究机构,而蜚声海内外。

4. 建设紫金山天文台分部——昆明凤凰山天文台

1937 年 7 月抗日战争爆发,1938 年天文研究所内迁昆明。由于南京天气不甚适于天文观测,昆明地势高爽,空气清晰,云量少,晴天多,湿度也小,故研究所决定在昆明建设一座永久性天文台,作为紫金山天文台的分部,又经余青松艰苦勘察设计,至 1940 年末,昆明凤凰山天文台基本落成,成为 20 世纪下半叶云南天文台的前身。

5. 亲率日食观测队赴日观测日全食

紫金山天文台建成后,1936 年 6 月 19 日,余青松台长亲率中国日食观测队赴日本北海道观测日全食,拍得日全食照片和影片,获得非凡成功。这是我国第一次组队出国观测日全食,其科学上的意义非同寻常。

二、学 术 成 就

余青松在学术上的主要成就,集中在天体物理学领域,即恒星光变、光度和光谱等方面的研究成果。

天体物理学是应用物理学技术、方法和理论,研究天体形态、结构、化学组成、物理状态和演化规律的学科,是天文学研究的前沿。余青松正是利用当时天体物理学的最新方法,发表了多篇论文,为揭示和了解宇宙结构和演化规律做出了贡献,这说明他是一位天体物理学成熟研究者,更是中国现代天体物理学研究的开拓者和奠基者。

余青松的天体物理学第一篇学术论文是 1923 年发表在 Astrophysical Journal（美国《天体物理学杂志》）上，此论文是在著名天文学家 M. D. Curtis（柯蒂斯）领导下，经过十一个夜晚在 76cm 折射望远镜上观测取得的成果，论文题为 Light-curve and orbit of CG CYGNI（《天鹅座星系的光变曲线和轨道》），这篇余青松初出锋芒之作，受到了美国天文学界的关注。

从 1924 年至 1930 年，余青松在美国和国内先后发表有关天体物理的著文 7 篇，述及的工作和论文如下：

第一项工作是关于 A 型恒星光谱中的氢连续吸收。1924 年 12 月 30 日起到 1925 年 6 月 17 日，余青松在美国加利福尼亚州大学利克天文台连续观测了赤纬 $-18°$ 以北的 91 颗亮于 4 等恒星的 131 条光谱，又仔细地做了定标和归算，作为示例。在论文中画出了从 B2 到 G0 型恒星的光谱视强度图和经过归算后的能量分布图 32 幅，通过分析这些丰富资料得出结论，说明理论和实测的一致，证明连续吸收是属于氢原子的，除此主要成果外，还得到三项重要收获：69 颗恒星的有效温度、随波长变异的银镜反射率和 Seed23 底片敏度两条曲线。1926 年，余青松为此成果发表长篇论文：On the continuous hydrogen absorption in spectra of class A stars（《A 型星光谱中氢连续吸收》）。

余青松的另一项研究工作是提出一种新的测定 A 型星绝对光度的光谱方法。他评述了已有的几种测定恒星绝对星等的光谱方法，以及他们应用于 A 型星所遇到的困难。由此提出不采取通用的某些光谱线线强度比的方法，而以氢原子巴耳末系列的吸收值或 $H\gamma$ 谱线的吸收值作为宗量来定 A 型星的绝对光度。这些吸收值依赖于温度和压力，余青松引进了前一工作所得恒星的温度值，以排除后者的影响而使吸收值仅受压力的影响，终而达到原来的目的。这方法的优点是无需光谱分类，避免了人为因素的影响，因为作为本方法判据的吸收值是由光度测量作为依据的。但正如余青松本人所说的，引进温度参量会带来一些不正确性，而归算吸收值又是费时的工作，所以此法未能广为应用。这项工作的论文是 A proposed spectroscopic method for determining the absolute luminosities of class A stars（《测定 A 型星绝对亮度的分光方法》）。

余青松回国之前的 1926 年，还完成了论文：On the spectral changes of ζ Geminorum（《ζ Gem 的光谱变化》）。此论文从理论上和观测实验上，确证了 ζ Gem 温度的降低是造成谱带出现和加强的主要原因。

由于 1926 年余青松在恒星光谱方面众多杰出的工作，他创立了恒星光谱分类法，国际天文学联合会命名为"余青松法"，余青松法在世界天文学界被广泛应用，同时也被编入一些天文学教科书中，供大、中学校天文教学课程之用。此后不久，英国皇家天文学会以"对世界天文学研究做出的卓越贡献"，吸收余青松为该会第一位中国籍会员。

1927 年 3 月，余青松在利克天文台又完成了 Continuous ultraviolet emission in spectra of class Be stars and a probable continuous general absorption in the spectrum of P Cygni（《Be 型星光谱中的连续紫外发射和天鹅座 P 星光谱可能连续总吸收》）的论文。

1927 年余青松受聘厦门大学天文物理学教授，他继续恒星光谱的观测研究工作，发表了在恒星光谱有广泛影响和重要结果的论文 A photometric study of stellar spectra（《恒星光谱的测光研究》）。

此项工作对 90 颗恒星（多数为 B 和 A 型以及 4 颗造父变量），通过 146 台无缝光谱仪同两个棱镜石英射谱仪以及反射望远镜，在 10 段不同波长背景的连续光谱、4 条氢线、氢的连续吸收、H 和 K 线、G 谱带以及 3883A 的氰谱带上得到了以下重要结果：

1）从较低的光谱序列至最大的 B8，恒星温度增加，但从 B5 降到 B0，再向较高系列 Oe5 增加前，B 型星间的温度下降幅度是意外的，由于观测资料有限，这个现象须进一步证明；

2）氢线强度在 A0 达到最大值，而后逐渐向较早和较后型减少，"c"星和昴星团的氢线较浅淡；

3）连续氢的吸收线的强度紧跟着巴尔末系列线，同先前得到的结果是一致的；

4）在 B8 前后，前先出现 K 线，其强度迅速增大，一直到 K0 附近达到最大值，其线强度在连续背景上达到 0.9；

5）在 F8，3883 的氰第一次看到，经过星序进一步增强了；

6）发现了可看到的氰线数量同其光度的关系，用现代氢原子理论可预测到的；

7）光谱特征变化和四颗造父变量的位相应总结为四种情况。

1927 年，余青松还完成论文 Spectroscopic parallaxes of class A star（《A 型星的分光视差》）。

1930 年，余青松在《中国天文学会会报》发表《恒星光带明线的来源》的论文。

余青松晚年致力于设计和绘制星图。他和门泽尔合作出版图书数种，均由余青松绘制书中星图。1970 年门泽尔所著《天文学》一书中，附有余青松绘制的精美星图 20 全页。他最杰出的星图是和门泽尔合编的《恒星和行星观测指南》中的 200

多幅星图和插图，该书1964年出版后销售35万册以上。他巧妙地把哈佛大学天文台的54幅12.5等的全天照相星图底片（白底黑星）中的主要恒星绘出星座连线，标明星名和星座界线及天球坐标网线，和与此对应的照相星图（黑底白星）两相对照极为清楚准确，对小型望远镜观测十分有用。这种类型的星图还前所未见。余青松把利克天文台拍摄的著名月球照片12幅也以正负片两相对照，在负片上详细标明月面名称，使观测者一目了然。此外在98幅分月星图中也详细绘出北半球、南半球所见的向北向南的星空图，也采用一面是标出星座和星名的有字星图，另一面是相对应的无字星图，这样既保持了星空形象的真实感，又能立即认出星座和星名，而且星点绘制准确美观，各种字体均用印刷字型，整齐正规。因此他在星图绘制上的创造性工作立即获得好评，成为此类星图的标准模式和先驱，被誉为艺术性的工作，他本人则被冠以艺术家的桂冠。

为了纪念余青松对天文学，特别是对中国现代天文学的贡献，历史悠久的哈佛-史密松天体物理天文台将该台天文学家邵正元发现的3797号小行星命名为"余青松"。国际天文学联合会小行星中心在1989年4月出版的《小行星通报》第14481号上作如下说明：

"第3797号小行星系1987年12月22日在橡树岭天文台发现，兹命名为'余青松'，以纪念这位中国天体物理学家（1897～1978）"。

环绕太阳运行的第3797号小行星，成为对中国科学院紫金天文台的创建者、紫金山天文台的首任台长、中国最早的成就卓著并享誉世界的中国天体物理学家余青松先生的永久纪念！

三、余青松主要论著

Yu C S. 1923. Light-curve and orbit of CG Cygni. Astrophysical Journal, 58: 75-85.

Levy H, Yu C S. 1924. Elements and ephemeris of minor planet 1923 PE. Lick Observatory Bulletin, 350: 122-123.

Yu C S. 1926. On the continuous hydrogen absorption in spectra of class A stars. Lick Observatory Bulletin, 375: 104-121.

Yu C S. 1926. A proposed spectroscopic method for determining the absolute luminosities of class A stars. Lick Observatory Bulletin, 380: 155-164.

Yu C S. 1926. On the spectral changes of ζ Geminorum. Publications of the Astronomical Society of the Pacific, 38: 357-366.

Yu C S. 1927. Spic parallaxes of class A stats. Publications of the Astronomical Society of the Pacific, 39: 60-61.

Yu C S. 1927. Continuous ultraviolet emission in spectra of class Be stats and a probable continuous general absorption in the spectrum of P Cygni. Publications of the Astronomical Society of the Pacific, 39: 112-122.

Yu C S. 1930. A photometric study of stellar spectra. Lick Observatory Bulletin, 422: 1-15.

Yu C S. 1930. The national research institute of astronomy of China. Publications of the Astronomical Society of the Pacific. 42: 302-308.

余青松. 1930. 恒星光带明线的来源. 中国天文学会会报, 7: 23-33.

余青松. 1930. 记第四次太平洋科学会议中的天文组会议. 中国天文学会会报, 7: 109-117.

余青松. 1935. 国立中央研究院天文研究所——紫金山天文台. 宇宙, 6: 1-10.

余青松, 陈遵妫. 1936. 北海道队（1936年6月19日）日食观测报告. 宇宙, 7.

余青松. 1940. 国内天文界工作概况——国立中央研究院天文研究所. 宇宙, 10: 125-131.

Menzel D H, Yu C S. 1964. A field guide to the stars and planets. Boston: The Riverside Press Cambridge.

Menzel D H, Yu C S. 1970. Astronomy Random House. New York: INC.

主要参考文献

Carl Rufus W. 1939. Ancient astronomical instruments in China. The Sky, 3 (4): 6-7.

中国科学院紫金山天文台编. 1985. 紫金山天文台五十年（1934—1984）. 南京：南京大学出版社.

陈遵妫. 1989. 中国天文学史. 第四册. 上海：上海人民出版社.

撰写者

王德昌，中国科学院紫金山天文台研究员。

李元，中国科普研究所研究员，曾在紫金山天文台工作多年。

刘世楷

刘世楷（1897~1966），四川万县人。天文学家。青年时期就读于北京高等师范物理化学部、北京师范大学化学研究科，1922年与41位发起人共同创建了中国天文学会，后被选为中国天文学会北京分会理事，并参加过中国气象学会、中国物理学会、中国科学社。1932年起，曾在四川大学、西北师范学院、华西协和大学、沈阳东北工学院、华北大学工学院、辅仁大学及北京师范大学任教授，讲授物理学、天文学、天文学史、气象学、农业气候学等课程，是北京师范大学天文学系的奠基人之一。

一、钻研不辍，创新良多

即使用我们当下流行的人才标准来看，刘世楷亦称得上是一位科技创新型人才。在当时极为有限的科研条件下，他在《天球坐标概算法及其应用（提纲）》中，提出一种立体天球坐标的简捷算法，并运用此法创制了"天球坐标概算仪"。中国科学院紫金山天文台张钰哲台长认为："此项概算可以简捷地换算地平、赤道、黄道各系坐标及解决球面三角问题，在天文教学及天文测量上均起到一定的作用。"并建议："科学仪器制造单位将此仪器在构造上加以研究改良后制造推广"。后该仪器不仅在天文教学上，更拓用于航空航海、野外勘探、军事训练等方面，均显示出相当的应用价值；刘世楷还制作了"太阳概算仪"，用于概算各地各日所见太阳出入的时刻、方位、中天高度、昼长、晨昏蒙影及各日各时的太阳高度、方位角等。此仪器在南、北半球皆可使用；他还于1954年制成适用于北纬40°地带的活动星图；1956年设计制成适用与全国地区的新式活动星图。如今刘世楷生前设计制作的活动星图，在当年的助手、现任陕西师范大学教授应振华的努力下，已在教学实践中得到应用和推广。

刘世楷的《从天象与降水的相关概推二十五年间中国水旱的趋势》，在整理我国有关水旱与天象历史资料的基础上，研究了日面活动、流彗活动以及行星活动与降水、水旱灾的关系，概推了未来25年间中国的水旱趋势。

二、天文气象，等身著作

刘世楷极为勤奋，著作颇丰。其中，较有代表性的有《天文学》、《中国古代天文学史略》、《现代天文学年表》、《普通实用天文学》、《航空天文学》、《"下雪不冷化雪冷"的说法对吗？》、《关于太阳视象的形状和大小由距日远近所引起的问题》、《天球坐标概算法及其应用（提纲）》、《七曜历的起源——中国天文学史上的一个问题》、《从天象与降水的相关概推二十五年间中国水旱的趋势》、《推算节气的简易算法》等。

想必早年间天文气象不分家（今天在香港，天气预报还是由天文台发布的）。刘世楷那时在气象学领域就颇有建树了，出版的著作有《四川之气候》、《四川气候志》、《相关算法大意》、《本年夏季川省降水情形及水灾原因》、《水灾与气象》，等等。我们从当年四川省政府建设厅长何北衡对《四川气候志》所作的序中了解到，解放前夕，四川省"物资人力，极感拮据；气候测候，推行至为不易。"事实上，由于民生凋敝，国民党政府已无法按月给气象所工作人员发工资。当时，任省气象所长的刘世楷，为了保证气象观测记录不致中断，从自己在四川大学任教的微薄薪金拿出钱来买米，和气象所人员一起吃大锅饭，保证了气象记录的连续性。他在整理全川气象纪录之余，编撰成书，综述十年气象实况，附列各地十年的平均气象要素。但书编成后，再无经费付印。于是刘世楷又多方争取资助，最终得以出版。时任中央气象局局长、国际气象组织执行委员会委员和国际海洋气象专门委员会委员的吕炯特书"庶征以叙"以表庆贺。

刘世楷在教材方面的贡献卓著。他编写出版了《普通物理现象解释》、《高中物理实验》、《趣味的化学实验法》、《热力学》、《热学》、《普通物理实验》（共3册）、《气象学》、《音学》、《中等物理教材》、《近八十年中国的科学教育》等。

刘世楷十分重视科学普及。新中国成立后，他曾给《中学生》杂志的小读者写过稿；到天津等地给中学生讲过天文知识；给北京市党校作过天文学科普报告。对一些热爱天文学的学生、工人、干部的来信，他一一答复，具体指导。他还给一些从未谋面的天文爱好者寄赠书籍，满足他们学习上的需要。

刘世楷以他高师（北京师范大学前身）研究科和观象台观测员的学历，能对祖国的科学教育事业做出重要贡献，是同他数十年如一日的辛勤耕耘分不开的。他每天的工作时间常在12小时以上。在被"四人帮"迫害不幸去世之前，虽已近古稀（69岁），且体弱多病，视力衰退，但为了完成中国科学院委托他编写的《中国古代天文学史》的有关部分,仍坚持每天工作10小时,并查阅了数百万字的古籍资料。直到被迫害致死前夕,他都未曾中断天文学史的编写工作。

刘世楷教授热爱祖国,终身从事天文、气象等方面的科研、教育工作,做出巨大贡献而不自矜,历经艰危困顿而不自馁。

三、坚持真理,刚正不阿

在兼任四川省气象所所长期间,刘世楷为保证气象记录的完整性和真实性,一丝不苟地审核全省各台站记录。当发现有一个气象站的站长(当地恶霸)玩忽职守,鱼肉乡里,对测候工作极不负责任,影响了观测工作的真实性和完整性时,他不顾恶势力的威胁恫吓,对该站进行了整顿。在个人安危得不到保障的旧社会,这一行动曾使他饱受恶势力的迫害和刁难。

刘世楷是一位坚定的爱国者,抗日战争期间,他在各种场合大声疾呼,谴责国民党的不抵抗政策。他在民国二十一年四川大学学报第一卷第五期发表的一篇题为《九一八国难》的文章中,义愤填膺地指出:"我们不能不痛悔当局之无能,之无耻";痛斥国民党"以党治国",政治腐败;号召学生"随时准备,等到机会一来,马上和敌人拼命"。他还积极支持四川大学学生反饥饿、反迫害、反内战的民主运动;为抗议国民党的黑暗统治带头签名罢教;他还从物质上资助受反动政府迫害的学生,支持他们奔赴解放区。

他一生刚直不阿,以国家民族利益为重,从不计较个人安危。新中国成立前他仗义执言,曾遭到国民党反动统治的威胁恫吓;新中国成立后他拥护共产党的领导,热爱社会主义新中国,但对一些官僚主义作风和"大跃进"、"教育革命"中的不实事求是的现象,明知提出不同意见的后果,还要"对国家尽一点愚忠"。然而,刘世楷的拳拳爱国之心,却在"文化大革命"期间招致人格的侮辱和野蛮的对待,1966年8月26日刘世楷去世,时年69岁。

四、刘世楷主要论著

刘世楷. 1934. 高中物理实验. 吉林:维新书局(成都:诚达印书馆再版).
刘世楷. 1934. 普通物理现象解释. 吉林:吉东印书局(成都:诚达印书馆再版).
刘世楷. 1934. 趣味的化学实验法. 天津:百城书局.
刘世楷. 热力学;热学;普通物理实验;气象学;音学;中等物理教材. 四川大学印行.
刘世楷. 1948. 四川气候志. 成都:四川省气象所.

刘世楷. 1954. 天文学. 北京：商务印书馆.

刘世楷. 1956. 普通实用天文学. 北京：科学出版社.

刘世楷. 1956. 航空天文学. 北京：科学出版社.

刘世楷. 1956. 无球坐标概算法及其应用. 北京师范大学学报.

刘世楷. 1959. 七曜历的起源——中国天文学史上的一个问题. 北京师范大学学报.

刘世楷. 1962. 从天象与降水的相关概推二十五年间中国水旱的趋势. 北京师范大学学报.

刘世楷. 1962. 中国古代天文学史略. 北京师范大学天文系.

主要参考文献

李宗伟. 1982. 刘世楷传. 中国科学家传略辞典//中国科学家传略辞典编委会. 内部印行.

陈黎. 2010. 追星逐月. 北京：北京师范大学出版社.

撰写者

陈黎（1957~），北京师范大学天文系教授，研究方向为高能天体物理、计算天文。传主是天文系的前辈，在我来系工作之前已经去世。

李 珩

李珩（1898～1989），四川成都人。天文学家。1922年毕业于四川华西大学数学系，1925年留学法国巴黎大学，1927年获理科硕士学位，1933年以"造父变星的统计研究"获法国国家博士学位，同年回国后任山东大学物理系教授兼青岛观象台研究员。1937年起先后任华西大学教授、理学院院长和教务长，四川大学教授、物理系主任，中央研究院天文研究所研究员。1948～1949年作为访问学者赴美国普林斯顿大学工作。回国后，于1951年应中国科学院郭沫若院长的邀请，出任中国科学院紫金山天文台研究员，并先后任上海佘山观象台和徐家汇观象台负责人。1962年8月，中国科学院决定成立上海天文台，他被任命为上海天文台第一任台长（至1981年10月），1982年任名誉台长。中国天文学会第一、二、三届副理事长、中国天文学会和上海市天文学会名誉理事长，上海市政协常委，《宇宙》和《天文学报》主编等职。

一、天文科研与学术生涯

李珩，字晓舫，自幼喜爱天文，1910年，他亲眼看到了哈雷彗星回归这一奇景，便立志学习天文。可在当时，天文学是个冷门学科，国内所有的大学都没有天文专业，他就采取了一个过渡的办法，先考数理系，为以后改学天文创造条件。由于他违背了其父亲让他从商的愿望，家里停止提供他上大学读书的一切费用，他不得不在读大学的同时，在中学教书以自谋生路。1925年，他终于获得公费，搭乘海轮到法国，在巴黎里昂天文台攻读天文学博士，成为我国第一代现代天文学家。公费留学的生活是清苦的，寒冬里他甚至买不起一件大衣。为了补贴生活，他开始给国内的《科学》、《宇宙》等杂志写稿，介绍西方先进科学技术。据说"电视"一词在我国的最早运用，就是最先见之于他发表在中国科学社《科学》上的文章。

1933年，李珩婚后回国，先在青岛山东大学任教兼任青岛观象台研究员。抗战期间，他在华西大学、四川大学先后讲授高等数学、物理学、科学史等十余门课程。1948年，他以访问学者身份去美国普林斯顿大学进修天文学。当时正值我国解放战争节节胜利，国民党要员纷纷逃离大陆并策动社会上知名学者同赴台湾之际，李珩从海外报纸上得悉北京、南京、上海相继解放。新中国成立了，他再也按捺不住自己激动的心情，就在成都解放前夕，他毅然从美国经香港飞返故里。有人对他的突然归来表示费解，因为此时美国的大学已经重金聘请了他，他们全家迁美的手续也正在办理之中，而李珩回国后任教的华西大学是一所教会学校，走的人多，回的人少。李珩却坦然地说："我为什么不能回来呢？新中国需要我，在这里我的知识可以在祖国的建设中发挥作用，而在美国的工作只是为别人锦上添花。"

新中国成立后，人民政府从法国天主教会手中接管了上海徐家汇天文台和佘山天文台，并归属中国科学院。由于李珩是学天文的，又是留法的，正好可以担负起这方面的工作。1951年初，他应中国科学院院长郭沫若的邀请，携全家出川，出任中国科学院紫金山天文台研究员，并先后任上海佘山观象台和徐家汇观象台负责人。从这时起，他将全部的精力投入了自己热爱的天文事业。

在徐家汇观象台和佘山观象台接管之初，两个台已是气息奄奄，工作处于瘫痪状态，佘山观象台山上照明靠煤油灯，饮水靠雨水，工作条件和生活条件十分艰苦。为了迅速恢复和发展天文工作，他带领大家奋发工作，亲手整理了几十年以来的天文观测资料、照相底片，对数以千计的天文底片进行鉴别、分类，并建立科学的保管制度。这些留有李珩手迹的天文底片，至今仍是天文研究工作的珍贵资料。与此同时，他还带了一批青年学生，教授他们法文，编写教材和实习手册。这些学生现在都已成为天文研究的骨干和带头人。

1962年，中国科学院决定合并徐家汇观象台和佘山观象台，成立中国科学院上海天文台，李珩被任命为上海天文台第一任台长，并担任国家科委天文学科组成员，他又开始为我国天文事业发展的长远规划积极出谋献策。由于他的具体指导和科学规划，在他长期主持天文台工作期间，上海天文台的工作有了很大的发展，授时工作进入了世界先进行列，天体测量和天体力学的基础研究也各具特色，做出了出色的成绩，并培养了一支科研骨干队伍，从而使上海天文台成为国内外有相当声誉的天文研究机构。

十年"动乱"中，李珩备受"四人帮"的折磨和迫害，被作为"反动学术权威"而受到批判。其时，他虽已七十高龄，但他仍然相信党、相信人民，经受了极大的考验。1978年，党的十一届三中全会后，李珩被任命为上海天文台台长、顾问，1982年因年老退居二线，被任命为上海天文台名誉台长，直至逝世。

李珩以毕生的精力和满腔的热情致力于我国天文学的研究、译著、教学和科研管理等工作，为我国现代天文事业，特别是为新中国的天文事业的奠基和天文人才的培养做出了重要贡献，在国内外天文界享有很高的声誉。

李珩一生发表了重要论文和著作数十种。其中著名论文《红巨星的模型》被中外同行认为是这一领域中有价值的研究工作。还有《五个银河星团的照相研究》和《伏洛拉群小行星普遍摄动的计算和轨道的改进》两部重要学术著作也得到国际同行的称道。

二、热心教育，人才辈出

李珩经历了从封建王朝、军阀混战的旧中国到社会主义新中国的近一个世纪的历史，在这段时期，我国的天文事业也经历了从非常落后到欣欣向荣、蓬勃发展的过程，而李珩正是在新中国天文事业的发展中，为把科学技术知识传授给下一代、为祖国科学工作的繁荣昌盛而起了重要作用的老一辈天文学家。可以说，他的一生是为天文事业不懈奋斗的一生。

李珩从事教育工作多年，在各大学除主要讲授天文学外，还讲授理论物理学、理论力学、高等数学、科学史、科学概论等。他在讲授中叙理明确，深入浅出，他讲起课来总是眉飞色舞、滔滔不绝，而且风趣幽默、妙语惊人，深受学生的赞扬。在他主讲的科学讲座中，往往座无虚席，学术气氛十分热烈，极受听众欢迎。1934年他编写的《球面及实用天文学讲义》和《天体力学讲义》出版，成为中国最早的大学天文教程中的一部分。1938年他与严济慈合译的《理论力学纲要》作为大学丛书出版。李珩在科学教育上热情教导，诲人不倦，他的学生中人才辈出，名家不少，如被誉为钢铁科研战线上的铁人陈篪和著名天文学家陈彪（中国科学院云南天文台前台长）以及驰名世界的天体物理学家黄授书都是他的高足。

李珩一贯重视科研成果交流，热心办学报、杂志。抗战期间，在后方纸张、印刷极端困难的条件下，他曾主编并热心支持出版过《物理学报》、《宇宙》等杂志。1953年《天文学报》创刊后，他曾担任主编，承担了整个刊物大量的具体工作。为了使我国的天文教学和研究能得到有价值的参考书和工具书，李珩翻译了不少天文学名著。他翻译的两部法国出版的天文学名著《普通天体物理学》、《球面天文学和天体力学引论》，是天文学的基本参考书。他与李元合作翻译的世界名著《星图手册》，已成为我国天文工作者一本很有用的工具书。这些书出版后都得到了天文学界的高度评价。

三、热心天文科普事业

李珩热爱天文事业、热爱人民。他深知要提高全民族的科学文化水准，必须把提高与普及结合起来。他十分重视科学普及工作，积极宣传和推动中国天文馆事业，是一位作品颇多的天文普及作家和翻译家。在他长达六十多年的教学、科研生涯中，他还热心于天文科普工作，一生著述、翻译和编辑过适合不同水平、层次读者的天文科普文章三百多篇，书籍五十多册。他一生著译约一千万字，是我国天文学界著作最多的作者之一。他的许多译著，如《科学史》、《大众天文学》、《天文学简史》、《宇宙体系论》等对于提高我国天文专业人员的学术水平和普及天文科学知识起到了重要作用。

1958 年，天文科普杂志《天文爱好者》创刊，李珩是最热心的支持者和撰稿人。他还编撰出版了三本著名科学家传记：《哥白尼》、《伽利略》、《牛顿》，书虽不大，但都是他博览群书后的精粹之作，《牛顿》一书于 1984 年才出版，此时李珩已 86 岁高龄了。李珩在科普译著上倾注最大心血的是翻译《大众天文学》一书，这是世界天文普及著作中的不朽名作。这部百万字计的巨著是世界天文科普名著，先后被十多个国家翻译出版。在科普作家李元的推动和协助下，中译本分 3 册出版，是我国近数十年来内容最全、篇幅最大、插图最多的经典性天文科普图书。这些图书和文章在相当一段时间内影响着青少年天文爱好者成长。由于他对我国天文科普事业的卓越贡献，1985 年，他荣获中国科普创作协会颁发的奖状，并担任中国科普创作协会和上海市青少年天文爱好者协会的顾问，深受广大读者和青少年的热爱。

李珩还是《中国大百科全书》的编辑委员、天文学卷的副主编，《辞海》的编辑委员、天文学分科主编。他曾为这两部大型辞书中的天文学部分的编写和审稿付出了辛勤劳动。李珩学识广博，文理兼顾，他的著译笔力雄厚，雅俗共赏。

李珩一生有学术论文数十篇，著作数十册，科普文章几百篇，著译共计约千万字，是中国天文学界著译最多者之一。"驰骋讲坛教授天文数理桃李满天下，探索宇宙学贯古今中外著译遍人间。"这可能是对著名天文学家李珩一生较为全面的概括。

四、李珩主要论著

李珩. 1932. 造父变星周光关系的零点决定. 法国科学院报告录.

Li H. 1933. Recherche statisique cepheides variables. l'Universitede Paris.

Li H, Schwarzschild M. 1949. Red-giant models with chemical inhomogeneities. M N, 109: 631-646.

Spitzer L Jr, Epstein I, Li H. 1950. Equivalent windths of interstellar calcium lines. Annales d'Astrophysique, 13: 147-163.

李珩. 1954. 五个银河星团的照相研究. 佘山天文年刊. 第 23 卷. 北京：科学出版社.

李珩．1954．伏洛拉群小行星普遍摄动的计算和轨道的改进．佘山天文年刊．第23卷．北京：科学出版社．
李珩，万籁．1955．星表的编制和苏联的微星星表．天文学报，3（2）：253-273.
伏古勒．1959．天文学简史．李珩，罗玉君译．上海：上海科学技术出版社．
佩克尔，等．1964．普通天体物理学．程茂兰，李珩，等译．北京：科学出版社．
弗拉马利翁．大众天文学．1965．第一、二分册．李珩译．北京：科学出版社．
弗拉马利翁．大众天文学．1966．第三分册．李珩译．北京：科学出版社．
丹皮尔．1975．科学史．李珩，张今译．北京：商务印书馆．
丹戎．1980．球面天文学和天体力学引论．李珩译．北京：科学出版社．
诺顿．1984．星图手册．李珩，李元译．北京：科学出版社．
拉普拉斯．2001．宇宙体系论．李珩译．上海：上海译文出版社．

主要参考文献

《中国科学家词典》编委会．1982．中国科学家词典．现代卷．第一分册．济南：山东科学技术出版社：155-157.
李元．1988．到宇宙去旅行，李珩教授的译著生涯．天文爱好者，12.
李晓玉．1991．怀念我的父亲天文学家李珩．上海文史资料选辑（十）．统战工作史料专辑，130-134.
李元．2005．李珩．中国科学技术专家传略．天文卷（1）．北京：中国科学技术出版社：47-57.
李珩．2007．佘山天文台过去的历史和未来的展望．中国科学院上海天文台年刊．上海：上海科学技术出版社：1-6.

撰写者

汪显坤（1963～），中国科学院上海天文台工会主席、党政办公室主任。

赵却民

赵却民（1899~1982），湖南长沙人。天文学家、天文教育家。中国现代天文教育开创者之一，南京大学天文学系第一任系主任。1928年9月，在上海沪江大学物理系任助教，1929年起任讲师。1936年5月，在长沙参加公费留学考试。1936年9月~1938年12月，在英国学习和进修，开始在伦敦大学做天文学研究生，1938年6月获硕士学位，9月到皇家学院进修气象学和天体物理学。1939年1月~1940年7月，在昆明中正医学院任物理科主任、副教授。1940年7月~1941年7月，到南宁广西医学院任教授兼物理系主任。1941年8月~1952年10月，在中山大学任教；开始在数学天文系任教授，1947年9月起任天文系教授兼系主任。1952年9月~1982年12月，在南京大学天文学系任教授；其中1952年9月~1955年9月任天文学系主任。曾担任中国天文学会第一、二届常务理事，秘书长；江苏省天文学会第一、二届理事长。1982年12月12日逝世于南京。

一、生平和事迹

赵却民老家是长沙市较大的工商业家庭，到父亲这一代已主要不靠工商业为生。父亲赵缭做数学教师，思想进步，是早期的同盟会员；还担任过孙中山在南京临时政府的参事。赵却民青少年时期受父亲影响，爱好数学、中国古典文学和历史；立志将来从事学术工作。学习刻苦努力，1919年考入在长沙的教会学校——雅礼大学，这是美国基督教会在中国开办的耶鲁大学。1923年于理科本科毕业，获理学士学位。毕业后又考入北京协和医学院预科三年级，因学费太高，仅半年就因家庭经济困难而休学；1924年2月到山东济南的齐鲁大学天算系进修（并兼任助教），半年后回长沙工作。

1924年9月开始在母校雅礼大学任助教，讲一年级数学课，并带物理实验。一直到1927年2月，因学生罢课而学校停办，只好回家。7月初，经林伯渠介绍，到共产党影响较大的13军（属汪精卫系统）政治部统计股任中尉股员。7月15日蒋汪合流后，军队开始清党。赵却民虽然不是共产党员，但思想进步，又是共产党员介绍来的，8月就离开；失业回家。1928年1月，经同学介绍，到程潜任军长的第六军军需处审计股任上尉股员。5月因程潜反蒋被软禁，又失业回家。

1928年9月，由前雅礼大学物理系主任桂质庭介绍，到上海沪江大学工作，担任物理系助教；于1929年9月提升为讲师，一直工作到1936年，打听到有公费留学生的名额。5月回长沙参加留学考试，录取后到英国学习天文学。8月乘船赴英，9月进入伦敦大学应用数学系当天文学研究生；于1938年获理科硕士学位，9月又去皇家学院进修气象学和天体物理学。同年12月因护送一位有精神病的留学生回国。原打算返回时顺便携带妻女一起去英国，但1939年1月到达昆明后，返回英国的路费不够，只好留下工作。经朋友介绍，进入中正医学院担任物理科主任，副教授。到1940年7月，转聘去南宁任广西医学院教授兼物理系主任。

前面是赵却民未进入天文学界时期。我国早年有天文教育的高等学校只有两个：一是在济南的齐鲁大学天算系，但不是每年有天文学生；二是在广州的中山大学数学天文系，每年多少有几个天文专业的毕业生。抗日战争期间，中山大学逃难到广东北部山区小镇坪石。当时担任在昆明的天文研究所（从南京迁来）研究员陈遵妫，得知赵却民是英国天文研究生；向中山大学数学天文系系主任张云推荐。1941年8月，赵却民就任中山大学教授；从此进入天文界，主要从事天文教育工作。1945年抗战胜利后，随学校迁回广州；1947年9月，中山大学天文专业独立成立天文系，赵却民成为我国第一个天文学系的系主任。

1952年，我国高等学校进行院系调整。考虑到中国科学院的天文学中心在南京，决定把中山大学的天文学系调整到南京大学，利于培养学生。9月，原中山大学天文系全体教职工和学生，连同图书仪器，一起搬到南京；成立南京大学天文学系，赵却民担任第一届系主任兼天体测量（包括天体力学）教研室主任。同时，原山东齐鲁大学天文算学系的天文专业全体教职工和学生（一共仅7人），也并入南京大学天文系。为了提高教学质量和改善师资水平，高年级学生的专门课和毕业论文，请紫金山天文台研究人员承担；还安排毕业班学生到天文台做生产实习。另外，得知著名天文学家戴文赛在北京大学教外系天文学；而从1954年起，那些外系天文学课程要停开。故主动向教育部申请，调戴文赛到南京大学天文系工作。最后教育部同北京大学协商同意，戴文赛于1954年8月调到南京。加强了天文学系的师资力量。到1955年，南京大学决定扩大系一级规模，成立数学天文学系；任命戴文赛为副系主任兼天文学专业主任。赵却民就退出系领导职务，但继续担任教研室主任和教学工作。1958年，所有教研室全部撤消，就只当教师。1962年恢复教研室时，赵却民年已63岁，不宜担任行政工作，由年轻人承担。以后主要从事中国古代天文学的研究工作。

1957年的中国天文学会第一届代表大会上，赵却民当选为常务理事、秘书长以及江苏省天文学会理事长，1962年第二届连任至1978年为止。

赵却民为人耿直，乐于助人，思想进步。1922年读大学时期，就与共产党同学柳直荀、陈纯粹等人组办益群补习学校；除文化课外，也宣传革命思想。在后来的白色恐怖时期，不顾自己和家人的危险，曾经掩护过柳直荀等一些地下共产党员；有些人还健在，曾给南京大学领导写信，要求表彰赵却民当年不顾身家性命，掩护他们的献身精神。可是赵却民认为这是应该做的，从未对他人讲过。

1982年12月12日，83岁的赵却民病逝于南京鼓楼医院；他的夫人早3天也在此去世。他们有一子一女；儿子赵力田是大学数学教师，为照顾年老的赵先生夫妇，1978年从广东调来南京大学数学系，后提升为教授；女儿赵惠田在长春当医生。

二、学术活动简介

赵却民是典型的知识分子，一生主要从事学术工作，即使短期在军队中也是当会计或统计员。进入天文学界前是数学、物理教师；1941年到中山大学天文系后，主要教天文方面课程。他是我国现代天文学教育工作开拓者之一，不少课程是他首次开出。

刚到中山大学时，因教师很少，主动承担教学。没有教材，就用英语书。如时间允许，就翻译成中文，油印成讲义。1952年搬到南京的前几年，也是如此。一直到1957年，青年人增多为止。先后开出的天文课程有：普通天文学、球面天文学、天体力学、天体物理学、轨道计算、月离理论等。很可惜他翻译的教材都没有出版。在中山大学或南京大学1960年前毕业的学生，一般都听过他讲课；这些学生后来多数是各天文学单位的骨干。

赵却民限于历史条件，天文学研究工作不多，但很认真严格。在英国留学期间完成的硕士论文《分光双星壁宿二（即仙女座 α）轨道和天体物理学研究》，刊登在《伦敦大学天文集刊》第一集。1938年回国时正值抗战，无法做天文研究；只好在非天文单位教数学物理。1941年刚到中山大学天文系时在小镇上，也无法研究。1947年在广州恢复中山大学天文台，赵却民打算用校内口径11寸折射望远镜继续做同一课题；又因内战，国民党政府没有经费支持天文研究，也未实现。搬到南京大学，待仪器恢复观测，已年近六旬，眼睛观测困难。幸好他中国古文和历史修养深厚，改为研究中国古代天文学。中国古天文中有两方面重大成就：一是天象观测记录，特别是日月食、新星、彗星等的记录，对天文学和历史学都有重要意义；二是历法，每次历法改革都是对地球、月球运动的认识更精确。赵却民首先选择中国最早的日食记录，即"仲康日食"，也叫"书经日食"。如能从天文学确切考证出此日食发生的时期，就能确定商朝仲康的年代。要研究此课题，先要具体计算出那个时代的太阳、月亮位置。1956年起，赵却民就用紫金山天文台的图书资料，研究计算古代日、月位置的方法。然后用来计算在商代首都（安阳）能看到的日全食时间。研究结果在1962年发表。

以后他继续研究中国古代历法，提出的课题叫"中国历法的沿革"。这是一个大课题，需要长时期研究。但因政治运动干扰，不得不中途而废。

三、赵却民主要论著

赵却民. 1938. 分光双星壁宿 2（即仙女座 α）的轨道和天体物理学研究. 伦敦大学天文集刊，I.

赵却民. 1962. 书经日食时代考. 南京大学学报天文版，1.

撰写者

易照华（1931~），四川乐山人。天文学家，中国现代天体力学和历书天文学创始人之一。长期从事天体力学的教学和研究工作，在相关领域做出了开创性工作。

陈遵妫

陈遵妫（1901~1991），福建福州人。天文学家。1919年以优异成绩毕业于北京师范大学附中，一年后考入日本东京高等师范学校数学系。1926年回国即到中央观象台做编历工作，步入天文学界。同时，他还先后任北京高等女子师范学校、北京师范大学和保定河北省农学院教授。从1928年起任中央研究院天文研究所专任研究员。他曾任中国天文学会总秘书长、理事长；国立编译馆天文学名词委员会、中国天文学会变星观测委员会、中国日食观测委员会委员，以及《宇宙》杂志总编辑等职。他还是当时我国仅有的几位国际天文联合会会员之一。他在中国天文界整整工作65年，为创建和发展中国现代天文事业做出了卓越贡献。他曾先后参加创建南京紫金山天文台、凤凰山天文台（现云南天文台）的筹建和研究工作，是中国近现代天文事业奠基人之一。开创并参与中国早期的现代天文观测活动。他全力推动中国独立编算《天文年历》，结束了长期依赖"洋历"的局面。他长期致力于发展科学教育工作，勤于写作，是中国天文学领域中著译最多者之一。1955年他主持创建中国第一座天文馆即北京天文馆。他坚决摒弃当时世界上通常的天文电影院的模式，坚持全新的建馆办馆方针。几十年来，开展了大量的科普、教育及科研工作。进入耄耋之年，他集数十年的研究资料，仅凭近乎失明的独目坚持著述，于1990年完成出版了170万字巨著《中国天文学史》（共四册）。

一、求学生涯

陈遵妫1901年出生在福建省福州市一个知识分子家庭。他的父亲陈攸跻从日本技术专科学校桑蚕专业毕业回国后，受聘出任福建蚕业学校校长。陈遵妫从小聪明机敏、活泼好动。父亲透过淘气的外表早就看到儿子聪颖的天资。因为年龄太小，新式小学不收，陈遵妫五岁不到就进入当地很有名的私塾，系统学习四书五经等儒家经典著作。童年时的启蒙教育是会影响终生的。虽然陈遵妫后来成为天文学家，并没有从事国学研究，但是，他的道德、品行以至日常的待人接物，处处都显现出孔孟思想的烙印。

陈攸跻非常重视对子女的教育。认为自己的责任，就是要把所有的孩子都培养到大学毕业。他一生的努力、清贫、严厉都是为了这个目的。他经常说："我的女儿没有嫁妆，只有一张大学文凭。"他总是告诫孩子们："千万不要学有钱人家的子弟，要好好读书，有了真才实学，方能立身。"陈遵妫清楚地记得，每到要交学费时，总是看见父亲把钱分成几个小包，嘴里还念叨着：这是老大的、这是老二的……。有时钱不够还要找亲戚朋友借。年过花甲，经人介绍，他在法院得到一份兼职的翻译工作。虽然不必每日去上班，但是有了案子，不仅要翻译许多资料，还要经常抱病出庭。每次回家，都是疲惫不堪，有时竟是虚汗淋漓。其所得，主要还是子女们的学费。欣慰的是，在陈攸跻的有生之年，四个孩子都顺利地大学毕业了。陈攸跻临终前，反复嘱咐长子陈遵妫："你的三个弟弟还小，一定要让他们都读大学。"陈遵妫牢记父亲的遗愿，自从自己工作以后，总是把大部分的工资交给继母，供三个同父异母的弟弟上学。

辛亥革命后，陈遵妫的父亲到北京农商部工作，全家迁到北京。陈攸跻坚信好学校能教出好学生。他总是尽其所能让孩子上最好的学校。他还认为，语文是从事任何工作的基本工具，孩子们必须从小打好语文基础。陈遵妫到北京不久就进入私立畿辅中学。校长是晚清翰林，亲自教语文，所以该校以语文教学见长。除此之外，他晚上还要到东城的青年会去学英语。每天早晨，陈遵妫天不亮就起床，大声朗读国文和英文。天大亮后，就步行去学校，经常带着馒头或窝头，一边走，一边吃。如果身上有点零钱，就在路旁买块烤白薯，这是他最爱吃的。他总是沿着铁道，在铁轨上，上上下下的跳着走；离开铁道线，就踢着小石块连走带跳地前行，每天总是第一个进教室。坐下后，再继续背诵。

父亲的这种刻意安排，加上陈遵妫的勤奋，为他打下坚固的语文基础。一年后，他顺利考入北京师范大学附中。风华正茂的陈遵妫在这样一所好学校里，恰似一株幼苗得到雨露阳光，迅速茁壮成长。培养了许多好品德和好习惯，终身受益。他的各科成绩都是优秀，数学格外突出，他的数学作业都用英文书写，大受老师赞赏。而且，他喜爱多种体育项目，有强壮的体魄，是个全面发展的好青年。四年后他以全班唯一的甲等生毕业。第二年，19岁的陈遵妫登上日本国土。经过一年的预科班日语补习，他考上东京高等师范学校数学系，获得全额官费（即助学金）。1926年陈遵妫以优异的成绩学成归国。

二、勤奋效力天文事业六十五年

回国后，陈遵妫拜望了父亲的好友高鲁。高鲁是中国现代天文学的先驱，时任中央观象台台长。他查看了陈遵妫的学历和成绩，很是满意，立即聘他为观象台技术员，参加编历工作。从此，陈遵妫进入天文界。中国是世界上天文学发展最早的国家之一，我国古代在天文学上对世界做过许多贡献，这是全世界都公认的成就。但是进入16世纪以后，逐渐落后于西方国家，竟没有一座现代天文台。陈遵妫亲历了中国现代天文学的开创奠基和早期发展的全过程。1928年，他被聘为中央研究院天文研究所第一批专任研究员。从选定台址开始，参加了南京紫金山天文台的创建和先期的科研工作。在艰苦的抗日战争期间，又是从选址开始，参加了凤凰山天文台（昆明天文台前身）的创建，并坚持天文观测研究。他还参加了新中国成立前中国天文学会组织的两次日全食观测。

1936年6月赴日本北海道观测日全食。这是中国近代天文史上，也是中国近代科学史上第一次派队到国外参加科学活动。陈遵妫作为中国日食观测委员会秘书长，做些大量的组织工作，除了具体的观测工作，他还兼任观测队的日语翻译。

1933年底，陈遵妫在编算天文年历时就发出预报：1941年9月21日将有日全食带从新疆进入，全食带横贯我国境内八个省，一百多个县市，全程长达四千公里。上次在中国境内遇到日全食，是在公元1542年，明朝嘉靖年间，约400年前。整个天文界十分重视这次日全食的观测。为此，1934年11月19日就专门成立了中国日食观测委员会，着手准备这次观测活动。有了上次在日本观测的经验，陈遵妫任观测队总干事，筹备工作有条不紊地进行：订购观测仪器、确定观测点、组织观测队等等。那时正是抗战最艰苦的年代，从美国订购的地平仪在香港码头被日本飞机炸毁了。再紧急申请经费，重新订购已来不及了。只得改装自己的设备，现有的仪器只够一个队使用，原计划在西北地区设置两个观测点，却只能合并一处了，即甘肃临洮县。各国天文学家也都因为战争，取消了来华观测日食的计划。因此，这次日全食观测意义格外重要——只有中国天文学家，才可能为世界留存这次日全食的观测记录。

1941年6月29日，全体观测队员携带仪器设备乘坐一辆敞篷卡车，从昆明出发了。当天下午就遇到空袭，卡车赶紧躲进丛林。从那时候起，几乎每天都有情况：不是路被炸坏，就是桥被炸断，还要经常躲避敌机的轰炸。不久，队员们也就习惯了，只要汽车能连续开上2个小时，大家都很知足。几天后，他们重新安排作息制度：不分昼夜，只要没有飞机轰炸，就前行。在汽车上过夜是常有的事，幸好正值夏日，露宿倒也无碍。遇到修桥和修路，没有办法只好停下来耐心等待。一路风餐露宿，躲避敌机的袭击，多次目睹无辜百姓惨遭不幸，真是刻骨铭心。这段路程观测队整整走了一个半月，8月13日终于到达甘肃省临洮县。让大家始料不及的是，在这样偏远的地方，还要经常躲避轰炸，他们在那儿的一个多月，就多次遭遇空袭。最严重的一次是在八月底，那天三架轰炸机就在观测点附近的上空盘旋，随后投下20多枚炸弹，到处传来孩子和女人的哭叫声，放眼望去，一片狼藉，师范学校的不少房子也被炸坏。空袭过后，陈遵妫第一个从躲避的教师中跑出去，看到放置仪器的大箱子安然无恙，心中一块石头落地了。

观测工作进行得很顺利，日食结束后，观测队将观测场地向公众开放，欢迎各界人士前来参观这些仪器设备。陈遵妫亲自讲解，他深入浅出地把乏味的科学理论讲得绘声绘色，直到傍晚，参观者依然络绎不绝。这次观测结束后，利用归途，观测队做了大量天文知识的普及工作。凡是路过的城市，他们都要用上几天，举办日食展览、天文讲座和放电影。这些活动很受欢迎，尤其是青年学生，有人竟每日来，反复听，还提出许多问题。如果路过穷乡僻壤，就把像片和彩图等悬挂在住地周围，向过往行人宣讲，也有不少人驻足聆听。在战火纷飞的年代，看到民众如此渴求科学知识，陈遵妫感到一种责任和希望，他始终以极大的热情和饱满的精力投入。

从1935年起直到1949年陈遵妫担任《宇宙》杂志总编辑15年。刚开始干得很顺利，进入抗战时期，各种困难就接踵而至。陈遵妫咬牙挺住，他的想法很简单：只要天文学会不宣布停刊，就要坚持办下去。一切困难都来源于没有钱。因为没有稿费，很难约到稿子。他就自己写，以不同的笔名出现；因为没有费用，他是个真正的光杆总编：写稿、审稿、定稿、校对、出版等工作都是他一人干。每月一期，还要不断跑印刷厂去校对。最困难的是印刷经费。他先是从自己微薄的工资中挤出钱贴补，后来又到西南联大和附中去兼职教课，取得薪水维持《宇宙》，始终坚持按期出版，成为中国在那段战争年代持续发行的极少数科学刊物之一。为了《宇宙》陈遵妫还干了一件有趣的"缺德"事。1943年云南省财政厅出版社请他编一本《1944年阴阳历》，要求必须注明"宜"、"忌"等迷信内容。作为天文学家，他根本就不相信这一套，更不愿意宣传迷信，就推辞说不懂，不会编这些内容，出版社却答应提供这部分资料。陈遵妫内心很矛盾：编吧，明明是在宣传迷信，违背自己的意愿；不编吧，就怕出版社拒绝印刷《宇宙》。

思前想后，还是出版《宇宙》重要。最后，陈遵妫违心地答应了，只是耍了个小把戏，安抚内心。他认为，这些"宜"和"忌"本身就是庸人自扰，多事者编出来束缚那些善男信女们的。于是就故意把"宜"和"忌"颠倒过来，算是消极对抗。真不知道，那年闹出什么笑话；更不知，后人是否拿这本历书当范例，又闹出什么笑话，是否会延续至今。

陈遵妫1955年被调入北京，主持筹建中国第一座天文馆即北京天文馆并担任馆长。从接受这项任务起,他一心想的就是,要超越西方的天象馆,不能只是办一座天文电影院,而是要建立一个全新的天文普及机构。除了用天象仪表演天象以外,还要多举办展览、科学讲座、组织各种天文小组的观测活动,还可以搞些简单的研究课题。向人民群众宣传以天文学为主的自然科学知识,提高公众的科学素质。他还有更长远的设想:待各项工作都开展以后,慢慢向天文专科学校发展。在青少年中培养更多的天文爱好者,这样,可以造就出更多的中级天文人才,弥补中专教育没有天文专业的缺憾;出版天文学普及刊物、编写资料性天文图书;我国幅员辽阔,一座天文馆是绝对不够的,将来要在其他大中城市多建一些,在全国形成网络。总之天文馆绝不是简单天文电影院,应该是没有围墙的天文学校。这就是他为北京天文馆设定的发展方向。正当北京天文馆落成半年,陈遵妫踌躇满志要全力推进天文馆事业发展的时候,一顶"右派分子"帽子无端且无情地扣到他的头上。一切理想都成为泡影。紧接着又是十年"动乱"。当他再次进入北京天文馆的领导核心时,已是耄耋之年。可是他的热情不减,不论是政协的会议还是馆务会议,他都认真思考主动发言,积极地为天文馆的拨乱反正和进一步发展献计献策。因为这是他后半生的情结。

在陈遵妫长达九十年的人生道路上,几经战乱坎坷,屡遭不公,甚至到家破人亡的边缘境地。但是他为祖国的天文事业坚持不渝,而且对前途总是充满信心。他是个终生快乐的人。他的快乐并不是来自权力和金钱,而是源于自身,永不泯灭。他正直而自尊,无求于他人的恩赐,所以有快乐的生活;他光明磊落、意志坚定,坦坦荡荡地直立于众人面前,不怕小人背后捣鬼,所以有快乐的生活;他诚实而豁达,自信无愧于世,具备足够的勇气来面对一切,所以有快乐的生活。他的快乐还来源于他的研究对象,在浩瀚的宇宙面前,一切都是那么渺小而短暂。天文学令他心胸开阔,目光远大;天文学给他力量,使他忘却苦难,始终向上。

三、自 我 总 结

《史记·历》中有记载:"天文历算者——畴人。"亦指精通天文历算的学者。陈遵妫晚年回省往事时,深情而概括地说:"我属牛。我自1926年至今,一直服务于天文界,勤勤恳恳工作六十多年,自诩为'畴界老牛',不以为过。我这一辈子做了三件事:撰写天文普及读物、推动中国自己编算天文年历、编写完成《中国天文学史》。"当然,这是他谦逊的说法,纵观他的历史,不难看出,这三件事都是他在业余时间完成的,他的全部生命都奉献给中国的天文事业了。

1. 勤于写作，著译丰硕

十九岁的陈遵妫刚踏上日本的第一天，就被遍布东京各处的书刊报亭吸引住了。他认为明治维新以后日本之所以科学技术迅速发展，是由于出版印刷事业兴旺发达。从那时起，他立志回国后，要注重科学普及工作，而且要多写书，多写科学知识的书，让国民都看得到、看得懂。他一生恪守着这个承诺。他坚信发展天文事业要从专业和普及两方面着手。他集著译于一身，尤其在20世纪30年代的作品甚多。现今中国有不少天文学家和天文工作者，当年就是因为阅读了陈遵妫这些著作而步入天文界的。

陈遵妫是终生勤奋的人。他的全部业余时间几乎都用来写作。每天晚饭后稍作休息就开始工作，直到深夜；凌晨四点钟就起床继续写作；然后锻炼身体、吃早饭、上班。正是这种规律的生活和充沛的精力使他赢得了几乎比常人多一倍时间，投入写作，得以高产。

他如饥似渴地阅读所能看到的各种最新天文图书，主要是英文和日文的。他一面看，一面就想如何尽快翻译出来，让更多人看到，还要看得懂。1935年出版的《宇宙壮观》是陈遵妫最重要的一部科普编译巨著。他在翻译日本《天体与宇宙》过程中，随时编入中国的天文学资料，对促进中国现代天文事业的发展起到积极作用。全书共五册，一千多页，内容异常丰富。该书的内涵和作用远远超过日文原作的水平。它是20世纪30年代到50年代中的一部小百科全书。该书有三个版本，多次印刷，流行较广，直到现在还有参考价值。该书对中国现代天文事业所做的贡献和影响是很难估计的。它那丰富的资料和众多的图片实在是又多又好。启发了众多青年人对天文学的了解和爱好，以致投身于中国天文事业。

他还在不同时期，根据不同的需求选取自己将要编译的书籍。为了显示天体之美，星座之趣，1934年他编著了《星体图说》。这是供初学者和看星者的入门书籍。天体图片55页，全用铜版纸印刷，当时很是罕见。为了补充中国没有较详细的星图，他编著了《恒星图表》。抗日战争爆发后，眼见中国空军由于缺乏天文知识而发生迷航坠毁的事件，他编译了《普通军用天文学》。同是抗战期间，缺少大学天文学教科书，1943年他就编著了《天文学》（大学丛书）。这是抗日战争时期在后方唯一出版的大学天文学教科书。他曾应邀在河北农学院授课，自己编写教材。他把这些讲义补充整理成《农业气象学》一书。此书是我国第一部农业气象学的教程，在全国农林高等院校一直用了几十年，直到60年代初，还被指定为参考书。

此外，他还在报刊杂志上发表了100多篇文章，多达300万字，是中国天文界著译图书最多的天文学家。

2. 中国编算天文年历第一人

天文年历是反映天体运动（即日、月及行星）规律的历表，按年度出版。天文年历直接用于天文大地测量，即测定地面经纬度和方位角；它是天体测量和天体物理的观测资料，供天文专业人士观察天象时使用；它还是远洋舰船和远程飞机天文导航的主要资料。因此，天文年历也是航海、航空的必备工具书。当时中国不会推算，国内陆地测绘、海军、空军等有关部门所用天文年历都是由国外进口。

从30年代初起，陈遵妫就着手研究天文年历，他立志要出版中国自己推算的天文年历，却得不到支持，就连十分需要天文年历的海军司令部都嘲笑他："只要一美元就可以从英美买到一本航海历书，你何苦要自己编呢！"但是陈遵妫绝不放弃。1941年太平洋战争爆发以后，中国就再也收不到外国的航海历书了。这更加坚定他自行推算的决心。他一方面翻译国外的历书，另一方面抓紧时间研究推算方法。那个年代，能借助的工具只有算盘、对数表和较先进的计算尺。他就这样反复运算和研究，把自己的推算结果和国外数据仔细比较，确定运算方法，为将来自行推算做好准备。

新中国成立初期，陈遵妫分别为中国的海军和空军培训了首批编算员，将自己几十年的研究成果传授给他们。终于在1965年中国出版了独立推算的第一本天文年历。中国天文学会为纪念学会成立60周年，于1982年出版《中国天文学在前进》一书，其中《我国的天体力学和历算天文工作》一文中写道："……到了六十年代，便从以前依靠国外年历转变为自己编算，目前每年出版《中国天文年历》、《航海历》和《测绘历》各一本。在这转变过程中，人们不会忘怀几十年来陈遵妫在主持编辑历书工作中所做出的贡献。"

3. 巨著《中国天文学史》的成功

这本书的编著要追溯到抗战初期。1937年8月中央研究院天文研究所撤离南京，陈遵妫负责押送紫金山天文台的仪器设备沿长江西行。临行前，收到日本花山天文台台长的来信，大意是，国际天文协会委托该台长搜集中国古代天文文物资料，他来信是希望中国的天文研究所给予协助，多提供些资料。陈遵妫看过此信非常气愤，搜集整理祖国的古代天文文物资料，怎么允许敌人越俎代庖？真是欺人太甚！如果照他的话做，岂不是中国天文界的莫大耻辱！于是，就在抗日战争爆发的年代，在这条后撤的船上，陈遵妫暗下决心：我来干这件事！

陈遵妫是个一诺千金的人，而且说干就干。到了后方，利用工作之余，他就开始搜集我国古代天文史料。战争时期，又是在落后的大西南，能看到的文献资料极少，他就像蚂蚁觅食一样，找到一条就记一条。俗话说"不怕慢，就怕站。"陈遵妫就是这样做，收集资料的工作进展很慢，但是始终没有中断过，更不用说有放弃的念头。幸运的是，几乎与中央研究院西迁同时，清华大学、北京大学和南开大学组建的西南联合大学，在昆明正式成立，陈遵妫也在那里任兼职教授。条件好多了，可以查到更多的图书资料，他就利用到校讲课的机会，钻进图书馆，抓紧时间，阅读各种史书，多看多记。资料越积越多，到抗战胜利，从昆明搬回南京时，已记满好几个笔记本。不断地查阅、收集、积累，再逐条反复核对、整理。其过程是枯燥而漫长的，几年、十几年……陈遵妫始终坚持着，整整十八年。

1955年《中国古代天文学简史》出版，了却陈遵妫的心愿，抗战初期的诺言也兑现了。但是他当时不曾想到，这仅仅是开始，序幕刚刚拉开。陈遵妫在《中国古代天文学简史》中对中国古代天文学的历史作出概括性介绍，讲到中国自发的天文学、中国的历法、丰富的天象纪事、创作和发现、历代的仪象、古人论天等。此书在当时以及后来的许多年中，是唯一由中国人自己编写的中国古代天文学史的书籍，因而受到国内外的关注。60年代初苏联曾经两次提出要翻译出版该书，都被中方拒绝了。其原因，不言而喻，"右派分子"的帽子正压在他头上。

官，可以不做；事业绝对不能放弃！馆长不当了，时间倒多了，陈遵妫抓紧时间继续收集资料、阅读文献，补充和修正《中国古代天文学简史》。说老实话，解放以来，倒是这段日子最清静，时间最充裕。既没有行政事务要处理，也没有社会活动要参加。他收集和整理的资料整整十二大本，约几十万字，还有三千多张卡片。

住在隔壁的同事讥讽地对他说："你是右派分子，还瞎忙什么。你写的书，再也不会出版了。"听了这话，陈遵妫只是淡然一笑。他心里很明白，想法既简单又坚定："你说的也许对。但是，我还要写，即使我看不到出版，为后人留下手稿，也是好的。我坚信，总有一天会出版，因为，这些东西有价值，天文界需要、国家需要。"

1977年上海人民出版社来信，希望重版《中国古代天文学简史》。陈遵妫看了来信，心情十分矛盾：得知出版社主动提出再版，当然很高兴，而且经过这些年的努力，又丰富和补充了许多资料；但又确实有力不从心之感，主要是视力障碍。仅存的右眼戴上1500度的眼镜，看书时还要手拿高倍放大镜。写字就更困难了，拿着放大镜的手还要压住稿纸，拿笔的手经常偏离放大镜，写出的字就歪歪扭扭或是重叠在一起，无法辨认。这时天文馆的领导大力鼓励和支持陈遵妫，并派专人协助他。

随着整理资料和增补内容的不断丰富，出版社的计划不断更改，书名也随之变化。从《中国古代天文学简史》到《中国天文学简史》，最后定为《中国天文学史》。全部170万字，共四卷，1989年底，上海人民出版社完成了巨著的全部出版。从1937年算起，陈遵妫用了整整五十二年的时间奏出了自己人生的最强音。

这部巨著把中国古代、近代、现代的丰富史料作了系统而全面的汇集整理，阐述了中国天文学的发展历程和所取得的成就。陈遵妫在处理自己几十年来收集到的资料时，十分认真而严谨。书中的引证甚为详细，凡已有学者作过研究的问题，在引用时，他都要加以注解，标明出处；前人尚未研究过的问题，他提出有力的论点，作出了新的考证；有些在天文学史上还有争议的问题，他也根据相关文献资料做出考证和评述。

《中国天文学史》附有大量图片和照片，其中不少是极具科研价值的珍贵史料；书中还附有不少资料性的数据表和墨线图，使读者便于理解还可自行验证和运用。

这部巨著，对于中国天文学史的研究、对于弘扬炎黄子孙三千多年来观测宇宙天体的研究成果、对于史学工作者的有关研究都有重要的价值。该书在陈遵妫逝世15年后，2006年再版。

四、陈遵妫主要论著

陈遵妫. 1930. 流星论. 南京：中央研究院天文研究所.
陈遵妫. 1934. 星体图说. 南京：国立编译馆.
陈遵妫. 1935. 古今星名对照. 南京：年中央研究院.
陈遵妫. 1935. 宇宙壮观. 上海：商务印书馆.
陈遵妫. 1935. 天文学概论. 上海：商务印书馆.
陈遵妫. 1935. 天文学纲要. 上海：中华书局.
陈遵妫. 1935. 普通军用天文学. 上海：商务印书馆.
陈遵妫. 1935. 天文学家名人传. 上海：商务印书馆.
陈遵妫. 1935. 农业气象学. 上海：商务印书馆.
陈遵妫. 1936. 夫罗斯特传. 上海：商务印书馆.
陈遵妫. 1936. 日食简说. 上海：正中书局.
陈遵妫. 1937. 恒星图表. 上海：商务印书馆.
陈遵妫. 1945. 大学用天文学. 贵阳：华通书局.
陈遵妫. 1945. 自然科学辞典（天文气象）. 上海：华通书局.
陈遵妫. 1955. 中国古代天文学简史. 上海：上海人民出版社.
陈遵妫. 1955. 中国古代天文学的成就. 北京：中华全国科普协会.
陈遵妫. 1956. 清朝天文仪器解说. 北京：中华全国科普协会.

陈遵妫. 1958. 人造卫星和科学技术. 北京：中国青年出版社.
陈遵妫. 1989. 中国天文学史（四册）. 上海：上海人民出版社.

主要参考文献

辞海编辑委员会. 1999. 辞海. 上海：上海辞书出版社：1251.
陈永汶. 2007. 行走天穹——中国现代天文学家陈遵妫传. 北京：华文出版社.
中国大百科全书编辑委员会. 2009. 中国大百科全书·天文学. 北京：大百科全书出版社.

撰写者

陈永汶，1942年2月生于贵州省贵阳市。陈遵妫之小女。1965年毕业于北京钢铁学院（现名北京科技大学）。北京有色金属与稀土应用研究所高级工程师。

张钰哲

张钰哲（1902～1986），福建闽侯人。天文学家。1929年夏在美国叶凯士天文台获博士学位，同年秋回国受聘为中央大学教授，中央研究院天文研究所研究员。1941年任天文研究所所长。1950～1984年任中国科学院紫金山天文台台长。1943～1946年和1949～1985年任中国天文学会理事长。1955年6月当选为中国科学院学部委员（院士）。1956年6月加入九三学社，任中央委员。1959年当选第二届全国政协委员。1964年当选第三届全国人大代表，连任第四、五、六届全国人大代表。担任过国家科委天文学科组组长、中国科协第二届委员会委员和江苏省科协第二届委员会副主席、《天文学报》主编、《中国大百科全书·天文学》编委会主任等职。参与筹建北京天文台，从紫金山天文台向全国各天文台站输送骨干力量。在紫金山天文台创建了持续半个世纪的小行星、彗星照相定位观测、研究工作，创建小行星光电测光研究工作，奠定了我国天体力学轨道计算研究工作的基础；在国内最先开展人造卫星围绕地球运动的轨道研究，率领紫金山天文台科研人员参加我国第一颗人造卫星轨道设计方案论证和测轨方案研究，奠定了我国人造卫星轨道研究工作的基础。领导紫金山天文台开拓了太阳物理、恒星物理、天文年历编算、天文仪器研制、毫米波射电天文、空间天文等分支学科。他一生共发表了100余篇学术论文和近10本专著、译作以及许多篇科普文章。

一、心系国家，"中华"辉耀

1902年2月16日，张钰哲出生于福建省闽侯县一个职员家庭，是五兄弟中最小的。两岁时父亲逝世，跟随母亲艰苦度日。1907～1912年就读于福州明伦小学。他自幼学习努力，在小学时读了很多古书，奠定了良好的古文学基础。1913年，张钰哲随家人搬到北京，先后就读于北京畿辅中学和北京师范大学附中。他天资聪颖，学习勤奋刻苦，各门功课优秀，英语成绩尤为突出。1919年考入清华学堂高等科，这是留美预备学校，不收学费，毕业后可被选送出国留学，入学竞争非常激烈。1923年，张钰哲赴美留学，先后在美国普渡大学机械工程系和康奈尔大学建筑系学习。期间，偶然读到的一本天文学科普书籍，促使他于 1925 年毅然再度转学到芝加哥大学天文系学习，并以优异成绩先后获得天文学学士、硕士和博士学位。这次转学决定了他毕生的道路。

1928 年 11 月 22 日，在美国叶凯士天文台，张钰哲通过观测发现了一颗新小行星，这是第一颗由中国人发现的小行星，国际编号是第 1125 号。按照发现者拥有命名权的国际规定，时年 26 岁的青年天文学者张钰哲，身居异邦，心怀祖国，将之命名为"中华"（China）。同年，他写了题为《留美学业将毕寄诗呈母》的一首诗：

科技学应家国需，异邦负笈跨舟车。

漫言弧矢标英志，久缺晨昏奉起居。

乳育劳劬齐载覆，春晖寸草永难如。

喜把竹书传好语，明年渡海俱琴书。

1929 年秋，张钰哲回国受聘于南京中央大学物理系教授，讲授天文学、天体物理学和天体力学等课程，同时被中央研究院天文研究所聘为通讯研究员。回国之前，他参观访问了美国洛威尔天文台、利克天文台、威尔逊天文台和加拿大维多利亚天文台，还搜集了不少天文学教科书、仪器样本、天文照片和教学幻灯片等资料。1937 年抗战爆发后，他携带多年搜集的全部图书资料随中央大学西迁重庆。

当时，天文研究所西迁至昆明，建立了凤凰山天文台。1941 年初，张钰哲受聘担任天文研究所所长，只身从重庆到昆明任职。当时他不足 40 岁，留下老母和小他 8 岁的年轻妻子及两个幼小的子女在重庆。抗战期间生活不安定，还要经常躲避日机的轰炸。他何以舍得离开呢？之后，这在他给妻子生日的贺词中表露出来："……圣战方殷，敢就家室之乐？步天有责，难辞蛮瘴之行。滇蜀两地，梦寐徒劳；醺醺一杯，徐图共庆。先寄数笺聊致祝贺之忱云尔。钰哲志"。凤凰山天文台研究设备简陋，生活条件艰苦，他仍以一台破旧的台式计算机和一些陈旧的仪器坚持工作。1941 年 6 月~9 月，他率领中国日食观测西北队赴甘肃临洮开展我国境内第一次日全食的科学观测，获得成功。

抗战胜利后，1946 年张钰哲率天文研究所回迁南京紫金山。当时，紫金山天文台在战争中遭到严重破坏，天文台最大的 60 厘米反射望远镜无法运转，一些仪器设备不知去向，工作难以开展。张钰哲再度赴美考察进修，了解当时世界天文学的新进展，并在一年多时间里取得重要研究成果。1948 年 3 月，张钰哲完成了预定的考察和研究工作，准备回国。此时已近崩溃的国民党政府赖掉了原来要提供给张钰哲的回国路费。他的夫人在国内多方奔走毫无结果。后来，张钰哲在导师樊比博的帮助下，于 1948 年 3 月随美国国家地理学会中国余杭日全食观测队回到中国。同年美国《科学》杂志封面刊登张钰哲的照片。

1948年11月，中央研究院有些机构撤往台湾，张钰哲与天文研究所部分人员暂迁上海。1949年9月，他返回南京，积极参与紫金山天文台的重建工作。1950年5月20日，张钰哲被任命为中国科学院紫金山天文台台长，一直工作到1984年2月22日。1984年以后张钰哲任名誉台长，直到1986年7月21日病逝于南京。

二、深耕大地，群星闪耀

张钰哲潜心研究工作的同时，作为中国天文界领导人之一，为紫金山天文台的发展、为中国各天文台站的建设、为中国天文学走向世界付出了极大的心血。在张钰哲的直接领导下，紫金山天文台在新中国成立后开拓和创建了小行星彗星观测研究、太阳物理、恒星物理、天文年历编算、天文仪器研制、毫米波射电天文、空间天文等分支学科，逐步发展成为一座以天体物理和天体力学为主要研究领域的综合性天文台，在国内外享有较高声誉。

张钰哲为上海、北京、云南、陕西等天文台和南京天文仪器厂的建设尽心竭力，几乎我国所有天文台站都有过他的足迹和倾注的精力。

1950年2月，中国政府从法国传教士手中接管了上海徐家汇和佘山两个观象台，张钰哲立即派陈遵妫到徐家汇观象台主持工作，把在高校任教的前天文所兼职研究员李珩聘到佘山观象台主持工作。为了满足国防和国计民生对授时精度的要求，张钰哲派王绶琯、罗定江和苗永瑞等到徐家汇观象台工作，并添置了必要的测时、守时设备，使徐家汇观象台的授时精度很快达到了要求。

1956年后，张钰哲参与制定全国科技发展规划，草拟了60年代中国天文学发展蓝图，并召集天文界和有关学科的专家学者讨论修改规划，直至审定通过。在此规划中，张钰哲提出在北京地区建立天文台的建议。为此，张钰哲派先遣太阳工作队去北京，建立北京天文台色球观测工作。参与北京郊外选择台址工作，和其他工作人员一起坐汽车、骑毛驴、爬高山、过峡谷，不辞劳苦。1957年12月，中国科学院批准了紫金山天文台提出的在北京建天文台的详细计划。正值此时，长期留法的天文学家程茂兰回到国内，张钰哲就将筹建北京天文台的事全权交给程茂兰，从不干预其工作。为了加快北京天文台的建设，张钰哲把紫台的业务骨干王绶琯、罗定江、李珩、沈良照、吴怀伟（当时唯一的无线电专业生）和李启斌等调到北京天文台筹备处工作，并将紫台的天文图书复本调往北京天文台，还向同紫台有学术刊物交换关系的各国天文机构通报我国正在筹建北京天文台，希望他们的刊物能同时赠送北京天文台。1962 年，张钰哲在广州向聂荣臻同志申述北京天文台选址中的问题，得到妥善解决。

在张钰哲的推荐下，紫金山天文台一批骨干参与了上海天文台、北京天文台、云南天文台和南京天文仪器厂的建设工作以及北京天文馆的筹建，并成为各单位的中坚。各天文台（厂）发展初具规模后，相继成为中国科学院直属的独立建制单位。

1980 年，张钰哲以 78 岁高龄，率领一支专家队伍到达青海柴达木盆地，登上海拔 4800 米的昆仑山口，为我国建立第一座大型毫米波射电望远镜观测站选址。3 年后，他又前往根据他的建议于 1958 年在新疆乌鲁木齐设立的人造卫星观测站视察。

国际事务中，从新中国成立初期到病逝前，张钰哲积极促进中国天文学的国际交流和合作，代表中国天文界参与各种国际活动。50 年代，他出访苏联，了解苏联在变星、太阳、小行星等方面的研究。1972 年以后，张钰哲以中国天文学会理事长的身份，多次参与恢复中国天文学会在国际天文联合会中合法地位的谈判。1979 年在加拿大举行的第十七届国际天文联合会大会上，张钰哲与叶叔华、赵先孜、易照华、洪斯溢等一起为恢复我国天文学会在国际天文联合会中的合法地位做了有决定意义的努力。1984 年，他以 82 岁高龄再度应邀访问美国，在哈佛天体物理中心作题为《今日中国天文台》的报告。

三、纵横星际，探索新知

张钰哲毕生致力于天文学研究。研究领域深入到了天体力学、行星科学、太阳物理、恒星物理、历书天文、实用天文、天文仪器、天文学史等众多的天文学分支学科。他一生共发表论文、报告、专著 100 多篇（部）。在其从事天文工作 55 周年之际，一副精巧的贺联表达了他的学生和同事们对他的高度评价和良好的祝愿：测黄道赤道白道，深得此道，赞钰老步人间正道；探行星彗星恒星，戴月披星，愿哲翁成百岁寿星。

（一）日食观测研究

1934 年，天文研究所预报称，1941 年中国境内将发生日全食。同年 11 月，中国日食观测委员会成立，筹备观测的有关事项。张钰哲任委员之一。1936 年 5 月～6 月，他和李珩被派往苏联西伯利亚伯力观测日全食。尽管天阴观测未成功，但为后来的日食观测积累了经验。

1938年，天文研究所再次对1941年日全食作出预报：1941年9月21日，将有日全食带从新疆进入我国，经甘肃、陕西、湖北、江西，从福建北部入海。这将是中国进行的第一次有组织的日食科学观测。张钰哲担任中国日食西北观测队队长。

当时正值抗日战争最艰苦的时期，组织日食观测的条件极差，经费拮据，仪器缺乏。中国日食观测委员会千方百计募集款项，因陋就简地向各方借用或自制观测仪器。张钰哲和高鲁、李珩、陈遵妫、李国鼎、龚树模等队友共11人组成的观测队，1941年6月30日从昆明出发，穿越云贵高原，由娄山关入川，跨嘉陵江，过剑门关经栈道出川，再翻越秦岭，经甘肃天水而奔赴临洮。沿途及到达临洮后，观测队均冒着日本侵略者飞机轰炸的危险。

途中的艰辛，张钰哲在其撰写的《临洮观测日食之经过》中有详细地描述："仪器木箱安入于卡车下层，上铺行李，观测人员即以之为坐垫焉。语其位置，高则高矣，然爬高者跌重，观沿途覆辙翻车者之踵接，诚令人怵目惊心，不能自已。至于栉风沐雨，曝烈日，冒尘沙，犹其余事焉。语逆旅则能住鸡鸣看天之小店，已深足庆幸得免露宿，更无暇计及疫病传染之虞。苟二十五年出国观测，可视为兼领游览旅行登山临水之乐，则此番西北之跋涉，直似绝塞穷荒之放逐流窜矣。然政府与中央研究院方面，对于此次日食之观测，均极重视，凡经费运输等问题，咸允给与充分之协助及便利。际兹干戈遍地，各国天文学者，多不克前来观测，故为此次日食稍留科学记录之责任，端在我辈。""二十七架敌机，嗡嗡然掠顶而过，继以轰然一声震耳欲聋，颇为车中之仪器担心。伺机声渐微，返路旁视察，只见车上多蒙一层灰尘之掩蔽，幸无其他之损害。"

9月21日，临洮天气晴朗，日全食观测获得了圆满成功。观测队对日冕总亮度的测定取得了很好的成果，进行了日冕的多色照相，并拍摄了日全食过程的彩色电影。此外，观测队还在当地和兰州等地举办了日食报告和展览。1942年，张钰哲在美国《大众天文学》期刊上发表了《在日本轰炸机阴影下的日食观测》，该文在介绍中国天文学家艰苦工作的同时，还向全世界控诉了日本帝国主义者的侵略罪行。

此外，张钰哲还参加了1948年5月8日浙江余杭日环食观测、1954年6月30日苏联高加索酸水城日全食的观测和1980年2月16日云南日全食的观测，是我国老一辈天文学家参加日食观测次数最多的人。

（二）小行星、彗星观测研究

新中国成立初期，紫金山天文台的60厘米反射望远镜因抗战期间辗转迁徙而受到破坏，一架较小的20厘米折射望远镜修复后尚可使用。张钰哲克服困难，1949年12月在紫金山天文台创建了持续半个世纪的小行星、彗星的照相定位观测、研究工作。

在整个50年代至60年代前期，张钰哲除了忙碌于领导发展紫金山天文台和全国的天文工作以外，一直坚持天文观测和计算工作。张钰哲常笑着说："我们现在是：终日计算忙，未晚观天早"。

他带头参加观测，建立暗室设备，带领年轻人一起工作。当时紫金山天文台连最基本的坐标量度仪也没有，张钰哲就每隔一定时期，自己带着一大沓玻璃底片到上海的物理所去测量。首批观测成果在1953年创刊的第一卷第一期《天文学报》上正式发表。1954年，张钰哲又指导年轻人一起开展了小行星摄动计算、轨道改进方面的天体力学轨道计算研究工作。观测使用的仪器由20厘米折射望远镜（实际观测用的是附在该仪器上的15厘米折射照相镜），到60厘米反射望远镜，最后转到最为有效的40厘米双筒望远镜。

当时使用15厘米折射照相镜拍摄小行星，每照一张，曝光20分钟。南京的晴夜多在冬天，且是越冷越晴。寒夜里长时间露天导星，往往又冷又倦。张钰哲虽是台长、导师、长者，但他从来都是和他的学生张家祥等轮流导星，一人一片，往往一观测就是通宵。人几乎冻僵了，钢笔的水也冻起来了，只能用铅笔来记录。对此，张钰哲常说：不知者以为苦，知之者以为乐也。在1954年，张钰哲和张家祥一起计算研究第415号小行星受摄运动的轨道。由于计算公式复杂，计算量浩繁，为确保计算正确无误，他们两人分别独立计算，到每一阶段，就互相对比核验，待比对正确后再继续往下算。限于当时的计算条件，他们分别使用快速电动计算机，花了整整一年时间，才完成了这一研究。他说："微小的O-C（注：实测值与理论计算值之差），就是天文计算工作者追求的皇冠。"1955年1月20日，张钰哲和他的助手一起，在国内首次发现新小行星，临时命名为"紫金一号"。

张钰哲创建并亲身参加的这项工作直到他逝世以后，持续40多年没有间断。经过40多年的观测研究，张钰哲和他领导的紫金山天文台行星室共拍摄小行星、彗星底片8600多张，获得有价值的精确位置数据9300多个。发现了1000余颗新小行星，其中有100多颗小行星和4颗新彗星获得了国际永久编号和命名权。计算研究了300余颗小行星、彗星的近期轨道和40余颗小行星、彗星的长期（百万年）轨道。这些观测和研究，不仅在实际观测和轨道计算的精度方面达到了国际先进水平，而且发表了一批有价值的论文，建立了太阳系天体摄动运动的动力学数值模型，提出了研究天体轨道长期演变的方法。张钰哲领导的这项太阳系天体的基础研究，具有系统性和完整性，获得1978年全国科学大会奖，获得1987年国家自然科学奖二等奖。

（三）人造卫星轨道研究

在世界上还没有一个国家发射人造卫星的情况下，张钰哲应用天体力学基础理论和小行星轨道研究方法，在国内创先开展了关于人造卫星围绕地球运动的轨道研究。他带领研究助手一起，计算出在扁球形地球引力场下高斯形式的卫星轨道根数摄动方程。以小偏心率展开，求得运动方程的近似分析解，得出在地球扁率摄动下，卫星轨道半长径、偏心率和轨道倾角作周期变化，而轨道平面升交点将沿地球赤道面缓缓移动的重要结论。他们还进一步探研了大气阻力摄动，在给定的大气模型下，以偏近点角作时间变量，经推导变换，引入含虚变量的贝塞尔函数，得出了人造卫星受大气阻力运动方程的分析解，给出卫星轨道缩小直至陨落的变化规律。这项重要研究于1957年上半年完成，写成《人造卫星的轨道问题》专题论文，同年底在《天文学报》上发表。

这项研究的理论在苏联发射的世界第一颗人造卫星的实际运动中得到了验证。当时世界上关于人造卫星轨道研究的文章屈指可数，张钰哲的这项研究受到普遍重视，在国内尤其具有重要的理论与实用价值，指导了我国早期人造卫星的观测和预报工作，奠定了我国人造卫星轨道研究工作的基础。该篇论文成为我国人造卫星运动理论的经典文献。

60年代初期，张钰哲又领导开展月球火箭轨道的研究，发表《定点击中和航测月球的火箭轨道》专题论文。1965年，张钰哲率领紫金山天文台科研人员参加我国第一颗人造卫星"东方红"方案的论证工作。他满怀激情地参加论证会议，自己做大量计算分析，阐述指导性的学术意见，研究解决卫星轨道的设计方案、地面观测网布局、最佳发射时刻的选择、跟踪观测和测轨预报，对"东方红"卫星的发射成功起了重要作用。随着人造卫星的不断上天和这项研究工作的不断发展，张钰哲逐步培养了一支既有实测经验和理论水平，又有攻关创新能力的中青年科技队伍。

（四）光电测光研究

早在20世纪50年代初期，在开展小行星位置和运动观测研究的时候，张钰哲就曾不断考虑同时开展关于小行星测光的物理观测工作。他组织安排仪器研制和参加试验观测，经过几年努力，1958年初步建立起来。同年冬天，在张钰哲主持下，紫金山天文台的60厘米反射望远镜上测出了堪与国外2米望远镜结果相媲美的完整的小行星光变曲线。他以极大的热情和年轻人一起通宵达旦地观测，处理资料，分析研究。

这项工作持续多年，得到了数十颗小行星完整的变光曲线，在60年代初期发表了《小行星光电测光》的系列论文。小行星的形状多不规则，其亮度随着面向地球的反射日光的面积大小而改变，而其亮度变化周期则反映了该小行星本身的自转周期。张钰哲的工作开辟了我国小行星物理观测领域，测定了许多小行星的自转周期，并提出了某些小行星的自转轴指向，为行星科学提供了珍贵资料。与此同时，技术设备的建立，也为紫金山天文台开展变星光电测光工作奠定了基础。

（五）天文学多方面的研究

张钰哲在天文学中的贡献是多学科多方面的。他多年致力于小行星观测和轨道研究，是天体力学专家，但他的硕士论文是以中星仪进行的纬度测定的实用天文学工作，他的博士论文则是研究双星轨道面极轴指向的恒星物理工作。

1929年张钰哲回国之后，为了不中断天文观测，他托人从国外购买光学玻璃，在学校地下室里自己动手研磨光学镜面，自制天文望远镜。1936年和1941年日食观测，有的仪器就是张钰哲因陋就简自己改装而成的。新中国成立后，紫金山天文台60厘米望远镜邀请德国蔡司厂专家进行修复，张钰哲亲自进行该望远镜的反射镜面的镀银工作，所有镀银的座架设备则自行设计，自己画图，再投交制作。他与人合作翻译过《光学之研究》著作。

1946年12月，张钰哲在美国进修考察期间，在叶凯士天文台发现一颗新变星BD-6°2376。1947年3月~4月，张钰哲在美国麦克唐纳天文台用2米望远镜观测分光双星，所写论文《大熊座W型交食双星的光谱观测》发表在美国《天体物理杂志》。同年9月在波士顿参加美国天文学会年会，宣读论文《一颗新的食变星的速度曲线》，随后也发表在《天体物理杂志》。世界著名天文学家O. Struve在其名著《恒星的演化》（1950）一书中，详细引用了张钰哲的上述研究成果，转载了他手绘的室女座AH星的速度曲线图。

中央研究院天文研究所自1928年成立以来，一直承担着我国天文年历的编算工作。新中国成立后，紫金山天文台继续承担该项工作，每年编算出版天文年历。1954年起每年出版《航海天文年历》。1958年后，紫金山天文台开始试行独立编算天文年历，经过努力，1964年试算成功。1966年初正式独立计算出1969、1970年的中国天文年历，结束了我国一直抄用苏、美历书的历史，中国的历算工作从过去的以编为主发展到独立计算阶段。张钰哲曾积极指导并参加了该项工作。

张钰哲在中国天文学史的研究方面做了许多工作。1977年，张钰哲以75岁高龄，研究了哈雷彗星轨道演变趋势和它的古代历史，考虑九大行星摄动，对中国历史上早期哈雷彗星记录做了分析考证，提供了几个有关年代学问题的解决线索。他先后发表论文《哈雷彗星的轨道演变趋势和它的古代历史》（1978年）和著作《哈雷彗星今昔》（1982年）予以阐述。他认为，假若武王伐纣之年所出现的彗星为哈雷彗星，则这一年是公元前1057至1056年。这一研究成果对中国夏商周断代史的研究提供了重要线索，同时也引起世界天文界的关注。英国的《考古天文学》（Archaeoastronomy，1979年2卷2期）、《自然》（Nature，1979年10月11日）、美国《天空和望远镜》（Sky and Telescope，1979年9月号）等杂志分别登载专文进行介绍和讨论。日本著名天文学家长谷川一郎在《哈雷彗星物语》（1984年）一书中也多次引用张钰哲的研究成果。

四、跨越藩篱，普及大众

张钰哲是我国现代天文学事业的创始人之一，也是我国天文科普事业的引路人。自1929年秋留学回国之后，张钰哲就开始撰写和编译天文科普文章、科普图书，通过广播电台介绍科普知识，推动天文馆建设等。

1930年7月，中国天文学会会刊《宇宙》创刊，以求天文学的提高与普及为宗旨。张钰哲刚从美国载誉归来，风华正茂，文笔超众，被推荐撰写《宇宙》的发刊词，且成为后来的主要编撰人，发表文章数十篇。1932年张钰哲在《科学》杂志11月号上（P.1585-1595）发表《假天》长文，图文并茂地介绍天象仪和天文馆，文章结尾倡议在我国首都建立一座假天馆（天文馆）："眼前我们若为着启发民智，破除迷信，于国都所在地，设立一座假天院，也孰曰不宜"。此文后收入商务印书馆1934年6月出版的张钰哲第一部天文学文集《天文学论丛》中。在他的关心和支持下，1954年北京天文馆开始筹建，1957年建成开馆。1932年，张钰哲的第一本科普作品《地球之天体观》在南京出版。1934年1月，商务印书馆出版中国第一部《天文学名词》，张钰哲担任天文学名词审查委员会主任委员。

40年代，张钰哲在重庆《大公报》上发表过3篇星期论文：《日食观测答客难》（1942年1月4日）、《纪念牛顿诞辰300周年》（1942年12月27日）、《你知道行星是如何发现的吗？》（1945年12月16日）。第1篇说明为什么在抗日战争艰苦岁月中还要去甘肃临洮观测1941年9月21日在那里发生的日全食。第2篇论说基础科学的重要性。第3篇则是向当时的伪科学宣战。1945年秋，重庆国民党《中央日报》上发表了一篇关于用八卦发现了太阳系中第 10 颗行星——木王星的消息，并且说这位发现者是从法国归来的洋博士，而且，国民党中央宣传部长还为此出来捧场。一时间议论纷纷，莫衷一是。张钰哲发表近 4 千字长文，对此予以有力地驳斥。重庆《大公报》的星期论文大多是请知名学者就某一专题发表论述，在当时具有广泛的社会影响力。张钰哲的 3 篇文章，流传很广，不但普及了天文科学知识而且弘扬了科学精神，介绍了科学思想和科学方法。1983 年《科普创作》期刊特别重新发表张钰哲的关于行星是怎样发现的星期论文。

1948 年前后，紫金山天文台开始接待有组织的学生团体在周末来台参观并用望远镜观看星月。1948 年底到 1949 年 9 月之前，迁往上海的紫金山天文台部分人员创办了《大众天文》月刊（附刊在《科学大众》月刊中），这就为后来成立的大众天文社做了准备。新中国成立以后，科普工作也列入了紫金山天文台工作计划中，成立了天文科学普及组，确定每周星期日为开放日。尽管当时全台工作人员只有一二十人，照常轮流值班，接待讲解，来台参观的工农兵大众日益增多。并且紫金山天文台还派人到学校去演讲，到电台去广播，到一些场合去放映科普影片，举办展览等。台上还设立人民来信组，人民来信和回信都逐一登记在册，遇到比较专题的，则请这方面有专长的同志回复。1949 年底中国天文学会大众天文社正式成立，挂靠紫金山天文台，继续出版《大众天文》月刊，编印天文图书、图片，协助拍摄和校译天文科普影片，还推动了后来北京天文馆的建立。这些大量的科普工作，如果没有张钰哲等人的支持与关心是不可能的。

当时大众天文社改编了一本《大众天文学》，张钰哲曾为该书作序："……大多数的天文台，是设在山上。在那里守着山头的人们，很容易犯了与群众脱离的毛病。现在服务于紫金山天文台的好几位大众天文社员，都参加了改编这本大众天文学的工作。他们大约可以幸免了孤芳自赏，脱离大众的批评。……张钰哲 1950 年 3 月。"由此可见，张钰哲对把天文台定期向大众开放是有明确认识的。1951 年，张钰哲提出翻译苏联库利考夫斯基的《天文爱好者手册》，后来紫金山天文台的几位同志利用夜晚业余时间把这本厚约 500 页的书集体译出，并由张钰哲审定作序，1956 年由科学出版社出版。后来此书还多次重印。除此以外，张钰哲对世界科普名著《星图手册》（李珩、李元译）的翻译出版给予了很大关注。紫金山天文台的科普工作在张钰哲的倡导和支持下，一直到现在还保留和发扬了这个传统。

张钰哲也曾数次通过广播电台介绍科学知识。1937 年抗日战争前夕，张钰哲在南京的中央广播电台广播过有关利玛窦把西方科学传入中国的介绍。1941 年 9 月甘肃临洮日全食观测前后，张钰哲组织过日食的科普广播。1953 年春节我国可见日偏食，在有关部门的组织下，张钰哲通过中央人民广播电台向全国广播日食知识。

五、通识博雅，涵泳人生

张钰哲是位科学家，同时具有良好的文学修养和艺术修养。他的文章文笔优美，用词锤炼，对仗工整，寓文学于科学之中。他撰写的《天文学论丛》有许多好文章。例如《美洲天文台参观述忆》，用的是古色古香的骈文，其中有："异邦羁旅，裘葛六更，荒陬郊居，亦垂二载。问星移斗转，几阅人世沧桑，见银汉斜横，何日鹊桥飞渡。"

张钰哲平日多思少言，不太熟悉他的人，会认为他过于严肃，不易接近，实际上他的性格是"暖水瓶"式的外冷内热，他的感情常常用笔表露出来。他的一些书信及诗作表露了对祖国、对天文事业和对家人的深爱。1928年在美国攻读博士学位时他寄给母亲的诗《留美学业将毕寄诗呈母》，从中可以看出他为国而学的抱负及对母亲的思念与孝心。1941年6月~9月，张钰哲带领中国日食西北观测队赶赴甘肃临洮期间，正值其母亲在重庆患病，他在途中写给高鲁（时任中国日食观测委员会秘书长）的一首诗，表达了他极想在母亲病榻旁尽孝服侍，但忠孝不能两全，依然选择远赴他乡开展日食观测的心路经历。诗是这样的：

久矣风沙不关心，滇池秦塞事长征。

情怀病骥思归卧，世事鞭驱未悯矜。

赖有耆年垂规范，孰云星历侪俳伶。

更祈异象呈空日，云雾寇氛俱扫清。

1949年南京解放后不久，张钰哲给导师樊比博的信中写道："我从内心里有许多赞美新政府（按：指人民政府）的话要说。他的官员（指干部）是廉洁的、勤劳的，和旧政府（指国民党政府）截然不同"，"你从外表分辨不出他们的士兵和将军"，"在他们身上我看到中国的未来和希望"。

因长期积劳成疾，1963年张钰哲在北京医院做胃切除手术。即便如此，他亦作诗一首，感慨自己坐观革命，而又测天无补，柄迟病榻。

百战艰难拼汉血，三山摧毁坐观成。

步天测度原无补，病榻柄迟负国恩。

1980年2月16日正值春节，我国南方可见日全食。张钰哲以78岁高龄，不辞辛苦再次赶赴昆明，在凤凰山上他坚持等到云过天晴，再一次观测到日全食。并赋诗：

> 大地春回洱海边，卅载光阴弹指间。
> 南国欣逢旧游地，春城重见朗晴天。
> 畴人本应观乾象，游客仍能事科研。
> 二九互掩神州暗，光明再放景逾妍。

此外，张钰哲在书法、篆刻、绘画等方面的修养甚深。他的书房里，四壁挂着白面的水彩画、油画及素描，书柜中放着一些他刻制的隶、篆、草等各种字体的印章。1962年，张钰哲用隶书写过一副自拟对联，长期挂在书房里，抒发了他期望有朝一日在月球上建立天文台的心愿：

> 观河汉星辰远溯鸿濛探造化；
> 究躔离仪象相期月窟建灵台。

女儿出国之前，他曾用中楷写下这样的警句送给她："莫道人之短，勿说己之长。施人慎勿念，受施慎勿忘。勿以小善而不为，勿以小恶而为之。"

张钰哲生性淡泊，学风严谨，一旦建立起来的事业，有一股锲而不舍的韧劲和毅力，就会毫不动摇地持之以恒地做下去。张钰哲常说："古人讲：读书，譬如明日死，要发愤猛读；写文章，譬如活百岁，要反复推敲"。他认为天文台一定要有一些长期坚持的有传统特色的工作，经过长时期积累，就会产生深远影响，做出扎实的贡献。而从事科研工作的人，则一定要有高度的事业心，浓烈的兴趣和坚韧的毅力。有一个例子很能够说明他的恒心和毅力：他的第一外语是英语，其次是法语和德语，俄语是他50岁以后才学的。60年代初期，当他以花甲之年做出要翻译俄文专著《行星物理》的决定并着手进行以后，不论是外语上有多大困难，不论是工作有多忙，也不论是在台内或出差，他都坚持不懈、每天挤出一定时间来做翻译。积之以数年，他的译稿竟已高达数尺，终竟完稿交卷。

1978年8月1日，第4420期《国际小行星通报》公布国际编号第2051号小行星命名为"张"-2051 Chang。通报中说："哈佛大学天文台1976年10月23日发现的这颗小行星的命名，是为了表示对张钰哲的敬意，他是中华人民共和国天文学领导人之一，紫金山天文台台长，长期积极从事小行星、彗星的观测和轨道计算，他还测定了小行星的自转周期，进行过分光双星工作。……"。1990年10月，中国邮电部发行第二组中国现代科学家纪念邮票，其中一枚为张钰哲头像。2009年9月，张钰哲被授予新中国成立以来江苏省"十大杰出科技人物"荣誉称号。2010年9月，我国利用嫦娥工程影像数据首次申报"月球地理实体命名"，国际天文学联合会批准以张钰哲的名字来命名月面上一个撞击坑：国际编号14750，中心点位置为月球西经137.8°，南纬69.1°，直径为35千米。

六、张钰哲主要论著

Chang Y C. 1928. New elements of comet Stearns. Astronomical Journal, 38: 124.

Chang Y C. 1928. On the supposed identity of comet Reinmuth (1928 I) and Tailor's comet (1916 I). Astronomical Journal, 38: 156.

Chang Y C. 1928. A spectroscopic study of the visual binary systems ζ Herculis and β Delphini. Astrophysical Journal, 68: 319.

Chang Y C. 1929. A spectroscopic study of the visual binary systems 51 ξ Scorpii and 2 η coronae Borealis. Astrophysical Journal, 70: 182.

Chang Y C. 1929. A study of the orientation of the orbit-planes of 16 visual binaries having determinate inclinations. Astronomical journal, 40: 11.

张钰哲译. 1937. 白拉喜尔自转. 上海：商务印书馆.

Chang Y C, Li K T. 1942. The total light of the solar corona of September 21, 1941. Astrophysical Journal, 96: 421.

Chang Y C. 1942. Solar eclipse observed in China under the shadow of Japanese bombers. Popular Astronomy, 50: 198.

Chang Y C. 1944. Solar apex derived from the proper motions in Boss's General Catalogue of 33342 Stars. Astronomical Journal, 51.

张钰哲. 1945. 宇宙丛谈. 重庆：正中书局.

张钰哲，贺天健. 1953. 紫金山天文台1949-1950年小行星位置的摄影观测. 天文学报, 1 (1).

张钰哲，张家祥. 1955. 紫金山天文台初次发现的小行星. 天文学报, 3 (1).

张钰哲，张家祥. 1957. 人造卫星的轨道问题. 天文学报, 5 (2).

张钰哲，张家祥. 1962. 七颗变光小行星的观测研究. 天文学报, 10 (2).

张钰哲，张家祥，冼鼎璋，等. 1965. 定点击中与航测月球的火箭轨道. 天文学报, 13 (2).

张钰哲，张家祥，董明. 1974. 彗星紫金山1和紫金山2的轨道演变. 天文学报, 15 (1).

张钰哲，等译. 1974. 行星物理. 北京：科学出版社.

张钰哲. 1977. 小行星漫谈. 北京：科学出版社.

张钰哲. 1978. 哈雷彗星的轨道演变趋势和它的古代历史. 天文学报, 19 (1).

张钰哲. 1982. 哈雷彗星今昔. 北京：知识出版社.

主要参考文献

中国科学院紫金山天文台. 1985. 紫金山天文台五十年. 南京：南京大学出版社.

王德昌，李元编. 1992. 张钰哲论文选. 福州：福建科学技术出版社.

张钰哲先生百年诞辰纪念文集. 2002. 紫金山天文台台刊, 21.

张家祥. 2005. 张钰哲 (1902~1986). 中国科学技术专家传略·理学编. 天文卷1. 北京：中国科学技术出版社：73-84.

撰写者

张虹 (1975~)，文学硕士学位。中国科学院紫金山天文台六级职员，主要从事新闻信息宣传、文书档案管理等工作。

陈展云

陈展云（1902～1985），云南昆明人。天文学家。中国天文学会和中国现代天文台创建者之一。出生于北京，先后求学于京师公立第四中学和北京大学。1921年考入北京中央观象台，同年参加发起成立中国天文学会。1928～1934年筹建南京紫金山天文台，为主要参与者之一。1938～1939年筹建昆明凤凰山天文台（今云南天文台），也是主要参与者之一。1950年以后，昆明凤凰山天文台成为南京紫金山天文台的工作站，任技士，从事天文实测工作，以获取高质量的太阳黑子观测资料著称。1960年参与筹备成立云南天文学会，任理事。晚年被推举为中国天文学会和云南省天文学会名誉理事。

一、求学之路——生活困难，未能遂愿

陈展云的父亲陈本仁，于清光绪九年（1883）从昆明赴京赶考中进士，留外务部任职，俗称七品小京官（时年17岁），后迁晋郎中。朝鲜独立后被派任驻汉城总领事，清宣统三年（1911）夏，因患狂癫症不能正常上班而告假在家赋闲，从此家庭断了经济来源。

1902年陈展云在北京出生时，已有两个姐姐，继后又有了三个弟弟和一个妹妹。他父亲患病后，母亲仍下决心供他和弟妹求学，先是变卖家具、衣物，后又广求亲友帮助。他于1914年从私塾附学转入京师公立第四中学读书。据同学冯至（后成为著名诗人）回忆，他到学校少言寡语，只潜心读书学习，考试总是名列前茅。1920年他中学毕业，因家中已一贫如洗，到了山穷水尽的窘况，他毅然放弃考大学而考入农商部实业债券局当办事员，给家庭提供经济帮助。

辛亥革命推翻了清朝的统治后，民国政府接收了清朝的钦天监，成立一个新的机构中央观象台，时任北京中央观象台台长的高鲁，为开拓中国的现代天文事业，想仿照西方建立现代天文台。但在当时，国内掌握现代天文知识的人太少，要实现这一设想，先得从培养人才开始，于是在1921年开始招收学员培训。求知愿望强烈的陈展云转而报考第一期训练班，学习半年结业后留任气象观测员。也就在这年，

他参与发起成立中国天文学会,成为第一批会员。这时他也在考虑如何才能继续深造的问题,采取的办法是在翌年考入北京大学文科"兼学",即在工作不该他值班时便到学校听课学习。然而,兼学未能遂愿,原因是原由德国在青岛设立的胶澳商埠观象台(今青岛观象台),第一次世界大战结束后转由日本占据。1924年,中央观象台根据协议要派人员去接收,陈展云被指定为接收组成员前往青岛,接收后留任技术员,为此他向北京大学申请休学两年,两年后因工作仍在青岛未能复学。

二、参与筹建南京紫金山天文台和昆明凤凰山天文台

1927年6月,当陈展云得知高鲁已到南京,即在青岛辞职转赴南京,与陈遵妫一起共事。1928年1月,中央研究院天文研究所(简称天文所)成立,高鲁已在着手筹建天文台,第一步是选地址。先是和陈展云、陈遵妫一起攀登上紫金山第一峰顶考察,这里地势开阔,非常理想。地址选定后,第二步是委托工务局派人设计上山的公路,并由陈展云和一名工友协助,每天清晨乘马车到紫霞洞路口,从这里开始,往山上测绘地形,同时选线,至晚返回。测量结束后,设计蓝图很快便交给了高鲁。这时已是1928年秋,高鲁被任命为驻法国公使,出国前,向中央研究院(简称院方)推荐从未谋面的余青松继任所长,但因余刚接受厦门大学任教一学年之聘,不能违约,要一年后才到任。院方令高平子暂代所长,高认为建天文台是百年大计,不便自作主张而搁置起来。

余青松赴南京就职,持高鲁留下的公路设计图,向中山陵园管理委员会申请拨地,陵园主管工程的人说:山南是风景区,若修盘山公路,不免破坏陵园风景,应改向山北选线。余青松到北面踏勘,感到山北地形复杂,修路工程浩大,且饮用水需要到城内运输。因此,放弃第一峰的设想,改选条件次之的第三峰为台址。这一计划获得批准后,余亲自带人重新勘测通往山上的公路并绘出设计图。作为助理员兼管文书、会计的陈展云,向外联系筑路商、进行谈判和签订承包合同等具体事务,都由他具体操办。盘山公路从1929年底开工,至1931年春完工,这期间他还要经常到施工现场督促工程进度和质量。

公路修筑完工,为在山上建房,对山顶地形进行测量后绘出地形图,按图对建筑群布局。当时因经费不足,对计划中的建筑只能分期分批地展开。最先建立子午仪室(由上海基泰建筑公司设计),是因高鲁在任时已向瑞士订购的子午仪即将出厂,急需建观测室安置,遂于1931年10月先行开工,而后的建筑全是由余青松自行设计,先后兴建的大致顺序是:小宿舍,小赤道仪室(含太阳分光仪室),配电

房，天文台本部（含大赤道仪室），变星仪室，大宿舍，大门及传达室，警卫室，蓄水池附气象塔，铁丝编篱笆做围墙。整个工程由所里自行备料，采用点工制，特殊建筑部件由外地工厂（洋行）承制。到了1934年夏天，大部分房屋基本竣工，开始转入扫尾阶段时，所内人员便迁入办公（大约到1935年夏工程才全部结束），其中也包含陈展云付出的心力。

需要说明的是，天文台本部和各观测室都有名人题书的"奠基纪念"，这是竣工后所为，与实际开工时间有出入。另外是建气象塔的缘由，天文所之前的观象台筹委会成立了天文组和气象组，分别由高鲁和竺可桢兼任组长。天文所成立后仍未分家，建气象塔在紫金山也是为气象观测而备。但竺可桢反对，认为山上的观测数据不能代表市区。后来接收了北极阁，与天文所分家，另外成立测候所。顺带提及一件与文书有关的事，五四运动提倡白话文，报刊上开始使用标点符号，而当时的机关单位在公文往来中却未使用。陈展云在一次代天文所上报院方的呈文中使用了标点符号，院长蔡元培看后很赞赏，提出要在研究院内推广，从此以后，标点符号才在院属各研究所的公函中开始出现。

1937年七七卢沟桥事变发生，接着又爆发八一三淞沪抗战，院方紧急指示各研究所向湖南长沙疏散。天文所对此采取了三条措施：拆卸仪器设备和部分图书资料一并装箱；派陈遵妫、李鉴澄为先遣队，携太阳分光仪、变星仪、航海钟及外文图书，先行搭乘轮船至武汉再转长沙；员工疏散一半（停薪留职），发给3个月工资自谋出路，言明待战事平息，希望大家立即归队。

陈展云先行携家迁出南京向西南行，直至到南宁都未找到工作，打算到昆明谋生。那时到昆明没有直通火车和汽车，需从广西绕道越南海防，再转乘滇越铁路窄轨火车。抵达昆明已是1938年初，联系到云南省立临安中学（今建水一中）尚缺一名高中数学教师。据他在60年代初向笔者回忆起这段往事时说：当时为了养家糊口，硬着头皮去应聘，几乎全部时间和精力都用在备课和批改作业上。

天文所留在南京的还有6人，待到南京也感到危急时，舟车已难觅。余所长打听到金陵大学早已包租到一条轮船准备内迁四川，便找金陵大学理学院院长魏学仁，要求代运天文仪器设备到重庆，魏学仁以不是本校财产而拒绝。余所长不愿让设备落入日本人手里，把已装箱的仪器图书等全捐赠给金陵大学，待交接完即匆忙撤退。余所长带着家属自驾本所的小轿车，驾驶员带家眷和两职工开本所的卡车，另有两家人合租到汽车，分别奔向长沙。到长沙后才得知各研究所迁往南岳，又往衡山，才与先遣队二人汇合一处。这时南岳各寺庙已人满为患，天文所人马再迁到广西桂林。半年后，院方指示各研究所迁往黔、川、滇三省。因天文观测要求晴天多，决定迁往昆明。从桂林出发，也是绕道越南，到达昆明已是 1938 年 4 月 25 日，在小东城脚租下 20 号民宅（今青年路北段、靠圆通山附近，已拆除），作为暂时栖身之所。

当时迁到昆明的几个研究所安顿下来后，所长们聚首重新分析局势，认识到抗战在短时间内不会结束，应做长期打算，余青松再与所内主要人员商议，决定用当年的研究经费和上年的余额建一永久性的天文台。第一步仍是要选地址，也颇费周折。先是云南测候所所长陈一得热情相邀，在西山华亭寺旁山顶建天文台，与气象台为邻。这里地势较开阔，不远处有山泉，缺点是太华山峰障碍一个小角度视线。正在犹豫不定，物理研究所所长丁燮林（即后来的文化部部长丁西林）带两人到昆明选所址，提出要与天文所做邻居。但经地质钻探发现西山山体有铁矿苗，不能满足作地磁观测的要求，另外是内迁工厂在西郊迅速增多，也不能满足天文观测的要求，于是两所所长决定重新选址。由于南郊临滇池，地势低洼，北郊崇山交通不便，都不适宜建天文台，遂在东郊选址。经踏勘一些山头进行比较，选定大羊方旺村公有的凤凰山。

凤凰山距市区不远（约 7 千米），且山上松树茂密，郁郁葱葱，四周又无工厂，入夜一片漆黑，适合天文观测。再作地质钻探也无矿苗，完全能满足物理所要求，所以两所对这里都很中意。这时陈展云在临安中学辞职，从建水返回昆明归队。他复职后，立即全身心投入筹建工作，先是跟随余所长每天从城内出发，乘一段路的汽车，再步行上山测绘地形图，在图上标明用地范围后，由两所所长出面，向村里的管事者提出租用土地事，而后商谈具体细节主要由他操办。例如，双方到山上按图核对租地范围，凡是边界有转折处钉上界桩；按租地范围确定年租金 200 元；租地年限 5 年和可以续租，等等。在完成租地合同手续后，他作为总务管理，根据所长意图对每个环节都反复考虑，精打细算，在与承建商经过谈判达成协议后，使基建工程得以顺利进行。这个筹建过程与筹建南京紫金山天文台有类似之处，都包含有他所付出的许多心力。

天文所由余所长自行设计的 3 座房屋建在山巅：主建筑是办公室、图书室、变星仪观测室、太阳分光仪观测室、底片冲洗室等；第二座是 4 大间和 4 小间的职员宿舍；第三座是 6 间的工友宿舍和厨房。这三座房屋都是青砖瓦房，门窗安装玻璃，连屋檐瓦当也定制刻有"天文研究所"字样。这在当时的昆明，属于罕见的豪华建筑，也是机会遇得巧。1938 年秋天订立建房合同规定，按设计要求由承建商包工包料，所需费用由天文所预付绝大部分，扣下少量尾数，待房屋竣工验收后付清。不料房屋完工后，1937 年 7 月 1 日大部分职工（约 10 人）迁入新居办公，发现几处小问题，崔老板派人修理，老板坦言：我们承包亏本亏大了，现在工程尾数我们也不要了，有问题你们去找别人修理。按说昆明的物价原本是较低的，但是随着大批内迁的单位不断涌到昆明，进入1939年，昆明的物价不断地疯狂上涨，农副产品涨价更突出。进入1940年，在昆明买1斤大米所花的钱，拿到重庆可以买到8斤大米。这一因素直接影响到职工的波动，如已迁到昆明的历史语言研究所和社会科学研究所改迁到四川。天文所无合适去处，职工守在凤凰山上度日艰难，天上有日本飞机空袭，地上出现兵匪谋财行凶。有的职员忍受不了，纷纷离去。工友因工资低，进出频繁。这时为避免招摇，把作为工作场所的名称"凤凰山天文台"改作单位对外的名称。

物理研究所由丁所长设计的3座房屋分散建在山腰；地磁台，放置仪器的地下部分用条石砌成方洞，俗呼石洞；瓦房宿舍，土坯墙抹石灰，安有落地玻璃窗（原是为蔡元培准备的）；办公室是土墙茅草顶。房屋与天文所同时开工也同时完工，丁所长再三催促滞留在桂林的职工搬迁到昆明，但他们嫌昆明物价太高，坚决要迁四川。丁所长没法，于1941年将房屋赠送天文所，因天文所也无人住而关闭，几年后倒塌，仅剩石洞，至今仍完好保存着。

三、天文实测工作的楷模

按传统理念，天文学一直以来被看作是一门实测科学，研究工作需长期积累观测资料为基础。紫金山天文台建成后，观测造父变星是国际合作项目。陈展云在做好研究所内的后勤保障工作的同时，主动与陈遵妫一起，利用口径103毫米的变星仪，负责变星照相观测。开始试观测时他便发现，仪器并未达到规定指标，拍摄到的星象有彗形像差，而且在底片四个角上呈现的彗形像差不同。为解决所发现的问题，他很耐心地在底片置放方面下工夫，经过反复试验调整，终于获得了高质量的照相资料，他的同事们被他的这种精神所折服。

后来天文所迁到昆明，在凤凰山天文台建成后，除了固定的编制《天文年历》，便是安装调试已带到昆明的变星仪和太阳分光仪。进入1940年，陈展云和李鉴澄一起，用太阳分光仪开始作色球目视观测。所谓目视观测，是把所能看到色球像上的日珥、暗条、谱斑和耀斑，分别用红、黑、蓝三色铅笔临摹在图纸上。每天观测一次或上下午各一次，图像临摹得相当精细。也是在这年，交叉插入了两件事。一件是为了测定凤凰山的地理位置，陈展云借用陆地测量局的45°等高仪，加上所里的航海钟和收讯机，和龚树模一起完成测量。由于受仪器设备限制，测出的经纬度数据较粗,后来却一直沿用,未再作重测。另一件是余青松致信金陵大学的魏学仁说,你们学校不需要天文仪器,请求还给天文所。魏回信说,除了一架测量光谱的光度计我们需要留下,其他仪器可奉还,请派人到渝接收。余接到回信,派陈展云赴重庆接收并觅汽车运到昆明。由于已实行汽油管制,私营汽车买不到汽油,被迫停止运货。经多方寻访,找到一个老板愿跑这趟运输,但也是走走停停,一路靠地下交易弄油前行。待这批仪器押运到昆明,由于物价的飞涨,天文所的研究经费要新建观测室已是做白日梦,只好腾挪地方把它们存放起来。

1941年1月,张钰哲接替余青松所长的职务,余办完交接后辞职而去,张则全力投入余留下的工作计划:为这年9月21日将到甘肃临洮观测日全食继续作各项准备。后来张组队前往,预定计划中的各项观测都取得成功,返回时一路开展天文科普宣传活动,至年底才回到昆明。这时昆明的物价上涨尤为突出,进入1942年,陈展云因难以维持生计而辞职,到修筑滇缅公路的一个工区里,专管对各工段发放稻谷(领取后再自行加工成大米)。他到职后就住在仓库里自行看守。到了发粮之日,他手下称秤的人提早到仓库,要先向部分稻谷洒水、拌匀后,再按领取数额过秤。这种用一定重量的水"置换"出稻谷来几个人平分的损人利己行为,遭到他坚决反对。为此他又被手下人合伙排挤,不到半年时间便离开工地,回天文所复职。到了1944年,复职仅有两年又辞职,到昆明的私营长江实业银行担任文书,至1949年底银行倒闭而失业。但他与天文的情结并未结束,这仍需插叙一段历史背景。

1945年抗战胜利,天文所原来的和后来在昆明陆续招聘的职员,这时还剩下7人,家在江浙一带,人人思归。因无力抢占交通工具,需耐心等待院方解决。1946年1月,张钰哲公派赴美国考察进修,由陈遵妫代理所长职务。陈遵妫觉得凤凰山天文台弃之可惜,想保留下来。为此他多方奔走,终于得到云南大学校长熊庆来的支持,商讨出双方共管方案:把凤凰山的房屋、家具、变星仪和太阳分光仪等财产留下,由双方各出1名职员和1名工友,成立一个共管的分支机构,仍称为"凤凰山天文台",由学校的教务主任王世魁兼任主任,指导作天文观测工作。属天文所发工资的两人由王世魁物色招聘。这一协议达成后,天文所将图书和其他仪器收拾停当,于这年5月28日连人带物离开昆明,开往重庆候船返回南京。但共管协议实行时间不长,因天文所每月从南京汇给在昆明两员工的月薪,并未随物价上涨而上涨,二人先后辞职。王世魁招不到人接替,向学校申请增派1名工友驻山上,另外派讲师简恩泽替回原驻山上的讲师白世俊,把看守房屋财产作为首要任务,才把凤凰山的摊子保下来。

1949年10月,中国科学院(简称中科院)成立,南京的天文所归中科院领导,更改机构名称为"紫金山天文台"（简称紫台），张钰哲任台长。竺可桢想起留在云南的陈展云，向张钰哲建议找陈展云回凤凰山。张钰哲也正有此意，于次年3月昆明与外省恢复通邮后，一方面致信王世魁，要求恢复双方共管凤凰山，并更名为"昆明天文工作站"；另一方面是多方托人打听陈展云的下落，到了9月才与陈联系上，邀他重返凤凰山，恢复部分天文观测工作。与此同时，中科院和云南大学也分别批准共管方案，仍聘王世魁兼任主任，两名工人分属双方编制。

陈展云重返凤凰山，任技士（技术系列六级）。这时山上的条件仍像过去一样"五无"（无水、无电、无车路、无围墙、无电话，直到60年代中期开始，至70年代末才陆续逐项得到解决），饮用水是靠用两只水桶，到1千多米外的村子边汲取地表水挑上山，有些物品需步行进城去买，入夜以油灯照明（在植物油实行定量供应后改用煤油灯），还要随时注意小偷光顾，野狼也常在房子周围转悠。在如此艰苦的环境里工作，简恩泽借口学校里还有事，不常驻山上，甚至每星期只上山一天。因此，标志着昆明天文工作站实质性的观测工作，主要是靠陈展云开始起步。他到了凤凰山后便以山上为家，首先检修仪器设备。太阳分光仪因三棱镜严重霉变，已不能使用。变星仪经过清理擦拭，可以恢复变星摄影和太阳黑子目视两项观测。对此需作两点补充说明。

变星仪底座笨重未运到昆明，在昆明安装时，余青松另行设计新底座，是用扁钢制作中空方形支架，跟踪系统改以铸铁块的重力下落为动力，巧妙避开了没有电源的矛盾。到了1942年，张钰哲为了充分利用仪器开展工作，亲自动手加工制作一投影板，连接杆子附着在变星仪的导星镜（口径77毫米）镜筒上，进行太阳黑子观测。陈展云这次回来归队，接受的工作任务是进行黑子目视观测，所取得的数据，参加全国的联合发布。另外，他看到有些库存的进口底片还可以用，于是又在遇到晴朗的夜晚时，抓住机会作变星照相观测（后改为巡天摄影观测），直至旧底片用完，这项观测工作才停止。1956年10月，苏联天文学家库卡金、谢格洛夫等一行参观访问昆明天文工作站，在现场目睹他描绘出太阳黑子图，再用图和投影像对比后，向他伸出大拇指称赞描绘的精细和准确。而后又看了他拍摄的星象资料，惊叹道："苏联还没有能够摄取这样优良底片的天文学家"！

1955年底，紫金山天文台决定将一架德国蔡司厂生产的130毫米口径赤道式折射望远镜安装在昆明，要陈展云按具体的要求在凤凰山山上新建一座观测室。因当时常驻山上的只有他和两名工人，行政事务管理也要他张罗。这是一座不大的观测室，在今天看来建筑工程微不足道，但在当时无路、无水、无电的条件下，存在着重重困难。例如，首先要找人帮助作出设计图纸就颇费周折；建筑材料运到山脚后，要请村子里的农民再搬运上山；施工队伍的吃住如何解决等。观测室于 1956 年 10 月完工后，由南京派人安装调试望远镜，到 1957 年 7 月 1 日开始启用。观测室的圆顶转动和天窗开闭，都是靠人力，仪器的驱动是以铅蓄电池为动力，笨重的蓄电池要肩挑到城内充电。但是，在新望远镜上所能看到的黑子投影像比起在变星仪的影像清晰程度大大提高了。这种在一般人看来非常枯燥乏味的重复性工作，他总是日复一日地认真细致地进行着。在成像受大气影响而不断地抖动着的状态下，他能把黑子的大小和形态特征相当准确地反应在描图纸上，再量度和计算出每群黑子的基本数据，做成数据表并经反复核对后，连同观测图一起按时寄往紫金山天文台，参加全国联合发布。最初参加联测发布的台站是南京紫金山天文台、上海天文台佘山观象台、青岛观象台和昆明天文工作站，后来又有北京师范大学和北京天文馆加入。在这 6 家组成的联测网中，他取得的资料无论是质还是量都高居首位。最终成为其优质天文观测的第一品牌，对昆明天文工作站后来的发展产生了直接的影响。因此他成了天文实测工作的楷模而受到大家的尊敬。

所谓资料的数量和质量，是有其客观评判标准的。数量是指各家在同一年取得资料有多少天，质量主要指 k 值误差的大小。需作说明，由于各家用不同口径的望远镜，看到黑子有多有少；投影像的直径不同，看到黑子面积也有大有小。二者都要归算成一个统一的标准。以最受重视的黑子相对数 R（$R=$（黑子群数 g 的 10 倍+黑子个数 f）$\times k$）为例，从理论上说，苏黎世发布每天的 R 数，是已把观测值乘 k，归算到其最初用小口径望远镜观测的状态下。大家都以它为标准，用同一天的观测值与之对比，得出比值 k 并成为足够长的系列时，取其平均 k 作为归算的系数。然后再求长系列中每个 k 与平均 k 的误差（取绝对值），误差越小说明质量越高。由于观测者视力有差异，加之其他原因，在用同一架望远镜观测的条件下，k 值也有差别，并会随时间而变化。以笔者为例，原不知黑子观测为何事。与此结缘是服从工作分配，在陈展云指导下，经过一段时间的练习，求得间接的 k 值，与陈展云的 k 值都在 0.70 附近，二者的差别在小数点后第二位变动。但是，笔者的 k 值误差逐渐减小，是在参加正式观测值班以后，仍不断进行描绘练习，并与先生的描迹图对比，反复揣摩，如此又经历了 3 年多的时间，资料质量才算稳定下来。另外，同行看他的描迹图，就像科学的艺术品，得到一种秀美的享受。笔者在 40 余年的黑子观测中，被认为得到他的真传，确是受其影响，以他认真敬业、一丝不苟的精神为榜样。

昆明天文工作站的发展，是在与云南大学脱离关系以后。先是学校召回简恩泽，接着王世魁被划成"右派"，最后剩下的 1 名工人也被下放回家。与此同时，紫金山天文台为拓宽太阳观测项目，陆续调业务人员到昆明。新成立的中国科学院云南分院也作相应配合，调派行政人员和领导干部，并向社会吸收见习员和工人，使职工人数迅速猛增。陈展云在观测工作减少以后，仍是一如既往，星期六下午步行 2 公里下山至杨方凹火车站，乘窄轨火车到市区，星期一清晨再乘火车返回单位上班，几乎像天文钟一样准确，长时期不变。1963 年，他提出一个从观测中得到的印象：黑子在日面经度上、分布是不均匀的。笔者按他的思路，用 1957 年以来的资料，对每个自转周黑子群出现的经度，按面积所占范围作迭加统计，得出有两个峰值区的结果。到了 1969 年酝酿作"太阳活动预报"，就是依这个结果开始实践。另一个观测印象是：天气条件的好坏可以使看到黑子的细节有很大差别。笔者也感觉到了这一点。由此受到启发，1970 年由丁有济在这架望远镜上作照相观测试验并取得成功，黑子群放大像的半影纤维细节及其变化清晰呈现，是为我国太阳观测之创新。笔者将它纳入常规观测，与小组成员共同努力，积累的资料在第 21 太阳活动周期间（1976～1986），为我国的太阳观测研究和太阳活动预报做出了重要贡献。还有一项很有意义的工作，是陈展云对中国古代历法进行注解，这原本也是他感兴趣的工作。大约是从 1960 年开始对《景初历》进行注解，继而注解《大衍历》，但还未作完，"文化大革命"运动开始了，他也受到冲击而使这一工作中断。

四、晚年的回忆

1971 年 10 月，陈展云突然患病，行动气喘无力。领导允他病假，回城内寓所治病休养，他却认为，拿着工资不上班工作于心不安，坚持要求退休。1973 年 2 月办完退休手续时，云南天文台已成立一年，在天文工作站的基础上扩建。他退休后仍然心系着天文台，一有机会就要详细询问各方面的进展，时常回眸在凤凰山近 30 年的往事。1978 年 3 月，他作为退休人员代表被邀到北京列席全国科学大会，欣逢"科学的春天"到来，他心情舒畅，表示要在晚年微尽自己的"绵薄之力"。这年 8 月，中国天文学会开始恢复活动，学术交流会暨会员代表大会在上海召开，他欣然赴会，被推举为中国天文学会名誉理事（云南省天文学会也推举他为名誉理事）。这是对他长期以来积极参与学会活动，热心普及天文科学知识做出贡献的一种肯定。早在 1940 年元旦，中国天文学会昆明分会成立，他被选为副干事，筹办一些科普活动。20 世纪 50 年代，在凤凰山上只有他一名天文业务人员的情况下，一些单位要求参观或请他演讲，他总是尽力满足要求。云南省天文学会经过他参与筹备后，于 1960 年初成立，被选为理事，为学会工作的开展做出了贡献。到了晚年，仍然对学会的活动很有兴趣，也参加一些其他活动，并常以赋诗抒发情怀，仅摘七律二首于下。

天文学会沪滨盛集

地灵人杰两影彰，歇浦豪称文定乡。
泊起乌云弥禹域，频遭淞淖染申江①。
终逢治世摧三岳②，并庆畴人聚一堂。
先哲倘闻斯胜景，九泉跃起喜如狂。

祝贺紫金山天文台建成50周年

雁衔邀东飞胸前，奋起登程路数千。
为欲殷勤襄盛典，肯将衰朽计残年。
新朋旧友咸来集，俊彦宏才后胜先，
我忝披荆斩棘去，亦宾亦主钟山巅。

在他得知中国科学院号召老年人写回忆录的消息后，他积极响应，潜心撰写《中国近代天文事迹》。虽然所写内容是他亲历或见闻，但对于记忆模糊不清的事，他都要写信向知情者询证，并在1984年夏脱稿后，由笔者代为张罗，复印20份分别寄给当事人或知情人，征求"订正与补充"。这是他着力完成的重要著作，也是研究中国近代天文发展史的重要文献。全书除前言、结语外共分五章。由于书稿没有公开出版，不易查阅，仅将各章节的标题抄出，以飨读者。

一、大事记（时代背景）：纪事一，中央观象台从成立到撤销；纪事二，南北两个测量系统的蝉联；纪事三，青岛观象台几度易手；纪事四，《观象丛报》的出版和在国际上进行交换；纪事五，国立中央研究院天文研究所志详；纪事六，天文工作队伍的来源；纪事七，北京古观象台及古代天文仪器之管理；纪事八，凤凰山天文台志略。

二、历法：1. 改进历数和算法；2. 历法和上层建筑的关系。

三、实用天文：1. 测量经纬度；2. 测时及报时。

四、历法、实用天文外其他各分支：1. 天体力学；2. 天体物理学；3. 相对论；4. 年代学。

五、杂记：1. 应在本书之外补充的史料；2. 可供参考的文献；3. 反动政府怎样摧残科学；4. 旧中国天文机构的名称；5. 大学院成立对中央研究院的影响；6. 天文研究所业务人员的精神状态。

---

① 江字不隶七阳韵，兹仿时贤例通押。
② 指帝国主义、封建主义、官僚资本主义三岳。

最后的余音。他去世后，在他观测黑子的望远镜观测室西侧，专门栽种一棵雪松纪念他。在树旁立的花岗岩纪念标志上方，是我国现代天文学家王绶琯自成一体的书法：

纪　念

陈展云　先生

（一九〇二——一九八五）

王绶琯 书

后来，王大珩在纪念标志下方补作：

陈展云先生简介

一九二一年起从事天文工作半个多世纪，是中国天文学会创始人之一，先后参加南京紫金山天文台和昆明凤凰山天文台（云南天文台前身）的创建，为中国现代天文事业作出了贡献。

王大珩题书　一九九三年八月

主要参考文献

陈遵妫. 1986. 悼念良师益友陈展云. 天文爱好者, 3.
殷维翰. 1986. 敬悼陈展云先生. 天文爱好者, 5.
乐石. 1987. 缅怀恩师陈展云. 天文爱好者, 11.
陈遵妫. 1989. 中国天文学史. 上海：上海人民出版社.

撰写者

李维宝（1939~），笔名乐石，高级实验师，云南建水人。主要从事太阳黑子观测。先后发表黑子形态演化和太阳活动区物理的论文约20篇，并与人合著《太阳黑子》。1974年兼职参加古代天象记录的整理研究，主编《中国古代天象记录总集》中的"太阳黑子"部分，至1984年完成。1986~1989年，又兼职主编《云南省（地方）志·天文志》。并为弥补地方志的不足，兼作民族天文学的调查研究，与人合著《云南少数民族天文历法研究》。1993年获政府特殊津贴。1999年退休后，除继续参加黑子观测工作（至2005年底结束），并从事"民俗与天文"的调查研究，与人合作编著《星空纵横》、《日月纪时》和《云南民族节日溯源》。

赵进义

赵进义（1902～1972），河北束鹿人。天文学家、数学力学家。1921年赵进义赴法国里昂大学学习。获理学硕士、天文学硕士学位，1928年获数学博士学位。曾任里昂大学天文台研究员，法国数学会会员。1928年与余青松一起代表中国出席在荷兰莱顿召开的第三届国际天文学会。1928年回国任中山大学数学天文系教授。同年，他加入中国天文学会并当选为第一届和第二届理事会理事。在第八届年会上决定成立编辑委员会和变星观测委员会，他都被选为委员。从第九届起至第十一届年会，他连续担任中国天文学会评议员。在此同时，他受聘为中央研究院天文研究所特约研究员。1930年受聘为北平师范大学数学系教授并任系主任，同时兼任东北大学教授。1937年任西北联合大学（后改为西北大学）数学系教授兼主任，以后受聘为理学院院长，曾代理校长。1947年受聘为北平研究院天算组评议员。1948年在成都曾任四川大学、华西协和大学、成都理学院数学系教授等。1950年后赵进义受聘为北京华北大学工学院（后为北京工业学院，现改为北京理工大学）教授，并曾任北京市科联副主席，北京市天文学会理事长，全国天文学会常务理事，中国数学会北京分会常务理事、副主席，北京市政协常务委员，人民代表等。他的一生为我国的天文学、数学、力学等科学和教育事业做出了突出的卓越贡献。

一、勤奋学习生涯

赵进义，字希三，1902年10月25日出生于河北省束鹿县。自幼恬静多思，天资聪慧，热爱学习。幼年时曾过继给无子女的伯父，但不久伯父母相继去世。1917年他在艰辛苦难的环境中，奋发图强，刻苦学习，以优异的成绩考入保定育德中学。1919年的五四运动，他受到了反帝反封建进步思想的影响，思想开放，热爱科学。他学习成绩优异，尤其喜爱天文学和数学。当时，他的叔父赵子丰于1919年自日本留学回国，在河北大学任生物学教授，很赏识赵进义，鼓励他奋发学习，报效祖国，并在经济上给予很大帮助。1921年，十九岁的赵进义高中毕业后即考取了公费赴法国留学，并于同年赴法国里昂大学学习。

当时，法国是资本主义科学大国，自然科学非常发达。数学、物理学、化学和天文学等尤为先进，在世界上属于前列。在那里曾培育出众多的数学家、天文学家、物理学家、化学家等。我国老一辈革命家如周恩来、邓小平、陈毅、李富春等同时也在法国勤工俭学，从事革命工作。赵进义在法国选中了数学、天文学和力学作为主攻的学习方向。他学习刻苦、成绩优秀，随即获得了里昂大学颁发的奖学金。1925年获得了理学硕士学位，以后他又以《正规函数族》论文获得了里昂大学数学博士学位。另外还获得了天文学硕士学位。随后，他即加入了法国数学会。

毕业后，他受聘于里昂大学天文台从事研究工作，并与该台台长马斯嘉（Jean Mascart）合作，一起进行天文观测，以及讨论天体力学等方面的有关问题。当时，赵进义对变星的研究颇有建树，他完成并发表了《织女座 β 变星的研究》论文。1928年7月，他受中国天文学会委派从法国前往荷兰莱顿，与余青松一起，代表中国，参加了第三届国际天文联合会会议。

在法国学习期间，赵进义生活十分艰苦朴素，他认为这更能使他专心于学习和研究工作。他还酷爱音乐，繁忙工作之余，他拉小提琴以寄情于优美乐曲旋律之中，来调剂自己的生活。

二、回国专心致力于祖国的教育事业

1928年赵进义应中山大学之邀请，回到了祖国，受聘于该大学，任数学天文学教授，讲授数学和天文学有关课程。国内著名的天文学家和数学家如叶述武、邹仪新、李国平等都是他当时的得意门生。同年10月，他加入了中国天文学会。在第八届年会上决定成立编辑委员会和变星观测委员会，他都被选为委员。从第九届起至第十一届年会，连续担任中国天文学会评议员。在此同时，受中央研究院天文研究所聘请，任该所特约通信研究员。

1930年年底，赵进义应聘到北平师范大学任数学系教授兼系主任。还接受东北大学刘仙洲校长的邀请，前往东北大学讲学。

赵进义与数学家熊庆来、范会国等共同发起创建了中国数学学会。1933年他加入中国数学学会，并任理事会理事。

1937年卢沟桥事变，日本侵略军攻占北平。为了保存实力，北平的学校纷纷迁往后方。赵进义毅然告别了即将分娩的妻子王松友女士和子女，随北平师范大学、北平大学、天津北洋工学院等校，迁往西安，组成西北临时大学。为了躲避日本侵略军飞机的轰炸，西北临时大学又迁到陕西省城固县，并改为西北联合大学，后又改名为西北大学。赵进义继任数学系教授兼主任，以后受聘为理学院院长，曾代理过校长。在抗日根据地大西北十分艰苦的条件下，孜孜不倦地坚持教学、科研等工作，培育了众多英才。1947年他又受聘为北平研究院天算组评议员。1948年秋，赵进义前往四川省成都市，任四川大学、华西协和大学、成都理学院数学系教授。

新中国成立后，1950年任北京工业学院（现北京理工大学）教授，数学教研室主任和理论力学教研室主任等。

赵进义学识渊博，执教严谨，从事教育工作四十余年，培养了大批知名的数学家，如闵嗣鹤、刘书琴、赵慈庚、赵文敏、李宝光、蔡英藩、陆润林、王绍颜、赵根榕、白尚恕、凌玲、胡宗慎、刘颖、李值民以及张德荣等。

赵进义在熊庆来先生的倡导下，组织了函数论讨论小组，他是成员之一。这个学术小组从1961年开始到1966年期间，几乎每两周举行一次学术报告及交流。函数论的近代研究成果和动态几乎都在这里进行讨论与交流。赵进义曾就代数体整函数和反函数的研究心得，在讨论会上演讲和交流。

在函数论小组讨论会上听到杨乐、张广厚等青年学者宣读论文后，他按捺不住内心的无限喜悦，逢人便说，中国的希望在这些年轻人身上，看到年轻人的成长，他感到无比的欣慰。

三、致力于祖国的天文学事业

新中国成立以后，赵进义热爱祖国，热爱社会主义事业，热爱中国共产党，忠诚于人民的教育事业，对天文学事业亦如此。1954年赵进义被选为北京市天文学会理事长。该会的学术风气为之振兴，风格为之突变。他主持组织了许多当时天文学的新成就、新进展的讨论和介绍。诸如恒星的起源与演化、天体物理学的进展、经典天体力学的动向，并定期举办学术报告等。如此，使得北京的天文学风气逐渐形成。另外，他非常重视学术交流。如北京天文学会曾主持了席泽宗的《苏联天体物理学的过去和现在》的归国报告。南京紫金山天文台张钰哲、龚树模和李珩等著名天文学家的访苏观感座谈会。值得回忆得是：1956年10月29日，赵进义以北京天文学会的名义，与北京天文馆联合举办欢迎苏联普尔科沃天文台米哈依洛夫台长等访问北京的学术报告。当时，刚巧民主德国的彗星天文学家贝尔曼亦前来访问，三国天文学家共聚一堂，言谈甚欢，场面之动人蔚为盛事。此外，赵进义还曾组织接待澳大利亚著名天文学家的学术报告，进行国际交流，可以说这一时期是天文学术活动最丰富、最活跃的时期。

与此同时，赵进义还非常注意加强天文学会与其他诸学会间的联系，积极倡导各学科间的相互渗透。他还多次组织天文学与农业、大地测绘、气象学、地球物理学等方面的学术报告及有关的讨论。赵进义还注意邀请一些中学有关教师和天文爱好者参加这些活动。这样，一方面有利于天文知识的普及，同时又扩大了天文学在国内的影响，并且壮大了天文工作者的队伍。

赵进义还积极组织成立变星观测委员会，这样可以使更多的天文爱好者参加观测。他还利用自己的一架法国天文望远镜，夜间进行变星观测。

1957年2月，赵进义出席了新中国成立后的中国天文学会第一届代表大会，及中国科学院紫金山天文台学术委员会成立大会。大会上他当选为理事会成员，并参加了制订天文规划的讨论。同年，赵进义还与张钰哲等天文学家一起参加了北京天文台的筹委会工作。北京天文台的成立，标志着我国天文学研究进入了一个崭新的阶段。

1957年赵进义作为中国科学技术协会的代表参加在匈牙利召开的科协会议，但在临登飞机的当天，发生了匈牙利事件而未能成行。

赵进义工作勤勤恳恳、不辞劳苦、任劳任怨、事业心极强。他平易近人、情操雅洁、高风亮节，社会活动花费了他很多的精力和时间，但他从未想过要任何报酬。六十多岁的人，为了学会的工作，总是自己乘公共汽车独自往来，至今，天文学界同仁回忆其道德风范，感念犹深。

赵进义在晚年完成了他的《天体力学》的著作，易照华对本书进行了修订和补充。天体力学与数学有着不可分割的密切关系。赵进义在数学上的高深造诣，使他对天体力学进行了深入的研究。李珩为《天体力学》一书撰写了序言。此书力求完美地阐述了天体力学最基本的，用分析力学解决得最完美的理论课题——两体问题。该书中有关分析力学的内容，比法国天体力学大师蒂塞朗的巨著《天体力学》中相关的分析力学内容还要详尽。对于天体的摄动理论，也作了严谨的论证，并介绍了分析解法。这些内容中，对非线性微分方程的研究，无疑是产生指导意义的篇章。同时，对著名的"三体问题"，也作了基本的论述。对于极为有名的月离理论中的希耳（Hill）方程讨论透彻。赵进义在这方面的学术成果，不仅是对天体力学的贡献，同时亦是一部分析力学和应用数学的重要著作。

对此书的出版，我国著名的天文学家李珩在此书的序言中做了正确客观的评价。现介绍如下："赵进义教授是我国当代的一位知名的数学家。早岁赴法国求学，专攻数学，以一篇为人称道的有关正规函数族论文，获得里昂大学的博士学位。毕业后复在里昂天文台作研究实习员一载，与该台台长马斯嘉（Jean Mascart）讨论天体力学问题,并从事天文观测。1930年回国,先后在广州中山大学、北京师范大学、西北大学、四川大学、北京工业学院等高等学府担任数学课程,历时四十年之久。赵进义治学谨严,讲课时娓娓动听,剖析入微,至今其及门弟子犹乐道之。"

赵进义甫满六十即患高血压心脏病,本应休息调养,恢复健康。但因鉴于当时大学生缺乏参考书籍,而他本人的讲义手稿应整理出版,因而带病写作。虽在"四人帮"的迫害下,但仍夜以继日,无论寒暑,挥毫运算迄不稍休。写成《复变数函数论》、《椭圆函数论》、《反函数论》、《理论力学》、《天体力学》与《分析数学习题集》及《理论力学习题集》等七种之多。手泽虽留传于后世,遗受虽嘉惠于士林,然先生精尽力竭,呕心沥血,未届古稀之年已捐馆舍。此种以身殉学之精神,其友人与门生皆为之哀悼感佩不已。赵进义不仅为我国数学界培养了大批人才,亦是中国天文学会会员,长期担任该会理事以及北京天文学会理事长,为我国天文事业的发展做出重要的贡献。

《天体力学》一书是作者逝世前写成,付印前复经过其高足弟子、南京大学天文系天体力学教研室主任易照华,本其教学著述的丰富经验,加以修订。原稿共十章,为了跟上现今的发展,适合读者的使用。易教授作了较大的改动,将原稿压缩为八章,但保留其基本内容,简化其浅易部分,而补充以新颖材料,文字亦重新编写使全书自成系统,而不与易教授最近出版的《天体力学引论》重复,使这两部著作互相补充,合在一起更能反映天体力学这门学科的体貌。

本书内容可大致介绍如下:"第一章讲述分析动力学的原理。第二章讨论吸引问题,着重介绍不同形状天体的引力特性。第三章介绍天体力学中最基本的也是解决最完美的课题——两体问题。第四章介绍天体力学中研究时间最长的理论——摄动理论,这是经典天体力学的主要内容,在本书中只讲述各种型态方程的建立和分析解法的原理。第五章介绍天体力学一个著名的老大难问题——三体问题。第六章介绍另一个难题——月球运动理论,除一般结果外,特别叙述其中有一定特色的希耳(Hill)的方法原理。最后两章介绍天体的形状和自转理论,这里着重讨论地球的形状和自转,而且只涉及本问题有关天体力学方面的研究。总之,本书的内容不独是天文工作者,特别是天体力学工作者,应掌握的知识,亦可供地球物理学、应用数学和空间科学工作者的参考。"

赵进义的一生为我国的天文学事业做出了卓越的贡献。

四、对函数论领域的研究有较深的造诣

赵进义对数学特别是函数论中的代数体函数分支的研究,有较深的造诣,并发

表过很多论文和专著。

1928年他在法国发表的《具有二分支整代数体函数的分析》和《代数体函数的反函数论》两篇著名论文得出了如下的有名定理，即是："设 $x(y)$ 为有两个分支 $x_1(y)$ 和 $x_2(y)$ 的多值函数。若分支 $x_1(y)$ 是全纯函数，当 $y=\infty$ 时，$x_1(y)=\alpha$。则或是函数 $F(x,y)=0$ 坐标集合中的极限点，或分支 $x_2(y)$ 有 α 值的路径。"

"若 $x_1(y)$ 在无限远处全纯，则函数 $x(y)$ 的黎曼曲面是有限曲面。"该定理于1955年又以简要的方式在苏联《数学学报》上发表，引起了国内外学者的重视，并得到了引用。

20世纪70年代，赵进义在他的著作《反函数论》中，对"两支代数体函数的反函数"问题，以相当的篇幅加以叙述和讨论。

赵进义早在20世纪20年代末期，即已对反函数作了深入的研究。在系统地学习Boutroux关于整函数论及Iversen关于半纯函数的反函数论的基础上，首先提出两支代数体整函数的反函数论，用法文发表于法国里昂大学的刊物上。由于代数体整函数和半纯函数的反函数论的复杂性，四十年来进步极少，迄今尚未见到能继赵进义的步伐加以发扬者。该书尤以"两支代数体整函数的反函数"的论述，最为突出。该书的第三章的方法是赵进义所独创，殆可推广于三支或四支代数体整函数的反函数，不致有任何本质的困难。但是，对于 $n \geq 5$ 支代数体整函数的反函数则发生了本质的困难，必须找出一个一般的方法来驾驭这个问题。这就希望数学家们今后在赵进义这一工作的基础上彻底地加以解决。

该书第一章系统地叙述Bontroux关于整函数的反函数论。第二章系统地叙述了Iversen关于半纯函数的反函数论。赵进义在书中取其精华，弃其糟粕，将其加以介绍，使读者据此即可掌握整函数和半纯函数反函数论的基本内容。进而学习他所独创的第三章，加以发扬，实所厚望。

反函数论和非线性常微分方程理论相辅相成，历时二十余年，由于问题的困难和方法的稀少得不到较大的发展，故反函数论的独创理论的发展，也有助于非线性微分方程的发展。因此，该书实为函数论方面不可多得的名著。

1960年赵进义编著的《复变数函数论》出版。此书共有十三章。在前八章阐述了复变数函数的基本理论，在后五章阐述了特殊函数中的代数函数、椭圆函数、模函数，以及比干尔定理，正规函数族和函数的反函数的主要部分。这些理论都是解析函数论工作者所关心的重要问题，也是固体力学工作者所应重视的数学理论基础。它是一本非常有价值的专著，即可作为函数论专门化课程中必要教材，亦可作为函数论工作者的参考资料。

五、在动乱的年代以身殉学

在"文化大革命"横行的动乱岁月里,许多著名的科学家、文学家、教育家和艺术家被扣上了种种莫须有罪名,纷纷关进了"牛棚"。赵进义自然也没有躲过如此厄运。最令人痛心的是他的著作与积累的资料以及书稿几乎全部被洗劫一空。此时,赵进义的身心受到了严重摧残,终因此患脑血栓症,住进医院进行诊治。即便在此种情况下,他还是不停地思考,不停地孕育着他要去完成他的设想,总结他过去的经验、设想,写出了他多日梦想未完成的著作。当他通过治疗,病情稍有好转时,他说服了医生坚决要求出院。他珍惜每一分钟,勤奋工作,在他一生中最后的时刻,作最后一次拼搏,将他自己的全部知识,奉献给祖国的科学教育事业,贡献给全人类。当时家中的房屋被造反派占有,仅在一间9平方米的小屋中挤住着老少3人,甚至连桌椅都无处可放。这时他完全将生死置之度外,整天半坐半靠在床上,夜以继日,用因脑血栓而留下后遗症而颤抖的手,完成了他最后的夙愿,完成了《反函数论》、《天体力学》、《数学分析演习》、《理论力学演习及公式》等4部著作。就在他完稿的这一天,病情突然恶化,但他却感到如释重负,心中很是平静。他向从外地赶来看望他的儿女说的一句话就是:"我的书稿已经写好,一定要把它转送给国家!"这是多么纯洁高尚的赤子之心啊!当儿女们看到这四部工整的手稿时,都禁不住流下了热泪。但此时,他病情严重,治疗已晚,未过多久,于1972年9月7日过早的与世长辞了,终年69岁。友人和门生们称他是"以身殉学",深表哀悼和惋惜。1985年10月27日中共北京工业学院委员会给赵进义做了历史复查结论,结论中称"赵进义同志热爱祖国、热爱中国共产党、热爱社会主义制度,积极学习马列主义和毛泽东思想。他忠诚于人民的教育事业,并为之奋斗终生,即使在'文化大革命'期间遭到迫害,身心受到严重伤害的情况下,仍在病床上先后写成四部著作。赵进义同志把自己的一生贡献给了人民的教育、科学事业,受到了党和人民的尊重和信任。从1955年起他连续被选为北京市第一、第二、第三、第四届政协常务委员和北京市第二届人民代表大会代表。'文化大革命'期间强加给赵进义同志的一切诬蔑不实之词应予全部否定,并撤销'文化大革命'中所作的一切结论。"赵进义的骨灰被安放在八宝山革命公墓。

赵进义的夫人王松友,出身于河北省定县名门望族,1932年她毕业于北平师范大学教育系,是系内的高材生。赵夫人相夫教子有方,赵进义之所以有如此显著的成就,夫人是起了半边天的作用。赵进义的一子三女在父母的教育下,都取得了不少的成就，担负着国家的科研、教育、医疗、外贸等方面的重任。

此篇文章的编写资料，主要来自赵夫人及其子女、亲友和赵进义的门生、同事和朋友。在此，致以衷心的谢意。

六、赵进义主要论著

赵进义. 1928. Recherches sur les fonctions inverses des fonctions algébroides entiéres àá deux branches（具有两分支整代数体函数的分析）. 法国.

赵进义. 1928. Propositions données par La Faculte（代数型函数的反函数论）. 法国.

赵进义. 1928. 织女座 β 变星的研究. 法国.

赵进义. 1928. 第三届国际天文学联合会概述, 5（6）.

赵进义, 陈湛銮. 1930. 国际天文学联合会请中国天文学会参加造父型 Cepheus（仙王座）变星观测. 中山大学天文台双月刊, 1（1）.

赵进义. 1930. 解析函数之特别值. 北平师范大学数学季刊, 1（2）: 1-4.

赵进义. 1931. 超越奇点的类别. 北平师范大学数学季刊, 1（3）: 1-3.

赵进义. 1932. 二次微分方程式所限定的整函数. 北平师范大学数学季刊, 1（4）: 6-8.

赵进义. 1934. 国际数学教育会的工作. 北平师范大学数学季刊, 2（1）: 1-4.

赵进义. 1941. 普通天文学. 西北大学讲义.

赵进义. 1946. 太阳黑点. 西北大学校刊, 21: 11-3.

赵进义. 1947. 宇宙射线. 西北大学校刊, 29: 1-3.

赵进义. 1955. О Целых Алгебрасчееких Функцеях с двумя ветьями（两支的代数体整函数）. Математический сворник.

赵进义. 1960. 复变数函数论. 北京: 高等教育出版社.

赵进义. 1962. 非完整系的阿沛耳（Apple）方程. 北京: 第一届全国一般力学会议.

赵进义. 1983. 天体力学. 上海: 上海科学技术出版社.

赵进义. 1988. 代数体函数与常微分方程. 北京: 科学出版社.

赵进义. 复变函数论. 国立编辑馆. 新中国成立前部定大学用书.

赵进义. 椭圆函数论. 国立编辑馆. 新中国成立前部定大学用书.

赵进义. 理论力学. 国立编辑馆. 新中国成立前部定大学用书.

主要参考文献

中共北京工业学院委员会. 1985. 赵进义同志的历史复查结论. 中共北京工业学院委员会（8-6）21号文件.

叶述武, 李国平, 刘书琴, 等. 1989. 数学家与天文学家赵进义. 西北大学学报, 19（4）: 1-7.

叶述武, 李国平, 刘书琴, 等. 1995. 赵进义传. 中国现代数学家传//程民德主编. 第二卷. 南京: 江苏教育出版社: 101-111.

任南衡, 张友余. 1995. 中国数学会史料. 南京: 江苏教育出版社.

张奠宙, 王善平. 2002. 陈省身文集. 上海: 华东师范大学出版社.

江晓原, 吴燕. 2004. 紫金山天文台史. 保定: 河北大学出版社: 149, 213, 286, 299.

赵惠扬. 2005. 赵进义//中国科学技术学会. 中国科学技术专家传略·理学篇·天文卷 1. 北京: 中国科学技术出版社: 85-94.

撰写者

赵惠扬（1931~），核医学家。1955 年毕业于北京大学医学院医学系。曾任复旦大学附属中山医院核医学教研室主任、教授、核医学研究所所长。获国务院颁发的政府特殊津贴。

赵梅娜（1937~），1960 年毕业于天津南开大学物理系，中国科学院研究生院教授，现已退休，中共党员，获国务院颁发的政府特殊津贴。

龚惠人

龚惠人（1904~1995），上海人。时间频率专家。中国科学院上海天文台总工程师。曾任上海天文台副台长、中国科学院数学物理学化学部天文委员会委员、中国国家科学技术委员会天文学科组组员、中国天文学会理事、上海天文学会副理事长兼秘书长、中国计量技术与仪器制造学会理事，以及上海市人民代表大会代表等职。1925年8月他进入法国天主教耶稣会办的徐家汇天文台时计部门工作。1950年12月11日该台由中国科学院、军委会气象局接管，他的专长进一步发挥，并担任重要职务，直至1987年退休。他改进了中星仪的测微器、天文钟的电源和恒温装置、光电自动报时器、安装蔡司中星仪等工作。他设计的光电自动报时器，获得了中国科学院发明创造集体三等奖。1958年10月1日以BPV呼号的高精度授时之外，又正式发播15、10和5兆赫的标准频率。他所进行的一系列工作，使中国频率服务的频率稳定度提高至为$5×10^{-9}$，达到了20世纪50年代的国际先进水平。1958年根据中国高精度授时的需要，提出研制氨分子钟。他接受了这个任务，组织专业人员实施，并于1964年4月氨3.3线分子振荡器获得振荡信号。继后又主持开展了氢钟的研制，为中国建立原子时间基准起了奠基性的贡献。1979年6月经国家科委和外交部批准，上海天文台、陕西天文台等单位利用法德交响乐通讯卫星与法国巴黎天文台进行了一次洲际时间比对实验。其准确度为100纳秒（1纳秒等于10^{-9}秒），精度为10纳秒。该项目顺利完成，并荣获中国科学院二等奖。为了表彰他一生从事科学研究工作的业绩，1985年获中国科学院从事科学工作五十年荣誉奖。

龚惠人又名龚慕侨，妻子郁善林，生育子女4人。他出生在上海郊区崇明的一个农民之家，父亲龚承烈深感不识字的苦，省吃俭用供他念书。1911年他7岁时送至乡村私塾读书，以后转入崇明登沄小学，16周岁他进入上海徐汇公学（现上海市徐汇中学之前身），并于1924年毕业。由于家庭经济拮据，无法继续进入大学深造，先在浦东张家楼小学教书。由于他在校时，数理成绩优异，所以1925年8月经徐汇公学校长推荐到上海徐家汇天文台工作。该天文台是1872年S. Chevalier等3个法国神甫创建的，1900年又成立了佘山天文台，它们受到法国天主教耶稣会的支撑，

20 世纪初在国际上颇为盛名。徐家汇天文台设有气象、时计和地震 3 个部门。佘山天文台有天文、地磁等部门，山上安装了口径 40 厘米的双筒折射望远镜，这是远东唯一的大望远镜。那时徐家汇天文台曾经是 1926 年和 1933 年两次国际经度联测中的 3 个天文基准点（阿尔及尔、徐家汇和圣迭戈（San Diego），经度彼此相距 120°）之一，在国际上是非常著名的。当时他是这时计部的主要骨干和优秀观测员，他参加了测时、守时、收时和授时的工作，也就是时间工作的全过程。1937 年 8 月至 1944 年 12 月他还兼任佘山地球物理部门工作。抗战末期，天文台经费来源不足，工作几乎陷于停顿。为了维持全家的生计，他只能在 1945 年 1 月～1946 年 7 月暂时返乡，在崇明锡类中学担任数学和物理课程的老师。1950 年 12 月 11 日在上海市军事管制委员会领导下，由中国科学院和军委会气象局组成的"上海市军事管制委员会徐家汇及佘山天文气象台管理委员会"正式接管了徐家汇天文台和佘山天文台，并改称为徐家汇观象台和佘山观象台，隶属于中国科学院紫金山天文台。当时对原外籍教士和本国工作人员的政策是如无政治背景均一律允许留用，并原职原薪。于是原任气象工作之意大利神甫 Pére E. Gherzi 一名外籍人员为气象台留用，而其中国人员有 14 人全部留用。龚惠人作为技术骨干继续留在徐家汇天文台任职。1951 年以后陆续有年轻大学生至天文台工作，他作为有实践经验的专家对年轻科技人员培养和指导工作。由于他工作上的优异成绩，1955 年他被评为全国先进工作者。1960 年 12 月任上海徐家汇观象台总工程师。1962 年 9 月～1978 年 6 月任上海天文台副台长和中国科学院数学物理学化学部天文委员会委员和时间纬度组组长。1978 年 6 月～1979 年 4 月任上海天文台学术委员会顾问，1979 年 4 月～1981 年 10 月任上海天文台顾问兼任时间频率研究室主任和中国国家科学技术委员会天文学科组组员、计量组组员和时间纬度分组组长。他曾长期担任中国天文学会常务理事、上海市天文学会副理事长兼秘书长、以及中国计量技术与仪器制造学会理事等职务，直至 1987 年 3 月退休。

除业务工作外，龚惠人还积极参加社会政治活动，他曾任上海市第五和第七届人民代表大会代表。

一、自学成才　求知无境

龚惠人就读的徐汇公学，除中文课以外，所有课程都用法文授课，因此同时得到了法文训练，使他具备了自学和阅读外文杂志的能力。徐家汇天文台则是法国天主教巴黎耶稣会创办的一个科研单位，其图书馆中有各种图书和科技杂志，给他提供了自学的机会和条件。工作之余完全用来阅读科技书籍，通过自学实际上已达到了大学文化程度。同时在实际工作中，善于学习也帮助了他的成长。除了时计部的工作外，1926 年法国专家带领他参与上海到香港海城航海灯塔气象仪器的校验，1943 年他又和法国专家到中国西南地区作地磁的考察，并公开发表了一本中国地磁图（现在保存在上海地震科普馆），为他今后进行科学研究打下了基础。他不仅精通法文，以后他又自学英文，使得他对国外专业动态有及时和深入的了解。1957 年 7 月 1 日开始，徐家汇观象台参加了 1957～1958 年国际地球物理年中第 3 次国际经度联测，中国科学院为该台增添了大型石英钟、丹容等高仪和蔡司中星仪等设备，根据他自学的机械和电子知识和精通英文和法文的条件，在他的指导下进行了这些新型仪器的安装。以后，他提出了自力更生研制氨分子钟和卫星时间同步等工作，他在工作中边学边干，不断更新知识，并顺利完成各项任务，推进了天文台的工作。

二、科学研究方面的主要工作与成就

1. 发明光电自动报时器

1872 年法国天主教巴黎耶稣会创办的徐家汇天文台于 1884 年开始用高梯尔（Gautier）小型中星仪测时，并对社会进行时间服务。在上海外滩设立信号塔，每天正午采用落球方法，晚间 9 时用灯光闪示方法报时和悬挂气象信号，为黄浦江停泊的船舶服务，这就是中国最早的授时工作。抗日战争后，停止了闪灯方法，落球报时也在 1953 年 9 月停止。19 世纪末无线电通讯的发明后，继美国、法国和德国先后开展了无线电短波授时。于 1914 年法工部局在上海旧法租界地区建立了一座无线电台，每天上午 11 时和下午 5 时在发送气象电报之前，发播国际式时号，该时号由徐家汇天文台控制，但是呼号为 FFZ（这标识为法国电台呼号，在中国领土上使用法国呼号显然有当时半殖民地的烙印）。初期采用人工电键法，至 1926 年左右增添了一架按时自动播发国际式时号的播时仪，给出的时号精度为百分之一秒。1940 年左右又增加了科学式时号 XSG 的发播。新中国成立后，由于我国时号的发播功率不够大，质量不高，因此军事测绘和航海航空部门采用苏联 RWM 和 RBT 时号。随着国民经济和国防建设的发展，要求提高时间信号的精度，于是在制定第一个五年计划和 1956 年科学技术发展十二年远景规划时，天文学科中把授时列为首要任务。1951 年徐家汇观象台以呼号 BPV 的短波无线电时号开始发播，每天的播发次数逐年增加，这是中国唯一的高精度时号。为国家服务了 30 年，后因根据国家布局的需要 1981 年 7 月 1 日起这项任务转为陕西天文台承担发播时号的任务，新的呼号为

BPM。为了满足提供大地测量、航海、航空、工矿等部门的需要，在 BPV 时号为国家服务的 30 年中，早于 1957 年龚惠人设计了光电自动报时器，发播时号由人工电键法改变为自动化，时号稳定度控制在 6 毫秒左右。这是在石英钟投入应用前的重大技术改进，这项工作获得中国科学院发明创造集体三等奖。

2. 提高测时和守时精度

虽然 1884 年徐家汇天文台已进行测时工作，但是使用的仪器并不先进，而是经过了逐步充实和改进的过程。开始使用小型中星仪高梯尔，以后使用口径 85 毫米的折轴式的邦贝中星仪，采用耳目法记录恒星过中天的时刻。1940 年又增加了口径 80 毫米的帕兰中星仪，直至 1956 年才从德国引进蔡司中星仪，并根据苏联的科技成果改为光电记录。龚惠人一直在邦贝和帕兰中星仪上工作，于 1952 年起改进邦贝中星仪采用定丝法进行观测。他根据自己多年的观测经验，把它改装为用手操作的接触测微器，提高了测时精度。帕兰中星仪在观测过程中增加 1-2 次水平测定，即在每夜观测前后各测定一次水平值改变为每组观测前后各测一次，并按每颗星观测时间内插仪器的水平值。

1957 年前徐家汇观察台还没有大型石英钟，发播标准时间讯号主要采用了守时的 2 架勒劳天文摆钟，这些钟的稳定度与室温有很大关系，它们都放在稳温室内（控制到 0.1°C）。为了控制温度，龚惠人做了大量的技术改进工作。1957 年石英钟使用以后，为了使石英钟连续运行，在钟房不仅配有 2 路交流电源供电，而且还配有蓄电池的应急电源。在使电源稳定，以保证石英钟稳定的过程中，他提出了各种方案，并付诸实施，它使守时精度不断提高。

3. 标准频率的发播

时间、长度和质量是 3 个基本物理量。鉴于频率和周期互为倒数，把一个个周期积累起来可以得到时间间隔，再规定起点可以得到时刻，时间和频率可以互相导出。任何周期运动现象都可以是一个频率源，定义了频率，如地球自转、公转周期和摆钟，它们分别提供了地球自转、公转和摆钟的频率，但是它们提供的频率稳定度不高，不能根据这些频率源发播频率信号。虽然徐家汇观象台的无线电报时工作可以追溯到 20 世纪初，但是一直只限于时间服务，天文台提供的高精度时间信号为天文、大地测量、空间研究等部门所应用。频率发播的工作在中国一直是一个空白，然而频率信号对于诸多应用部门，例如无线电仪器测量部门有其专门的需要，应用部门都只能使用美国和日本的标准频率信号，以满足工作的需要。

1957年徐家汇观象台安装了高精度的石英钟以后，龚惠人立即提出在BPV时号中加播标准频率信号，并立即付诸实施。在他的主持下，很快建立了这一套频率服务系统，1958年10月1日以BPV呼号正式发播15、10和5兆赫的标频率，填补了中国标准标频率服务的空白。经过不断改进，在20世纪50年代末期，中国标准频率发播的稳定度达到5×10^{-9}，跻身于国际先进水平行列。

4. 原子钟的研制

由于石英晶体振荡器的老化效应，石英钟的稳定精度受到限制。在实验室条件下，采用双层恒温控制，稳定度最佳只能达到$10^{-11}\sim10^{-12}$量级，而原子能级的跃迁之间产生谱线的频率更为稳定。1948年第一架氨分子钟在美国国家标准局研制成功，并开始了铯束频率标准的研制。至1955年中在英国国家物理实验室首先研制成功铯原子钟。1957年又出现了铷原子钟，至1968年又出现了高稳定度的氢脉泽（或称氢原子钟）。由于原子钟的稳定度远远高于地球时，所以在1967年第13届国际度量衡大会上通过了国际秒的定义"秒是铯133原子（Cs133）基态的两个超精细能级之间跃迁所对应的辐射的9192631770个周期所持续的时间"。从1956年开始，美国国家标准局、英国国家物理实验室、德国物理技术局等单位已经有铯原子钟。同时国际时间局和美国海军天文台也由几个原子钟建立了平均的原子时尺度。1971年国际时间局的平均原子时尺度为全球采用，称为国际原子时，也就是说从1956年开始可以用原子时作为自然现象发生的时刻记录。1958年，龚惠人提出了研制氨分子钟，并亲自主持这个任务。在他的指导下青年同志和复旦大学老师们一起，设计了氨分子钟的核心——振荡器的图纸，经过加工和调试，在1964年4月氨3.3线分子振荡器获得振荡信号。该项工作在1970年完成，并获成果奖。在这个基础上，1969年9月30日周恩来总理指示研制氢原子钟，并于1975年9月国产的氢原子钟研制成功。在整个原子钟的研制过程中，与他的领导和工作是分不开的，他为中国建立原子时间基准起了奠基性的贡献。

5. 卫星时间比对

通常时间工作是由测时、守时、收时、授时4个部分组成的。要保存正确的时间，除了高质量的时钟，如铯钟、氢钟和铯原子喷泉钟、锶原子光钟等。各国和各个时间标率标准需要经常比对，也称为时间同步。通常时间比对方法有2类：本地比较法和发送—接收标准电磁波法。前者采用搬钟，后者采用短波和甚低频信号、电视行同步信号、卫星发射电磁波等的单向和双向比对方法。中国各天文台和计量部门曾开展上述的各种时间同步的实验。在20世纪初采用其他国家用短波发播的时间信号，但是信号传播过程中受到电离层的干扰。1967年美国惠普公司与史密松天文台第一次用飞机搬运原子钟的实验。1971年美国海军天文台作了环球飞机搬钟实验。1981~1986年上海天文台、陕西天文台、北京天文台联合与美国海军天文台进行携带铯原子钟搬运作原子比对，但是人力和财力耗费较大。随着1957年10月4日苏联"人造卫星—1号"发射成功，各国发射了各种用途的卫星，人们开始利用卫星进行远距离时间比对。1962年美国海军天文台和英国格林尼治天文台利用有源通信卫星进行双向传输比对，精度为1微秒。1979年6月经国家科委和外交部批准，上海天文台、陕西天文台等单位利用法德交响乐通讯卫星与法国巴黎天文台进行了一次洲际时间比对实验。其准确度为100纳秒（1纳秒等于10^{-9}秒），精度为10纳秒。当时他已是75岁高龄，但是仍积极参与和指导青年科技人员开展这项时间比对实验。该项目顺利完成，并荣获中国科学院二等奖。

龚惠人出身贫苦，凭着自己的勤奋努力，通过自学而最终成为一名高级技术人才，为建立中国的时间频率基准和服务系统奋斗了一生，取得了良好成绩，受到国家的高度评价和荣誉。龚惠人是一位虔诚的天主教徒，为人善良、谦逊，具有包容精神，得到同行们高度美誉，终其一生为青年学人怀念和敬佩。

三、龚惠人主要论著

龚惠人，等. 1954. 徐家汇观象台中星观测报告. 天文学报，2（1）：117-120；2（2）：279-283；3（1）：177-182；3（2）：349-355；4（1）：187-191；4（2）：322-328；5（1）：149-153；5（2）：316-320；6（1）：137-142；6（2）：262-292.

龚惠人，吴守贤. 1963. 授时工作进展. 天文学报，11（2）：200-210.

主要参考文献

陈宗器. 1951. 徐家汇天文台. 科学通报，2（5）：533-535.

罗定江. 1955. 徐家汇观象台的授时工作. 天文学报，3（2）：275-290.

邹惠成. 1959. 天文摆钟的恒温和徐台恒温室. 测量与制图学报，3（10）：159-170.

叶叔华，何妙福，等. 1992. 奋进中的上海天文台. 上海：上海天文台.

刘鹏远，丰建熙，等. 2002. 改革中的上海天文台. 上海：上海天文台.

撰写者

金文敬，中国科学院上海天文台研究员，博士生导师，1958~1960年龚惠人先生曾指导帕兰中星仪观测小组的工作，作者是该仪器观测员之一。

李鉴澄

李鉴澄（1905~2006），江苏吴江人。天文学家、天文学史学家。1929年毕业于厦门大学数理系，后曾任该系助教。1930年7月调入中央研究院天文研究所，同年加入中国天文学会，历任天文学会秘书、天文学会编辑委员会委员、天文学会评议员等职。他全程参与了南京紫金山天文台和昆明凤凰山天文台的创建，开展了大量艰辛的天文仪器装置校订以及天文观测研究工作，并参与编制了我国最早的天文年历。1950年，李鉴澄响应国家号召，赴东北科学研究所任研究员、《东北科学通讯》月刊主编、中国科学院长春综合研究所（后改编为光机研究所）地磁地震组负责人。主持创建了长春地震台和黑龙江绥化地震台，并恢复了哈尔滨、大连地震台的观测。1957年北京天文馆落成，他被聘为研究员、科学顾问、《天文爱好者》杂志主编。期间他担任北京人造卫星观测站站长，组织了对苏联发射的人造卫星所进行的一系列拦截观测。同时他也对中国古代天文仪器、古代历法进行了深入研究，参与整理编写了《中国天文学史》和《中国天文学史料汇编》等著作，推动了中国天文学史的研究。另外，他还担任北京出版社《自然科学小丛书》编委，《自然科学小丛书》天文类主编，为天文学在我国的普及做出了很多的业绩。1982年在中国天文学会成立60周年大会上受到表彰，被誉为我国近代天文界九老之一。1991年7月因其在天文学事业上做出的突出贡献而获得国务院颁发的政府特殊津贴。

一、求学经历

吴江地处苏南，是我国著名的鱼米之乡。这里人杰地灵，文化发达，历史上出过很多名人学者，清初著名的天文历算家、诗人王锡阐就是吴江人。李鉴澄出身书香门第，父亲李幹慎是饱学之士，曾在清末县衙任书记。作为长子的李鉴澄6岁入私塾启蒙，闲暇喜弈围棋，后因棋艺出众在家乡颇有些名气。随着新学制的推行，他转入新办的第一初等小学、县立高等小学、吴江中学学习，尔后又考入江苏省立第七高中（南通）。1924年李鉴澄中学毕业，不但成绩非常优秀，还对数学、物理等学科产生了浓厚的兴趣。然而此时他却面临着艰难的抉择，原因是他幼年丧母，继母偏爱自己的孩子，不愿支付他继续升学的费用。好在心智已开的李鉴澄没有被眼前的困难击倒，他深深地懂得，要想为民族的振兴、国家的富强做贡献，非有高等教育、专门知识，不足以担其任。他怀着科学强国的信念，决定靠自己的努力完成大学学业。次年便筹借川资，考入厦门大学数理系。其实，当时以他的成绩有许多可以选择的高校，爱国华侨陈嘉庚先生创办的厦门大学，收费较低廉是主要原因。当时正值东南亚经济危机，陈先生的企业也十分不景气，然而仍倾其所有捐资办学，这种奋斗精神和爱国热情潜移默化地对李鉴澄产生了极为深远的影响。此后无论遭遇何种艰难险阻，他都能坦然以对。

在林文庆校长的主持下，厦门大学当时汇聚了一批英才，堪称群贤毕至，少长咸集。文学院的名家有林语堂、鲁迅、沈兼士等，理学院的名家则有动物学家秉志、物理学家胡刚复、数学家姜立夫、杨武之等。在厦大，李鉴澄除系统地学习了数理系规定的课程之外，还选修了留美归国的余青松开设的经典天文学和天体物理学。他非常喜欢这两门课程，余老师也非常器重这位谦逊好学而成绩优异的学生。1929年初，大学毕业后，李鉴澄通过老师刘楚青的介绍到湖北襄阳中学任教半年，在还清了求学时的债务后，回到厦门大学数理系任助教。不久，发生了一件根本改变了李鉴澄生活之路的事，那就是紫金山天文台的筹建。

二、学术生涯和主要贡献

（一）建设现代天文台——从紫金山到凤凰山

南京紫金山天文台是我国自行设计建造的第一座现代天文台，它的筹建可以追溯到1927年成立的观象台筹备委员会。该委员会是中央研究院最先设立的业务机构，后来从中衍生出了气象研究所和天文研究所。当时，作为委员会成员和天文研究所第一任所长的高鲁，设想在南京紫金山第一峰建筑天文台，不过测量设计工作才刚开始，高鲁就奉派充任驻法公使，没能亲历其事。1929年夏末，余青松在高鲁推荐下继任天文研究所所长，他的第一个任务就是建设紫金山天文台。在天文学人才奇缺的情况下，李鉴澄作为余青松的得意门生，被举荐到天文研究所担任助理员，参与到紫金山天文台的建设中去，从此开始了他长达70余年的天文学生涯。

余青松既是天文学家，又是建筑学家，他综合考虑当时经费条件、所需工时以及发展空间等各方面因素，排除了原定在紫金山第一高峰、清凉山等建台的方案，选址第三高峰建台。从筑路、各种仪器室的配置，到办公用房几乎均由余自己设计。李鉴澄则根据老师的设计绘制成建筑施工图，因他对余青松的设计意图总是心领神会，二人合作异常默契。天文台的建设从1930年夏开始到1934年夏，历时4年建筑部分基本竣工。整个建筑群融中西文化为一体，依山势展开整体布局、壮丽恢宏，是当时亚洲最大的天文台。它的建成标志着中国现代天文学研究的开始。中国现代天文学的许多分支学科和天文台站大多从这里发源，很多著名天文学家也都是从这里走出去的。它也因此被誉为"中国现代天文学的摇篮"。当时一位日本天文学家参观紫金山天文台时曾感叹地说：在日本目前还找不到这样的建筑和能建筑这样天文台的人。

紫金山天文台建成后，李鉴澄对安装好的望远镜等仪器进行了调试、校正，开展了初步的观测工作。然而好景不长，正当我国天文工作者秣马厉兵准备大展宏图的时候，抗日战争的烽火燃烧到上海，天文研究所接中央研究院紧急指示，疏散部分人员，仪器图书立即装箱准备内迁。1937年8月，李鉴澄作为天文研究所的先遣队员，负责押运天文台的重要仪器和西文图书离开了南京。他将娇妻幼女留在老家，只身随着战事变化，一面躲避敌机的偷袭与狂轰滥炸，一面联系车船，寻找安台之地。途经武汉、南岳、桂林，最后经越南转入昆明，途中历尽艰难险阻，行程近万里。他与同事不顾个人安危，完好地保护了转移的财产，为重建天文研究所做出重要贡献。到达昆明后开始筹建新天文台，由于经费非常拮据，一切事务都要自己动手解决。原天文研究所的9人，留下的只有4人。当时战争已呈现持久之势，要想继续观测，势必另建一座天文台。在这次建设中，李鉴澄再次成为余青松的左膀右臂。1938年春，余青松与李鉴澄首先考察测量了昆明西山华亭寺旁的地形，发现该地点不是很理想，但一时又没有更合适的地点，因而犹豫不决。恰在此时，物理研究所也撤退到了昆明，该所原有一地磁台在紫金山，与天文研究所毗邻。到了昆明之后，所长丁西林仍想与天文研究所做邻居，最后共同选定在昆明东郊的凤凰山建立天文台，建筑图的绘制仍由李鉴澄负责。此番建设的天文台，虽然限于战时资源紧张，规模要小得多，但是在设计上进行了很多创新，例如其变星仪的圆顶，式样就比紫台的更轻巧。1939年凤凰山天文台落成后，延续紫台已经开展的工作，进行了太阳观测等国际合作研究，积累了大量资料，后来历经40余年仍能正常运转。

紫金山和凤凰山两座天文台凝聚了老一代天文工作者的智慧，也是他们艰苦创业的长久纪念碑。1930~1939年期间，李鉴澄参与了两座天文台建设的全过程，充分展现了自己的才智和力量。他的上述开创性工作，为我国现代天文事业的建立和发展做出了可贵的贡献。

（二）历算、观测和天体物理学研究

历书的编算是天文学中最实用的部分，随航海、航空和大地测量的日益发展，

对这一工作的需求愈发增多。天文研究所建立伊始的一项主要工作就是编制国民历和天文年历。因为当时订购的望远镜尚未运到，观测室也未建成，系统的天文观测工作尚无法开展。李鉴澄除了协助余青松建设天文台之外，主要从事的就是编历工作。在工作中，他非常注意革新。当发现国民历中的月食图仍采用清代《历象考成后编》的图绘制，表现形式未免陈旧时，便设法加以改进，在图上同时标示出初亏、食既、食甚、生光、复圆的时刻和方向，增加了其中的科学内容。天文年历的出版从1930年开始，由于国内需求有限，天文研究所很快就停止了这一工作。不过李鉴澄与陈遵妫一起，以陈的名义在国立编译馆又坚持出版了好几年，直到战火纷飞、邮路不通才不得不放弃。虽然那时天文年历的内容大多照搬国外现有资料，但是正因为有了这样的积累，才使日后我国自行编算天文年历具备一定的基础。

1934年紫金山天文台落成后，天文研究所制定了4项主要研究计划，李鉴澄参加了其中的太阳研究和恒星分光光度研究。

太阳研究包括对黑子、光斑、氢中的谱斑，特别是日面爆发现象和太阳四周日珥的观察。因为这些现象变化很快，所以国际间有一种合作，把观察时间平均分配，使中间没有间断。天文所自1932年起参加了这一国际合作项目，具体观测由高平子、李鉴澄和李光荫担任。每天观测四次，每次三十分钟，观测的结果汇寄巴黎墨屯天文台发表。此项工作使用了当时最先进的海尔式太阳仪，开创了我国现代太阳物理的研究，使紫金山天文台成为国际上12座太阳观测基地之一，从而开创了我国与国际联合观测研究的新局面，标志着我国的现代天文学迅速融入世界先进行列之中。李鉴澄的天文观测工作就是从这一高度起步的。这项工作在1937年内迁时中断，1939年5月又恢复。此时由于高平子、李光荫已离所，便由李鉴澄主管。这些研究除了为国际天文学会的联合观测提供了重要数据、保持了我国天文学的国际地位之外，对于日地关系的研究也具有重要意义——每当观测到太阳耀斑后，须立即通知电离层观测站和地磁观测台等部门，以便他们关注由太阳活动产生的一系列地球物理效应。迁到凤凰山之后，李鉴澄还开展了对"日面爆发之分布"这一课题的研究，考察日斑与爆发两者分布的相互关系；并对太阳黑子进行了系统观测，绘制太阳黑子图500余幅，为太阳黑子研究积累了重要资料。

通过恒星光谱的分析研究可以进一步揭示恒星的演化，因此当时各国高水平的天体物理学家纷纷步入这个研究前沿。余青松早在美国留学时就在这方面崭露头角，他于1926年创立的恒星光谱分类法被国际天文协会命名为"余青松法"。在紫金山上，为了延续这一先驱性的工作，他带领李鉴澄利用大赤道仪所附的石英制双层棱镜分光摄影器，先将恒星的光谱拍摄下来，然后再研究其中光度分配的情况。可惜的是由于抗日战争爆发，这项工作后来被迫中止了。

李鉴澄的另外研究成果是：1932年与高平子、陈展云等人一起开展了对狮子座流星群的观测，这一观测持续8天，结果刊载在《宇宙》杂志上，得出狮子座流星群已日趋衰败的推断。1941年，李鉴澄在昆明凤凰山天文台对新观测到的一颗肉眼可见的彗星（1941C Dekock-Paraskevopoulos）进行了跟踪，还计算了它的轨道根数。这颗彗星虽然以两位外国人命名，但中国是在没有得到任何外来消息的情况下独立发现并观测的，最初由刘在明肉眼看到，李鉴澄与之进行了跟踪观测。由于李鉴澄的数理基础扎实，很快便据此算出了彗星的轨道根数，与刘合作发表在《宇宙》上；后来他又补充了百余个有关此彗星的观测记录，对从前算出的轨道进行了修正，这个更精确的轨道与张钰哲联名发表在美国天文学杂志 *Astronomical Journal* 上。

由上述研究项目可见，李鉴澄是我国最早参加国际太阳联合观测研究的重要成员之一，是中国现代天文观测研究初创者之一，但从80年代李鉴澄与老同事陈展云的通信中也可以看到，他们回首自己当时的工作，并不总是满意的。由此可以看到科研老前辈的博大胸怀。我们且不说他的研究成果，仅仅在新中国成立前那种艰苦的环境下，能充分利用中国所具备的天文仪器，维持天文观测与研究的延续性，本身就已经是值得称道的成果了。

李鉴澄的观测功力还体现在首先开创"拦截法"观测人造卫星。1957年10月4日，苏联成功发射了世界上第一颗人造卫星，这是突发事件，李鉴澄以其敏锐的目光关注人造卫星，从实际观测，理论阐述，到科普宣传样样走在事件发展的前沿，充分体现他的学术领头人的大家风范。李鉴澄利用多年从事天文实测的专长与经验，及时开展对人造卫星的拦截观测，在苏联专家来华开办讲习班之前便独立提出了行之有效的"拦截法"。

（三）创建和恢复东北地区的地震地磁台站

1945年中央研究院总干事傅斯年免去了余青松天文研究所所长的职务，他去了重庆科学仪器制造所。李鉴澄追随他也去了重庆科学仪器制造所，担任研究室主任，负责设计、检定仪器。这段工作经历虽然不长，但对他日后主持地震台站建设却大有裨益。新中国成立之前，东北地区首先解放，东北地区成为新中国经济建设重点地区，急需各方面的科技人才。东北人民政府招聘团到江南寻求科技人才。老解放区吸引着他，于是欣然报名，从此开始了在新的科研领域的一段奋斗历程。

1950年5月李鉴澄携家北上，到长春东北科学研究所任研究员，同时担任《东北科学通讯》的主编。1952年8月，东北科学研究所归入中国科学院，改名为"中国科学院长春综合研究所"。新中国成立后，一些重大建设项目需要地震资料。为改变地震工作基础极为薄弱的情况，中国科学院于1953年成立了地震工作委员会，李鉴澄担任了长春综合研究所（后改组为长春机电研究所）地磁地震组负责人。

众所周知，太阳活动是很多地球物理效应的源头。李鉴澄研究太阳活动多年，不但对于日地关系等地球物理学领域颇为熟悉，而且在天文研究所工作期间就与物理所地磁台的周寿铭等专家建立了密切的业务联系。正因为如此，在当时东北地磁地震人才紧缺的情况下，李鉴澄义不容辞地肩负起了主持东北地区地磁地震工作的重任。1953~1957年，他主持创建了长春和黑龙江省绥化地区地震台各一所，为长春地震台配备了维开式地震仪、东德水平垂直向照相记录地震仪等先进设备，使该台成为当时国内这方面设置最为完善的机构。他还主持修复业已废弃的哈尔滨、大连地震台，迅速恢复了两台的日常观测和研究工作。此后又测定了四个台站的经纬度，在东北地区形成了一个分布较为合理、配置比较完善的地震地磁台站网络，为日后的地震研究和基础设施建设提供了便利条件和可靠保证，还据此开展了很多开创性的研究工作。不仅如此，他还为《中国地震资料年表》、《中国地震目录》等巨著的出版收集了大量地震资料。时任中国科学院东北分院秘书长的武衡同志因此赞叹道："李鉴澄上知天文，下知地理，是难得的专家。"

1958年，李鉴澄在新创刊的《天文爱好者》上发表了题为《太阳活动对地球的影响》的文章，全面论述了"日地关系"，阐释了太阳活动是地球物理效应的源头等理论，当时正值"国际地球物理年"，这篇文章作为跨学科的创新论述，受到了广泛关注。

（四）开创天文科普宣传和编辑出版工作

科学家的基本职责之一是向公众传播科学研究的成果。中国的现代科学研究起步较晚，科普工作的开展尤为重要。李鉴澄作为国内最早从事天文科普工作的先驱者之一，从1930年起，就在《宇宙》杂志上发表过一系列介绍天文知识的文章。1934年，他被当时影响最大的科普刊物《科学画报》聘为天文知识特约撰稿人。在随后的4年中，他写出了大量内容严谨、文字生动的科普文章。在向大众宣传天文知识的同时，他还巧妙地将我国历代赞颂星空的佳句融汇在文章中，大大吸引了人们对天文学的关注程度。抗日战争期间，李鉴澄随天文研究所迁往昆明凤凰山，那时当地居民文化程度比较低，他就利用日食的机会，预先在居民中宣传有关日食的知识，传授他们用墨涂黑玻璃来观测日食发生过程的简单方法，从此破除了流传在群众中的迷信说法。

1957年，中国第一座大型天文馆北京天文馆落成，李鉴澄应首任馆长陈遵妫之邀，从东北来到北京，出任天文馆研究员、科学顾问。天文馆是一座集科学研究和普及功能于一身的综合机构，李鉴澄的智慧和才干在此又得到充分发挥。在建馆之初即遇到苏联成功发射了人造卫星的重大科学事件，李鉴澄及时号召众多天文爱好者，尤其是青少年，集聚天文馆西广场追踪卫星。他的有效的观测方法，使天文学获得了极大的社会关注，很好地推动了天文普及事业的发展。北京天文馆成为中国科学院设定的全国两个人造卫星观测站之一，迅速提高了天文馆的知名度和学术地位。

为适应社会发展的需要，1958年，李鉴澄主编了新中国第一份天文类科普月刊——《天文爱好者》。特别难能可贵的是，无论是30年代担任《宇宙》杂志和《国民历》的编委，亦或是后来主持《东北科学通讯》乃至《天文爱好者》的出版，在科学编辑人才短缺的情况下，从组稿、版面设计到文字编辑和校对的所有工作他都事必躬亲，可谓筚路蓝缕，呕心沥血。在他担任《天文爱好者》主编的十余年里，为策划一个新颖的版面、为征集一篇有价值的稿件、为解答天文爱好者提出的疑难问题，他从不计较付出多少劳动，经常晚上都要在办公室加班校稿。他对数据资料的出处以及论述的科学严谨性严格把关，要求编辑工作精益求精，在注重科学性的基础上，提倡朴实无华的文风。无论作者、读者还是他的同事都从中深受教益。在天文馆相关同行的共同努力下，《天文爱好者》很快就成为国内最受欢迎的少数几份优秀科普杂志之一，并一直保持至今。1959年，李鉴澄又担任了科学技术出版社组织出版的《科学技术名词解释》天文部分的主编，为这部重要工具书的编纂贡献良多。

"文化大革命"开始后，李鉴澄被剥夺了科研的权利，打入牛棚。白天他打扫卫生，晚上则抓紧时间对手边仅有的资料进行分类整理，还坚持科普宣传与人合著了《彗星漫谈》等科普书籍。"文化大革命"结束后，北京出版社恢复编纂系列《自然科学小丛书》，李鉴澄又出任编委，参与编写了许多优秀的科普读物，还担任了《中国天文史料汇编》和《中国天文学史》编委等。甚至到了90高龄，他为了整理出版已故学长刘朝阳的中国天文学史著作而四处奔走，完全不计个人得失，因此得到了后辈的敬仰，也为中国天文学史的研究保存了重要文献。人们常说，编辑像蜡烛点燃自己，照亮别人，李鉴澄就是这样以自己的辛勤劳动，为中国科技出版事业的繁荣无私奉献终生。

（五）中国天文学史的研究

1937年5月，由中央研究院天文研究所、历史语言研究所和中国营造社联合组成考察队,对河南登封的古阳城测景台和观星台进行了科学考察。此次考察汇集了天文学家、历史学家和古建筑专家(余青松、高平子、董作宾、刘敦桢等),这在当时是罕见的政府指令性高级别科学考察活动。李鉴澄全程参加了这次考察,并参与了对该台平面和立体图的测绘,及地理经纬度和 4 丈圭表中石圭方位角的测量工作。此行所发现的中国古代天文学成就对李鉴澄产生了极大震撼,从此古代天文学的巨大魅力一直吸引着他。1944 年,李鉴澄结合多年来编制天文年历的经验,发表了他的第一篇天文学史专论《论周髀算经》,对其中的晷影、太阳视直径、极星四游等的测量方法及其精度进行了深入论述。1957 年调到北京天文馆后,由于仪器设备欠缺,过去熟悉的太阳物理观测研究工作无法继续进行,他便把更多的精力地投到中国古代天文学史的研究中去。

我国是文明古国,有着丰富的古代天文文献和珍贵的天象记录,然而由于年代久远史籍散佚,开发这一宝藏远非易事,它需要研究者有深厚的古汉语基础,又要博览浩如烟海的古籍,还要通晓历史学、考古学和天文学。李鉴澄幼年时受过较好的中国传统教育、且具有多年从事天文实测工作所取得的经验与高超的历算能力,因此在古天文仪器和古代历法的研究中取得了显著成绩。

在历法研究方面,他的工作主要集中于对一系列天文数据的深入讨论。如《论东汉四分历的晷景、太阳去极和昼夜漏刻三种记录》中,按天文学理论公式,利用四分历中二十四节气的日所在黄道去极、晷影和昼夜漏刻的三种记录,反推算出观测地的地理纬度和黄赤交角的数值与实际很是符合,从而证实这些记录是我国科学史上最古、最完整的有关太阳的实测记录。根据计算和核查四分历的实测记录发现,太阳去极的误差较大,太阳去极是用浑仪测量的,从而通过这个侧面反映出浑仪的测量误差较大。对后汉四分历的实测记录给予了正确地评价。在《秦汉历法的剖析》中,李鉴澄对秦汉历法中若干数据由来不明的地方提出了自己的研究心得和观点,对朱文鑫、钱宝琮等人由回归年推算朔望月长度的理论提出质疑。在《古历"十九年七闰"闰周的由来》一文中,他考证了《淮南子·天文训》、《尚书纬·考灵曜》及《五纪论》等书的记录,模拟出古人的宇宙观和计算方法,判定朔望月和十九年七闰的周期是由测定月、日在天球上每月平均视运动计算得来的。他的推算方法论证严密,对史料记载给予了更可靠的解释。另外他在 89 岁高龄完成的论文——《中国历代日月交食周期的研究》以同样的方法论证了中国古代历法家是如何独立计算发现交食周期的,同时明确指出:"20 世纪英国和西班牙天文学家提出的 716 朔望月的新周期,在我国 8 世纪唐代的天文历法家郭献之早已经发现使用了。比英国和西班牙约早 12 个世纪。"他的论文以其独特的演绎推算被授予了"世界华人重大学术成果"的殊荣。李鉴澄对中国古代历法的研究，涉猎面广，使用的方法多样。无论从对史料的收集整理与考证、对天文数据由来的分析与推测，还是使用古代宇宙观和算术方法进行模拟计算以及应用现代天文理论对古天文记录进行校验比较等方面，都为后人提供了值得效法的研究路径。

在对中国古代天文仪器的研究中，他首先解决了简仪南极云架之下为何放置一地平式日晷的疑问，并推断，地平日晷的前身可能就是正方案。对简仪本身，他做了尤为细致的考察，列出了这个仪器的12条革新内容，并通过与西方赤道装置进行比较，确认了它的先进性。他根据历史唯物主义的观点和方法，一反当时甚为流行的片面夸大古人科技成就的狭隘爱国主义思想，既肯定了古代仪器在当时的生产力和科技水平下的先进性，又指出了它们的局限性。例如，在分析浑仪时既指出浑仪的发明和制造对中国古代测定星的位置和运动做出很大的贡献，同时指出浑仪的功用虽广，但测得的位置精度不高，原因在于仪器上各圆环都定于一个中心，这些圆环往往产生掩蔽妨碍视线的毛病，影响了观测；从汉代到元代长达一千余年，几代天文仪器制造家在浑仪上只知层层加环，脱离不开前人的窠臼。此外，他还解决了晷仪的功能是什么这一难题，论证了我国现存最古老的这一天文仪器是秦汉时期用以测方位的，并将其与日晷做了严格的区分。

他对中国古代天文仪器的研究涉及圭表、漏刻、晷仪、浑仪、浑象、漏水转浑天仪、仰仪和简仪等，对它们的形制结构、功能特征和历史演进都作了精辟的讨论，至今仍是研究这些仪器不可不读的经典著述。此外，他对中国古代机械史、数学史和建筑史也有所涉猎。1961年，他与刘仙洲合作论证出中国是世界上第一个在天文仪器（简仪）上使用滚柱轴承的国家。1987年，他还担任了我国自行培养的第一位科学技术史（数学史）博士的毕业论文主审。

李鉴澄对中国古代天文仪器的研究的权威是建立在对现代观测仪器的娴熟操作和丰富的实测经验之上的，例如：参与了多个地方的经纬度测定，包括紫金山天文台、凤凰山天文台、庐山以及河南登封的周公测景台等。因为工作认真、细致，这些使用传统仪器、方法（经纬仪和收讯机）测得的结果十分准确，特别是凤凰山天文台的经纬度，竟与40年后的测量结果分毫不差。这种精确地观测技能使李鉴澄在后来的工作中获益颇多。尤其是对登封遗址的考察使李鉴澄对古代建筑的营造也深有心得，因此即使在"文化大革命"期间受到批判之时，北京古建筑发掘工作遇到问题还是要请他前去指导。1969年拆西直门时发现内裹元代和义门瓮城城楼，以及1972年扩建大街拆除后门桥时，都请他参与了测量。他在后门桥现场看到一些基石的摆放方式与其他基石不同，即指出此基石为定北京中轴线所用。足可见其对中国古代科技的融会贯通。

三、仁者的精神

孔子曰"知者乐，仁者寿"。王绶琯取后三个字作书，庆贺李鉴澄百岁华诞，可谓深知其性情为人。从20世纪20年代追随余青松筹建南京紫金山天文台开始，李鉴澄踏踏实实地在科研工作中度过了七十个寒暑，在许多领域都做出了重要贡献，最终成为中国天文学界德高望重的百岁老人。在这一个世纪的锤炼中，经历过晚清到民国的兵燹离乱和"文化大革命"期间的彷徨失落，然而他总是能够勇敢地面对现实，以自己的乐观、坚毅，带领身边的人克服困难。

在抗日战争时期转移逃难的过程中，天文研究所已经有一些人辞职，到昆明后又有一些人迫于生活艰难而转到其他城市。李鉴澄却能坚守岗位，既负责天文台建设，又积极开展科学研究，一人兼职多项工作。如今的凤凰山是中国现代天文学研究的重要基地之一，当初却是荒芜一片。李鉴澄及家人的住所被称为"草房子"（物理研究所遗弃的几间办公室），其简陋可想而知。即使在如此艰苦的生活条件之下，他仍不屈不挠地坚持工作，使凤凰山天文台成为继紫台之后又一重要的天文学基础设施，积累了大量观测资料。到抗战胜利时，他的工作已涵盖了天体测量学、天体力学和天体物理学等天文学的三大分支。

在战争的艰苦环境中，他不但把自己锤炼成了知识面广、动手能力强的综合型人才，还以自己乐观、通达的生活精神感染着自己的家人、朋友。他的妻子杨国香出身书香门第，其祖父杨葆光，曾任龙游、新昌知县，学问渊博、兼工书画。辞官后客游上海鬻书画以自给，曾为豫园书画慈善会会长和丽则吟社社长。杨国香原本是大家闺秀，婚后却极能吃苦耐劳。1938年她带着孩子和老人逃离日占区，辗转中国香港、越南到达昆明全家团聚。在艰苦的条件下持家有方，不但维持了一家人的生计，还担任附近小学的教员。以自己的行动鼓励其他研究人员的亲眷走出家门，参加社会工作。他的几个子女也都成了科教战线的有用人才。

李鉴澄除在厦大做助教的短暂经历外，没有带过自己名下的学生。不过，他的学术影响甚广，在日常工作中也时常提携后学，促进不少学者成才，其中颇有一些取得了卓越的成绩。科学史所已故院士席泽宗就坦承做《古新星新表》的研究是受到了他的启发。著名科普作家李元也感慨地说过"在天文普及方面，李先生还是我的引路人呢！"李鉴澄在《科学画报》的文章是他"学习写作的范本"。到天文馆工作之后，他担任教学观测组组长，后来又开办人造卫星观测讲习班，一大批年轻的天文工作者在他的关心教导下成长起来。包括后来的云南天文台台长冯和生、南昌大学教授陈福生、李贤仿以及北京天文学会秘书长赵世英等都是其中的佼佼者。

同他的工作热情相得益彰的是李鉴澄对实干的推崇。无论从事什么工作，都要从基础做起，亲自动手查一查、测一测、看一看、算一算和想一想，是他治学理念的核心。20世纪50年代中期，他给小儿子取名为践行，还要将自己大儿子的单名改为践言。当时家里人都觉得难以理解：为何其他几个孩子都是单名，现在忽然要起双名，而且感觉生僻拗口。光阴荏苒，半个世纪过去，现在随处可见"践行科学发展观"、"关键靠践行"等标语。更显现出那时老人既为新中国蓬勃发展感到骄傲，又为开始出现的浮夸风感到不安的忧国忧民之心。

李鉴澄热爱自由宁静的星空，也热爱自由宁静的生活。他与世无争，却勇于坚持真理，一生秉持着正直不阿的科学家本色和正义的人格。50年代他所主持的《东北科学通讯》收录了很多英美科技文章的译文和国外科学技术消息，譬如人造橡胶的发明、诺贝尔奖金获得者的资料等。在全面学习苏联的社会环境下，这样的用稿倾向时常受到批评，然而他并没有为政治干扰所左右，而是严格以科学内涵为衡量标准，为当时的科技人员提供了很多有价值的参考资料。"文化大革命"期间，李元撰写的天象厅节目《到宇宙去旅行》被造反派认定是大毒草，他们多次逼迫李鉴澄为此定性，他不肯屈服淫威，始终坚持认为这是一个很好的科普节目，挺身坚持说真话，但是李鉴澄自己后来也被扣上了"反动学术权威"的帽子。时隔30多年，李元还在2005年的《北京晚报》上对李鉴澄的高尚人格大加推崇，他写道"实事求是，崇尚科学。在学术问题上，观点分明，不迎逢上级，不随风附和，是真正的一派学者风度。即使在乌云笼罩、黑白不分的是非颠倒的年代，他也没有卑躬屈膝、指鹿为马地骗人骗己，因为他从来就不知道什么是欺骗什么是说谎。这就是他的人格所在，是他的科学精神。"

1976年，受唐山大地震波及，北京也有较强的震感，一时引起人们恐慌，各企事业单位纷纷在空地搭起"抗震棚"。此时李鉴澄的家人也劝他住到房子外面去，但他坚决不去，反而教育大家说："北京处于比较稳定的地质板块，历史上无大震记录，并且大震之后都是逐渐减弱的余震，没有必要都去住抗震棚，这样大范围地建抗震棚是劳民伤财，地震局应该制止这种做法"。他对地震的认识当时不为一般人接受，但在今天看来不愧为地球物理学家的科学见解。

"文化大革命"中李鉴澄被抄家扫地出门，批斗、住牛棚、下放干校一宗又一宗接踵而来。然而他没有被击倒，智者的乐观和坚韧支撑他度过漫长的严冬，当科学的春天到来时，他在平反落实政策的大会上说："我今年74岁了，我要当47岁来过。"这句话是他乐观、豁达的写照，也激励了一大批科研工作者，以加倍的努力把耽误的时光补回来。此时他要弥补的不仅是"文化大革命"的损失，还有离开凤凰山天文台时未了的心愿。此后他做了大量的天文学史研究工作，写出许多高水准的论文，不少论文甚至是在耄耋之年完成的。84岁撰写《郭守敬的杰出创造——简仪》和《晷仪我国现存最古老的天文仪器》，发表在1989年文物出版社出版的《中国古代天文文物论集》上。86岁与李迪合著《中国古代浑仪结构的演变》，1992年发表在《中国科学技术史文集》中。87岁撰写《古历"十九年七闰"闰周的由来》，发表在1992年《中国科技史料》第三期。89岁撰写《中国历代日月交食周期的研究》，发表在1994年《自然科学史研究》第二期。92岁撰写《岁差在我国的发现、测定和历代冬至日所在的考证》，发表在1997年《北京天文馆文集》上等。这充分体现这位老人自强不息、敬业和顽强的进取精神，在他身上长盛不衰。李鉴澄晚年的学术巅峰期和丰硕的研究成果，充分证明他怀着一颗热爱科学、热爱祖国的赤诚之心。在科学事业上一直奋斗到百岁高龄，又创造了世界科学史上少有的奇迹。

在工作之余，李鉴澄最大的爱好是下围棋，这项历史悠久又富于文化内涵的娱乐活动在给他带来乐趣的同时也带来了友谊和荣誉。早在厦大上学的时候，他就因为下棋与杨武之结成忘年交。后来在中国天文界，他的精湛棋艺几乎无人不知。中国科学院自然科学史所的陈久金、紫金山天文台的陈彪、北京师范大学的何香涛等都喜欢找他对弈切磋。此时围棋既是帮助他们解除紧张工作压力的轻松游戏，又是进一步加强交流的媒介。围棋犹如沙龙中一杯香甜可口的咖啡，增加了学术交流的和谐气氛。1985年，李鉴澄在劲松杯围棋赛上取得季军，1995年更以90高龄在陈毅杯围棋赛上取得第2名，并获得荣誉五段的称号。他的棋风稳健、内敛，胜不骄败不馁，从中多少也体现出他的为人之道。

百年人生在历史的长河中不过是一瞬间，作为天文学家的李鉴澄也经常感叹"宇宙太大、自己太小"。然而一个强盛的国家、兴旺的民族正是由这些小我构成的。如时任总理温家宝所说，"一个民族要有一些关注天空的人，他们才有希望"，李鉴澄就是这样一个仰望星空的人——宇宙间的无穷奥秘是他追随的目标；太阳的壮丽光辉点燃他胸中永恒的炽热；而星空的庄严圣洁和自由宁静则带给他凛然的正义和博大的胸怀。他一生中足迹踏遍祖国的大江南北，工作涉及天文、地质等多个领域，除了科研成就之外，他的智慧、善良和人格魅力也在人们心中留下了不可磨灭的印记。

四、李鉴澄主要论著

李鉴澄. 1937. 160毫米透镜之色像差. 天文研究所创刊第四号.

李鉴澄, 刘在明. 1942. 彗星1941C Paraskevopoulos之轨道根数. 中央研究院天文研究所集刊, 2: 7-8.

李鉴澄, 张钰哲. 1943. 彗星1941C Dekock-Paraskevopoulos之新轨道. 宇宙, 14 (4-6): 152-154.

李鉴澄. 1944. 太阳黑子之观测. 宇宙, 14 (10-12): 260-262.

李鉴澄. 1944. 论周髀算经. 宇宙, 14 (10-12): 224-230.

李鉴澄. 1958. 人造地球卫星的运行和观测. 人造卫星和科学技术. 北京: 中国青年出版社: 32-38.

李鉴澄. 1958. 太阳活动对地球的影响. 天文爱好者, 2: 3-5.

李鉴澄. 1962. 论后汉四分历的晷景、太阳去极和昼夜漏刻三种记录. 天文学报, 10 (1).

李鉴澄. 1980. 圭表. 中国大百科全书. 天文学. 北京: 中国大百科全书出版社: 99.

李鉴澄. 1980. 仰仪. 中国大百科全书. 天文学. 北京: 中国大百科全书出版社: 494.

李鉴澄. 1984. 考察古阳城测景台和观星台的回忆. 中国科技史料, 1.

李鉴澄. 1989. 郭守敬的杰出创造——简仪. 中国古代天文文物论集. 北京: 文物出版社.

李鉴澄. 1989. 晷仪——我国现存最古老的天文仪器. 中国古代天文文物论集. 北京: 文物出版社: 145-153.

李鉴澄, 李迪. 1991. 中国古代浑仪结构的演变. 中国科学技术史学术讨论会论文集. 北京: 科学技术文献出版社: 285-302.

李鉴澄. 1992. 古历"十九年七闰"闰周的由来. 中国科技史料, 3: 14-17.

李鉴澄. 1994. 中国历代日月交食周期的研究. 自然科学史研究, 2: 114-122.

李鉴澄. 1997. 岁差在我国的发现、测定和历代冬至日所在的考证. 北京天文馆文集. 北京: 北京科学技术出版社: 282-286.

李鉴澄. 2005. 古老的天文仪器晷仪. 中国古天文仪器史. 太原: 山西教育出版社: 69-72.

李鉴澄. 2005. 秦汉历法的剖析. 李鉴澄先生百岁华诞志庆集. 北京: 中国水利水电出版社: 99-107.

主要参考文献

刘仙洲. 1962. 中国机械工程发明史. 北京: 科学出版社.

陈展云. 1985. 中国近代天文事迹. 中国科学院云南天文台.

江晓原, 吴燕. 2004. 紫金山天文台史. 石家庄: 河北大学出版社.

北京天文馆编. 2005. 李鉴澄先生百岁华诞志庆集. 北京: 中国水利水电出版社.

杜昇云, 崔振华, 苗永宽, 等. 2008. 中国古代天文学的转轨与近代天文学. 北京: 中国科学技术出版社.

撰写者

李昂, 李鉴澄之孙女, 中国科学院自然科学史所副研究员。

程茂兰

程茂兰（1905～1978），河北博野人。天体物理学家。1924年毕业于河北省保定第六中学（现保定第二中学）。1925年秋毕业于北京北安河留法预备班，旋即赴法勤工俭学。1932年获法国雷蒙大学学士学位。1934年获里昂大学数理硕士学位。1939年获法国国家博士学位。1942年任里昂和上普罗旺斯天文台副研究员，1945年任研究员。1949年10月成为法国国家研究中心的一级研究员。1956年获得法国教育部骑士勋章。1957年7月绕道瑞士回国。1958年2月被任命为北京天文台筹备处主任。后改任北京天文台第一任台长。1962年任中国科学院数理学部天文委员会副主任委员。1962年8月至1978年任中国天文学会第二和第三届副理事长。中国人民代表大会第二和第三届代表。1978年12月31日病逝于北京。程茂兰毕生从事实测天体物理研究，主要从事天体的光谱分析研究，发表论文百余篇，其中重要学术论文68篇。回国后领导了我国第一个现代化综合性实测天体物理台——北京天文台的筹建。主持了北京天文台光学观测基地的科学选址和兴隆观测站的建设，促成了2.16米望远镜的研制工作。

一、成 长 经 历

程茂兰，字畹九，1905年9月18日（清光绪三十一年乙巳八月二十日）生于河北省博野县博野镇沙窝村（离县城7千米）的一个农民家庭。父亲程三连务农间作木工。母亲宋氏操持家务。兄继父业，支持弟弟学习。清末民初中国社会底层的农民受到官僚地主的多重压迫和剥削。保定接近京畿，又是直隶首府，是封建统治的心脏地区，压迫剥削直接而厉害。军阀混战的祸害就更加严重。所以从小他就十分懂事，勤苦好学，写得一手好字，课业笔记工整秀丽，深受老师喜爱。1917年以优异成绩进入河北省保定第六中学（前身是成立于1907年的保定府官立中学堂，现在叫做河北保定第二中学）。博野离保定虽仅50千米，农家子弟住校学习的费用也是不菲的。没有父兄的鼎力支持和自身的勤俭节约，很难完成学业。五四运动过后，全国上下在国耻的打击下，反帝反封建意识空前高涨。有识青年多积极学习，努力提高自己。他们有的选择参加革命，投笔从戎。有的选择科学和实业救国，争取上大学或留学异国他乡。有钱人家的子女上大学或留学比较简单，农民子弟就非常困难。李石曾与蔡元培等人于 1915 年 6 月在巴黎发起成立了"勤工俭学会"，其宗旨为"勤于做工、俭以求学，以增进劳动者之智识"。这便是"勤工俭学"的由来。程茂兰选择了勤工俭学的道路。1923 年高中毕业后进入华法教育会设立的北安河留法预备班（位于到妙峰山必经的庙高峰附近），并于 1925 年秋毕业。然后告别父母，离别妻子和刚出生的女儿，毅然踏上了留法勤工俭学的道路。他从上海乘船，途经香港、海防、西贡、新加坡、科伦坡、吉布提，取道红海，经赛得港，穿苏伊士运河，过地中海，到达法国南部港口马赛，再乘火车到巴黎。途中要走 40 多天。穷学生为了省钱坐的是无等舱，条件极差，有时甚至和牛睡在一起，途中异常艰苦。

1926 年春他经过长途的旅行后到达法国巴黎。白天在工厂砸碎玻璃和擦铁锈打工维持生活，晚上到驻地附近的查尔中学夜校补习班补习法语和数理基础。这种生活比之现在那些到西方打工求学的学子要辛苦得多。原因在于 80 年前，生产力远比今天落后，工作又脏又累，工资还非常低。每天超时劳动，方可勉强维持生计。夜晚还要熬夜读书，而住宿条件也非常拥挤简陋。

1927 年在第一批留法勤工俭学而转经商的同乡王守义先生的经济支持下他转入拉尔斯综合工科学校，继续过着异常艰苦的半工半读生活。由于学习刻苦努力，成绩优异，1929 年秋天他获得位于里昂的中法大学的资助而进入雷蒙大学数理系学习，生活条件也略有改善。他养成了认真记笔记的习惯，所以留下了多本漂亮工整的课堂笔记。一手漂亮的中文和法文给人们以非常深刻的印象。1932 年秋获得学士学位，旋即获得法国国家科学研究中心的奖学金而进入里昂大学数理系读研究生。1934 年获得硕士学位，就跟随法国著名的实测天体物理学家杜菲（J. Dufay）攻读博士学位。1939 年，通过两篇优秀的论文的答辩，程茂兰获得法国国家数学科学博士学位。

程茂兰拿到博士学位后本打算回国与父母妻女团聚。可是当时正是抗日战争年代，他的故乡属于抗日游击区。而逃到重庆的国民党政府，根本没有接纳、安排天文学家的条件。程茂兰在老师和朋友们的劝阻下滞留里昂天文台和上普罗旺斯天文台，进行实测天体物理研究工作。早期工作中使用的仪器非常杂乱，常要从旧货摊上搜寻光学元件来拼装勉强可以使用的系统，培养和锻炼了他的实际动手能力。这对实测天体物理学研究工作者是十分重要的。那时的法国也仅有口径 0.8 米和 1.2 米这样的中小型望远镜可以使用。这却锻炼了他的选题能力。他尽量选择一些可以使用中小望远镜就能获得创新结果的研究题目，夜以继日地工作于夜天光谱、共生星、彗星和气体星云等领域,发表了一批很有特色的论文。

然而当时的欧洲已经战火连天。1939年9月1日,德国突袭波兰,9月3日英法对德宣战,第二次世界大战爆发。1940年5月,德国攻打法国并很快占领。程茂兰住在远离城市的山野乡村地界的上普罗旺斯天文台中,在极为艰苦的条件下,继续着天文观测工作。1942年任里昂和上普罗旺斯天文台副研究员。当时的法国物资极为匮乏,一切生活必需品均按人头凭票证供应。夏天奇热,冬天奇冷。而燃料奇缺,连火车也必须燃烧劈柴,才能缓慢爬行。好在他来自中国农村,在国外长期勤工俭学,不仅吃得苦,还能够开荒种地,种植土豆、玉米和应时蔬菜,自力更生,补充不足。他还热心帮助台里的同事们解决一些问题。比如法国国家科学研究中心的著名理论天体物理学家、院士、犹太裔沙茨曼(E. Schatzmann),为了躲避纳粹的抓捕,从巴黎逃到上普罗旺斯天文台躲藏,就得到了身为外侨的程茂兰的大力帮助,两人成为挚友。程茂兰利用外侨身份,还大力帮助法国的抗德游击队,为他们提供临时庇护所、情报和应急食物等。1944年8月法国光复后,他受到了当时法国共产党书记多列士(M. Thorez)的接见。

第二次世界大战期间,法国人为躲避战火,都离开上普罗旺斯天文台,程茂兰冒着生命的危险,不但坚持天文观测,还承担了保卫天文台的任务。虽经战火的洗理,天文台的仪器设备完好无损。为表彰程茂兰对法国天文事业的贡献,1956年授予他法国教育部骑士勋章(这是给予外国人的最高荣誉)。

法国光复后,程茂兰于1945年升任研究员。由于营养太差和日夜工作,他积劳成疾,1945年得了肺结核,必须开刀切除大部分肺叶。在老师杜菲的帮助照顾下,他成功地接受了肺部手术并在玛丽·布洛什(M. Bloch)女士的精心照顾下经半年多恢复得很好。

1946年,健康基本恢复,程茂兰就四处联系回国。可是蒋介石发动内战,中国又陷入战乱。他只好继续滞留上普罗旺斯天文台。1949年10月成为法国国家科学研究中心的一级研究员。不久中华人民共和国成立,使他看到了中华民族复兴的希望,就再次积极地与国内有关方面联系,并把他与女友玛丽·布洛什(M. Bloch)合作的研究论文寄回国内发表。紫金山天文台台长张钰哲和研究员李珩等不断与他通信。中国科学院吴有训副院长亲自委托李竞和沈良照多次与他联系,请教科学问题,还多次去函邀请他回国。

回归祖国的路是不平坦的。首先他并没有接受法国朋友的建议,加入法国国籍。其次,当时回国的计划受到台湾当局的干扰和破坏。我国和法国没有建立外交关系,台湾当局在法有相当势力,企图让他们去台湾,一批爱国侨胞,如吴文俊、熊庆来、程茂兰等毅然决然回国。

饱经忧患的程茂兰以实际的爱国行动赢得了党和政府的信任。在1957年11月26日中国科学院第20次院常务会议上，他的发言已经说明是真心诚意地热爱祖国，热爱共产党，积极为发展我国的天体物理学尽心尽力。他积极发挥自己的学识，瞄准国际动向，在短短的四个月内就在原紫金山天文台方案的基础上拟订出了会议上审议通过的"北京天文台筹建计划"，勾画出了一个以天体物理研究为主的综合性天文台的蓝图。这对于发展我国的天文学事业的启迪和推动作用是十分重要的。1958年2月他被委任为北京天文台筹备处主任，一级研究员。

程茂兰是第一个把近代国际天文选址概念和方法引进中国的天文学家。他把带回国的一些法文和英文选址文献交给李竞、李启斌等年轻人，并带领他们在北京周围，按照国际标准进行选址工作。经过1957年到1959年10月之间的踏勘和在候选地上进行全面的气象和天文大气宁静度的观测。综合分析交通和投资等因素，选定了海拔较低、交通较为方便的杜家庄南坨山作为北京天文台光学实测基地的台址。后来被有关方面以国防原因否定。他又带领年轻人转向西南方向的保定地区和东北方向的承德地区寻找。1962年任中国科学院数理学部天文委员会副主任委员，同年8月任中国天文学会第二届副理事长。依然积极地带领年轻人勘查筛选天文台台址。1964年10月，最后选定河北省兴隆县的连营寨，建设了北京天文台的光学观测基地。

程茂兰回国后的另外一件重要工作，就是订购望远镜。最初人们提出订购一台1.25米的反射望远镜和一台60/90/180的施密特望远镜以及一台40厘米双筒折射望远镜。后来1.25米反射望远镜改成1.8米的反射望远镜。在大跃进的气氛中这台反射望远镜没有能够订出去，而是改成自行研制口径2.16米的反射望远镜。他十分支持，并在全国人民代表大会上利用自己作为代表的责任提出了有关从浇铸大口径玻璃镜坯到大型精密机械加工等涉及大型望远镜制造的多个提案。

程茂兰还狠抓培养天文人才的工作。支持北京师范大学天文系的建立，提出在北京大学设立天文学专业。还在天文台筹备处自行开办天体物理训练班。

随着中国与法国建交，程茂兰带领王绶琯、罗定江和肖光甲在1966年10月访问法国，陪同翻译为驻法大使馆工作人员穆文。他们在上普罗旺斯天文台住了7天。还访问了日中峰天文台。从穆文同志的回忆录中可以看出，这些科学家们完全是以事业为重，并深深地影响着他这个年轻翻译。当时国内"文化大革命"已经如火如荼，如果不是对共产党和人民政府有高度的信任和深厚而坚定的爱国热忱，程茂兰是不会愉快而坚定地回到祖国的。因此在回国后不久被强加上"反动学术权威"和

"里通外国"两顶帽子。即使如此,他并未灰心,不仅默默地适应着身边发生的一切,还尽力帮助同样受到冲击的年轻人渡过难关。在北京天文台的兴隆站参加劳动锻炼期间,与监督他的农民宋老先生和其他当地农民的关系都很好。在"文化大革命"后期,重又担起了领导北京天文台的重任,参加制定各种规划和接待法国与美国的天文学访问团。这些活动恢复了中断多年的中外合作交流,并对恢复我国在国际天文学联合会中的合法席位起到了积极的促进作用。

1978年10月,程茂兰因旧病复发而住院治疗。在病中他最关心的是2.16米望远镜的研制工作。遗憾的是他在当年的12月31日与世长辞,没有能够看到望远镜的落成。

二、主要研究领域和学术成就

程茂兰从事的天文研究工作中最重要的方面是对恒星的光谱进行细致的研究。由于恒星通常非常遥远而暗弱,而光谱研究又必须将望远镜聚集的能量按波长分开,所以光谱研究在20世纪50年代之前,局限于照相底片的低灵敏度和不大的望远镜口径,只能研究不多的亮恒星。程茂兰把自己的对象集中于一些特殊变星和特殊天体。根据阶段和内容的不同,他的研究可以分成以下五组。

(一)恒星分光研究

程茂兰最有代表性的论文是他向里昂大学自然科学学院提交的博士论文。该论文分两部分,第一部分是关于仙后座γ星的光谱研究,第二部分是关于大陵五(英仙座β星)的分光光度测量和"契可夫-诺尔德曼效应"的研究。仙后座γ是北天的一个2~3等的B0IVe型发射线恒星,是人们发现的第一个光谱中具有亮发射谱线的恒星。光谱中的氢谱线和许多金属的电离谱线为强发射态。在色散足够高的情况下,光谱中最强的巴尔末线呈现为两个发射峰夹着一个吸收谷。1866年,Secchi就观测到了它的发射线。1916年有人开始对它进行系统的观测,迄今它仍然是很多研究者感兴趣的对象。通常它是一颗3等星,最亮时却可以达到1.5等。自1937年10月至1939年8月,程茂兰把它选择为博士论文的观测对象。限于当时的研究条件,他使用了4台不同的小型物端棱镜摄谱仪来进行照相光谱观测。摄谱仪在Hβ谱线处的倒线色散介于每毫米78.2埃到206.4埃间,因此是典型的中低色散。物镜的口径仅60毫米,是典型的小型仪器。所以也只能观测亮星。因此巧妙的选题、选星就非常重要。在获得的光谱片上,有效的工作波段界于375~587.8纳米间。在这个波段内测量了 348 条发射线的波长，新发现一大批发射线或发射线的存在迹象。此外他还对该星自 1932 年以来的光谱变化进行了研究，指出该星的电离势能在 1937～1938 年间达到 30.5 电子伏特的最高值。他还对一些光谱片进行了分光光度测量。在测量中还进行了大气的分光吸收改正和不同仪器间的归化改正。最后还与胡斐耳（L. M. Huffer）的光变曲线进行了比较，得出当恒星的总光度变亮时，色温度降低，因此发射线强度变弱的结论。而恒星的总光度变暗时，色温度增加，因此发射线强度增加。在 1938 年 2 月到 3 月间，光度到达一个极小值，发射线强度到达一个极大值。这一发现既支持了斯特鲁维（O. Struve）提出、经劳赫林（D. B. McLaughlin）和巴尔迪文（R. B. Baldwin）等改进了的脉动模型，又表明该模型尚存在必须进一步完善的地方，有助于对这类变星物理特性的深入研究。在 1940 年 8 月到 10 月间，程茂兰又对仙后座 γ 进行了分光研究，在 389～531.7 纳米间证认出 342 条吸收线，并由此证认出如：H I，He I，He II，O II，Fe III，C II，N II，Fe II，Mg II，Ca II 等原子和离子。

还看到了下列原子和离子的迹象：Ti II，Al II，O III，Ti III，Mn I，Ni II，A II

因此，这个恒星在 1937～1938 年间有大量的发射线，而在 1940 年却只是 Hα、Hβ 和 He I 587.6 nm 等少数谱线是发射线。

他的这篇论文奠定了现代恒星光谱观测研究的基础。任何初学者在认真阅读论文的基础上，就可以独立地进行单个恒星的光谱观测研究。

大陵五是周期 2.867 天、光度变化幅度约为 1.2 等的北天亮食变星。它由平时的 2.1 等变暗到 3.4 等只需要 4.9 小时，因此很早就有人发现它很奇怪，且早在 1669 年就被蒙塔纳利（Montanari）发现为变光星。1784 年古德里克（Goodricke）认为它可能是交食双星。后来它作为完全不相接食双星的典型代表而为人们所熟知。程茂兰研究它的目的是为了验证光波在空间传播时是否会发生色散现象。这个问题是 1691 年牛顿第一次提出的。1908 年契可夫（C. A. Tikhov）和诺尔德曼（Ch. Nordmann）同时宣称，许多食变星的不同颜色的光的光度极小时刻，会随波长变短而推迟。这与爱因斯坦相对论的光速不变原理相矛盾，从而引起了争论。在总结前人研究的基础上，1936 年 8 月 16 日到 1939 年 3 月 3 日间，程茂兰在不同的 5 个夜晚用照相分光光度测量法来确定大陵五不同波长上光度最暗（极小）的发生时刻。使用的仪器依然是物短棱镜。物镜的口径是 17～60 毫米间，Hβ 谱线处的倒线色散介于每毫米 78～206 埃间。为了消除大气消光的影响，选择英仙座 α 星作为比较星。在每一次大陵五观测的前后均观测一次英仙座 α。如果对不同波长的光实测得到的发生时刻，同处于一定测量误差范围内，可以认为是相同的，表明空间对光波无色散，反之则有。程茂兰的工作考虑的非常周到，观测非常认真，测量非常仔细，获得了十分可信的结果，表明不存在"契可夫-诺尔德曼效应"，从而结束了这一论战，证明爱因斯坦是正确的。

（二）共生星的光谱研究

共生星是光谱中同时出现低温分子吸收线和高温等离子体发射线的恒星。一般认为共生星是由一个热矮星子星和一个冷巨星子星组成的"光谱双星"。但是，这类双星的轨道周期很长，轨道速度很小，在那个较早的年代，局限于能够使用的光谱仪的色散较低，无法获得精确的视线速度，因此，很难证明它们就是双星。也有人提出这类恒星是具有高温包层的红巨星。程茂兰和他的合作者利用在上普罗旺斯天文台的80厘米和1.2米望远镜添加棱镜摄谱仪对北冕座T、仙女座Z、飞马座AG、英仙座AX、天鹅座BF和盾牌座FB等著名的共生星进行了长达11年的光谱观测研究，倒线色散大多在每毫米70~100埃的中等程度。在北冕座T的光谱中发现日冕线6374.5埃和5302.8埃的强度有明显的变化，且有时会完全消失；在仙女座Z星光谱中发现了发射线5619埃，并确定了其成因；在天鹅座BF的光谱中发现某些禁线有定期消失的现象，并认为该星的星周包层相应的定期消散。他们还发现光谱变化与色温度、电子温度及总光度的变化相关。这些恒星的确具有复杂的包层，同时也是"光谱双星"。

（三）恒星的近红外光谱和帕邢跃变

程茂兰和玛丽·布洛什于20世纪50年代初利用附加在上普罗旺斯天文台的1.2米望远镜上的一架4火石棱镜串联组成（由于棱镜材料在长波区的色散较小，而每一个棱镜的顶角大小有限，所以必须加多个棱镜才能获得足够高的色散）的摄谱仪和红外照相底片对各类光谱型恒星进行了分光光度研究。主要测定了恒星的帕邢跃变和650~820纳米的相对梯度；第一次在天文界给出了不同光谱型恒星的帕邢跃变值和帕邢跃变与巴尔末跃变间的关系。摄谱仪的倒线色散在6500埃处为120埃/毫米、7500埃处为170埃/毫米、8200埃处为210埃/毫米和8800埃处为240埃/毫米，底片是用氨气敏化过的柯达ⅠN。

（四）夜天光谱研究和臭氧层厚度的测定

程茂兰还与导师杜菲合作研究了夜天光光谱和大气臭氧层厚度。夜天背景具有一定的亮度和光谱能量分布。除开天空中的背景暗星的照度外，大气辉光、北极光和黄道光也是夜天光的来源。有的是亮发射线，有的是连续谱。他们用口径仅25毫米而焦比为F/1的快物镜把天空成像在一个特别设计的弯曲长狭缝上（目的是在底片上能够获得直的长谱线图像）。缝后摄谱仪的准直镜的焦距为31厘米。色散原件为两个串连的火石棱镜，以获得足够高的色散。照相底片是阿格发全色片，以获得尽可能宽的波段。对氧的5577埃、6300~6364埃和钠双线5890埃与5896埃三个波段以及它们附近的连续谱进行照相分光光度测量。从1940年10月开始，连续观测多年。观测地点最初是在里昂天文台，后来改到上普罗旺斯天文台。为了获得足够精度，曝光时间通常达到13小时。他们研究了强度在一夜内的变化、一年内的变化、长期变化和短时标起伏。不同谱线的变化是不一样的。5577埃谱线的强度从1941年到1943年间下降了三分之一（这可能对应于太阳活动的减弱），且在一年的二月和十月各有一个极大。这条谱线的强度还存在27日的周期性变化，可能与太阳的自转相关。而6300埃和5892埃谱线仅有一个极大，在夏至附近有一个很深的极小，此外还有平均达到三分之一的短时标起伏。谱线强度与磁场和太阳活动间不存在任何日日相关变化。但是在磁场扰动时5577埃与6300埃谱线均会变得很强。他们在3830~6570埃间发现80余条发射谱线。大多对应于NI、OI、NII、OII和H。还发现有些N_2的分子带。他们还确定了不同亮线发生的大气层高度：5577埃谱线在170~195千米、5892埃谱线在170~200千米、6300埃谱线在250~280千米。还利用照相分光光度测量法确定天顶可通过的最短波长，从而测定臭氧层厚度和含量。这个方法至今仍被使用。

他们还研究了极光的光谱和黄道光的强度和偏振。

（五）气体星云的光谱研究

程茂兰与他的老师杜菲合作对猎户座大星云进行了光谱研究。他们于1945年用上普罗旺斯天文台的1.2米望远镜加有缝摄谱仪观测了猎户座大星云。使用特殊底片曝光11小时半，在3700~5000埃间标示出50多条发射谱线，其中大约一半是在H. W. Wright发表的表内找不到的。在这些新发现的谱线中，他们认证出了二次电离铁元素的5条多重禁止跃迁谱线4658.1、4701.6、4733.7、4755.5和4769.1埃。他们发现铁在气体星云中和在恒星大气中一样，是一种常见元素，这一结论具有重要的科学理论意义。

程茂兰还研究过彗星1942g、1946a和1946b的光谱。

三、台址勘选与人才培养

程茂兰回国后的主要工作是台址勘选和人才培养两项。

（一）北京天文台的光学实测天体物理观测基地的勘测和遴选

程茂兰是第一个把近代国际天文选址概念和方法引进中国的天文学家。他把带回国的一些法文和英文选址文献交给李竞、沈良照、李启斌和黄硼等年轻人，并带领他们在北京周围，按照国际标准进行选址工作。同时建议安排南京大学天文系将在1958年7月毕业的学生胡景耀和蒋世仰把研制光电选址仪器作为毕业实习内容。

在北京地区建设天文台的规划始于1956年制定的"1956—1967年的十二年科学技术发展规划"。当时国内的天文学家把台址想象在香山附近。程茂兰回国后提出香山离北京市中心太近，更要命的是离首都钢铁厂和门头沟矿区太近，将受到严重的光尘污染。他建议必须从北京市中心向外划出若干同心圆：半径50千米、70千米、100千米。天文台最好建在离开百万人口大城市中心100千米之外的高山上。考虑到北京的具体情况，为了节省投资，可以把标准降低到80千米左右，但绝不应小于50千米。而台址的海拔至少应当在1000米左右。经过1957年到1958年10月之间的踏勘，选定了海拔1300多米、离北京市中心80千米的门头沟斋堂的杜家庄南坨山和海拔1600多米的黄草梁仙人洞作为台址候选地。在候选地上进行全面的气象和天文大气宁静度的观测。限于交通不便和缺电等实际情况，只能使用衍射环评分法和目视双星间距定分辨率法。经过大约一年的对比观测，综合分析交通和投资等因素，选定了海拔较低、交通较为方便的杜家庄作为北京天文台光学实测基地的台址。后来北京京津卫戍司令部杨成武将军以国防需要所否定。不久他得了半身不遂，在中苏友好医院住院治疗。在病情得到控制好转后，他又要求李启斌同志于1960年11月带领选址组的年轻人们转向西南方向的河北省保定地区和东北方向的河北省承德地区寻找。1962年任中国科学院数理学部天文委员会副主任委员，同年8月任中国天文学会第二届副理事长。虽然身体不是太好，依然积极地带领年轻人实地进行台址勘测遴选。1964年10月，最后选定河北省兴隆县的连营寨，建设了北京天文台的光学观测基地。

（二）2.16米望远镜的建设

要发展实测天体物理，必须有口径足够大的光学望远镜。程茂兰回国后就建议仿照法国建设一台口径1.93米的反射望远镜，并要来了法国人的圆顶设计图纸。在得知国内已经拟定订购口径1.25米的反射望远镜后，他也表示同意。后来得知英国的一家工厂正在为澳大利亚、埃及、日本和加拿大制造口径1.8米左右的反射望远镜。他又提出借机加入这个团购而改订购口径1.8米的光学望远镜，可是谈判没有成功。在1958年的"大跃进"气氛下，紫金山天文台的初毓华等提出自力更生研制2米级的光学望远镜。1959年3月到7月科学院领导先后在南京和长春召开会议，决定成立"216"联合工作组，设在南京，由紫金山天文台领导，长春的机械研究所、光学精密机械与物理研究所各抽调若干工程技术人员作为骨干力量，再向各有关大学要一些有关专业的毕业生。为了积累经验，会议采纳王大珩的意见，先研制一台口径60厘米的望远镜。程茂兰积极支持自力更生的做法，并在第二届人民代表大会上以代表的身份提议建设研制大口径玻璃镜坯基地。还亲自考察了北京九龙山玻璃厂和成都玻璃厂，后来又在第三届人民代表大会上提出在上海新沪玻璃厂研制大口径微晶玻璃镜坯。1968年60厘米望远镜建成后，"文化大革命"延误了2.16米望远镜的研制。程茂兰被少数造反派强加上"反动学术权威"和"里通外国"两顶帽子，受到了一些不公正的对待。但他并未灰心，不仅默默地适应着身边的一切，还尽力帮助同样受到冲击的韩念国和蒋世仰渡过难关。1972年底望远镜的研制重新提上日程，程茂兰对这一工作又尽力给予支持。在"文化大革命"后期，重新担起了领导北京天文台的重任，参与制定各种规划和接待法国与美国的天文学访问团。可惜他的身体日渐衰弱，1978年10月，程茂兰因心血管系统旧病复发而住院治疗。在病中他最关心的是2.16米望远镜的研制。遗憾的是他在当年的12月31日与世长辞，没有能够亲眼目睹望远镜的落成。不过在国家的支持和各方面的协同努力与配合下，终于在1989年9月安装验收，并于12月参加了多国多台址恒星联合光谱观测。

（三）人才培养

程茂兰十分重视人才培养。除了积极向南京大学天文系争取毕业生外，他又在北京支持北京师范大学设立天文系，同时寻求在北京大学地球物理系设立天体物理专业；还设法在北京天文台筹备处以中国科学技术大学二部的名义开办天体物理训练班，招收武汉测绘学院三年级学生32名和北京天文台在职见习员8人，学期二年。李竞、黄磷等参与授课。这些措施对于中国天文学的发展是非常必要的。特别值得一提的是他把数学基础优秀的见习员韩念国介绍给熊庆来，然后考上北京大学数学系的研究生，获得了破格培养，使得他后来在与美籍华人科学家林家翘的合作中做出了突出的贡献。

程茂兰还把自己在天体光谱研究方面的经验传授给年轻一代，推动培养了一批天体光谱研究方面的后起之秀。

以上只是程茂兰从事天文研究工作的一个简单总结。大约从1935年，他开始涉及天文研究。在获得博士学位后，才开始正式从事天文研究，到1957年回国，总共只进行了20年的实际观测研究，其间还经历了将近4年的第二次世界大战，却发表了68篇重要的学术论文，平均每年3.5篇。他在当时的世界上，是一个少有的经验丰富的天体光谱研究工作者。

四、程茂兰主要论著

Tcheng M L. 1941. Le Spectre de gamma Gassiopeiae. Publ. De l' Observatoire de Lyon, 2: 1-74.

Tcheng M L. 1941. Etude Spectrophotometrique des minima d' Algol. Annales d' Astrophysique, 4: 7-117.

Dufay J, Tcheng M L. 1943. Spectre du nayau de la comete Whipple-Fedtke (1942g). Comptes rendus des séances de l' Academie des Sciences, 217: 287-289.

Tcheng M L, Dufay J. 1945. Les raies interdites du fer doublement et simplement ionize dans le spectre de la nebuleuse d' Orion. Comptes rendus des Seances de l' Academie des Sciences, 220: 583-585.

Dufay J, Tcheng M L. 1945. Spectre de Laurore du 18 Septembre 1941. Annales d' Astrophysiques, 8: 54-62.

Dufay J, Tcheng M L. 1946. Recherches Spectrophotometriques sur la Lumiere du Ciel Nocturne, Premiere partie. Annales de Geophysique, 2: 189-230.

Dufay J, Tcheng M L. 1947. Recherches Spectrophotometriques sur la Lumiere du Ciel Nocturne, Deuxieme partie. Annales de Geophysique, 3: 153-183.

Tcheng M L, Charles Ferrenbach. 1948. Le groupe 4050A dans le spectre des noyaux des cometes 1946a et 1946b. Comptes rendus des séances de l' Academie des Sciences, 226: 1345-1347.

Dufay J, Tcheng M L. 1949. Recherches sur les Spectres des Eclairs, premiere partie. Annales de Geophysique, 5 (2): 137-149.

Tcheng M L. 1951. Etude spectrophotometrique de la polarization de la lumiere du bleu au zenith de 3050 A 4500 A. Annales de Geophysiques, 7 (3): 137-144.

Tcheng M L. 1951. Mesures de la Quantite d' Ozone Contenue dans l' Atmosphere par Spectrophotometre photographique du Ciel Bleu au zenith. Annales de Geophysique, 7: 45-58.

Tcheng M L. 1851. Etude spectrophotometrique de la polarization de la lumiere du ciel bleu au zenith de 3050A 4500A. Annales de geophysique, 7: 137-144.

Bloch M, Tcheng M L. 1953. Mesures de Spectrophotometries Stellaire dans le Rouge et le Proche Infrarouge. Publ de l' Observatoire de Lyon, 3 (24): 75-80.

Dufay J, Tcheng M L. 1954. Sur L' Altitude D' Emission de la Raie Verte du Ciel Nocturne. Annales de Geophysique, 10 (1): 1-8.

程茂兰. 1955. 特殊变星的光谱研究. 天文学报, 3（1）: 59-67.

Dufay J, Tcheng M L. 1955. Sur L' Altitude des couches atmospheriques emettant les raies [OI] 5577A, [OI] 6300A et NaI 5892A. Annales de Geophysique, 11（4）: 387-398.

程茂兰, Bloch M. 1956. 1952年和1955年天鹅BF共生星的光谱. 天文学报, 4（2）: 273-285.

Bloch M, Tcheng M L. 1957. Observations Recentes de Quelques Etoiles Symbiotiques. Memoires Soc R Sc Liege, quatrieme serie, 20（1）: 458-473.

Tcheng M L, Bloch M. 1957. Etude Spectrophotometrique de AX Persei. Annales d' Astrophysique, 20（2）: 86-101.

程茂兰, Bloch M. 1958. 盾牌座FR星的光谱观测. 天文学报, 6（1）: 43-48.

主要参考文献

蒋世仰, 等. 1987. 我国近代天体物理学奠基者——程茂兰. 自然杂志, 10: 453-459.

蒋世仰. 1991. 程茂兰. 中国现代科学家传记//卢嘉锡主编. 第一集. 北京: 科学出版社: 271-279.

Evry Schatzman. 1996. Annual Review of Astronomy and Astrophysics, 34: 1-34.

蒋世仰. 2008. 中国近代实测天体物理学的领路人——程茂兰. 中国国家天文, 11: 36-45.

撰写者

蒋世仰（1936~），四川华蓥人。国家天文台研究员、博士生导师。参加北京天文台台址勘选并主持光电选址部分。参加并负责2.16米望远镜的研制，获得中国科学院科技进步一等奖和国家一等奖。提出并主持研制成功三通道光子计数高速光电光度计，该项目获中国科学院二等奖。1977年3月参加并主持了天王星掩星观测并发现了天王星的光环，该项目获中国科学院自然科学三等奖。提出并主持研制成功2.16米望远镜的折轴阶梯光栅摄谱仪获得中国科学院科技进步二等奖。获中国天文学会第二届张钰哲奖。

邹仪新

邹仪新（1911～1997），广东广州人。天体测量学家。1926年初中毕业，越级考入中山大学预科，继而入该校理学院数学天文系。1932年毕业，即留校当助教，兼中山大学天文台技佐，师从老一辈天体物理学家兼天文台台长张云，开展多项天文观测研究。1935年公费东渡日本帝国大学天文台和东京天文台进修。1936年被指定以余青松领队的中国日食观测队队员，参加当年6月19日发生在日本北海道的日全食电影拍摄获得成功，被传颂为"东亚唯一女天文学家"。1936年秋回国，任中山大学副教授、教授，天文台技正、台长。1948年获国际天文学联合会交换天文学家委员会资助，赴英国格林尼治天文台及爱丁堡天体物理台、剑桥太阳物理台考察。1950年回国，仍在中山大学执教。翌年调紫金山天文台，参加该台时政重建，任实用天文组组长。1956年，奉命主持筹建天津国际纬度站。为此，1957年她被派往苏联普尔科沃天文台、全苏极移中心进修。期间，创立用天顶星测定天顶仪螺旋周值新方法，提高效率两倍，受该中心主持人、国际天文学联合会纬度变化委员会主席费多罗夫赏识、推荐，成为我国天文学家最早加入国际天文学联合会会员之一。1958年担任天津纬度站主任，与该站科技人员共同努力下，天津站成为国家极移研究中心，为国家提供具有世界先进水平的测纬、极移坐标值。1972年她转入北京天文台沙河站太阳组，担任《太阳地球物理资料》（月刊）主编，坚持工作近二十年。晚年参加《中国大百科全书》天文卷编辑工作。著有论文《论蒙德极小期和埃迪新说》。1990年获国家首批有杰出贡献特殊津贴。

邹仪新出生于祖辈以晒盐、贩盐为业的家庭，而父亲则热衷于求学读书、自立门户，其父排行第五，最后就读于名校岭南大学，其母就读于省立女师。邹仪新以下还有七个弟妹。邹仪新逾周岁时，其父因志向悖于家庭不见容，遂携妻女离家出走自立，靠妻子的一点积蓄念完大学后，当上中学教员。邹仪新三四岁时，母亲在家开始教她读书识字。稍长，父亲勉其自立自强，经常用一些中外精辟易记格言启导，如："知识就是力量"，"一寸光阴一寸金"，"人一能之，己十之"，"穿布衣，傲王侯"等。在这些格言思想熏陶下，加上贫困的激励，便成为她读书、工作、留学立志图强、不甘人后的强劲动力。

邹仪新10岁才开始入正规学堂，一下考入女师附小五年级；初中刚毕业，便直接考入中山大学预科，两年后，以优异成绩入该校理学院数学天文系，并连续六学期获学习优秀奖，全部减免学杂费。然而，就在大一的暑假，一个灾难性的不幸向她袭来：父亲溘然病逝，全家陷入无法生存的悲痛中。亏得她的一位堂兄愿意承担她和一个弟弟每学期50元的生活费，助其继续上学。她也牢记人贵自立的教导，一年后，她获得到番禺女师代课，将每月薪金6元奉母，13元留用糊口，母弟的基本生活费只好依靠典当了。沉重的生活鞭策她更加奋发苦读，终于1932年以优异学习成绩大学毕业，且获得留校当助教，兼该校天文台技佐。每月薪酬除20元自用外，其余的四分之三交母家用。

中山大学天文台为学生提供实习，同时为天文学科学研究开展常规观测。邹仪新承担着惊人的工作量：日夜负责测时、守时、描绘太阳黑子的常规工作；为《中山大学天文台两月刊》编写"最新国内外天文界消息"、"天象预报"、"太阳黑子概况"、"天文学动态与评述"以及出版、核对国内外交换；还要解答群众来信、来电。她索性长年住宿天文台，夜以继日拼命干。勤奋、实干使她学到许多新知识、新技能，打下作为天文工作者的扎实基础，以出色的工作成绩，赢得校方、台方领导的赏识。两年后，即1935年春，她公费东渡日本帝国大学天文台进修。当时的日本，根本没有妇女从事天文工作。帝大天文台台长是一位学识渊博注重实测的老教授，没有想到经常出现在《中山大学天文台两月刊》的邹仪新竟是个女的。经过考核，即被接纳。处在这一陌生而庄严的阶梯上，她加倍刻苦用功，除了努力完成台长指定的工作和听课外，隆冬、阴雨、寒夜，她总是独自潜在图书馆阅书刊，写笔记，数月后，终于取得老台长的信赖，将她领进日本规模最大的东京天文台测时部和国际播时所，实习被称为当时世界科学时号质量最好之一的测时和播时的新知识、新经验。这是无法从书本上学到的。实习的后期，适逢日本和云集在日本的50多个国家的日食观测队，为迎接1936年6月19日即将发生在日本北海道地区的日全食天象，热火朝天地作观测准备。强烈的求知欲驱使她涉足这个新领域。她超前数月在实习余暇阅读了近三十年各国日食观测文献，详细记录他们所用的仪器、器材、方法、经验。国内这时也组织了以中央研究院天文研究所所长余青松领队的日食观测队即莅日本，并指定她为队员之一，明确分配她负责日食电影拍摄任务。为此，她日夕抢机反复苦练。6月19日13时刚过，中国观测队在日本北海道枝幸村紧张投入观测。她则谨守工作秩序，静静地听着报时声，一手调节光圈，一手控制过片速率，在薄云浮掠下，成功完成1分57秒日全食及前后过程的电影拍摄。之后，当地报刊轰动地出现"东亚唯一女天文学家"、"唯一成功的女观测者"的传颂，为国家赢得了荣誉，时年她才25岁。

是年秋，邹仪新学成回国。除继续留学前的工作外，还担任普通天文、实用天文教学并指导学生实习等课目。不久，抗战爆发，日寇南侵，中大天文台随校五次迁徙：粤西罗定；云南澄江；后又回迁粤北坪石；1944年日寇从广州北窜，又逃亡连县；抗战胜利返回广州。

在此期间，邹仪新偕同天文台员工，带着图书仪器，跋山涉水，出生入死，历尽艰辛，每到一处，还要千方百计复课。在粤北坪石镇，还搭建一个简易天文台，继续作过太阳黑子、变星和时间观测。1938年她提升为副教授兼技正，1941年任正教授，翌年又任天文台台长，时年31岁。

1948年春，邹仪新荣获国际天文学联合会交换天文学家委员会优厚赞助，赴英国格林尼治天文台工作。这是世界一流的天体测量台。她是该台有史以来唯一中国学者。在这里，她又以加倍努力攀登更高的阶梯，她阅读了各国测时文献，参加该台的时政、太阳黑子、耀斑的实测、量度、归算、整理、发表等工作，实习太阳活动短期预报，更令她获益匪浅的是该台严谨的科学作风，这里的一切都是高质量、高精度。她的科学思想得到又一次的飞跃，以出色的工作获得了继续留英一年全额奖学金，赴爱丁堡天体物理台和剑桥太阳物理台继续深造。

新中国成立了，邹仪新响应祖国的号召，放弃余资于1950年回国，受到党和国家、校方及天文台师生的热烈欢迎。她首课辅导学生实习时，满腔热情把她在国外拍摄的太阳照片、量度日珥喷射速度的附件、表格和黑子位置的坐标等摊满课桌，而后滔滔大谈其在国外天文机构的见闻，恨不得将她在国外所学的一下子铸入同学们的脑子里。接着，抗美援朝战争开始了，为了响应国家动员青年学生参加军干校的号召，天文系全体师生开座谈会，邹仪新带头义愤填膺地控诉当年日寇侵略我国迫使学校西迁而蒙难受辱的罪行，坚决支持同学参军，表现同仇敌忾的决心，这对于解放不久的高级知识分子是难能可贵的。

第二年，邹仪新奉调紫金山天文台，参加时政恢复工作，主持实用天文组，更新观测工作，调配培养干部，使该台时政在新的高度投入工作。

1956年，她奉命在我国北纬38°8′国际纬度线上筹建天津地区的纬度站，以适应国际地球物理年的需要。为此，1957年，她被派赴苏联普尔科沃天文台和全苏极移中心进修，她很快掌握提高了用天顶仪测量纬度变化的熟练程度和极移的推算研究，并创立了用天顶星测定天顶仪螺旋周值的新方法，提高了工作效率两倍，赢得了该中心主持人——国际天文学联合会纬度变化委员会主席费多罗夫的赞赏。

回天津后，在她和全站员工的共同努力下，1958年8月，紫金山天文台领导宣布以她为站主任的天津纬度建成。此后仅两年，天津站的天顶仪观测无论在数量和精度上均达到世界先进水平。再三年，天津站成为全国纬度极移研究中心。为了培养高层次业务人才，使天津站工作得以持续发展，1964年，邹仪新为天津站招收、培养三名研究生。

不幸，灾难的全国性"文化大革命"发生了。她身心受到严重的摧残，度过了屈辱的四年。

1971年冬，我国人造卫星上天和国家短波通讯对太阳活动预报的需要，她转入北京天文台沙河站太阳组，负责每半月综合紫金山天文台、云南天文台以及北京天文台太阳观测资料供太阳活动预报之用；同时参加编辑、出版我国有史以来首份《太阳地球物理资料》（月刊），这一刊物，汇集了全国天文台、站、馆、地球物理所地磁台、北京宇宙线站、空间中心、五院505所等单位上百科技人员，用不同手段取得的太阳黑子、太阳耀斑、太阳射电、太阳活动区磁场、速度场、地磁指数、磁暴，以及宇宙线强度、突然电离层扰动等内容的实测资料，每期刊载数千至上万个数据，供国内通讯、气象、水文、地震、天文、宇航、地球物理、空间物理等100多单位广为使用；由于我国所处的地理位置，这份科学数据的刊物，同样为国际之所需，至今已与美国国家地球物理和日地关系资料中心、美国世界数据中心、俄罗斯等20多个国家的50多个单位交换，代表着我国这一科学领域的世界水平。邹仪新接手这份工作时，深知工作的分量，她虽已年届花甲，仍然果敢地把重担挑起来，（1978年7月任首届编委会主编）二十年如一日，以极端负责的精神和严谨的工作态度，一丝不苟、反复核对每个数据，使这刊物得以高质地持续出版。仅从1971年5月至1983年12月，共编辑出版了151期，计六千多页，约一百万个数据。1989年荣获中国科学院自然科学奖三等奖。

1985年11月，邹仪新携带《太阳地球物理资料》赴印度参加国际天文学联合会第十九届大会，与与会的同行进行交流，获得极大成功，会上会下纷纷要求交换资料。事实说明：我国刊出的太阳黑子观测值的三个表和每日一幅的黑子磁场观测图，大部分为联合会《太阳活动季刊》、美国《太阳与地球物理资料》所缺；黑子第一和第二表则是苏联《太阳资料》所无，况且还有地区性补充的需要。通过交换，也取得我国所需的名台珍贵资料，尤其是空间太阳资料。

此外，邹仪新还集中在太阳活动周期的课题上作出有意义的研究。她在1978年第12期《北京天文台台刊》上发表了《从我国太阳黑子观测看太阳二千多年的活动》。1987年11月，她参加在北京召开的国际天文学联合会亚太地区会议，报告

《古代太阳有没有11年周期》的论文，以回答美国学者埃迪1976年提出的"太阳活动11年周期只是近数百年才有"的说法。对此，她耗时10年在国内有关学术会议四次作过《论蒙德极小期和埃迪新法》（一、二、三、四）的报告。这些报告从肉眼目视黑子、地磁、气象、北极光四个方面的古资料论证从人类有记载以来太阳活动11年周期始终存在着。报告发表在会议文集上。

1989年5月，邹仪新再一次赴苏联参加国际天文学联合会第138学术会议。她报告的题目为《硬X射线大爆发时、黑子群及其磁场的特征》，这是引用美国1988年6月出版的太阳峰年卫星所测的硬X射线资料，结合我国大量地面观测取得的结果。这可能是她最后遗留下来的一篇"墨宝"。

纵观邹仪新的一生，她一心一意无保留地为我国天文学事业的发展，做出了实际的卓越的贡献。在旧中国，她作为屈指可数，又是唯一女性的老一辈天文学家，为当时濒于无继的近代天文学添砖加瓦；在新中国，她为现代天文学的空前发展披荆斩棘、架桥铺路。她一生中所取得每一项成功，无不是从困难中一步一个脚印"拼"出来的。她使用的办法总是锲而不舍，不达到目的，绝不罢休。她的生命属于天文事业，她也把天文事业视为她的生命。她的一生，几乎都在远离城区、贴近山沟、农舍的天文观测台、站度过的。她的时间、思维历来从属于永远没有休止的神圣的工作；而她的物质生活却总是那总简单朴素。她生前和她的老伴（数学研究所研究员叶述武先生）居住在中关村中国科学院高级研究人员的寓所里。室内四壁书架上、地板上、桌椅上乃至睡床被褥上，经常见到的是散落着杂乱无章的书刊、稿件以及演算的纸张、碎片。没有电视机、收录机、席梦思、地毯……。看不到一点八十年代时尚的痕迹。

她是我国女性科学工作者的骄傲。

邹仪新主要论著

邹仪新. 1960. 天津纬度站的建立. 天文学报，8：91-98.

邹仪新，等. 1964. 用连锁法求赤纬改正与其他两法之比较. 天文学报，12（1）：3-12.

邹仪新. 1964. 赤纬和平纬极移的关系. 天文学报，12（2）：101-108.

邹仪新，等. 1965. 关于测纬用星的赤纬星表. 天文学报，13（1）：37-41.

邹仪新，容寿铿. 1966. 纬度工作. 天文学报，14（1）：101-111.

邹仪新. 1978. 从我国的太阳黑子观测看太阳二千多年的活动. 北京天文台台刊，12.

撰写者

洪斯溢，1926年8月29日出生于广东省汕头市。1952年毕业于中山大学理学院天文系。1958年9月调中国科学院北京天文台筹备处，历任学术秘书、处长、副台长。曾评定为管理高级工程师，1986年末离休。在中山大学，邹仪新先生是作者的老师，在北京天文台，与邹先生多年共事。

程庭芳

程庭芳（1911~1968），山东高青人。天文学家。1932~1936年毕业于山东齐鲁大学天算系，获理科硕士学位，任助教。南京大学天文系创建人之一。1937年任中国天文学会变星观测委员会委员。1937~1946年齐鲁大学西迁成都，程庭芳留驻济南，维护齐鲁大学天文仪器。1946~1952年任教于齐鲁大学天算系。1952~1968年任教于南京大学天文系。程庭芳以极大的热情投入南京大学天文系的创建工作，被聘为副教授、天文系天体测量研究室主任，并负责南京大学天文系三个圆顶室的建设任务。1958年程庭芳协助苏联专家在我国海南岛成功地进行了1958年4月19日日环食分光观测，取得了极其重要的观测资料；1959年带队前往海拔6000余米的祁连山，在海拔4000米的一个气象观测站中试用本系苏定强等人研制的日冕仪观测日冕。程庭芳根据长期教学和丰富的天文观测实践，于1956年撰写出版了《普通天文学实验》一书。1968年12月13日病逝于南京。

程庭芳1911年12月23日生于山东省高青县一个有文化的农民家庭，他的父亲是原山东济南齐鲁大学文学系毕业生，毕业后在外省中学任教，后因恋家回乡教私塾兼务农。因所在农村地处山东东北部黄河三角洲平原，历史上属黄泛区，土地大多为盐碱地，家中以种植小麦、玉米、大豆等为主，产量很低。加之家中人口较多，劳动力不足，生活一直比较贫困。程庭芳在9岁入学前，一直随父辈从事农业劳动，从小养成勤劳刻苦，勤俭节约的优良作风。

1920年，时年9岁的程庭芳到其外婆家山东省滨县北镇暂住，同时进入滨县北镇初级小学学习。因学习刻苦，在校成绩一直名列前茅。小学毕业后考入滨县北镇鸿文中学初中部，初中毕业后考入潍县广文中学高中部。在高中最后一年因备考齐鲁大学，转学到齐鲁大学附属中学学习。1932年，程庭芳以优异成绩考入齐鲁大学天算学系（所谓天算学，即天文学和数学合一的学科）。当时齐鲁大学天算学系是该校最有名的科系之一，前任天文算学系系主任王锡恩，曾被称为"当代世界六大算学家之一"，著有《实用天文》、《力学训算》、《勾股演代》等书。虽然程庭芳没能聆听王锡恩的谆谆教诲（王锡恩于1932年因病去世），但他的著作和教学方法对作为后辈的程庭芳来说，的确受益匪浅。1936年程庭芳以优异成绩毕业，获理科硕士学位，并留校任教，被聘为齐鲁大学天文算学系助教。由于当时国内高等教育起步晚，涉及天文算学方面的学校和人才更少，所以程庭芳虽然只是助教，但马上进入主要教学领域。程庭芳当时在校任教期间除了主要教授高等数学、高等物理课程外，还偏重实用天文学的课程，他带领指导天算系学生从事天文观测工作。程庭芳任教初期开设的天文课程是《实用天文学》，带领学生观测的项目是"变星的观测与研究"、"太阳黑子的观测与研究"等。

1937年，程庭芳加入中国天文学会，任变星观测委员会委员。1937年抗日战争爆发后，日本侵略军日益逼近山东，时局动荡，学校已经无法正常上课。齐鲁大学决定，除留下少部分教职员工留校看护学校财产以外，其余师生内迁四川成都。程庭芳不顾危险，自愿留下看护天算系的设备和物资，并不时加以维修和保养（当时齐鲁大学天算系有两架天文望远镜。一架是口径25厘米的反射望远镜，用于变星的观测；另一架是口径为10厘米的小型折射望远镜，用于太阳黑子的观测）。在留守学校的1937年至1942年期间，程庭芳利用那架10厘米口径的天文望远镜进行了太阳黑子的观测，并及时地把观测纪录报送瑞士苏黎世天文台，以利于全球太阳黑子纪录的观测汇总。在观测太阳黑子的同时，程庭芳还查阅了大量中国古籍，研究中国古代有关太阳黑子的相关记载，这也为他此后撰写论文《中国古代太阳黑子记录分析》奠定了基础。此论文多次被国内外太阳物理学家所引用。

1941年太平洋战争爆发，日本军队强行进入齐鲁大学，除外籍员工被关押之外，其余中国员工被勒令解散。程庭芳为全家生计，只得另寻工作。战火纷飞的年代，找工作又谈何容易（当时程庭芳已有两个孩子，长子1940年出生，次子1942年出生，即笔者）。日子确实艰难。好容易熬到1944年，原山东师范学院聘程庭芳讲授大学数学和大学物理课程，全家才得以糊口。

1945年抗战胜利后，齐鲁大学师生陆续从四川成都返回济南。程庭芳随即回到母校工作。天算系的师生看到仪器设备完好如新，非常高兴。1946年底，齐鲁大学就开始招收新生入学。到1948年，齐鲁大学天算系已恢复正常教学，在以后所招收的新生中，不乏后来对新中国的天文事业作出许多贡献的人才，如中国科学院南京紫金山天文台的赵先孜（1947年入学）、南京大学天文学系的许邦信、苗永宽（1950年入学）等。

1948年，解放战争中的济南战役打响，齐鲁大学又一次停课，学校考虑到这场战事对齐鲁大学会有很大的破坏，遂决定学校南迁杭州，程庭芳也举家同去，当时国民党政府动员教师去台湾。程庭芳眷恋乡土，不想去台湾，曾打算回家乡从事中小学教学，但他又热爱天文工作，不愿意就此放弃，因而心中十分苦闷。1949年新中国成立之后，程庭芳返回济南，看到齐鲁大学秋毫无犯，完整无缺，心中十分高兴，并主动与军管会取得联系。不久，程庭芳就接到校方的邀请，诚邀他回校任教。回校后，程庭芳受到了党和政府的高度关心，学校还为他提高了工资待遇，改善了家庭居住条件，使他心情十分舒畅，教学和科研工作更加认真负责。

1952年，国家教育部为了更好地培养人才和进行科研工作，决定在全国范围内进行大规模的院系调整。当时我国高等院校从事天文教学和科研工作的院系仅有广州中山大学天文系和山东齐鲁大学天算系。教育部决定将这两所院校的天文学部分合并，迁往南京大学，成立南京大学天文系。建系初期，仅有7位教师，来自中山大学天文系的教授赵却民和来自齐鲁大学天算系的副教授程庭芳，及5位来自两校的年轻教师。他们开始筹备南京大学天文系的建系工作和招生事宜。与此同时，从中山大学天文系和齐鲁大学天算系拆运的天文仪器及部分天文书籍亦运抵南京，此时的首要任务是建立南京大学天文台和成立专业教研室。

1953年春，南京大学天文系的几位教师参照了国内外天文台的建筑模式，设计了具有独特风格的南京大学天文台。建设天文台最重要的工作之一就是安装天文望远镜。由于有长期安装调试天文望远镜的经验，程庭芳投入了极大的热情，担负安装校准天文望远镜的工作，真可谓废寝忘食。安装天文望远镜的关键是调整和校正极轴，它要求天文望远镜的极轴应和天轴平行，极轴的地平倾角应等于观测地点的地理纬度，且位于子午面内。这项工作说是简单，其实极为精细和繁琐的，在这个调镜过程中，还必须对暗弱天体作较长时间的跟踪观测或摄影；或者对多个恒星观测它们在望远镜视场内的移动，并要多次反复调整以取得最佳的效果，最后还要调整寻星镜光轴与主镜光轴平行。这些安装校准天文望远镜的方法、经验和体会，在程庭芳于1956年编著的《普通天文学实验》一书中有详尽的描述。

《普通天文学实验》一书，第一版由商务印书馆1956年5月公开发行，印数仅8000册。正如作者在前言中所说，"本书的一部分系根据国外实验教材编写，一部分系编者所写。师范学院或综合大学中开设普通天文学课程均可采用"。书中提供的41项天体测量课题，大多为程庭芳根据自己多年来实测经验的总结。全书主要内容有：坐标系的变换；天球仪和赤道仪的应用；时间及时间换算；年历；月球的视运动；岁差、章动和光行差；行星的视运动和轨道表示法；天文望远镜的光学原理；光谱学原理；太阳黑子研究；恒星距离的测定；变星及光变曲线的测量等。该书发行后极受欢迎，很快销售一空，再版的要求迫使程庭芳花费大量精力考虑需要增补哪些新的内容，但后来繁忙的教学任务和天文观测的科研任务使程庭芳无暇再版此书，成为遗憾。

当时的南京大学天文系下设三个教研室：天体物理教研室、天体力学教研室、天体测量教研室。程庭芳任天体测量教研室室主任，负责天体测量教研室的教学和科研工作。程庭芳讲授的主要学科是"天体测量学"。下含三门课程分别是"球面天文学"、"方位天文学"和"实用天文学"。其中"球面天文学"主要研究天体投影在天球上的坐标的表示方法，坐标之间的关系和各种坐标的修正；"方位天文学"是测定天体的位置和运动；"实用天文学"的主要内容包括时间测量、极移测量和天文大地测量等。这些课程的理论和实测工作均在所编写的《普通天文学实验》一书中有极为详尽的描述。

除了繁重的教学任务，程庭芳还负责学生的毕业实习工作，尤其是负责毕业生撰写毕业论文时的实习任务。对于教师、学生平时的观测实习工作，南京大学天文台的三台天文望远镜还能基本满足需求，但学生到毕业阶段，需撰写毕业论文，当时对学生的毕业论文要求较高。南京大学天文系要求学生的毕业论文必须具有独创性，不能照抄照搬别人的研究成果，因此，天文系的毕业生须选定新的课题，并亲自参加观测，把观测结果写进自己的毕业论文。这时，南京大学天文台的三台天文望远镜因口径太小，视场不良，观测条件也受限而无法写出高质量的论文。为此，天文系要求在条件允许的前提下，尽可能带毕业生到国内最好的天文台去进行天文观测。当时国内最好的天文台是紫金山天文台和上海佘山天文台（北京天文台、云南天文台和陕西天文台是1958年之后陆续建立的）。因此每年天文系毕业生临毕业之际，程庭芳都需要带他们前往紫金山天文台和上海佘山天文台进行观测。

对于每一次的观测来说，观测者所使用的天文望远镜的调试，是观测成败的关键。究其原因是，天体是运动着的，一个天像的出现可能是转瞬即逝。如果你使用的天文望远镜没有调准的话，你就有可能在望远镜视场捕捉不到短暂出现的观测目标，就会前功尽弃了（这种情况在天文观测史上多不胜数，举例来说，日全食在我国发生过多次，每次都组织专业天文工作者和天文爱好者进行观测，在日全食出现时，就会发现不少观测者手忙脚乱，待最后时刻找准了目标，天象已经消逝，无功而返者众多）。由于程庭芳具有多年实测天体的经验，此等情况绝无出现。而且，他调镜速度之快，调镜精度之高（误差小）也为师生所惊叹！笔者后来接触程庭芳所教之学生谈及此事，无不感叹程庭芳之心灵手巧。20世纪五六十年代，南京大学天文系最重要的两次天文观测任务是：1958年去海南岛观测日环食和1961年到甘肃祁连山测试我国首台日冕仪，都是程庭芳带队前往。

1957年国际天文学联合会日食委员会预报，1958年4月19日在中国最南端海南岛会发生一次日环食。由于这次日环食的食带比较窄，时间也比较短，因此未引起中国天文学会的注意。不久，中国科学院接到苏联科学院的来函，希望中国重视此次日环食的观测，并指出，可利用此次观测，填补中国天文学研究在天体物理方面，尤其在太阳物理研究领域的不足。当时中国天文学研究领域大多限于天体测量和天体力学传统领域，在天体物理领域，如太阳物理、恒星物理等研究项目还没有开展。那时，中国不仅尚无一支太阳物理研究队伍，而且国内也没有一座天文台拥有太阳观测仪器。苏联方面表示，愿派遣有关专家帮助中国培养自己的太阳物理研究人员，协助中国建造太阳观测台站。中国科学院接受了苏方的建议，决定成立一支"中苏合作海南岛日环食观测队"。经双方多次协商，中国科学院和中国天文学会组织两支观测队伍：一支是由中国科学院紫金山天文台利用苏联提供的天线进行太阳射电观测；一支由南京大学天文系程庭芳带队，利用日晕光度计观测研究太阳临边昏暗现象。为了做好此项观测，程庭芳及其他研究人员，在苏联莫斯科大学天文研究所特·费·西特尼克博士指导下，使用自制的日晕光度计进行了多次日面边缘的光度测量，取得了丰富的观测经验，为1958年4月19日前往海南岛三亚观测日环食打下了坚实的基础。这次海南岛观测，取得很好的观测结果：测定出日面边缘的临边昏暗规律、日面中心和边缘谱线总吸收的比较和日心及边缘生长曲线的规律等结果。

以此为契机，在南京大学天文系师生的共同努力下，太阳物理研究也取得了快速发展，不仅培养了一批太阳物理研究的学者专家，而且关于太阳的观测仪器研制工作也全面展开。苏联专家西特尼克建议，在南京东郊建立一个太阳塔作为科研和教学基地，同时希望南京大学天文系能研制一个日冕仪，可以对日冕进行常规观测（日冕观测过去仅在日全食出现时才可观测到）。程庭芳积极参加了太阳观测仪器制造的研讨会。南京大学天文系的毕业生苏定强（现为中国科学院院士），1959年6月开始思考自行研制一台日冕观测仪。1961年初，苏定强在南京天文仪器厂研制成功一台日冕仪样机，提出能够在平常条件下（不一定在日全食出现时）可以观测到日冕。为了测试我国首台自行研制成功的日冕仪，苏定强希望南京大学天文系组织经验丰富的测试队伍完成这一重任。经南京大学天文系多次商讨，依然决定由程庭芳带队进行测试任务。时年程庭芳已是五旬之人（那个年代五旬老人已显非常苍老），身体状况不好，时常感到肝区疼痛。程庭芳不顾病痛，同意带队前往甘肃祁连山进行此次日冕仪的测试及验证工作。在出发之前，校系领导多次指出这次测试的重大意义，同时指出这次远途跋涉所可能遇到的艰难险阻，但他毅然前往。

日冕是太阳大气最外层从过渡区顶部向外延伸到几个太阳半径，甚至更远的太阳辐射现象。它又分为内冕和外冕，内冕只延伸到太阳表面（光球层）大约三分之一太阳半径处，而外冕则可延伸到几个太阳半径之远。日冕是由很稀薄的完全电离的高温等离子体组成，主要是质子、高度电离的离子和高速的自由电子组成。现在由于科技的迅速发展，各国都采用了空间探测仪和巨大的射电望远镜观测日冕。20世纪五六十年代，全世界仅有几架高山日冕仪在进行观测，而且只有在日全食时，太阳物理学家才会集中全力进行观测。因为，这时落在地球上的月影使天空亮度大大减弱，在暗月边周围出现的日冕则较容易被观测到。平时要观测日冕，必须采用能最大限度消除散射光的日冕仪才行。这就要求日冕仪必须安装在大气宁静度较好，天空散射光强度较低，山的海拔高度要超过3000米的高山之上。几经查询，当时位于甘肃祁连山的一座海拔4000米的气象观测站最为理想，南京大学天文系观测队决定携带此仪器前往此处观测。

祁连山位于我国甘肃省西部和青海省东北部边境，由多条西北至东南走向的平行山脉和宽谷组成，山峰的海拔大多为4000～5000米，最高峰达5800米，海拔4000米以上的山峰终年积雪。20世纪60年代初，我国西北地区未加开发，交通极为不便，又恰遇我国三年困难时期，物资供应十分匮乏，加之1959年西藏叛乱，被打散的叛乱分子经常出没在这一带活动，晚上还不时听到枪声，对当地安全造成极大危害。南京大学天文系观测队到达祁连山时，当地的解放军官兵特别向大家提醒，千万注意安全，这一情况是观测队始未预料到的。尽管如此艰难险阻，但观测队义无反顾，在中国科学院和解放军部队的大力支持下（中国科学院配有一辆装满食品的卡车，当地驻军派了十几个战士护送），顺利抵达观测地点。程庭芳不顾年迈和高山反应，和其他几位年轻教师立即安装和调试这台日冕仪。测试高山上的天空散射光强度是否满足要求，再测试这台仪器本身光学系统和机械系统的散射光。测试结果表明，在位于4000米以上的高山上，这台日冕仪的内部散射光强度过大了一些。程庭芳带领的观测队仍不放过任何一次机会，只要天气晴朗，太阳高照，就反复对日冕进行观测和照相研究。观测队进行了近一个月的艰苦工作，这台日冕仪仍没有能拍到日冕。经大家反复讨论研究，认为这台日冕仪的精度还不够，主要是研制这台日冕仪的光学系统和机械制造上还存在一些问题，特别是光学材料质量较差，产生的散射光大于规定数值（仪器产生的散射光强度不能大于 10^{-6} 的日面亮度）。最后，苏定强表示回宁后会重选光学材料，进行机械深加工，进一步提高这台日冕仪的精度。可惜，后来由于"文化大革命"等种种原因，这项研制工作没有再继续下去，使得当时日冕仪的地面经常性观测研究成为一个空白。

在这期间，程庭芳查阅了许多关于日冕仪的资料，想找出解决问题的关键。曾设想：是否可以通过提高光谱的观测精度来观测日冕。为此他多次测试各种光谱仪，他所写的论文《光谱能量分布校准器的校准》，就是想通过多次反复测量一个光源的光谱能量分布，来研究太阳或其他恒星光源连续光谱的绝对能量分布，并以此改进提高任何辐射接收器的分光灵敏度。该文还详细列出了校准器的测量方法，仪器设备的调整，测量程序，计算结果等，为提高光谱仪的分辨率提供理论和实验基础。

在繁重的教学和科研工作之外，程庭芳还十分热爱天文科学普及工作。早在齐鲁大学工作期间，只要天气晴朗，繁星满天，程庭芳晚饭后总会约上几位同事及朋友前去天文台观测，详细绘制济南地区的星图（处在地理纬度不同地区看到的天空星图是不一样的）。他在为新生讲课时特别指出，识星无论在中国还是在外国，在天文发展史上都起着极为重要的作用，尤其是学习天文专业的学生，不学会认识星座及其相关的知识是不可想象的，这种本领不仅从事天体测量工作的应该学会，其他天体力学和天体物理工作者也应该具备。为此，程庭芳负责的天文台，不论是在齐鲁大学天文台还是在南京大学天文台，按照国际惯例，每周都会对公众开放一次，让公众熟悉星空，增长天文知识。

1957年10月4日，苏联发射了世界上第一颗人造地球卫星，随后在1961年4月12日，苏联第一个宇航员尤里·加加林首次进行太空飞行。这一系列壮举震惊了世界，同时在世界范围内掀起了学习天文学，了解人造地球卫星、认识宇宙的高潮。在我国也不例外，从那时起，报考南京大学天文系的考生大大增加，不得不进行扩招。而且社会上的天文爱好者也是人数猛增。那时中国天文学会还未成立"天文普及工作委员会"（该委员会迟至1978年才成立），没有办法开展全国的天文普及工作，南京大学天文系不断接到社会各界群众和团体来人来函，希望天文系的有关专家前去作科普报告。1957~1962年，程庭芳曾先后应邀到部队、机关、院校作专题讲座和报告多场次，主要题目有《人造卫星发射的意义》、《怎样认识星空》、《日月食的原理》等。在此基础上，为了更好地普及天文知识，满足青少年学习天文学的渴望，程庭芳专门写了一本天文学科普著作《怎样识星》。该书通俗易懂，详细描述了我国可见的星座及每年12个月的天象图和说明，解释了星图上的各个名词，同时指导天文爱好者如何进行室外观测。为了便于肉眼观测，每张天象图标明6等星以上的天体（因为一般人肉眼可见的星等亮度为6等星）。为了区分星体的亮度大小，书中用大小不一的黑点标明，同时为了指导全国不同地区的天文爱好者观测本地区的星空，程庭芳还制作了星图转盘和天球仪供读者使用。这本书编写相当认真仔细，表明了程庭芳作为科学工作者严谨的工作态度和作风。此书一出版就大受欢迎，第一版迅速销售一空，江苏人民出版社不断接到加印的要求，但由于各种原因，迟至1973年7月，经南京大学天文系师生修订，才出版了第二版，印数达6万余册，也是很快销售一空（此时程庭芳已不在人世）。

程庭芳早年家境贫寒，家庭无法供养他读书，为了能维持学业，他一直是边打工边读书（那时的打工就是给当地有钱人家教私塾）。生活清苦，身体一直不太好。1962年程庭芳体检时，发现肝部患病，遂住进了南京柳营疗养院。在此期间，他应《天文爱好者》杂志之约，撰写了多篇天文科普文章，发表在该刊物上，并对天文工作者和天文爱好者的来信热情答疑解惑。他曾多次嘱笔者前往图书馆查阅相关文献，正确无误地回复读者来信。这些工作对广大青少年热爱天文，从事天文事业起到极大的促进作用。

1966年"文化大革命"运动波及全国各个地区，高校首当其冲，人人必须参加运动。程庭芳虽然还在治病，迫于无奈，只得离开南京柳营疗养院回到南京大学参加这场运动。虽然他未受到大的迫害，但心情不佳，同时，因缺少有效的医疗，病情迅速恶化，不幸于1968年12月13日凌晨病逝于南京鼓楼医院，享年仅57岁。

程庭芳主要论著

程廷芳. 1956. 普通天文学实验. 第一版. 北京：商务印书馆.

程廷芳. 1956. 中国古代太阳黑子纪录分析. 南京大学学报（自然科学），4.

程庭芳. 1957. 怎样识星. 第一版. 南京：江苏人民出版社.

程廷芳等. 1962. 光谱能量分布校准器的校准. 南京大学学报（自然科学）.

主要参考文献

南京大学数学天文系天文专业编. 1961. 天文学教程. 上海：上海科学技术出版社.

中国大百科全书总编辑委员会. 1980. 中国大百科全书（天文卷）. 第一版. 北京：中国大百科全书出版社.

山东省滨州市地方史志编纂委员会. 1993. 滨州市志. 第一版. 济南：齐鲁书社.

章振大. 2000. 日冕物理. 第一版. 北京：科学出版社.

江苏省地方志编纂委员会. 2001. 江苏省志·天文事业志. 南京：江苏古籍出版社.

程廉清. 2005. 程庭芳. 中国科学技术专家传略. 第一版. 北京：中国科学技术出版社：150-152.

齐鲁大学校友会. 2010. 齐鲁大学八十八年（1864~1952）. 第一版. 北京：中国出版集团现代教育出版社.

撰写者

程廉清（1942~），生于山东济南，程庭芳先生次子，南京大学天文系图书馆副研究员。主要从事图书馆和情报学及中国近代天文学史研究。参与编写《国外科学技术核心期刊总览》、《江苏省志：天文事业志》、《自然灾害百科全书》等著作，并在各类刊物发表多篇文章。

叶述武

叶述武（1911~1996），广东梅州人。数学家和天文学家。中国科学院力学研究所、数学研究所研究员。1925年考入广东大学的预科，1927年升入广东大学本科数学系（后广东大学改名中山大学，数学系改名数学天文系）。1931年毕业于中山大学数学天文系并留校任助教。1935年元旦，与邹仪新结婚。1936~1938年赴法国里昂大学深造。回国后，在中山大学任教期间，因日本侵华，广州沦陷，遂随校辗转于云南澂江、粤北乐昌、湖南临武等地继续开展教学工作。其间曾任中山大学教授、湖南农业专科学校教授兼湖南商业专科学校、工业专科学校教授。1945年随中山大学返回广州，改任师范学院教职。1952年，全国高校院系调整，叶述武任新成立的华南师范学院数学系主任，受命主持并筹建数学系。1959年调任中国科学院力学研究所研究员，1961年转到数学研究所任研究员，主持理论力学研究室并任室主任，开展人造卫星轨道的相关研究工作。1979年，任中国天文学会第三届理事和北京天文学会理事长。1981~1996年受聘任《数学物理学报》的编委。由于其学术造诣和社会影响力，曾先后任多所高校院系的顾问。叶述武自30年代起从教并对二重数的代数与几何进行研究，取得令人瞩目的成绩。对人造卫星轨道研制，火箭主动段最佳设计理论的改进，及对天体力学等数学理论进行了研究，并取得丰硕的成果。

一、读书与留学

1911年1月17日叶述武生于广东梅州的一个普通家庭。父亲曾在报馆任职，当时家中贫困，子女众多，父亲期望他初中毕业后即从事工作，赚钱以补贴家用。然而叶述武自小聪明好学，母亲宁可省吃俭用，也要花钱供他买书，支持他继续求学。1925年，年仅14岁的他就连跨两级考入广东大学的预科，成为当地最年轻的大学生。广东大学创办于1924年，是孙中山先生在广州创办的一文一武两所高校之一（武即黄埔军校）。叶述武入学不久，为纪念孙中山先生，广东大学更名中山大学。中山大学初创时有文、理、法、农四科，其中理科设数学、物理学、化学、生物学、地质学五系。当时法国的数学教学研究居世界先进水平，该校还聘请一批留法归来的学生任教，叶述武的老师何衍璇就是其中之一，为该校培养出一批很有水平的学生，叶述武即是其得意门生。另一个对叶述武影响颇深的是 1926 年 8 月留法归来并开设天文课后成为中山大学天文台台长和中山大学校长的张云老师。由于受到这些名师的教授与影响，叶述武在专业知识上显示出相当强的能力。他与一些同学成立数学研究会，取得十分可观的成绩。1931 年 3 月 10 日，中山大学校报《数学研究会最近状况》报道："去岁该会编辑李国平君编著的《椭圆函数导论》一书，曾受学校之奖金。该会编辑主任叶述武君，根据英法名作著成《微分几何》一书，内容精审，文字流畅，对于重要定理，颇多引申，询为不可多得之佳作"。《微分几何》书稿由理科各教授进行答辩，叶述武对答如流，在场教授均表满意，由系主任何衍璇教授呈请学校从优奖励。叶述武著成该书时，只是一名大三学生，学校颁发给他百元奖金以资鼓励。他提早一年多便开始撰写大学毕业论文，在博览群书、深入钻研的基础上，他创设了一种数，取名"T 数"。《T 数导论》便是他的大学毕业论文，该文深受何衍璇教授赏识。1931 年夏天，叶述武从中山大学数学天文系毕业，年仅 20 岁。他的毕业论文经其增益，发表于《国立中山大学自然科学季刊》第 5 卷第 2 期。在学期间获百元奖金，毕业论文又在学报发表，这在大学生中十分罕见。叶述武学有所成，被中山大学数学天文系留任助教。

1935 年元旦，何衍璇为叶述武与邹仪新的婚礼举行了隆重仪式并作主婚人。婚后仅三个月，叶妻奉派赴日留学。翌年叶述武也被续派。夫妻双方均以学业为重，都不愿同到一国留学，叶述武恳请中大把留日的月费转为留法。他宁过拮据生活以专志读书。此举为两人深造创造了良好条件。叶述武出国前夕还先到日本，和妻议定了两人此后在学术上的努力方向，以及分工合作的具体措施，即赴法国。别后两年半中，他每数天必去信日本，互相鼓励，互告学习进展、计划执行情况。当时法国规定：中国留学生须先考取"同等学力证"，才能进一步听硕士功课。硕士学位须考取三张文凭（法国称为证书）。每一文凭须经三种考试。一般情况，中国留学生约花一年时间于"同等学力证"，然后一年考一张文凭，三四年完成硕士学位。叶述武于 1936 年 5 月下旬抵里昂，同年 11 月 7 日考得了"同等学力证"。次年 10 月 27 日完成了五张文凭的考试。在法国所取得的五张文凭中，有高等天文（包括方位天文和天体物理）、理论力学（包括天体力学）和数学三张，使之获硕士学位。这就为他日后把数学理论应用于天文方面的研究奠定了基础。里昂大学数学系主任都拉克（Dulac）教授写信给中国大使馆说："叶述武一年考得了五张文凭，均有很好评语。其中，高等微积分和理论力学评为'极好'。这种评语是我们极少给予学生的。他在我所教过的中国留学生中，无疑是一位最强者。"

1936年，叶述武在法国留学取得学位后，中山大学即电告他返校任教，并不再供给每月600法郎的留学费用。26岁的叶述武上进心切，仍然举债赴巴黎，希望继续深造，他在巴黎大学聆听著名数学家讲座。直至举债无门，抗日战争已日趋吃紧，叶述武才匆匆赶回祖国任教。

二、教学与研究

1931年夏，叶述武毕业于中山大学数学天文系时，年仅20岁，研究并首创《T数导论》的毕业论文发表于《国立中山大学自然科学季刊》第5卷第2期，并获百元奖励，被认为大学生中所罕有。因此中大数学天文系留他任助教。助教一年后，何衍璇推荐他到广西大学任讲师，给大学二年级学生讲授高等微积分，时年21岁。

1937年，叶述武从法国留学返回中山大学，其妻邹仪新已先期从日本回国，两人共同在中山大学任教数学与天文的相关课程。其妻邹仪新除在中大任教外，还兼该校天文台工作。中大天文台是张云教授提议建设并于1929年落成，比1934年建成的紫金山天文台还早5年。该台建成后，一切天文气象仪器，重新装设。原物理系气象实验所的多种气象仪器，并入该台。到1937年，天文台的设备已颇为可观，有子午仪、15厘米的赤道仪、两台望远镜，及其他各种天文仪器二十多种，气象仪器二十余件，暨曲线面之模型等。叶述武返国时，广州已在日本敌机的狂轰滥炸之中。此时其妻为准备转运疏散正在拆卸仪器装箱。

当时中大人员的疏散有三途：一是随校乘船疏散到暂定地点，当该地又有问题时，再继续西行入内地。由于内地艰苦、交通不便，且工资日益贬值，随校者极少。二是就近避往香港、澳门，人多取此。三是最易行而又稳妥安全的，留广州，保存全家一切东西，准备作日寇的"顺民"。叶述武夫妇俩既已债台高筑，又都有弟妹多人，是中大教职员中最贫困的一对，非赴港兼职无以自救！但他们决心宁为爱国鬼不作亡国奴。"穷当益坚"，爱国不移，坚决随校。

1939年，中山大学在云南澄江乡下开课，叶述武夫妇首批到校上台讲课，他们于国难当头之际，仍能使教育事业延续不辍，精神十分可贵。叶述武在澄江收到从广州转来的法国信件，他的导师都拉克帮他在法国找到工作，月薪数千法郎，他想让叶在较好的生活条件中攻读博士学位。然而，叶述武此时仍以爱国为重，决定不再赴法。

中山大学1941年迁返粤北湘南，理学院迁乐昌县坪石镇，医学院迁乐昌县，农学院迁湖南，陆续恢复上课。1944年，日寇进攻坪石，理学院派叶述武到湖南临武县建立疏散点。但疏散未完，日寇突犯临武并指兵坪石，理学院人员急赴乐昌。叶述武追踪赶来，连续两天遭遇日兵，衣物损失殆尽。最后他携女儿随中大同仁，长途跋涉，抵达粤西连县的中山大学分教处。叶述武此时仍惦念着理学院的图书仪器，他再次北上湘南临武，查看当日所建疏散点，安顿好公物，请当地人员代为照料之后，才返连县分教处。

1945年抗战胜利后，叶述武随连县分教处人员返回广州，改任师范学院教职。邹仪新则留待仪器搬运上船后，再随船返校。抗战八年，中大理学院四度搬迁，数学天文图书仪器损失很少，叶述武夫妇功莫大焉。叶述武后来说：我一再放弃法国舒适生活，舍下博士学位而"奔赴国难"，还是值得的！

1952年，全国高等学校院系调整，广东省教育厅指令将中山大学师范学院与华南联合大学教育系、广东省立文理学院合并，成立华南师范学院。叶述武受命主持合并筹办数学系。几年间，他筚路蓝缕，以启山林，聘请教师，制订教学方案，并多方收集国内外著名数学杂志和天文学名著。如今，华南师范大学数学科学学院基础扎实，藏书丰厚，成为莘莘学子求学成才的园地。叶述武创业之功，华南师大同人及学子至今仍念念不忘。叶述武对培养、提高中学数学教育水平，也十分关注。在他主持华师数学系工作期间，创办了《中学数学》刊物，指导中学数学教学，深受欢迎，发行较广。后来，这本刊物改名《中学数学研究》，继续发行，保持了旺盛的生命力，至今仍对中学数学起到良好的指导作用。

1958年秋，第二届全国高等师范院校教育会议在北京召开，叶述武出席会议，并代表华南师范学院数学系作典型经验发言，受到与会同仁关注。教育部领导在总结会上给予赞扬，后来教育部组团考察华师数学系，对其办学方针、采用教材以及教学环境，均表示满意。

1961年，叶述武从力学研究所转到数学研究所任研究员，主持理论力学研究室并任室主任时，他意欲将数学、力学和天体力学的研究工作融为一炉，为我国人造天体和空间事业开拓阵地、培育人才。因而亲自讲授高等分析力学，深邃学理寓于剖析入微之中，循循善诱，化雨春风。听课者多为数学研究所微分方程科研人员。此后他们很多已晋升为研究员，于微分方程有所造诣，于分析力学等也有见长。这些人员成为了当时中国科学院数力领域的骨干力量。

叶述武从20世纪30年代初即在中山大学任教，从事教育、研究工作已半个多世纪，为国家培养出大量人才。原中山大学数学系主任梁之舜、许淞庆，南京大学数学系莫绍揆，华南师范大学数学系主任钟集，还有原上海天文台台长叶叔华、副台长万籁和中国科学院自然科学史研究所前所长席泽宗等，当年皆曾受业于叶述武。

三、研究与成就

1956年,中国把开发火箭技术纳入国家十二年科学发展规划,次年著名科学家钱学森等积极倡议开展人造卫星研究工作。1958年,毛泽东发出"我们也要搞人造卫星"号召。中国科学院为此广泛搜罗各方面人才,叶述武正是此时由广州调往中国科学院工作。他开始在力学研究所任研究员。

1963年前后,叶述武撰写论文《关于人造天体运载火箭的一种弹道》,并呈送时任中国科学院力学所所长、国防第五研究院院长的钱学森阅评,钱学森给叶述武回信说:"我认为您解决了一个值得解决的问题。"他还鼓励叶述武"多考虑星际航行动力学中的关键性问题"。

1965年,叶述武参与了卫星研制工作进入实质性阶段研制卫星的轨道组。首先要把卫星运行规律和轨道计算、测量、预报以及跟踪站的布设等搞清楚。为此,除卫星总体组外,还成立了轨道组、生物组等,叶述武、刘易成、张钰哲、赵先孜等都在轨道组。

1970年4月24日,东方红一号卫星发射成功,这是我国发射的第一颗人造地球卫星。中国成为继苏、美、法、日之后,世界上第五个用自制火箭发射国产卫星的国家,叶述武担任与天体力学有关的任务组长,为中国第一颗卫星的发射做出了不可磨灭的贡献。

从20世纪30年代起叶述武开始对二重数的代数与几何进行研究,后在人造卫星、火箭方面进行了研究,对火箭主动段最佳设计理论进行了改进。还对天体力学等数学理论进行了研究,均取得一系列重大的成果,其代表作有:

(1)《关于 Ю. А. Рябов 天体力学中条件周期解的存在与构造》。文中指出了苏联天体力学教授书中的毛病并加改正、增益,总结为四点。该文引起了在国际数学界享有很高声誉的德国《数学评论》杂志的注意,编辑部特地来函索取较详细的英文摘要。

(2)《关于直升火箭的一个变分法问题》及其补充《关于 Goddard 问题》。该两文指出某些专家的方法不完善,提出了新方法。

(3)《关于人造天体运载火箭的一种弹道》。文中论述一个小参数方法,从一条近似发射弹道得到一族弹道以供选择。这篇论文和前两文曾获得当时中央军委叶剑英元帅的好评。

(4)《关于二重数》。此文发展了"T数导论"的理论并有创见,关于"二重数几何"也有新见解。

四、学会工作与社会影响

叶述武是新中国成立后的华南师范学院数学系的创建人之一,作为一名数学家,他以老一辈科学家的开拓精神和艰苦卓绝的意志为华南师范大学数学系的创办与发展付出辛劳。1982年在京工作期间还受聘为华南师范学院顾问。叶述武与一代又一代华师人秉承勷勤大学师范学院"研究高深学术,养成社会之专门人才"的优良传统,承传南方大学"忠诚团结,朴实虚心,勤劳勇敢,实事求是"的革命精神,践行"艰苦奋斗、严谨治学、求实创新、为人师表"的校训,筚路蓝缕,薪火相传,共同铸就了华南师大今天的繁荣与发展。如今的华南师范大学已是一所哲学、经济学、法学、教育学、文学、历史学、理学、工学、管理学等学科齐全的省属重点大学,是广东省属高校中唯一的国家"211工程"重点建设大学。

叶述武终生致力于数字与天文学的教学与应用研究,是中国天文学会会员。从1979年起参与中国天文学会的工作,此年中国天文学会举行第三届全国代表大会,叶述武被选为理事。与此同时,北京天文学会恢复成立,他被推选为理事长。1980年秋季,他主持了北京天文学会首次举办的学术年会。在叶述武的努力下,中国天文学会创办了《天体物理学报》,并委托北京天文学会和北京天文台联合主办,于1980年创刊,向国内外发行。1981年受聘中国科学院广州人造卫星观察站顾问。1981年秋,叶述武再次当选北京天文学会理事长。1981~1996年受聘任《数学物理学报》的编委。

叶述武杰出的社会贡献也得到了社会和有关部门的承认和表彰。1982年,中国天文学会成立60周年,纪念大会上表彰了9位老专家,其中包括叶述武和他的妻子邹仪新。叶述武受表彰的理由是"献身祖国天文事业五十多年,贡献卓著","1958年至'文化大革命',他参加了人卫上天任务工作,曾任该项目中与天体力学理论有关的任务组长。后来的科研成果中,涉及天体力学和火箭的论文,写了三篇。他一贯重视天文工作,半个世纪以来,在培育天文人才、开展天文研究方面,做了持续不懈的努力!"

1983年任中国科学院北京天文台学术委员会委员、中国天文学会理事、北京天文学会理事长。1984年秋,被选为名誉理事长。叶述武是北京市科学技术协会1982年的积极分子,市科协第二次代表大会上,他被选为委员。1984年12月,他任北京市青少年科学基金会委员。

叶述武生于并研读于广东这片沃土，1957年10月4日，苏联成功发射了第一颗人造地球卫星，中国科学院决定广东要建设人造卫星观测站，与东北、新疆形成三大站点的卫星观测网阵。当时该观测站就挂靠在华南师范大学的数学系，叶述武带领团队又开始挑战一个重大的建设项目。20世纪50年代末因工作需要调往北京工作期间仍心系广东，对广东人造卫星观测站的建立起积极作用。叶述武调上北京数学研究所工作期间，还积极参与广东的许多社会活动。叶述武曾参与组织广东天文学会。80年代多次回广东指导并参加广东天文学会的工作。60年代正籍中国天文学会广东分会筹办，在京工作的叶述武特别是对广东天文学会的建设及广东天文事业的发展关心有加。广东天文学会在1979年刚成立时，叶述武作为中国天文学会领导亲莅广东指导工作。今天的广东天文学会是广东省科协100多个科学学会之一，2008年成为第一批创新学会试点单位。在刚出版的《广东天文八十年》一书中，叶述武作为重要的历史人物再次展现给世人。

叶述武热心科普工作，也做出过积极贡献。他经常以科学家身份，参加北京市青少年天文夏令营、赏月晚会等活动，鼓励青少年热爱科学，勤奋学习，关心青少年天文爱好者的成长。1987年，北京、大庆和承德三市在承德联合举办青少年天文夏令营，叶述武当时刚刚病愈出院不久，仍坚持风尘仆仆地乘火车前往，自开幕时的授旗开始，参加了数天活动，以至观看文娱节目，都毫无倦容。

由于叶述武在学术界做了不少贡献，因而受到爱戴，一生荣誉至高。1980年，他受聘为中国科学院武汉数学物理研究所兼职研究员；1981年受聘为中国科学院广州人造地球卫星观测站顾问；1983年曾任中国科学院北京天文台学术委员会委员；1982年、1983年分别受聘为华南师范学院和韶关师专顾问等。

中国科学院1985年10月授给他"从事科学工作五十年荣誉奖状"。里面说道："叶述武同志献身科学事业五十年，积极探索，努力实践，辛勤耕耘，为祖国科学发展、经济建设和人才培养做出了重要贡献，特予表彰。"

中国数学会同年12月颁发的荣誉证书，盛赞他："从事数学研究与教育工作五十年，为数学会的发展壮大、为我国数学的发展与培养人才做出了重要贡献，特予表彰。"

北京市科学技术协会1986年发给他荣誉证书，说："在创建和发展北京市科学技术协会及其所属团体事业中做出了卓越贡献。"

五、家庭与人生

叶述武一生聪明好学，自幼有良好的家庭教育，更得家母的鼓励与支持，从小就读书专注，成绩超群，20岁便越级考上广东学院预科。在中山大学读书期间两次获得学校的嘉奖，一次是在大三时组织编写《微分几何》一书，并顺利通过专家答辩，评价很高，得到中山大学颁发的百元奖金以资鼓励，这是第一次的物质奖励。叶述武闻讯欣喜万分，立即写信给父母报喜。母亲当然也替儿子高兴，但她给儿子回了一封长信，提醒他不应有自满骄傲情绪。她在信中说：能阅读法文书籍，有所心得是好事，但还应加倍努力，办求有所建树！叶述武从此把母亲的教导奉为毕生治学之道。叶述武对父母的教养之恩时刻铭记在心，叶述武一有工资收入，便集其第一年全部积蓄购一特大金镯子，北上奉母以志不忘。第二次奖励是对他在学期间开展的对"T数"的研究与创新给予了论文发表，这对年轻的中山大学学子是莫大的精神鼓励，这在当时的中山大学中也是极为罕见的。

"谦虚扎实力戒浮夸"，"博学方能'多能'"，这是他早年得自母亲教诲，奉行一生而屡获成功的治学方法之一。他每有所见，必先遍找国内外有关文献，逐一精读细思；为了能博览群书，他共学了七国外文；为了把自己的文稿加以增益，数易其稿；几年以至十年才定稿。这种治学严谨的态度是值得后人敬重和学习的。

叶述武学识超人，堪称中山大学的才子，在择偶觅识对象方面却情有独钟，相中了同为中山大学并任职天文台的才女邹仪新，两人志同道合，互敬互爱。1935年元旦，在200多位师友赞助下，何衍璇给他与邹仪新主持了隆重的婚礼。婚后仅三个月，叶妻与他先后被派出日本和法国留学深造，俩人一切以学业为重，互相支持、互相鼓励。抗战期间回母校中山大学校任教，夫妻俩放弃优厚的生活条件坚决随校辗转各地坚持教学、保护天文台设备，条件十分艰苦又生活拮据，但始终如一，奉献给教育与天文事业。他们于国难当头之际，仍能使教育事业延续不辍，精神十分可贵。有优厚的待遇不享，有国外任职机会不干，一心只为国家的天文科学事业，这种爱国爱校爱家的赤子情怀让人敬重而难以忘却。因此，与数学和天文有着很深情结的叶述武与其妻子邹仪新一直是数学天文界传颂的一对传奇式人物。

叶述武一生勤奋好学，治学严谨，潜心钻研。在数学研究所工作期间，他在研究室门上贴着一张小纸条："为了趱程四化，凡来读书看报，交流思想者，切盼于工休时间行之，尤厚望焉"。"志务远大，并为此而奋斗终生"。这是他用来自我执行的警句！叶述武一生以工作事业为重，1976年他病后出院，翌日立即上班；一杯清茶，钻研如故！在年届76时，他办了退休手续。在征得有关领导同意后，保留了他的办公桌和充满书刊的特大书架两个，让他去作与人无争，只求奉献的研究工作。

叶述武为人谦逊，虽学识渊博，但虚怀若谷；对同仁相亲互敬，对后学则温容慈颜，提携栽培。虽通晓多国外语，但大智若愚。学风严谨，淡泊名利；学者风范，可称楷模!

六、叶述武主要论著

叶述武. 1933. T数导论. 中山大学理科季刊, 5 (2): 349-390.

叶述武. 1948. 新四元几何之角度与投影. 珠海学报, 1: 9-13.

Ye S W. 1949. Fundamental group of a new quaternion geometry. ChuhaiReview, 2 (18): 23-44.

叶述武. 1951. 普通数学 (大学一年级及专修班用). 广州: 万有书店.

С. Ⅱ. ФИНИНКОВ. 1953. 解析几何学. 叶述武等译. 北京: 商务印书馆.

勃·阿·社林豁夫雅·弗·捷尔志夫. 1955. 算术. 叶述武译. 北京: 人民教育出版社.

萨·耶·利亚. 1955. 平初中数学教学法. 叶述武, 叶佩华, 曾如阜译. 北京: 人民教育出版社.

叶述武. 1958. 关于一种四元数的两个问题. 广东省第一次科学工作会议.

叶述武. 1981. 关于 Ю. А. Рябов 的"天体力学中条件周期解的存在与构造". Acta Mathematica Scientia, 1 (1): 43-57.

叶述武. 1982. 关于 Goddard 问题——对"关于直升火箭的一个变分法问题"的补充. Acta Mathematica Scientia, 2 (1): 25-34.

叶述武. 1983. 关于直升火箭的一个变分法问题. Acta Mathematica Scientia, 3 (2): 145-151.

叶述武. 1983. 关于人造天体运载火箭的一种弹道. 华南师范大学学报 (自然科学版), (1): 6-13.

叶述武. 1983. 关于杜拉克的《极限环论》. 数学物理学报, 3 (4): 377-383.

叶述武. 1984. 关于杜拉克的《极限环论》. 韶关学院学报, Z1.

杜拉克, 叶述武. 1985. 极限环论. 韶关师专学报, (4).

叶述武. 1986. 关于二重数. 韶关师专学报, (4): 1-22.

叶述武. 1988. 常微分方程摄动方法. 中国大百科全书·数学. 北京: 中国大百科全书出版社: 70-72.

叶述武. 1988. 哈密顿 (Hamilton) 系统. 中国大百科全书·数学. 北京: 中国大百科全书出版社: 285-287.

叶述武. 1989. 二重数几何的一些性质. 韶关师专学报, (3): 1-12.

叶述武, 李国平, 刘书琴, 等. 1989. 数学家与天文学家赵进义. 西北大学学报 (自然科学版), 4 (19): 1-7.

主要参考文献

陈晓中, 邹仪新. 1998. 叶述武传. 中国现代数学家传//程民德主编. 第二卷. 南京: 江苏教育出版社: 196-205.

邹仪新. 1994. 值得崇敬的学者——北京天文学会名誉理事长叶述武先生. 天文爱好者, 6.

罗逸凡. 2010. 叶述武: 东方红一号卫星上天的功臣. http://bbs.southcn.com/thread-654709-1-1.html.

樊军辉, 谢献春, 王洪光. 2012. 广东天文八十年. 广州: 华南理工大学出版社.

撰写者

谢献春 (1962~), 广州大学地理科学学院副教授, 硕士生导师。现任广州大学松田学院教务处处长、评建办主任, 兼任广东天文学会副理事长、中国天文学会第十二届理事会普及工作委员会委员。

龚树模

龚树模（1915～2001），江苏太仓人。天文学家。中国现代天体物理学奠基人之一。1936年夏毕业于上海私立大同大学物理系。1936～1948年，在中央研究院天文研究所从事天文学研究，任练习生、助理员、助理研究员。1948年公费留学美国，获天文学硕士和博士学位。1953年夏回国，到中国科学院紫金山天文台，历任副研究员、研究员、博士生导师、恒星研究室主任、学术委员会主任、业务副台长，《天文学报》编委、副主编、主编，中国天文学会总干事、常务理事兼副秘书长、副理事长、名誉理事长，中国科学院黄授书天体物理学研究基金委员会主任，全国科学技术名词审定委员会委员。他关于太阳内部结构和赫罗图中各星团的研究，说明了包括太阳在内的、不同星团中主星序的差异，源于恒星内部氢氦丰度成分的差异。这些研究在1978年荣获了江苏省科学大会奖。1982～1988年，他主持完成的《哈雷彗星的观测研究》，获得1989年中国科学院自然科学奖一等奖，以及1991年国家自然科学奖三等奖。他极力倡导各项天文仪器的改革。特别是"文化大革命"后期，敏锐地意识到新兴的红外天文技术的作用，促进了中国第一台天文红外光度计，以及中国一米二红外望远镜研制成功。

一、良师益友　一生受用

龚树模1915年1月8日出生于江苏省太仓县沙溪镇。这座历史悠久的鱼米之乡，风景秀丽、人杰地灵，造就了一大批知名人士。1924～1928年，龚树模少年时代，就读于太仓县立高等小学堂和太仓县立初级中学乙部。这所中学，1914年由毕生致力于教育的刘师竹先生创办，一直以儒雅深厚的文化底蕴和启迪有方的教学闻名遐迩。建校以来，有中国科学院院士、著名核物理学家王淦昌，中国舞蹈协会原主席、新舞蹈艺术创始人吴晓邦，以及龚树模，都是值得骄傲的校友。1928年，毕业于教会学校、时年23岁的吴晓邦先生，还曾在沙溪中学担任过龚树模的英语教师。而王淦昌先生则是龚树模的小表叔，也是他一生的挚友。

龚树模虽说出生于地主家庭，但在他大约8岁时，作为顶梁柱的父亲就过世了，家里实在没有什么钱。为了交学费，曾经向亲戚借钱。而亲戚们当时心里实不愿意，认为响当当的大洋丢进水里还有个响声，借给他是有去无回了。

在这样的家境下，有了这样好的学校，这样好的老师，这样好的挚友，使得少年时期的龚树模就牢牢记住了沙溪中学"勤、俭、谨、信"的校训，并且恪守了一生。

1991年，龚树模在给母校沙溪中学的寄语中写到："祝愿，也是忠告，赠给沙溪中学年青的同学们：珍惜时间、用好时间；锻炼身体，努力学习；做一个有用的人；做一个有益于社会的人。"显然，龚树模本人就是这样身体力行的。

龚树模的另一挚友就是美籍华人黄授书。黄授书是江苏常熟人，与太仓邻县。他俩在美国时，都曾与著名天体物理学家 Otto Struve 合作，关系密切。后来龚树模回国，托付黄授书办理在美国诸事。黄授书1977年第二次访华，在北京天文台讲学，因心脏病突发，不幸在北京病故。遗嘱将自己积蓄的一部分捐赠给中国天文事业。后来，中国科学院成立了黄授书天体物理学研究基金，并请龚树模担任主任一职。

二、科学救国　爱国爱家

龚树模自幼追求真理，立志科学救国。1931年九一八事变的发生，他对日军的侵略义愤填膺。他以半工半读形式，边做家教边苦读于上海私立大同大学物理系。在此期间，除认真学习自然科学外，还研读了不少革命书籍，用他自己的话说"很兴奋，好像开了新天地，对书里讲的完全信服"。1936年大学毕业后，他到中央研究院天文研究所工作。1937年八一三淞沪抗战后，南京局势紧张，天文所准备内迁并疏散人员。龚树模在1937年底返回家乡，于1938年秋与其兄龚树燊等，在沙溪中市街龚宅创立了私立求智中学，设初、高中两个大班，使用抗战前的爱国教材。这在当时，是非常可敬，也是十分危险的。是年冬，该校被日伪政府勒令停办，龚树模申请回天文所复职。当时，所里即委派他以天文研究所名义向物理所订购了一批机件。经长途跋涉，最终龚树模于1939年3月带着机件来到昆明，继续天文研究工作。

龚树模通过公费考试选拔，于1948年初离开妻子和出生不久的长子，远渡重洋，赴美深造。他虽身在异邦，却心怀祖国。1951年秋完成学业之际，正值中华人民共和国成立之初，百废待兴。龚树模甘心放弃在美国优厚的物质生活待遇，在1951年9月就准备回国。但是在当时的国际形势下，美国移民局不批准他返回大陆。无奈之下，不得不暂时留在美国，从事天文学研究。经过多次向美国移民局，甚至直接向当时的美国总统写信，锲而不舍，据理力争，终于冲破重重阻挠，于1953年8月回到祖国。20多年后，天体物理学家Aller在被问及他的学生中谁最突出的时候，第一个就谈到龚树模。Aller说："他是一个非常有意思的小伙子。他坦率直言的政治观点给他带来了麻烦。我确信他回到了大陆中国，并且有了成功的事业。"

的确，怀着拳拳赤子之心的龚树模，回到祖国后异常兴奋。他曾经给1947年出生的大儿子取名"庆明"。回国后，即给1955年出生的二儿子取名"见明"，表明他1953年回到祖国后"见到了光明"。并且给小儿子取名"乐明"，其意思当然是"乐"在"光明"之中了。

龚树模回国时，在美国还留有少量美元。为了及时了解国际天文界研究发展动向，并且不增加国家负担，他委托好友黄授书用这些钱为他订阅了著名的美国天体物理学杂志 *Astrophysical Journal*。紫金山天文台的同事们，常常去他的办公室借阅这些杂志。2000年秋天，他预知自己时日不多，才将珍藏了几十年的该杂志516卷全数赠给了云南天文台。

龚树模一贯爱国，坚持真理。只要认定是正确的，总是坚持到底，不为时势环境所动。在"文化大革命"这样的国家和他个人的低潮时期，他也总是默默地承受各种事业上和生活上的挫折。当然，他也有一位在1937年底逃难时结识、1946年结婚，勤俭持家、美丽贤惠的夫人郭静芬，与他一生休戚与共，相濡以沫。

三、知识渊博　贡献卓越

纵观龚树模的天文学研究，大体可以分为四个阶段。

第一个阶段，从1936到1948年。自1912年民国政府设立中央观象台、1928年中央研究院建立天文研究所以来，中国天文界专业人员一直寥寥无几。战乱不断，条件艰苦，整个研究工作处于近代天文学建立初期。1936年夏，龚树模从上海私立大同大学物理系毕业后，旋即考入中央研究院天文研究所，历任练习生、助理员、助理研究员。1937年7月7日，抗日战争爆发，战火逼近了当时作为首都之地的南京。天文研究所的一切工作被迫停止，根据中央研究院的决定向内地搬迁。在严酷的战争形势下，研究所人员先迁至湖南南岳，再至广西桂林，辗转数千里，最后于1938年4月到达昆明。昆明地区天高气爽，大气清澈，湿度小、云量少，晴天多，非常适宜天文观测。先期到达的天文学家们都非常高兴。最终，于1938年夏，选定了昆明东郊的凤凰山。1939年春,龚树模也赶到昆明天文研究所复职。当时的环境异常艰苦,龚树模曾回忆说:"最担心的是兵匪破门而入。……黑夜里,传来人声狗叫,惊疑不定,大有草木皆兵之势。曾记得一位法国回来的研究员,恐怖万状,……不到一年,就弃天文台到重庆大学教书去了。"当时,龚树模曾同陈展云一道,用等高仪、收讯机等仪器,首次测定了昆明凤凰山天文所址的经纬度。在极端艰苦的条件下,从事太阳分光仪的研制和描绘太阳黑子。他还在1941年发表了《校正赤道仪之一法》,在1943年发表了《定天镜极轴之微分法校正》等论文。

1941年,高鲁(第一任中央研究院天文研究所所长,中国天文学会第一任会长)偕余青松(第二任中央天文研究所所长,紫金山天文台及其古建筑群的创建者)共同测算了当年日食带经过中国的区域,并以中国天文学会名义筹措经费。在中央大学、金陵大学和测量总局的协助下,经天文所人员改造、配制,终于备齐必需的观测设备。同年6月底,以张钰哲(1941年1月新任天文研究所所长)为队长,组成中国日食观测委员会西北观测队,成员有李珩、陈遵妫、李国鼎和龚树模等。一行十人,携带自制的简陋、操控困难、又很笨重的仪器,冒着日寇飞机的空袭轰炸和酷暑炎热,从昆明乘卡车向甘肃临洮进发。他们不畏艰难困苦,甚至流血牺牲,翻越了云贵高原和秦岭山脉,辗转3000余里,前后历时一个多月,于8月10日胜利抵达目的地。在当时的战争条件下,若没有惊人的决心与意志,周全的计划,科学的分工,以及观测前反复地测试训练,要想成功地进行日食观测是不可想象的。9月21日,龚树模的任务是协助李珩拍摄日冕照片。观测队记录了日食的全过程,进行了日全食的天光背景与月光下天空亮度的比较等工作,出色地完成了在临洮的日全食观测任务。这也是第一次由中国科学家在自己的领土上成功的现代日食观测。回程时,观测队在兰州、成都、重庆和贵阳等地公开展览,百余幅照片让观众有如身临其境。后来,张钰哲还用英文写了《在日本轰炸机阴影下的中国日食观测》一文,在美国《通俗天文学》杂志发表。这次活动,不仅普及了天文知识,轰动了国际天文学界,而且大大鼓舞了中国军民的抗战斗志。

龚树模说:"凤凰山的七八个年头,是不平凡的年头,是难以忘却的几个年头!"

龚树模天文学研究的第二个阶段,是从1948到1953年的留学时期,主要从事太阳核心化学成分研究和太阳光谱布拉开线斯塔克效应理论和观测研究,以及恒星光谱的观测研究。抗战胜利后,1946年,龚树模押运天文设备,从昆明乘汽车到重庆,再乘船返回南京。并且,早在1944年通过了公费留学考试选拔,于1948年初赴美深造。1949年8月,龚树模在美国加利福尼亚大学获天文学硕士学位,论文题目为《太阳核心化学成分的研究》。接着转到密执安大学天文系，师从著名天体物理学家、当时国际上恒星大气研究的权威 Lawrens H. Aller，作为他的第一位博士生，于 1951 年 8 月以论文 Stark efect in Brackett-Gamma of solar spectrum 获得天文学博士学位。同年发表在国际著名杂志 Physical Review 上的论文 On the relative intensities of first-order Stark components（《关于一级斯塔克成分的相对强度》），这只是为了准备博士论文，仅从物理角度（还不涉及天文）对斯塔克效应研究的结果。这篇两页的论文被引用了 7 次，最后一次竟然是在 40 多年后的 1997 年。

在美国争取回国期间，他到加利福尼亚大学伯克利分校，与著名天体物理学家 Otto Struve 合作，进行了双星的光谱观测研究，联名发表了 The radial velocity of 16 Lacertae，The radial velocity of nu Eridani，The F-type component of Capella，Beta Cephei，The velocity-curve of β Canis Majoris 等多篇论文。

在美国的学习，使他很快地进入了天文学研究的前沿领域。他在美国的博士论文，回国后立即在 1954 年以中文形式发表在当时唯一的天文学杂志《天文学报》上。《太阳光谱中布喇开 γ 线的斯塔克效应》这篇论文，针对波长为 21656 埃的这条氢原子谱线，引入斯塔克效应来计算和解释了这条谱线展宽了的轮廓。首先，需要根据量子力学公式，算出谱线因电场的斯塔克效应所分成的数十个波长部分的相对强度。再采用合适的、将太阳分为若干层的模型，算出太阳逐层的不透明度和能源函数；并依据霍茨马克分配定律，算出各层电场强度的分布。最后利用辐射转移理论，计算谱线的整体轮廓。并且，将计算结果与美国密执安大学以及威尔逊山天文台观测到的谱线轮廓进行了比较。其中，密执安大学的观测是龚树模 1950 年夏在该大学麦克马斯-赫伯特天文台的太阳塔上，经过三天半时间的亲自观测得到的。威尔逊山天文台的资料，是专门委托他人在 1951 年春代为观测的。这篇文章说明了斯塔克效应足以解释太阳光谱布喇开 γ 线突出的谱线宽度。在那个时代，太阳大气模型还不很完善，计算的结果与实际的观测还存在着一些出入，文章详细分析了产生误差的原因。龚文的结果比同时期其他作者的计算，已有不少改善，不失为太阳研究的重要一环。

龚树模天文学研究的第三个阶段，是从 1953 到 1966 年。1953 年从美国回国后，龚树模回到了紫金山天文台，同年 9 月任副研究员，1956 年 7 月任研究员，天体物理组组长。1961 年，紫金山天文台正式设定"恒星研究室"，由龚树模担任室主任。这一阶段，他主要从事太阳和恒星内部结构和演化的研究。

1957 年发表的《太阳的不透明度和内部结构》一文，是龚树模为了改进太阳大气模型所做的理论研究工作。一个完美的太阳模型，必须能够解释各种不同电离和激发电势谱线的轮廓,这是太阳物理最重要、也是最困难的一个问题。文章的主旨,是探求太阳从表面到中心的温度、密度和压力的分布;同时探求组成太阳的物质(氢氦和重元素)的成分,以及质子-质子反应和碳氮循环供给太阳能量的相对重要性。当时,用数值积分法详细探求太阳结构的文章,屈指可数。文中提到,1949年龚树模在美国时,就曾经根据哈立逊的太阳模型,只用碳氮循环为能量来源,研究过太阳内部结构问题。1954年,又同时使用碳氮循环和质子-质子反应为能量来源,再次研究了太阳内部结构。龚树模使用自己设计的不透明度公式,先求出太阳内部的不透明度,结合太阳的质量、半径、光度等值,以及氢聚变为氦的机制,计算给出从太阳中心到表面的温度、密度、压力等物理量的分布数据。通过改变化学组成,一共计算了17个不同的太阳模型。经过与实际观测得到的太阳表面参数的比较,选中了其中最为满意的模型,给出了太阳内部结构的温度、密度、压力以及元素丰度比的参数。熊大闰院士说:"龚先生当时选定了天体物理前沿领域——恒星内部结构和演化方面从事研究,与当时国际上几乎同时起步。工作上与Demarque的特别类似,计算的恒星演化轨迹,大体上也在同一个水平线上。从前沿领域选择、转变开拓一个方向上,十分值得称道。不透明度的计算量极大,居然就用那时仅有的电动计算器来做,令人吃惊。"

龚树模当年对太阳的研究,实际上还是把太阳当做一颗恒星来做。后来由于国内的观测条件和大型计算条件有限,逐步专注于太阳和恒星内部结构和演化的理论研究。围绕当时恒星研究中最重要的赫罗图的发现,1963年发表的《现代恒星演化学说评介》一文,说明在20世纪五六十年代,恒星理论演化学说的分歧,主要是在恒星形成主序星以后的演化。明确指出了三种学说的难点和关键点。思路清晰,观点明确。1958年在《天文学报》上发表的《赫罗图的解释和各主星序的氢氦成分》和《星族Ⅰ和Ⅱ的主星序在赫罗图上的分布》两篇文章,就恒星含氢量的不同,从理论上计算了主星序在赫罗图上的分布,并同13个疏散星团的主星序观测资料作了比较,说明了主序恒星演化的久暂。《造父变星周光关系的零点和天琴座RR型星的绝对星等》一文,评述了包括该文的三个结果在内的造父变星零点的31个结果。1965年发表的《1.2太阳质量的模型恒星在赫罗图上的演化程》一文,从理论上计算出了恒星自主星序到红巨星的演化,并与观测资料进行了比较。上述几篇围绕赫罗图的文章,中心思想是,不同星团中的主星序的差异,源于恒星内部氢氦丰度成分的差异。这些有关太阳内部结构和赫罗图中各星团的主星序研究的论文,使得龚树模在1978年荣获了江苏省科学大会奖。

这个阶段,龚树模还发表了《原子核反应和太阳内部结构》、《人造卫星和天体物理的将来》、《匈牙利变星会议、苏联不稳定星会议和太阳会议纪要》、《星能源的发现——近代天文学上的一件大事》、《恒星内部的热核反应和元素演化》等论文。并且，出版了《太阳》和《太阳活动》两本科普读物。

龚树模天文学研究的第四个阶段，大致是从"文化大革命"后期直到他去世前。天文学的四大发现，使得在20世纪60年代以来，星系和宇宙学成为天文学研究中最广阔和最具神秘吸引力的研究前沿。龚树模在近乎七十高龄时，勇敢地投入了更加遥远的深空天体，转入对他来讲也完全陌生的观测宇宙学前沿领域，并且一直潜心研究，极可敬佩。

1986年发表的《在不同减速因子q_0下体积检验问题的探讨》，以及1989年发表的 The problem of the maximum volumes and particle horizon in the Friedmann universe model（《弗里德曼宇宙模型中的极大体积和粒子视界问题》），均发表在国际著名的 Astrophysics and Space Science 杂志上。前文详细讨论了1968年由Schmidt提出的体积检验$\langle V/V_m \rangle$方法，指出$\langle V/V_m \rangle$是红移z和宇宙减速因子q_0的函数；并且，q_0的大小对体积检验很有影响。特别是当z和q_0都较大时，应注意体积检验方法的局限性和有效性。后一篇论文，则指出在弗里德曼宇宙模型中，文献中原来所使用的最大体积应该翻一番，其原因在于以前不正确地使用了三维球面空间的体积公式。

龚树模对自20世纪60年代发现的类星体中的视超光速运动的研究，也提出了自己的看法，完成了系列的研究。1991年发表的 Kinematics of relativistic ejection with Hubble flow Ⅰ. Applicators to superluminal motion 一文，指出在视超光速运动研究中，常常忽略了哈勃流的影响，而哈勃流的速度是与该天体的红移值密切联系在一起的，必须考虑。

1997年发表的《具有哈勃流的相对论抛射运动学（Ⅱ）.15个超光速源解的应用》指出在视超光速运动研究中，要点是求出正喷流和反喷流的多普勒因子。正确的方法，应该先从由局部抛射和哈勃流组成的正喷流中，用狭义相对论的合速公式分解出局部抛射速度；然后从哈勃流和反方向的局部抛射速度导出反喷流的速度和方向。通过对15个超光速源的具体解算，显示出随着红移的增大，该文所求得的反喷流多普勒因子的值，比传统方法要大大变小。

1998年发表的《具有哈勃流的相对论抛射运动学（Ⅲ）.求出超光速源反喷流可观测波长和寻找类星体的蓝移谱线》是该系列的第三篇文章。在考虑了哈勃流所起的作用后，给出视超光速正、反喷流的观测波长比，指出反喷流可能观测的波长范围。并且，一旦测定了反喷流的波长，还可以用于估计哈勃常数。该文还提出了寻找类星体蓝移谱线的方法，并且在文献中找到了18条可能的蓝移谱线。

这方面的研究论文，还有《类星体的光度演化》（1982），Kinematics of relativistic ejection with Hubble flow in subluminal motion for the determination of Hubble constant H_0（1991），The observation of counterjets of quasars and galaxies（1993），《类星体发射线和吸收线的统计分析Ⅱ，6761 颗类星体的统计分析》（1998）等，其中最后一篇论文发表在他 83 岁高龄。

"文化大革命"后期，龚树模敏锐地意识到新兴的红外天文技术将在天文学研究中起到前所未有的推动作用。1975 年 9 月，在南京中国科学院天体物理讨论会上，调研并提倡开展红外天文。1977 年，在《紫金山天文台科研工作报道》上发表了《美国红外天文学的概况》一文。1978 年，在中国科学院上海技术物理研究所出版的《红外物理与技术》杂志上，又发表了《红外天文学》一文。并且，于 1981 年发表了《方兴未艾的红外天文学》一文，阐述了红外天文学的重要性，指出红外天文填补了可见光和射电频谱之间的一大空白，可以解答天文学上许多重要问题，如最适宜研究气尘物质和恒星早期阶段演化问题。在红外波段，可以观测到可见光不易穿透的区域，对于研究星系的本质和形成提供重要线索。并且，由于高能天体的红移作用，其光度主要落在红外区，红外技术的进展，对于星系和类星体等河外天体研究的前景，就展现出一系列富有意义甚至惊人的结果。文章还介绍了当时国际上红外天文取得的一些初步成果。总结了中国红外天文工作的现状，并且对今后的发展提出了建议。文章指出，20 多年来，中国对于大型光学和射电望远镜的研制，已积极进行。对于新兴的空间天文，也在奋起努力，但对于红外专用望远镜的研制，仍未给予应有的重视。及时填补红外天文这一空白，实在是一件刻不容缓的大事。

在龚树模的不断关注和支持下，由云南天文台和北京师范大学天文系等单位合作，研制成功了我国第一台观测波段在 1～3 微米（即 J、H、K 波段）的红外光度计，于 1980 年底投入使用。并且促成了北京天文台兴隆站 1.2 米红外望远镜的建成。这些使中国红外天文实测手段从无到有的建立，激励了中国红外天文仪器和红外天文学研究的发展。

这一阶段，龚树模还组织和领导了对于著名的哈雷彗星的观测研究。1986 年，他在《天文学进展》杂志上热情洋溢地发表了《应用先进技术迎接哈雷彗星 1985/6 的回归》一文，介绍了近年来哈雷彗星研究的进展；怎样利用 1910 年哈雷彗星回归时威尔逊天文台的观测资料，获得了彗核的自转轴指向、周期以及彗核三处喷流的速度和形成彗发等情况；以及在本次回归中，美、苏、西欧、日本将发射六艘宇宙飞船近距离探测，以及美国航天飞机的探测计划。1982～1988 年，他担任了中国科学院重点课题——全国哈雷彗星联测协调组组长，国际哈雷彗星联合观测指导组组员。他发表了 The astrometry network of observers in China，New telescopes in China，Chinese observations of comet Halley，Chinese observations of comet P/Halley in China and abroad，《关于'1986年哈雷彗星分裂'问题》等论文，将中国的观测条件和研究成果介绍到海外。并且主编了《哈雷彗星1986Ⅲ观测研究文集》。他主持的这项"哈雷彗星的观测研究"成果，获得了1989年中国科学院自然科学奖一等奖，以及1991年国家自然科学奖三等奖。

龚树模一生中多次参加国际天文活动。1951年7月，他在美国华盛顿参加了美国天文学会年会。1954年5月赴苏联列宁格勒参加普尔科沃天文台重建落成典礼及学术会议。1956年8月，赴匈牙利首都布达佩斯参加了国际变星会议。会后回国，途经苏联，顺道参加了9月在亚美尼亚比拉干天体物理台成立独立研究机构的揭幕仪式暨不稳定星会议，之后又访问了格鲁吉亚阿巴斯图曼尼天体物理台。1976年，参加赴美考察团，参观访问了美国的主要天文台和天文研究机构。1982年在南京召开中国、联邦德国高能天体物理会议，他任中方主席。1984年参加了国际天文学联合会在日本京都举行的亚太地区天文会议，龚树模任科学组组员，并任中国代表团团长。

四、为人师表　诲人不倦

龚树模一生中带的研究生有李炎封、苏洪钧、艾小白、吴光节，以及联合培养过李浩江。苏洪钧说，当年他和李炎封的论文方向都是以恒星内部结构为题的理论方面的研究，但是先生还是鼓励他们接触天文观测工作。苏本人曾经在照相测光、光电测光和光谱各个组都实习过。先生批改他的读书报告也十分严格，为其指出错误，修改标点。还把他办公室的钥匙给苏，以便周末查阅文献。

龚树模1957年曾经任南京大学兼职教授，在天文系讲授理论天体物理学。他的学生都非常尊重他，天文界的不少学者也都从他那里得到谆谆教诲。无论是渊博的学识，还是待人处世，都为人师表。

龚树模刚回国时，中国的天体物理研究还处于初期。紫金山天文台及其所属的佘山、昆明、青岛诸台站，曾相继开展了对太阳黑子面积的试测工作。太阳黑子面积的消长，是显示太阳活动的重要标志之一。但是，通过目视来测面积，不同观测者的结果往往相差较大。何况各台站的气象条件不同，所得数据究竟有何种可比程度，大家心中完全无数。在龚树模的指导下，紫金山天文台的赵先孜和庞增敏对黑子面积进行了比较深入的探讨，初步订出了各项误差的数值（见1958年《天文学报》），使得对各地记录到的黑子面积有了更加清晰的认识。

中国科学技术大学的程福臻教授说，1972年，正值"文化大革命"中复课闹革命，受到60年代国际上一系列天文学新发现和新理论的吸引和激发，他们九位年轻教员自发组织起来，开始了对相对论天体物理及宇宙学的探索。研究中首先涉及"热大爆炸宇宙论"和"黑洞"。谁知道，这样纯粹的自然科学问题，却也受到无中生有的政治批判，使得该研究一开始就处于绝壁险峰之中。幸好有包括龚树模在内的老一辈科学家的支持和鼓励，他们才坚持下来。1977年，在南京大学举办的"相对论讲习班"，62岁的龚树模还担任了副班长！当时，有戴文赛等上百位教师及研究员都来听课。今天，中国科学技术大学天文系能够在黑洞、宇宙学、活动星系核方面做出一系列成果，不会忘记他们。

改革开放、科学的春天来到之时，一股学习英语之风也暖暖地吹到了紫金山上。那时候，龚树模在山上也热心地教授英语和帮助年轻人训练口语。

五、淡泊名利　仁爱谦和

龚树模一生光明磊落，诚恳和气，对上对下一致。1978年10月，我们几个研究生刚到紫金山天文台，十多个人住在山上食堂隔壁的一个大库房里，从新疆来的李广宇把从当地带来的哈密瓜分给大家吃，龚先生碰巧也尝了一块。第二天，先生竟然从家里带来一袋苹果送到我们房间，说是"每人一个"。

不久，我就享受到比"投之以李，报之以桃"更大的优惠。过春节了，只有我和李广宇因为离家太远，没有能够回家。龚先生就请我们到他家过年，而且不让送礼。张家祥老师知道后，也把我们两个一起请去。更客气的是，第一次去他家，龚先生连他的孩子应该叫我们"哥哥"还是"叔叔"，竟然还在那里犹豫。

龚树模一生谦虚谨慎，与世无争。说起来，他是研究员、教授、紫金山天文台副台长，还是江苏省政协委员及政协常委。但是他一生不争名，不逐利。他家一直住在中国科学院南京地质古生物研究所的老房子里，面积不算大，三个儿子渐渐长成，益显局促。他的书房特别小，去过的人都看到他那陈旧的桌椅、简易的台灯、14英寸的电视机，挤在斗室之中。但是他也从未提出照顾困难的要求，并且在2000年给母校沙溪中学寄去2000元钱作为帮困助学金。

龚树模的小儿子乐明说：父亲是一位自强不息、孜孜以求的学者。他热爱生活，喜欢游泳和网球。他的精神生活更多于物质生活。在他退休后，不仅坚持他的科学研究，同时在研究之余，广泛涉猎了政治、历史、文学等各方面的书籍。为人处世，总是平易近人，是我们子孙后代的楷模。早上起来，父亲要做早操约15～30分钟。每星期去南京五台山体育馆打网球，并且还获得过老干部网球协会老年组双打一等奖。

中国科学院院士、原北京天文台台长王绶琯，曾经手书对联送给龚树模，赞誉他："仁者寿淡泊不为明志，敬者乐众望出于至诚"。

六、守望星空　自强不息

作为天文学界的前辈，龚树模将毕生精力都贡献给了中国天文事业的拓荒开路。1956年，龚树模参加了《中国自然科学与技术史研究工作十二年远景规划草案》有关天文学发展规划的制订。1962年，参加了天文学十年发展规划的制订。1973年6月，参加了中国科学院天文学座谈会，参与制订了1973～1980年中国天文学八年规划。龚树模深刻认识到天文学本质上是一门以实测带动发展的基础研究科学，极力倡导各项天文仪器的改革。中国的红外天文技术、甚长基线干涉技术、大望远镜的建设，都留下了他的足迹。

科学研究的重要过程就在于分析误差产生的原因和一步步地逼近真理。对于科研成果的评价，往往需要若干年以后。但是龚树模的高尚品德是可以立竿见影的。

求实而不作假，是一个科学研究者必需的品德。龚树模不仅对待科学实事求是，治学严格严谨，一丝不苟，生活上诸多小事也是如此。他从不随波逐流，不说违心的话。"文化大革命"期间，他作为"反动学术权威"遭到批判，关入牛棚，强迫劳动。但他依然坚持实事求是，不说假话，不糟蹋自己，不冤枉别人。

龚树模在生活上清心平淡，少吸烟，不酗酒，注意保健和养生。但是在科学上，刻苦钻研，奋力攀登，是一位勇敢的开拓者和大气的指挥员。"文化大革命"后，年事已高，仍然每周三天到山上的办公室。1987年退休时已逾古稀，但仍然科研工作不止，笔耕不休。八十高龄后，仍来往于紫金山上下，致力天文研究。在他去世前的一个月，还抽空从医院赶回家，把他以前写的论文，整理好寄给出版社。

他坚持读万卷书，行万里路。抗战期间，转战昆明，他说："异乡抱病的感受，激起了锻炼身体的决心。山上寂寞的生活，正是自修课业的良机。假日独在山头，远隔尘嚣，思想驰骋，探索着宇宙人生的奥秘。"1978年旧地重游，他不顾年过花甲，还踏勘了离昆明市三四百里、列为云南天文台二期发展的祥云和宾川两地。他一直十分关心云台的发展。2000年秋天，他将珍藏的516卷美国天体物理杂志赠送给云南天文台时，曾经表示，等丽江高美古南方基地的2米大望远镜建成后，他将前往参观。不幸龚树模于2001年11月26日病逝，这成为了永久的遗憾。

七、龚树模主要论著

Kung S M. 1951. On the relative intensities of first-irder stark components. Physical Review, 83（3）: 665-666.

龚树模. 1954. 太阳光谱中布喇开γ线的斯塔克效应. 天文学报, 2（1）: 1-22.

龚树模, 李竞, 陈协珍. 1957. 太阳的不透明度和内部结构. 天文学报, 5（1）: 30-48.

龚树模, 陈协珍. 1958. 赫罗图的解释和各主星序的氢氦成分. 天文学报, 6（1）: 20-42.

龚树模, 陈协珍. 1958. 星族Ⅰ和Ⅱ的主星序在赫罗图上的分布. 天文学报, 6（2）: 153-165.

龚树模. 1960. 造父变星周光关系的零点和天琴座RR型星的绝对星等. 天文学报, 8（1）: 19-42.

龚树模. 1963. 现代恒星演化学说评介. 天文学报, 11（1）: 79-87.

龚树模, 陈道汉. 1965. 1.2太阳质量的模型恒星在赫罗图上的演化程. 天文学报, 13（2）: 166-192.

龚树模. 1981. 方兴未艾的红外天文学. 云南天文台台刊, 2: 1-6.

龚树模, 夏昌立. 1982. 类星体的光度演化. 天文学报, 23（3）: 243-254（英文: 1983. Ch A&A, 7（1）: 18-24）.

龚树模. 1986. 应用先进技术迎接哈雷彗星1985/6的回归. 天文学进展, 4（3）: 3.

龚树模, 李浩江, 夏昌立. 1986. 在不同减速因子q_0下体积检验问题的探讨. 中国科学, A29（4）: 966-978（英文版: 1987. An exploration of volume test V/V_m under various values of deceleration parameter q_0 observational cosmology. Proceedings of the IAU Symposium, 124: 681-683）.

龚树模, 吴光节, 陈培生, 等. 1987. Chinese observations of comet P/Halley in China and abroad. Astron Astrophys (the Proceedings of the 20th ESLAB Symposium on the Exploration of Halley's Comet, 1986), 187: 594-600.

龚树模主编. 1989. 哈雷彗星（1986Ⅲ）观测研究文集. 北京: 科学出版社.

龚树模. 1989. 关于"1986年哈雷彗星分裂"问题. 哈雷彗星（1986Ⅲ）观测研究文集. 北京: 科学出版社: 121.

龚树模. 1989. The problem of the maximum volumes and particle horizon in the Friedmann universe model. Astrophysics and Space Science, 158（1）: 1-7.

龚树模. 1991. Kinematics of relativistic ejection with Hubble flow Ⅰ. Applicators to Superluminal Motion. Astrophysics and Space Science, 175（1）: 23-33.

龚树模. 1997. 具有哈勃流的相对论抛射运动学（Ⅱ），15个超光速源解的应用. 天体物理学报, 17（4）: 337-344.

龚树模. 1998. 具有哈勃流的相对论抛射运动学（Ⅲ），求出超光速源反喷流可观测波长和寻找类星体的蓝移谱线. 天体物理学报, 18（3）: 253-259.

龚树模, 夏昌立. 1998. 类星体发射线和吸收线的统计分析Ⅱ: 6761颗类星体的统计分析. 天文学报, 39（3）: 265-270（英文版: 1999. Ch A&A, 23（1）: 17-21）.

主要参考文献

龚树模. 1979. 凤凰山的今昔. 云南天文台台刊, 2: 52-54.

张钰哲. 1979. 回忆昔日昆明凤凰山天文台的往事. 云南天文台台刊, 2: 51-52.
龚树模, 1995. 龚树模简历及主要论著（内部资料）.
程福臻. 2010-7-23. 大象回忆：我们的简单历史. 中国科大学生家长网.
苏洪钧. 2011-2-14. 龚先生《概览》传文的一些文字. 私人通讯.

撰写者

吴光节，中国科学院云南天文台研究员，龚树模的硕士研究生。

容寿铿

容寿铿（1920～1970），广东中山人。天文学家。1943年毕业于中山大学理学院数学天文系，大学毕业后，为保护中山大学天文台的仪器设备和图书资料避免战乱的损害做出了贡献，1947年10月～1952年10月与赵却民共同负责中山大学数学天文系天文学方面的教学任务。1948年10月升任中山大学理学院天文系讲师，1949年3月被任命为中山大学天文台主任。1952年10月全国高等院校院系调整，他参与创建了南京大学数学天文系并转入南京大学数学天文系任教，1954年被任命为南京大学数学天文系天体测量教研室主任，1957年以天体测量专家身份应邀赴天津，参加筹建中国科学院紫金山天文台国际纬度站（又称天津纬度站，后划归北京天文台），1961年容寿铿主持并开始实施《南京纬度变化的研究与章动常数的测定》科研项目（该项目1966年因"文化大革命"被迫夭折）。1951～1966年，分别在广东省和江苏省为中国的天文科普事业做了大量的工作。1962年9月任中国天文学会《天文学报》编辑委员会委员兼干事，1963年11月与戴文赛、赵却民、李珩、邹仪新等共同担任中国天文学会的时间与纬度专业小组副组长（副主任）。容寿铿于1970年10月5日在江苏省南京大学溧阳分校逝世。

一、求 学 生 涯

容寿铿1920年2月28日出生于广州，原籍广东省中山县南屏乡（现广东省珠海市南屏镇，下同）。祖父是前清举人，早年在外省教书，晚年回乡接任广东中山县南屏乡甄贤小学（该学校由中国第一个出国留学生容闳创立）校长，并掌管家族事务、接受祖先遗留的少量田地，1934年去世。父亲容宗裕，早年接受过西方式教育，约1910年开始至1932年长期任职于广州市的美国万国洋行（当时代理外国商品的进出口公司或贸易公司称为洋行，下同），1932年离职后的四五年内与人合资在广州开设小洋行，经营进口业务，1936年至1941年分别在广州及香港的德国波弥文洋行任职员。由于工作中与广州及附近西药行业接触广泛，因此在1941年离职后便卖掉了家里所存的约十亩田产，筹作本金，自谋生路，十多年间一直在香港、澳门和广州经营西药进口和销售业务等自由职业，直至年事已高、无能为力为止。母亲杨云瑛，上过小学，能识字读报看小说，性格温和贤惠，且很懂事理，婚后操持家务，未曾外出就业。

由于当时社会不稳定，容寿铿的幼年、童年、少年和青年时代生活坎坷，历经变迁，时而跟母亲生活、时而跟父亲生活、时而独立生活，前后变换住处达11次之多。1925年底开始，容寿铿的父母为培养他，让他在私塾读书半年左右。1926年9月开始，容寿铿随母亲回到老家广东省中山县南屏乡甄贤小学就读，由于当时的校长就是他的祖父，所以在学习上受到了师长们的特别照顾。在他本人的记忆里，这段小学生活以及初中生活是他童年和少年生活中最开心的时间，优良的教育和勤奋的学习为他后来从事科学工作奠定了较为扎实的文化基础，1931年，他毕业于甄贤小学。

1931年夏，容寿铿离开父母和家乡到广州准备升中学，七八月间和表兄等一起参加广州市中山大学附中暑期补习班补习约一个月，1931年9月考入了广州市立第二中学（初中）。入学不久，就爆发了九一八事变，日本以武力侵占东北的事件，激起全国人民的义愤，同胞们爱国热情高涨、热血沸腾，当时容寿铿才11岁，就曾参加了抗日宣传工作最少有三次：一次在广州市、一次在南海县佛山镇（现广东省佛山市），一次在三水县（现广东省三水市）西南镇，对日本帝国主义的血泪罪行非常愤慨。1934年6月容寿铿初中毕业，此时他与父亲一起生活，父亲希望他长大能做个工程师，名利双收（后来又希望他在洋行任职或从事西药销售），而容寿铿当时最有兴趣的是科学和教育工作，这是他后来在大学从事天文教育事业的思想基础。1934年夏，家庭经济情况逐渐紧张，但由于容寿铿是长子，且学习勤奋，所以容寿铿父亲决定克服困难支持他继续升学。

同年考入广东省立广雅中学（高中），由于当时学校远在郊区，因此便开始了脱离家庭的学校寄宿生活，并开始认识和接触到社会。这段时间的锻炼使他后来具有了很强的独立生活能力，并逐步建立了热爱祖国、热爱科学、勤奋学习和严谨认真的作风。这时，容寿铿除一心读书外，还接触到了革命思想，他常常喜欢阅读一些有关抗日救国、统一战线问题的书籍和刊物，特别是邹韬奋主编的《生活》、《永生》和《生活日报》都是他喜欢的读物。1937年夏，他在广东省立广雅中学高中毕业。

中学毕业后，由于他对数学特别有兴趣，基础也比较好，1937年考入了广州中山大学理学院数学天文系。七七事变后，全国陷入战争状态，大学一年级时，日寇飞机常来轰炸，整天有空袭警报，在此威胁下，上课也是时断时续。

1938年9月日寇侵犯广东，形势紧张，大部分学生解散回家，容寿铿也离校回家，10月初跟着姑父撤离广州，开始了历时半个多月的逃难生活，使得他感受到了人生的艰难和国家的苦难，几经辗转，最后经澳门又回到了故乡中山县南屏乡。1938年11月至1940年9月是容寿铿大学学习中断的时间，用他自己的话说："23个月来生活的回忆，使自己感到痛心，因为在这期间学习上既没有进步，也没有干过什么社会工作，只是过着一段逃难式的流亡生活！"由于日本的侵略，广州附近相继沦陷，容寿铿的父亲也由广州调到香港工作，中山大学那时也迁到了云南，由于距离遥远，且家庭经济也遇到了困难，所以不能回校继续学习。容寿铿当时只希望能找到一份工作帮助家庭增加点收入，因此1939年左右，在父亲的推荐下，他参加了广东省银行在香港招收的业务员培训班考试，由于没有会计知识结果未能录取，之后主要帮父亲进行一些商业活动。这期间他感觉无所事事，精神和生活都非常痛苦。1938年11月，渴望继续上学的他在香港参加了讨论中山大学留港同学回校问题的集会。经过近两年流浪式的逃难生活，1940年秋中山大学终于由云南澄江迁回广东坪石，容寿铿得知这个消息后非常兴奋，立即设法回校复学。1943年初，即将毕业的容寿铿受到国民党中山大学分部有关人员的宣传"参加了国民党毕业后找工作容易，且不需要介绍人，填张表就可以"，考虑到他在家中是长子，当时家庭又出现了经济困难，为了便于以后找工作方便就填表参加了国民党（以后没有参加过任何活动），这便成为了后来在"文化大革命"中受到迫害的重要原因之一。1943年夏，容寿铿终于在中山大学理学院数学天文系毕业，并留校担任助教。

二、天 文 事 业

1943年夏，容寿铿大学毕业，想着可以全力以赴地投入到他喜爱的天文事业中了。1943年底，刚毕业不久的容寿铿便兴致勃勃地与他的老师、同事邹仪新一起参加了中国天文学会，并申请成为了会员。可惜毕业后才稳定了一年，1944年秋天开始，因受到战争威胁，学校一直没能正式上课，直到抗战胜利。1945年9月中山大学迁回广州，容寿铿也立即回到了广州，仍在数学天文系担任助教。回到广州后，为尽快恢复正常的教学工作，容寿铿等住进了广州中山大学附中（旧天文台内），负责采购器材和修配仪器等事宜。

1945年10月张云（中山大学数学天文系和中山大学天文台的创建人，中国第一个"数学天文系"的开创者，留法天文学博士，三任中山大学校长）任两广教育部特派员时，为接受当时非常珍贵的图书资料，容寿铿曾协助张云清点、造册和整理图书资料，历时 10 天，这批资料为今后的教学、科研以及培养人才等方面发挥了很大的作用。

1946 年春中山大学局部复课，容寿铿带着谢清钧（当时他刚进中山大学不久）集中时间帮助整理和修订张云和邹仪新主编的《普通天文学》讲义的稿件，另外还有上课和兼课的任务。当时张云经常到中山大学天文台来（大约每周两次），主要与邹仪新谈论工作以及讨论教材修订的事情，因而容寿铿得以与他熟悉。1946 年初，容寿铿开始与张云在工作和业务上接触频繁，在业务和事业上帮他做过很多工作。1946 年秋，天文台搬到了广州石牌中山大学内，张云在系里讲授"变星研究"课程（每周一次），容寿铿也去听课。1946 年底张云到美国哈佛大学天文台作研究，大约 1947 年底，张云在美国发现了变星，同年，经张云斡旋，哈佛大学决定将 19 世纪末造的"11 英寸（28 厘米）天文望远镜"（容寿铿称之为古董望远镜）长期借给中山大学天文台使用（张云跟容寿铿是这样说的，与其他资料上说的赠与中山大学的提法有区别，笔者无法考证），容寿铿曾写信给张云表示祝贺，并根据邹仪新的要求在中山大学校刊上发表了主题分别为《张云发现变星》和《哈佛大学赠送望远镜》的两篇简报。

1947 年秋开始至 1948 年 5 月期间，容寿铿与张云的书信往来较多（大约有 18 封，其中 12 封是与张云在海外时的通信，这些信件在"文化大革命"中被迫上缴），讨论到的内容其中包括修理测微器，修建天文台圆顶等事宜，1948 年初重点谈论的是美国长期借给中山大学的 11 吋望远镜如何装箱运回国的事情（运费来源为张云在美国募集的华侨捐款）。因为 11 吋天文望远镜原计划于 1948 年 7 月运到香港，张云特别强调一定要容寿铿到香港接运（此段时间容寿铿一直负责仪器管理和图书管理工作），因学校领导不同意支付旅费，后又经过一些周折最终直接发到了广州中山大学天文台。

1948 年容寿铿升任中山大学天文系讲师（由于 1947 年天文系与数学系分开，因此不叫数学天文系了），系主任由赵却民担任，参加天文方面任教的有张云、叶述武、邹仪新、田渠等教授。1948 年底，张云经常到石牌中山大学天文台指导工作，每次都找容寿铿和谢清钧谈工作，其中有一个重点是考虑如何将 11 吋天文望远镜安装起来，偶尔也找李春生（那时李春生刚留校工作）。当时教育经费非常紧张，张云利用他的影响和不懈努力，向教育部申请了一批天文台圆顶修建费，这为中山大学天文系的仪器设备建设和开展教学和科研创造了很好的条件（由于当时纸币贬值，这项经费领回来时是用麻袋装的，大约有两三麻袋）。1949 年 3 月（另一种说法是 6 月）张云接任中山大学校长（第三次任中山大学校长）后，任命容寿铿为中山大学天文台主任（台长）。1949年7月以后，为避免战乱造成损害，学校指派容寿铿负责将天文系图书仪器等迁移至广州中山大学附中原天文台封存，此外，张云还专门指示容寿铿和谢清钧把价格最昂贵且相对易于携带的11吋天文望远镜镜头秘密运到了香港一个可靠的地方——容寿铿老乡容炳锐的家里保存。

1949年10月广州解放，这批图书、仪器被搬回中山大学石牌天文台。在赵却民主任主持下，这批图书、仪器除11吋天文望远镜外很快都恢复了使用。需要特别一提的是：1949年12月，经学校及院系领导同意，容寿铿和谢清钧一起专程到香港取回11吋天文望远镜镜头。到香港后他们见到了张云，张云对这台11吋天文望远镜还是非常有感情的，开始不太希望把这台望远镜的镜头运回大陆（由于他与国民党关系密切，又是国民党的"立法委员"，因此他担心回大陆后会受到迫害而可能永远无法回大陆了。这台望远镜毕竟花了他很多的心血，可以想象当时他的心情是很复杂的，他知道这台望远镜运回大陆后很可能将意味着他再也看不到这台望远镜了，所以后来该望远镜安装调试好后，张云写信要求容寿铿寄张照片给他，由于当时的条件无法拍摄完整的望远镜照片，于是容寿铿从不同角度拍了几张照片寄给他，算是给他留做纪念），但后来他还是同意将这台天文望远镜镜头运回大陆了。最终容寿铿和谢清钧将11吋望远镜镜头从容炳锐家里取出，并安全运回广州中山大学石牌天文台，1950年上半年，此11吋望远镜在容寿铿的指导下终于安装调试完成，能够正常使用了。1950～1952年7月这段时期，容寿铿担任天文系一、二年级学生的普通天文学和实用天文学的教学以及实习指导工作。

1951年12月，容寿铿在广州加入广州市教育工会，1952年全国院系调整时转来南京市教育工会，后任南京市教育工会南京大学委员会天文学系部门委员会主席。

1951～1952年间，容寿铿推动广州青年文化宫的天文小组进行天文科普活动，并指导广东省科普协会的日食宣传工作。1952年5月，他在广州市参加了广东省科普协会；同年10月转往南京后参加了江苏省科普协会，在1952年10月起至1956年前，经常性地参加江苏省科普协会举办的各种天文科普活动，如编制宣传图表和幻灯片，筹备系统的天文知识讲座等。容寿铿为当时广东省和江苏省的天文科普工作做了大量的工作。

1947年10月～1952年10月期间，容寿铿与赵却民共同负担中山大学数学天文系天文学方面的教学任务。

1952年10月全国高等学校院系大调整，广州中山大学天文系与山东齐鲁大学天算系合并，成立南京大学数学天文系。南京大学数学天文系建系初期，教学、科研条件很差，容寿铿作为创建人之一，担负了建系初期大量事务性工作和教学工作。

当时老师主要来自原中山大学天文系和齐鲁大学天算系，当时南京大学的数学天文系在大学前二年开设的专业课程中，容寿铿主要承担了实用天文学的教学工作，其他任课老师还有：赵却民（天体力学），程庭芳（球面天文学），李春生（普通天文学）。此外，容寿铿还亲自动手搜集资料，添置图书，订购仪器。原中山大学天文系的仪器图书全部运往南京，它们占当时南京大学数学天文系仪器图书的99%以上。赵却民担任南京大学数学天文系主任；容寿铿仍从事实用天文学和天体测量学课程的教学（开始的时候主要是一、二年级的课程）以及生产实习的指导工作。为了把数学天文系的教学和科研仪器配备起来，在学校党政领导关怀和支持下，容寿铿从1953年起就为系里向国外订购赤道仪、用于天体测量方面守时准确的里弗列尔钟、测量星体照相底片的坐标量度仪以及测量纬度变化的天顶仪等仪器设备，从而使学生在学习天文学基础课程时能利用赤道仪进行某些天象观测实习，学习天体测量学时能接收无线电讯号校准时间，利用经纬仪、中星仪观测恒星守时授时，测量当地经纬度等工作。为了使学生毕业后能适应中国科学院紫金山天文台、中国科学院徐家汇观象台和佘山观象台（徐家汇观象台和佘山观象台后并入上海天文台）等台站急需的天体测量和授时、报时工作方面的人才，容寿铿还会同其他教师组织、带领学生赴有关天文台站进行生产实习，接触实际，以提高学生的实际工作能力。容寿铿教学认真、对学生负责的工作作风，一向为国内天体测量界所称颂。

1953～1956年容寿铿担任了南京大学数学天文系工会部门主席兼小组长。

1954年，容寿铿被任命为南京大学天体测量教研室主任。同年，容寿铿开始关注和进行纬度观测及地极移动资料的收集，为计划中的1957年开展天顶仪观测做好准备（当时南京大学数学天文系已计划订购一台中型天顶仪，并预计1957年到货）。

新中国成立后，容寿铿除已经较好地掌握了英语外，还一直坚持学习俄语、德语、日语等其他外语，尤其是俄语水平有了很大的提高，1957年已经可以熟练阅读俄语专业书籍了，两年后德语和日语的专业书籍借助字典也都可以阅读，这样，英、俄、德、日等国语言他都不同程度地掌握了，为学习和及时跟踪国际天文学的技术和最新进展做好了准备。

1955～1956年，容寿铿根据教育部颁发天文专业教学计划的要求，参照苏联1953和1955年教学大纲，结合具体情况拟定以后适用的教学计划、教学大纲以及选取适当的教材。此时容寿铿主要是承担一、二、三年级理论天文和天体测量课程的教学与带学生实习工作，利用南京大学数学天文系和紫金山天文台等台站的设备进行测时和授时工作实习。此外，为更好地做好教学和科研工作，容寿铿还负责与上海佘山和徐家汇天文台及南京地理研究所等单位联系有关业务和进行科学研究工作。

1957年，根据苏联专家1956年8月在莫斯科提出的建议和中国天文学家的建议，中国科学院紫金山天文台决定在天津筹建国际纬度站（后划归北京天文台），容寿铿以天体测量专家身份应邀参加筹建工作。先于1957年4月应紫金山天文台邀请到天津确定最后选址，1957年6月开始，因邹仪新即将出国，天津国际纬度站筹备工作的重担基本上就落到了容寿铿一个人身上，于是容寿铿就到南京紫金山天文台帮助开展具体的筹备工作，1957年10月前往天津。为把天津的国际纬度站建设成有较高水准的天文台站，容寿铿与邹仪新主持并参与了向苏联购买大型天顶仪的经费申请、选型、争取中国科学院及地方政府和部门的支持、订购、运输、配套设施的基本建设、安装、调试等一系列繁杂而细致的工作，克服了各种困难，保证了设备的安全，尽最大努力避免了对该贵重仪器可能造成损失的各种因素。在此项工程近一年的筹建工作中，从准备工作、基本建设到仪器设备的安装与调试，以及观测纲要、科学研究计划等的制订，他都兢兢业业，事必躬亲，辛勤筹划，对中国的纬度变化及极移工作的创建和发展，做出了贡献。1958年8月筹建工作告一段落，他才返回南京大学。

1960年，容寿铿为南京大学数学天文系装置并调试好新到的德国中型天顶仪，并招收研究生，使研究生可利用此天顶仪研究纬度变化，同时广泛收集资料和阅读文献着手编写《纬度变化与极移》的讲义，于1961年在数学天文系开设了《纬度变化与极移》的专门课程。这些都为南京大学从事纬度变化等方面的研究创造了条件并培养了人才。

1961年在容寿铿主持下，南京大学天文系开始实施"南京纬度变化的研究与章动常数的测定"科研项目，其目标为利用天顶仪19年（19年为科学原理所要求）的观测资料，通过研究南京的纬度变化了解地极移动的规律性并求出章动常数。为此，容寿铿主持编制了各项观测纲要，开始天顶仪的预观测，为日后开展长期的常规观测做准备。1962年下半年起，容寿铿带领数学天文系一批青年教师和学生开始天顶仪的常规观测。除了指导工作以外，他还身先士卒，坚持排班观测，经常与年轻人一起通宵达旦地从事辛勤的观测工作。这个科研项目后因"文化大革命"而终止。

1962年8月容寿铿在北京参加全国天文学会年会；同年9月，容寿铿任天文学会《天文学报》编辑委员会委员兼干事。此后，经常为《天文学报》、《天文爱好者》等杂志和刊物审稿。12月在上海参加时间与纬度工作会议。

1963年，容寿铿因教学及研究生培养方面均卓有成效被提升为副教授。

1963年11月起，容寿铿与戴文赛、赵却民、李珩、邹仪新共同担任第二届天文学会时间与纬度专业小组副组长（副主任）。

1963年11月，在天津参加了时间与纬度专业会议，并把观测星表拿到了会议上报告和讨论，希望以此让南京大学的纬度工作加入全国的纬度工作行列。

1964年，容寿铿被评为南京大学爱护仪器设备的标兵。

容寿铿自幼热爱祖国，在读初中期间就曾多次参加过抗日活动；容寿铿热爱我国的天文事业，重视和爱护天文仪器设备和图书，他深知办好天文台和培养天文人才离不开天文仪器设备和图书，他在大学毕业留校工作不久，为保护我国天文仪器设备和图书避免战乱的损害做出了重要贡献；容寿铿热爱教育，作为南京大学数学天文系（现天文与空间科学学院）的创建人之一，为该系早期的教学大纲和教材、科研仪器和图书配备等方面的建设做出了贡献，为培养优秀天文学人才打下了良好基础；容寿铿还热爱学生，他大学毕业后就一直从事天文学的教学工作，对学生认真负责、精益求精，积极开辟紫金山天文台、上海佘山天文台、徐家汇天文台等台站作为实习基地，为学生学用结合创造良好的条件，深受学生和各用人台站的好评；容寿铿关心和热心我国的天文科普事业，经常花费很多时间去帮助、策划、指导广东省和江苏省的天文科普活动，并向普通百姓介绍和普及天文知识。

容寿铿为人忠厚正直，工作认真、态度严谨、勤勤恳恳、任劳任怨，毕生从事天文学研究和教学工作，他尤其擅长天文观测和天体测量，曾教授过实用天文学及其实测、航海天文学及实验、普通天文学、天体测量等课程。尤其是在天体测量领域的课程设置、教材编辑、青年教师的培养、指导研究生等方面，尽心尽力；在仪器设备的安装和维护，以及图书的保护和管理等方面的表现也比较突出，为国家培养出大批人才，可谓桃李满天下。

容寿铿大学毕业后便一心扑在天文事业上，疏于顾及个人生活。他奔波南北，不惑之年才结婚成家，直到成家后才有条件把七旬的老母亲从广州远道接来南京身边，供养尽孝。

正当容寿铿年富力强、准备为中国天文事业做出更大贡献的时候，1966年"文化大革命"开始了，学校彻底停课，教学、科研工作也因此完全中断。由于当时诬陷迫害，致使容寿铿于1970年10月5日在南京大学溧阳分校（又称溧阳农场）被摧残致死。1978年9月27日，中国共产党南京大学委员会落实中共中央拨乱反正政策，由天文系主持在南京大学大礼堂为容寿铿举办了追悼会，当时南京大学校长匡亚明先生也专门送了花圈，以示平反昭雪，恢复名誉。

注：由于种种原因，作者对容寿铿的学术情况了解很少，且容寿铿先生的个人资料严重缺乏，幸好容寿铿的妻子今年90岁的程淑芬女士还健在，经过她反复回忆和多次找寻，终于找到了很多非常重要的原始资料，给本文提供了大量详实的素材；容寿铿先生的先前同事、好友、学生南京大学天文学系的李春生教授、易照华教授、肖耐园教授以及天文系的前书记刘桂霞女士等也给作者提供了不少素材、建议和帮助；南京大学外语部的前主任杨治中教授等也给予了作者热情的帮助和指导，给作者讲述了当时的许多背景和情况；此外，容寿铿的妹妹容倩怡、容倩清女士，弟弟容寿宁先生，容寿铿的内弟程渭吕先生等亲戚也帮助核实家庭信息和查找资料。没有他们的帮助作者很难准确、详实地完成这篇文章，在此谨向他们表示衷心感谢！

三、容寿铿主要论著

容寿铿. 1943. 银河系之自转运动. 容寿铿自传及个人档案.

邹仪新, 容寿铿. 1959. 纬度变化和国际纬度站. 天文爱好者, 5: 7.

南京大学数学天文系天文专业编（戴文赛主编, 容寿铿等编写）. 1961. 天文学教程. 上海: 上海科学技术出版社.

容寿铿. 1962. 蔡司天顶仪纬度水准器特性的研究. 南京大学学报.

容寿铿. 1962. 纬度变化与极移. 南京大学数学天文系天文专业讲义（内部资料）.

邹仪新, 容寿铿. 1966. 纬度工作. 天文学报, 14 (1): 99-109.

主要参考文献

容寿铿. 容寿铿传记与个人资料（内部资料）.

中共南京大学委员会. 1978. 关于容寿铿同志的平反决定.

李春生. 2005. 容寿铿传. 中国科学技术专家传略·理学编. 天文卷1. 北京: 中国科学技术出版社: 156-158.

撰写者

容国强（1963～），容寿铿之子。1963年4月2日出生于南京，原籍广东中山县。1982年进入南京大学图书馆工作，1985年毕业于南京师范大学图书馆专业，毕业后参与开发全国第一个《条形码计算机中文图书流通系统》，该系统1987年通过江苏省科委主持的省级鉴定。1987～1989年间参与合作开发过中文信息系统和甲骨文信息系统等项目，在项目中承担计算机数据处理和计算机辅助纠错、查漏等工作。1990年调入南京大学外语部并开始负责全校本科生的外语考试计算机阅卷工作至今。1991年开始的6年左右负责南京大学大学英语师资培训班的计算机教学和带实习工作。1991年升为工程师。1998年开始负责大学外语部教学用视频服务器和办公用邮件服务器的架设和Web服务器的管理工作，1999年开始负责大学外语部网络管理等工作至今。

潘 鼐

潘鼐（1921~），江苏吴县人。天文学史家，上海市建工设计研究院高级工程师。是一位毕生以业余研究获得突出成就的科学家。1943年毕业于复旦大学，一生从事土木建筑设计工作。从少年起即为热心而执着的天文爱好者，在接触到博大精深的中国天文古籍后，对中国天文学史研究产生了浓厚的兴趣，从此用半个多世纪的业余时间广泛涉猎，深入钻研，特别是对中国历代星图星表、天文观测仪器、天文文物等进行了详尽的研究。于1989年出版了《中国恒星观测史》，此书至今仍是研究中国古代恒星观测领域最权威的著作；2005年出版《彩图本中国古天文仪器史》，以完备的内容、丰富的史料填补了天文学史专著的又一空白。2009年出版《中国古天文图录》，将载于国内外文献、收于各种珍善孤稀古籍、收藏于各处博物馆、流落民间的天文图牒与实物照片，全面加以整理汇编，是一部重要的学术宝藏。他的天文学史著作虽然只有几部，但每部都有非常重要的学术价值，是对天文学史领域集大成意义或开拓意义的重大贡献。这些工作对历史遗产的古为今用、对新时期民族文化建设也有着重要作用。这位研究古天文学史公认的大家，因数十年业余研究，被誉为"专业的天文爱好者"。1995年中国天文学会第八次全国代表大会期间，因从事天文工作40年获得表彰并获荣誉证书。

一、天文爱好者　业余科学家

潘鼐的祖籍是江苏吴县，1921年出生于浙江平湖（今平湖市），1935年随父母迁居上海，一直在上海成长、工作、退休。

童年时潘鼐住在平湖古武原，一个晴朗的夏夜，亲戚带着他到有名的东湖之滨去乘凉。那里是黄浦江上游三泖水的一支源头，隐约的村野围着静谧的河湖，苍穹下广阔的水域上，只见满天繁星倒映水面，闪闪烁烁，上下交辉。远近小舟，点缀着两三渔火，这副清幽神奇的景象，深深镌刻在他那幼小的心灵中，他爱上了星星，并且开始尝试着如何去认识星空。

从此，潘鼐一面留意观察星空，一面寻找和阅读天文方面的书籍。刚读中学，他发现了一本杂志《中学生》，里面的星座介绍和星图深深吸引了他。《中学生》是上海开明书店办的一份月刊，其中设了一个栏目《是月也》，以图文并茂的形式介绍每月的星座。潘鼐从此长期订阅着《中学生》，这个杂志和栏目对他毕生的天文事业都起到了非同小可的源头作用。

迁居上海后，他家坐落在上海的近郊。那时的光污染很小，潘鼐在自己家的庭院里或镇边的空地上，晚上随时都可以观天。于是他利用这些星图孜孜不倦地辨认星座，很快，除南天看不到的那些星座外，全天星座和亮星很快他都了然于胸。以这些星座知识为依托，他又四处寻找更详尽的星图。当时的几位天文大家，如陈遵妫、张钰哲、李珩等的著作中，都曾收有相当完备的星图，潘鼐找来这些书，仔细研读，天文学的造诣一天比一天加深。

1935年，潘鼐考上中法国立工学院高中部。中法国立工学院是中法两国政府合办的一所工科大学，3年后，潘鼐以优异的成绩高中毕业，考入工学院的土木工程系就读。

虽然有了自己的"专业"，但潘鼐仍念念不忘他所多年投入的天文。好在学院除了大量公共科目外，还在一年级就开了一门"素质"课——宇宙学，授课老师是一位曾经留法的教授，潘鼐向他学到了大量天文最新知识，这门课，也使他从此对深深眷恋的天文更放不下了。

这期间，他得到了更多的天文书籍和星图，有很多是英、法原文的（因为在该学院，英语、法语都要修，所以潘鼐的英语、法语基础都很好，这为以后的学术研究提供了重要保证），这更使他如虎添翼，让他的天文学素质逐渐接近了专业人员的水平。

1940年，因中法国立工学院停办，潘鼐转而进入复旦大学，所修专业仍为土木工程。复旦大学因专业的需要，开设了一门"实用天文学"课，包括天文大地测量、航海认星等许多内容，在这门课中，潘鼐非常活跃，教授带学生们认星时，潘鼐俨然是一位"助教"，其丰富的天文知识让教授都自叹弗如。

作为一名天文爱好者，潘鼐对中国古代天文学也同样关心，开始他收集到的星图，无论是中文的还是外文的，都是现代星图，后来他第一次看到了陈遵妫著作中收入的中国星图，被完备、生动的中国星座体系所震惊，于是他开始刻意寻找介绍中国古代天文学的书籍。随后，他在朱文鑫《史记天官书恒星图考》一书中进一步获得了关于中国星辰的神奇知识。很早以前，他就读过家里前辈遗留的古书——清初刊本的《玉匣记通书》，这时他才明白，这是他接触的第一本有关天文星占的古书，现在有了许多关于中国星辰知识的他再读这部书，更感到中国古天文的神奇和奥妙，潘鼐说："它充满着奇特的符咒、占辞和道家装束的将军图像。这泛黄的破书在逝水年华的变易中依然残存着。"从此，他对中国古代天文学从随意转为留意，今天，90高龄的潘鼐回忆起那段往事，仍然是感叹不已："约略半个世纪过去了，人世间的艰辛慢慢淡忘，可儿时这美好的回影仍会不时浮到我的脑海边。在平湖小城里度过的少年时期，年迈的老师利用假期教我攻读古文与历史，不久我信步走上了古代天文这条隐僻的曲径。'七月流火'，'三五在东'，觅知古代的人们怎样观察星星，是令我神往的一桩心愿。"

1943年，潘鼐在复旦大学毕业前，就回到原来的母校，在中法高级工业职业学校（已停办的中法国立工学院名下的中专）任教，后又任土木工程设计系主任。由于命运的安排，他一生的"正业"都是土木工程设计，1949年以后，他调入华东水利部办的治淮人员培训部教学，后调入华东建筑工程局工作（上海市建工设计研究院的前身），直到退休。作为建筑结构工程师，在8小时之内，他兢兢业业，尽职尽责，不但认真对待每一项接手的工程，圆满完成工程设计任务，而且努力发挥自己的创造力，不断有革新和创新成果问世，在《工业建筑》、《施工技术》、《化学建材》等杂志发表了多篇有关土木工程设计、研究、实验的论文，还在中国建筑工业出版社出版了专著《建筑施工模板图册》，几十年的职业生涯，使他从一个普通技术员成长为工程师、教授级高级工程师，成为在上海土木建筑设计领域的知名人物。

可是，即使是他身边的同事也很少有人知道，在8小时之外，潘鼐对另一项事业投入了更大的热情，这就是对中国古代天文学史料的发掘和研究，通过数十年沉浸、钻研其中，他终于成为天文学界在全国、甚至在国外都知名的权威人物。

由一位宽泛的天文爱好者转变为刻意钻研中国古代天文学的"专业"爱好者，潘鼐自己解释说，天文学已经成为他一生不可解开的情结，但去从事天体物理学等研究显然是不现实的，因为这需要复杂而昂贵的设备，这是一个业余研究者所无法承担的，而天文学史则不需要这些，只需要下功夫搜集尽可能齐全的史料，然后就看自己的见识和才学了。于是潘鼐从此走上了与多数天文爱好者不同的一条曲径通幽的道路——探询祖国传统天文学中的天文资料，特别是恒星观测记录、星图、星表，以及天文仪器、天文文物等，彰显我们的祖先创造的灿烂文化。他60余年执着追求、孜孜不倦，几乎把所有业余时间和精力都用在了中国古天文研究的事业上，通过广泛收集相关文献资料，运用自己的聪明才智进行综合、分析、提炼、研究，终于成为一代大家，成就了这项在现代科学界几乎是绝无仅有的"业余"科学事业。

二、筚路蓝缕　数座丰碑

1.《中国恒星观测史》

自从潘鼐接触到中国古代的星座体系后，就为那一系列神奇的知识所倾倒，不由自主地沉浸其中，他开始努力搜寻一切有关的古籍、资料、外文资料、现代研究的成果。当他了解到古代二十八宿的划分、仪器的使用，以及古代诗文中大量关于天象的描述时，有一个问题促使他不断思索：我们的祖先是怎么观测这些星星的？

在他开始思考这些问题时，离辛亥革命，即中国封建社会被推翻只有 40 年。民国成立后，封建时代的许多文化，都被当成过时的"迷信"、"邪说"而与封建社会一同被"埋葬"，这也包括中国传统天文学。传统的天文学已被全新的现代天文学取而代之。但不久后学者就发现，中国传统天文学实际是一个宝库，它不但含有许多与现代天文学一脉相承的科学内容，也包含着东方人认识世界的独到智慧，于是这座宝库在几十年间陆续被学者们"挖开"，这个领域琳琅满目，美不胜收，有着极其广阔的研究、应用的空间和价值。潘鼐就是在这个时代走上这条研究道路的，那时研究中国天文学史的人很少，一切都在草创阶段，潘鼐就是这样筚路蓝缕，入迷地投入了进去。

开始，潘鼐是凭兴趣的钻研，他从天文仪器的使用、各种天文图的考释、天文星表的溯源等方面做了大量工作，发表了一系列论文，得到各方面的好评，在获得这一系列成果之后，他的兴趣更加高涨，于是，他酝酿出一个更大的计划，开始了全方位覆盖的系统研究：将古代在这一领域内的丰硕成果全部汇集整理出来，并站在现代科学的高度予以分析、综合。

1989 年，他多年心血的结晶、74 万字的大部头著作《中国恒星观测史》终于问世。这部书以历史各朝代恒星观测的发展演变为线索，以各朝代恒星观测的里程碑事件为纬线，纵横编织，全面论述了中国历代恒星观测的成就、发展历史和特别贡献。在这部巨著中，史料内容丰富多彩，不少都是前人没有研究或仅提到但没有深入研究过的。他根据各朝文献、传世文物、考古发现以及国内外各种资料，通过考订排比和归算研核，详细论证、诠释了恒星观测所取得的巨大成就，推究了其变易递传的迹象和相承因果，令人瞩目。

中国古代有大量的星图，但有的分散于各种典籍中，有的为个人秘藏，有的远传东邻、沉沦异域，竟埋没不彰，也有一些星图含有争议，论者各执一词，莫衷一是，潘鼐对这些星图都设法尽力访求收录。他走访了各个图书馆查阅不同版本，联系国内外专家广泛搜求，尽量使史料至臻完备。书中有一批古代星图是首次公开刊布的，书中还收录了不少朝鲜、日本古代学者按中国传统绘制的星图。

历朝都有大量的恒星观测记录留存，潘鼐在这部著作中，对重要的观测记录都用现代天文知识作了详细的折算或归算，验证古代记录的精确程度，获得了数量可观的成果。书内还根据宋周琮的星表以及附图，复原绘制了中世纪前后的中国星象中西星名的对照星图，同时，他也较核了18世纪中叶以来的近代观测数据，绘制了中西对照恒星图，这套星图至今仍被研究者、爱好者使用。

在这部著作中，潘鼐站在史家的高度上，以独到的眼光，作出许多创新性的论断和发现，比如困扰中外学者多年的二十八宿起源问题，他在分析大量史料的基础上，独具慧眼地作出对二十八宿距度的测量不晚于公元前6世纪的论断，论据可靠，分析精到，显示了作者的匠心。另外，他对"三垣"的起源、《步天歌》的价值，都提出了自己独到的见解。

《中国恒星观测史》出版后，得到学术界如潮的好评，全书资料之完整，考证之详尽，堪称是一部超越前人的巨著，为后续的天文学史研究奠定了坚实的基础。进入21世纪，为满足学术界的需要，已过80高龄的潘鼐决定对此书进行增订再版。再版的《中国恒星观测史》篇幅增加了40%，插图也多了百余幅，加进了20年来天文学史研究的大量新成果和考古的许多新发现。

2.《彩图本中国古天文仪器史》

《彩图本中国古天文仪器史》是潘鼐的第二部重要学术著作。

中国古代的天文仪器，起源极早。在中国最早的文献典籍《尚书》中即有"璇玑玉衡以齐七政"的记载，其中"璇玑玉衡"可能就是尧舜时代的天文观测仪器。中国传统天文仪器可分为表、仪象、计时器三类。由于天文历法是中国古代社会国家机器的一部分，所以历代王朝十分重视天文仪器的发明、制造。不过，虽然历代记载的天文仪器种类和数量众多，但由于不断改朝换代战争的破坏，稍久远些的天文仪器都几乎损失殆尽，这就为古代天文仪器的研究带来很大的不便。

所以，在《彩图本中国古天文仪器史》问世之前，学术界对天文仪器的研究一直处在零散分析、只注重某阶段，或只侧重某特定仪器的状态中，尚无专门、全面论述中国古天文仪器史的著作。在一些已出版的中国天文学史的专著中，关于天文仪器的篇幅也都相对薄弱。

潘鼐在半个多世纪的研究中，对史料中几乎所有天文仪器的记载都作了不同程度的记录、钩沉、辨析和整理，对明清以来留存的天文仪器实物更是做了大量详细的考察和研究，获得了不少新的成果。面对学术界缺乏一部全面、系统研究中国古代天文仪器专著的现状，潘鼐决定编写一部从远古一直写到清末的、周详的中国古天文仪器专著。由于多年的史料积累，再加上聘请国内外几位行家参编，2005年8月，一部70万字、图文并茂的《彩图本中国古天文仪器史》出版。

《彩图本中国古天文仪器史》是中国天文学史在国内外相关著述中的一部收关之作。这部书对中国创制与发展天文仪器的悠久历史，作了全面的叙述和详尽的论析，并配置了辑自国内外的大量相关图画与照片。书中首先对中国古天文仪器作了全面的综述，然后按古天文仪器的分类，分章作了详尽的专题论述，有圭表、日晷、浑仪、浑象、简平仪、宇宙结构演示仪器、民间天文仪器、天文大地测量仪器等。

中国历史上的很多天文仪器，有的一直在漫漫史料中被湮没不彰，有的则深锁博物馆密室柜内难得一见，一直未有人涉猎研究。正是潘鼐及其合作者广泛搜寻了国内外文献资料，考察了大量传世和出土的文物，才使它们写入书中为世人所知。全书彩色和黑白插图共有550余幅，其中有一百多幅图片是潘鼐用漫漫五六十年的光景一点一滴搜集起来的，为独家秘笈首次发表。因为中国制造天文仪器的历史，还有若干问题，未经涉猎或有待澄清，在这方面，《彩图本中国古天文仪器史》做出了不少贡献，比如中国古代的宇宙学说有盖天说、浑天说、宣夜说等论天六家，除了浑天说有"浑天仪"可以直接用仪器表现相应的宇宙观念外，并没有"盖天仪"等类似的仪器流传下来，但佛教传入中国后，其"世界"的概念，恰与传统的中国"宇宙"、"天地"时空概念相同，现在发现，在北京就有着一座表述大千世界的宇宙模式——须弥山仪，类似于演示盖天说的仪器，书中对此作了详细的分析介绍。

这部巨著的特别之处还在于，它并不仅仅是史料意义上的搜集整理，而且还完成了一种不同于以往的研究思路的实践。以往的中国古代天文学研究中，天文仪器至多处于一种从属地位，即作为一种获取知识的工具或手段而出现。《彩图本中国古天文仪器史》则通过研究天文仪器的变迁中所体现的理论内涵及其技术实现，以及作用于天文观测的相关影响因素，来考察中国传统天文学的发展脉络，这是一次由工具考察科学史的完整实践，通过实物考察、史料研究以及实验复原研究三种途径进行。这种方法不但在天文学史的研究上，而且在科学史、技术史、甚至文化史的研究上都有一定的借鉴意义。

此书在其他方面也有十分重要的意义，比如，明清时期以耶稣会传教士为代表的西学东传是中国传统天文学史上的重要事件，天文仪器在其中所发挥的作用是第一位的。当两种不同文化相遇时，二者之间的种种冲突与融合通过天文仪器的演变、使用、替换而具体生动地表现出来，书中特别凸显了这一关系，书中还历数了列强的侵略战争给中国古天文仪器及中华民族造成的屈辱损害。再如，作者由这些仪器中所表现出来的不同，分析了隐藏在其后的不同的天文学源流与数学思想，也是极有启发性的研究。

3.《中国古天文图录》

潘鼐在做着恒星观测史研究和仪器史的研究的同时，心中早就在酝酿着一个更大的计划：编写一部中国古代天文学的"寻宝图"。

多年的潜心研究使他意识到，中国古代天文学的史料浩如烟海，如果能以某种具体的载体为线索，提纲挈领、纲举目张地把它们展现给世人，将是一件非常有价值的工作。以仪器、工具为研究思路，当然是一个至关重要的方式，但若想全方位展示中国古代天文学伟大成就和真实面貌，还应选择更为宽泛的载体，于是，编写一部《中国古天文图录》的计划逐渐在潘鼐的脑海中成形。

在中国古代，"天文"和"天文图"几乎是密不可分的。按《易经》所记，"天文"即"天象"，是一种离开图像、形象就根本无法理解的东西，因此传世星图很多。在天象观察和研究方面，古代一直有丰富的记载，且记载的形式和方法也多种多样，很多记载在正史中保留了下来。上百年来发现的天文遗址、出土文物，更绝大多数都是以图案、图形的形式存在，作为后人研究的对象（少数以文字形式保存）。古代观测天文用以占卜祯祥，为治历明时，还须制作仪象，天文仪器更是必须靠其形制来展现的。中国古代天文是为帝王服务的，一切天文活动都是皇家主持的，因此给天文学蒙上了一层神秘和迷信的外衣。毫无疑问，拨开古天文学的迷雾，很大程度上要依靠古天文图、遗址、文物等。由此可见，以图像为主要载体，编写一部反映中国古代天文学史的书籍是非常必要的。

当然，完整地收集天文文物，即使是收集图片，也是非常不容易的。政治的变更、改朝换代的战争一直伴随着历史，自秦始皇焚书、五胡乱华以来，上古时期的图籍几乎佚失无余。以后，王朝更替，无论图书还是仪器文物，不断制而复失，聚散无常。加上多数朝代又厉禁私习天文，所以能遗留下来的文物、图籍很少。有些图书、文物、器物则被掠夺或盗卖到境外，令国人或研究者难得一睹。这些中国古代天文图形资料，不是十分零散，就是从来不被人注意，把它们收集在一起是十分困难的。所以，搜集中国古代天文文物图，是一个长期、耐心、细致而又要广泛运作的工作，如果靠短时突击编纂难免会留有遗珠之憾。

潘鼐以其对中国古代天文的狂热和痴迷，沉浸其中数十年。他发现，若能将收载在各种图刊古籍中的,庋藏于各处文化博物院馆内的,以及著录于国内外书目文献中的天文图牒与实物照片,尤其是珍善孤稀之本,较全面地加以搜辑汇纂,应当是一项对学术和历史文化大有裨益意义深远的工作。

近几十年,海内外发现和发掘了不少极有价值的中国天文星象图和天文仪器,对中国古代天文的研究提供了丰富的素材和实物,也带来了许多难得的信息,这些新发现,也让潘鼐激动不已,于是,他靠着对古天文学极深的功力,和年深日久的海内外广泛搜寻,终于完成了这部著作《中国古天文图录》,全书图片数量1170余幅,共收有各种天文文物238项,是迄今所见收录最全面的图说天文学史专著。

在历史跨度上,这部著作上溯新石器时代,下至明清近世,并旁及朝鲜、日本,还远涉欧洲诸国。覆盖的范围包括甲骨、石雕、拓片、灵台、遗址、墓葬文物、天文仪器、天文台,以及中国和中西合璧的大量星图、星表等。较近发现的如五代十国吴越马王后墓星图及日本奈良7世纪末的古墓星图,均为1999年发掘出土的珍贵文物,20世纪的考古新发现尽在其中。这部书堪称集中国古代天文图绘之大全。

"以图证史"是近年兴起的一项非常有价值的探索。图像所传递的信息,是文字无法取代的,所以图和文经常需要有机地结合起来。过去,由于印刷排版技术的限制,在历史上的大多数出版物中,文字总是远远重于图像的。但形象思维是人类思维的另一翼,是人类认识世界不可或缺的一面,特别是电视这种大众传媒形式的兴起,成为原始形象思维在更高层次的一次复归运动,图文书的出版也是在顺应了这一潮流。《中国古天文图录》这部著作的价值正在于此,可以想象,在讨论古代的星图或仪器时,直观地观看一幅星图或仪器图片能获得千字文章所达不到的效果。所以这部书无论是在强调天文学史研究中图像之重要性的一阶研究方面,还是在视觉科学编史学的二阶研究方面,都具有非常重要的意义。

这本书把重要的中国古代天文图绘史料展示给世人,但中华民族从远古以来在天文学发展上的文物、遗迹等各个方面的史料肯定还有很多尚待发现,所以《中国古天文图录》既是一部珍贵记录,也更是一条线索,指引和启发后继者继续去发掘和追寻更多的宝藏,进一步推动和丰富中国古代天文学史的研究。

4.《崇祯历书》及其他

潘鼐89岁高龄,在双目几乎完全失明的情况下,于2009年又出版了他辑编的两巨册大部头著作——《崇祯历书》。

《崇祯历书》是明末崇祯年间为改革历法而编写的一部丛书。由于明代基于中国传统历算的《大统历》屡屡出现偏差,朝廷决定以西法为基础改历,由徐光启、李天经等人主编。这部历书从多方面引进了欧洲的古典天文学知识，包括天文学基本理论、天文表、平面及球面三角学和几何学知识、天文仪器、中西度量单位换算表等。《崇祯历书》把历法计算完全建立在了解天体运行原理的基础上，采用第谷创立的天体系统和几何学的计算方法。许多传教士，如日耳曼人汤若望、葡萄牙人罗雅谷等都先后参加了翻译欧洲天文学知识的工作。

《崇祯历书》是中国天文历算体系的重要里程碑，它标志着欧洲天文学已被吸收和融合到中国天文学中来，中国的天文历算体系至此从传统的代数学体系转成为欧洲古典的几何体系。因此《崇祯历书》一直是天文学史研究者非常关注的史料，被引述、应用和研究了300余年。

《崇祯历书》自问世以来，版本变迁相当复杂，满清入主中原后，汤若望曾将其删节，更名为《西洋新法历书》献与清廷，乾隆年《崇祯历书》被纳入《四库全书》，多次改纂重印。所以到现在为止，《崇祯历书》版本众多，而且原本入藏分散，或在华夏，或在海外，向来无人窥其全貌，很多版本，其完整的内容、作用、学术价值几乎还是研究的空白。

正因为这部书的重要性，成为潘鼐早就留意的目标，他通过十多年的努力搜寻，终于将散落于海内外的所有版本搜齐，共23种84卷。这部全辑本，向学界提供了最完整的珍本资料，其中包括从国外辗转找到的孤本。

前面的三部著作，主要集中在天文观测、天文仪器和文物上，这部书的问世，证明潘鼐在历法方面也有精深的研究，不愧为一代大家。

除了这几部著作，潘鼐还发表了许多篇天文学史方面的论文，内容囊括天文仪器、星图辨析、星表考证、星座演变等多方面。还写了多篇书评，以奖掖后学，现在这些书籍的作者都已成为天文学史界的中坚力量。他所著人物传记《郭守敬》一书，介绍评价元代天文学家郭守敬甚详。潘鼐还曾与李珩共译法国天文学家拉普拉斯的《宇宙体系论》等重要经典著作。

作为一名天文爱好者，潘鼐还拿出很多业余时间参加天文科普工作，早在20世纪40年代，他就与陈遵妫、张钰哲、李珩等天文学家在一起为公众组织义务科普报告、天象观测，这些活动一直贯穿整个50年代和60年代前半期，并编写过科普著作《天体的演化》，发表了很多科普文章。后来上海建立天文馆的过程中，他主动参加了大量建馆工作，后来天文馆并入上海科技馆，建成后天象厅开放后，他更是经常参加科普活动，为青少年们义务演讲、解答问题。

三、勤奋治学　淡泊名利

潘鼐取得的成就，与他的过人天资、不遗余力地勤奋治学是分不开的。潘鼐自幼聪明伶俐，爱好读书，各种经书过目不忘，青少年时就阅读了大量包括天文在内的各学科的书籍，14岁就考入中法国立工学院高中部读高中。潘鼐的视力一直不好，从15岁起就高度近视，配的第一副眼镜的度数就高达800度，后来又进展到1400度，他自己后来曾感叹说：都是看书太入迷了，不注意用眼卫生看坏的。

近40年建筑工程设计的职业生涯，在8小时内的努力使他成为上海市该领域的权威人物、教授级高级工程师；60多年的天文爱好者、天文学史家的业余学者生涯，使他成为中国天文学史界的一代大家。我们见过太多的在自己的专业领域做出杰出贡献的科学家、专家，也见过不少不看重本职工作、但在业余时间作出一些成绩的爱好者，但像潘鼐这样在自己的本职工作和业余爱好都做的极为优秀、甚至业余爱好的工作自成一家的学者，当代社会可以说是绝无仅有。

与自然科学学科本身的研究相比，科学史的研究有其特殊性，研究起来需要呕心沥血、长时间点滴积累。特别是像中国天文学史这样的领域，资料分散甚至相对残缺，很多地方尚未开拓，研究起来非常不容易。为了天文学史的研究，潘鼐几乎利用了的全部业余时间和节假日，为了寻找资料，潘鼐一有时间就走访图书馆、逛书店、特别是旧书店，为搜集资料购买图书他从来不吝惜金钱，有些旧书、古籍标价是很贵的，特别是外文旧书店的一些原版外文书，更是贵得惊人，但潘鼐向来是慷慨解囊，每有所得，就笑逐颜开。潘鼐的英语、法语都很好，日语也很有基础，后来通过会议、访学他认识了许多外国学者，这都为他搜寻国外的资料、获得国外最新研究动态提供了很大的方便。

高度近视的潘鼐，读书、查找资料本来就比别人吃力，25岁那年，他又患上了视网膜萎缩，视力持续下降，一直也没能恢复，到晚年视网膜中心已无光感。但眼疾并没有挡住他继续研究天文学史的决心，他仍然在业余时间孜孜不倦，努力读书、整理、思考，这种治学的勤奋和对天文学史的热情，是少有人能比的。

60岁那年，潘鼐在本职工作上退休后，很多人劝他应该保重身体、颐养天年了。潘鼐却说，这恰好开始了他的第二春，可以全天候研究天文学史了，通过多年的努力，终于完成出版了《彩图本中国古天文仪器史》、《中国古天文图录》、汇编出版了《崇祯历书》并修订再版了《中国恒星观测史》。

夫人和三个孩子都非常支持他的业余爱好，他除了天文之外，对其他很多学科也非常有兴趣，这为他的研究提供了坚实的知识基础，而且他一直是个昆曲的票友，在"业余的业余"需要放松时，他就唱一唱昆曲，恢复恢复精神。

多少年来，潘鼐一直居住 70 平米的居室，如今已 90 岁高龄，双目几乎失明，他不讲享受，不慕名利，单位的绝大多数人根本不知道他还有如此辉煌的"第二职业"，他也从没为此争取过什么奖励和称号。就是在这种情况下，他孜孜不倦地奋斗着，完全出自对这项事业的爱好和奉献精神，写出这样的著作，做出了这么多重大的贡献。潘鼐用他对天文学的热情、激情以及坚持不懈的行动，让后代有幸看到了更多埋藏在历史长河里记载古代天文的文字、图像、遗物、遗址，而他为此花费的人力、物力和流逝的年华岁月难以计量。他自己说，做这些事本身就是一种满足、一种乐趣、一种报酬，这可能就是他如此长寿的原因吧。

四、潘鼐主要论著

潘鼐. 1981. 宋皇祐星表——一部中世纪早期的中国恒星表. 天文学报, 2: 3-15.
潘鼐. 1983. 现存明仿制浑仪源流考. 自然科学史研究, 3: 44-55.
潘鼐. 1988. 郭守敬《新测二十八宿杂坐诸星入宿去极》考证. 中国科学院上海天文台年刊, 15-28.
潘鼐. 1996. 中国与朝鲜古代星座同异溯源. 自然科学史研究, 1: 30-39.
潘鼐. 2005. 彩图本中国古天文仪器史. 太原：山西教育出版社.
潘鼐. 2007. 彩图本中国古天文仪器史. 台北：春光出版社.
潘鼐. 2009. 中国恒星观测史. 上海：学林出版社.
潘鼐. 2009. 中国古天文图录. 上海：上海科技教育出版社.
潘鼐（辑编）. 2009. 崇祯历书. 上海：上海古籍出版社.

主要参考文献

李迪. 1991. 一部优秀的中国天文学史专著——简评《中国恒星观测史》. 天文学进展：1: 80-81.
吴燕. 2007. 从仪器变迁考察中国传统天文学发展：研究思路与实践——评《中国古天文仪器史》. 自然科学史研究, 3: 277-285.
钮卫星. 2010-10-21. 以图证史：科学史研究的一个新趋向——读潘鼐先生的《中国古天文图录》. 科学时报. B2.

撰写者

王玉民（1958～），河北承德人，大学专业为数学，1992 年获安徽大学文学硕士学位，又改修天文，2003 年获中国科学院自然科学史研究所科学史博士学位。现在北京天文馆古观象台任职，为研究员、中国古天文联合研究中心副主任。撰稿人的博士论文曾多次得到潘鼐的指点和提供资料，并获 2004 年度中国科学院优秀博士论文奖。

李 华

李华（1922~1999），湖南汉寿人。天文学家，高级工程师。中国时间天文基准的开拓者之一，在世界时测定与综合时号改正数理论和实践方面做出了重要贡献。在世界时服务，特别是中星仪光电测量仪器和观测自动化方面取得了开创性的成果。

一、简　介

李华，1922年9月生于湖南省汉寿县，1942年8月考入广州中山大学天文系；1944年7月日寇进攻广州，停学回老家。日本投降后，1946年9月~1948年7月又就读于中山大学天文系；大学毕业后，1948年9月~1949年7月，在湖南汉寿县立中学任数学教员、教务主任；1949年6月加入中国共产党，1949年8月汉寿县解放后，由县人民政府委派担任汉寿县立中学教导主任，后提升为副校长；1952年4月，由中央人民政府人事部第四局调入紫金山天文台，负责世界时测定和建立钟房方面的工作。

二、学术成就

1. 创建紫金山天文台测时和守时系统

新中国成立初期，百业待兴，来到紫金山天文台后他以满腔热血投入到国家天文事业建设的行列，为使新购置的测时仪器——蔡司中星仪早日投入正常工作，他夜以继日的工作在子午仪观测室，他深知天文研究工作离不开天文观测，他长年累月一心扑在天文观测资料分析和仪器改进上，为努力提高天文测时精度，消除人仪差对天文测时的影响，他和同事们认真观测每一颗星，分析研究每天每人每组在不同观测环境下的细微变化并加以改进，使中星仪观测精度始终位于世界各测时仪器的前列。

为提高世界时测量精度，需要十分精确的守时设备——雪特钟（石英钟）。1955年初在紫金山天文台子午仪观测室南面，天堡城旁，他自行设计主持修建了深度为14.8米，内直径为3.6米的圆形竖式四层地下钟房，经1957年1月到1958年12月两年地下室温度的测量，地下钟房每年的温度变幅小于0.6℃，该微小的长年温度变化不影响到铟钢摆的日速，完全符合安放雪特钟的要求。

2. 共同建立我国世界时服务系统

紫金山天文台建台后，虽有概略的经度值，但尚未有过准确的测定，新中国诞生后随着祖国各项事业的蓬勃发展，天文工作也有新的发展，建立了经常的测时工作，并且于1957年12月正式加入苏联综合时刻系统，天文观测和时号接受的资料运用到苏联综合时刻系统的计算中去，要求天文台子午仪室有一个较近真值的经度采用值，按照天文台当时的任务和条件，李华和他的同事经过多次讨论和研究决定分析整理子午仪的长期观测来确定一个经度值，他们利用蔡司中星仪在1956年3月～1957年12月两年期内的天文观测，在分析判断各种影响所带来的误差并消除后得出精度为±0.002S的经度采用值并一直沿用至今。

为响应独立自主、奋发图强的号召，他和徐家汇观象台的同事们一起建立了中国时间的天文基准——中国世界时服务系统，在他与合作者的努力下，确定世界时的精度达到国际先进水平，由此共同获得国家自然科学奖二等奖。

3. 参与天津国际纬度站的建设

1956年冬，天津国际纬度站开始筹建，1958年春建成并安装仪器，1958年3～4月李华主持测定了天津纬度站的经纬度，观测使用的仪器为邦贝尔77262号子午仪和拉丁7302号天文表，为消除人差影响，观测由一个观测员进行，每观测夜晚在观测开始前收录时号一次，在观测中每间隔一小时收录时号一次，观测结束再记录时号一次。收录时号为苏联RBT及徐家汇BPV。在经纬度观测结果整理中，采用苏联标准时刻公报给出的各时号改正值和北极瞬时位置的X Y值，共得出44个经度值和36对星的纬度值，获得较高的测量精度，$M_\lambda \pm 0.0028s$，$M_\varphi \pm 0.08''$。

4. 观测仪器自动化研究

李华多年来从事世界时精确测定工作，长期的实测并对观测仪器的多次分析研究和几次革新，使测时精度不断提高，并曾列入世界最先进的行列（1967年观测精度名列世界第二）。他具有丰富的实测经验。为了更进一步能从天文观测结果中消除人差和光电装置的迟滞差，减小大气抖动，天空背景和光电装置的噪音、导星和操作仪器引起的误差，提高测时的准确度和精度，20世纪70年代末在邦贝尔中星仪上成功用光电测微器记录星过中天时刻。稍后又实现了观测自动化。这是一项包括光机电技术在内的系统改进工程，也是一项特别带有创造性的工作（这是当年鉴定书上的评语）。该项成果的主要特点是：①在中星仪上采用光电测微器和实现观测自动化，不仅能从时刻记录中消除人的视觉差和光电装置的迟滞差及其各种有害影响，而且能平滑星光闪烁、天空背景和光电装置等的噪音的影响，减小和稳定因导星和操作仪器引起的误差，以及不存在光栅平面上各点透射率和反射率不一致产生的误差。因此较当时的光电中星仪减少了许多观测误差的来源，在解决提高天文观测的准确度和精度，保持仪器系统差的稳定性方面，又前进了一步，并为查明剩余误差的来源提供了有利条件。②光电测微器的观测不受观测对象视直径大小的限制，为观测太阳系天体提供了有利条件，扩大了观测范围和观测对象。③光电测微器结构简单，导星星等和跟踪的极限星等一致，不受导星镜限制，能充分发挥光电方法的潜力，扩充暗星观测。④减轻了观测者的劳动强度。

5. 推广应用

中星仪光电测微器和观测自动化试验成功后，李华主动积极向国内同行推广应用，在云南天文台的"用卯酉圈观测绝对测定子午仪的方位角"研究课题中，协助改装蔡司中星仪安装光电测微器，尝试用光电跟踪星象的方法记录星过子午圈和卯酉圈的时刻。

李华将毕生的精力投入到祖国的天文事业上，长期从事中星仪测时的研究工作，在这方面有较丰富的学识和经验。年近花甲还坚持参加中星仪的观测工作，指导并要求初、中级科技人员，对技术精益求精，熟练掌握观测仪器，充分利用观测晴夜，认真分析观测资料，做一个合格的天文工作者。

三、李华主要论著

李华，等. 1959. 紫金山天文台经度的测定. 天文学报, 7（1）：26-28.

邹仪新，李华，等. 1959. 紫金山天文台纬度的测定. 天文学报, 7（1）：29-34.

李华，等. 1959. 天津纬度站经纬度的测定. 天文学报, 7（1）：35-38.

李华，等. 1959. 紫金山天文台的地下钟房. 天文学报, 7（2）：230-232.

李华, 等. 1963. 大行星赤经的测定. 天文学报（副刊）, 11（1）: 28-29.
李华, 等. 1964. 大行星赤经的测定. 天文学报（副刊）, 12（1）: 16-18.
李华, 等. 1981. 中星仪光电测微器与观测自动化试验. 天文学报, 22（3）: 248-253.
邹志良, 李华. 1981. 光电导星装置. 紫金山天文台台刊, 01.
邹志良, 李华. 1981. 自动放置天顶距. 紫金山天文台台刊, 02.
邹志良, 李华. 1981. 中星仪转置水平轴的自动控制. 紫金山天文台台刊, 03.
冒蔚, 李志明, 范瑜, 胡晓淳, 李华. 1983. 用卯酉圈观测绝对测定子午仪的方位角. 天文学报, 24（2）: 169-176.

撰写者

姚进生，1952年5月生于南通，1975年7月毕业于南京大学天文系，同年分配到中科院紫金山天文台工作，1995年聘为副研究员。前期主要从事世界时测定、地球自转的分析研究和光电中星仪全自动化改装；后期负责1.2米近地天体探测望远镜的选址和盱眙天文观测站的筹建；小行星和近地天体巡天以及反银心方向多色巡天观测。曾获国家、中科院、江苏省多项科技奖，在中外学术刊物上发表20多篇论文。

王绶琯

王绶琯（1923~），福建福州人。天文学家。中国科学院院士。中国科学院国家天文台研究员，中国天文学会名誉理事长。曾任北京天文台台长，名誉台长。1980年当选为中国科学院学部委员（院士），历任数学物理学部副主任（1981~1993），主任（1994~1996）。1998年当选为欧亚科学院院士。王绶琯开创了中国的射电天文学观测研究并进行了颇有成效的推进，是中国现代天体物理学的早期开创者之一。负责并成功研制出多种射电天文设备。20世纪90年代与苏定强等共创"大天区面积多目标光纤光谱望远镜"（LAMOST）方案，被列为国家"九五"重大科学工程项目。1978年被评为全国科学技术大会先进工作者，1985年获国家科学技术进步奖二等奖。1993年紫金山天文台将3171号小行星命名为王绶琯星。2012年中国科学技术大学与国家天文台、紫金山天文台、上海天文台将共建的"天文科技英才班"命名为"王绶琯天文科技英才班"。1996年获何梁何利基金科技进步奖，同年被评为全国先进科普工作者。曾当选为第五、六、七、八届全国人大代表。王绶琯长期关心青少年科技工作，1999年创立了北京青少年科技俱乐部，为中学生的科学素质培植做了大量工作。

一、早期生活和学习

王绶琯，1923年1月15日生于福建福州。父亲王葆濂（1874~1925）是清末举人，民国后行医为生。母亲高树义（1883~1957），出身中医世家，自学成医。王绶琯3岁时父亲去世，家中生活靠叔父王致光维持。王致光是一位国民党海军军官，常年在外工作。

王绶琯早年入私塾读书，背诵四书、古文。七八岁时，叔父王致光被调到上海江南造船所监造军舰，家随着他搬到了上海，此后王绶琯仍间断地在私塾念书，其间念过两年小学，后考入初中。母亲非常重视王绶琯的早年教育，这对王绶琯的影响很大，他后来回忆写道："忆昔儿时，母课读书，恒灯下诵习，寒暑无间。至今乃习于夜读。灯前凝视每如慈母在侧叮咛读书上进。遂振襟正卷。如是者积数十年而未敢或懈也。"

1936年王绶琯13岁，当时正在念初中二年级，经叔父推荐报考福州马尾海军学校并被录取。马尾海军学校前身是清朝"洋务运动"时期左宗棠、沈葆祯创办的福建船政学堂，当时是"师夷长技以制夷"的一项举措。学校教学完全仿照英国、法国制度，设航海、轮机专业，很多教官是从英国留学归国的。

1937年，日本侵华战争爆发，马尾海军学校因日军轰炸，几度搬迁，最后落脚在贵州桐梓。在此期间，课余时间师生们经常在一起，有几位老师诗词修养很高，王绶琯受到影响，从此诗词成为伴随他一生的爱好。

王绶琯最初学习航海，后因近视，学校让他改学造船。1941年，王绶琯在学校学完基础课，造船班由三位老师带领迁到重庆海军工厂学习专业课。1944年毕业，然后在湖南辰溪见习一年。

在重庆期间，他课余常到书店，一站就是一整天，找各类的书看，从不漏过一本科学刊物，其中就有《宇宙》杂志。王绶琯了解到不少天文知识，从此在他的心里产生了朦胧的"天文梦"。

王绶琯的"天文梦"是在英国留学时变成现实的。抗战末期，王绶琯参加国民党海军的公费赴英国留学招考，录取后他于1945年到英国格林尼治皇家海军学院进修造船。海军学院造船部分的学生有两个来源，一是大学毕业生，如剑桥大学、伦敦大学毕业的工科学生，进修期两年；还有一种是英国皇家海军船厂从工人子弟专科学校毕业生中选拔的，进修期三年。王绶琯入学后先到普利茅斯海军造船厂补修造船实习课程。

在普利茅斯的一年多里，王绶琯认识了当地英中友好协会的丁大夫（M. A. Thynne）。丁大夫是一位妇幼保健医生，向往中华文化，热情接待所有中国人。她当时年近60，仍经常到劳动大众地区家访。她为人开明，阅读甚广，待王绶琯如亲人。

留学期间，王绶琯得以接触很多科普著作。几位大天文学家如爱丁顿、金斯的科普佳作吸引了他进一步对天文知识的追求，于是他大部分的假期时间都用在阅读专业书籍、补充数理知识上，还参观访问了好几个天文台，时而萌发了改学天文的愿望。

1949年，王绶琯和两位同学共同完成了毕业设计，时值全国解放，国民党政府和英国断交，留英学生都选择立即回国，但因遭到英方阻挠而滞留。此时，王绶琯面临一个困难的抉择，他非常希望就此投入天文工作，但又难以割舍多年攻读的造船专业。他和丁大夫反复商讨，丁大夫认为，如果志趣已定就应当努力追求。这使王绶琯最终下了改行的决心。

1950年，王绶琯到了伦敦大学天文台，受聘为助理天文学家。台长格里高利是位资深天文学家，从事经典天文研究，但他的学生M. 波比奇却是一位天体物理学家，和她的丈夫G. 波比奇一起在天文台工作。王绶琯到天文台后就和他们夫妇合作（王绶琯自己回忆说，所谓合作其实是人家帮自己的科研启蒙，不过却极大促使了他"恶补"所需的专业知识和基础物理），完成了一篇论文刊在美国《天体物理》杂志（$Ap. J$）上，接着波比奇夫妇就去了美国。不久后，格里高利退休，台长职务由澳大利亚的C. W. 艾伦接任，艾伦是一位著名的实测天体物理学家，王绶琯建议在伦敦大学的60厘米双筒望远镜上增加一些装置开展双色测光，得到了艾伦的支持，但工作在进行了一半时，王绶琯就匆匆带着他初告实现的天文梦想启程回国了。

二、归国投身天文建设

就在王绶琯在伦敦大学天文台工作的期间，远在东方的祖国发生了翻天覆地的变化。新中国的建立，一扫国民党政府的腐败，让人看到的是一个干净而充满活力的政府。抗美援朝，中国一改积贫积弱的形象，可以与世界上最强的超级大国抗衡，使海外学子感到无比的振奋，很多人急于回国效力。王绶琯受到在国内的几位挚友的影响，希望工作告一段落便即回国。1952年收到紫金山天文台台长张钰哲的邀请，又值接到在上海的母亲患病的消息，他决定立即回国。

1953年，王绶琯回到国内，在上海逗留几个月省亲后，赴南京紫金山天文台报到，任副研究员。当时，紫金山天文台在张钰哲台长领导下，修旧补废，筹划新策。王绶琯和陈彪一起在李珩先生的领导下开始建立天体物理研究。王绶琯着手利用佘山40厘米双筒望远镜进行他在伦敦大学准备做的同一课题，并开始清理佘山的早期底片。这时，紫金山天文台30年代初期从德国蔡司厂购进的60厘米望远镜的修复工作开始，王绶琯被调参加。这个工作由张钰哲台长亲自主持，王绶琯的主要任务是弄清楚整个光学系统，参加安装和接收。

1955年，王绶琯奉调到上海徐家汇观象台和龚惠人共同主持"提高时号精度"项目，这是中国科学院下达给紫台的一项紧急任务。在此之前，上海台的同志已经在法国留下来的授时系统的基础上做了大量的工作。王绶琯和大家很快提出了有关改进播时、守时、收时、测时以及和野外测绘队紧密联系等应急措施，得到张钰哲台长的支持。1956年和罗定江一起到苏联普尔科夫天文台引进测时上比较先进的光电中星仪技术，同时准备1958年"国际地球物理年"的中苏合作。1957年回国后他们把徐家汇观象台先后从蔡司购进的 2 台中星仪改成光电中星仪，上海的测时精度得到很大的提高。

1957 年，徐家汇观象台的授时精度达 0.01 秒，完成了国家任务。中国科学院吴有训副院长在北京召集了学术会议，做了总结。同年，王绶琯奉命到北京为准备新建的天文台筹建授时站，最终定在沙河镇。

三、中国射电天文学的开拓

射电天文学是第二次世界大战以后发展起来的用无线电观测天文现象的一门新学科。中国射电天文学是在 1958 年中苏海南岛日环食联合观测时开始发展的。当时中国科学院副院长吴有训决定借此契机引进苏联的技术启动自己的射电天文学研究，由天文台及高校年轻的无线电骨干组成团队，由陈芳允主持安排预习分工；王绶琯则提前赴海南进行先遣工作。1958 年 4 月日食观测取得成功。整个过程中，中苏科学家密切配合，"引进"技术的任务顺利完成。

1958 年，日食观测队回到北京后，吴有训副院长向苏方领队提出留借两台射电望远镜并安排在沙河授时站安装，由电子学研究所和天文台合作开展射电天文建设。王绶琯被调到北京参加这项任务。这样他又回到了天体物理工作，进入射电天文学领域。不久后"大跃进"运动开始，原观测队的队员都回到本单位参加运动，最后陈芳允也另有重任，沙河的研究组也按运动要求重组工作。从这时开始，经历了三年困难，中苏关系破裂，到 1962 年"调整巩固"，我国射电天文学经历了巨大曲折和再创。这段时期，王绶琯在沙河站举办"射电天文讲习班"，组织天文台人员和有关高校年轻专业人员，除了"消化"中苏日食观测时引进的技术外，着重进行射电天文方法和射电天体物理的理论培训。这批学员成了我国射电天文学的早期业务骨干。在当时的条件下，王绶琯仍然坚持原先的技术引进目标，通过对从苏联借来的厘米波射电望远镜进行复制、重新设计和调试，研制出我国自己的设备，并把相关知识和技术普及到希望建设射电天文工作的单位，为学科起步和后来组织太阳射电联合监测研究打下了基础。在"大跃进"的年代，科学家不得不在"大干快上"的政治需要与实事求是的科学精神之间找到途径。王绶琯在保持技术可行性和科学意义的底线上，仓促决定了选择基线长达 1 千米的米波多天线太阳干涉仪。他们利用各种简陋但可行的条件，设计和加工 32 面 6 米天线，并前后用了 4 年时间选定密云作为天线阵的基地。这个设备和基地为尔后 30 年北京天文台射电天文实验和团队的成长提供了基本的支撑。

密云天线阵的布局采用了澳大利亚射电天文学家克里斯琴森创造的"克里斯琴森阵"。1963年，克里斯琴森应中国科协之邀来北京开会，王绶琯与他一见如故，开始了他们之间长期的射电天文学合作友谊。克里斯琴森是国际上射电天文先驱者之一，此后多次来华访问，为中国射电天文的早期发展提供很大帮助。1966年5月至1967年2月克里斯琴森到北京天文台访问和工作，当时密云长达1千米的天线阵，传输系统需要进口大量的超高频电缆，困难较大。克里斯琴森建议用裸铜线自制，他亲自设计，领导完成了样品研制。这种传输线系统后来安装在密云干涉仪上，使用了多年。

"文化大革命"开始时，密云站正开始基建，原计划的第一步安装东西向的16面天线，于1967年完成了调试，记录到了第一幅太阳一维图像。此时王绶琯受"文化大革命"冲击被迫完全脱离工作。1970年被允许重新工作后，王绶琯带领年轻人提出对密云多天线干涉仪的发展和改进。第一步，将16面米波干涉仪改进为米波–分米波两个波段兼用。第二步，把这部干涉仪发展成"复合干涉仪"，使分辨率提高一倍。1973年克里斯琴森来访时谈到他在悉尼大学的天线阵正在用做综合孔径的实验，王绶琯受到启发，意识到了密云天线阵虽然相对简陋，但完全适合于采用剑桥模式改装为综合孔径系统，一旦成功，观测能力将取得飞跃发展，可直接进行最前沿领域的宇宙的射电源巡天（星表和天图的制作）。这种飞跃当然会面临许多困难，但是在当时情况下，一切困难都只能留待他日解决，关键在于保持团队活力，尽力添加"储备"。于是王绶琯对"综合孔径"技术的应用进行了认真的调研、评估。经过一段时间，确定了一个在现有16面组合的天线阵基础上增加两个6面天线阵的方案。他对方案做了总体设计，并组织将其中的几种关键部件利用手边元器件进行原理性预研究。1974年克里斯琴森来访时王绶琯和他仔细讨论了这个方案，并在电子器件方面得到了克里斯琴森的帮助。克里斯琴森用悉尼大学的名义邀请密云团队中两位电子工程师到他那里引进技术。与此同时，在中国科学院领导同志的支持下，从日本进口了一台NOVA计算机，解决了"综合孔径"关键的计算问题。到"文化大革命"结束时，密云综合孔径方案的预研究已经成型。这段时间，所有工作都是在"抓革命"的缝隙中进行的，但它却使密云这支对基地建设怀有很高责任感的团队得到前进的动力。

"文化大革命"之后，面对国际上电子学技术和射电天文设备的突飞猛进的发展，密云的骨干队伍进入了新的奋斗，终于在1984年完成了这个综合孔径射电望远镜的计划，获得第一张天图，开始了232兆赫巡天。此后陆续发表结果。总的密云巡天星表和天图于1996年底由科学出版社出版。王绶琯考虑巡天工作常规运转之后，技术队伍除了日常的设备维护工作外，必须有进一步发展或新开辟的课题以维持基地的持续发展。为此王绶琯发掘密云天线阵的功能，曾先后增加了327兆赫频率、信号合成、太阳风研究、脉冲星监测系统、米波VLBI等实验，但是这个在"大跃进"时期速成的设备，服役了30余年，维护和修理的人力耗费非常高，亟待更新换代，这些实验都未能贯彻到底。开辟新的观测领域一般需要巨大投入，只能依靠争取，而且建设时间很长，往往要一两代人献身。90年代初期，南仁东等提出利用贵州喀斯特地貌建立500米球状射电望远镜（FAST），王绶琯非常重视这个工作，尽力给予支持与关注。

对于在北京的射电天文工作，现在年逾九旬的王绶琯还念念不忘两个开了头、有待继续的课题。其一是争取先机建立一个尽量简易的脉冲星专用望远镜，用于成批脉冲星的长期、多参量监测，并监测引力波。其二是结合太阳活动的各种观测手段和理论研究，进一步开发太阳厘米波爆发超精细结构的多频率探测。他希望有机会时就说一说，为后来者提供一种选择。

四、中国天文学全局的领导

"文化大革命"结束后，老一辈天文学家把天文建设的学术责任交给第二代。1976~1979年间，王绶琯先后率领天文代表团到美国和民主德国考察；1977年开始，和张钰哲前辈一起主编《中国大百科全书·天文卷》；1980年王绶琯当选为中国科学院学部委员，任数理学部副主任。从这些事开始，王绶琯在近20年的时间里，把大部分精力贯注在全局性问题的学习和思考上。改革开放伊始，我国天文学面临着两方面问题，一方面是国际上继十年前四大天文发现的涌现，开始以巨资投入学科建设，另一方面是我国"文化大革命"后的学科重建。王绶琯深感到了责任的分量和难度。他意识到自己必须加紧读懂天文学近期写出和正在写着的历史；必须探索那些重大成就的线索；在全局性的框架里，他必须做到在参与许多以前不熟悉的学科领域的对话时能够把握要领、有效沟通。这一切对他来说，是工作性质上的巨大转向，他需要一桩一件地从头学习。如他在《自述》中所说，为了"不负重托"，他"唯有以勤补拙"。事实上，这些年里随着事态的发展，他一直就是在"补拙"中思考和工作的。而这样的"补拙"也逐渐纳入了他的"安钻迷"。

王绶琯的这一部分思考和工作，可以说是他对当时我国天文学发展战略所做的努力。"文化大革命"后我国天文重建之初，他作为接过班的第二代人，提出了："第二代者承先启后，以观测基地与研究队伍之创建为务，期欲在第三四代置我国天文学于世界先进之林也。"（引自《自述》）。当然，在这里人才是第一位的。设备建设必须配合队伍建设。当时人才严重"断层"，于是他们尽最大力量把年轻骨干送到外国进修，随后又尽量扩招研究生到国外联合培养，期待他们成熟之后起到带队作用。这些是建设的第一步，当时都尽力做了。

王绶琯把所考虑的我国天文学发展的总体战略总结为六个要点，其中"国际合作与竞争"和"全国一盘棋"属宏观方面，其他四个为"斗智与斗财"，"通用与专用"，"尺之所短和寸之所长"和"鸡首与牛后"，都是针对设备的、罗列了他关于"量体裁衣"的各种思路。王绶琯认为，设备建设的基本力量在善于"量体裁衣"的人才。尤其值得注意的是，往往是在困难条件下锻炼出来的"量体裁衣"的人才，更容易擦出"火花"。而一旦得到好的条件，也正是这样的人才，更可能发挥得最好。

宏观战略方面，王绶琯认为，天文学"国际合作"是大趋势，应包括设备共用，资料共享，投入共筹；"国际竞争"则应是在贡献上争先。改革开放之初，王绶琯就把国际活动看作一项重要任务。他为早期我国天文学进入国际天文社会——从打开沟通渠道，到开展交流、开展合作，做了大量工作。他参与建立我国天文学会与国际天文学联合会的关系以及之后的一系列合作关系；他参与启动在我国召开天文学上各类国际学术会议（和活动）；他广交国际同事，推动各种学术互访，并帮助我国学者，特别是年轻学者们到对口单位进修。

王绶琯认为，宏观战略上，没有任何举措比全国一盘棋更为重要，尤其是当时我国天文学百废待兴，而对照着的是国际上的巨大发展，那时王绶琯从事射电天文，一时间往远处看，觉得很难应对。不久后紫金山天文台和上海天文台分别决定在毫米波天文和甚长基线干涉仪上攻坚，这样，加上北京的综合孔径，照顾到了当时学科的几个主要生长点。王绶琯对于出现这样的一盘棋布局十分重视，他立即尽力配合和襄助。后来乌鲁木齐发展射电天文，为这盘棋又添一个子。王绶琯同样尽力襄助。

1980 年数理学部恢复工作，天文学方面的委员分别来自不同单位、不同专业、不同部门，反映了老一辈对学科全局的用心。王绶琯意识到这是全国一盘棋最好的凭借，他始终以最大努力在学部中做好天文内部的沟通、协调，坚持团结互动，大事共商。80 年代天文经费非常紧，王绶琯发动"彩电计划"，大家协商，把有限的经费集中起来做好一个商量好的项目（有如当时一家子置备家电时那种思路）。80 年代后期，2.16 米望远镜经过许多曲折，终于研制成功。王绶琯发动天文委员会和天文学会联合组织对 90 年代重大天文项目的全国性建设和讨论，最终选出了四个项目（其中包括 LAMOST）。

对于人才储备，王绶琯也做了大量工作，他认为，大家都理解，科学成果总是"厚积薄发"的。"厚积"：对个人，要求做到能够"安钻迷"；对团队，要求做到理论研究、观测研究和仪器研究能够相互默契配合。"薄发"：导致"思想火花"，是小概率事件，要求能够宁静淡泊。而这一切，他深知，都是"知易行难"的，所以始终是一个"学习与思考"的主题。

五、与苏定强等共创 LAMOST

LAMOST 的设计方案是一项有影响的研究成果。在这项研究中，王绶琯与苏定强等人同舟共济，这是他在全局性问题中唯一自己投入研究的项目，他对此非常珍视。晚年的王绶琯对我国 LAMOST 的前景深感关切。他认为，我国天文已在前几年完成了 4 米 LAMOST 的工程目标，同时实现了在兴隆建设一台 4 米 LAMOST 并交付使用。但是，我们尚未完成原定的科学目标："在国际上重大天文实测领域开拓中，接过 SDSS 的接力棒，主导下一轮的'大天区面积多目标光谱开拓'"（实现这个科学目标，其效益将与下一代太空望远镜等设施可比，正如今日 SDSS 的效益与 HST 等可比那样）。王绶琯认为这是一个可贵的机遇，不能功亏一篑。他建议我国天文学家及时主导组织国际合作建立"南方 4 米 LAMOST"，以完成此"一篑"之功。王绶琯认为，这个建议国际同行普遍认同，花费相对少，可行性很大。更重要的是，主导组织一项重大开拓项目对于提升我国天文研究实力（包括观测、仪器和理论研究实力）十分有利。但这是一个可能消逝的机遇，希望能及早得到考虑。

LAMOST 的全名为"大天区面积多目标光纤光谱望远镜"。科学目标为进行大天区面积多目标光谱观测的开拓。由于天体的光谱资料是当代天体物理的基石，而从一开始，一台望远镜同一时间就只能测量一个天体的光谱，于是随着学科研究的发展，到 80 年代后期，估计仅仅是 2 米级望远镜光力所及的范围，许多重要领域（典型的如星系红移等）亟需光谱测量的天体的数量就达到了数以巨万计，未经开发领域的可测天体的数量则更要多得多。王绶琯意识到这是当代天文观测研究中一个意义重大的"处女地"。如能克服技术障碍进入"首发开拓"，则所需的仅是一种 2 米级的望远镜就足以收到极其可观的学术效益。王绶琯曾拿它和同一时期投资达 20 亿美元、同属光学观测领域"首发开拓"的 HST（哈勃太空望远镜）对比，认为两者造价虽然极其悬殊，但是效益却应当不相上下。

进入这个"光谱观测处女地"有两重障碍。首先是观测技术上的，即安在望远镜上直接测量天体光谱的摄谱仪每次仅能对准一个待测目标。80年代初期，王绶琯注意到了国际上把新兴的光纤技术应用于天文光谱观测的进展形势。随后由北京天文台王顺德跟踪这一形势的发展并进行探索性实验。80年代中期的结果表明，光纤技术和应用在天文观测上的前景明朗，我国也具备引进和发展的条件和能力。虽然当时的讨论还限于在现有的望远镜上的应用，但作为乐观的估计，可以认为阻碍进入"多目标光谱开拓"的主要障碍已经排除。接下去当把注意力集中到另一个障碍——望远镜设计上的一个难题上：即要设计出一个兼备"足够大的口径"和"足够大的视场"的望远镜。（对于"首发开拓"，2米级以上的口径可认为是"足够大"，而相应的，望远镜视场如能做到5至10平方度，当可认为是"足够大"）。这是望远镜设计上多年来未能解决的难题。对于研究者是很强的挑战。王绶琯衡量风险与效益，特别意识到，进入"光谱开拓处女地"，是当时我国天文学唯一的能够凭借"斗智"而非"斗财"与世界上"天文学列强"处在同一起跑线上"逐鹿"当代学科重大领域开拓的项目。这对于我国天文学的发展是一个非常难得的机遇。王绶琯和苏定强经过慎重考虑，决定迎接这个挑战。80年代后期，他们组织了一个研究核心，并邀请一部分对这个课题感兴趣的天文仪器和天文观测研究骨干参加经常性的审议和讨论。经过多次讨论和设计蓝图的修改和推敲，于1993年得到结果，设计出了现应称之为"LAMOST型望远镜"的方案。接着由王绶琯、苏定强、王亚男、褚耀泉、崔向群联合提出建议书，为了同时响应当时我国天文界对于配置一台4米级望远镜的呼声，建议把这个方案的"第一个实体制作"定为一台4米LSMOST（性能为：聚光口径4米，视场20平方度，配备4000根光纤用以同时观测4000个目标的光谱），同时根据苏定强的策划，利用4米级望远镜的研制，进行"镜面拼接"的高技术攻坚。

1994年7月，褚耀泉和崔向群在英国的一个国际专题讨论会上报告了LAMOST方案，引起了国际同行非常热烈的反响。

王绶琯回忆这一段工作岁月，觉得他在当时的时间点上投入这项工作是出于一个机遇，而由于这个机遇得以结缘善于"量体裁衣"、锐志进取的同事（他常用"乒乓双打"的组合来形容）则又是一个机遇。他特别珍视自己科学生涯中这一经历。在这样的研究中要做好"量体裁衣"，天文仪器研究者在"裁衣"上挑大梁，针对的"体"不止是一种仪器，而且还有一项天文观测研究目标。LAMOST的成功，得益于精于天文仪器的人才始终关注而且熟悉天文观测研究。这有利于团队里观测研究和仪器研究人才的通力合作。王绶琯认为，这两者的合作是很重要的。前者利于"择易而行"，后者善于"迎难而上"。LAMOST的方案中就体现了"善用简、稳理念"和"巧用高、新技术"的融合("简、稳理念":反射施密特望远镜结构和性能的详尽理解(这是苏定强团队诸多学术储备之一);中天观测功效的再理解;卧式、可跟踪中星仪系统的布局。"巧用高、新技术":主动反射面的巧妙创新——取消了一个笨大的"叠床架屋"的跟踪平面镜,使整个系统变得明显可行、简洁"有灵气")。

提出建议之后,王绶琯回到了自己的射电天文研究,但参与了立项之前许多繁忙而复杂的事务。1996 年中国科学院任命王绶琯为 LAMOST 工程科技委员会主任,参与工程中科技方面的咨询、评估和一些问题的决策。1997 年国家计委正式批准工程立项。

LAMOST 方案在形成之际,得悉美国正在启动针对同一科学目标的 SDSS 方案,SDSS 口径 2.5 米、视场 7 平方度,制成后将安装在现有优良台址上开始实测运作。由于我国台址问题尚待研究,LAMOST 的科学目标顺应地转变为"在 SDSS 完成首发开拓之后,以 4 米 LAMOST 主导下一轮的开拓"。几年前 SDSS "首发开拓"取得很大成功,同一目标的南半球开拓势在必行。而在我国,台址事关全局,仍待计议。为了保持 LAMOST 在原有科学目标上的先机,王绶琯和崔向群提出了"南方 4 米 LAMOST"的建议。年逾九旬的王绶琯说,这一建议的被采纳,已成为自己的"LAMOST 之梦"。

六、献力青少年科学素质教育

暮年王绶琯把大部精力投入在青少年科学素质的培养上。1995 年他和北京市科协几位同事创办北京青少年科技俱乐部。当年启动了旨在帮助有志于科学的高中学生走进科研院所求师交友的"科研实践活动"。2005 年,又创立了在初中"教学生做科普"的"校园科普活动",以助提高全民科学素质。这些活动均在不同程度上收到了很好的效果,详见《塔里窥天(新辑)》。

七、王绶琯主要论著

E. Margaret Burbidge, G R Burbidge, Wang S K. 1952. Rapid changes in line intensities in the spectrum of Gamma cassiopeiae. Astrophysical Journal, 115: 66-70.

王绶琯. 1957. 试从大地测量的应用上评价徐家汇观象台的时号. 测绘通报, 3 (5): 193.

Molchanov A P, Chen F Y, Wang S G, et al. 1959. Preliminary results of radio astronomical observations of the annular solar eclipse, April 19 1958. Paris Symp On Radio Astronomy, Stanford Uni Pr: 174-175.

Wang S G. 1986. Miyun meter wave aperture synthesis radio telescope. Chinese Astron Astrop, 10: 3-11.

王绶琯. 1992. 现代自然科学中的天文学. 自然杂志, 15（9）: 647-650.

王绶琯. 1992. 近代天文学史上的三次飞跃. 自然杂志, 15（10）: 779-783.

王绶琯. 1992. 在进入 90 年代中国天文学的前沿上. 自然杂志, 15（11）: 816-820.

王绶琯. 1992. 关于 90 年代中国天文学的一些思考. 自然杂志, 15（12）: 894-898.

Wang S G, Su D Q, Chu Y Q, et al. 1995. A special purpose Schmidt telescope for multi-fibre astronomical spectroscopy. Singapore: World Scientific Publishing Co Pte Ltd: 40-48.

Wang S G, Su D Q, Chu Y Q, et al. 1996. Special configuration of a very large Schmidt telescope for extensive astronomical spectrocopic bservation. Applied Optics, 35（25）: 5155-5161.

王绶琯. 2009. 北京青少年科技俱乐部十年回望——从"大手拉小手"到科学素质教育. 中国科技教育,（3）: 1;（4）: 1, 26-28;（5）: 3-5.

王绶琯. 2012. 塔里窥天（新辑）——王绶琯院士九十华诞特刊. 中国国家天文: 1-205.

撰写者

孙小淳（1964～），江苏溧阳人，中国科学院自然科学史研究所研究员。

储姗姗（1987～），安徽安庆人，中国科学院自然科学史研究所博士研究生。

韩天芑

韩天芑（1923～），浙江象山人。大地天文学和天文地球动力学家。1943年10月考入中央测绘学校大地测量系。1947年9月毕业后在测量局大地测量队担任测量佐的工作。新中国成立后1949年在浙江省工业技术干部学校担任教员，1950年8月调动到中国科学院地理研究所，任助理员和助理研究员。1957年9月随地理所大地测量组迁到武汉，后改建为中国科学院测量与地球物理研究所，韩天芑作为研究员和室主任一直负责天文大地测量方面的工作。他是我国天文大地测量学科的开创者之一，他在有关天文大地测量理论和实践方面紧紧围绕国家需要，做出了切合国家安全测绘保障需求，又具有指导性和前瞻性的重要贡献。他是我国天文地球动力学研究的开拓者之一，在世界时服务、地球自转变化和恒星光干涉技术的研究中都取得了重要成果。韩天芑学风务实正派，为我国天文大地测量和天文地球动力学研究培养出多名优秀学者。

一、求学生涯

韩天芑1923年初生于浙江省象山县的一个小山村。父亲是清末时的邑庠生，曾被当时政府送至宁波府师范学堂学习，第二年又由清政府保送去日本学习，于民国二年在日本明治大学和警监学校毕业返国。后来在浙江省地方和县里承担过推事和承审员等工作，由于不善于做官，不到四十岁就清闲在家了。韩天芑出生时家庭经济情况已不很好，上宁波中学的学费全靠母亲养猪维持。1937年年底母亲去世，以后几年就由父亲苦苦支撑了。从1938年开始，因为怕日本侵略者的轰炸，学校都迁到乡下借村民的宗祠加搭草棚为校舍。由于韩天芑家里经济条件有限，高中考的是中技校，学的是土木科，希望能早一点工作谋生。在宁波高级工业学校读了不到两年，宁波和浙东等地均遭日寇侵占，学校只得往内地迁。先迁至浙江丽水，后来金华等地又相继沦陷。学校又得逃难，先到云和县，又迁景宁县。最后又迁仙居县高迁镇，借居民的祠堂作为办学之处，算是安居下来。

自宁波等地沦陷后，原属宁波地区的学生，当时可以享受政府的救济，在校的伙食费学杂费等全免。1943年在他将毕业前一学期，发生校长贪污学生伙食款引起学潮，在学校将要严加处理时，部分同学自动离校回家了，还余十数个同学以步行为主去了重庆。当时韩天芑得知，父亲已经病故，因此已毫无经济来源，他见重庆街头贴有中央测绘学校的招生广告，进校学生全部免费，还有少数生活费可发，对他来说这几乎是唯一的出路。重庆考区只招收10名。但报名的有130余人。韩天芑以同等学力资格报名，碰巧考试那天，日本飞机轰炸重庆，只去了部分考生。韩天芑幸被录取了，入学考试成绩还算比较好的。中央测校先是在贵阳，一年多后，日寇攻陷贵州独山，学校带着学生往四川逃，学生全是步行，前后在途一个多月，到重庆北碚地区的澄江镇才安定下来。那时已是冬天，睡觉没有垫的，用一角钱买回一捆稻草，铺在下面以代垫被。生活虽然艰苦，学习还是很有劲，著名学者夏坚白是教务长，其他许多老师都是一流的学者。例如天文学是夏坚白老师教的，大地测量分别由董仲林和叶雪安先生教，地球投影学和重力测量学是方俊先生和叶雪安先生教的。在非主课方面，地质学是黄汲清先生教的，几何光学是赵元先生教的。在这些好老师的教授下，学生们学习热情很高。韩天芑是在大地测量科，一年级时班上有30多名学生，到毕业时只留下12名了。在1946年年底到1947年年初时，基线测量实习是在重庆九龙坡飞机场的跑道上进行的，可见国民党政府已没有飞机能在重庆起飞了。1947年5月测绘学校又从重庆迁回苏州安家。当年9月韩天芑从测绘学校大学部大地科毕业。毕业后被分配到南京测量局大地测量队。自此韩天芑一辈子与天文学结下了缘。当时天文观测所与中央研究院的天文台有协作关系，韩天芑在实用天文部分，任务是全国的经纬度测量。1948年淮海战役将结束时，韩天芑离开了大地测量队回到浙江象山老家，1949下半年回宁波高级工业学校教书，1950年8月来到中国科学院地理研究所大地测量组从事研究工作。

二、研究生涯与研究成果

新中国成立初期，真是百废待兴，黄淮海急待治理。1952年毛主席提出"一定要把淮河治好"的伟大号召，可是当时连一张准确的地图都没有，治理的基本规划也无法进行。根据党中央提出的"科学研究要为经济建设和国防建设服务"的方针，大地测量组负责人方俊先生，分配给韩天芑的主要任务是从事大地测量以及大地天文学和天文地球动力学方面的任务，并以解决生产中所提出的问题为主。新中国成立初期，我国的测绘科学，尤其是大地天文学方面非常落后，例如不能正确理解垂线偏差，误以为天文测定的经纬度和方位角可以作为制图的控制点。1951～

1953年间，韩天芑根据黄河水利委员会和淮河水利委员会的要求，带队沿黄河（由龙门到吴堡县）差不多每隔50公里就测定一个二等天文点。于1953年对淮河流域，在陇海线以南，津浦线以西，京汉线以东，淮河主干流以北这么一个大方框内，以及包括苏北在内的少数地区，共测定19处天文点，其目的都是作为导线测量控制用。其结果表明了天文经纬度和方位角不可以直接作为制图控制点使用。以黄河为例，从潼关到龙门不到100公里导线，计算的结果与天文点结果在纬度方面相差几乎达20角秒。在淮河方面，各点之间导线计算结果与天文点结果之差，少一点的有2~3角秒，多一些的达到5角秒。在黄河流域差得这么多，估计是陕北地下煤层的影响，他首次明确了国内垂线偏差变化的不稳定性。其原因是天文点是在局部大地水准面（等位面）上观测，而导线是在地面上实际丈量，以地球的参考椭球面进行计算。为此，韩天芑将在新中国成立前商丘—正阳关二等三角系上的两个点，与新中国成立后新建的淮河主干三角系上的两个实测天文点做了对比，最少的差为0.1角秒，最大的差6角秒，这些都是在平原地区，所以差数还不算太大。最后得出的结论是天文点不能直接作为测量控制之用，韩天芑用实测结果，纠正了人们认识上的不正确之处。

作为测绘学的大地测量不仅仅是提供全国测图的一级控制点，还有研究地球形状的任务。其中参考椭球的定向必须依据由天文方位角转换成的大地方位角，即所谓Laplace方位角。Laplace方位角控制了测量网的方向。大地水准面的形状需要由三角测量点和天文点构成的垂线偏差得出。天体测量学是大地测量学的重要组成部分，可是旧中国很少顾及天文测量中的各种误差来源，只知道以加大观测量来提高所谓精度。新中国成立初期，基本上各方面都学习苏联。我国以前从没有天文测量的规范。1954年应黄河水利委员会的要求，韩天芑率队在我国第一次依照苏联1942年的天文测量细则，在西安附近的一等三角网上进行了一等天文点的测量和Laplace方位角的测量。合计测量了四个一等基线扩大边上八个一等天文点，和相应的Laplace方位角，以及一条二等基线扩大边上二等天文点和相应的Laplace方位角。在实践中得出了适应我国中纬度地区天文测量各项误差的许可范围，这为我国自己制定天文测量细则，提供了误差范围限制的依据。

在一、二等天文经纬度的测量中，测定纬度最好的方法是太尔各特法（即在中天观测南北星等高法）。蒙气差是天文测量中最讨厌的误差来源。按照苏联的标准，南北星的天顶距一般小于30度，南北二星天顶距之差等于或小于10角分。它对蒙气差的修正只是10角分内的差别改正，而且当星的地平高度大于60度时，蒙气差的变化比较小。为了方便野外工作，苏联已编制了纬度30度以北地区太尔各特纬度星对表及所用恒星的平位置表。而我国几近一半国土范围在纬度30度以南。这对野外作业非常不便。韩天芑于1955年从波斯（Boss）星表中选择适用的星与苏联星表凑合一起，编著了一本太尔各特测定纬度法的2628颗恒星平位置表（历元1950.0）及星对表（北纬15°～30°用），其中1628颗直接采用苏联星表，其余1000颗除极少数录用FK3星表，其他选自波斯（Boss）星表，经过系统划算，归化至FK3系统。此星表一直使用至1968年。测绘部门采用同样计算方法归化为历元1980.0的新星表，精度似乎稍差一些。

天文经度的测定实际就是测定观测点的瞬时地方恒星时，在天文台多采用中星仪观测恒星中天时刻方法。新中国成立前也常用小型中星仪作为一等天文点的测定工具。中星仪体积较大且一仪不能多用（例如不能测定方位角）。新中国成立后皆用天文全能经纬仪，如苏联生产的AY2/10，瑞士产的Wild T4。学习苏联采用金格尔法（现在我们常称为东西星等高法）来测时。从原理上讲，采用这一方法仪器误差对观测精度的影响最小，野外作业携带起来也方便。但是当时苏联传授给我们只是耳目法，他们尚未利用目镜接触测微器。这两种方法的观测精度相差一个数量级以上。我国规定：为满足大地测量的要求，天文测量的测定精度要达±0.02—0.03时秒。1954年我们在黄河施测一等天文点经度时，用的是目镜测微器的恒星中天法，该方法中的视准差因全能经纬仪无法转轴，难以消除。当时韩天芑提出采用另一办法。一组星分为上下两个半组，一个半组目镜在东（西），另一个半组目镜在西（东）并使方位差系数A值之和趋于零，可以组成两个简单的和方程式，以分别解求方位角差a和视准差c，这是个很适合于野外作业的计算方法。上面已经提到东西星等高法测时比恒星中天法更适合野外轻便仪器的作业，如解决了可以利用目镜测微器，可以大大地推广使用。有1954年对T4仪器使用的经验和1951～1953年使用等高仪的实践，可以依据恒星在望远镜中运行的轨迹，计算出观测点所在纬度各恒星的运行星位角，计算出目镜测微器的动丝的安置位置，并将目镜测微器旋转90度，安置于测定纬度的位置，以目镜中各竖丝作参考标准，使东西恒星都能经过目镜的丝网十字丝的中心，既能测时，又能满足东西星等高的要求。1955年韩天芑创造性地提出了利用全能经纬仪接触测微器按东西星等高法测时，当时这一问题苏联也未很好解决。自提出后，立即得到推广，并确认为最适用的方法，被苏联专家称为"中国的金格尔测时法"。

减少测时的人仪差是提高观测精度所关注的问题。也为了将天文纬度测定纳入统一系统，在我国不同的纬度和地区，测定了若干精度较高的天文经度基本点。1953年先由苏联专家帮我们测了北京西安二点，随后韩天芑参与测定了成都、乌鲁木齐、拉萨诸点。由于西安点在郊区，使用不便，拟在西安分局内再测定一点。在测定的实施方案中，设计避免了星表误差和时号误差的影响，并采用4架仪器4位观测员，尽量减少人仪差，可能还留下少量季节气象的影响，但这已是最完美的方案了。

天文方位角是否有人仪差的存在？在新中国成立初期的五六十年代，多数学者不知可否。韩天芑开展了天文方位角测定误差的研究，动用了两架 Wild T4、两架 Wild T3 和两架 AY2/10，4个观测员在陕西宝鸡基线网开展各种误差的研究。得出的结论是同一观测员不同仪器的观测结果可差 1″~2″，同一仪器不同观测员也可差 1″~2″，甚至达 3″。对于 T4 和 AY 仪器的结果，T4 要好于 AY。T3 仪器的结果差异可达 3″~4″。试验结果还发现视准差随气温的变化而变，估计由于 T4 和 AY 仪器的光机制造材料不完全相同。视准差变化与气温的变化，前者呈正相关，后者呈负相关。因此一个方位角测回的时间必须在 15~20 分钟以内。地面目标亮度与极星亮度相差过大也会增加人差。测星所得的视准差值都大于测地面目标的视准差值。所以在高纬度地区天文方位角测定人仪差会更大一些。

以上这些天文经纬度测定方法的提出和对误差的一些规定，以及对天文方位角测定误差的探讨奠定了我国大地天文测量的基础。韩天芑在研究野外精密天文定位、定向的工作中做出了卓越的贡献，他首先提出的改进是：测定经度的金格尔法和用于测定纬度的太尔各特法，推广使用目镜测微器，编制了 2628 颗恒星平位置表，对人仪差的测定等。这些方法的广泛推广和应用。不仅大大提高了我国一、二等天文大地控制网的精度，还在地质、水利、宇航等部门得到广泛的应用。因此他不仅是我国的一位野外精密天文测定的开拓者也是一位实践的先行者。

1987 年韩天芑得到国家科学研究基金的支持，1988 年他联合了国内五大天文台（北京，紫金山，云南，上海和陕西）以及两个测绘局（国家测绘局，总参测绘局），共 40 余人，用了三年的时间完成了共包含 4056 颗星（赤纬从 −30°~90°）的"中国大地测量星表"。简称 CGSC，其精度优于国际上同类星表，使我国的大地天文测量有了较高精度的星表。这个研究项目获得了中国科学院一等奖。(为 21 世纪的大地天文打下了基础)

新中国成立初期，徐家汇观象台（现已改称为上海天文台）曾是我国唯一播发时间讯号的天文台，但是它的时号与苏联播发的时号相差较大，对天文经度的测定很不方便。于 1958 年韩天芑组队测定了西安天文台基本点经度（属苏联系统，引自塔什干天文台），与徐家汇台经度之间的系统差为 −31 毫时秒。1963 年徐台的经度调整了 26 毫时秒，尚有 5 毫时秒之差，已在当时的观测误差范围之内。解决了天文经度测定的时号问题。

依据1956年制定的科学规划，韩天芑于1961年起负责筹建武昌时辰站。1963年建成并试观测。1964年唐戎等高仪正式参加我国综合时号改正数的订正工作，随后参加我国极坐标的订正工作，为国防和国家的经济建设提供服务。与上海天文台、北京天文台等一起为建立我国的标准时刻和地极瞬时极坐标做出了贡献。自1980年起武昌时辰站参加国际地球自转联测，韩天芑担任联测工作组副组长。在韩天芑的领导下，武昌时辰站的研究人员一方面不放过一个晴夜，做好观测工作，另一方面注意仪器的系统变化、观测设备的改进和注意保养，使观测成果长期稳定，观测精度较高。尽管武汉气候不好，晴夜较少，仍使武昌时辰站的观测资料数量和精度都名列前茅。根据国际排名，武昌时辰站的观测数量和精度始终排在较前的位置。1984年韩天芑利用天津纬度站天顶仪七年的纬度观测资料，分析计算了表征地球弹性的勒夫数 $1-k+1$ 值为 1.34 ± 0.01。并计算了月亮潮的周日项和半日项（M2波），得出的 $1-k+1$ 值与用地球物理方法所得到的数值基本一致。表明M2波对天文观测结果的影响可达 $0''.2$（$-0''.1 \sim 0.1$），这是我国第一次从天文观测结果中分析得出的。此后在武昌时辰站开展了对地球自转和极移变化数据的测定和分析工作，以及对天文地球动力学的研究，取得了很好的成绩。

在20世纪的80年代，韩天芑开始组织研究恒星光干涉技术在天文学上的应用。因为光干涉技术对天体位置的测量精度可达 $0''.001$，也有可能更高。这一技术也可推广应用于地壳形变的精细测定。1989年中国科学院同意成立"光学天文学中高空间分辨率应用和技术研究"题目组。韩天芑被科学院数理化局聘任为研究题目组组长，与陕西天文台和天文光学仪器厂等约20名同志，经过三年多的努力，在实验室得到了星光的干涉条纹。

韩天芑曾任中国天文学会常务理事和天文地球动力学专业委员会主任，以及中国测绘学会理事、测绘学报编委等职。韩天芑是湖北省天文学会的创始人之一。韩天芑为人正直无私，待人诚恳谦和，他对发展我国的高精度大地和天文测量工作，培养年轻一代的科学研究人员和发展湖北省的天文科普事业，都做出了巨大的贡献。

三、韩天芑主要论著

韩天芑. 1954. 年度天文测量技术总结报告. 测量专刊.

韩天芑. 1955. 关于万能经纬仪 Wild T4 按恒星中天法测时的问题. 测绘通报, 1（3）.

韩天芑. 1956. 泰尔科特测定纬度的2628颗恒星平位置表（历元1950）及星对表（北纬15°~30°用）. 测量专刊, 3.

韩天芑. 1957. 以全能经纬仪威特 T4 利用接触测微器按双星等方法（金格尔法）测定表差. 测量专刊.
韩天芑. 1957. 利用本身观测成果研究仪器轴颈的误差. 测量制图学报.
韩天芑. 1960. 国家测绘总局西安分局天文台经度测定报告. 测量制图学报.
韩天芑. 1965. 徐家汇观象台与西安天文基本点间经差的系统差. 测量及地球物理集刊.
韩天芑. 1981. 关于天文方位角测定的若干误差问题. 测量与地球物理集刊.
韩天芑. 1981. 根据武昌时辰站等高仪观测结果推求 FK4 星的星位订正. 测量与地球物理集刊, 3.
韩天芑, 钱益明, 黎世光. 1984. 天津纬度观测的月亮潮影响. 天文学报.
韩天芑, 谢亮云. 1986. 恒星光干涉仪及其在地球动力学研究中的应用. 测量与地球物理集刊.
韩天芑, 鲁礼志, 等. 1991. 中国大地测量星表. 北京: 测绘出版社.
韩天芑. 1991. 中国大地测量星表编制总结. 中国大地测量星表文集. 北京: 测绘出版社.
夏坚白, 韩天芑. 1993. 十年来的中国科学·测量与制图学·大地天文学（1959.10）. 学部委员夏坚白. 北京: 测绘出版社.
韩天芑. 1993. 大地天文学的回顾——纪念我国大地天文学奠基者夏坚白教授. 学部委员夏坚白. 北京: 测绘出版社: 244.

撰写者

高布锡（1937~），1959 年南京大学天文系毕业。长期从事天文观测和理论研究工作，1980 年调入中科院测量与地球物理所，并成为韩天芑先生的得力助手。在地球自转变化、天文地球动力学，以及月球球状与演化等方面有较深入的研究。

冯克嘉

冯克嘉（1923~2006），内蒙古自治区呼和浩特人。天文学家、教育家。北京师范大学天文系的创建者之一。1948年毕业于北京师范大学物理系，大学毕业后任职于北京气象台。1949年3月参加了中国人民解放军，仍从事气象预报工作。1950年应聘到北京师范大学物理系任教。冯克嘉曾任北京天文学会理事长、国际天文学联合会第46委员会中国代表。1958年在他为主要负责人的领导下，经过三年的艰苦努力，与同事创建起北京师范大学天文台、太阳物理观测台、太阳射电望远镜、北京师范大学光学仪器厂并扩建了天文学实验室，使原来只能为全校开设天文选修课的物理系天文教研室具备了建设独立的天文学系的条件。1960年经教育部批准，北京师范大学天文系正式建系。建系后他长期担任天文系行政和业务的主要领导，经过多年努力使北京师范大学天文系成为我国天文教育的重要基地之一。在担任系主任的这些年，他将主要精力放在培养师资，提高科研和教学水平，组织编写教材，充实发展天文台和实验室，教书育人的工作上，取得了突出的成绩。1984年他出版了译著《日地空间物理》，是当时这一领域的重要参考书。离休后，1990年还与同事合作编著了《普通天文学》教材。1993年又与系里同事合作编著了天文科普著作《中国业余天文学家手册》，为中国天文教育事业奋斗了一生。

一、童年时期　重视启蒙

冯克嘉，1923年8月23日生于绥远省归绥市（今内蒙古自治区呼和浩特市）新城西街柴火铺巷1号一个医生家庭。他的父亲冯振玺，汉族人，祖籍四川龙安（今四川省平武县），1914年毕业于北京陆军医学堂，因在归绥市行医，便在那里安家。母亲安淑祺，知书识字，善教子女，两人育有7个子女。父亲出于对当时社会的了解，认为孩子们长大后不应入仕做官，那是一条充满危险的棘途。言谈话语中总是告诫孩子们应当学习实学，像他那样，不仅可以安身立命，而且也是社会上有用之人。因此父母对孩子们的启蒙教育非常重视，请了一个姓郑的私塾先生，为他们安排了学前教育，也得到传统文化的启蒙。父亲告诉他们，不掌握知识，将来难以独立地走向社会。

读了两年私塾后，7岁的冯克嘉进入归绥师范附属小学，他很快适应了环境，尤其对小学的郭际虞老师十分崇拜。因为郭老师多才多艺，字写得很漂亮，又能演奏多种乐器，还经常领着学生郊游，与大自然接触。更令他感到惊奇的是郭老师让他们好好读书，但将来不要去当官，与父亲的教诲如出一辙。郭老师的多才和善诱，激发了幼年冯克嘉对知识的渴求。

二、投学气象　结缘天文

小学毕业以后，因居住在北京的伯父冯振华膝下无子，1936年冯克嘉过继给伯父抚养来到北京并进入市立第三中学。养父当时在北京师范大学工作，是校长办公室的文书。故和许多教授有交往，其中不少人是留学归国的学者。高等学府的学术气氛，学者们的谈吐与学识影响着冯振华，他暗下决心要把冯克嘉也培养成这样的人。为使他有感性认识，实际体验大学的书卷之风，树立追求上进的人生目标，常有意带他去师大一些教授家串门，这些经历久久地印留在冯克嘉的脑海里。在市立三中学习期间，又有一位老师让他终生难忘，在自然地理张泽潭老师十分有吸引力的讲述中，那浩渺的太空里有我们身在其中的太阳系，太阳系的天体个个神秘，有许多人类还不知道的秘密，就连太阳系的空间以及我们生存的地球，也还有许多谜团等待人们去探索研究，这些话对少年冯克嘉是个震撼，使他对天文学产生浓厚的兴趣。

1940年冯克嘉高中毕业，按着养父多年前的计划，本应该去考一所大学。但因日寇侵华，北京师范大学西迁，养父失去了工作，家计较紧，为了早日谋生，减轻家庭负担，冯克嘉选择了职业学校，养父虽然支持他考取职业技校，但还是谆谆嘱咐，将来一定要上大学。以养父的工作和经历，以他的社交能力和良好的日语水平，在当时谋取一个挣钱的职务也非难事。但自从北京沦陷以后，养父就不愿意为日伪效力，宁愿赋闲在家。就这样冯克嘉走进观象技校，当时华北观象台技术学校主要是培养气象观测人才的，幸运的是又遇上了一位学识渊博的老师王应伟。当时王老师讲的太阳辐射对地球气象巨大的影响又一次唤起了冯克嘉的天文情结，也激发了冯克嘉学天文学的热情。技校毕业后，冯克嘉留校从事气象观测工作，当时观象台允许工作人员报考大学，于是冯克嘉报考了北京师范大学，1943年7月考入北京师范大学物理系。

1948年冯克嘉大学毕业，经华北观象台原来同事的推荐，他在北京气象台谋到了天气预报员的工作，生活有了着落。1949年3月北平解放，北京气象台划归军队管理，他与气象台的多数工作人员都参军入伍，成为中国人民解放军华北军区航空处的天气预报员。因工作需要，气象预报队伍奉命扩大，从解放区选拔了一批气象兵，在北京西郊培训，冯克嘉除日常的天气预报工作外，还为这批新战士讲授气象观测、天文学和天体测量学的基本知识，走上了天文的第一线，初步圆了自己的天文梦。

早在北京师范大学物理系上三年级的时候，物理系系主任祁开智就发现冯克嘉是一个可能从事天文教学的"苗子"，有过天文教学的基础和经验。祁开智1928年赴美留学，1933年获哈佛大学物理学硕士，曾选学天文课程，1933年回国，1946年任北师大物理系教授兼系主任，在系里也开设过天文学选修课，为了进一步加强物理系天文教研室的力量，培养后备人才，祁开智想起了已经毕业工作的冯克嘉，1950年向冯克嘉发出聘书，欢迎他回母校任教，走上天文专业教育岗位。祁先生对冯克嘉的培养独具匠心，他在旧书市场上购得一套美国现代天文学家罗素等人的天文学原著，买回来就送给了冯克嘉，让他自学。罗素是现代解释恒星演化的赫罗图的创始人之一，是这个领域的大师，从他的著作里可以了解现代天体物理学当时的前沿。冯克嘉虽有好的英语基础，但更擅长日语，他又购来罗素等人著作的日译本，两相参照，加快了学习进度，既获得了现代天体物理知识，又提高了英语和日语的水平，一举多得，获益匪浅。

三、激情岁月　显露才能

北京师范大学是国内最早开设天文课程的师范院校，早在1912年，学校在《高等学校规程》中就规定数理学部、化学部需上天文课。1946年祁开智任物理系主任后，与冯钟泰都开设过天文选修课。1952年全国高等院校进行院系调整，辅仁大学并入师大，原辅仁大学的天文学教授刘世楷也来到师大，同年在普通物理教研室内专门成立了天文教学小组，刘世楷负责。年轻的冯克嘉也在其中，他先后为祁开智、苏士文、刘世楷担任助教，同时也独立为物理系、地理系开设气象选修课。那个时期也是我国全面学习苏联的时期，引进了苏联教育模式，大批苏联专家来华，北师大物理系来了苏联理论物理学家苏什金。苏联的许多高等师范院校都设有天文系，这对于了解美国大学天文教育的祁开智来说，更有理由发展北师大的天文教育。当时新建的北师大物理教学楼，在楼顶预留了建立天文台的观测室，祁开智果断地在1954年向德国订购了口径130毫米的蔡司折光赤道仪，准备建立天文台。按照常规，冯克嘉会在多年的教学、研究基础上，慢慢获得晋升的机会，但是一场群众运动把冯克嘉推向风口浪尖。

1958年一场"大跃进"的群众运动在全国兴起，学校也不例外，从5月份起北京师范大学也掀起"社会主义教育大革命"的群众运动，提出"破除对专家、教授的迷信"、"外行领导内行"，发动青年教师和学生投入搞科研的群众运动，并定7月为"科研跃进月"。在这种形势下，一些主张重视基础教学的专家教授被迫"靠边站"，因为无课可上，有些教授入书斋去做学问。这么多缺乏基础的学生要搞科学研究，自然需要有人领着干，当时30多岁血气方刚的青年业务骨干冯克嘉就成为物理系天文大跃进的"领头羊"。他首先想到祁开智1954年购进的那台望远镜，当时正作为学校反浪费展览的负面典型在那里遭人"白眼"，现在正是为它找个归宿的大好机会，他领导学生与校基建处及系综合机械厂的工人师傅"三结合"，夜以继日地苦干，终于在7月1日让天文台圆顶在物理楼顶的观测室上旋转起来，内径4米，木制龙骨结构，在电动机驱动下2分钟旋转1周，开有宽1米的手动天窗，装入口径130毫米的折光望远镜后，在场的人无不激动万分。

1958年4月中旬，中国与苏联联合在海南岛进行日环食的射电观测获得成功，随之北京天文台筹建处也计划并进行3.2厘米太阳射电望远镜的研制，鼓舞了北师大物理系的师生，无线电室的师生与系综合机械厂的工人师傅合作制造射电望远镜，并得到北京天文台筹建处射电负责人王绶琯的指点与帮助，也完成了3.2厘米波段的太阳射电望远镜。

1957年底，由于遇上太阳活动峰年，物理系就一些同学用中型可移动赤道仪进行太阳黑子观测，参加了当时的全国太阳黑子联合观测，为邮电、通信部门提供黑子预报服务。天文台建成后，望远镜跟踪稳定，太阳黑子观测更加标准，还能进行太阳的照相观测，确有今非昔比之感，加之射电远镜接收到了太阳射电信号，不受阴天限制，北师大的太阳观测上了一个台阶。但是冯克嘉没有满足现有的成绩，考虑到只有能进行太阳的光谱观测，才有深入太阳物理研究的可能，于是提出建设太阳塔的新目标。垂直的光学通道利用了并不使用的物理楼运货电梯通道，凿穿楼顶一个竖井赫然出现在眼前，关键是研制大口径的定天镜系统和成像镜、光栅摄谱仪。又是日夜的奋战，查找资料和工人师傅研究仪器机械结构，终于在建成的天文台西北又矗立起一个新的圆顶，太阳塔成功拍摄了太阳的光谱。在建太阳塔的过程中，本着自力更生的信念，冯克嘉又决定创建光学仪器厂，一部分学生去北京光学仪器厂、北京玻璃厂取经，在系机械厂师傅努力下，光学研磨机也安装运行，太阳塔所需镜面就是学生们在光学仪器厂磨成的。

冯克嘉还给另一部分学生提出任务：编制九年一贯制天文教材，当时我国并未实行九年一贯制教育，但这个理由对不上课的学生还是很有吸引力的，他们必须翻阅许多天文教材，将自己初步弄懂认为适合中学生的天文知识编入教材，这个学习过程增加了他们一些基础的天文学知识。在那个"大跃进"的激情年代，在一场浩浩荡荡大的政治运动中，学生们牺牲了系统学习基础理论的机会，老师也失去了提高教学和科研水平的机会，为打破正常教学秩序付了代价。不过在这场群众运动的推动下，在冯克嘉比较合理的指挥下，北师大具备了建立天文学系的初步条件。

四、三才举措　辈出新人

我国最早的近代天文台是20世纪初列强在中国土地上所建，中国人自己兴建的紫金山天文台1935年才有60厘米口径的反射望远镜，近代天文教育在中国最初由外国教会兴办，1917年成立的齐鲁大学也有教会背景，设有天文算学系，1937年日寇侵华西迁后天文课停开。创办于1924年的中山大学设有数学天文系。1937年建成天文台，日寇的进攻使该校迁徙多地，天文台也损失惨重。1952年院系调整，将齐鲁、中山两校的天文系合并成立了南京大学数学天文系，是新中国成立后全国唯一的一个天文系。

面对新中国对天文人才的需要，在1954年召开的第一届全国人民代表大会上老一辈天文学家张钰哲、程茂兰就呼吁在中国北方再建一个天文系。1958年北京天文台正式筹建，加之1957年10月以后苏美先后成功发射人造地球卫星的形势，对天文人才的需要更加迫切。此时随着北京师范大学天文台的建成，1959年10月北师大物理系也提出了建天文系的要求，1960年2月教育部批准北京师范大学设立天文系，冯克嘉成为天文系的主要业务负责人。

从1959年下半年决定招收第一届天文系学生起，当初投入到群众运动中去的学生又回到课堂上补基础课，实践中知道自己知识不足的学生们努力地充实着自己，同时冯克嘉也为新系的教学绘制着蓝图，计划设立天体物理、光学光谱和宇宙航行三个专业，并分太阳物理、射电天文、天体物理、光学仪器、天文导航和人造天体轨道设计和计算等专门组。但是参加过建台建系筹备的那些毕业的学生并不能适应这么高标准的专业教学，冯克嘉及时提出"人才、教育、器材"的三才举措，必须努力培养和引进人才，满足教学的需要，必须要有合适过硬的教材；必须加强实验室建设，为学生提供天文实践的条件，加强器材建设，并将天文系的专业设置调整为天体物理和天体力学两个专门组。

贯彻三才举措是冯克嘉领导新建天文系的重要工作，他从南京大学天文系调来三名毕业生投入一线教学，将系里多名年轻老师分别送到南京大学天文系、紫金山天文台、上海天文台进修学习天体力学、天体测量、恒星物理、太阳物理、理论天体物理、恒星天文以及天文台观测实践，因为是带着回来开课的任务学，这些年轻教师外出学习目标明确、任务具体、成果显著。天文系首届本科生和研究生的天文基础课、专业基础课、天文实践都顺利完成。可以说冯克嘉为新系揽聘人才、培养教学人才的措施不但保证了教学任务，也为办系创造了"软件"条件。

冯克嘉一贯重视教材建设，注意培养能写教材的人才。天文台建成后，他就安排了太阳黑子、太阳照相、太阳光谱、太阳射电、月球照相和月面图、恒星照相及测光等一系列观测实验，所以建系后许多实习讲义、习题集是由留校的这些年轻教师所编写。对于基础天文课，一方面有本系1952年出版的高校交流讲义《天文学》（刘世楷编著），另一方面有苏联天文学教材的中译本可参考，教师们也编写部分讲义使用。随着经验的积累又借用南京大学天文系的讲义使用，同时他还组织年轻教师翻译了苏联新教材《实测天体物理学》，教材建设不但满足教学的需要，也进一步提高了任课教师的教学水平。

冯克嘉还同时抓实验室建设，考虑到首届本科生有80人之多，当时北京天文台还刚刚筹建，当然不可能接受这么多学生去台上实习，就立足自身，准备在系天文台和实验室为这些学生安排五年级的台上实习，这个任务也顺利完成，所以"三才"举措为新系建设提供了保证。

由于冯克嘉十分重视人才培养，后来北京师范大学天文系果然新人辈出，踊现出许多知名专家学者，如在类星体研究上很有建树的何香涛，在超新星研究领域成果丰硕的李宗伟，在光电探测仪器研制中贡献突出的郝允祥，在分子天文学研究上影响较大的孙锦以及分别在多个领域知名的专家教授郑学塘、肖兴华、刘学富、李志安、堵锦生、倪彩霞等。

五、以和为贵　奋斗一生

和为贵是冯克嘉一生的处世哲学，年轻时能得到多名恩师的指点与他尊敬老师不无关系。在那激情岁月里，他与学生同熬夜，共甘苦，关心学生身体和需要，鼓励大家团结合作，合作攻关。建系后"和为贵"是他处理许多矛盾的原则：引进的人才与"土生土长"的年轻老师之间，他要关注其间的团结合作，批评时点到为止；对教师与教学辅助人员，明确职责不扯皮。一次一个很年轻的实验员将外宾反锁在天文台上，他一边迅速找人找来该名实验员开门，一面叮嘱他凡事认真检查，并未发火；在系里安排进修、出国、提职诸多易发生矛盾的地方，他都耐心细致做工作，以大局为重，同时要公平地对待同事；对教师和学生都是看主流，注重和谐；与学校内的兄弟单位及校外合作的各天文单位，都尊重对方，虚心学习。所以天文系与兄弟单位一直有良好的合作关系；尤其是在那个处处讲阶级斗争的年代，他几乎没有在任何场合强调过阶级斗争，强调的是和衷共济，做到"系和单位兴"。他的这种作法，为天文系营造了良好的学术氛围。

1985年离休前他说："系主任这一职务，应该让精力充沛、有能力的年轻人来担任，只有这样，才能保持北京师范大学天文系的活力，也才能为我国天文教育事业作出贡献"。那时他身体不是很好，患有高血压和糖尿病，但他仍然笔耕不止，与系里同事合作编著了《普通天文学》和《中国业余天文学家手册》等书，并为国际天文学联合会写了多篇介绍中国天文教育发展的文章。

六、冯克嘉主要论著

大林辰藏. 1984. 日地空间物理. 冯克嘉译. 北京：北京师范大学出版社.

冯克嘉，等. 1985. 日汉天文学词典. 北京：科学出版社.

冯克嘉，等. 1990. 普通天文学. 北京：北京师范大学出版社.

冯克嘉，等. 1993. 中国业余天文学家手册. 北京：高等教育出版社.

主要参考资料

陈黎主编. 2010. 追星逐月. 北京：北京师范大学出版社.

撰写者

杜昇云（1938~），北京师范大学天文系教授，从事基础天文学、天文学史教学工作，在天文学史研究方面有一定建树，有多部天文学史著作及多篇天文学史论文发表。1960年读研究生时冯克嘉是导师，后为天文系同事。

张俊德

张俊德（1923～1977），陕西西安人。天文仪器专家。中国著名的月地运行仪发明创造者和天文仪器光学冷加工工艺专家。少年时期，在家乡求学读书。1944年初中毕业后，任户县兴中小学、终南小学教师。1945年9月，进西安技艺师范学习。次年4月，辍学回家。1952年6月，任中国科学院南京紫金山天文台研究实习员、技术员。1959年3月起历任光学车间副主任、主任、党支部书记。1956年1月参加中国共产党。1977年任中国科学院南京天文仪器厂工程师。1954年被青年团江苏省一级机关授予优秀共青团员称号。1954年7月后，被选为江苏省第一、第二、第三届人民代表。

一、初露锋芒　发明创造月地运行仪

张俊德出身在贫苦的农民家庭。小时候上学非常困难，靠父母耕织供养，常常为学费或买书本受煎熬，甚至流泪苦求。上中学时，搭的粗粮灶，靠背馍度日，生活十分艰苦。他自幼爱动脑筋，善于钻研，心灵手巧，为自己设计鞋样、编织耳套等。还喜爱音乐，会拉胡琴，会制作笛子，是村里自乐班的成员之一。他擅长绘画、劳作，从小就受到乡邻们的称赞。

在校读书期间，张俊德受到进步教师的引导，积极参加学校组织的抗日救亡宣传活动。1938年，曾和户县西街小学、女子小学、辛垦小学、正化小学的师生在全县各镇表演"送子上前线"、"放下你的鞭子"等剧目。星期天经常到农村巡回演唱抗日救亡歌曲、街头剧，表现出极大的爱国热情。是年秋，参加了党的外围群众组织——西北青年救国联合会。

1944年秋，他在户县兴中小学担任自然课教师。当讲到为什么会有白天黑夜以及四季变化等问题时，因为没有可以说明这些现象的直观仪器，虽然费了很大的力气讲授，学生总是听不明白。为了提高教学质量，他到处寻找有关参考资料。一次，在学校图书室一本指导小朋友各科常识的天文集中，他找到用枇杷代替月亮，用苹果代替地球，用蜡烛代替太阳，当枇杷绕着苹果转动时，就能清楚地说明了月亮圆缺和日月食的成因；当苹果斜着身儿绕着蜡烛转了一周时，就很明显地说明了四季变化的原因。从这两幅图画中，他受到启迪，萌发了制作三球仪的想法。

1945年春，张俊德改在户县终南小学任教。工作之余就千方百计地构思月地运行仪的制作。当时条件很差，连最简单的工具和木材都没有。最初做的月亮和地球是用泥丸表示的，太阳用青油灯代替。这种最简单的模型，仅用两节课时间，把昼夜、四季、月亮圆缺、日月食等问题让学生看得清清楚楚，听得明明白白。初步尝试，不但提高了教学质量，也更坚定了他研制月地运行仪的信心。为了进一步改进月地运行仪，他星期天经常到开木匠铺的丈人家去找木料进行试制。一些不明真相的人，私下议论他不好好教书，爱走丈人家等。对这些事，他一点也不理会，只一心一意地扑在研制月地运行仪上。在改进月地运行仪的过程中，传动部分费了很大的周折。开始，用木板锯成齿轮，既粗糙不匀，又难以吻合。后来改用铁片做齿轮，才算解决了问题。

1945年冬到1946年春，张俊德考进西安技艺师范读书。他不失时机地利用学校美劳科的工具和木料继续研制月地运行仪。学校发现他做的不是普通劳作，而是创造品，不但不鼓励，反而连工具都不准使用了。无奈之际，他抱着很大的希望向国民党陕西省教育厅写信呈请，结果石沉大海，使他十分失望。

1946年清明节后，因生活所迫，家庭分家，父亲无力供他继续上学，只好回家又到辛垦小学教书糊口。

1947年元旦，辛垦小学举办教学成绩展览会。张俊德在会上演示了他的月地运行仪，受到师生和农村群众的赞赏和欢迎。人们奔走相告，都说"学校里今天亮宝啦"。许多群众观看了他的月地运行仪，明白了日月食发生的原因，再也不相信"天狗吃月亮"的迷信宣传了。为了推广月地运行仪的应用，他托老师曹文青先生讲情，国民党户县教育科才勉强答应在校长联席会上讨论他的请求。开会那天，他十分兴奋，清早就步行到开会的地方，直等到天快黑时，才有人叫他进入会场。当他开口介绍月地运行仪的制作过程时，就有一位姓闫的校长质问他：张先生，我看你好像对天文很有研究的样子，那么我有个问题请你回答一下：为什么月亮在夏天每月初三、四都在西北落山，十五六却在西南落？冬天每月初三、四月亮在西南落，十五六却在西北落呢？还没等到他考虑回答时，会场里大乱。有的说："一个年轻娃娃懂个屁。"有的说："南山坎（意思是乡巴佬）还想发明什么仪器？"说着一哄而散。在回家的路上，他伤心透了。为什么学校师生和一般老百姓对自己的发明都很欢迎，而作为管教育的县教育科和那些所谓的有识之士的校长们却如此冷淡呢？他联系到给省教育厅写信的事，进一步认识到腐败的国民党政府是不会支持他的。他越想越气愤，由于他的倔强性格，不仅没有灰心，反而增强了他抗争到底的决心。

回家后不到一个星期，便把闫某提的问题做了个书面解答，并绘了一张详细的图解寄给了他，只可惜没见到他的回信。

1948年5月9日，在西安可看到中国中部发生的日偏食。事先，一贯道（反动会道门）到处大造谣言说："大难来了，天要黑七七四十九天。善人免灾，恶人要死尽。"并欺骗农民说："只有入道，多烧香，多磕头，才能消灾除难。"有的人听信了宣传，惶惶不可终日。张俊德利用月地运行仪向群众广泛作演示解释，还写了一篇说明为什么发生"黑虎吃太阳（日食）"现象的文章，附着图解，贴在墙上，揭露反动会道门的迷信宣传。

1948年冬，张俊德因告发校长，被辞退回家务农。他除了忙农活外，抽空就改进月地运行仪。村里有人说他的闲话。他父亲也生气地说："书教不成没有关系，可也不能当木匠。"他只好避开父亲偷偷地干，终于解决了地球自转和黄白交角等问题。

1949年5月，户县解放了。在党和人民政府的关怀下，张俊德和他的月地运行仪得到了新生。他参加了暑假教师学习班，重新走上了工作岗位。同年8月，他光荣地加入了中国新民主主义青年团。

1950年6月，张俊德把自己研制的月地运行仪写信反映到陕西群众日报社。群众日报社很快把他的信转给陕西省人民政府文教厅。不到一个月，就接到省文教厅叫他去西安的信。张俊德激动得一夜没合眼，次日挑着行李和月地运行仪步行来到西安。省文教厅请西北大学地理系张中会教授为月地运行仪作了鉴定。张教授肯定地说："这个仪器在原则上还不错，只要改一改就很有用了。"省文教厅为了便利他更好地研究改进仪器，很快调他到西安附属小学任教，并将此事报告给西北军政委员会文化部，文化部领导接见并鼓励他说："你这种钻研精神很好。现在努力吧，物力方面的困难由我们文化部给你解决。"在这样好的条件下，他的天才得到了发挥，同时他又翻阅了许多有关天文知识的参考资料，为进一步改进月地运行仪奠定了基础。遇到理论上的问题，就去找张中会教授请教。经过多次修改图纸，1951年2月终于正式绘制出月地运行仪的设计图。西北军政委员会文化部科学普及处决定让西安一鸣铁工厂的工人动手试制。在试制过程中，他不避风雨，几乎天天去工厂和工人一道工作。张中会教授也亲临工厂指导，提出了许多改进意见。"五一"节前夕，成功地制造出了中国第一架月地运行仪。6月1日群众日报以《西安西师附小教员张俊德发明三球仪》为题作了报导。同年8月，在北京召开的全国初等教育与师范教育会议期间，中央教育部举办的教具展览会上，月地运行仪受到科学家、教育工作者以及学生们的赞许，普遍认为它对教学和科学普及工作有贡献。9月，他受到西北军政委员会文化部、中央教育部和中国教育工会的嘉奖，被推荐为模范教师。此间，他把奖励给自己的二百元钱捐献给国家抗美援朝购买飞机，表达了一个公民保卫祖国的赤子之心。10月，张俊德作为模范教师列席了中国人民政治协商会议一届三次会议，受到了毛泽东主席的接见，并荣幸地和毛泽东主席亲切地握了手。同月，中国教育工会全国委员会编辑的《教工通报》第15号上刊登了《中国教育工会全国委员会第三次全体会议表扬陕西省西安师范附属小学教师张俊德先生在制造三球仪方面的贡献的决议》，决议中写到"经西北军政委员会文化部派专家研究，确定其价值后，已将此三球仪命名为张俊德三球仪"。还刊登了《中国教育工会全国委员会第三次会议致张俊德同志函》和《张俊德三球仪》的介绍，充分肯定了他的成绩和贡献。人民教育杂志也在同月第六期上刊登了《张俊德和他的三球仪》，详细地介绍了他制造三球仪的艰难过程以及"我是一个青年团员，今后只有努力，努力，再努力，以我全部的精力献给人民，为科学普及工作奋斗到底"的心情。后来几经改进，这个月地运行仪已清楚地说明了十几个天文现象。在此期间，张俊德还研制出能说明风的成因、水的变化等几个问题的风雨试验器。

此后，张俊德得到了许多荣誉。陕西省出版的小学课本上以《张俊德和他的三球仪》作为课文供学生学习他刻苦钻研，热爱科学，奋斗不息的精神。1952年5月4日，青年团西安工委在纪念"五四"专刊上刊登《长期钻研，创造月地运行仪的青年团员张俊德同志》文章，号召青年向他学习，发扬爱国主义与革命英雄主义精神，同年5月29日，人民日报发表《张俊德发明月地运行仪的奋斗过程》的文章，比较全面地介绍了他的情况。同样一件事情，张俊德深有感触地在笔记中写到："在旧社会，我受尽了讽刺和打击，而在新社会，我却得到了高度的重视和支持。新旧社会对比，使我更加热爱党、热爱新中国、热爱自己的工作。"

二、再攀高峰 为祖国天文事业做出贡献

张俊德发明创造月地运行仪后，在全国引起了比较大的轰动。1952年6月，中央人民政府教育部为了更好地培养张俊德，调他到中国科学院南京紫金山天文台深造。这里是一个学术单位，有数位知名的天文学家在此工作，声望早已享誉国内外。对于一个只有初中文化程度的他，这无疑是人生道路上迈出的重要一步。他怀着对党无限感激之情，决心为新中国的天文事业做出贡献。7月新华日报刊登了《一个群众的科学工作者——访问月地运行仪创造者张俊德同志》的文章，对他在研制月地运行仪的过程中，能集思广益、精益求精的精神作了高度评价。8月，光明日报

连续刊载了朱同、尚德义绘制的《张俊德发明月地运行仪的奋斗过程》的连环画。此后，全国各地许多小学教师纷纷写信询问他到南京的学习和工作情况。他到紫金山天文台后，被分配到天文仪器组工作。为了提高文化素质，他参加了中国科学院南京办事处举办的练习生文化班学习。在老师的热情帮助和精心指导下，他系统地复习了代数和平面几何，又突击学习了高等数学和物理课程。由于他刻苦学习，随时随地虚心向别人请教，文化、天文知识短时间有了长足进步，对天文仪器制作技艺也有了初步掌握。12月，新华日报连续发表张俊德《给教师同志的一封信》、《模范教师张俊德同志向西北教师报告工作情况——进一步改进月地运行仪作为元旦献礼》的信，汇报了自己来南京后的学习、工作及改进月地运行仪的设想等。对全国各地关心自己成长的人们表示衷心的感谢。

1953年8月，中国教育工会全国委员会推荐张俊德为中国教师代表团团员出席了在奥地利维也纳召开的世界教师代表大会。回国途中，又在苏联莫斯科进行了参观学习。一个多月的国外见闻，既开阔了他的眼界，也增强了他的爱国主义和国际主义精神。

1953年10月至1954年5月，张俊德集中了全国各地20多人关于月地运行仪的改进意见，主动争取紫金山天文台、南京教学仪器厂（后改名为江南光学仪器厂）及工业局各方面专家的广泛指导，克服了原来设计的月地运行仪中的13处缺欠，制造出命名为"五四式月地运行仪"，并计划批量生产。在此之前，南京教学仪器厂已将1953年定型的月地运行仪制造了4000多架，先后送到全国各地的学校和文化馆供教学和科普工作使用。为了使偏僻贫困各地的学校和文化馆供教学和科普工作使用他有计划、有目的地同全国许多教师通信联系，广泛征求、听取意见，又设计出可以说明许多天文现象的"普及式月地运行仪"。此仪器构造简单，成本低廉，只要照着图样，做起来也十分容易，受到广大师生的热烈欢迎。南京教学仪器厂为了满足全国各地学校对月地运行仪的需求，在原结构上又作了很多改进，尽量降低成本，1956年以"五六式月地运行仪"命名的仪器进行了生产。月地运行仪从萌芽至此，已经两个年头了，中间经过十多次的改进，基本达到了日臻完善的地步。

1954年5月，张俊德随着以中国科学院副院长华罗庚为团长、南京紫金山天文台台长张钰哲为副团长等赴苏联列宁格勒参加了普尔科沃天文台重建落成典礼。是年7月，他当选为江苏省第一届人民代表大会代表，并在以后连任省二届、三届人大代表。12月，由于他在天文台两年来工作成绩卓著，被青年团江苏省一级机关第二次代表大会授予优秀团员称号。

在天文仪器研究方面，中国很早就发明了浑天仪等一系列天文仪器，不仅在世界天文仪器史上占有光辉的一页，而且使中国成为古代天文仪器最发达的国家之一。由于封建社会的影响，这项工作没有很好地得到发展。张俊德到天文台时，中国现代天文仪器的研制工作尚未起步。该台仅有的五六台小型望远镜也都是进口的。在此之前，中国不仅不能自制现代化天文仪器，就是仪器修复工作，有的还得请外国专家。紫金山天文台原有一台口径为60厘米的望远镜，由于抗战前被拆，装运往内地，免遭破坏，一直无法使用。1954年秋，高薪聘请了德国蔡司厂专家前来协助安装修理，才开始投入使用。这些外国专家在修理过程中，态度十分傲慢，还不时地说什么他们"给东方带来了文明"等令人作呕的气话。张俊德越听越恼火，深刻地认识到中国制作现代化天文仪器的迫切性和重要性。抱着为国争光，尽快研制出中国的现代化天文仪器的雄心壮志，他和良师益友张家祥（现为研究员）等食宿在一起，经常研究天文知识，探讨、切磋技艺。在知识分子云集的环境里，他"学而不厌"，很快掌握了研制天文仪器的理论，并在实践中逐步学会了机械设计和工程制图，为以后工作奠定了基础。强烈的求知欲使他用脑过度，看书时间长了，就感到头痛。人们经常看到他额头上绑扎一道勒紧的头箍，仍继续坚持工作和学习，就连星期天和节假日也不休息。紫金山天文台60厘米望远镜修复后，著名天文学家、台长张钰哲调他到自己身边协助天文观测。天文观测是一件艰苦而细致的工作，既要观测星象，又要处理复杂的数据。他和张家祥通力合作，经常通宵达旦地连续工作。在为期两三个月的夜间观测中，成功地拍摄了一系列星团、星云的长时间曝光乳胶底片，受到了张台长的称赞。紫金山天文台1954年开始成立光学实验室，张俊德分配在这里任技术员。在杨世杰（研究员，2012年4月逝世）指导和帮助下，开始在山洞里磨制14厘米、20厘米、43厘米的抛物面反射镜面。当时实验室十分简陋，几乎是白手起家。张俊德亲自动手，绘制磨镜设备，检验仪器等图纸，到处找工厂加工制造零部件，逐步将实验室装备起来。经过长时间的日夜拼搏，勤学苦练，他掌握了球面、平面、抛物面和难度很大的20厘米施密特透镜改正镜等磨镜技术。

1958年8月至12月，紫金山天文台和南京教学仪器厂合作，提出制造中国第一台口径为60厘米的反射望远镜。这台望远镜的主镜玻璃直径620毫米，焦距2965毫米，高约5米。制造这样大的望远镜，在国内还是第一次。该望远镜的光学系统的部件加工，就是由张俊德、李德培（现为研究员）合作搞成的（当时杨世杰去北京学外语，准备去苏联进修）。主镜镜坯重约80公斤，张、李带领曾金珠、蔡璧筠等，分两班轮流用简陋的磨镜机细磨，人停机不停，日以继夜地工作。抛修工作是张、李二人用手工完成，这可是一件消耗体力的工作。张俊德为了鼓舞小组成员，亲自书写并张贴了如下对联：上联是"学光机、赶蔡司、决心压倒英美"；下联是

"觉不睡、饭不吃、也要攻下堡垒",横批是"为国争光"。60厘米凹抛物面镜、15厘米凸双曲面镜完成加工(从8月16日至12月10日)与南京教学仪器厂承担的机械部件同步完成任务,并装配成功。这台望远镜的成功,结束了中国"既不能修、又不能造"现代化天文仪器的历史,证明中国已有能力制造出更大、更多、更好的现代天文望远镜,大长了中国人民的志气。

1958年11月,科学普及出版社以《贫农儿子创造月地运行仪》为题将张俊德的事迹收录在科学家传记丛书之中。

1959年3月,张俊德作为技术骨干由紫金山天文台调到尚在筹建中的南京天文仪器厂,主要负责光学车间的筹建工作。当时,没有厂房,设备也只是从紫金山天文台带来的一些木制三脚架、金刚砂容器、硬质圆玻璃、氧化铁红粉及几台自制的简易阴影仪。在极其困难的条件下,他带领刚进厂的新工人在防空洞里开始用手磨制镜面。为了培养造就中国第一批磨镜人员,他结合自己的实践经验,把光学冷加工技艺编写成系统的讲义,定期亲自或请别人讲课。对于那些文化程度较低的工人,他把难懂的术语、方法尽量通俗化或编成顺口溜,千方百计地将自己长期累积的经验设法传授给他们。这批工人在一两年内,不仅能磨制平面、抛物面、球面和小型镜面,而且也能磨制难度较大的改正透镜和60厘米以下的镜面,为天仪厂培训了一批光学冷加工的技术骨干。

在筹建光学车间时,张俊德为了提高质量,高标准的把车间迅速建设起来,三番五次地给正在苏联普耳科夫天文台学习的挚友杨世杰写信,询问那里的光学车间是怎样设计的,并将自己的设想与杨世杰交换意见。在他俩密切合作之下,光学车间的建设进展得比较顺利。尽管遇上三年困难时期,基建工地缺少劳力,他积极响应工厂号召,带头充当建筑小工,挖地基、伴沙浆、搬运砖瓦,样样活儿都干得非常起劲。在他的带动下,干部、工人一齐上阵,建设工地总是热火朝天。光学车间室温、清洁标准要求较高,除了设计因素外,他请求厂里在房屋周围栽上法桐树,进一步保持良好的环境,防止灰尘和调节空气。他利用业余时间,在每棵树周挖几个深坑,和工人一起抬了许多人粪尿施入。后来实践证明,光学车间周围的树长得枝繁叶茂,在一定程度上起到了空调作用。光学车间建成初期,还是用三角架作支柱,用手在上面磨制镜面,两人站立两侧你推我拉,常常是汗流浃背,工作强度很大。张俊德看在眼里,急在心头。国内当时还没有这方面的机器,要不误生产,就得另想办法。他到有关单位取经学习,向科研人员请教,自己在摸索中画了一张又一张的设计草图,决心凭自力更生的精神,把机器制造出来。晚上睡觉时,想起来一点什么就爬在桌子前写写画画,不知经过多少次的修改,终于设计出磨镜机。开始由小到大，由简单到复杂，逐步制造出单轴机、双轴机、30厘米磨镜机、60厘米磨镜机、粗磨机等，很快使整个车间的磨镜设备配套成龙，实现了全部机械化操作。磨镜需要的检测设备，如阴影仪等也仿制或制造出来。至今，这些设备还在天文仪器研制中心发挥着重要作用。为了科学的管理车间，根据生产条件和要求，他制定了许多规章制度。条例一经颁布，严格实施，任何人不得越雷池一步。

60年代初，大镜面加工，全国唯有天仪厂一家。由于天仪厂光学车间张俊德、李德培等培训技工的办法效果好，所以上海科仪厂、云南光学仪器厂、北京天文台等单位纷纷派人前来培训，浙江大学光学仪器系毕业生也多次来厂实习。人们众口皆碑地认为张俊德不仅是南京天文仪器厂光学车间的创始人和奠基人之一，也为全国光学事业培养了许多优秀的人才。

1961年，在张俊德亲自参加和指导下，完成的中国第一台太阳望远镜上的抛物面主镜，哈特曼常数为0.14，镜面误差为二十分之一波长。在该年大型望远镜精密工艺加工交流会上获得了好评。

早在1958年，南京紫金山天文台就提出研制一台2米（后定为2.16米）望远镜的设想。1959年3月，中国科学院召开有关所长会议，决定先行研制一台口径60厘米的中间试验望远镜，后定名为60厘米试验天文反射望远镜。这台望远镜设计搞成后，由天仪厂承担镜筒、光学元件的任务。

在抛光、修改过程中，经多次尝试，张俊德采用中型工具磨制、修改镜面取得了较好的效果，采用阴影照相的新技术进行检验，提高了精确度。最后，这台主镜口径600毫米、焦距2292毫米、焦比1：3.82，视场1度（加改正镜）的望远镜于1965年10月通过院级鉴定，1968年10月交北京天文台兴隆站使用。这架仪器，是中国自力更生研制口径为2.16米反射望远镜的一个中间试验产品，成为中国第一架效率高的作恒星光电测光的专用设备，也成为全国天文台、各有关高等院校共同从事恒星物理研究的手段之一。参加这项研究任务的科研人员，在结束这一工作后，编写论文17篇，收集在科学出版社出版的《60厘米试验天文反射望远镜专辑》里，其中有张俊德等合写的《60厘米抛物面主镜的磨制》一文。1976年9月28日张俊德参加了2米望远镜主镜开工典礼，并在会上发言。会后，他和李德培、赵如生利用国庆节假日连续加班3天，在2.5米立式车床上试验二米镜坯减薄时，掌握了一套参数，为进一步制定主镜减薄工艺规程取得了第一手资料。60厘米试验天文反射望远镜1978年获全国科学大会奖和中国科学院重大科技成果奖。

1962年起，南京天文仪器厂开始设计制造人造卫星观测折反射望远镜。折反射望远镜的特点是视野大，光力强，兼有折射、反射望远镜的优点，是天文和现代国防不可缺少的光学仪器（光学设计苏定强，机械设计胡宁生）。这台望远镜的改正透镜直径43厘米，主镜直径60厘米，焦距80厘米，采用施密特光学系统。主要用于对人造卫星作精密的照相观测，也可作通常的天文照相观测。像这样的望远镜，当时世界上只有少数国家能制造。张俊德和他指导下的一名学徒承担了这项任务。该望远镜研制时，遇到的困难较多，其中最艰巨的部件有三个，而三个艰巨部件又首推直径43厘米的改正透镜。此透镜形状复杂，精度要求高，在国内还没有磨制的先例。厂领导和设计人员非常重视，经常到车间督促检查。张俊德和他的助手们不畏艰难险阻，信心十足，用蚂蚁搬泰山的精神，克服了一个个困难，最后达到国际惯例标准——哈特曼常数 $T = 1.4$。经用其他方法测算后分辨率为11微米。由于这台望远镜1964年研制成功。1965年10月，中国科学院组成了以吴有训副院长为首，以中国天文学家、光学家、机械工程学家，包括紫金山天文台台长张钰哲、南京大学天文系主任戴文赛、长春光机所所长王大珩、西安光机所所长龚祖同、一机部总工程师雷天觉等为成员的鉴定委员会，对这台望远镜的各种性能作了鉴定。鉴定结论是："达到国际同类仪器的较高水平（注：鉴定书写结论）"。使用单位——南京紫金山天文台在1966年《天文爱好者》杂志第一期发表文章说："它是近代天文望远镜中一种完全新型的望远镜"、"聚光能力强，成像质量好，结构轻便"，使"多少年来天文工作者要用自制的较大型的现代天文望远镜从事观测与研究的愿望终于实现了"。这台望远镜在以后工作的几十年间，对研究卫星轨迹及观测中国卫星轨道方面都发挥了积极作用。该望远镜1978年3月获全国科学大会奖和中国科学院重大科技成果奖。据不完全统计，张俊德和他领导的光学车间，建厂头三年就完成大小不同类型镜面300块以上。这些镜面，在中国现代天文仪器史上，可以说都是没有先例的创举。1963年8月，南京紫金山天文台批准张俊德升任南京天仪厂工程师。这位曾被讽刺为"南山坎"的农民后代，经过多年艰辛的努力，自学成才，在天仪厂技术员中第一个获得了具有中级职称的殊荣。60年代初，生活条件十分艰苦，常饿着肚皮干活，他从来不叫苦叫累。一度厂里许多人患了浮肿病，他从老家带来几斤核桃，自己舍不得吃，听说其他车间一位叫林读明（现为实验师）的青年患了病，他将二斤核桃送给这个青年，叫他补养身体，早日恢复健康。这件事，极大地感动了这位青年，每当和别人谈起时，总是热泪盈眶，表示要努力工作，向张俊德学习。在日常生活中，他关心别人总是比关心自己为重。车间里青工多，诸如婚姻家庭等问题，他主动和他们谈心，了解情况，给予帮助。节假日，特别是农历春节，他总是挨门串户的去看望工人，询问有无困难，并尽力帮助解决。工人们从心底里佩服他的为人处事，大家一直亲切地称他"张老师"。

1964年，天仪厂承担加工某项设备的探照灯抛物面镜面。这种镜面非球度很大，国外加工这样的部件，都用专门的机床。张俊德等考虑到在光学加工方面，这种部件的主要矛盾之一是剖面"山"字形，可使用特殊非球面的磨制。他大胆搞技术改革，亲手设计制造出三点工具和九点工具。由于三点工具和九点工具的每一个点，对镜面的力都是一样的，所以在保证非球面磨制的前提下，解决了不平滑的问题，缩短了加工周期，提高了产品质量。后来加工口径430毫米、焦比1.5折反射望远镜时，也用了三点和九点工具。折反射望远镜，中央是一个凸透镜，外围是个凹透镜，只能一圈一圈的针锋相对的磨，它的（对）非球面度很大，如果用环形工具来磨，环的数量也需要得越多。使用三点工具，随着中心距的改变，就可以组成许许多多的活环。工作中要磨那里，就可以调试到那里。为了调得更细，把三角架上的孔，由一行改成两行，把圆点改成香蕉形的一个弧（实际上是由许多圆点组成的），为使三个弧的两头能走在同一个圆周上，就加了个定位销，让它不能随意转动。此项实用工具的诞生。不仅为国家节约了大量钢材，更重要的是为加工非球面镜闯出了中国人自己的新路。在天仪厂以后许多重要主镜磨制中，这两种工具发挥了巨大的作用，立下了汗马功劳。

张俊德十分重视知识，尊重知识分子。他和车间副主任李德培密切配合，李在理论上帮助张，张在实践上又帮助李，两人相互切磋，发挥车间工人，特别是设计人员的作用，克服解决了许多技术难题，研制出许多高、精、尖的光学仪器。胡宁生等设计的光电等高仪中有两块熔石英大反射棱镜，边长17厘米，磨制好后要将此二棱镜从测面孔用螺丝连接成一件二面角，还要调成某一固定角度，反射面垂直度要求很高。开始讨论磨制时，大家都认为困难大，没有把握，身为车间领导的张俊德只觉得要达到设计标准很不容易，但不解决这个关键中的关键，仪器将很难取得高精度的水平。于是他亲自出马，沉着冷静、精心地进行操作，率先用手磨制成功，不仅出色地完成了任务了，也给其他人作出了表率，极大地鼓舞了光学车间全体人员的士气。此种光电等高仪鉴定书中说："测时精度达到了目前世界第一流水平"。1978年3月，荣获全国科学大会奖和中国科学院重大科技成果奖。

三、功垂千古　永远活在人们心中

张俊德一直怀着为国争光的使命感拼搏在自己的工作岗位上。他常用毛泽东讲过的"外国有的，我们也要有；外国没有的，我们也要有"的教导鞭策激励自己，并身体力行。他心中只有党的事业，从不计较个人得失。光学冷加工工艺方面的技术，一个个的被他占领并毫无保留地传授给他的"学生"。在他指导参加下取得的成绩，总是记入他人的功劳簿，而从不宣扬个人。例如，完成折反射望远镜60厘米主镜加工后，在镜面傍侧刻上他的"学生"王世桂（现为高级实验师）、赵如生（现为厂办主任）的名字，却不肯将自己的名字加上。他孤身一人在南京工作，按常理早应该将家属转来一起生活，但他从不计较这些。他的爱人袁浩贤，也是一名优秀的共产党员，在生产队历任妇女队长、妇女主任等职。为了支持他终生追求的事业，承担了家庭全部重担，既要照顾年老的双亲，又要抚养子女，是一位贤妻良母型的东方女性。他数年回家探亲一次，常常是三五天又匆匆而去。微薄的工资，除了养家糊口外，留给自己的已经所剩无几。他生活俭朴，多年和单身工人住集体宿舍。平时省吃俭用，经常自己烧饭炒菜，早晚用小煤油炉煮一碗面条，加上少许调料和几个蒜瓣，就算应付了一顿饭。长期的不知疲倦的拼命工作，加上无人照料，使他的健康受到了严重损害。1975年后，他经常感到身体不适，大家劝他去看一看，他却认为是人过五十岁了，可能是精力减退引起的，照样一如既往地倾全部身心于光学仪器研制事业。不久，痔疮顽症逐日加重，连自己也感到非治不可了。在组织、亲朋的催促下，他动了痔疮手术。手术中，医生已觉察到他患了直肠癌。后来病情一天天恶化，先是肝硬化腹水，后发展成肝癌。人们都知道他患了不治之症，心里难受极了，还要千方百计地隐瞒着他。他虽然不能亲自到车间操作，但总要不时地询问车间生产情况。有时精神稍好一些，硬要到车间走走、看看。革命乐观主义精神促使他在患病期间以顽强的毅力与疾病作斗争。尤其令人难忘的是，当他听到叶剑英《攻关》的光辉诗篇发表后，欣然命笔写下了一首读后诗："二米镜虽坚，大人卫确难，苦干加巧干，世上无难关。"这充分体现了一个共产党员生命不息、战斗不止、勇攀科学技术高峰的心声。在他弥留人间之际，要求组织将来把自己的骨灰撒到工作过的紫金山上，并叮咛家属不要给组织提任何要求。1977年11月27日，他终因癌症医治无效与世长辞，年仅54岁。

张俊德暂短的一生，为祖国的天文事业做出了平凡而伟大的贡献。从他历经艰辛发明创造月地运行仪器开始，到此后在南京工作的二十五年间，一直和天文仪器结下了不解之缘。从南京紫金山天文台简陋的光学实验室到筹建南京天文仪器厂与光学车间，无不浸透了张俊德的一片心血。由于他和他的同事们的努力，不仅弥补了中国现代天文仪器制造业的空白，也挤进了世界现代天文仪器制造业的先进行列，为加快社会主义建设和国防现代化建设步伐，做出了不可磨灭的贡献。南京天仪厂研制的60厘米试验天文反射望远镜、43/60/80厘米折反射望远镜、I型和II型光电等高仪以及60厘米天文反射望远镜、北京台的60厘米望远镜、紫金山天文台60厘米望远镜、马克苏托夫镜面等和数以千计的大小类型的光学镜面，都为张俊德树起了不朽的丰碑。他不愧是中国天文仪器光学冷加工工艺专家。

1989年10月，陕西省西安市户县政协倡议，经中共户县委员会，户县人民政府研究决定，在县城南环路什字为表彰张俊德发明月地运行仪建立"永攀科学高峰雕塑碑"。雕塑取东汉张衡地动仪作基，张俊德月地运行仪作顶，贯以火箭式柱体，象征由古代科技到现代科技由地上到茫茫的宇宙空间，总高19.8米。此建筑表示了家乡父老对张俊德在科技领域取得成就的千古怀念，也为了科技兴县，旨在激励教育子孙后代为我中华民族之兴旺发达，锐意进取，永攀现代科学高峰。

张俊德从一名普通的教师，经过不懈的努力，继发明创造月地运行仪后，在南京紫金山天文台和南京天文仪器研制中心为中国现代天文仪器的研制建立了不可磨灭的功绩。每当人们在天文仪器研制中心看到那些至今还发挥着作用的磨镜设备和他传授的那些至今还行之有效的技术，以及由南京天文仪器厂的设计人员和工人研制的各种类型的现代天文仪器在全国各地天文台为祖国的天文事业出色完成任务时，人们自然地就联想到他。他永远活在人们心中。

四、张俊德主要论著

张俊德. 1966. 60厘米抛物面镜的磨制经过. "二一六"资料汇编. 第二集. 内部刊物.
张俊德. 1966. 60厘米中间试验望远镜主镜玻璃外圆及中孔的加工结果. "二一六"资料汇编. 第二集. 内部刊物.
张俊德. 1980. 60厘米抛物面主镜的磨制. 60厘米试验天文反射望远镜专集. 北京：科学出版社.

撰写者

丁瑞生等。

陈 彪

陈彪（1923～），福建福州人。天体物理学家。1946年毕业于金陵大学物理系，1947年9月到中央研究院天文研究所工作。1980年当选为中国科学院院士。1982～1985年担任云南天文台台长，1985年后担任名誉台长。担任世界科学联合会日地物理委员会太阳物理专业代表、国际天文学联合会会员等职。陈彪主要研究领域是太阳观测仪器的设计制作、太阳活动周期、太阳对流层结构等方面，同时致力于推进建立我国太阳观测网、组织太阳活动峰年全国观测、推动太阳物理领域国际交流合作等，对我国太阳物理学的建立和发展做出了突出的贡献。

1923年11月23日，陈彪生于北京。其祖籍是福州螺江，当地名门望族陈氏家族陈若霖、陈宝琛的后代。陈彪的父亲陈体诚毕业于上海交通部工业专门学校（今上海交通大学）土木工程科，获工学学士学位，30年代由北京政府交通部选派赴美，在加利福尼亚州卡内基钢铁学院学习。回国后曾任中国工程学会会长、北京大学教授、浙江公路局局长，福建省建设厅厅长兼财政厅厅长等职，主抓公路交通建设。抗战时期陈体诚致力于中缅国际公路建设和抗战物资抢运，为抗日做出贡献。1942年因积劳成疾病逝于昆明住所。陈彪和其弟弟陈篪在父亲影响下，亦一心向学。陈篪毕业于清华大学物理系，后任冶金部钢铁研究院金属物理室主任等职，致力于断裂力学的研究，被称为"科技战线上的钢铁战士"。

随父亲各地迁任，陈彪中小学时期亦是辗转迁移。1933年在杭州小学毕业，1938年在福州初中毕业，1941年夏在成都蜀华中学高中毕业，1941年考入昆明西南联合大学工学院土木工程系，读了一年。1942年其父病故后随家转学，在重庆交通大学电机系读了半学期，因病休学回成都。1943年夏考入金陵大学物理系二年级，1946年毕业后，先在台湾大学物理系任助教半年，1947年2月转南京金陵大学物理系任教，同年8月到中央研究院天文研究所任助理员。

陈彪早期从事理论天体物理研究，曾对宇宙学、天体光谱谱线轮廓、太阳表层对流、白矮星内部输运等方面进行一些探讨。1949年后，刚刚解放的中国百废待兴。基于基础研究成果必须作用于改善人民生活、改变人们世界观这样一个认识，

1953年后，陈彪毅然放弃已经探索了几年的理论天体物理研究，投身于天体物理的一个分支——太阳物理研究，因为它"有助于了解太阳这颗人类赖以存在的恒星，以便好好利用它"。当时，我国的太阳物理研究是一片空白，连一台必不可少的太阳成像摄谱系统都不具备。

对此，陈彪提出了对我国太阳物理的发展建议：①在北京和昆明建设我国太阳物理的新的观测和研究基地；②在南京建立我国太阳物理观测仪器研制基地和人才培养中心；③当时的太阳物理观测和研究应侧重于为应用服务的太阳活动预报和太阳活动对地球影响的研究，特别是太阳耀斑预报。此后40年来，陈彪身体力行，积极组织和推动上述发展建议，从理论研究，仪器研制和观测分析，到国际合作交流，为我国太阳物理事业奠定了坚实的基础，同时也为我国培养了众多从事太阳物理研究的人才。

陈彪清楚地意识到，没有好的仪器，就没有我国现代太阳物理的基础。他率先对太阳观测仪器给予了极大的重视和关注，并带领一批年轻人投入仪器研制和安装调试的工作。

1956年陈彪赴苏联学习期间，购得一台苏制色球望远镜，将其安装在北京天文台。1957年国际地球物理年，向法国订购一台色球望远镜，安放在紫金山天文台。为扩大观测经度，陈彪利用法国色球望远镜的备用单色滤光镜，请人配成一台完整的色球望远镜送到昆明天文工作站（今云南天文台），1967年投入常规巡视观测。我国的色球观测网基本成形。陈彪支持和鼓励研制色球望远镜的核心部件——干涉偏振滤光器，推动了当时南京天文仪器厂对滤光器的研制工作，为我国以后研制滤光器和色球望远镜打下了基础。

同时，陈彪积极研制太阳光谱观测仪器，以开展光谱分析和研究。在他的领导下，1958年，紫金山天文台自建了一具 $H\alpha$ 单波段太阳光谱仪。在太阳活动第19周峰年期间（1958~1959年），该光谱仪成功地观测到了一批历史上罕见的太阳特大爆发的光谱资料。20世纪六七十年代，紫金山天文台又研制成功多台多波段太阳光谱仪，分别安装在南京和昆明，用于太阳光谱观测和磁场测量工作。此外，陈彪还为北京天文台研制过一台60厘米太阳望远镜，并附有太阳光谱仪。

这些仪器加上不断改进了的太阳黑子观测设备，成为当时我国太阳物理的主干设备，获得了大量有价值的观测资料。在此基础上，陈彪积极协调全国的太阳物理研究力量，成功地组织了我国对第21周太阳活动峰年的观测研究工作及第22周太阳活动峰年观测研究的筹备工作，取得了重要的成果。

考虑到太阳活动现象的持续性和再现性，利用我国辽阔的国土，进行合理的观测台站布局势在必行。陈彪力推在北京、昆明，甚至包括新疆乌鲁木齐在内，建立起类似的观测点，这就为现在我国的太阳观测站布局打下了基础。他一直十分关心这些新基地的建设，在经费和人才培养等方面始终积极地支持。不仅如此，他还身体力行，从1982年开始欣然接受组织上的安排，到云南担任云南天文台台长，为云南天文台的建设付出极大的心血。

与上述实测工作相平行发展，陈彪开始太阳物理研究的理论准备。在他看来，磁场是一切太阳活动现象的本质，在某种意义上，也可以说是所有天体活动现象的本质。与地球实验室中电磁现象以电为主导有所不同，大尺度天体的电磁现象是以磁场为主导。在他的创导下，磁流体力学的理论研究在紫金山天文台兴起，成为我国天文界和物理界中最早向这个领域开拓的单位。在他的指导下，经过数年努力，磁流体理论逐渐形成太阳耀斑的储能、耀斑能量的释放和相伴的流体过程、高能荷电粒子的加速三个研究方向，并影响着国内其他研究单位的同类研究。陈彪自己则在旋转球体中对流层与磁场的耦合方面做了一系列的研究探索。考虑到磁流体力学问题的极端复杂性，通常很难获得数学分析解，而任何简化假设会扭曲现象的本质。陈彪及时地注意到方法论的重要性，认为数值模拟技术在磁流体力学中的应用是迟早的事。在70年代末80年代初，他组织人员在这方面进行探索，并有计划派往国外进行培训和研究。

除太阳物理领域，陈彪在其他天体物理领域也留下他的研究足迹。20世纪50年代，对超密态的简并性电子气体有过研究，这是研究白矮星物理的基础。60年代初，他早于国际数年就首次提出黄道光的偏振成分与空间尘埃颗粒的形状有关，为此他研究了电磁波与各种极端异形的颗粒的相互作用，并取得初步结果，可惜此项研究为"文化大革命"所中断，未能继续。几年后，印度和英国的科学家先后发表了类似的结果，其学术见解完全相同。

20世纪70年代末期，陈彪敏锐地意识到前沿的等离子物理学科将对太阳物理乃至天体物理的发展有重大影响。他出面邀请了当时国际上太阳物理的理论权威、美国普林斯顿大学的Parker到南京开展系统的讲座，他本人亲自担任翻译。还及时地组织年轻人逐章地系统学习专著并展开讨论。这些举措开辟了我国太阳物理中对等离子体物理的研究和应用，对以后几十年的太阳物理发展产生了深远的影响。

90年代初，陈彪考虑到天体物理研究的重要性以及我国南方（包括南京、合肥、上海等地的天文单位）地区在理论天体物理方面很好的基础，提出集中中国科学院和高校的天文研究力量，筹建一个综合性天体物理研究中心，利用国际共享的天文数据资源，力求获取国际一流的天文研究成果，推动我国天文事业不断发展。

为此,他四处奔走呼吁、筹集资金、组织队伍。在江苏省委、省政府和紫金山天文台等单位支持下,筹集到20万元启动经费,于1993年11月在南京正式成立了华东天体物理研究中心,精心筹备和举办了两次学术会议,在国内天文界产生了巨大的影响。这对我国理论天体物理的发展和学科交叉都起到了很好的作用。1999年后,筹建科研院所和高校联合的研究中心已成为中国科学院创新工程的一项重要举措,先后成立了华东天文与天体物理中心、中国科学院-北京大学联合北京天体物理中心等机构,这从一个侧面显示了陈彪对我国天文发展战略的独到思考。

此外,陈彪还作为主编组织了一批中青年学者编写了中国大百科全书天文卷中的太阳物理部分,成为年轻人从事太阳物理研究的入门参考书。

凭着对太阳物理和天体物理深入的了解,陈彪积极促进我国天文界和国际天文界的交往。早在20世纪50年代,他本人就同国外许多天文学家建立了联系。60年代初期,为了研制对太阳耀斑和太阳活动预报必要的观测设备,他邀请了当时世界著名的太阳物理学家、捷克斯洛伐克Ondrejov天文台台长Svestka来中国访问,有力地带动了我国太阳光谱观测和研究的发展。

改革开放之后,为了适应太阳学科世界联合研究的趋势,陈彪有意识地在太阳物理研究中把全国中青年引入国际合作,并且展示当时鲜为人知的中国太阳物理研究规模。80年代初,陈彪参加了赴美国、日本、法国等国的考察和学术讨论会,1982年5月参加世界科学联合会空间科学委员会渥太华会议,被选为该组织太阳专业代表。在这些学术会议上,他积极介绍我国太阳物理的发展情况,还热情地向国际友人介绍我国首次出国的几位年轻学者,把他们推到国际前沿。

在陈彪的倡议和积极组织下,1983年11月21日~26日,国际太阳物理和日地空间传播现象学术讨论会在昆明成功召开。这是在我国召开的首次太阳物理国际会议,会议开得十分成功。我国一大批年轻太阳物理学者第一次在会议上与国外同行热烈地讨论学术问题、交流学术成果。会后许多知名的太阳物理学家纷纷访问我国各天文台,了解我国天文事业的发展情况。在80年代之初,组织一次大型的国际会议很不容易。陈彪亲自参加会议的各种准备工作,包括重要的国外电报电文的撰写和各种会议材料的准备等。在正式会议之前,陈彪要求每一位会上要作报告的人都要试讲一遍,并请外籍教师来辅导大家的口语发音,力图使会议效果好一些,能将我国的研究成果更好地介绍给国际同行。

陈彪主要论著

陈彪. 1953. 太阳表面米粒组织的运动所传播的能量及其对于光谱吸收系数的影响. 天文学报, 1: 19-27.

陈彪. 1954. a 值在 0.5 到 1 之间的谱线吸收系统. 天文学报, 2: 29-33.

陈彪. 1956. 太阳的自转内部环流和磁场. 天文学报, 1: 33-44.

陈彪. 1958. 高温简并性电子气的电子热导系数、导电系数和黏滞系数的计算. 天文学报, 1: 3-21.

陈彪. 1959. 磁场中电子气的能量分布律和它在太阳物理上的应用. 天文学报, 2: 21-32.

陈彪. 1960. 日面米粒组织的理论. 天文学报, 1: 45-51.

陈彪, 陈协珍. 1962. 利用气球卫星的轨道变异研究太阳活动的一些问题 I. 力学问题. 天文学报, 2: 57-74.

陈彪, 印春霖. 1965. 关于太阳活动的周期——相对数曲线的一种数学表达式. 天文学报, 1: 91-98.

陈彪, 印春霖. 1979. 在引力场中慢自转、带磁场、可压缩、全导电气体中的线性波. 天文学报, 4: 36-43.

陈彪. 1980. 天体弱湍流噪声. 天文学报, 3: 49-53.

撰写者

张虹（1975~），文学硕士学位。中国科学院紫金山天文台六级职员，主要从事新闻信息宣传、文书档案管理等工作。

万　籁

万籁（1924～2001），江西南昌人。天体测量学家。中国科学院上海天文台研究员、博士生导师。曾任上海天文台副台长、上海市天文学会理事长、名誉理事长、《中国大百科全书》（天文学）编辑委员会委员和分科副主编、《辞海》编辑委员会分科主编，以及上海市人大代表等职。他长期从事天文的实测工作，并用于天体测量和天体物理的研究。20世纪50年代与普尔科沃天文台合作，编制了微星星表。1980年他负责的研究小组编制了包含168颗天琴座RR型变星的自行星表，这是当时世界上同类星表中，包括星数最多、精度较高的一个星表。这些实测资料用于天体物理的研究，如"猎户座星协自行的研究"和"天琴座RR型变星的运动及绝对星等"等课题，研究结果在国内和国外得到赞扬，并多次被引用。在我国观测设备极少的情况下，他改进了20世纪50年代东亚最大的40厘米折射望远镜。继后，又先后提出、主持和参与了研制月球照相仪、第一代激光测距仪的改进工作和1.56米光学反射望远镜。为了提高全民，特别是青少年的科学素质和修养，他积极参与天文科普工作，他是公众科学的传播和推进者。他的研究成果"人造卫星激光测距"获中国科学院和上海市重大成果奖、"天琴座RR型变星的自行"获得上海市重大成果奖、"天琴座RR型变星的运动及绝对星等"获中国科学院科技成果奖二等奖。他为发展中国的天文事业呕心沥血，鞠躬尽瘁，是一位备受大家尊敬的天文学家，中国照相天体测量学科的奠基人之一。

万籁出生于江西南昌，祖籍江西南昌幽兰乡。1937～1943年在扶园中学初中和吉安中学高中学习。那时正是抗战时期，日寇到处逼杀，生活极其艰苦，促使当时莘莘学子都认识到国民党腐败无能，大家都勤奋学习要使国家富强起来。高中毕业后，于1944年考取江西省中正大学土木专修科和广州中山大学数学天文系。因广州路远，交通又极不方便，而且战争时期盗匪成群，他又是家中独子，家里长辈不放心让他前去，故而他保留一年学籍，暂时在江西中正大学学习，1945年才就读于广州中山大学。1949年大学毕业后在江西吉安联合中学任教，担任班主任等职务。

1950年12月，上海市军事管制委员会接管原属法国天主教会的徐家汇天文台和佘山天文台，这两个天文台分别建于 1872 和 1900 年。参加接管的还有中国科学院紫金山天文台（南京）和地球物理研究所（北京）两个单位，并改称为徐家汇观象台和佘山观象台，隶属于中国科学院紫金山天文台。当时佘山观象台只有 2~3 名勤杂人员留守，工作已经停顿。为了开展该台工作，紫金山天文台的邹仪新先生（万籁在中山大学数学天文系的老师）和贺天健先生（万籁的同学）推荐他到佘山观象台参加工作。当时万籁很想搞他的天文研究本行，因此夫妇俩欣然来到佘山工作。

由于工作的需要，1957 年 10 月~1959 年 2 月万籁参加中国科学院办的俄语培训班，学习后被派至苏联普尔科沃天文台进修与工作。该天文台在天体测量方面的工作是世界闻名的，他的导师德依奇是苏联照相天体测量的权威学者。他的这段经历为他今后在照相天体测量和恒星天文方面的工作打下了良好基础。1981 年 5 月他参加了在美国亚利桑那州海军天文台旗杆镇观测站召开的国际天文联合会第 62 次专题讨论会"双星和聚星研究中现行的技术"以后，应美国麦克唐纳天文台台长 Harlan Smith 的邀请顺访了得克萨斯大学天文系和麦克唐纳天文台。在相互学术交流的基础上，1982~1985 年上海天文台与得克萨斯大学天文系进行了"天琴 RR 型变星的运动特征及距离尺度"的合作研究。

万籁于 1978 年 3 月任上海天文台研究员、博士生导师。曾任上海天文台副台长、上海市天文学会理事长、名誉理事长、《中国大百科全书》（天文学）编辑委员会委员和分科副主编、《辞海》编辑委员会分科主编，以及上海市第八届人民代表大会代表等职。万籁是从旧社会过来的人，曾饱尝国民党腐败无能，民不聊生之苦。在新社会得到党的信任和重视，在和平的环境中可以施展自己的才华为新中国的天文事业贡献力量，他积极要求上进，于 1959 年 9 月 11 日光荣地加入了中国共产党。

一、艰 苦 创 业

1950 年万籁与他爱人到佘山观象台工作。他把家安置在山脚下的塔弄，直到 1990 年退休。当时佘山条件很差，因为战争原有的公路遭到破坏，未能修复通车。佘山离上海市区 30 公里，到上海市区开会办事，要先坐脚划船再转乘公交车。当时没有上山公路，每天上班到山顶要上下 4 次，如果天晴或等观测就要走 6 趟上下的山路。他的住房是十分简陋的平房，也不宽敞。刚到佘山时，没有电灯，吃水要用水桶到井里提取，生活用品和买菜要走 20 分钟路到陈坊桥小镇上去购买，子女也只能在教育质量一般的农村小学中就读。早期他在佘山工作期间，更谈不上精神文化生活，在工作之余，他会在会议室的钢琴上弹上一曲，调节生活。面对种种困难，他毫无怨言，积极筹划和尽快地开展工作。在这漫长的岁月中他们克服了生活上的艰苦，不计个人得失，四十年如一日，坚守着这块自然科学研究阵地。

物质条件的匮乏难不倒他，最使他发愁的是在 20 世纪 50 年代佘山研究人员太少。万籁一方面向负责佘山台业务的紫金山天文台争取几名大学生，但是与正要开展的许多科研项目不相适应。1959 年他在佘山开办学习班，为广州分院代培学生。学习结束后，他从中挑选了一些优秀学生留在佘山，加强培养，坚持理论联系实际，在较短时期内培养了一些科研人员。万籁治学严谨，刻苦钻研，除了观测外，还常常在山上工作到深夜，不便回家，就在宿舍过夜。在他的言传身教带动下，青年人个个都勤奋学习。万籁十分关心青年同志，为人和蔼可亲，常常深入浅出、旁征博引解答问题。佘山学习成风的环境，青年同志们迅速成长。他非常注重在工作中培养人才，如在 1.56 米望远镜的建造过程中，不仅出了产品，也造就了一批人才，与他一起工作的年轻人和培养的许多研究生，如今已是中国工程院院士、台长、副台长和课题负责人，成了上海天文台的研究骨干。

二、科学研究方面的主要工作与成就

1. 猎户座星协自行的研究

恒星的起源和演化是天文学研究的重要问题之一，苏联天文学家安巴楚勉提出的，认为星协是很年轻的不稳定的系统，由于不稳定而在瓦解着。这说明恒星不是一下子形成的，恒星的形成现在还在进行，恒星形成不是单独地，而是成群地出现。1959 年 2 月万籁从苏联普尔科沃天文台回佘山观象台后，立即开展猎户座星云区域恒星自行的观测研究。佘山 40 厘米赤道仪从 20 世纪初开始工作，该星云的最早拍摄时间为 1902 年。他选择了 3 对相隔 40~50 年的底片得到猎户座星云区域 327 颗恒星的自行。从自行资料得到这个区域内星协正以每年每度 $+0.00199''\pm0.00097''$ 的速度向外扩散，年龄为 1.8×10^6 年，是一个极为年轻的星协。这个研究从实际观测资料，证实了星协的理论。1979 年该项工作获科技成果奖。

另外，他在 1951~1959 年佘山 40 厘米赤道式望远镜开展了小行星、月掩星等观测工作的基础上，提出了照相底片归算的一种方法，这种方法比当时通用捷克布拉格天文台 V. Nechvile 方法更简便，又计及大气折射较差的二次项。以后佘山 40 厘米望远镜拍摄的底片都采用了他提出的方法，如用他的方法计算了 1930~1931 年爱神星冲日时的照相观测的底片和微星星表底片，也用于猎户座星协底片的处理。

2. 微星星表的编制

1932年和1938年苏联天体测量会议通过决议编制一本微星星表。1952年此计划向第8届国际天文学联合会大会提交，并通过这个计划：编制 $-30°\sim+90°$ 全天均匀分布的20 000颗暗弱恒星位置和自行的星表，每25平方度内，有12颗星，即每2.08平方度内，有一颗星。这工作比过去星表有3点改进：用小行星观测确定星表内赤经零点和赤道位置；以河外星云为背景，推算恒星自行；以及用小行星的精确位置，推算星表的赤纬系统差。应苏联天体测量委员会主席兹维列夫通讯院士邀请，中国也参与了此项合作。佘山40厘米望远镜于1955年秋季开始了有关微星星表中小行星和河外星系的照相观测。用这些底片编制了微星星表，并在1959年获得科技成果奖。

1989年第一颗空间天体测量卫星——依巴谷发射成功，并在1997年6月发表了依巴谷星表。用照相底片推算恒星的绝对自行是依巴谷与射电参考架联系方法之一，即用绝对自行可以求解两个参考架之间的旋转速率。当时美国利克天文台、德国汉堡、波恩、波兹坦天文台、乌克兰基辅天文台参与了这个自行计划。1997年Rybka & Yatsenko 给出了20世纪50年代编制 KZS 星表（KZS 为俄文中 Katalog Slabykh Zvezd 的缩写，英文为 Catalogue of Faint Stars）的新版本 GPM（General Compiled Catalog of Absolute Proper Motion）。该星表包括 $-25°$ 以北185个天区（每个天区为1.5平方度）8—15.5星等的52 805颗星，自行（暗星星表所选的观测天区包括了550个河外星云，所以推算暗星的自行是绝对自行）的平均标准误差为每年8毫角秒。为了推算依巴谷参考系的旋转，他们又编制了GPM1星表，即第一本包括依巴谷星的 GPM 星表，其中用了5个天文台的观测（Pulkovo, Tashkent, Golosiiv, Moscow and Shanghai），包括了 $-25°$ 以北180个天区的977颗依巴谷星，由此给出了依巴谷参考系的旋转的基辅解。他主持上海天文台微星星表的观测也参与了此次重新归算。上海天文台是参与微星星表编制的天文台之一，也是地理位置最南的一个观测点，所以在 GPM 星表中南天星的绝对自行主要是他负责此课题组所做出的贡献。

3. 天琴座 RR 型变星研究

1961年，他提出了"天琴座 RR 型变星的自行测定和统计研究"的新课题，这类变星也称为短周期造父变星，利用其周期-光度关系可以测定变星所在星团的距离，由此得到宇宙距离的尺度。在他的带领下，从1961年起拍摄的450多张底片，以天图星表（观测历元为1900年）作为第一期底片，测定了天琴座RR型变星的绝对自行，在此基础上于1980年编制了包含168颗天琴座RR型变星的自行星表，虽然此星表发表在1981年上海天文台年刊第二期，但是它是当时世界上同类星表中，包括星数最多、精度较高的一个星表，国外称为WMJ星表（万籁、毛亚庆、季德盛3人英文拼音的第一个字母）。该星表多次被国内外专家引用，评价较高，并获得上海市重大成果奖。

1981年美国科学基金会批准了麦克唐纳天文台W. H. Jeffreys，T. G. Barnes III等人与他合作的项目"天琴座RR型变星的绝对星等和运动特征的研究"，1982年11月他再次赴美用此星表进行该项目的合作研究。该工作是当时的前沿课题，在国内和国外得到很高的评价和赞扬，并获得中国科学院科技成果奖二等奖。

4. 月球照相仪和历书时的研究

提供正确的时间是1959年6月国家根据国民经济和国防建设的需要直接下达给徐家汇观象台的任务。由于地球自转不均匀，以其运动给出的世界时精度受到限制，提出用地球公转周期作为时间基准，即历书时。1952年意大利罗马召开的第8届国际天文学联合会大会上通过历书时秒为1900年1月0日历书时12点起算的回归年的1/31556925.9747。月球照相仪是20世纪50年代初用以测定历书时的仪器，可以精确测定月球的位置，用于月球运动理论和历书时的研究。万籁带领课题组从1960年开始这项研究，从仪器研制、观测方法、底片测量和归算，花了大量心血。1964年观测成功，在国内第一次求得历书时的结果，影响较大，国内几个单位派人前来学习和进修。1965年该项目获得科技成果奖。

5. 开创卫星激光测距工作

万籁是一位勇于开拓、创新的天文学家。除了前面提到的一些新课题外，他还提出和参与了人造卫星激光测距工作。20世纪60年代末在天文和大地测量领域出现了3个新的实测手段：激光测卫、激光测月和甚长基线干涉。1970年4月24日中国第一颗卫星上天，上海天文台开始了空间天文的调研。万籁积极参与，并选定了一项新课题"卫星激光测距"。当时此项目在国外也是起步不久，技术难度较大，国内基础薄弱。万籁主持和参与了由中国科学院上海光学精密机械研究所研制的第一代卫星激光测距仪的改进工作，1975年获中国科学院和上海市重大成果奖，1978年获全国科学大会奖。以后，他积极支持杨福民同志改进仪器，并发展为第二代、第三代激光测距仪。经过30多年的发展，此课题已成为上海天文台的主要实测项目之一。现在中国卫星激光测距网已建成，其中包括了 6 个固定站：上海、武汉、长春、北京、昆明和西安，以及 1 个流动站，上海天文台是该网的负责单位。另外，中国与阿根廷合作在圣胡安天文台安置了一架卫星激光测距仪。现在除美国以外，中国已成为拥有卫星激光测距站最多的国家，在国际合作中占有重要地位。

6. 1.56 米天体测量望远镜的研制

尽管 20 世纪 50 年代 40 厘米折射望远镜是东亚第一镜，但是无法观测天极附近天区。万籁到佘山后的第一件事是改进望远镜的跟踪系统和观测方式。改进后观测者可以舒服地坐在能上下升降和左右移动的椅子上，手握控制器进行观测。万籁在多年的科研实践中深感中国的天文观测手段不足，成为赶超世界先进科学水平的障碍。他经常梦想要有一架像美国海军天文台一样的大型天体测量望远镜，但是凭着当时国家的经济实力，要拿出上千万美金到国外去购买是绝对不可能的。他想到上海人才汇集、工厂众多、先进技术设备齐全的优势，研制望远镜所需的光、机、电、自动控制等容易配套，非常适合于以上海天文台为主，依靠上海地区的工业进行研制。万籁是一位不善多言埋头做学问的人，此时他怀着对天文事业的热爱和责任感到处逢人宣传自己的观点，几经周折，终于得到了中国科学院和上海市领导的同意和支持。

从 20 世纪 70 年代初提出初步方案，经过几年的讨论修改。1974 年和 1983 年中国科学院分别下达上海天文台研制 1.56 米天体测望远镜和建造观测室的任务。该望远镜的口径为 1.56 米，比美国海军天文台 1.55 米的望远镜大 1 厘米。上海天文台抓紧时机，工程立即上马。建造大型天文望远镜，工作千头万绪，万籁为之废寝忘食，方案设计、人才、资金、基建、大镜面的磨制，等等，甚至修路都亲自出马协调、落实。他凭着一个科学家对天文事业的热爱，凭着坚强的毅力，终于战胜重重困难，十年磨一剑，到 1985 年 11 月份，用这台新建的望远镜，抓住了百年难遇的时机，首次拍摄到了 76 年才回归一次的哈雷彗星。这一初试锋芒，给万籁和全体研制人员莫大的鼓舞。1985 年 5 月万籁去苏联访问，特地探望他的导师德依奇，此时老教授已卧床不起，当万籁把建成大型天体测量望远镜的消息告诉他时，导师十分激动，含着眼泪紧握万籁的手说："我毕生的愿望自己未能实现，想不到你在中国替我实现了"。1987 年 11 月 13 日上海天文台在佘山举行了 1.56 米天体测量望远镜和 25 米射电望远镜揭幕仪式。美国海军天文台老台长 K. A. Strand 闻讯，主动要求来访。在望远镜的揭幕典礼时，他对这台望远镜给出了很高的评价。

在中国观测设备极少的情况下，他改进了东亚最大的 40 厘米望远镜，主持研制月球照相仪和1.56米反射望远镜,这些仪器研制成功再一次证明了中国人民有志气,有能力赶超世界先进水平,万籁就是其中的一位杰出代表。

除了上述的研究工作外,佘山底片库的建立和精心保管也是受到关注的。众所周知,天体测量是一门实测的学科,恒星的自行和视差都需要在相隔20~30年后对同一天体再进行观测。佘山40厘米望远镜从1900年使用以来积累了有价值的3000多张照相底片,观测对象有双星、变星、耀星、射电星、小行星、彗星、星团、星系、河外星系,其中包括1910年哈雷彗星和1930年爱神星冲日等一批珍贵的底片。万籁负责的小组把这些底片分类和存档,保管完好。近年来已对河外星云NGC6530和NGC2244的两期相隔87和35年的底片进行处理,结果发表在美国 AJ (Astronomical Journal) 杂志上。国内专家和外宾来台参观时,都赞叹不已地说:你们的工作真了不起,使用这些底片可以培养出一批第一流的天文学博士。

三、推动公众科学的发展

公众科学的遍及,标指着一个国家民众科学素质的高低。万籁是一名热心的科普工作者。他写了许多科普文章,出版有《欢迎您!哈雷彗星》、《十万个为什么》的天文知识部分等科普书籍,参与编撰了学科工具书:《中国大百科全书》天文卷和《辞海》天文分册等。万籁退休后,他人退心不退,时时关心上海天文台的发展,积极宣传天文科普知识。众所周知全民科学素质的提高,要从小抓起,他是上海市教委关心下一代百人讲师团的成员。他制作了几十幅精美的天文图片幻灯,到中、小学、街道、里弄为学生、普通社区居民、老干部深入浅出地宣讲天文知识。凡听过他讲座的人,都为他风趣的语言、生动的讲解留下深刻的印象。他是一个不知疲倦的人,有求必应,不顾年事已高,把宣传科普作为自己的责任。2001年3月份当他被查出得了癌症住进医院,还在病床上为医务人员宣讲天文知识,直到生命的最后一刻。因为他的病情严重,医生和护士们都隐瞒他的病情,但万籁经常乐观地说:"日、月、星辰都有新生与死亡,何况人呢",他坚强地与病魔搏斗着,医护人员都被他的彻底唯物主义精神所感动。

万籁在远离繁华的城市灯光,适合于天文观测的佘山工作了一辈子。在那里既没有很好的物质生活,也缺少文娱生活。他在那里拍摄了三千多张宝贵底片,用于编制天琴座RR型变星的自行星表和距离尺度等课题的研究。为了改进研究条件,他提出和参与研制了月球照相仪、1.56米反射望远镜。他在工作上做出了优异成绩,他的多项研究成果获得中国科学院的奖励,多次被评为先进个人和优秀共产党员。他爱人周淑群女士也在1979年被评为全国三八红旗手。为了把上海天文台建设成具有国际水平的天文台他们奉献了毕生的心血。他是中国照相天体测量学科的奠基人之一。

1.56米反射望远镜研制成功，并获得了国家科技进步奖一等奖。万籁功成不居功，在项目申报科技奖时，规定主要得奖者只能上报15人，万籁把这15个名额都让给了别人，唯独没有他自己。在20世纪50年代佘山缺少研究人员，万籁亲自开办训练班，辛勤地培养了中国青年天文工作者，如今有的当了台长，有的当了副台长和课题负责人，成了上海天文台的骨干，这与他的贡献是分不开的。

他除了做好科研工作外，还认识到一个科学家不仅在研究工作，而且要向全民宣讲科学，提高全民，特别是青少年的科学素质。退休后，他除了关心上海天文台的发展，并用其天文知识和专长到中学进行天文科普讲座，直到生命的最后一刻。他为发展中国的天文事业呕心沥血，鞠躬尽瘁，是一位备受大家尊敬的天文学家。

四、万籁主要论著

万籁. 1955. 底片归算的一种方法及其结果的探讨. 天文学报, 3 (1): 97-115.

李珩, 万籁. 1955. 星表的编制和办联微星星表. 天文学报, 3 (2): 253-273.

万籁. 1958. Mrkos 彗星 (1957d) 位置的照相观测. 天文学报, 6 (1): 135-136.

万籁, 周祖义, 蒋韵芬, 等. 1959. 猎户座星协自行的研究. 天文学报, 7 (2): 145-167.

Kanayev I I, Wan L. 1960. An investigation of the measuring machine KIM-3 No 55002. Leningrad: Pulkovo Astronomical Observatory, 166: 180-183.

万籁, 徐宗海. 1964. 佘山小行星定位精度的估算. 天文学报, 12 (1): 18-22.

万籁, 金文敬, 邹惠成, 等. 1965. 利用月球照相观测测定历书时的初步结果. 科学通报, 5月号: 435-436.

万籁, 杨福民, 朱国良, 等. 1966. 赤纬−5°至25°的50个区域内为测定恒星绝对自行而选定的河外星云星表. 佘山天文年刊, 26: 1-17.

万籁, 何妙福, 朱国良, 等. 1978. 64颗天琴座RR型变星的自行. 天文学报, 19 (2): 192-203.

万籁, 毛亚庆, 季德盛. 1980. 天琴座RR型变星自行星表. 上海天文台年刊, 2: 1-9.

万籁, 毛亚庆, 季德盛. 1981. 天琴座RR型变星的运动及绝对星等. 上海天文台年刊, 3: 110-113.

Harwit M. 1981. 天体物理学概念. 万籁, 赵君亮, 朱圣源译. 北京: 科学出版社.

万籁, 毛亚庆, 季德盛. 1982. 天琴座RR型变星的吻切轨道参数与金属含量指数ΔS的关系. 上海天文台年刊, 4: 10-16.

Yan L, Wan L, Gong S. 1985. Work on astrometric binaries in China. Astrophysics and Space Sciences, 110: 135-136.

Wan L, Zhu N H, Wang L J, et al. 1986. Design characteristics of the 1.56 m Astrometric telescope and its usage in Astrometry. Proceedings of IAU Symposium No. 109 on Astrometric Techniques. Dordrecht: Reidel Publishing Company: 275-287.

万籁. 1985. 欢迎你：哈雷彗星. 北京：知识出版社：1-78.

Hawley S L, Jeffereys W H, Barnes III T G, Wan L. 1986. Absolute magnitudes and kinematic properties of RR Lyrae stars. ApJ, 302：626-631.

万籁等. 1988. 1987年9月23日日环食的联合观测. 自然科学年鉴. 上海：上海翻译出版公司：16-34.

万籁，赵君亮，储宗元，等. 1989. 标准太阳半径改正数的测定. 天文学报, 30（4）：355-366.

Wan L. 1993. High-precision parallaxes and their astrophysical applications. Proceedings of IAU Symposium No. 156 on Impact of space technique on astrometry and astrophysics, Dordrecht /Boston/ London：Kluwer Academic Publisher：213-218.

主要参考文献

叶叔华，何妙福，等. 1992. 奋进中的上海天文台. 上海：上海天文台.

刘鹏远，丰建熙. 2002. 改革中的上海天文台. 上海：上海天文台.

周淑群主编. 2011. 万籁文集——纪念万籁先生逝世十周年. 上海：上海天文台叶叔华院士课题组：1-292.

撰写者

金文敬，中国科学院上海天文台研究员，博士生导师，万籁是"利用月球照相定位测定历书时"课题小组负责人，作者为该小组成员之一。

李 元

李元（1925～），山西朔州人。天文科普学家。中国科普研究所研究员；中国天文馆事业和太空美术事业的开拓者，我国第一个大型科普机构——北京天文馆创建人之一。1957年9月29日他为北京天文馆开幕所编创和演出的《到宇宙去旅行》，成为40多年中屡演不衰的保留节目，累计观众达千万人次。1987年李元成为我国"天文馆事业的先驱者"荣誉奖唯一获得者。1990年荣获中华人民共和国成立以来有突出贡献的科普作家称号。他从事科普工作六十多年，为表彰他对科普事业做出的贡献，1998年5月国际天文学联合会将6741号小行星以李元的姓名命名。1999年李元获全国科普工作先进个人奖。2007年他的科普著作《天文》获国家科技进步奖二等奖。2013年获科学传播人终身成就奖。

一、向往星空

李元（原名李杬）1925年出生在太原，山西朔州市人。他一生与普及天文结下不解之缘与家庭环境不无关系。李元的父亲李尚仁曾留学日本学工学，回国后担任山西省立工业专科学校校长近20年。李元常去学校玩耍，很小就耳濡目染于浓厚的学习科学技术的氛围。他父亲喜欢藏书，书橱里有一部世界科学名著《汉译科学大纲》，还在小学时代李元就常拿出来翻看，虽然不太懂，但里面精美的图片引起了他极大的兴趣。他父亲挂在客厅里的一幅活动星图《星座早见》，也引起了他的好奇。10岁那年，他父亲用一架蔡司望远镜让他看月亮，天体的美景令他感到无比的惊奇！

抗日战争时期，李元一家住在四川乡村。每逢晴夜，父亲就教他认识一些明亮的星座，这些都是他后来热爱天文走上科普道路的萌芽。1941年有一次日全食，全食带从西北到东南横跨我国，那奇景给李元留下了很深的印象。随后，他借到了一本天文科普百科《宇宙壮观》，立刻被那些引人入胜的天文知识迷住了，夜以继日地翻阅。书里有张星图，他就按图认星，几个月就认识了大部分星座，并且自己绘制袖珍星图册；不但自己看星，还热心教别人认星，向人们讲天文知识，不知不觉逐渐形成了一种科普性格。追溯李元早期的科普活动，应该从十五六岁就开始了。这以后他又翻阅了更多的天文图书，看到了更多的天体照片，那一幅幅彩色的天文画常令他着迷。1944年他在重庆街头偶然购得一册美国《生活》（*Life*）画报（1944年5月29日版），里面刊有世界太空美术大师邦艾斯泰的"土星组画"，他深深地被这些太空美术作品激动了，感叹这是科学和美术的结晶，是最好的科普方式。从此下定决心，一生要从事天文普及工作，并由此得到启示，要从美学和科学的两种角度去看宇宙、讲宇宙、写宇宙。这也使他后来的科普工作尽可能采用图文并重的方式，用科学和艺术相结合的形式去做。

二、紫金山天文台是我的大学

　　17岁（1942）李元开始先后与中国天文界前辈高鲁、陈遵妫、张钰哲、李珩、戴文赛等通信请教，这使他终生受益。1943年，李元成为中国天文学会最年轻的永久会员。高中毕业后李元将自己精心绘制的6大张全天星图寄给陈遵妫代理所长。可能是看到李元如此热爱星空，再加上李珩的推荐，1947年2月，陈遵妫函告李元到天文研究所（紫金山天文台）担任图书管理员，兼做一些编辑绘图工作。这个国内著名的现代天文台是李元向往已久的天文圣地，他如鱼得水，开始接触大量的国内外书刊，并有机会了解天文台的工作及使用天文望远镜，由此眼界大开。这时李珩、陈彪也在天文研究所工作，李元从他们那里又得到了不少教导和帮助。

　　1947年夏，李元在上海参加了包括中国天文学会在内的七科学团体联合年会，认识了科学界的一些人士。同年10月，经陈遵妫联系李元到上海暨南大学天文系听课。不久物理学家李国鼎要李元协助编辑《科学世界》月刊，他便成了中华自然科学社的编辑，并且给《科学世界》写"每月天象"的连载，并配上他手绘的每月星图，还发表了一篇数千字长文《南京紫金山天文台巡礼》，受到好评。而他的科普写作是1945年5月1日在重庆《大公报》上发表第一篇科普文章《介绍夏时制》开始的。

　　1948年，李元的父亲来到上海，认为李元最好还是去天文研究所工作，于是暑假期间李元又到天文研究所的紫金山天文台进行天文实习，后来得到张钰哲所长的赏识并经他出题考试，终于成为天文研究所的正式成员。

　　不久，解放战争逼近长江，国民党政府作鸟兽散，命令南京各科学机构迁往台湾。天文研究所只将重要图书装箱运往上海，所有员工都不去台湾，在上海迎接解放。

在上海，李元和天文爱好者卞德培结成天文同好，发起组织成立了"中国青年天文联谊会"。该联谊会 1950 年发展成为中国天文学会所属的大众天文社。李元在上海和罗定江、卞德培等编辑出版《大众天文》月刊（附刊在《科学大众》杂志中）。

1949 年 9 月，天文研究所去沪人员连同运沪书物，又回到了解放了的南京。10 月 1 日天文研究所在紫金山天文台升起五星红旗。1950 年天文研究所被正式命名为中国科学院紫金山天文台。由李元负责的科普工作蓬勃展开，每逢周末和假日，紫金山天文台对外开放，接待成千上万的群众。不久李元被任命为天文普及组长，在中国天文学会年会上被选为学会理事兼大众天文社总干事、《大众天文》总编辑。突击学习俄文后，在张钰哲台长倡导下，集体翻译了苏联天文科普名著《天文爱好者手册》（科学出版社 1955 年出版）；1951 年李元和沈良照还校译了获国际大奖的苏联著名彩色影片《宇宙》，与卞德培合编了大型天文教学和普及图集《天文学图集》（1954 年由上海新亚书店出版，1957 年由上海教育图片出版社再版）。因工作需要，李元还担任了紫金山天文台台务秘书，协助台长处理台务。1953 年 2 月 23 日，毛泽东主席来紫金山天文台视察，李元陪同担任讲解，令他至今难忘。李元说："紫金山天文台是我的大学，为我后来的天文科普工作奠定了基础"。

三、为什么要建立中国的天文馆

李元进入紫金山天文台工作后，了解到世界天文馆事业的发展，因此发生了很大的兴趣，并且决心要在中国开拓天文馆事业，他认为这是一件很有意义的工作。

1923 年德国蔡司光学厂制造成功了 Zeiss Planetarium，中名为蔡司天象仪和天文馆。过去我国的译名为"假天仪"和"假天馆"，就是可以在一个半球形银幕上放映出人造星空，从而向数百位观众进行天文科普教育。这一创举立刻轰动世界，在欧美许多大城市中纷纷建立起了科普场所——天文馆；而且形成了竞相建馆的趋势，认为在文化与科学较发达的国家中以有天文馆为荣。在 1940 年以前，德国有 13 座天文馆，美国有 5 座，意大利、日本各有 2 座，苏联、瑞典、荷兰、比利时、法国各一座。因为天象仪价格昂贵，所以在全世界的许多大城市还无力建造天文馆。

我国在 20 世纪 30 年代就在书刊上介绍了天象仪和天文馆。中国天文学会的创始人和会长高鲁在《宇宙》期刊 1932 年 2 月号上发表了《假天——就是一架天象仪》的文章，他是我国最早介绍天象仪并推动中国天文馆事业的科学家之一。著名天文学家张钰哲在《假天（最新式之天象仪）》一文以十几页的长篇刊登在他的天文名著《天文学论丛》（商务印书馆，1934年）中，这是当时介绍天象仪和天文馆最详尽的资料。在这篇文章的结尾，张钰哲写道："眼前我们假若为着启发民智，破除迷信，于国都所在地，设立一座假天院，也熟曰不宜。"随后著名的《科学画报》1935年5月号的封面也刊登出假天院的生动图片。但是限于当时的国情，我国还无力建造一座天文馆。不久，1937年抗日战争爆发，使建造天文馆的梦想更是化为泡影。直到1949年中华人民共和国成立以后，才出现了建设天文馆的曙光。从1947年以来，李元热心搜集天文馆的资料。这时，他深感中国是世界文明古国，中国古代在天文学上对世界曾经有过很大的贡献，而后起的日本居然都有两座天文馆，那么新中国更应该有这样的现代化天文科普场所。由此他在1949年11月写的《用行动纪念高鲁先生》一文中明确发出在我国建立天文馆（Planetarium）的呼吁。那时他才24岁，从此就更积极地为创建我国天文馆事业而努力，并将一生献给天文科普事业。

四、积极开展建立天文馆的筹备工作

1951年春，著名的德国蔡司天象仪在第二次世界大战后恢复生产和销售，同时紫台也收到该厂寄来的最新版本的关于天象仪和天文馆的说明书，比较详细地、全面地介绍了天象仪的结构、性能以及全球天文馆的分布、建筑造型以及放映星空的球幕结构等，这就使李元对建立天文馆有了更充分的信心和依据。也可以说正式进行建立天文馆的计划和行动是从此开始的并且得到了张钰哲台长的支持，张钰哲在20世纪30年代初就提出过在中国建立一座天文馆的建议；但是那时的国家环境无法办到，不久抗日战争爆发，一切希望都成了泡影。

虽然如此，对建立一座天文馆所应具备的各种资料和条件还相距甚远，可以说是一无所有，白手起家。因此，李元从多个方面进行扎实的建馆准备工作，这个工作一直到1956年才逐步充实并且在建立北京天文馆中得到实际应用、收到效果。

1950年李元到北京文化部科普局参加中央人民科学技术馆的天文科普规划时，曾和袁翰青局长面谈建设天文馆的计划，袁对此情况有了更全面的了解，表示赞同。1951年李元向德国蔡司厂了解天象仪的售价等情况，为建立天文馆做准备，并开始在书刊上介绍天文馆事业，介绍苏联天文馆的工作。1951年李元去北京拜见了吴晗副市长，吴晗不久前曾去民主德国参观了天文馆，对李元提出的在北京建天文馆的建议非常赞赏，要李元尽快提出建馆计划。1952年李元起草《北京天文馆筹建计划》送达中国科学院竺可桢、吴有训两位副院长，并转送北京市政府讨论，获原则通过，但经费无着，只好等待时机。1953年李元又在《科学大众》上连续发表3篇文章，呼吁建设北京天文馆。1954年9月中国科学院电召李元到北京筹建北京天文馆，并拨款200亿元人民币（改币后为200万元）为建馆经费。多年愿望一朝实现，使他激动不已。到京后，李元经手订购了蔡司天象仪和天文望远镜等仪器，并建议将卞德培从上海科普协会调来北京参加建馆，后由中国科学院请紫金山天文台陈遵妫研究员来京主持建馆工作。1956年前后，李元曾负责北京古观象台的修复和开放工作，并参加编制了"中国古代天文学成就"等展览。1956年5月1日，北京古观象台以"北京古代天文仪器陈列馆"的新名字，正式对外开放。

北京古代天文仪器陈列馆开放后，北京天文馆的建设进展迅速，李元积极投入其中，为展厅设计"天文知识"展览，为门厅、圆廊、演讲厅布置壁画、科学家像等。门厅天顶由吴作人等美术家合作创作了牛郎织女等以中国神话为题材的镶嵌壁画和十二生肖图；圆廊内墙绘制了黄道12星座图案；外墙悬挂的是16幅世界著名太空美术作品的复制品《飞往月球》、《土星美景》等。

天象厅的表演在我国未曾涉猎过，李元根据过去十多年的科普经验，精心设计和编写了40分钟的表演节目《到宇宙去旅行》。这是一个集科学、美术、音乐演讲、表演为一体的综合创作。1957年9月29日北京天文馆开幕时，作为第一个星空表演节目而引起轰动，以致成为40多年中屡演不衰的保留节目。我国天文届前辈北京天文馆研究员李鉴澄在《北京天文馆成立30周年纪念文集》中曾提到："天文馆早期节目以李元写的《到宇宙去旅行》最受欢迎。当时天象厅的讲稿不采用录音，由专业人员亲自讲解，李元同志经常亲自登台讲解，并担任导演。他对于天象厅的创作、排练工作，做出了积极的贡献。"最让李元难忘的是，那年10月7日夜晚，周恩来总理来到了天文馆，李元陪同总理观测星空后，又请他观看了星空表演，得到了总理的赞赏。

北京天文馆的落成不仅凝聚了李元的心血，也标志着中国的科学普及进入了一个新阶段。它是中华人民共和国成立以后兴建的第一座大型现代化科普场所，从此成为我国的天文普及中心。

1958年4月，在陈遵妫、李元和卞德培的倡议和积极筹划下，《天文爱好者》杂志诞生。这是继《宇宙》、《大众天文》之后，我国历史上最好的天文科普杂志之一。

1957～1966年间是北京天文馆建馆的最初十年，李元以主持对外宣传工作为主，编制导演了许多星空表演节目，《环球旅行》、《天空动物园》等广受欢迎。他还多次组织了群众性天文观测和天文讲座，并带着天文望远镜、幻灯片、挂图到工厂、学校、农村进行大量科普活动；先后编制了几十个大大小小的天文科普展览。"文化大革命"后期，天文馆又逐渐恢复开展工作。1973年，根据周恩来总理指示，在北京天文馆成功地举办了"纪念哥白尼诞生500周年图片展览"，李元也是主要参与者。在1987年建馆30年之际，李元荣获"天文馆事业的先驱者"荣誉奖状，成为该奖状的唯一获得者。

科学普及出版社原社长、总编金涛在2002年7月12日《科学时报》发表的《天上有颗李元星》（对李元自选科普文集《到宇宙去旅行》的书评）一文中曾对李元这样评价道："从筹建北京天文馆，修复北京古观象台，到举办天文科普展览，引进外国科普影视作品，深入公众进行科普演讲等，李元做了许多开创性的成功尝试。随着传媒的现代化，特别是公众对于科学的理解需要更加形象、直观和艺术化，科学普及的方式必将随之改变，这是大科普时代的特征，在这方面李元可谓得风气之先，走在了时代的前列。李元的科普之路恰恰是当今的大科普时代对科普作家的要求，也是时代对科普的呼唤。"金涛由此呼吁"时代需要造就更多李元式的科普作家"。

五、让科学普及艺术化

科普之路各有不同，有的侧重科普写作，李元认为这并不是科普应有的唯一内容。聊起自己为什么一直大力倡导、推动形象化科学普及，李元总结说："以科学知识为主的天文普及工作最不可少的要素是趣味性和艺术性；普及科学是征服读者和观众的一门艺术；生动的文笔和讲解配以优美的艺术图像，显然是最易理解、最引人入胜的科学普及。我对科学、对天文的爱好，除了科学本身的趣味之外，我还从美学的角度去欣赏它们。像天文馆的星空表演、科普电影、科普展览、艺术性的科普出版物，都是科普艺术最成功的方式，因此科学普及的艺术化是我从事科普努力追求的目标。"

正如李元在2003年1月号上海出版的《科学生活》期刊发表的《弗拉马利翁的传奇人生》中提到的"现实和理想之间常常有一段距离。他对于自然的奇妙本想尽情观察，挥毫歌颂，但他的工作只是数字的计算，这和他诗人般的性格很不相合。他在日记里曾这样说，在数学天文和力学计算之外，还应该有一种更理想、更诗意、更生动的天文研究"。李元借弗拉马利翁之口道出的正是自己的心声。弗式的愿望也是李元在多年的科普实践中一直不懈追求的，即诗意的、美的、让人喜闻乐见的，为的是把科学知识趣味化、艺术化、大众化。

李元从 20 世纪 40 年代初就开始收藏以天文图片为主的科学图片了，可以说从收藏到编图出版也是他一生最重要的科普工作之一。

1954 年在紫金山天文台他编印过明信片式的《天文图片》，后来发展成为大型的《天文学图集》出版（与卞德培合作），至今我国都没有新的天文活页图片超过其规模。1957 年，在国际地球物理年期间，李元和地球物理学家秦馨菱、陈志强合编了大型《地球物理知识图片集》。1980 年，《中国大百科全书·天文学》出版，李元主编全部插图，世界著名学者李约瑟曾评论"彩图之好，令人称赞"（*Nature*，1981 年 7 月 16 日），该部分还单独印成了一本图册。1985 年，李元编制的《哈雷彗星》挂图由中国科协印发数万份。李元还在许多报刊上发表系列科普图片。近几年，他又参加了《天文博物馆》、《宇宙博物馆》、彩色天文图册《太空追星》等科普图书的编制工作。李元自 1950 年起编制了许多天文科普幻灯片，80 年代与上海科学技术协会影像部合作编制的彩色太空美术幻灯片《宇宙在召唤》在科普和教学活动中发挥了很好的作用。

1951 年，李元参与校译的彩色影片《宇宙》在全国上映，这是国内放映的第一部彩色天文科普影片。之后他又为上海科影引进并校译了苏联彩色影片《科学电影的秘密》、《星星为人类服务》、《通往星球的道路》（后改名为《星际旅行》）等，也都陆续在全国上映。从 60 年代起，李元开始参与电视科普片的制作，80 年代曾推荐引进美国著名天文学家卡尔·萨根风靡全球的科普系列片《宇宙》（*Cosmos*）（13 集），由中央电视台组译并由天文学家卞毓麟校译，李元任科学顾问。为纪念中国天文学会成立 60 周年（1982 年）、70 周年（1992 年）和 80 周年（2002 年），李元还参加了 3 本彩色图册《中国天文学在前进》及同名录像带的编制。李元还参与了《20 世纪中国学术大典·天文学》的编写工作（福建教育出版社，2004 年）。

60 年代，李元曾对世界科普名著《大众天文学》译成中译本倾注过大量心血。该书由弗拉马利翁在 1879 年编著完成。天文学家李珩根据 1955 年修订版翻译这本百万字的大书时，提出由李元协助校译、配图。他根据英译本编校，并选登了许多现代天文彩色图片。中译本 1965～1966 年分 3 册由科学出版社出版，16 开、600 页、800 多幅图片。可惜出版第三分册时，开始了"文化大革命"，使该书未能广泛流传，成为李元倍感遗憾的事情。值得庆幸的是，2003 年《大众天文学》又以新的面目重印出版，后又重印多次。

对于我们这样科学技术较落后的国家，李元非常赞成鲁迅先生的"拿来主义"。1978 年，在上海的全国科普创作座谈会上，李元关于外国科普图书出版状况的长篇发言，引起大会的重视，后来被编入《科普创作概论》（北京大学出版社，1983

年)。1978年,他上书邓小平,建议翻译出版美国《生活科学文库》与《生活自然文库》两套丛书,被批准;由科学出版社与美国时代公司合作,从1981年起陆续出版中文简体字本,30种。该丛书内容丰富,插图精美,成为我国前所未有的一套科普精品书。

六、倡导太空美术事业

从20世纪40年代李元就开始致力于太空美术的引进、收藏、评论和普及。自从法国科幻作家儒勒·凡尔纳在100多年前推出《月球旅行》等多本宇宙航行的科幻著作,一门新的美术——太空美术就诞生了。李元认为,太空美术反映了天文学和宇宙航行的成就和发展,反映了人类认识宇宙的历程,天文教学与天文普及是很需要太空美术的。

1944年,李元从美国《生活》杂志看到"土星组画"的太空美术作品,被深深打动,从此就开始积极收集太空美术作品。北京天文馆落成后,他将20余幅精心收藏的太空美术作品的临摹画悬挂在天文馆陈列展出,可以说这是中国最早的太空美术画展。后来他从美国出版的一本介绍太空美术发展历史的书中,比较系统地了解了太空美术的发展历程。1980年,李元发表《世界太空美术巡礼》(《科普创作》,1980年4期)长文,之后又在许多报刊上介绍了上百幅太空美术作品。1979年以后,他和美国、日本的米勒、杜兰特、邦艾斯泰、岩崎贺都彰等太空美术画家陆续建立了友谊,开展学术交流活动。1984年,李元牵头组织联合美日太空美术画家在北京天文馆举办了影响深远的太空美术大展《宇宙画展》,同时《宇宙在召唤》(张钰哲曾为展名题词)也先后在全国十多座大中城市展出,这也是我国改革开放之初最大规模的太空美术引进宣传活动。太空美术大师邦艾斯泰97岁生日时给李元来信说:"我很赞赏你为我的作品在中国的展出所做的努力",他还说:"我认为要想使人们对天文学发生兴趣的最好方式就是让他们去看有趣的天文美术作品和天体照片,培养新一代太空画家的最佳途径就是把太空美术和天文学介绍给青少年们"。由于李元多年的宣传普及,太空美术作品开始在我国出现,我国的第一代太空美术画家已经成长起来,其中深受李元影响的北京青年美术家喻京川的作品在北京国际科幻大会上获最高奖,被中外专家赞誉。李元希望他能成为中国的"邦艾斯泰"。

2006年,李元编辑了大型太空美展《国际太空美术作品展》,由中国科技馆制作,并在该馆展出,颇具规模。作为中国太空美术事业的开拓者,谈到太空美术的发展未来,李元满怀激情地说:"人类已经走向天空时代了,现在已经登上月球,将来还会登火星。由于太空美术是一种建立在现代天文学的空间探测和理论研究成果的基础之上,以绘画的形式来展示宇宙天体真实景色以及未来人类改造和征服太空世界的艺术,从而被誉为科学与美术完美融合的结晶。太空美术是展望世界的前哨,根据科学知识就可以把宇宙飞船还没有到达的场景创作出来。所以太空美术肯定是促进了宇航事业的发展,而且最能生动地反映太空时代的科学技术,也更能够利用这种艺术的形式普及太空时代的科学技术。随着人类的航天事业越来越发达,21世纪的太空美术会得到更大的发展。"

从进入21世纪以后,中国已经是全球航天大国之一,因此太空美术也将会得到不断创新。

七、对外国科普事业的调研与国际科普交流活动

1982年,李元由北京天文馆调往中国科普研究所担任外国科普研究室主任。他积极投身于外国科普事业的调查研究,先后发表《美国国家地理学会一百年来的科普出版物》、《美国全国地理学会百年史话》、《日本的科普事业》等长文,还在许多报刊上发表对外国科普书刊、作家、科普专家评价性的文章数十篇。

1989年,作为中国科协代表,李元去德国的汉诺威和柏林参加世界科学促进会会议,顺访了柏林墙两边的科普机构,对德国科普事业有了进一步认识。在东西柏林的两座大型天文馆,他细看了他们的放映仪器——分别由联邦德国和民主德国蔡司光学厂制造的 Zeiss Planetarium,并进行了资料交流。回国后他在北京天文馆做了访问报告,并在《天文爱好者》上发表文章。还有其他多篇报告发表在《知识就是力量》和《科普创作》上。会议期间提交的《中国的科学普及工作》一文被广为散发。

1992年,李元在亚太区天文教育会议上作了《天文学与太空美术》的长篇报告,又放映了50多张太空美术幻灯片,日本东京大学出版的这次会议文集收录了该报告。

1995~1996年,李元去美国探亲旅游,在美国访问、参观、调查和走访了洛杉矶、纽约、华盛顿、波士顿等地许多著名的科学馆、博物馆、天文馆,并与一些科普专家进行了交流。为促进中国对美国科普和文化的了解,回国后他在《知识就是力量》、《科技潮》、《科技日报》、《科技馆》等报刊发表了50多篇访美见闻,得到了科普界的好评。

1998年和2001年应河北省科技馆和黑龙江科技馆的邀请,李元两次访问日本,

调查了解了十多个科学馆、天文馆，并参观了两家世界著名的光学天象仪制造厂，深入了解了他们的设备，主要是球幕电影和天文放映设备及演出效果。同时对日本著名天文科普专家藤井旭以及太空美术名家岩崎一彰、加贺谷穰进行了技术、学术交流。

李元一直是在阅读许多科普名著下成长的，所以对引进外国科普书刊的事业特别关注。《牛顿》（Newton）全彩色画刊是日本在 1980 年代创刊的，引起了李元的高度赞赏和重视。经他多年的评论介绍并推动中文版的诞生，终于在 1999 年《Newton 科学世界》中文版在北京问世，12 年来发行量不断增加，成为我国最受欢迎的科普期刊之一。

美国享誉世界的《国家地理》（National Geographic）杂志也受到李元的高度评价。他多次在我国报刊上加以详细评论和分析。后来经他努力推动，中国的《地理知识》终于吸收了美刊的有益经验，改名为《中国国家地理》，而且具有显著的中国特色，成为最受欢迎的中国高质量的地理科普期刊，李元为此做出了有效果的贡献。2006 年《中国国家天文》期刊也以同样的面貌诞生，李元也参与了创刊及其发展工作。

八、6741 号小行星被命名为"李元星"

1998 年 4 月，李元获得了他一生中的最高荣誉，国际天文学联合会宣布将 6741 号小行星命名为"李元"（"李元星"）。

国际天文学联合会的国际小行星中心在 1998 年 4 月 11 日发出了第 31457 号《小行星通报》，向世界发布了"李元星"的命名：（6741）LiYuan（李元）= 1994FX。1994 年 3 月 31 日由北见观测所 K. 圆馆金和 K. 渡边和郎发现。

为向李元（1925 年生）表示敬意而命名，他是中华人民共和国天文学普及工作者。在北京天文馆于 1957 年建成的过程中，他起着重要的作用，为中国天文馆事业的带头人。他编著译校了包括天文学在内的 50 多种科学图书。他也曾不懈地为国内外科普出版工作做出有益的贡献。命名的推荐是两位发现者根据藤井旭、富冈启行和盐野米松的建议作出的。

"李元星"是中国科普工作者第一次以小行星来命名，一时国内外媒体都加以报道。这也是由外国科学家发现的小行星以中国科普工作者的名字来命名的第一次，同时也是国际上对中国科普工作的评价和认同。

九、李元主要论著

李元，卞德培．1954．天文学图集．上海：新亚书店．

李元，沈良照，等．1957．简明星图．北京：科学普及出版社．

李元，等．1955．天文爱好者手册（合译）．北京：科学出版社．

诺顿．1984．诺顿星图手册．李元，李珩译．北京：科学出版社．

李元．2002．到宇宙去旅行（科普文集）．沈阳：辽宁少年儿童出版社．

李元，曹军，等译．2008．剑桥天文爱好者指南．长沙：湖南科学技术出版社．

李元，曹军，等译．2010．大爆炸．南宁：广西科学技术出版社．

主要参考文献

张开济．1957．北京天文馆．建筑学报，1．

李元．1980．中国第一座天文馆的建造．中国科学技术史料，2．

李元．2003．太空美术史话．科学．

李元．2008．中国天文馆事业的回顾与展望．科普研究，4．

李大光，陈曦．2010．李元访谈录．长沙：湖南教育出版社．

中国科普研究所．2010．科普之星——李元．北京：科学普及出版社．

撰写者

李元

李春生

　　李春生（1926~），江西永新人。射电天文学家。长期从事射电天文学教学和研究工作，南京大学天文系早期建设者之一，为南京大学天文系的发展和射电天文学教学科研及人才培养做出了贡献。1949年2月毕业于广州中山大学天文系；1949~1952年任教于广州中山大学天文系；1952~1958年任南京大学天文系秘书；1960年任南京大学天文系射电天文教研室主任；1986年退休，兼任美国NASA国外研究员，北京天文台客座教授（至2006年）。与夏坚白合译俄文《实用天文学教程》。

　　李春生，1926年4月出生于江西省永新县。1944年9月~12月，江西赣州中正大学文史系肄业。不久广州中山大学理学院在江西赣州招考天文系学生，李春生参加考试并被录取，转而于1945年1月赴广东中山大学就读天文专业。由于日寇侵犯湘鄂铁路，不得已与同乡三人逃回江西。当年春节后，日寇全面投降，遂于春节后赴广州中山大学理学院天文专业复课。李春生1949年3月毕业于广州中山大学天文系，经当时系主任赵却民教授和容寿铿讲师向当时校长张云介绍他的大学学习情况而得以留校工作。

　　1947年3月~1949年10月广州解放后负责中山大学天文系图书和天文仪器保管工作。1949年10月~1952年10月曾任中山大学理学院政治学习委员会负责人，天文、气象两系小组长等职务。1951年曾奉党委命令赴粤北地区参加土地改革运动6个月。

　　1952年全国高等院校实行全面院系调整，广州中山大学理学天文系与济南齐鲁大学天算系合并成立南京大学数学天文系，遂迁到南京。

　　当时中山大学下达任务由教师李春生、技术员谢清钧负责将天文系原有全部教学仪器（11英寸与6英寸口径光学赤道装置望远镜、光学中星仪、经纬仪等其他教学辅助设备），天文图书杂志数千册押运至南京大学（1952年10月中旬）。1952年11月底南京大学正式任命赵却名为天文系主任，李春生为系秘书，协助系主任处理日常行政事务。

　　面对新成立的南京大学天文系，李春生制订了当时南京大学天文学专业入学新生（1952年夏）的专业教学与生产实习计划，建立各天文课程教学小组。在筹组天体测量专业化课程中，由李春生负责把勃拉日哥著的俄文《实用天文学教程》译成中文，作为主要教材之一，后与夏坚白合译，并于1954年出版。

在任系秘书期间，李春生积极与北京大学戴文赛联系，为戴文赛调入南京大学做了大量工作，这为南京大学天文系的发展奠定了坚实的基础。

此外，李春生还协助筹建南京大学天文系教学实习用天文台，并在开始建筑以前，参与将天文台台址的南北线测定好。天文台建成后陆续把11吋和6吋赤道式望远镜装置妥当，把中星仪、里佛列尔钟妥放在恒温守时室内，其后添置了天顶仪和观测室，开辟了天文图书阅览室，各教研室都在天文台内办公。该天文台的正式启用是1956年，它在很长时间内都是天文系的主要建筑。

1958年后，李春生参与射电天文教研室的筹组工作，1960年开始讲授"射电天文方法"等课程。开展太阳射电观测研究，从此李春生成为射电天文教研室一员，并曾任射电天文教研室主任。

李春生在南京大学天文系任教期间，在教学上曾对天文系本科生和气象系本科生先后讲授过《普通天文学教程》（气象系）、《球面天文学》、《实用天文学教程》、《观测数据处理》以及《射电天文方法》、《太阳射电天文》等十几门课程；自编《观测数据处理》和《太阳射电天文》讲义。从1978年起，先后培养了太阳射电物理专业硕士研究生5名，并开设了"太阳射电物理"和"太阳射电辐射理论"等研究生课程，指导硕士论文5篇，其中3篇发表在国内天文学杂志上。

李春生在从事太阳射电天文教学工作的同时，相应地开展了有关的科学研究，退休后还被聘为中国科学院北京天文台太阳射电客座教授，从事科研和合作培养研究生工作，发表在国内外著名刊物上的论文共有50多篇，其中多家刊物转载的有下列两篇：

1.《太阳射电Ⅳ型爆发U形谱的产生机制》，首刊于《天文学报》1979年，20卷，第二期153-160页，转载的有下列刊物：

1）英文译载 Chinese A. and AP. , 1980. Vol, 4, 155-162.

2）1979年4月李春生应澳大利亚CSIRO的邀请，对该文件一定修改后，译成英文 The mechanism of U-shaped spectrum of type Ⅳ solar radio bursts 在澳大利亚Culgoora天文台举行的太阳射电天文有关学术会议上作了报告后，Dr. Shea当时指出："文中提出的Ⅳ型射电爆发U形谱是质子事件警报的良好指示器，已为我们美国空军太阳射电观测资料所证实。"因此，李春生（第一作者）等的论文1982年刊登于由美国空军地球物理实验室（USAF）出版的 Proceedings of the STIP Symposium *on Solar Radio As-tronomy, Interplanetary Scintinations and Coordination With Spacecraft.*

3）1982 年在希腊召开的国际天文联合会第 18 届全会出版的 *Transactions of the IAU Vol. XVIII A*（*Reports* 1982）*Reports on Astronomy* 一书中第 79 页，由 Pick. M 总结近年来的论文时指出 *Proceedings of the STIP Symposium on Solar Radio As-tronomy, Interplanetary Scintinations and Coordination With Spacecraft* 中发表的李春生等的论文，"解释了太阳射电 IV 型爆发 U 形谱的形成机制"。

2. 李春生、傅其骏、李宏为的论文 *Electron beams and associated rapid fluctuations in solar flares*，发表于 *Solar Physics*, 1991, 337-350。Benz A. O. 在审稿后私人通信中指出，该文提出的模型解释了观测的 III 型射电爆发，微波尖峰和 X 射线尖峰等现象共生的物理过程。

李春生曾多次出席国内外有关"太阳射电物理"、"太阳活动"以及"日地物理关系"等学术讨论会，并提出学术报告，其中应邀参加国际学术讨论会的有：

（1）1979 年 4 月应邀参加于澳大利亚 Culgoora 射电天文台举行的"太阳射电天文，行星际闪烁与航天器协调工作"讨论会，李春生在会上作了"太阳射电 IV 型爆发 U 形谱的产生机制"的学术报告。

（2）1985 年 9 月应邀参加美国航空和航天局（NASA）在 Maryland, Lanham 于 9 月 30 日至 10 月 4 日举行的"Rapid Fluctuations in Solar Flares"讨论会，提出 4 篇学术报告：

1）李春生，江淑英，*Statistical analysis of fast hard X-ray bursts by SMM observations and microwave bursts by ground-based observations.*

2）顾益民（研究生），李春生，*Microwave and hard X-ray emissions during the impulsive phase of solar flares: nouthermal electron spectrum and time delay.*

3）李春生，江淑英，李宏为，傅其俊，*Microwave millisecond spike emission and its associated phenomona during the impulsive phase of large flares.*

4）李宏为（研究生），李春生，傅其俊，*Electron-cyclotron master and solar microwave millisecond spike emission.*

以上 4 篇论文，均刊登于 1985 年 *Rapid Fluctuations in Solar Flares* 上。

1986 年美国 NASA 要李春生写一科研课题计划，经审定评选李为 Foreign Investigator of NASA, 此后可以利用 SMM 卫星的观测资料进行课题研究。

参加国内举行的"国际太阳物理学术讨论会"的有：

（1）1983 年 11 月 21~25 日李春生参加了在我国昆明云南天文台举行的"太阳物理和行星际传播现象"学术讨论会，会上作了题为 *Microwave millisecond spike emission and its associated phenomona during the Impulsive phase of large flares* 的学术报告。

另外，还参与了其他两项论文工作，分别由傅其俊，李宏为作了报告，它们是：

1)《叠加在太阳微波毫秒尖峰辐射上的毫秒尖峰群》，作者：傅其俊，李春生，金声振。

2)《电子回旋脉泽与太阳微波毫秒尖峰辐射》，作者：李宏为，李春生，傅其骏。

（2）退休后，1995 年北京科学出版社出版的 *Proceedings of the Third China-Japan Seminar on Solar Physics* 一书中刊登了两篇有李春生参与的论文：

1）李春生和傅其骏，Solar microwave bursts and solar proton events（Poster）。

2）王德焴、李春生、黄光力，*Some theoretical investigations on solar radio physics in China since* 1990。

其他曾参加过并在国内举行的国际太阳物理有关学术会议，提出有论文但并未出会刊者，都在其他天文杂志上发表。

李春生主要论著

李春生，鲁礼志，吴志贤. 1963. 射电点源的电离层闪烁. 南京大学学报（天文学），2.

李春生，等. 1979. 太阳射电Ⅳ型爆发 U 形谱的产生机制. 天文学报，20（2）.

李春生，郑兴武，江淑英. 1982. 太阳射电爆发 U 形谱与质子事件能谱. 天文学报，23（1）.

李春生，等. 1985. 耀斑脉冲相微波毫秒级尖峰辐射及其共生现象. 天体物理学报，5（1）：9-18.

李春生，顾益民. 1984. 太阳电流片的射电天文研究. 天文学进展，2（3）.

Li C S, Jiang S Y. 1986. Statistical analysis of fast HXR bursts by SMM observations and microwave bursts by grounds based observations. NASA Conference Publications 2449. Rapid Fluctuations on Solar Flares.

Li C S, et al. 1986. Microwave millisecond spike emission and its associated phoncmena during the impulsive phase of large flares. NASA Conference Publications 2449. Rapid Fluctuations on Solar Flares.

李春生，等. 1988. 太阳分米波窄频带尖峰辐射和共生现象. 天文学报，29（1）.

傅其骏，李春生，金声震. 1988. 叠加在微波爆发上的尖峰群事件. 天体物理学报，8（4）.

Li C S, Fu Q J, Li H W. 1991. Electron beams and associated rapid fluctuations in solar flares. Solar Physics, 131：337-350.

李春生，胡菊，方成. 1991. 1983 年 2 月 3 日双带耀斑爆发事件的综合分析. 空间科学学报，11（2）.

李春生，秦志海. 1993. 太阳短厘米波爆发中双重准周期脉动现象产生的可能机制. 天体物理学报，13（2）：174-183.

李春生，周树荣，许富英. 1993. 太阳软 X 射线耀斑与微波爆发的共生关系. 天体物理学报，13（2）：264-269.

李春生，傅其骏. 1995. 太阳射电爆发与高能质子加速过程. 天体物理学报，15（4）：350-358.

Li C S, Fu Q J. 1995. Solar microwave bursts and solar proton events (Poster). Proceedings of the Third China-Japan Seminar on Solar Physics, 1994. 08. 31-09. 05.

李春生，傅其骏. 1997. 与高能质子共生的两类太阳微波爆发. 天文学进展, 15 (4): 312-319.

李春生，傅其骏. 1998. 太阳微波爆发与高能质子的共生过程. 空间科学学报, 18 (3): 271-278.

Li C S, Fu Q J. 1998. Solar microwave bursts and associated energetic protons. Advance in Solar Connection with Tarnsient Interplanetary Phenomena. Proceedings of the 3rd SOLTIP Symposium Idem: 525-531.

李春生，傅其骏. 1999. 太阳射电爆发的起因，耀斑或/和日冕物质抛射. 紫金山天文台台刊, 18 (2): 161-163.

Li C S, Fu Q J. 2000. Solar radio bursts associated with coronal mass ejections and geophysical effec. Astrophysics Report, 36: 24-29.

李春生，傅其骏. 2002. 日冕物质抛射与共生射电爆发的地面和空间联测研究. 天文学进展, 20 (3).

撰写者

李宇青，传主之女。

卞德培

卞德培（1926~2001），浙江平湖人。天文科普学家。北京天文馆编审。少年时代就对宇宙星空产生了极大的兴趣，20岁时开始利用业余时间努力钻研天文学，同时积极从事天文科普创作活动。1954年底从上海调到北京后与陈遵妫、李元等共同筹建北京天文馆，1957年天文馆建成开放。1958年他们又创办了《天文爱好者》杂志，以后由卞德培长期负责编辑室的工作。曾任中国科普作家协会理事，北京科普创作协会副理事长等职。他出版的编著、翻译图书共70余种，发表天文科普文章800余篇。1989年出版的《宇宙奇观》获第五届中国图书奖二等奖；1992年出版的《第十大行星之谜》获第三届全国优秀科普作品奖一等奖；1995年出版的《天窗怎样打开》获第十届中国图书奖。1995年出版的《万古奇观——彗木大碰撞及其留给人类的思考》被收入《中国文库》第二辑。1990年，中国科普作家协会授予他"建国以来，特别是科普作协成立以来成绩突出的科普作家"称号及荣誉证书；1993年，中国科协与国家教委向联合国教科文组织推荐他为当年"卡林伽奖"（国际科普奖）的候选人；1996年，获北京市先进科普工作者证书；1998年，国际天文学联合会小行星中心将编号为6742号小行星命名为"卞德培星"；2000年，法国天文学会授予他弗拉马利翁奖。

一、自学成才之路

卞德培，祖籍浙江平湖，1926年7月27日生于上海，父亲是邮政局的职员。1932年，入读上海梅溪小学。1937年，抗日战争爆发，日寇的入侵，使他不能正常地读书。1938年，他进入位于法租界的上海中法中学学习。在这里，他熟练地掌握了法语及外文打字技巧。

读初中的时候，一个偶然机会看到的几本天文书，深深地打动了这个少年的心。《流转的星辰》、《行星的故事》、《宇宙壮观》，以亲切和生动的文笔、娓娓动听的故事，讲述了他前所未闻而又十分有趣的天文知识，描述了宇宙的壮观景象，使他眼界大开，继而使他萌生了立志探索伟大而神秘的宇宙的宏伟志向。那时候，在每天十分紧张的课堂学习和课外作业之余，哪怕是减少睡眠，他也要挤出一点时间用在钻研天文学上。很快，学校图书馆里面仅有的几本天文书已经不能满足他的需求，可是自己又买不起新书，于是他又开始抄书和做笔记，短短几年时间，抄书就抄了一摞练习本。

1944年，一场灾难悄悄地降临在卞德培的身上。当时，正是我国抗日战争白热化的时期，家里的经济也是每况愈下，由于父母几年前已随邮政局内撤，一直音信全无，他兄妹三人跟随祖父母变卖为生、艰难度日。拮据的经济状况，不断恶化的生活环境，使得不满18岁的他染上了肺结核，这是当时被人们视为洪水猛兽的"不治之症"。这时，他高中即将毕业，原本学业优异，升大学是他不二的选择，然而此刻却变成了泡影。1945年7月，他从中法中学毕业后，几经周折，在上海东方汇理银行（法商）进出口部找到了工作。

银行的工作不算紧张，但生活的担子并不轻松，在此后的好几年时间里，他一直是家庭经济的主要承担者之一。在物价一日数跳，币值像断了线的风筝那样垂直下落的那个年代，他深深地感受到生活的艰难。尽管如此，他仍节衣缩食，从微薄的薪水中挤出一点儿钱来，买些自己最喜欢的天文书。令他感到欣慰的是，至少这时候他已经不需要大本大本地抄书了。

充满魅力的星空深深地将他折服，他希望别人也能够像自己一样热爱星空，领略宇宙的斑斓与美妙。于是，他想拿起笔写自己的所思所想，开始了科普创作的尝试。1946年，他在上海《大公报》上发表了第一篇科普知识小品，介绍有关日月食的原理和现象，用他的笔将有关日月食的现象描述得栩栩如生，获得了一片赞扬。他没有在成功的喜悦中陶醉，而是激发起更大的创作欲望。紧接着，他又大胆地构思了自己的第一本书——《地球的殖民地》。这是一本科学幻想小说，通过一个假想的飞往月球的故事，妙趣横生地介绍了天文和宇航知识，洋洋洒洒5万余字，1947年由上海新纪元出版社出版发行。这本书的出版，给卞德培极大的鼓舞，同时更加坚定了他做一名科普作家的决心。不久以后，他又托人从美国买回一架口径8厘米的反射望远镜，既自己观察天象，也用来作为流动服务的工具，普及天文知识。

但是，一个人的力量毕竟有限，卞德培感受到了孤掌的难鸣。于是，他将《地球的殖民地》寄赠给当时在紫金山天文台工作的陈遵妫和李元等人，从此，他与天文界建立起联系。他与李元二人各有一段曲折的自学经历，同视普及天文为己任，深感必须联络起来，方能更好地发挥各自的特长和优势。他们很快由相识变为相知，联手大力在青少年中普及天文知识。

他们先后联系了几十位爱好天文的同好，组织了中国青年天文联谊会，会员遍布上海、南京、北京、广州、杭州等地。后来，这个联谊会又发展成为中国天文学会大众天文社，专门从事向广大公众普及天文知识的工作。卞德培和李元都是该社主要负责人。当初参加中国青年天文联谊会和大众天文社的一批青年同好，后来有不少人都走上了专业天文工作岗位，并相继成为各天文机构的骨干力量，卞德培和李元二人成长为天文普及阵地上的两员骁将。

从1948年开始，卞德培和李元联手编辑出版《大众天文》月刊，附刊在当时的上海《科学大众》中，由李元先在上海、后在南京负责组编，卞德培在上海负责编辑出版等工作。尽管是一份小型天文刊物，但他们从来没有怠慢过它，一直正常出版到1952年。

在编辑出版《大众天文》的那段时间里，卞德培还和李元二人通力合作陆续编著了《天球仪》、《天文学图集》等图书。后来又有沈良照参加，三人合作编绘了《简明星图》。这本星图正如其名，取材简明，使用方便，曾被广泛使用。就在这几年里面，卞德培自己还编写了两本科普读物，一本《日食和月食》由上海的少年儿童出版社出版，另外一本《一年四季》由北京的商务印书馆出版。

1949年，在东方汇理银行一位法国职员、天文爱好者 P. A. Jehl 和法国巴黎天体物理研究所 G. de Vaucouleurs（此人后来是美国得克萨斯大学天文学教授、世界著名星系天文学家）的介绍下，卞德培加入了法国天文学会。1950年，加入中国天文学会。

1951年，他参与了上海中山公园的"月亮展览会"和上海虹口公园的"太阳展览会"的筹划、制作、展出和讲解。1952年，任中华人民共和国成立后第一部天文科普影片《日食和月食》的科学指导。

大量的写作任务和科普活动，让卞德培感到十分紧张而繁忙。由于答复读者来信、设计展览、作科普报告等各种工作的需要，他要不断地读书学习，常常需要把同一章节反复地看，不同书的相关章节比较地看，直到彻底弄懂并能用自己的语言表达出来为止。他的劳累程度是可想而知的，但是凭着坚强的毅力和个人的睿智，他获得了成功，他对现代天文学有了广泛而深刻的了解，并且拥有了很宽的知识面，为以后的发展打下了坚实的基础。

二、天文馆一颗耀眼的明星

1945～1953年，卞德培一直是在上海东方汇理银行（法商）工作，他利用业余时间读书、写作、参加天文界的社会活动。这些年里，他积累了广博的天文学知识，而他为此所付出的代价，那是常人难以想象的勤奋和刻苦，以致几十年后他与友人谈起那一段往事，自己也说那段时间自己确实是太紧张了。

卞德培十分热爱天文科普工作，1953年，他毅然辞去了薪金丰厚的法商银行里的职务，来到上海市科普协会（即上海市科协的前身）工作，在这里曾参加上海人民广播电台组织的由陈遵妫主持的月全食观测现场直播，为听众解答问题。

1954年，是卞德培一生中又一个重大的转折点。这一年，我国决定筹建中国第一座大型天文馆，卞德培自上海市科普协会奉调参加筹建工作。当时北京天文馆筹建组成员还有从紫金山天文台抽调来的李元、从北京市文委办公室抽调来的王同义，一共3人。1954年12月，卞德培还在新婚蜜月期间，就只身急匆匆从上海来到祖国的首都。能够成为北京天文馆筹建小组成员之一，一种强烈的光荣感和责任感不禁油然而生，他立志为开创我国的天文馆事业、为把天文馆建设好而贡献出自己的一份力量。几个月后，1955年春，时任上海徐家汇观象台负责人的陈遵妫被请来担任北京天文馆首任馆长，主持筹建工作。至此，建馆工作开始大步向前迈进。

在筹建天文馆期间，卞德培和陈遵妫、李元还积极参与了将北京古观象台收归北京天文馆保管使用的工作，使已关闭数十年的北京古观象台及其台上的8件闻名于世的珍贵仪器得以妥善管理和保护，让广大观众在了解祖国悠久的天文学历史的同时，也受到爱国主义教育。

1956年11月～12月，卞德培随同陈遵妫馆长一起赴苏联参观访问，考察了莫斯科天文馆和斯大林格勒（今伏尔加格勒）、基辅等城市的天文馆，还考察了列宁格勒（今圣彼得堡）普尔科沃天文台、莫斯科史天堡天文台、陨石博物馆等。1957年9月，北京天文馆正式落成、开放，卞德培作为天文馆的一名元老，他以火热的激情自始至终工作在这个岗位上，为天文普及做了大量工作。

卞德培在北京天文馆工作了30余年。在这里他接触过各种各样的工作，他对自己所做的每项工作都是全身心地投入，不愿意留下一点遗憾。不论是答复群众来信、接待群众来访、做科普报告，还是设计展览、搜集情报信息、搞调研，他都做得头头是道，常常"出彩"。比如，1957年9月29日在北京天文馆盛大的落成典礼上，由李元、卞德培和汪景煜联袂演出的天象节目——《到宇宙去旅行》，引起了巨大的轰动。1973年，他与李元、张淑莉三人完成的"哥白尼诞生500周年展览"，得到国内外好评。

他还非常注意对外界的宣传报道，1980年在世界著名的天文科普杂志、美国的 *Sky and Telescope*（《天空和望远镜》）10月号上发表了《中华人民共和国的业余天文爱好者活动》；1982年，在法国天文科普杂志 *Ciel et Espace*（《天空和空间》）第1

期上发表了《来自人民中国的消息》。他在这两篇文章中介绍了北京天文馆、我国青少年的天文普及活动，以及天文出版物等情况，引起一些外国同行的关注，并进行了国际交流。

筹建北京天文馆时曾经考察过的苏联陨石博物馆给他留下了太深刻的印象，卞德培在天文馆工作的30余年中，始终十分重视我国陨石的收集、统计和研究工作。陨石是十分罕见的天外来客，是人类认识太阳系演化发展、生命起源等科研课题的极为珍贵的实物标本，对于基本粒子、空间科学等多种基础学科均有很大的参考价值。多年来，卞德培关于陨石的科研工作取得了极具价值的成果，受到了国内外的重视。

1977年，他率领北京天文馆常德陨石雨考察组赴湖南考察取得重要成果，回来后发表了《我国已知陨石的初步统计》研究文章，第一次对中华人民共和国成立以来到那时为止我国已知陨石做了科学的全面的统计。在湖南考察时，他还不忘天文知识的普及宣传，携带了一套简易的展板，多次向当地群众展示，受到了地方领导和群众的称赞。1978年，他参加中国科学院吉林陨石雨综合考察组，参与了对3月8日降落在吉林的特大陨石雨的现场考察和多学科综合研究。

1981年，卞德培的《中国陨石》（英文）一文发表在颇具权威性的美国《陨石学》学报6月号上，文章中详细地列出了发生在中国的67次陨石陨落资料，在国内外产生了很大影响。英国自然历史博物馆所编《世界陨石目录》中所列的中国陨石，原来仅有区区11块，通过他的这一篇文章，一下子增加到50多块。1986年8月他在《人民日报》上发表《保护天体标本——陨石》一文。1988年他的《人民中国的陨石和陨石坑》（法文）发表在法国《天空和空间》第6期上。1997年，《中国陨石》发表在《北京天文馆文集》上，文中除有67次陨石的详细列表，还附有中国陨石分布图。

1984年，卞德培55岁时加入了中国共产党，实现了他多年的夙愿，从此，他对自己有了更高的要求。

1985年他主持北京天文馆开发部工作，为全国各地天文馆和有关单位提供从建筑设计、仪器订购、组装、调试，直到人员培训、展览制作、节目制作等全套咨询服务工作。上海科技馆和天津科技馆中的宇宙剧场以及数十个中小型天文馆的筹建都倾注了他的智慧和汗水。1986年他作为主要专家多次参加天象仪鉴定工作。卞德培出色的工作赢得领导的信任、同事们的尊敬和社会的承认。

1987年他应邀参加日本日中友好协会赴中国山西平遥日环食观测队。1990年，应日本日中友好协会邀请，赴日本参加天究馆的开幕典礼，并进行学术交流和参观访问。

除本职工作外，卞德培还参与了大量的社会活动，具有广泛的社会影响。他曾任北京天文学会秘书长、理事，中国科普创作协会理事，北京科普创作协会常务副理事长，北京科技记者编辑协会顾问，北京大学青年天文学会顾问，吉林市陨石博物馆科学顾问，《中国科技史料》编委会委员等。他还担任一些报刊的编委、兼职编辑。他是中国科协第三次全国代表大会（1986年）代表，北京市科协第二次代表大会（1980年）、第三次代表大会（1986年）代表，北京市科协第四次代表大会（1991年）特邀代表。

1991年，北京市科协授予他"荣誉证"，感谢他在创建和发展北京市科学技术协会及其所属团体事业中做出重要贡献。1993年，中国科协提名、并与国家教委共同向联合国教科文组织推荐他为当届"卡林伽"国际科普奖候选人。1996年，他获北京市先进科普工作者证书。

1998年，他和李元这一对在中国天文普及教育工作中做出卓越贡献的老朋友，又一起同获殊荣。这一年，国际天文学联合会小行星命名委员会批准将新发现的第6741、6742号两颗小行星，分别以李元和卞德培的姓名命名。这两颗小行星均由日本天文学家发现，并由日本著名天文学家藤井旭向国际天文学联合会建议以下李命名。国际天文学联合会小行星中心1998年4月11日的第31457号《小行星通报》中这样写道：

"（6742）Biandepei——根据藤井旭和佐藤健的建议作出的。"

1994年4月8日由北见观测所K. 圆馆金和K. 渡边和郎发现。

为向卞德培（1926年生）表示敬意而命名，他是中华人民共和国科学和天文学普及工作者。他编著了60多种图书，一些获得了国家级奖励，发表了800多篇文章。在1954年建设北京天文馆和1958年创办《天文爱好者》杂志等工作中，发挥了重要作用，这两项工作在中国的同类工作中都属首创。命名的推荐是两位发现者根据藤井旭和佐藤健的建议作出的。

1999年，卞德培抱病赴德国参加20世纪最后一次日全食的观测，并进行访问。同年赴法国参观访问天文馆、天文台和其他天文机构。

2000年，他获法国天文学会2000年度弗拉马利翁奖。弗拉马利翁奖是国际天文学界颇有声望的奖项，授予在天文学研究领域和天文科普方面有突出贡献的人。此奖几十年从未授予外国人，卞德培是荣获该奖的第一位外国人，也是荣获该奖的第一位中国人。

三、主持《天文爱好者》三十年

卞德培为《天文爱好者》杂志所付出的巨大努力，是令大家最难忘的。他在北京天文馆的 30 余年中，绝大部分时间，都在主持《天文爱好者》杂志的工作，为这本杂志呕心沥血，做出了不朽的贡献。

为让更多的公众喜欢天文、学习天文、了解宇宙，北京天文馆刚刚建成，就决定与中国天文学会联合创办一本科普刊物《天文爱好者》。杂志于 1958 年 4 月出版了创刊号，而且还请到时任中国科学院院长的郭沫若为这本刊物题写了刊名。从此，卞德培就长期在《天文爱好者》杂志社，作为这本杂志的主要负责人，兢兢业业，不懈努力，历经风风雨雨，始终坚持正确的办刊方向，将这本期刊办得越来越好。

为了办好这本刊物，卞德培颇下了一番工夫，出主意、想办法，做了许多行之有效的尝试。他广泛联系天文界各个方面的专家，建立了相对稳定、水平很高的作者队伍。带领编辑部的同事们开动脑筋，有的放矢地开办了五花八门的栏目，如"天文学入门"、"看图学天文"、"认星"、"每月之星"、"天文画页"、"四季星空"、"星座巡礼"、"天文信箱"、"爱好者活动"、"学习和思考"等，还有"天文趣谈"、"星海探胜"、"行星上的天空"、"想想算算"、"观测园地"、"宇宙信息"、"动态"、"新书介绍"、"天文人物"、"天文博物窗"等。由于这些栏目与天文同好十分贴近，令读者喜闻乐见，不少栏目长期保留。

创刊之初，卞德培就为编辑部制定了严格的编审制度，并身体力行，对全部稿件进行三审定稿。出版前一年或半年必先做出选题计划，组织合适的稿件，物色相应的作者。稿件到手后，要精心编辑、编排、校对，一环紧叩一环，特别是对来稿文字要进行细致的推敲和润色，科学意义上要认真琢磨，资料要查对，外文和数据要核对，即使是标点符号等枝节问题也要尽量无误。他要求编辑善待每一位作者，不论是功成名就还是初出茅庐的作者都要一视同仁。退稿要写退稿信，说明原因，做到退稿不"退"人。他自己更是不惜下大力气，一丝不苟地为人审阅文稿，但从不以权威自居，遇到不确切或可能有误的天文学名词，他会及时查阅资料或向有关专家咨询，从不轻易放过。他也经常对编辑部的同志们说："我们是启蒙者，在编辑的每一个环节上都要谨慎从事，因为我们的每一个错误都会贻误读者。"

多年来，《天文爱好者》杂志从内容到形式，严谨而不失活泼，既能指导同好的业余观测，又反映了天文学发展前沿，各个知识层次的读者都能从中找到自己需要和喜爱的文章，读者评价之为"融阳春白雪与下里巴人于一炉的作法是极其成功的"。刊物尤其在广大的天文同好中深深地扎下了根，成为广大天文同好不可或缺的精神食粮，许多读者反映，每到出刊的日子，他们就盼望着刊物能够早点儿到手。当时没有互联网，人们的信息大都只能从纸媒得来，刊物就更显得弥足珍贵。《天文爱好者》杂志成为读者可以信赖的、最具权威性的天文普及刊物，架起了一座公众理解和学习天文学的桥梁，是广大读者的良师益友，吸引和培养了一代又一代的天文同好，有的还走上专业天文工作者的道路。而这一切都与卞德培的努力密不可分。

为了更好地充实自己，卞德培十分注重资料工作。他将许多报刊杂志上有价值的资料搜集起来，并且建立起分门别类的资料卡片和笔记，内容极为丰富。"十年动乱"期间，他的大部分资料都被认为是封资修货色，而遭到了付之一炬的命运。《天文爱好者》刊物也被迫停刊。卞德培不愿意做逍遥派虚度时光，1975年他和高汉庭合作编辑《天文普及参考资料》，传播天文馆的功能、天象仪的发展历程、天文普及的方法手段等方面的知识和信息，在北京天文馆及相关单位内部发行。此刊物后来发展为《天文馆研究》，内容丰富，资料性和实用性强，是天文爱好者和业内人士喜闻乐见的一本刊物，可惜因为没有正式刊号而于2008年停办。

他自己的资料库在被毁后很快重新建立起来。凡到过他家里的同事对他的书房都颇有感慨。十六七平方米的书房，俨然一个小小的知识宝库，除了一张写字台和座椅之外，摆满了书柜，书柜里面又摆满了各种各样的书刊资料。与天文学相关的书籍、杂志占多数，而且相当一大部分都是印刷精美的法文或英文书刊，卞德培精通法文和英文。藏书中，还有一些哲学、史学、音乐、美术以及中外文学名著等，还有他积累的大量邮票。在这里，不管你与他谈起有关天文学的什么问题，他都能顺手取出相关的书籍或资料来和你讨论。正是这些知识的日积月累，使他睿智的头脑，对现代天文学有了广泛而深刻的了解，并拥有了非常广博的知识面。

"四人帮"垮台后，卞德培马上想到要让《天文爱好者》杂志尽快复刊，并且通过馆领导重新成立了编辑部，亲自筹备复刊工作。1978年7月，《天文爱好者》终于复刊了，走在了大多数科学普及刊物的前头，发行量达到每期十几万份，国内外公开发行。这时候的《天文爱好者》已经成熟起来，得到社会各界的认可和肯定。刊物上发表的文章，经常被各种报刊杂志和广播电台（如《新华文摘》、《百科知识》、《课外学习》、《科学大观园》、《人民日报》海外版、《中央人民广播电台》等）转载转播，更加扩大了刊物的影响。1982年，香港万里书店和《天文爱好者》编辑部合作，将《天文爱好者》"天文学入门"栏目中连续刊载的一系列文章重新加工整理、补充修订，汇集成30万字一册质量颇高的天文普及书，定名为《星空的探索——天文学入门》，出版发行以后颇受香港地区读者的欢迎和好评。

《天文爱好者》杂志复刊后，编辑部陆续进来一些年轻的大学毕业生，他们基本上都是天文专业出身，但对编辑工作比较生疏。为了让这些年轻人早日胜任工作，卞德培给他们讲解编辑工作要领，从确立选题、联系作者，到对稿件的文字加工以致如何选配插图等，方方面面，细致周到。他还将自己累积多年的科普创作经验毫无保留地传授给他们。这些年轻编辑在他的帮助之下，很快成为《天文爱好者》杂志的骨干力量。卞德培退休后，他们继续发扬《天文爱好者》的优良传统，让这朵天文普及之花永不凋零、愈开愈盛。1997年，在温学诗主持编辑部工作的时候，《天文爱好者》荣获中国科协优秀科技期刊称号。

四、科普创作　硕果累累

卞德培是一位严谨、负责的编辑，同时又是一位优秀而多产的科普作家。自40年代开始发表科普文章和图书之后，几十年来，他把业余时间几乎全部投入到了科普创作之中。他深感科普创作，尤其是为青少年进行科普创作的重要意义，他说："引导他们从小爱科学，树立以科学方法和态度来学习和工作的科学作风，我国的科学技术发展将永无止境，我国的科技人才将如雨后春笋般地涌现。"他表示愿意在这方面作毕生的努力。他说到做到，白天要处理日常工作，参加各种会议，夜深人静时他就拿起笔和稿纸，他的许多文章和图书都是在人们酣然入梦时写出来的。他的作品题材广泛，形式多样，有图谱、工具书、科技活动的辅导材料，也有论文和百科全书，但最多的是综合性知识读物。半个世纪来，曾编著（包括合作）科普图书70余种，发表文章近千篇，多次获奖。他的作品最大特点是具有很强的时代气息，通俗易懂，深受广大读者喜爱。1990年，他获得中国科普作协的表彰，荣誉证书上面写的是"建国以来，特别是科普作协成立以来成绩突出的科普作家"。

他的第一本书是科幻小说，但是很快他就发现自己并不善于写这类作品，而是愿意把精力用于撰写科学知识小品。以后，他的大量科普文章和图书都是在这种思想指导下的产物。写科学小品，尤其是为少年儿童们撰写科学知识小品，并非是件轻松、容易的事。卞德培对自己的要求是文章不能炒冷饭，而是要跟上科技的发展，要讲点新知识、新发现，又要通俗易懂，让读者们爱读。

第一次比较成功的尝试，是1964年为上海《儿童时代》撰写的一篇题为《六十多吨重的一枚"硬币"》一文。首先文章的标题就很吸引读者，使他们萌起想了解一下这究竟是怎么回事的悬念，不由得对这篇文章产生了兴趣。他在文章中用生活中能遇到的熟悉的事物来举例，帮助读者了解了原子的构造、物质的密度等物理概念以后再告诉读者，这样重的硬币当然是没有的，但是能造出这种硬币的材料却是有的，它在地球上找不到，它是组成一种叫做白矮星的天体上的物质。这篇文章生动活泼，引人入胜，不仅当时被儿童时代社选为上乘之作，20年后还被中国科普创作研究所收录到建国以来的《儿童科普佳作选》中。

卞德培认为，作为一名科普工作者，需要掌握多方面的知识，既要有广度，也要有一定的深度；此外，还应学习广泛的社会科学知识，如中外史地、法律、政治和哲学等；还应是个文学爱好者，熟悉各种文学形式，具备熟练驾驭语言文字的能力。他是这样想的，也是这样做的。通过多年的磨练和积淀，他的写作水平达到了很高的境界，文章的语言和风格极富感染力。"平易而不懈怠，亲切而无矫揉"，这是我国著名天文学家、杰出的科普作家卞毓麟对卞德培作品的评价，卞毓麟说："在他的科普作品中，你看不到扭捏腔，尝不到生涩味，嗅不到学究气，一切都那么平易、亲切，娓娓道来，如叙家常，而科学知识、科学思想和科学精神已潜然充盈其中矣！"

我国家喻户晓的《十万个为什么》丛书曾多次再版，他多次参与撰写稿件；他也是《中国大百科全书·天文学》卷和《中国大百科全书·固体地球物理学、测绘学、空间科学》卷的撰稿人；他还是《少年自然百科辞典·天文、地学、气象》的分科副主编和撰稿人。80年代中期是他喜获丰收的年代，每年都有好几本新书问世。这些作品当中，1985年由新蕾出版社出版的《哈雷彗星》于1987年获天津市第二届优秀科普作品二等奖；1986年由民族出版社出版的《月亮》和《彗星和流星》均被译为维吾尔、哈萨克、朝鲜、藏、蒙古等5种少数民族文字出版。

1988年退休后，没有了繁忙的公务，他全身心地投入到了科普创作之中，使得他的科普创作，不论是在数量方面还是在质量方面，都达到了巅峰状态。退休后的10余年中，他的科普图书多达40多部，并且他的写作水平可以说已经达到了得心应手、炉火纯青的境界。

1989年，由湖北少年儿童出版社出版的《宇宙奇观》，内容丰富、形式新颖，1991年荣获第五届中国图书奖二等奖，同时还被评为1991年全国中学生最喜欢阅读的十件作品之一。1991年，由湖北少年儿童出版社出版的《一万个世界之谜·宇宙分册》（他担任主编和主要撰稿人）广受欢迎，多次再版。

1992年，由希望出版社出版的《第十大行星之谜》，比较充分地显示出他的创作风格和雄厚笔力，是他最著名的代表作。卞德培的老朋友、后来成为中国科普研究所研究员的李元对这本书的评价是"在科学性、趣味性、思想性三方面都是很成功的，它资料翔实、信息新颖、数据确切、论述客观、标题活泼、文字生动、穿插故事、丰富多彩，而且科学立场坚定，反击伪科学无情。"他还说这本书"读起来仿佛是在听一个娓娓动听的漫长故事，各个章节既独立又连贯，扣人心弦、引人入胜。"书中囊括了人类发现和探索几颗遥远行星的历史事实，又对未知的第十大行星作了全面的、精辟的分析，条理分明、思路清晰，科学精神、科学思想和科学方法贯穿其中。这是作者深思熟虑、精心编排、全力以赴、一气呵成之作，也是他长期辛勤治学、多年积累的成果。该书1996年荣获第三届全国优秀科普作品一等奖。后来，湖南教育出版社将它收入《中国科普佳作精选》系列，1999年再版。

1995年，由广东教育出版社出版的《天窗怎样打开》，也是一部成功之作，1996年荣获第十届中国图书奖。

卞德培喜爱集邮，尤其是喜爱收集与天文学、宇航科学相关的邮票。他将自己掌握的天文知识与集邮爱好融会贯通在他的科普著作之中，如《邮票上的科学》（1987年人民邮电出版社出版）、《集邮基础知识问答》（1993年人民邮电出版社出版）、《航天邮票目录》（1996年中国民航出版社出版）等，尤其是1993年由人民邮电出版社出版的《星光灿烂》一书内容丰富多彩，是名副其实的"邮票上的百科知识丛书"。

1994年7月，发生了一次极其罕见的天象事件——苏梅克-利维9号彗星撞击木星。这次特殊天象引起了整个社会的轰动。在这次事件发生之前，卞德培就构思了一本《万古奇观——彗木大碰撞及其留给人类的思考》，介绍这次罕见天象的来龙去脉、前因后果，以及相关知识。事件发生之前，他做了充分的准备工作，甚至已经完成了整本书的框架，只需补充撞击发生时的最新资料了。事件发生以后，他的这本书很快就由科学普及出版社出版了。他的这种时效性受到了方方面面包括读者、编者和天文界同行们的盛赞。2005年，该书被收入由中国出版集团公司组织实施的20世纪千部经典图书《中国文库》第二辑。

20世纪90年代中期，由日本传入我国的所谓"诺查丹玛斯大预言"，在社会上流传很广，并且造成了很坏的影响。卞德培认为批判伪科学是自己义不容辞的责任。在调查研究了大量原始资料后，及时推出了两本力作，一本是《人类在劫难逃吗》（1995年由广东教育出版社出版），另一本是《1999年人类在劫难逃吗》（1997年由华龄出版社出版）。这两本书，对当时甚嚣尘上的"诺查丹玛斯大预言"给予了有理、有力、有据的批驳。

1995年，卞德培不幸患了直肠癌。手术后病情刚一稳定，他又开始像正常人一样伏案工作、挑灯夜战了。老伴心疼他，与他熟识的朋友也劝他要多休息并注意身体,但是他说:"只要生命还属于我,我就要用今天的生命多做一些事,少留一些遗憾。"他最大的心愿就是还想多写几本书。从他生病到逝世这短短的几年中,他又有20余本书(包括合著)问世。其中最值得一提的是1999年由天津教育出版社出版的《宇宙博物馆》一书,这是一部16开本、423页、62.4万字、图文并茂的大部头。他和李元共同承担主编工作,还亲自执笔撰写了其中的许多章节。他的主编工作做得细致入微,不仅在文字上润色把关,而且将书中的配图一幅幅都安排妥帖,甚至将图中的文字都一个个标注得清清楚楚。在临近生命尽头的时候,他还一如既往地对待科普创作的认真和负责,令参与本书写作的几位年轻作者都肃然起敬并且留下了终生难忘的印象,也得到本书编者的一致好评。

2000年11月下旬,卞德培病情加重,再次住进医院。临行前他还不忘带上未完成的书稿。2001年1月15日,卞德培与世长辞,享年74岁。卞德培一生生活十分简朴,唯一的女儿远在异国他乡,他和老伴一日三餐清茶淡饭,攒下的钱大多用于买书了。他生病后,需要一些自费药,还要请护工,经济负担很重,但1998年他还悄悄地为洪涝灾区的人们捐出2000元。他逝世后,老伴才向外界透露了这件事。

卞德培虽然已经走了,但是他的事业永存。2002年,辽宁少年儿童出版社精心编辑出版了卞德培的科普文集,书名就是他的代表作《第十大行星之谜》。书中收录了10多个专题、100多篇各类作品,还附有彩色照片数十幅,以及"卞德培科普活动简历"、"卞德培编创作品统计"以及卞德培小行星的命名等资料。选入文集的所有正文文图稿件是在卞德培去世前由他本人编选定稿。这部文集比较全面地反映了作者的创作业绩,突出展示了作者具有代表性的科普佳作,也体现了作者的治学精神,成为对他最好的纪念。

五、卞德培主要论著

卞德培. 1948. 地球的殖民地. 上海:新纪元出版社.

卞德培. 1953. 一年四季. 上海:商务印书馆.

李元,卞德培. 1954. 天文学图集(1~3辑). 上海:亚新书店.

卞德培. 1954. 日食和月食. 上海:少年儿童出版社.

卞德培. 1956. 太阳的家庭. 北京:通俗读物出版社.

卞德培,李元,沈良照. 1957. 简明星图. 北京:科学普及出版社.

卞德培,陶世龙. 1965. 你知道吗——天文气象1. 北京:中国青年出版社.

卞德培. 1980. 十万个为什么? 天文1. 上海:少年儿童出版社.

卞德培,陶世龙. 1982. 青年天文气象常识(1). 北京:中国青年出版社.

卞德培. 1985. 哈雷彗星——天文知识趣谈. 天津:新蕾出版社.

卞德培. 1985. 月亮. 北京：民族出版社.

卞德培. 1988. 神秘的宇宙. 福州：福建教育出版社.

卞德培. 1989. 宇宙奇观. 武汉：湖北少年儿童出版社.

卞德培. 1992. 第十大行星之谜. 太原：希望出版社.

卞德培. 1995. 万古奇观——彗木大碰撞及其留给人类的思考. 北京：科学普及出版社.

卞德培. 1995. 天窗怎样打开. 广州：广东教育出版社.

卞德培. 1998. 话说行星. 济南：明天出版社.

卞德培主编. 1999. 宇宙博物馆. 天津：新蕾出版社.

撰写者

温学诗（1948～），北京大学天文系毕业，北京天文馆副编审。曾任《天文爱好者》杂志社社长、《中国国家天文》杂志副总编等职。现任北京科普作协理事。已出版科普图书近20册，其中数册获各种奖项。发表科普文章200余篇。

席泽宗

席泽宗（1927~2008），山西垣曲人。天文学家。1951年毕业于中山大学天文系，分配至中国科学院编译局。自1957年起在中国科学院中国自然科学史研究室（后称自然科学史研究所）工作。1991年当选中国科学院数学物理学部委员（后改称院士）。1993年当选国际科学史研究院院士。1995年当选国际欧亚科学院院士。席泽宗对古代新星和超新星爆发纪录的证认及整理工作，长期受到国际上的高度重视，蜚声于天文学和科学史两界。他长期从事天文学史研究，涉足天文学思想、星图星表、宇宙理论、世界天文学史等许多重大方面。由于在科学史领域所做出的杰出贡献，席泽宗于2000年获何梁何利基金科学技术进步奖，2007年获郭沫若中国历史学奖二等奖。席泽宗是我国杰出的天文学史家，是中国科学史事业的开拓者、重要的组织者和领导者，曾任中国科学院自然科学史研究所所长（1983~1988年）、中国科学技术史学会理事长（1994~2004年）。2007年，在他80寿辰之际，国际天文学联合会小天体命名委员会为表彰他在天文学史领域所做出的卓越贡献，把一颗编号为85472的小行星命名为"席泽宗星"。

一、家庭与教育背景

席泽宗1927年6月9日出生于山西省垣曲县城内。父亲席文瀋（字壬寅，1889~1941年），母亲李牡丹（1889~1965年）。席泽宗是家里的独子，在抗日战争爆发前，生活过得比较小康。1934~1938年，席泽宗入私塾读书。10岁左右，通过在私塾的学习，他已经认识许多汉字。席泽宗父亲虽然文化水平不高，但非常支持他读书，希望他将来能得个一官半职，顶门立户。

1937年抗战爆发后，位于晋南豫北交界处、便于向华北进击的中条山地区成为华北抗战的根据地。1938年冬，席泽宗入垣曲县立第一小学初小读书，后因日寇入侵而辍学。1940年，在垣曲县立第一小学读高小。1938~1941年，我国军队与日军在垣曲进行了14次大会战，飞机、大炮的声音整日隆隆。这4年间，垣曲人民整个卷入抗战高潮之中。由于时局和环境的影响，席泽宗的学习时间少得可怜，经常逃难,每天过着提心吊胆的生活,并在穿越日军封锁线时险些丧命。

后来回想起来,席泽宗认为在这一时期他还是有收获的。从此他开始关心国家大事,并把个人命运与国家命运联系在一起。这场战争,尤其被日本兵抓农夫的经历,迫使他毅然离开家乡,到外地流亡、求学;否则,他可能长期在垣曲县过地主的生活了。经过在逃难中跑来跑去和困苦的生活,他体弱多病的身体竟逐渐变得强健了,很少再害病。

1941年5月,日本侵略军以优势兵力占领垣曲。席泽宗被迫离开母亲和家乡,到大后方流亡。他到了陕南汉中地区古城洋县,一举考取国立第七中学(以下简称"国立七中"),在那里学习三年(1941年8月至1944年8月),完成了初中学业。随后考入西北师范学院附属中学。

西北师范学院附属中学是北平师范学院附中的后身,坐落于西北重镇兰州,有浓厚的读书空气、自由民主的作风和亲密的师生关系。在西北师范学院附中的三年(1944年9月至1947年5月),席泽宗学到很多东西。也积极参加了很多学生活动,如办壁报等。1946年春,读张钰哲的《宇宙丛谈》,对天文学产生了浓厚的兴趣,这是他人生的一个重要成长阶段。

高中毕业以后,席泽宗考大学心切,不顾家族中威望颇高的三姨夫的极力反对,历尽千辛万苦,从兰州远赴南京、上海做考大学的"背水一战",最终如愿以偿地考入中山大学天文系。1947~1951年,他在中山大学天文系学习,受到了专业的天文学训练,也为他日后从事天文学史研究奠定了良好的基础。

由于没有经济接济,席泽宗在大学期间利用课余时间勤工俭学和写作科普作品。这使他顺利完成学业,并增强了毅力,提高了对科普工作的兴趣。大学期间,席泽宗发表了许多科普文章和图书。其中包括席泽宗发表于1948年1月1日的第一篇天文通俗文章《预告今年日月食》,以及他受北京中央文化部科学普及局委托所撰写的《恒星》(商务印书馆,1952年)一书。

二、研究超新星、确立学术方向及规划中国科学史发展

1. 古新星研究及天文学史研究

1951年8月,席泽宗大学毕业被分配到中国科学院编译局工作,协助编辑《科学通报》。席泽宗到中国科学院后,先在编译局工作,但一度情绪低落,并萌生了调换工作的念头。后因思想改造运动、"三反"运动接踵而至,作为这些政治运动中"战斗队"的成员,他暂时放下了这个念头。1952年3月,赴哈尔滨外国语专科

学校学习俄语 2 年。1952 年被选送到哈尔滨外国语专科学校学习俄文后，他体会到学习的快乐。1954 年 2 月，由哈尔滨外国语专科学校毕业，回到北京。

1954 年重返编译局后，由于受到副院长竺可桢的知遇，席泽宗开始涉足天文学史的研究。1954 年 3 月，受竺可桢副院长之命，席泽宗着手做中国历史上新星和超新星资料的收集整理工作。1955 年 12 月，其工作成果《古新星新表》一文，在《天文学报》第 3 卷第 2 期刊出。

席泽宗的工作，迅速引起了世界天文界的注意。为了完善研究，更加满足世界天文学家们的需求，席泽宗与同事在之后进行了大量补充研究。1964 年 8 月，在参加"1964 年北京科学讨论会"时，席泽宗等人宣读了与薄树人合作的《中、朝、日三国古代的新星记录及其在射电天文学中的意义》，1965 年 6 月在《天文学报》第 13 卷第 1 期发表。

1955 年在中国科学院历史研究所第二所成立自然科学史组，席泽宗成为该组兼职人员。而后在科学道路的十字路口上，因为张钰哲、戴文赛等老前辈的支持，他选择继续研究天文学史，成为职业的科学史研究者。

席泽宗曾说过自己生平在科学道路上有两个转折点，都和张钰哲有关。其一是在中学时代读到张钰哲所写的《宇宙丛谈》，下定决心学习天文学。其二是与张钰哲的一席话，下定决心进入天文学史领域。从天文学到天文学史，这是一次小的改行，当时席泽宗的许多朋友都反对，他自己也因为更倾向于搞天体物理而动摇不定。回忆此事，席泽宗说，"这时，戴文赛和张钰哲都支持我转向。尤其是张钰哲一次来北京时的谈话，使我至今不忘。他说：'人生精力有限，而科学研究的方向无穷，学科的重点也是不断变化的，因此不能赶时髦。只要选定一个专业，勤勤恳恳去做，日后终会有成就。天体物理固然重要，但天文学界不可能人人都干天体物理。中国作为一个大国，天文学的各个分支都应有人去占领，而且都要作出成绩来。'"

下定决心进入天文学史领域之后，席泽宗做了一些天文学史的工作。1956 年，在《天文学报》发表了《僧一行观测恒星位置的工作》一文。1958 年 4 月，《科学史集刊》创刊，发表《纪念齐奥尔科夫斯基诞辰 100 周年》。同年，开始协助叶企孙组织编写《中国天文学史》。1959 年 5 月 27 日至 6 月 4 日，随著名科学史家李俨到莫斯科参加全苏科学技术史大会。1960 年 6 月 10 日至 16 日，到南京参加全国天文工作会议。1962 年 8 月 20 日至 26 日，在北京友谊宾馆参加中国天文学会第二次会员代表大会，报告《试论王锡阐的天文工作》。

自 1960 年开始，席泽宗开始注意研究出土文物，这方面的工作开始于对敦煌卷子的研究，其工作所依据的是中国科学院图书馆从伦敦以交换方式拍回来的一卷星图（斯坦因编号 MS3326）。

2. 科学史建制化的努力

1956年随着向科学进军的号角，中国科学院制定了科技史研究工作十二年远景规划，召开了中国自然科学史第一次科学讨论会。对这两项事关中国科学史事业发展的工作，他都贡献了力量。

1956年，国务院科学规划委员会制定《十二年科学技术发展远景规划》时，科学史部分由中国科学院负责。席泽宗和谭其骧合作起草了一份草案，后由叶企孙加以修改，定名为《中国自然科学与技术史研究工作十二年远景规划草案》（以下简称《规划草案》）。《规划草案》字数虽少（仅3000字），但清晰地反映出了席泽宗等人当时对科学史学科的建设思路：

目标定位方面，席泽宗等将科学史工作的主要目标定位在"中国古代科技史"上。在《规划草案》中强调："应先着重于专史的研究，而农学史及医药史的研究尤为重要"，同时也应该重点研究中国古代发展甚早的数学、天文学、化学（含炼丹术、冶金、陶瓷、火药等），"以求总结出科学规律"；在专史已完成的基础上，再写综合性的"中国自然科学和技术史"，"着重地指出各时代的主要科学思想及各学科间的关系"。

工作构想方面，针对数学、天文、物理、化学、动物、植物、医学、地理、建筑等学科，席泽宗等分别提出了相关研究任务：撰写学科史和通史；编写医学史、建筑史和通史的教科书；编辑《中国天象记录汇编》、《中国古代化学名词汇释》、《中国古地图集》等资料集和工具书；翻译外国的科技经典著作或学科史名著（如H. G. Zeuthen 的《古代和中世纪世界数学史》、伽利略的天文学名著等）；整理《周髀算经》、《周礼·考工记》等中国古代的科技经典著作；中国科学院在12年内共招100名研究生。

机构设置方面，席泽宗等提出，中国科学院计划于1956年成立中国自然科学史研究室筹备处，1957年正式成立自然科学史研究室，1961年扩大为自然科学史研究所，在地理所内设中国地理学史组，在考古所内设中国工艺史组。此外，席泽宗等还建议卫生部、农业部、水利部、文化部分别成立中国医学史、中国农学史、中国水利工程史、中国古代建筑的研究机构，清华大学也应与中国科学院合作在该校成立中国机械工程史研究室。

研究人员配置方面，《规划草案》指出，"酌量调集现在只能以一部分时间做科技史研究工作的干部，使能全力从事科技史的研究"。

《规划草案》成为了当时全国科学史工作的纲领,之后几十年的科技史工作的思路和内容基本遵循了这份草案,并且实现了其中的多数目标。

在"文化大革命"之前,席泽宗还参与了自然科学史所的建设工作。

1956 年,席泽宗等人在起草十二年科学史发展远景规划(1956~1967 年)时,就曾提出计划:中国科学院于"1956 年成立中国自然科学史研究室筹备处,1957 年正式成立研究室",为中国科学院自然科学史研究所的成立明确了方向。

1957 年 1 月,自然科学史组由中国科学院历史研究所第二所分出,成立中国自然科学史研究室。1957 年元旦,中国科学院正式成立了中国自然科学史研究室。它是中国第一个综合性的科技史研究机构。在研究室起步之初,面临众多困难,例如,研究成员匮乏,研究室正式在编成员仅有 8 名。在这种情况下,席泽宗长期担任了该研究室最大的"天文、工艺、化学、物理史组"的组长,带领成员开展自然科学史的研究工作。

三、古新星研究的意义

20 世纪 40 年代初期,金牛座蟹状星云被证认出是公元 1054 年超新星爆发的遗迹。1949 年又发现蟹状星云是一个很强的射电源,不久发现著名的 1572 年超新星和 1604 年超新星遗迹也是射电源。于是天文学家产生了设想:超新星爆发可能会形成射电源。由于超新星爆发是极为罕见的天象,因此要检验上述设想,必须借助于古代长期积累的观测资料。

由于汉学家与探险家出于个人兴趣,对中国古代的天象记录对西方读者有所译介。所以中国的天象记录为外国人所知。关于古新星的有关翻译,代表文献包括:法国汉学家毕奥(Biot Édouard)1843 年发表在法国经度局的《天文历书》(*Connaissance des Temps*)附录部分的《自古代至 1203 年在中国观测到的奇星(étoiles extraordinaires)表》;德国探险家洪堡(F. W. H. A. von Humboldt)在 1850 年出版的三卷本 *Kosmos*: *Entwurf einer physischen Weltbeschreibung* 之第三卷中的关于新星、变星的章节。

证认古代新星和超新星爆发纪录的工作,曾有一些外国学者尝试过,如瑞典的伦德马克的《古籍记录与近代子午观测中可能的新星表》。伦德马克在文章中提出,如果能够推导出这些可能的新星在天上的位置,并与已知新星的分布规律相比较,我们就可以为检验古代记录有效性找到基本的依据。然后,通过对这些记录的检视就能够了解古代新星变成什么,从而为这一类恒星的演化方式找到答案。该文还提及当时考虑这一问题的两个可能的答案是行星状星云或沃尔夫-拉叶星（Wolf-Rayet star）。因此如果能够确定古代新星的位置，那么就有可能在该处找到行星状星云或沃尔夫-拉叶星。不过，伦德马克等国外学者的结果无论在准确性还是完备性方面都显得不足。其中重要的原因在于他们对于中国的文献理解能力有限。

从1954年起，席泽宗连续发表了几篇研究中国古代新星及超新星爆发纪录与射电源之间关系的论文。接着在1955年发表《古新星新表》，充分利用中国古代在天象观测资料方面完备、持续和准确的巨大优越性，考订了从殷代到公元1700年间的90次新星和超新星爆发纪录，成为这方面空前完备的权威资料。

《古新星新表》发表后很快引起美苏两国的重视，两国都先在报刊杂志上作了报道，随后在专业杂志上全文译载。俄译本和英译本的出现使得这一成果被各国研究者广泛引用。在国内，中国科学院竺可桢副院长将《古新星新表》和《中国地震资料年表》并列为新中国成立以来我国科学史研究的两项重要成果。

随着射电天文学的迅速发展，《古新星新表》日益显示出其重大意义。于是席泽宗和薄树人合作，于1965年发表了《中朝日三国古代的新星纪录及其在射电天文学中的意义》。此文在《古新星新表》的基础上作了进一步修订，又补充了朝鲜和日本的有关史料，制成一份更为完善的古代新星和超新星爆发编年纪录表。同时确立了七项鉴别新星爆发纪录的根据和两项区分新星和超新星纪录的标准，并讨论了超新星的爆发频率。

这篇论文在国际上产生了更大的影响。第二年（1966年）美国《科学》（*Science*）第154卷第3749期译载了全文，同年美国国家航天和航空局（NASA）又出版了单行本。半个世纪以来，世界各国科学家在讨论超新星、射电源、脉冲星、中子星、γ射线源、X射线源等天文学研究对象时，经常引用以上两文。

20世纪60年代以来，天文学乃至高能天体物理方面的一系列新发现，都和超新星爆发及其遗迹有关。例如1967年发现了脉冲星，不久被证认出正是恒星演化理论所预言的中子星。许多天文学家认为中子星是超新星爆发的遗迹。而有一部分恒星在演化为白矮星之前，也会经历新星爆发阶段。即使是黑洞，也有学者认为可以和历史上的超新星爆发纪录联系起来。此外，超新星爆发还会形成X射线源、宇宙线源等。这正是席泽宗对新星和超新星爆发纪录的证认和整理工作在世界上长期受到重视的原因。

射电天文学家王绶琯评价席泽宗这方面的工作，"为超新星的研究打开了新局面。论文引起了天文学界的轰动，公认为本领域的一项杰作"。剑桥英文版《中国天文学和天体物理学》（*Chinese Astronomy and Astrophysics*）杂志主编、爱尔兰丹辛克天文台的江涛，在1977年10月的美国《天空与望远镜》杂志上撰文说："对西方科学家而言，发表在《天文学报》上的所有论文中，最著名的两篇可能就是席泽宗在1955年和1965年关于中国超新星纪录的文章。"美国著名天文学家斯特鲁维（O. Struve）等在《二十世纪天文学》一书中，只提到一项中国天文学家的工作，即席泽宗的《古新星新表》。

四、考订敦煌天文历法卷子与整理马王堆帛书天文资料

"文化大革命"时期，席泽宗受尽了折磨。1968年，被抄家，11月下旬，自杀未遂。1970年3月13日，中国自然科学史研究室全体工作人员离开北京到河南息县东岳镇学部"五七干校"，被编为第14连。1972年7月，回到北京。

从席泽宗的《自叙年谱》可以看到，1966～1971年这六年中，席泽宗几乎完全与学术隔绝。例如在1966年5月，"先是集中到门头沟学习，准备到附近农村去上清"；8月20日，"被群众贴大字报，扣上'反党、反社会主义、反毛泽东思想'，简称为'三反'的帽子，强迫在研究室内劳动，从此不再参加运动"；1969年"1月上旬开始，科学史室全部人员集中住在沙滩法学研究所，白天黑夜搞运动"，"7月，迁回九爷府，但仍然住在室内，全部时间搞运动，一直到次年3月下干校为止"，等等。

1972年7月，从"五七干校"回到北京后，席泽宗做了一些学术工作。

1972年11月1日，历史所（当时还隶属于中国科学院）的尹达、李学勤和林甘朱来商讨在席泽宗的研究室成立一小组，由严敦杰、杜石然、潘吉星和席泽宗参加，为他们替郭沫若编写的《中国史稿》提供科技史方面的素材，斯为恢复业务工作的开始。1973年，《日心地动说在中国——纪念哥白尼诞生五百周年》在《中国科学》第3期刊出。1974年，应郑文光之邀合写《中国历史上的宇宙理论》，该书后被译成意大利文在罗马出版。1976年8月6日，席泽宗正式调入通史组，与杜石然、范楚玉、严敦杰等合写《中国科学技术史稿》。

最主要的是在"文化大革命"末期从事的天文资料考古研究工作。席泽宗学术生涯中最重要的工作之一——敦煌卷子考订与马王堆帛书天文资料的整理研究等的研究成果也从这一时期陆续开始发表。

在考订含有天文历法内容的敦煌卷子方面，席泽宗自60年代开始研究敦煌文献中的天文资料，并于1966年发表《敦煌星图》一文。在此之前，用汉语发表的敦煌天文历法研究文章主要集中在历日方面。在此后的20余年中，又相继发表《敦

煌残历定年》（1989 年）、《敦煌卷子中的星经和玄象诗》（1992 年）等。席泽宗的研究在很大程度上成为一种示范性文本。1992 年以后，对敦煌卷子中的天文历法进行研究的学者和他们发表的文章都多了起来。刘操南、何丙郁、黄一农、邓文宽、殷光明、罗见今等学者先后都发表了很有分量的论文，其中以席泽宗在这方面的长期合作者邓文宽发表的数量最多，而由邓文宽录校的《敦煌天文历法文献辑校》一书的出版更是一件大事。

马王堆帛书天文资料的整理研究也是"文化大革命"末期席泽宗的研究重点。1973 年，马王堆汉墓帛书在长沙出土，1974 年 8 月，席泽宗应邀到国家文物局马王堆帛书整理小组工作，开始负责其中天文资料的研究。发表在 1974 年第 11 期《文物》上的《中国天文学史上的一个重要发现——马王堆汉墓帛书中的〈五星占〉》、《〈五星占〉释文和注解》以及发表在该刊 1978 年第 1 期上的《一份关于彗星形态的珍贵资料——马王堆汉墓帛书中的彗星图》等文是其中的代表成果。在马王堆汉墓帛书中发现的 29 幅彗星图，在后来有关彗星的书中被多次引用。英国学者李约瑟在 1960 年出版的《中国科学技术史》第三卷《天学》中曾写到："我们不知道北京钦天监的彗星纪录里，是否还保存有手绘的彗星图。"而席泽宗在 20 世纪 70 年代的研究证实，公元前 168 年的马王堆汉墓中有世界最早且非常完整的彗星图。

五、研究科学思想史、领军科学史研究、领导科学史事业

（一）科学史研究

"文化大革命"之后，科学史事业迎来了发展的黄金时期，席泽宗作为中国科学史领域的奠基人之一，在这一阶段做出了重要贡献。

1. 实验天文学史

1981 年，发表《伽利略前 2000 年甘德对木卫的发现》一文。该文以模拟观测方法验证了以文献考据、天体力学计算等方法得到的研究结果，从而开创了"实验天文学史"方法。

2. 研究科学思想史

20 世纪 80 年代起，席泽宗开始投入到关于中国科学思想史的研究中。按照席泽宗本人的说法，这一工作开始于时任中科院科学史研究所所长的仓孝和的建议。1988 年 12 月 8 日，《中国科学技术史·科学思想卷》编写组成立，席泽宗任负

责人。

1992 年，席泽宗与程贞一共同发表了《孔子思想与科技》一文，文中作者在对来自孔子本人的言论进行分辨与分析的基础上得出结论，认为"孔子的思想与措施对科技发展不但无害而且是有益的……要了解近三百年来科技在中国没有能迅速发展的原因，我们必须分析这段时期的政治与经济对科技发展的影响，不能笼统地把原因归罪于两千多年前的孔子"。

1996 年，席泽宗发表《关于"李约瑟难题"和近代科学源于希腊的对话》一文，他进一步阐述了《孔子思想与科技》的观点，认为"近代科学产生在欧洲并得到迅速的发展是由当时当地的条件决定的，不必到 1400 多年以前的希腊去找原因。自 16 世纪以来，中国科学开始落后，也要从当时当地找原因，不必把板子打在孔子、孟子身上"。

2000 年，席泽宗发表《论康熙科学政策的失误》一文。席泽宗在对史料进行考证分析的基础上认为康熙虽然勤奋地学习过数学、天文学和医学，著有《几暇格物编》，但这些举动只是一种个人行为。作为一国之君，他在发展科学方面没有采取重要措施，而且有一系列的政策失误，诸如用人不当、不培养人才、不建立学术机构、不制造望远镜，把中外交流局限于宫廷之内，倡导"西学中源"说等，从而使中国失去了有可能在科学上与欧洲近似于"同步起跑"的机会。

席泽宗的科学思想史研究注重对中国传统文化自身价值的发掘，这种立场与视角似应为其在长期研究实践中打通中西文化、科学与人文之界线所形成的思考方式的结果。

3. 领导"夏商周断代工程"

在 1996 年开始实施的重大科研项目"夏商周断代工程"，席泽宗受聘出任首席科学家兼专家组副组长，主持研究这一时期的天象纪录，以求定出一些重大历史事件的绝对年代。

在这项长达五年的项目中，席泽宗主要是作为项目的组织者与协调者的身份出现的，确定题目与研究人选都是由席泽宗完成的。该项目取得的具体成果包括：①"天再旦"确定懿王元年为公元前 899 年；②"岁鼎克昏"确定武王克商之年为公元前 1046 年；③通过五次月食确定商王武丁在位年代为公元前 1250～前 1192 年；等等。除了这些具体年份的确定之外，这些研究还推进了中国的天文历史年代学的发展，是中国科学史学者在天文历史年代学方向上的一次集中操练，具有学科示范意义。

席泽宗认为，这一项目除了"至少部分地解决了过去比较模糊的事情"之外，其在学科史上的意义在于"推动了年代的研究"。

4. 领导清史研究

2003年9月20日，席泽宗接国家清史编纂委员会典志组通知，《清史·天文历法志》由他组织班子编写。该项目先后有王荣彬、王玉民、徐泽林及徐凤先等人参加，目前仍在进行当中。

5. 其他天文学史研究

席泽宗并未把自己的眼光囿于中国国内，而是注意到世界天文学史的广阔背景。例如，他发表过《朝鲜朴燕岩〈热河日记〉中的天文思想》这样的专题论文。再如，为了配合宇宙火箭对邻近天体的探测，他发表过《月面学》、《关于金星的几个问题》等几篇现代天文学史的文章。又如，《中国大百科全书·天文卷》中埃及古代天文学、美索不达米亚天文学、希腊古代天文学、阿拉伯天文学、欧洲中世纪天文学等大条目均为席泽宗一人的手笔。

（二）科学史事业的领导工作

1975年8月，中国自然科学史研究室扩编为自然科学史研究所，席泽宗和同事们终于正式恢复了业务工作。

1977年5月中国社会科学院成立（哲学社会科学部原来是中国科学院下属的四大学部之一），从中国科学院独立出来。这样一来，自然科学史研究所就不知该归属于中国科学院还是中国社会科学院。在8月的由社会科学院负责人召集的座谈会上，席泽宗和段伯宇建议"将自然科学史研究所划回中国科学院"，他们的建议立即得到了考古所所长夏鼐等人的支持，之后便由中国科学院和中国社会科学院联合申请，于1978年元旦自然科学史研究所正式划归中国科学院。

1978年，自然科学史所将原有研究力量集结为古代科学史研究室，席泽宗担任了该研究室的主任，并负责筹建近现代史研究室。

"文化大革命"时期，曾在科学史国际交流上起到了很好作用的《科学史集刊》被迫停刊。1981年在日本和罗马尼亚访问期间，席泽宗听取了京都大学名誉教授薮内清和韩国同行提出的《科学史集刊》复刊的建议，回国后经过努力将《科学史集刊》改为每年4期的定期刊物，并改名为《自然科学史研究》。

1983年，席泽宗又开始担任自然科学史所的所长长达五年。在此期间，席泽宗组织研究所的日常科研工作，多次参加科学院的工作会议；为明确自然科学史所相关业务方向及学科史成果评价，向中科院提出自然科学史所的归口问题；成立自然科学史研究所学术委员会，并担任主任。

席泽宗曾在《自叙年谱》中提到："对于科学史学科来说，1956 年、1980 年最为重要"。1956 年是提出了制订十二年科学史发展远景规划的任务，而 1980 年则是成立了中国科学技术史学会。

1980 年 10 月 6 日~10 日期间，席泽宗与来自全国科研机构、高等院校的 273 名科学史工作者聚集北京，酝酿成立中国科学技术史学会，并于 11 日宣告了中国科学史学会的成立。在成立大会上，席泽宗以 214 票（总票数为 233 票，名列第三）当选为理事，后又被选为常务理事。1983 年和 1987 年，席泽宗以高票当选为副理事长。1994 年 8 月，被选为理事长。1994~2004 年期间，席泽宗担任了十年中国科技史学会的理事长。

自中国科学技术史学会成立起，席泽宗在担任常务理事、副理事长、理事长期间，为中国科学技术史学会的发展做了大量工作，促进了国内外科技史的交流：

1981 年 8 月 23 日，席泽宗率华觉明、查汝强、张瑞琨等 7 人到布加勒斯特参加第十六届国际科学史大会，被选为东亚科技史组组长，与美国著名科学史家席文一起主持会议。

1990 年 2 月，席泽宗到台北"中央研究院"，做关于"中国科技史研究的回顾与瞻望"的演讲，在此期间提到了"中国科学技术史学会成立时为台湾地区保留了两名理事名额"，得到了台湾同行的支持并给予了具体人选。席泽宗此次台湾之行开创了两岸学术交流合作的新局面。

1995 年，席泽宗参加中国科学技术史学会五届常务理事会第三次会议，决定恢复国际中国科学史会议。会后席泽宗开始着手筹备了第七届国际中国科学史会议，邀请了杨振宁等人参加并担任国际顾问，会议于 1996 年 1 月 16 日~20 日顺利在深圳召开，11 个国家和地区的 120 余人参加了会议。

除了参与筹备和建设了中科院自然科学史研究所和中国科学技术史学会这两个重要的科学史研究机构外，席泽宗还积极支持国内科学史在大学的发展。1999 年，席泽宗出席了中国第一个科学史系——上海交通大学科学史与科学哲学系的成立仪式，并出任该系学术委员会主任。此外，他还担任了中国科技大学科技史与科技考古系名誉主任。中国科技大学胡化凯教授曾表示，"中国科技大学的科技史专业能发展到今天，也要部分归功于席泽宗的培养和扶持"。

六、重要学术活动摘录

1979年2月21日至3月3日，参加国家科委天文学科组首次会议。

1980年3月，接待首次访华的日本科学史代表团。10月6日至11日，中国科学技术史学会在北京举行成立大会，在会上做两个报告：《论中国科学思想史的研究》和《伽利略前二千年甘德对木卫的发现》；当选为理事，后又被选为常务理事。

1981年4月1日至6月30日，到日本访问，并作学术报告。8月27日至9月3日，率团参加在罗马尼亚首都布加勒斯特举行的第16届国际科学史大会，任远东科学史组组长。1982年3月，当选为中国天文学会理事。8月13日至23日，到比利时鲁汶大学参加国际中国科学史第一次讨论会。

1983年6月3日，当选为国际科学史研究院通讯院士。9月，成为科学史所天文学史博士生导师，并任所长；11月，在中国科学技术史学会第2次全国会员代表大会上当选为副理事长。

1984年8月20日至25日，在友谊宾馆主持召开了第3届国际中国科学史讨论会。

1985年7月29日，到美国加利福尼亚大学伯克利分校参加第17届国际科学史大会，在会上中国被正式接纳为会员国。

1986年5月12日，去澳洲悉尼大学参加第4届国际中国科学史讨论会。7月4日至10日，到山东蓬莱出席首届青年科学史工作者学术讨论会，做了《谈谈青老关系》的报告。

1989年1月，到美国加利福尼亚州大学圣迭戈分校与程贞一进行合作研究，为期一年半。

1990年2月19日至3月5日，以"大陆杰出人士"身份到台湾访问两周。6月，到澳大利亚墨尔本大学亚洲语系访问。

1991年11月，当选为中国科学院（数学物理学部）学部委员。

1993年9月，当选为国际科学史研究院院士。1994年8月，在中国科学技术史学会第5次会员代表大会上当选为理事长。

1995年11月，当选为国际欧亚科学院院士。12月，被任命为夏商周断代工程首席科学家。

1996年1月16日至21日，到深圳主持第7届国际中国科学史会议，并在开幕式上报告《科学史与现代科学》。

1997年2月，担任中国科学院夏商周断代工程领导小组成员。

1999年3月8日至14日，到上海参加上海交通大学科学史与科学哲学系成立仪式，被聘为顾问教授兼学术委员会主任。8月22日至28日，到新加坡参加第九届国际东亚科学史会议。

2000年9月12日，荣获2000年度何梁何利基金科技进步奖（天文学）。

2001年6月15日，《中国科学技术史·科学思想卷》由科学出版社出版。10月8日至12日，到香港城市大学参加第9届国际中国科学史会议，做大会报告《鸟瞰夏商周断代工程》（A Survey of the Xia-Shang-Zhou Chronology Project）。

2002年12月14日，参加北京天文学会在北京大学举行的成立50年庆祝会，获"五十年奋斗奖"。

2003年5月9日，《古新星新表与科学史探索——席泽宗院士自选集》出版。

2004年2月28日，参加清史典志组第一批委托项目主持人座谈会，率先启动《清史》撰写工作。

2005年7月24日至30日，以特别顾问身份参加在北京召开的第22届国际科学史大会。

2006年1月，《院士科普书系》获国家科技进步奖二等奖，主编的《人类认识世界的五个里程碑》是其中之一。

2007年，国际天文学联合会小天体命名委员会将85472号小行星命名为"席泽宗星"。8月17日，科学史所在北京华侨大厦隆重举行建所50周年庆祝大会暨"席泽宗星"命名仪式。12月，《中国科学技术史·科学思想卷》荣获第三届郭沫若中国历史学奖二等奖。

七、席泽宗主要论著

席泽宗. 1951. 恒星. 北京：商务印书馆（1952. 北京：科普出版社）.

席泽宗. 1954. 从中国历史文献的记录来讨论超新星的爆发与射电源的关系. 天文学报, 2（2）：177-184.

席泽宗. 1955. 我国历史上的新星记录与射电源的关系. 科学通报, 1：93-94.

席泽宗. 1955. 古新星新表. 天文学报, 3（2）：183-196.

席泽宗. 1956. 僧一行观测恒星位置的工作. 天文学报, 4（2）：212-218.

席泽宗. 1960. 盖天说和浑天说. 天文学报, 8（1）：80-88.

席泽宗, 薄树人. 1965. 中、朝、日三国古代的新星记录及其在射电天文学中的意义. 天文学报, 13（1）：1-22.

席泽宗. 1974. 中国天文学史上的一个重要发现——马王堆汉墓帛书中的《五星占》. 文物, 11：28-39.

郑文光, 席泽宗. 1975. 中国历史上的宇宙理论. 北京：人民出版社（意大利文译本：1978. Le Cosmologie Cinesi. Roma：Ubaldini Editore）.

席泽宗．1978．一份关于彗星形态的珍贵资料——马王堆汉墓帛书中的彗星图．文物，2：5-9．

《中国天文学简史》编辑组编（席泽宗为编辑组成员之一）．1979．中国天文学简史．天津：天津科学技术出版社．

中国天文学史整理研究小组编著（席泽宗为整理研究小组成员之一）．1981．中国天文学史．北京：科学出版社．

席泽宗．1981．伽利略前二千年甘德对木卫的发现．天体物理学报，1（2）：85-88．

席泽宗．1987．论中国古代天文学的社会功能．收入方励之主编：科学史论集．合肥：中国科学技术大学出版社：89-96．

席泽宗．1988．17、18 世纪西方天文学对中国的影响．自然科学史研究，7（3）：237-241．

席泽宗，邓文宽．1989．敦煌残历定年．中国历史博物馆馆刊，12：12-22．

席泽宗．1994．科学史八讲．台北：联经出版事业公司．

席泽宗．2001．中国科学技术史·科学思想卷．北京：科学出版社．

席泽宗．2002．古新星新表与科学史探索．西安：陕西师范大学出版社．

席泽宗．2003．科学史十论．上海：复旦大学出版社．

主要参考文献

钮卫星．2007．出入中外往来古今《古新星新表与科学史探索——席泽宗院士自选集》评述．中国科技史杂志，28（3）．

江晓原．2008．学者声名垂宇宙——席泽宗院士其人其事．邯郸学院学报，18（1）．

席泽宗．2008．自叙年谱（1927—1994 年）．中国科技史杂志．

席泽宗．2008．自叙年谱（1995—2007 年）．中国科技史杂志．

席泽宗，郭金海．2011．20 世纪中国科学口述史：席泽宗口述自传．长沙：湖南教育出版社．

撰写者

李辉（1981~），河南济源人，上海交通大学科学史博士（师从钮卫星教授、江晓原教授），宾夕法尼亚大学访问博士生（师从 Nathan Sivin 教授）。国际科技史学会第三届"青年科学史家奖"提名奖获得者。现就职于上海市科学学研究所。

叶叔华

叶叔华（1927～），广东顺德人。天文学家。1949年毕业于中山大学数学天文系。中国科学院上海天文台研究员，1978～1993年任中国科学院上海天文台台长。1980年当选为中国科学院院士（学部委员）。1985年当选为英国皇家天文学会外籍会员。第20、21届国际天文学联合会（IAU）副主席（1988～1994），第4、5届中国科协副主席（1991～2001），第6届上海市科协主席（1996～2001），第5届全国政协委员（1978～1983），第6届上海市政协副主席（1983～1988），第7、8、9届全国人大常委会委员（1988～2003），第9、10、11届上海市人大常委会副主任（1988～2003）。叶叔华是我国天文地球动力学的开拓者。20世纪五六十年代，主持建立和发展我国的综合世界时系统，其精度从1963年起一直保持国际先进水平。七八十年代，从事地球自转研究并推进射电甚长基线干涉（VLBI）技术在我国建立，使上海天文台成为亚洲首个具有三种新技术设备的国际地面参考坐标基准站。90年代，联合中国科学院、国家地震局、国家测绘局和总参测绘局的专家，共同承担国家攀登项目"现代地壳运动和地球动力学研究"，叶叔华为首席科学家。1994年，叶叔华发起成立"亚太空间地球动力学"（APSG）国际合作计划，1995年得到国际大地测量联合会的决议支持，1996年叶叔华当选为该计划主席。21世纪初，叶叔华和上海天文台同仁建议将VLBI技术应用于我国的月球探测的嫦娥飞船定轨，获得成功，从而推进中国科学院与上海市共建的65米射电望远镜项目，将在深空探测和精密天文观测研究上发挥重要作用。叶叔华曾获全国科学大会奖、中科院重大成果奖、国家自然科学奖二等奖、国家科技进步奖二等奖、部委科技进步奖一等奖、何梁何利基金科技进步奖、首届"中国十大女杰"荣誉称号等。1997年，经国际天文学联合会有关委员会批准，紫金山天文台把该台发现的小行星3241号命名为"叶叔华星"。2012年，叶叔华荣获中国天文学会90周年最高荣誉奖。

一、家庭背景与求学经历

叶叔华生于一个清贫的基督教牧师的家庭，祖父在安南（今越南和柬埔寨）从事木材生意和行医。父亲从小就受祖父母的钟爱，他生母病逝后，回到顺德家乡，大祖母要他当了木匠学徒。后来他信了基督教，入住孤儿院，勤奋好学，毕业于协和神学院，在广州担任牧师。母亲原是丝厂工人，识字不多，略能看报，她谦和贤惠、勤俭持家，体弱多病于1947年病逝。1935年父亲因子女众多，生计困难，全家迁到香港，父亲与友人合伙开办小作坊，制造女式手提包，以维持生计。父亲每年都有新颖设计，生意较好，后来逐步成为小康之家。叶叔华共有兄弟姐妹六人，上有哥哥、姐姐，下有三个弟弟。虽然家无恒产，但父亲十分重视子女的教育，除姐姐只读到会计，其余五人都大学毕业。哥哥还凭借自己多年的工作积蓄，于1948年赴美工读，获得博士学位，并留校任教。

叶叔华的家庭十分和睦，父母从来没有给子女一句重话，她最受父母钟爱，帮助母亲记账、写信，又常常和父亲自由讨论问题。

叶叔华在广州郊区人和墟小学、香港九龙深爱小学和香港德贞女中分别念完了小学和初中。这三所学校都是教会学校，但都不太严格。

1941年9月，叶叔华在香港培道女中读高一，这是一所以严格著名的教会女校，各方面的老师都很好，她尤其喜欢英语和音乐课。1941年12月8日，日本飞机突然轰炸香港，不到年底，香港就被日军占领，叶叔华一家人受到惊吓，工作停顿，生计全无。1942年春，听说在韶关开办国立华侨第三中学，专门收容香港和海外青年。叶叔华跟着父亲的朋友从香港步行到惠阳，辗转到了韶关，入了侨三中。当时学校的教室都是用竹子搭的平房。宿舍很简陋，都是大棚，十几个人一排排睡在里面，全是上下铺，生活非常简单。1944年学校有学潮，无法上课。当年夏天，日军又打到附近，学校搬到广东北部的连县。这时她全家搬到连县，父亲让她和三个弟弟进入一所基督教的培英-真光联合中学，老师都很好，尤其是数学和物理课。这一年她读了高三，并且得到很好的音乐熏陶。

叶叔华自幼兴趣广泛，勤于学习，各门功课都非常优秀。1945年，抗战胜利，广州中山大学到连县招生，叶叔华对文学特别感兴趣，就想报考文学院，而且要读古文，要读一些别人都不读的，觉得自己很有抱负，别人做不到的她来做。父亲认为读古文，将来可能连饭都吃不上，还是读医比较合适，对社会有贡献，对自己也有保障。但叶叔华认为绝对不能读医，因为她怕血。父亲曾三次找她细心谈话，最终折中报考数学系，将来可以当个老师。当时，中山大学并没有单独的数学系，而是数学天文系。结果，叶叔华以理学院全区第一名的高分，被中山大学数学天文系录取。

当时，数学天文系一年级不分专业，到二年级才决定选数学或者天文。邹仪新老师给大家讲授普通天文学，讲得非常生动。后来班上十几位同学都选天文，成为天文专业空前绝后的大班，而在前后两届，天文专业都只有两个学生。在上海天文台工作时，叶叔华常利用工作之便去看望在北京的邹仪新和叶述武两位教授夫妻，叶述武当年在中山大学教天体力学，是留法的有名学者。

叶叔华立志从事天文学也受丈夫程极泰的影响。程极泰抗战时期一个人从芜湖逃难到武汉，后来进入在四川的国立第二中学，生活非常艰苦。他高中毕业后考到武汉大学矿冶专业，喜欢的却是天文，李国平教授建议他去中山大学数学天文系。程极泰已经读完大学三年级，就转去了广州，和叶叔华同在二年级。由于程极泰的才华和刻苦，而且两人都爱好古典音乐，终于成为最要好的朋友。

1949年6月，从中山大学毕业，叶叔华和程极泰两人结为终生伴侣。当时广州还没有解放，社会动荡，无处求职。叶叔华的父亲为他们在母校——香港德贞女中找了教书工作，两人就从暑期班开始当了数学老师，并一直教下去。两人均受到校方重用，工作安定，收入不差。

叶叔华夫妇和父亲住在一起，生活一点也不烦心。然而，他们依然向往到天文台或大学里工作，甚至准备重新过抗战时期流亡学生穿草鞋、住草房的穷苦日子。新中国成立之后，叶叔华夫妇对祖国的前途和未来充满了憧憬。当时抗美援朝尚未结束，第三次世界大战的担忧不断出现在报上，父亲很舍不得她，叶叔华却说，如果有战事，我愿与四万万同胞共甘苦，不愿留在香港弹丸之地。1950年暑假，他们回到南京，去紫金山天文台找工作，没有成功。1951年8月，几经周折，两人来到上海。程极泰因他弟弟在复旦大学任教，帮助他在复旦大学数学系找到教学工作。叶叔华等到同年11月，才到徐家汇观象台报到，当时陈遵妫先生主管徐台，叶叔华得到他很多关照，李珩先生主管佘山观象台，虽不常见，也常受到教益。

二、工作经历

从1951年11月起，叶叔华一直在上海天文台工作（紫金山天文台所属的徐家汇观象台和佘山观象台于1962年合并，成立中国科学院上海天文台），曾任室主任、副台长、学术委员会主任等职，1981~1993任台长。1958年她负责建立我国时间的天文基准——我国综合世界时系统，经过五个天文台的共同努力，1963年起确定世界时的精度达到并一直保持国际先进水平。70年代初，新技术兴起，叶叔华提出在我国建立三个站的甚长基线射电干涉（VLBI）网项目。70年代中期，叶叔华提出发展天文学与地学的交叉学科——天文地球动力学。经过全台同仁的努力，1987年

11月上海天文台现代化仪器设备——25米天线甚长基线射电干涉系统和1.56米反射望远镜落成,标志着观测手段踏上新的台阶。1991~2000年叶叔华负责国家攀登项目"现代地壳运动和地球动力学研究",她推动的"亚太空间地球动力学国际计划"(APSG)于1996年启动,叶叔华任首届主席。

叶叔华主持的研究成果多次获得上级的奖励:1964年叶叔华领导的时间和纬度研究室被评为中科院先进集体,1973年"世界时测定与综合时号改正数"获中科院成果奖,1977年"我国经度起算值的确定"获上海市重大成果奖和1978年中科院重大成果奖,1978年"世界时的精确测定"获全国科学大会奖和中科院重大成果奖,1980年"我国世界时系统精度达到历史最高水平"获中科院一等奖,1980年她作为中方负责人的新老技术测定地球自转的比较的"国际地球自转试联测"获中科院二等奖,1981年和1982年"我国世界时系统的建立和发展成就"分别获中科院科技成果奖一等奖和国家自然科学奖二等奖,1987年她作为中方负责人的"国际地球自转联测"获中科院一等奖,2002年她负责的"现代地壳运动和地球动力学研究"获上海市科学技术进步奖一等奖。

随着改革开放的春风,我国科学研究的国际合作和交往增多,叶叔华在国际学术组织中担任较多的职务。叶叔华曾任美国宇航局地壳动力学计划研究组成员、国际时间局通讯成员、国际射电干涉仪测量委员会领导成员、国际岩石圈委员会第1组成员、欧洲《天体物理与空间科学》杂志编委。1985年叶叔华被选为英国皇家天文学会外籍会员。叶叔华曾任国际天文学联合会(IAU)地球自转(第19组)、时间(第31组)和天文学家互换(第38组)专业委员会组织委员会成员,1985年第19届IAU大会财务委员会主席以及1988~1994年IAU第20和21届副主席。作为中方负责人,她促成了中国科学院和美国宇航局固体地球研究计划合作,从1982年延续至今。

叶叔华重视科研队伍的建设,在科研任务带学科发展的过程中指导和培养年轻科研人员,在发展新技术的同时,就注意准备从技术研制、数据处理到研究工作的一整套人员队伍。为了吸收国外先进的科学技术和前沿课题的研究进展,叶叔华极力推荐青年科研人员到国外进修和在国外短期工作。如上海VLBI站早期的数据处理记录终端都是通过青年人员在国外边学习和边工作时研制的设备。她历年来精心培养的天文人才,现在已成为天文地球动力学研究的骨干力量,有的成为博士生导师与创新团组的首席研究员,有的还在国际学术机构担任重要职务。21世纪之初,叶叔华和上海天文台同仁积极建议把VLBI用于国家的探月工程,于2007年获得成功。2008年,她又建议在上海天文台兴建65米口径射电望远镜,成为中国科学院与上海市共建的项目,于 2012 年 10 月落成,是支持深空探测和高精度的天文观测的重要设备。

三、建立我国综合世界时系统

世界时是以地球自转为基础的时间基准,测绘、导航、勘探等都需要精确的世界时。新中国成立之初,各方面的建设急需精密地图,测绘工作蓬勃开展,而当时全国范围内只有徐家汇天文台从事时间工作。徐台是法国天主教耶稣会教士于 1872 年建立的天文台,1914 年开始发播无线电时号。1926 年和 1933 年,在两次国际经度联测中,徐台和阿尔及尔、美国圣迭哥构成大等边三角形,作为联测的 3 个基本点,联接各方参加台站,并用闭合差来检验联测精度。徐台在当时是设备精良的台站之一。1939 年该台参加设在巴黎天文台的国际时间局合作,参与订定国际标准的世界时。1940 年徐台改用功率更大的 XSG 时号发播,成为远东的重要时号,供航海应用。

1900 年,法国传教士又在佘山建立天文台,主要设备为 40 厘米的照相与目视双筒望远镜,当时为远东第一,用于多种天文观测。其后战火燃到上海,徐家汇天文台和佘山天文台都经费困难,只能勉强支持。1950 年 12 月,上海军管会接管徐家汇天文台和佘山天文台,其中气象部门改为军管,其他部门由中国科学院接管,除地磁部分归地球研究所之外,天文部分由紫金山天文台接管,分别称为徐家汇观象台和佘山观象台。1962 年徐家汇观象台和佘山观象台合并为上海天文台,直属中国科学院。

叶叔华 1951 年进入徐台工作,当时授时部分只有 4 个业务人员,龚惠人、沈祖耀两位是留用人员,罗定江从紫台调来负责工作。当时授时设备常有故障,自动授时仪临时动不了,龚先生凭着 20 多年的工作经验,也只有他能眼看时钟秒针,手打电键,按照时号格式,人工发播时号。以后虽然作了很多改进,但仍与国际水平相差甚远。1954 年,国务院把加强时间工作的任务下达到中国科学院,中科院要求紫金山天文台张钰哲台长首先做好时间工作。

1955 年,王绥琯、苗永瑞从紫台调到徐台,由王先生主持时间工作。以后逐年增加天文和技术的大学生和一批中学生,工作大为加强。又因为科学院决定参加 1957~1959 年国际地球物理年合作,其中有第三次经度联测项目。1956 年,王绥琯去苏联引进光电中星仪,又增添了法国的丹容等高仪,测时工作大有改观。1957 年,徐台引进德国制造的大型石英钟之后,播时的精确度已达到国际先进水平。

1957年10月中国科学院数理学部在上海召开时间工作会议，肯定了播时精度已经满足测绘和其他应用的需求，但最终的世界时——时号改正数，还是依靠全球合作的国际时间局和苏联标准时刻系统，没有自己的独立系统。会议要求紫台负责建立我国的综合世界时系统，并且协助各个天文台开展测时工作。

天文台根据天文观测来确定世界时，然后用无线电讯号按一定格式发播，称为时号。由于天文观测要在晴夜，不是每天都有，而时号每天都要发播，所以天文台先根据前期的观测，定出初步的世界时，供时号发播之用。以后再用两三个月的观测，定出当中一个月的准确世界时，给已发出的时号加改正，称为时号改正数，供测绘工作最后的归算之用。

1958年，叶叔华受命负责建立我国世界时综合系统，当时只有徐台和紫金山天文台从事天文测时工作。建立国家独立的时间基准是用多个天文台的观测，经过综合处理来确定世界时。1958年用她提出的数学模型处理徐家汇观象台和紫金山天文台的6架测时仪器的观测结果，以此为基础建立了我国的时间系统。从1959年起徐家汇观象台出版综合时号改正数供应用部门使用。1960和1963年北京天文台和中国科学院测量与地球物理研究所的3架仪器的测时结果加入了我国的时间系统，使我国时间服务网得到了发展。1963年我国综合世界时精度跃居世界第二位，1965年综合世界时系统通过国家鉴定，经科技部批准作为我国的时间基准向全国发布，并列入一等天文测量细则，正式提供大地测量、国防军工等应用部门使用。以后，陕西天文台和云南天文台参加测时工作，我国的综合世界时系统更为加强，此后精度不断提高，一直保持国际先进水平。

众所周知，天文观测中存在人仪差，即使采用光电方法能减少此误差，但是并不能全部消除。1958年叶叔华采用维持世界时系统稳定的数学模型使参加观测者的人仪差变化的权平均值为零。该方法适用于仪器少的综合系统，可以克服个别仪器观测的突然变化的影响，但是新参加的仪器要有一年以上的观察期，以决定其人仪差变动情况，从而定权。由于这个数学模型，1963年只使用6架仪器的观测结果建立的我国世界时系统的精度（±2.0毫秒）超过由4个国家共17个台站参加的苏联标准时刻的精度，并与当时21个国家39个台站参加的国际时间局所订定的世界时精度相媲美，进入了国际先进水平。

叶叔华支持在观测方法和观测星表上的改进，也特别注重仪器的改进，如消人差的水准读数器、光子计数技术、圆感应测角器和微机应用等。五个天文台的同仁都以满足国家需要、争取国际先进为目标，团结一致，努力工作。南京天文仪器厂的同仁综合光电记录和等高方法的优点创建了光电等高仪，使天文测时精度进一步提高。日本水泽天文台国际极移服务局计算1978~1982年全球40架仪器的观测精度，其中上海天文台光电中星仪观测精度名列第二。1979~1982年IAU地球自转专业委员会主席P. Paquet、国际极移服务局主席K. Yokoyama和1980年国际地球自转短期联测负责人G. Wilkins都提到中国时纬观测加入国际时间局和国际极移服务局改进了地球自转参数（包括世界时与极移，简称ERP）的精度。我国世界时工作对确定全球综合地球自转参数的贡献和在国际合作中的地位，与叶叔华和全体同仁的辛勤工作和不懈努力是分不开的。

四、提倡发展 VLBI、SLR 等空间新技术

20世纪60年代末，国际上相继出现了SLR、VLBI等空间技术。70年代初期，叶叔华已注意到这一新动向，认为中国必须马上起步，否则我国地球自转参数测定的优势必将丧失。70年代初，叶叔华提议用激光陀螺作测定地球自转的试验。由于对技术和周围环境的要求很高，经过5年研制，终于知难而退。国外同行，也做激光陀螺，都没有成功。90年代，新西兰和德国先后研制了测地球自转和极移的激光陀螺，但是初步取得科研成果已是21世纪初了。考虑到VLBI技术是当前天文观测中分辨率最高的技术，在天文观测研究中有独特作用。另外，在地球定向参数EOP（包括ERP和天球参考极位置的补偿值）观测中，以非常遥远的类星体作为观测目标，在天文参考系中有很基本的作用。1973年，叶叔华提出研制VLBI系统，争取到中科院主管局的支持，在台内组建技术组，由万同山负责。叶叔华在天文界反复呼吁发展新技术的重要性。在叶叔华和杨福民的推动下，上海天文台与有关单位协作，逐步建立了SLR和VLBI系统，形成了一支设备研制、观测组织、数据处理和课题研究的队伍。用这些新技术测定EOP和人卫定轨都需要联网观测，采用上海天文台的工作经验推动了我国SLR和VLBI网的发展。1979年初，叶叔华提出和负责我国VLBI网（上海、乌鲁木齐、昆明）的建立，1987年上海VLBI站和1994年乌鲁木齐VLBI站相继建成，并投入运行。与此同时，80年代至90年代初也建成了上海、武汉、长春、北京和昆明的SLR网。

为了比较新老技术测定ERP的结果和推动新技术的发展，国际上组织了新老技术测定地球自转变化比较计划，简称MERIT联测计划，1980年8~10月，进行试联测，她作为国际MERIT领导小组成员，并负责中国的联测工作，包括经典光学观测、SLR和人卫多普勒观测（当时上海天文台已开展了这项工作）。在1984~1985年进行了MERIT主联测。1985年8月在美国俄亥俄大学召开的MERIT联测总结会

上，叶叔华代表上海台提出了新老技术观测资料的归算结果，其中包括经典、SLR、VLBI、激光测月（LLR）和人卫多普勒的观测，是当时所有天文台当中，能处理各种观测资料的唯一的天文台。当时，我国新技术的工作，正在开展，而光学观测精度很高，占了全球光学观测三分之一权重。MERIT联测说明，ERP新的观测技术，比原来的光学观测精度高几十倍。1985年总结会之后，又把联测延长到1986年中，以取得更加确定的新老技术比较结果。1987年国际地球物理与大地测量协会（IUGG）和国际天文学联合会（IAU）共同决定把ERP的国际合作全部改用新技术，不再采用原来的光学观测。当年若不及时发展新技术，我国在这方面将全军覆没。尔后，我国和国际上许多天文台的光学观测设备，逐步改为做星表和其他工作，以后逐渐停止。

1988年起，原来由IAU、IUGG联合支持的国际合作的光学ERP观测，包括在法国的国际时间局（BIH）和日本的国际极移服务（IPMS）都停止工作，BIH改建为国际地球自转服务（IERS），由于采用了新技术又增加了主持天球参考系和地面参考系的机能。天球参考系由VLBI观测决定，而地面参考系由同时具有VLBI、SLR和GPS（全球定位系统）类似的观测设备的台址作为基准站。上海天文台因为同时具备VLBI、SLR和GPS类的观测，从1994年起，就成为国际地面参考系在亚洲唯一的基准站。近年，澳大利亚、日本、韩国才逐步建立这类基准站。

叶叔华1979年提出的中国VLBI网，包括上海、乌鲁木齐、昆明三个站和上海的处理中心。后来由于经费缺乏，昆明站没有落实。80年代中，苏联科学院有一个QUASAR计划，要建9个VLBI站，并且由新建的应用天文研究所（IAA）负责该计划。1989年6月，苏联IAA所长访问上海天文台，签订了在昆明共建QUASAR的一个VLBI站。同年10月，叶叔华与何妙福访问苏联，商议多项VLBI、SLR合作，又在IAA具体商讨共建VLBI站事宜。经过许多筹备工作，1991年7月，苏联科学院天文中心主任尼古拉耶夫来上海签署了共建QUASAR VLBI昆明站的议定书。尔后双方各项准备工作均已完成，正待由双方政府签署最后的文件，而在当年12月苏联突然解体，QUASAR计划也只建了俄境内3个站。

此后，上海和乌鲁木齐的VLBI站，先后参加国际地球自转服务中心（IERS）的EOP观测、欧洲VLBI网（EVN）的合作，和日本空间VLBI卫星VSOP的合作观测。叶叔华又以APSG计划名义每年组织欧亚澳地区有关台站的VLBI观测。

五、开拓我国天文地球动力学

新老技术在原则上的区别是对天体的观测由角距测量改变为距离测定。高稳定度的原子钟使时间测量直接变为距离，比原来角度测量精度迅速提高，在两个以上台站测定 EOP 的同时，也精确测定了这些台站间的距离。它们之间距离的变化反映了地壳板块的运动与形变，它是研究地壳动力学和环境变化（如地震、海平面变化）的新手段，是天文与地球科学的交叉，可以用于研究地球各圈层的相互影响。

叶叔华提出在上海天文台开展以新技术为基础的天文地球动力学。1978 年，她带队由上海、北京、昆明、紫台几个天文台共同组团去法国考察，得到法国科学院所属各天文台的热情接待，并重点考察了新建的以新技术为基础的天文与地球动力学研究所和国际时间局，在技术上和研究方向上有很好的启发。上海天文台由世界时工作扩展为天文地球动力学研究，建立 VLBI、SLR 和 GPS 等新的观测技术和整套归算方法。

1989 年底，叶叔华到中国科学院办事，听到国家科委要组织重大基础研究项目，其后称为"攀登项目"。叶叔华立即去有关部门了解，却被告知太迟了，十个项目都已选定。她拿了项目要求一看，觉得她正在进行的研究完全符合要求。于是叶叔华马上联系国家测绘局、总参测绘局和国家地震局的有关同行，组织申请，结果被选为 10 个项目中的第 5 个项目。1991 年"现代地壳运动和地球动力学研究"被列为国家科委"八五"国家攀登项目，该项目由中国科学院、国家地震局、国家测绘局和总参测绘局的科学家共同承担，叶叔华任首席科学家。这个项目，在"九五"得到继续，4 个单位通过百余名科技人员通力合作，首次得到我国的地壳运动图像，以及其他成果。

研究我国的地壳运动，不能脱离周围板块地壳的影响。1992 年，叶叔华就考虑把负责的攀登项目扩展到亚太地区，因为亚太地区地壳运动引起的地震、海啸、海平面变化最剧烈，灾害频发，人口众多，十分需要这方面的研究，而在这地区还没有把各方面的力量集中起来。我国攀登项目已把人员和设备组织起来，可以争取在亚太地区占先。于是，与上海天文台同仁讨论后，亚太地区空间地球动力学（APSG）计划思路逐步形成。

1994 年 9 月，联合国教科文组织在北京召开"空间技术的和平利用"高官会议，会前有科学会议作准备，叶叔华报名参加。她在会议上提出亚太空间地球动力学（APSG）计划，得到列入我国的提案中。但是到会议结束前的总结会上，会议决议上竟然没有她的项目。眼看一条条议案在通过，叶叔华十分焦急，后来找到有一条完全符合她的议案。于是，叶叔华立即要求发言，陈述她的计划，如何符合会议精神，要求在这一条列入。会议主席立刻答应专门为她列一条，成为第 25 条决议。叶叔华非常高兴以为一切都好了。后来才知道，还需要有国际学术团体的支持，才能付诸实现。

1995年7月，国际大地测量与地球物理联合会（IUGG）大会将在美国召开。于是她申请在会议期间为APSG安排一个晚上的专门讨论会。在访问欧洲有关的协作单位和美国宇航局时，她就介绍了APSG的计划，得到支持。1995年1月，由科学院主持的APSG计划汇报会在北京召开，国家测绘局、总参测绘局和国家地震局的领导和专家到会，叶叔华汇报了APSG计划，得到支持。一切准备就绪，就在出发前几天，老伴骑车摔倒，要更换股骨颈，这是一个不小的手术，术后3天她就要去开会。IUGG大会每4年一次，她实在等不得下一次的会了，老伴也十分谅解她的处境，鼓励她去开会，老伴工作所在的上海交通大学数学系领导，也表示全力支持，她才按期去开会。

在IUGG大会期间，她申请一个晚上专门讨论APSG问题。会上，许多外国同行怀疑中国没有力量主持这项工作，提出很多质疑，她一个人舌战群儒。后来，美国宇航局的同行站起来发言表示支持，终得顺利通过。会后，4位外国同行还主动留下来帮助她准备给大会的决议案草稿。结果，国际大地测量协会（IAG，是IUGG下属协会）的第4条决议，明确支持APSG，希望各国同行参加，并由叶叔华继续推进。1996年，APSG第一次会议在上海召开，二十多个国家的同行来参加，她被选为首届主席，秘书处设在上海天文台。APSG计划一直延续到如今。从此，她主持的天文地球动力学的计划，从上海走向全国合作，又走向国际合作。

六、开展广泛的国际合作

随着改革开放的春风，叶叔华把视野拓展至全世界，开始与世界同行进行广泛的学术交流与国际合作，推动了上海天文台和我国天文事业的发展。发展SLR、VLBI技术难度很大，1978年，美国哥伦比亚大学郭宗汾教授到上海访问，叶叔华应上海市科协之请，作为主接待人。郭宗汾了解到上海天文台已经在进行SLR和VLBI的研制，但是缺乏与美国同行的交流。经过他主动介绍，美国宇航局有关单位和麦克唐纳天文台来函邀请。1979年4月叶叔华率上海天文台和合作单位同仁访问美国宇航局的有关单位和得克萨斯大学奥斯汀分校天文系、麦克唐纳天文台和奥斯汀空间研究中心等单位，为VLBI、SLR等空间技术在我国发展和以后关键设备研制、资料处理方法建立打开了合作的大门。

1980年底，叶叔华应美国大地测量局的邀请，作为高级科学家去工作三个月，研究用VLBI测定射电源的精确位置。在华盛顿期间，她与海军天文台和美国宇航局哥达德飞行中心的有关同行接触较多，回国以后，她作为中方负责人，促成了中国科学院与美国宇航局在固体地球方面的合作，从 1982 年延续至今。

中国天文学会从 1935 年就是 IAU 的正式会员。1960 年，由于台湾参加了 IAU，中国天文学会宣告退出。为恢复中国天文学会在 IAU 中的合法席位，1979 年 8 月她作为张钰哲台长率领的中国天文学会代表团 6 位成员之一，参加了在加拿大蒙特利尔召开的第 17 届 IAU 大会，叶叔华和易照华分别在 IAU 地球自转和天体力学的专业会议上，汇报了中国的研究进展。中国代表团坚持一个中国的原则，最后 IAU 组织通过以中国（南京）和中国（台北）分别称呼海峡两岸的天文学会。1982 年 18 届 IAU 大会在希腊召开，中国正式恢复会员资格。由于我国在世界时工作上的成绩，地球自转专业委员会主席特别欢迎中国参加 MERIT 联测。叶叔华被选为地球自转、时间和天文学家交换三个专业委员会的组织委员。

1985 年 11 月，中国天文学会组团出席在印度新德里召开的 19 届 IAU 大会，王绶琯和叶叔华共同努力进一步提高中国天文学会在 IAU 中的地位。她本人被选为 IAU 财务委员会主席，是第一个在 IAU 担任职务的中国天文学家。从此在 IAU 各种学术会议上有了来自中国学者的声音，1987 年在北京召开 IAU 的亚太地区会议。此后，叶叔华与国际天文界建立了广泛联系。1988～1994 年她当选为 IAU 副主席，是中国天文学家首次担任这个职务。

作为上海天文台台长，她努力促进与各国同行的联合实验和合作研究。如中法交响乐卫星时间同步实验、中美搬运钟时间比对、中朝精度联测、中德 VLBI 联测、中日 VLBI 联测、中日高空科学气球越洋飞行观测、国际原子时合作等。她促成了我国有关台站加入 IERS、国际 VLBI 服务、国际 SLR 服务、国际 GPS 服务等国际组织的合作。由于她在国际和国内学术界的威望，她 11 次担任国际学术会议的科学组织委员会成员，其中 3 次担任主席。

七、探月工程、上海 65 米射电望远镜的建设

1993 年初，上海天文台叶叔华、钱志瀚等根据射电天文和深空探测的发展需要，提出了建设"65 米全波段射电望远镜"的建议，争取列入国家大科学工程。当时，天文界最后选中了 LAMOST 项目。上海天文台对于 65 米射电望远镜项目一直没有放弃，继续进行预研工作，一直跟踪国际上有关大型射电望远镜的新技术与新发展。1998 年 5 月，中科院数理学部和国家自然科学基金委数理学部在北京联合召开的"二十一世纪初天文重大问题及突破手段研讨会"会上，上海天文台继续提出

建设 65 米射电望远镜的建议，仍未得到支持。

2003 年，在我国探月工程总体方案论证会上，叶叔华与钱志瀚等提出"VLBI 技术用于探月卫星测轨"的建议，得到采纳。2004 年，上海 VLBI 站参加欧洲航天局于 2003 年发射的月球探测器 SMART-1 的 VLBI 定轨观测，获得成功。2005 年，参加美、欧宇航局合作的土星计划，观测了惠根斯卫星进入土卫六大气的全过程，为我国探月工程取得经验。

2006 年，国家天文台北京密云 50 米射电望远镜和昆明 40 米射电望远镜建成，主要作为探月数据接收站和 VLBI 站。在上海天文台洪晓瑜台长的领导下，中国 VLBI 网由上海、乌鲁木齐、北京、昆明 4 个站组成，上海建有处理中心。当年 5 月，4 个 VLBI 站对 SMART-1 作定轨观测获得成功，为我国探月观测定轨打下基础。

2007 年 10 月，中国探月工程嫦娥 1 号成功绕月，我国 VLBI 网也发挥定轨作用。2008 年 1 月，上海市领导接见探月工程有关人员时，叶叔华和洪晓瑜台长提出上海 VLBI 站天线已超过服务期，希望新建立一个天线，从此促成了中国科学院和上海市共建的 65 米射电望远镜计划。该计划于 2008 年立项，在合作单位电子集团 54 所的努力下，又在"国际专家评审会"中得到国外同行的许多建议，改进了设计，于 2009 年奠基，2012 年 10 月 28 日，上海天文台 50 周年台庆之日，举行落成典礼。这是当前亚洲口径最大、总体功能国际第四的单个全天可动射电望远镜，不但支持我国的空间探测，而且是天文观测的一个新设备。可以参加国际联合观测，也可以用于中国网，或者单个望远镜工作，将在许多领域的天文观测中发挥重要作用。

在叶叔华的提倡和支持以及课题组研究人员的努力下，今天上海天文台同时拥有 VLBI、SLR、GPS 三种观测新技术和处理这些观测资料的能力，在国际上也是为数不多的台站之一。我国的 SLR 网和 VLBI 网，在世界和亚太地区大范围的板块运动和地壳形变研究中不可缺少。这些新技术正在应用于空间项目上，在新的研究领域中发挥作用。

八、叶叔华主要论著

叶叔华. 1954. 徐家汇观象台天文测时偶然误差. 天文学报, 2（2）：186-196.

叶叔华. 1955. 徐家汇观象台中星仪方位差变化. 天文学报, 3（2）：197-216.

叶叔华. 1956. 徐家汇观象台中星仪水平差变化. 天文学报, 4（2）：302-321.

叶叔华. 1957. 徐家汇观象台天文测时的季节性变化. 天文学报, 5（2）：281-291.

叶叔华, 肖宝亲. 1960. 地球自转速率的突然变化. 天文学报, 8（1）：68-69.

叶叔华. 1961. 徐家汇观象台经度改正值. 天文学报, 9 (1-2): 42-57.

叶叔华, 金文敬. 1962. 关于"综合时号改正数"的订定方法. 天文学报, 10 (1): 66-73.

叶叔华. 1963. 1958~1961年的地球自转不均匀. 天文学报, 11 (2): 100-115.

叶叔华. 1964. 1935~1960年欧美大陆经度变化. 天文学报, 12 (2): 189-196.

叶叔华. 1965. 几种仪器测时月误差的分析. 天文学报, 13 (2): 148-159.

叶叔华, 吴守贤. 1966. 我国的综合时号改正数. 测绘学报, 9 (1): 1-15.

Ye S H. 1982. Optical observations of time and latitude and the determining of the earth rotation parameters. High Precise Earth Rotation and Moon Dynamics: Lunar distance and related observations. Proceedings of IAU Colloquium NO. 63. Dordrecht: D. Reidel Publishing Company: 11-23.

Ye S H. 1982. Activities of astro-geodynamics research in China. High Precise Earth Rotation and Moon Dynamics: Lunar distance and related observations. Proceedings of IAU Colloquium No. 63. Dordrecht: D. Reidel Publishing Company: 181-188.

Ye S H. 1982. VLBI measurements of radio positions at three stations. High Precise Earth Rotation and Moon Dynamics: Lunar distance and related observations. Proceedings of IAU Colloquium No. 63. Dordrecht: D. Reidel Publishing Company: 329-336.

Ye S H. 1982. Note on the terrestrial reference system for geodynamics. Geodetic Application of Radio Interferometry. Proceedings of the 5th IAG Symposium. Washington: National Oceanic and Atmospheric Administration: 46.

Ye S H. 1986. Asirometry in China. Astrometric Technique. IAU Symposium 109. Dordrecht: D. Reidel Publishing Company: 729-736.

Ye S H. 1989. Intercomparison of celestial reference frame-general prineiple. Refercnec Frames in Astronomy and Geophysics. Dordrecht: Kluwer Acad Publ: 295-304.

Ye S H, Wan T S, Qian Z H. 1991. Progress on Chinese VLBI network project. Radio Interferometry. Proceedings of IAU Colloquium No. 131. Provo Utah: Astronomical Society of the Pacific: 386-389.

叶叔华, 黄珹主编. 2001. 天文地球动力学. 济南: 山东科技出版社: 501.

叶叔华总编. 2002. 现代地壳运动与地球动力学研究学术论文集 (1~6). 上海: 上海科技教育出版社.

撰写者

金文敬, 研究员, 中国科学院上海天文台。

周瑞仙, 高级工程师, 叶叔华院士秘书, 中国科学院上海天文台。

章振大

章振大（1927～），广东南澳人。太阳物理学家。1954 年毕业于南京大学天文系并留校任教，1985 年任教授。曾任天体物理研究室副主任、国际天文联合会第 10 委员会组织委员、中国科学院紫金山天文台客座研究员、《天体物理学报》编委，1984～1998 年任国际核心刊物 Astrophysics and Space Science 编委等。1981、1985 和 1989 年赴美国国家太阳天文台进行合作研究。长期从事太阳物理教学和研究工作，在太阳活动区光谱、日冕加热和太阳风加速、耀斑和日珥以及冕环动力学等领域研究中取得一些重要成果。首次在可见光区发现 90 多个耀斑冕环相互作用事件并用新的磁重联理论加以解释，获得良好结果。提出冕洞区的高速太阳风可通过哨声波而加速到每秒约 700 公里，与观测相符。在大耀斑光谱分析中得出等离子体湍动电场对谱线的致宽起着很大的作用，也求得耀斑存在很强的电场等。著有《太阳物理学》和《日冕物理》等书。曾获国家科技进步奖二等奖和教育部科技进步奖二等奖。1993 年起获国务院颁发的政府特殊津贴。

一、求学之路

章振大 1927 年 11 月出生于广东省南澳县后宅镇，父亲章声律是一个小商人，生有四个男孩，在当地开了一间卖米及杂货小店，生活尚可。1938 年日本侵略军侵占南澳后，对后宅镇进行大规模烧抢，住屋及商店均被烧毁，生活陷入艰难境地。几年后家里又遭汉奸陷害，说父兄为抗日分子，家被抄没，父亲及三个哥哥不得不逃往邻近的澄海县国统区谋生。1943 年他考入澄海中学初中，一年后日军来犯，学校又搬往山区饶平县浮山镇。数月后他二哥不幸病故，大哥在逃难中又被土匪杀害。在一周时间里突然失去支撑家庭经济的两位亲人，当时的困境真是难以言表。在亲友的大力支援下，他才得以继续学业，家庭的不幸，环境的艰辛，更磨炼出其坚强不屈的性格。抗战胜利后学校返回澄海县城，他于 1946 年 1 月毕业。是年 2 月他考入省立金山中学（当时在今潮州市，新中国成立后搬往汕头市），由于学校学习风气良好，他自己也很刻苦勤奋，加上受部分老师进步思想影响，也曾参加一些进步学生运动，思想有了进步。1949年1月高中毕业后，家境仍难以供应上大学，因而便前往南澳中学（初中）任教，以便积蓄资金准备继续上学。是年夏天在已参加革命工作的同学的影响和帮助下，他放弃了上学机会而将南中一些已毕业和未毕业的学生秘密结成学习小组，学习马列和毛泽东著作等进步书刊，为迎接南澳解放而开展工作。不久他与当时南澳县委副书记林正昭取得联系，受命把学习小组改为地下情报组并被指定为组长，负责收集军事情报并随时向上级汇报等工作。后来因情况紧急不得不离开南澳前往澄海县向南澳县委领导会报，并即被派往第四野战军41军121师侦察科协助工作，继续收集敌情，一直到1950年2月南澳县解放为止。事后查明，地下情报组半年多来所搜集的敌人情况准确无误，为南澳的解放做出一定的贡献。南澳解放后他开始在县民教科工作，后调往南中任教。1950年8月他考上广州中山大学天文系，在中大学习两年全靠学校甲等助学金维持生活，极为艰辛。1951年加入新民主主义青年团（后改为共青团）。1952年上半年全校学生停课并被调往广州市参加"五反"运动，参加对不法资本家的斗争，学习和执行掌握政策，自己也得到锻炼和思想改造，顺利完成任务返校。是年9月进行调整院系，天文系迁至南京与山东齐鲁大学天文系合并成南京大学天文系。由于与紫金山天文台靠近，学习环境得以改善，生活条件也有好转。尽管由于参加"五反"运动期间劳累过度而得胃病，并两度住院治疗，对学习造成一定的困难，但他仍努力学习，获得较好成绩，终于迎来了1954年7月毕业并留校任教。

二、科研与教学

1954年8月戴文赛从北京大学调来南大天文系工作，对天文系起了很大作用。系里派章振大参与戴文赛开设的天体物理、恒星天文和数据处理等课的助教工作。由于当时天文系缺少自编教材，他便同戴文赛等人合作翻译苏联的《恒星天文教程》和《普通天文学教程》（由高等教育出版社于1958年和1959年出版），这些书都曾作为当时的教学用书。1956年他还与戴文赛合作进行恒星天文的研究，完成了《B型发射星的空间运动》的工作，论文发表于《天文学报》。

1957年教育部拟聘请苏联莫斯科大学太阳物理专家西特尼克来南京大学天文系工作，组织上派他脱产在本校学习俄语口译半年。1958年初成为苏联专家的业务翻译，除了翻译专家编写的天体物理方法教材外，还从事一些研究工作。1958年中国科学院接受苏联有关方面的要求，准备于是年4月19日在海南岛三亚地区用射电天文方法观测日环食。在太阳研究中，日环食本来不是重要的机会，但为了这个观测项目，紫金山天文台与南大天文系也联合组织了一个观测队（包括苏联专家在内），从事日面临边昏暗的观测研究。他与紫金山天文台的陈彪一起，在3个月内装备了一台自动拍摄日环食时日面极边缘光谱的仪器，参加了观测并取得了较好结果，后来由他负责，其他同事参加，整理和分析了部分资料，发表了《日面极边缘的临边昏暗规律》、《日面中心和边缘谱线总吸收的比较》和《日面中心和边缘生长曲线》等论文，均分别发表于《天文学报》。同时他又协助西特尼克装置一台光电光度计，从事边临昏暗的光度观测，可惜由于资料不够理想而没有发表。这些观测研究工作，且不论其课题含义怎样，仅在装备制作水平的提高和观测经验的积累上，就有很大的收益。

天文系缺少太阳观测仪器，西特尼克建议在南京东郊建立一个塔式太阳望远镜（即太阳塔）作为科研和教学基地。在校系领导的大力支持下，专门成立设计小组，在西特尼克的指导下，他参加了定天镜系统和光谱仪的光学设计和计算工作、太阳塔的总体布局和台址的选择等。1959年5月苏联专家回国后，他与其他同事一道继续进行太阳塔的建造工作。但是，由于当时机械设计水平有限，加上当时没有一个工厂愿意承担整个太阳塔机械加工而被迫将各个部件分散由多个工厂负责加工，精度缺乏保证，导致加工部件大部分没有达到要求而不好使用。同时因为当时已处于三年困难时期，太阳塔工作便处于半停顿状态。1965年初，浙江大学光械系张浚生和两位老师带领20几位毕业班同学来天文系帮助重新太阳塔机械设计，组织上安排他全力协同工作。经过半年的努力，完成了整个机械设计工作并写出说明书，为往后的机械加工提供了依据。可是"文化大革命"又使这项工作完全停下来，一直到1973年天文系才重新安排方成等同事继续此项工作，并终于在1982年建成我国第一座太阳塔并通过鉴定，他是主要完成人之一。

1959年6月，苏定强等在当时天文系的天文仪器厂研制一架日冕仪，组织上安排他与苏定强等人一道前往甘肃祁连山上一个气象观测站（海拔约4000米）进行试观测，并带了一台日晕光度计对当地日晕作测量。尽管由于当时日冕仪的制作精度有限，没能观测到日冕（仅观测到几个小日珥），但这却是我国第一架日冕仪研制的尝试，其经验是值得后人借鉴的。

1960年下半年，领导安排他和其他同事到南京郊区南京大学农场劳动半年，很好地接受锻炼。回来后需要开设太阳物理课，因为没有任何现成教材或类似书籍可供参考，他只好收集国内外参考资料，自编太阳物理教材，并于1962年起开讲太阳物理课，1975年又重编，这些讲义为往后出书提供了帮助。此外，他与戴文赛等人合作，写出《天体物理方法》一书，1962年由上海科技出版社出版。1963年他又进行太阳耀斑的电子密度和对其自吸收的估计的研究，论文发表于《南京大学学报》。

1965 年 9 月整个天文系奉命前往江苏海安县参加"四清"运动工作半年，章振大被分派到隆政公社一个生产队，与贫下中农同吃同住同劳动，除了开会，发动群众，也常外调并获得一些结果，这些日子的经历对自己的思想改造的确大有帮助。1966 年 2 月返校后不久，便开始了史无前例的"文化大革命"，他不是什么学术权威，没有受到很大冲击而是受教育。1969 年全系到江苏溧阳南大农场，一方面是参加革命运动，接受贫下中农再教育和接受审查，另一方面又参加劳动锻炼改造思想，一直到 1972 年才返校。在这整整 8 年的时间里，一切科研教学工作全都停止，而在此期间国际太阳物理研究进展迅速，无论是地面或空间观测研究还是理论研究都取得很大成就，而我们却一无所获。因此从 1973 年起他不得不花大量时间去查阅国外极其浩瀚的各种文献和书籍，以便了解国际太阳物理的研究成果和发展动向，为往后的科研和教学工作做准备。

三、改革开放使科学研究出现新机遇

"文化大革命"结束以后，整个大学和科学院各天文台的学术研究和学习环境有了根本性改善，这也促使他更加努力学习和工作。1978 年他与许敖敖等利用从云南天文台获得的磁场观测资料，通过理论分析探讨太阳黑子的威尔逊降落，得出较好的结果，论文发表于《南京大学学报》。1979 年他同李晓卿合作应用等离子体理论研究太阳色球—日冕过渡区和低日冕的加热问题，得出低日冕可被加热到百万度高温，与观测结果很相符，论文发表于 Chinese Astronomy。1984 年他们又提出一个过渡区和内冕的加热模型，具有很好的参考价值，文章发表于 Solar Physics。1981 年他们又分析了湍动等离子体散射对天体 X 射线谱的作用，所得的结果有一定的参考价值，论文发表于 Chinese Astron. Astrophys.。1982 年他与黄佑然等合作分析了太阳风的加速机制问题，结果表明冕洞区的太阳风可被哨声波所加速，在地球附近太阳风可被加速到约每秒 700km，这同空间探测到的数据相一致，论文发表于 Chinese Astron. Astrophys.。此外，他还进行了一些其他工作，例如参加 1980 年《中国大百科全书·天文学卷》的编写（任太阳学科副主编，1993 年曾获国家新闻出版署表彰）；他是《辞海》（上海辞书出版社）1979、1989 和 1999 年版的主要撰写人之一；参加《美国科技百科全书》天文学卷的翻译；与李晓卿合作翻译《等离子体天体物理》一书（1982，科学出版社）；他还参加《天文学词典》（1989，科学出版社）和《英汉天文学词汇》（1986，科学出版社）的编写等。

改革开放政策给知识分子与国外同行的交流带来很好的机遇。1981 年 9 月至 1982 年 11 月，组织上派他以访问学者身份到美国 Sac Peak 太阳天文台（后改为美国国家太阳天文台）进行合作研究，该台位于海拔 2880 米高山上，拥有真空太阳塔和日冕仪等一流的设备。他克服了身体虚弱不大适应长期生活在高山上的困难，与 R. N. Smartt 合作进行了与日珥伴生的日冕辐射的研究，推求日珥-日冕过渡层的物理状况，论文发表于 Solar Phys.；同时他们又利用太阳耀斑的光谱资料测定其电场，得出耀斑区存在着很强电场等结果，论文发表于 Solar Phys.。这些工作受到该台同行的好评。

1985 年他升任教授后，科研和教学任务更加繁重，除了继续讲课和带研究生外，还开展多项科研工作。1985 年他再次前往 Sac Peak 天文台工作半年，与 Smartt 合作对太阳耀斑后环的物理性质作了分析（论文发表于 NASA Conference Publ. 1987；IAU Colloq. 1989），并带回一些大耀斑观测资料，指导研究生从事研究。在国家自然科学基金会和国家教委基金的资助下，他先后负责并与林隽和王振一合作完成了"太阳耀斑及其共生现象的研究"、"耀斑冕环系及其伴生爆发的分析"和"冕环动力学及耀斑形成的研究"等项目。他们系统地讨论了耀斑环系的演化和冷却以及 H_α 和 X 射线环与双带的运动特性，提出阿尔文波作为冷耀斑环的加热机制等理论模型，与观测结果符合得很好，论文发表于 Astropys. Space Sci.；同时也推求等离子体湍动电场对斯塔克致宽函数的贡献，文章发表于《天体物理学报》。他们在光谱分析中，考虑了耀斑等离子体内电场和湍动电场的综合作用对谱线 Stark 致宽的贡献，用半宽方法推求耀斑环的等离子体性质，结果表明在考虑湍动电场的作用后，电子密度约低 2 倍，而对于大耀斑则要低一个量级，论文发表于《天文学报》。此外，他们还讨论了 1980 年 4 月 28 日耀斑后环系的形态特征和致冷机制，论文发表在 Astron. Astrophys.。

1989 年 7 月至 1990 年 8 月他第三次应邀前往 Sac Peak 天文台工作。在 Smartt 协助下，他花费大量时间利用该台提供的 1979～1990 年全部日冕观测资料，详细分析了由日冕绿线、红线和 H_α 线所显示的由耀斑环相互作用而引起的暂现辐射增强区，整个事件的寿命约 20～30 分钟，总共发现了 90 多个事件。这是首次在可见光谱区发现的由于耀斑环相互作用引起的暂现增亮事件，在太阳活动峰年期间，它们是活动日冕的特征现象，对耀斑的起因和日冕加热到百万度高温具有很重要的意义。1992 年美国杂志 Sky and Telescope 曾把此作为新发现而报道，该文也被国内杂志《科学》（1992）转载，并被国际同行多处引用。有关上述观测结果的分析系列论文分别发表于《天文学报》、Solar Phys. 和 Adv. Space Res. 等。正如 Smartt（当时任美国国家太阳天文台副台长，分管 Sac Peak 天文台工作）于 1990 年向总台的会报中所指出的，章振大教授在美国工作期间，对本台的日冕研究计划做出了杰出的贡献。

他于 1993 年退休，后仍继续从事科研和著述工作。在 1994～1997 年，他负责国家自然科学基金重点项目（"太阳 22 周耀斑和活动区的多波段观测和研究"，由张和祺和丁有济负责）中的一个子课题"耀斑磁环动力学的研究"的工作。他与该课题组同仁一起出色地完成这一研究项目，全组 5 人在 4 年里共发表论文 35 篇，而且大部分属于 SCI 文章，获得基金委好评。在此期间，他与李晓卿和 Smartt 继续合作仔细分析了耀斑冕环相互作用的动力学问题，他们基于这种重大的观测事件而建立了新的磁重联理论。由于流行的磁重联理论存在着困难，它不能提供磁能迅速释放和足够大的产能率：为了有足够的能量释放，电流片必须很薄，但磁场耗散的产物——热等离子体却使电流片加宽，降低产能率；同时耗散区中薄而狭长的电流片不允许快速磁重联，否则由于质量守恒，从电流片两端抛出的物质将以超光速运动，正如 Pikelner 和 Kaplan（1978）所指出的，这些都与观测相冲突。解决困难的关键是找到一种爆发不稳定性，它使耗散产物迅速从电流片抛出。因此他们提出的理论包括了由有质动力激起的快速磁重联机制和由调制不稳定性引起的爆发，它可解决由于磁能释放时电流片变宽，从而降低磁能释放率的困难。利用这种理论可说明上述的可见光区耀斑环相互作用区的暂现增亮现象。例如利用前面绿线耀斑后环系电流片区的温度（$\sim 2\times 10^6$ K）和电子密度（$\sim 5\times 10^{10}$ cm^{-3}）可得出不稳定性的增长率所对应的特征时标约为 17 分钟，这同 90 多个事件的寿命（20～30 分钟）基本相符，其所释放能量约为 10^{28} 尔格，基本上也与前面所得结果一致，论文发表于 Astron. Astrophys.。

为了说明阳光卫星观测到的由 X 射线环相互作用引发的 X 射线耀斑，他们也曾基本上用上述的磁重联理论，但在电流片离声湍动情况下，采用反常电导率来代替库伦电导率。计算结果显示，不稳定性的特征时标约 10 钟，而耀斑环相互作用区所释放能量约为 10^{30} 尔格，这与观测此耀斑的作者所估计的同量级，论文发表于 Astrophys. Space Sci.。同时，阳光卫星观测也显示环相互作用可能是活动区环增亮事件磁能释放的基本过程。为了阐明这一点，他们在上述磁重联理论的基础上，提出在电流片里由朗缪孤波引起的电阻不稳定性在磁重联中可逐渐转化为爆发式不稳定性，同样采用反常电导率以代替库伦电导率。计算得出爆发的特征时标约为 15 分钟，这同观测到的小类耀斑增亮的寿命相当，而所释放的能量约为 10^{29} 尔格，这与小耀斑的能量同数级，论文发表于 Astrophys. J.。接着他与李晓卿合作进行了自生磁场的调制不稳定性的研究，结果表明自生磁场相对于等离子体的均匀状态而言是调制不稳定的，这种不稳定性能使磁场集中在一定区域，在日冕活动区或大耀斑中这种集中的磁通量就将产生小尺度间歇磁场，其特征尺度仅约为 0.05km，这同别人由其他方法得出的结果类似，精细结构的形成与间歇磁场的存在有关，论文发表于 *Solar Phys.*。同时他们还探讨了极光区千米波辐射中的自生不均匀磁场，计算得到高度集中磁场可能是由于调制不稳定性导致的横等离激元所产生，而这种集中磁通量可能由于极光区千米波辐射中的小尺度不均匀磁场所形成，论文发表于 *Astrophys. Space Sci.*。此外，他与 Smartt 合作对日冕辐射局部亏损等现象作了理论分析，用绿线和红线所显现的日冕像有时会发生辐射反常低的局部区域。分析表明这种暗区不大可能由日冕离子的吸收所引起，而可能是由中性氢连续吸收造成的。基于这种结果和由测量强度所求出的电子密度与别人结果相符，论文发表于 *Solar Phys.*。

  章振大从事科学研究和教育事业 50 多年，在国内外期刊发表论文 60 多篇，著作和译作近 10 部。参加设计和研制"太阳塔"获 1985 年国家科技进步二等奖，他以第四作者获得此奖；他（以第一作者）与李晓卿和林隽合作完成的项目"太阳耀斑冕环暂现增亮的观测和分析以及磁重联理论"获 1998 年教育部科技进步二等奖。1992 年写出《太阳物理学》（科学出版社），此书获 1993 年南京大学优秀教材一等奖。在国家自然科学基金委的资助下，2000 年写出《日冕物理》一书（科学出版社）。1984～1998 年应邀担任国际核心期刊 *Astrophysics and Space Science* 编委，在此期间他曾多次为国内同行推荐一些优秀论文投往该刊物发表。1983～1985 年曾任《天体物理学报》编委；1995 年曾任紫金山天文台客座研究员；1993 年起获国务院颁发的政府特殊津贴等。他热爱祖国天文事业，治学严谨，实事求是的作风是他取得科学成果的保证。退休后尽管体弱多病，仍孜孜不倦地继续坚持研究和写作，所发表的论著具有一定的影响。他的生命与天文研究紧密相连，为发展我国的太阳物理事业做出了自己的贡献。

四、章振大主要论著

章振大，郑宁英，陈彪. 1961. 太阳圆面极边缘的临边昏暗规律. 天文学报，9：11-19.

Li X Q, Zhang Z D. 1980. A possible mechanism of nonresonant heating of the chromosphere-corona transition zone. Chinese Astronomy, 4：279-286.

Li X Q, Zhang Z D. 1981. Effect of turbulent plasma scattering on the X-ray spectra of celestial bodies. Chinese Astron Astrophys, 5：469-475.

Zhang Z D, Huang Y R, Li X Q. 1982. Acceleration of the solar wind by whister waves from coronal holes. Chinese

Astron Astrophys, 6: 192-198.

Smartt R N, Zhang Z D. 1984. Visible coronal emission associated with a quiescent prominence. Solar Physics, 90: 315-324.

Li X Q, Zhang Z D, Zhang Y Y. 1984. A heating model for the transition zone and inner corona. Solar Physics, 91: 289-297.

Zhang Z D, Smartt R N. 1986. Electric field measurement in solar flares. Solar Physics, 105: 355-363.

Zhang Z D, Lin J, Wang Z Y. 1989. Contribution of plasma turbulence field to the stark broadening function. 天体物理学报, 9: 60-68.

章振大, Smartt R N. 1991. 冕环相互作用. 天文学报, 32: 233-238.

章振大. 1992. 太阳物理学. 北京: 科学出版社.

Lin J, Zhang Z D. 1992. The effects of Alfven waves on heating plasma in post-flare loops. Astrophysics and Space Science, 187: 291-306.

Lin J, Zhang Z D, Wang Z Y, et al. 1992. The morphological characteristics and cooling mechanisms of the post-flare loop system of April 28, 1980. Astron Astrophys, 253: 557-560.

Smartt R N, Zhang Z D, Smutko M F. 1993. Post-flare coronal loop interaction. Solar Physics, 148: 139-151.

Zhang Z D, Li X Q, Smartt R N. 1994. Analysis of loop interaction in the visible emission corona. Adv Space Res, 14: 41-44.

Li X Q, Zhang Z D, Smartt R N. 1994. Magnetic reconnection theory for coronal loop interaction. Astron Astrophys, 290: 936-971.

Zhang Z D, Li X Q, Smartt R N. 1995. Magnetic reconnection model for X ray flare loop interaction. Astrophys Space Science, 226: 31-46.

Li X Q, Zhang Z D. 1996. Modulational instability of self-generated magnetic fields. Solar Physics, 169: 69-77.

Li X Q, Zhang Z D. 1997. Magnetic reconnection by Langmuir solitons. Astrophys J, 479: 1028-1034.

Li X Q, Zhang Z D. 1997. Self-generated inhomogeneous magnetic field in auroral zones with kilometric radiation. Astrophys Space Science, 253: 253-263.

章振大. 2000. 日冕物理. 北京: 科学出版社.

Zhang Z D, Smartt R N, Landman D A. 2002. Interpretation of localiged deficits in coronal emission. Solar Physics, 207: 63-71.

撰写者

章振大

陈晓中

陈晓中（1928～），广东汕头人。天文学家。南京大学天文学系毕业，任职于北京天文馆。主要从事天体力学、天文学史的工作和天文教学实践。20世纪50年代末，曾参与中国科学院所属的北京人造地球卫星观测站的观测和预报工作。同时，受当时冶金工业部之聘，在其举办的"测绘训练班"讲授天体测量学课程，随后，在北京大学地球物理系开设"天文学"课，1960年，再受当时中国科学院数学研究所力学研究室之邀，讲授"天体力学"课程，为期一年半。1978年，任北京天文馆副馆长，不久晋升馆长。1982年评为副研究员，1987年晋升为研究员。发表论文有《时空结构与力学时》、《关于白道交周》等，学术著作有《中国古代天文机构和天文教育》等。曾任中国天文学会理事、常务理事兼普及工作委员会主任共九年。并曾担任北京师范大学天文学系硕士研究生论文答辩委员，和多次担任中国科学院自然科学史研究所天文学史硕士、博士论文评审委员。20世纪90年代，出任《中国天文学史大系》编委会委员，从事天文学史著述。1978年3月，出席全国科学大会，获"做出重大贡献的先进工作者"奖状。1993年，获"国务院特殊津贴"奖状。并被选为北京市第七、八，九届人民代表，1992年退休。

一、简　历

1. 名校熏陶

陈晓中1928年4月出生于澄海区莲下镇建阳村。小学就读于养和学校，毕业后上苏湾中学到初二上学期，日寇入侵，家乡沦陷，辍学在家，自修初中课程。一年后，抗战胜利，澄海中学回迁县城，立即报考初二插班生，张榜时考取第一名，获免学费优待。初中毕业后，报考仰慕已久的广东省立金山中学高中部，得其录取。该校在潮安县，此处为古称"潮州"府城，即唐朝韩愈"治潮驱鳄"之地。金山中学，其前身为前清光绪三年（1878年）创办的金山书院，学风醇正，享誉岭南。在此学习三年，奠定了学业基础。

高中毕业后，当年即报考广州中山大学天文学系，录取后，因经济困难，向校方申请保留学籍一年,任小学教员,积取路费之后,准时复学。广州通都大邑,人文荟萃;在良好的中山大学学习环境的熏陶之下,学习了一年,随后,适逢院系调整,奉命并入南京大学,很高兴地进入了这座素以严谨著称,含华毓秀的高等学府殿堂,大学毕业后,即任职于北京天文馆。

2. 追随良师

大学毕业后,深觉经典天文学之深奥;多少天文学命题、难题,皆有赖于当时数学大师,才得以解决,其精妙之处,自不待言;而这些问题,至今仍保存在高等数学中,占有重要位置,成为经典篇章。自己在大学本科所学到的知识,只不过是入门而已,此后要登堂入室,获取更多智慧,则需要自己奋力追求。于是,除了做好本职工作之外,"寻访名师,继续深造",成为陈晓中坚定的信念。

当时,陈晓中追随的名师有两位:第一位是当时的北京天文馆馆长陈遵妫。他早年留学日本,专攻数学,回国后任职于紫金山天文台,为专职研究员,负责编算中国天文年历,他兼长天文学史,著作甚丰。陈晓中经常向他请教编历的计算方法和治"史"的原则;天文学史,尤其是"历法"史,浩如烟海,如何处理好"纲"和"目"的关系,做到"纲举目张"。陈先生明确教导说:治理"历法"史,应当做到"以知其事,以明其理,以晓其用,以修其值",这就是"纲"和"目"的因果关系。他的见解十分深刻。第二位,则是北京理工大学赵进义。他早年留学法国,获里昂大学理学博士学位,并曾在里昂大学天文台从事研究工作,回国后历任中山大学、北平师范大学、西北大学、北京理工大学等校教授,并受聘为中央研究院天文研究所特约研究员。国内数学家李国平、闵嗣鹤、刘书琴、赵根榕、叶述武等教授,都曾受业于其门下。20世纪50年代,赵进义任北京天文学会理事长,陈晓中才得以认识这位学者,当面提出请他栽培的愿望,得其同意,每个星期前往他家聆听教益,请教天体力学问题。他教导说要阅读经典著作蒂斯朗著《天体力学专论》,这部专论共4大卷。遵照了他的教诲,把第1卷和第4卷读完,遇到难点,都当成习题,给予解算。所有不懂之处,则请教赵先生指点。只可惜,第2,3卷没有读完。至今回忆起来,赵先生的数学、力学功底是多么深厚,而且剖析入微,循循善诱,温容慈颜,提携后进,学者风范,历历在目,感念尤深。

3. 人造地球卫星观测

北京天文馆成立于1957年,是建国后北京第一个成立的天文机构。于是,当时中国科学院有关天文外事,都由北京天文馆承担。1957年10月,世界上第一颗人造地球卫星发射成功，苏联科学院致函中国科学院，请求中国组织观测，以跟踪其飞行情况；并由苏联普尔科沃天文台派天文学家谢戈洛夫前来北京，举办人造地球卫星观测训练班，以教习、演示、观测、记录、资料分析和预报等方法，以及赠送观测用的广角望远镜和星图等。

训练班的地点就设在北京天文馆内，为期两星期，主办的领导单位则是中国科学院。来自全国各大城市或高等学府代表 50 人，陈晓中协助陈遵妫馆长进行组织、接待、教学、班务、生活等事务，圆满地完成任务。尔后，中国科学院在全国设立十个人造地球卫星观测站，由南京紫金山天文台进行业务指导统管，于是，全国人造地球卫星观测工作全面展开。北京的人造地球卫星观测站为其中之一，由陈晓中协办组建，任业务骨干，从事观测、资料分析和预报工作，到 1963 年为止，约 6 年之久。

约在 1961 年间，当时中国科学院新技术局发来通知：由于某国的一颗人造地球卫星即将陨落，要求预报、测算该卫星能否掉在中国境内，在何地点？陈晓中立即组织人员，主持推算。计算结果和南京紫金山天文台的预报数据几乎相同，受到了上级单位的嘉许。

4. 教学实践

由于第一颗人造地球卫星上天，引起北京高等学府对天文学的重视，于是，纷纷邀请北京天文馆人员前往讲授天文学。陈晓中于 1958 年，即受当时冶金工业部之聘，任该部举办的测绘训练班教师。当时来自全国各省市的学员约 60 人，均勤勉好学；讲课内容为内插法和最小二乘法以及天体测量学原理。结业之时，部里赠送"勘察队员的良师益友"锦旗一面。

1959 年，陈晓中受北京大学地球物理系的约请，前往该系讲授天文学。内容多为球面天文学。学生们多是来自各中学精英学子，理解力很强，细心听讲，作业认真，成绩很好。此后期间，陈晓中曾在北京西单新华书店遇到一青年学生，向他立正鞠躬，询之自称是北京大学地球物理系学生，曾经听过他的天文学课。他当时不禁为之感怀不已："北京大学学风之醇正，令人钦佩！"

1963～1964 年夏，陈晓中受中国科学院数学研究所力学研究室主任叶述武约请，前往讲授"天体力学"课。教材采用当时苏联天体力学家都波辛所著的《天体力学专论》，该书内容详尽，所用的推理演绎、分析方法，数学味道甚浓，有时证明一个定理或恒等式，颇费周折。当时听讲者十余位，多为助理研究员，于微分方程方面的知识有所见长。讲授时间为一年半。

1965年夏，适逢北京师范大学天文学系首届毕业班结业。其中天体力学组学生的毕业论文题目，由陈晓中提供，题目名为《小行星172号的特殊摄动》。其主要内容为：在研究小行星运动的时候，由于具有大的偏心率和倾角，所受到木星和土星的影响很大。因而，如果不用定量地算出摄动的数值结果加以改正，那么，小行星就很可能在短时间丢失。故此，为了计算到某个特定时间为止的摄动，使得能继续观测起见，就必须采用外推法数值计算，用以求出具体时刻的摄动坐标，以及轨道根数的结果。这就是直角坐标的特殊摄动计算方法。

整个计算程序，从"差分"理论开始，引入特殊直角坐标，求出瞬时的6个轨道根数、坐标变化速度分量与轨道改正，作了外推和订正后的残差等，都很详细地编成讲义，作为毕业生写作毕业论文的解读。

二、主要工作成绩

1. 理论天文

摄动理论是经典天文学的内容。《小行星172号的特殊摄动》论文题目，属于理论天文范畴。这是陈晓中涉足这领域的初步尝试。其中包括外推计算方法和天文理论两方面。回顾历史，颇有兴趣。当年，高斯、恩克和贝塞耳都认为计算小行星的唯一办法就是外推法，一步一步地计算摄动力和小行星的速度和位移。高斯就是这样计算2号小行星"智神星"的轨道。

至于理论解析，经过汉森、波林、蔡佩尔、鲁米努夫等人的创立理论并加发展，已较充实。再如有关"通约"的"共振"运动问题和限制性三体问题的理论，则更精彩。小行星领域是理论天文研究的佳苑！

2. 历法天文

中国古代优秀天文历算家，利用他们时代的数学，创立推算日、月位置的方法，很有贡献。陈晓中曾运用现代的数学天文学理论，进行探讨，并与之对照比较。

(1) 唐朝历算家边冈，在他创立的《崇玄历》中，首次建立：把观测到的太阳的黄道位置，换算成赤道位置的计算方法，称为黄赤道差。《新唐书·历成》(下) 有述文记载，经近代历算家翻译成计算式子为：

$$\Lambda - \alpha = \frac{1}{10000}\left[\left(1315 - \frac{144}{10}\alpha\right)\alpha - \frac{\alpha}{1690}(4566 - \alpha)\right],$$

如果将其再整理，成为更便于计算的式子。

$$\Lambda - \alpha = \frac{\alpha}{5}\left[\frac{12.43}{20} + \frac{\alpha-5}{10}\left(-\frac{1.44}{20}\right)\right], \tag{1}$$

Λ、α 分别为太阳的黄道和赤道经度。引入现代天文学公式：$\tan\alpha = \cos\varepsilon \tan\Lambda$，从而导得：

$$\Lambda - \alpha = 592.38^s\sin2\Lambda - 12.76^s\sin4\Lambda + 0.36^s\sin6\Lambda, \tag{2}$$

式（1）与式（2）对比，在 $0 < \Lambda < \frac{1}{2}91.3137$ 度中，所得的赤经差为 $0.16° < \Delta\alpha < 0.54°$，这结果还算可以。

（2）元朝郭守敬的《授时历》中，有《白道交周》一章。意即：当黄、白道交点，正处在冬（或夏）至点时，白赤道交点与黄赤道交点之间的距离为：14 度 66 分，称为"极数"。郭守敬当时是利用沈括的《会圆术》和杨辉的《勾股算式》求得的。

引用现代的球面天文公式：

$$\sin\alpha = \frac{\sin i \sin\Omega}{\sin\omega}, \quad \cos\omega = \cos\varepsilon\cos i - \sin i \sin\varepsilon\cos\Omega,$$

其中：α 为极数的赤经，i 为月轨倾角，Ω 为月轨升交点黄经度；ω 为白赤道交角，ε 为黄赤道交角。

如果取现代值：$i = 5°09'$，$\varepsilon = 23°27'$，得 $\alpha = 13°00$，但是如果取郭守敬当时采用的 $i = 6$ 度（今度为 $5°.92$），$\varepsilon = 23.9$ 度（今度为 $23°.57$），则 $\alpha = 14°.54$。这似乎可以认为是球面天文意义下的现代算值。《授时历》当时所取的月亮轨道倾角 i 稍为偏大。

3. 典籍天文

20 世纪 80 年代，由于我国学术研究繁荣，从事社会科学研究人员增多。我国古代典籍，卷帙浩瀚，内容涉及天文、历法、地理、宗教的礼制等多种学科，其修辞、涵义也较深奥，许多读者要求通过讲解，以便利学习的呼声很高。有鉴于此，当时的中央电视广播大学发起组织，延请国内各有关学者举办"中国古代文化史讲座"。邀请的各位先生为王力，唐作藩，北京大学；陈晓中，北京天文馆；葛剑雄、谭其骧，上海复旦大学；左言东，中国人民大学；李学勤，清华大学；许嘉璐，启功，北京师范大学；任继愈、冀淑英，北京图书馆；杨伯峻，中华书局等 12 人。王力先生讲演题目为《为什么古代汉语要学习天文学》，陈晓中的讲演题目则为《古代汉语天文知识》。其他学者讲演题目，为另外学科，但讲稿则结集以《中国古代文化史讲座》书名，于1984年印行，2004年再版。陈晓中讲的是有关经、史、子、集中的星象文化，三垣廿八宿和历法等内容。三垣，就是紫微垣、太微垣和天市垣。北斗七星就在紫微垣中，它指示北天极方向的天区，太微、天市两垣在其附近。《史记·天官书》："北斗七星，所谓璇玑玉衡，以齐七政。"廿八宿是沿天上黄赤道带，划分为28个星区，以该星区中有代表性的星起了专名，称廿八星；用以记录日、月五星，特别是月亮运行的位置。它起源于公元前十二三世纪的殷末、周初。二十八星始见于《周礼·考工记》、《吕氏春秋》书册中。

在农耕社会时代，先民看星宿出没，以知晓播种、收割季节。如《国语》载有"农祥晨正"，记述古代每当清晨看到房宿（天蝎星座）的头部，正在南天时，该春耕了。《诗经·国风·豳·七月》："七月流火，九月授衣"，则是记述看大火星，出现于黄昏南天时，该准备寒衣了。《洪范》载有："箕好风，毕好雨"，则是记述数千年前初秋时陕西一带，当望月运行到毕宿时，雨季来临了，而当望月运行到箕宿时，黄河流域正是春季多风季节。

《尚书·尧典》还载有："期，三百有六旬有六日，以闰月定四时成岁"的词名，这是历法的记述。中国的历法是阴阳合历。由于回归年365.2425日和朔望月29.5306日，两者都不是整数，于是，历算家加以推算协调，使得每月初一必是朔，十五必是望，余数则置闰月而制成的历法，与实际季节变化相适应，以利于农业生产。

历法以干支纪日、纪月和纪年。殷代时代已采用干支纪日。干支纪法，是以十天干和十二地支，经过排列组合得到60的周期，即甲子周。西汉时代采用干支纪月，东汉建武三十年（公元54年）起，始用干支纪年，延续至今。近代史上仍用干支纪年，如："戊戌变法"，"辛亥革命"等。

中国历代重视日、月食，星变等观测记录。《诗经·小雅·十月之交》载有："十月之交，朔日辛卯，日有食之……彼月而食，则维其常"。

典籍天文，蕴藏了许多魅力！

4.《中国天文学史大系》的写作

20世纪80年代，中国科学院自然科学史研究所的天文学史家们发起编写《中国天文学史大系》的倡议，很有创见。得到国内天文学界的热烈响应。于是拟订计划，上报中国科学院数理化学部，得到支持，成立编委会。陈晓中为其中一名委员，《中国天文学史大系》共十卷，负责主编《中国古代天文机构和天文教育》这一卷，合作者是北京天文馆张淑莉副研究员。

写作时，力图体现：①中国天文学的发生、发展，年代久远；起自夏、商、周三代或更早，时间跨度约五千年；②古代天文机构地位的显要，它与国运兴衰，朝代更迭共呼吸。每个新朝代的建立，作为制历定朔，敬授民时的太史局或钦天监，必须编制新历书，以颁发全国和属国遵行，象征行使国家权力；③兴盛的朝代，如东汉、唐朝和元朝，其天文机构规模之恢宏，设备之完善，称之为当时世界第一流而毫无愧色；④天文机构中，历象家的创造发明。由于历代各家历法的改进和修订，许多优秀历算家脱颖而出，各显才能。隋朝的《皇极历》推算日、月、五星行度，发明等间隔内插算法。到唐朝的《大衍历》，则改进为不等间隔内插算法；到元朝《授时历》，又创立招差法来推算，精密度高，这是中算家的贡献！更值得一提的是，南宋算学家秦九韶创立的《大衍求一术》，在推算《开禧历》中的"上元积年"的繁杂数字，显得十分快捷，相当精彩。这实际上就是"一次同余式"。欧洲在 18 世纪之后，大数学家欧拉和高斯，才对一次同余式进行研究，重新导得中算家获得的定理。欧洲的数学家们盛赞秦九韶是："是幸运的天才"！

中国古代的天文教育也相当繁荣，受到国家重视，源于官学，畴官世承，授自司天监。司天监则进行严格考试、选拔制度。随后，地方书院兴起，讲授天文、律历之理，渐为民间所掌握，趋于普及。

中国古代天文机构体制和天文教育内容模式，也流传到域外，如朝鲜、日本，很长时期，行用中国历法。古代朝鲜的天文机构称为"日官部"，日本则称为"阴阳寮"，分设天文、历算、漏刻等科，置天文、历算博士等。天文教育课程则为《周髀》、《海岛》、《九章》等，与中国的大同小异。

5. 重修北京古观象台

北京古观象台，原是清朝钦天监外署，建于明朝正统年间，距今约有 550 年。辛亥革命后，改称中央观象台，属当时教育部。设有历数、气象、天文、磁力四科，从事编制历书和测候科研工作。新中国成立后，由国务院批准，改由北京天文馆管理。经整理后，曾于 1956 年 5 月 1 日，对外开放。后因种种原因，于 1959 年停止对外，附属建筑为北京市物资局占用。1979 年 8 月 17 日凌晨，因大雨，东北角高台坍塌，国外媒体进行报道，因而国务院领导批示："进行修复，重新归回北京天文馆"。

于是，当时北京市政府，由白介夫副市长，在市政府会议室召集有关单位开会，陈晓中代表北京天文馆出席；会上责令限期迁出；并派市政府杨冠飞副秘书长负责落实执行。随后，陈晓中又陪同北京市科委副主任田夫同志到国家文物局汇报情况，并申请拨款维修，几经努力与北京市政府共出资 120 万元，经 3 年时间，修理得金碧辉煌，院落悠然。其间，陈晓中则与全馆同仁，倾力筹办"中国古代天文成就"大型展览，于 1983 年 4 月 1 日再度对外开放。

在维修期间，比利时国王博杜安一世和王后访问北京，因为清朝康熙年间，比利时人南怀仁，曾任钦天监监正，所以专门前来察看参观。开幕后，比利时总理也前来访问。英国剑桥大学教授李约瑟博士，以八十高龄，亲登高台。1982 年 2 月，北京古观象台，由国务院定为"全国重点文物保护单位"。

6. 天文学会的工作

自 20 世纪 50 年代末到 80 年代末，陈晓中都效力于天文学会。最初，追随北京天文学会理事长赵进义和北京天文馆馆长陈遵妫，作为学会的工作人员，从事普通的会务工作。这是接触高级知识分子，体会学术界之间深厚感情的阵地。给陈晓中留下极深印象的，有几件事。1956 年 10 月 29 日，北京天文学会和北京天文馆联合举办欢迎苏联普尔科沃天文台米哈依洛夫台长和天文学家德依奇，以及塔什干天文台谢果洛夫台长访问北京座谈会。当时，米哈依洛夫年事已经很高。他发言时，手抚坐在他旁边的中方翻译。态度温存，言辞亲热，长者风范令人动容。恰好，当时民主德国的彗星天文学家贝尔曼也前来访问，三国的天文学家共聚一堂。赵进义教授则用法语与之交谈甚欢，场景动人，堪称盛事！

1958 年夏，南京紫金山天文台张钰哲台长来北京。北京天文学会举办欢迎会，请他作学术报告。当时，天文界同仁齐集北京天文馆报告厅。有人报：夏坚白到会；稍等，又报：钱宝琮也到会。这样，高朋满座，会场活跃。张台长作了报告之后，座谈开始。夏坚白满脸笑容发言说："张先生的报告，显示了经典天文学的精深，听后极受启发。我自觉我是假天文"（原话确如此）。此言一出，语惊四座！陈晓中在座聆听，体会到这是"雅量谦词"！因为夏教授留学德国，在国内任同济大学校长，为我国大地测量界泰斗，曾著有《实用天文学》一书，行用于测绘界，为人称道，何来有假!？至于钱宝琮，则是留学英国，曾任浙江大学数学系主任。他们与张台长、陈遵妫馆长等，早年在南京已经相识。如今客地重逢，贤者互尊，夏教授即兴抒情，留下"自谦佳话"，感人至深！

到了 70 年代，北京天文学会改选，叶述武任理事长。陈晓中为副理事长兼秘书长，自知学术地位不高，之所以当选，乃出于同仁的关爱，今后应当竭诚尽力，办好会务，以作回报。约在 1976 年，北京天文学会举办学术年会。陈晓中请示北京市科协领导和理事长，建议办一次扩大年会，得到同意。于是，邀请北京市数学、地理、测绘等学会以及江苏天文学会代表列席参加。南京大学赵却民和紫金山天文台方文海受邀与会。

当时，适逢美籍华人、美国科学院院士林家翘回国在京讲学，同仁们提出能否请他前来作学术报告、座谈。经理事长同意后，陈晓中就通过清华大学蒲福全引荐，敦请得林家翘前来，与会上同仁们会面、作报告并座谈。林家翘于流体力学造诣精深，是星系学上"密度波"理论创立人，享誉世界，光彩照人。由于林家翘光临，使这次学术年会大为增色。

对于中国天文学会，约自1978年始，陈晓中任中国天文学会普及工作委员会主任共九年；敬业尽职，与委员会各位委员密切合作，每年召开会议，布置、总结工作，奖励先进；培植有关省市天文爱好者协会。按时向秘书处汇报工作，从不疏漏。

1982年是中国天文学会成立60周年。常务理事会决定隆重庆祝，编辑中、英对照纪念专册，举办60年天文成就大型展览，召开庆祝学术年会等。举办展览任务，由北京天文馆承担，陈晓中负责设计筹办。

于是，由中国天文学会行文到国内有关大学和天文台、站，征集历史文物、文献，陈晓中经手编辑梳理。史册记载：中国天文学会于1922年10月30日，在北京古观象台宣告成立，选出当时任中央观象台台长高鲁先生为正会长，北京大学数学系教授秦汾先生为副会长。学会宗旨是：组织学术活动，编辑天文学书刊，开展国际学术交流，普及天文知识。先后成立日食、变星观测委员会，出版《观象丛报》、《中国天文学会会报》、《宇宙》、《大众天文》等刊物。制订了较为周全的章程、会规，为今后发展打下良好基础，中国近代天文事业从此起步。学会每次召开年会，会议记录、决议、合影等资料保存完整，工作态度认真严谨、树立起优良典范。于是，事业相继，风气相承，经过60年，各地天文机构发展迅速，提供历史资料也相当丰富；中国天文学会更加枝繁叶茂。追忆先贤业绩，使后学者为之肃然起敬！

此次展览，布满面积为500平方米的北京天文馆展览厅，琳琅满目，规格较高。当时与会代表，包括台湾蔡章献等天文学家都前来参观。回顾既往60年辉煌，展望今后当更兴旺！

1986年2月9日，著名的哈雷彗星过近日点，南半球夜空最合适观测。中国南方省份也可见。哈雷彗星绕太阳周期为76.2年。自秦朝到清末，我国共有32次完整观测记录。于是，中国天文学会普及委员会向中国科协学会部和普及部提出申请，请求支持组织天文爱好者前往观测，并拨款制作彗星知识和观测的宣传资料，得到批准和丰厚拨款。这样，陈晓中编制一套完整、优美的哈雷彗星幻灯片，分寄全国有关省市科协，以指导观测。另一方面，与中国科协普及部联合组队到广西北海市涠洲岛进行观测，之后，并立碑纪念，碑高 1.5 米，上书：北京、广西、天津青少年哈雷彗星联合观测纪念碑，公元 1986 年 4 月 10 日立。另一队则前往海南岛省三亚市鹿回头地区进行观测。由广东、香港和全国各省天文爱好者组成，都取得很好观测成果。

7. 社会兼职和受到奖励

曾任北京市科协第二、三届委员（1980~1990 年）。北京市第七、八、九届人大代表（1977~1992 年）。北京师范大学天文学系硕士研究生和中国科学院自然科学史研究所天文学史硕士、博士研究生毕业论文答辩、评审委员。

1978 年春，出席北京市科学技术大会，获"先进工作者"称号，北京日报刊登相片及文章表扬。同年 3 月，参加全国科学大会，获"做出重大贡献的先进工作者"奖状（第 0001216 号）。1993 年获"国务院特殊津贴"奖状（第〈93〉9110161 号）。2002 年获北京天文学会授予的："特别贡献奖"和"50 年奋斗奖"两奖章。

三、陈晓中主要论著

陈晓中. 1965. 小行星特殊摄动计算方法讲义. 北京：北京师范大学天文系.
叶述武，陈晓中，等. 1989. 数学家和天文学家赵进义. 西北大学学报，4.
Chen X Z. 1993. The calculation of the reduction to the equator in ancient chinese calendar. 北京：中国与其他国家天文学交融国际学术研讨会上宣读.
陈晓中. 1994. 关于白道交周. 郭守敬研究杂志. 邢台：郭守敬纪念馆.
陈晓中. 1997. 时空结构与力学时. 北京天文馆文集. 北京：北京科学技术出版社.
王力，陈晓中，等. 2004. 中国古代文化史讲座. 北京：中央广播电视大学出版社.
陈晓中，张淑莉. 2007. 中国古代天文机构和天文教育. 北京：中国科学技术出版社.

主要参考文献

陈遵妫. 1984. 中国天文学史（3）. 上海：上海人民出版社.
北京天文馆编. 2007. 北京天文馆五十年（1957—2007）.

撰写者

陈晓中

李 竞

李竞（1928～），浙江余姚人。天文学家。1950年毕业于北平辅仁大学物理系，毕业前夕考入中国科学院南京紫金山天文台，应聘为助理员。1958年奉调北京，参加北京天文台筹建，任天体物理观测台选址组组长。历任助理研究员、副研究员、研究员、博士生导师。现为中国科学院老科学家科普演讲团成员，教授。曾任北京天文学会副理事长，全国天文学名词审定委员会主任，《中国大百科全书·天文学卷》第二版副主编。1992年起享受国务院政府特殊津贴。

一、执著的少年天文爱好者

祖父李金藻是清代晚期的秀才和举人，曾官派赴日本留学，并曾到西欧和美国考察教育，历任国民政府直隶省教育厅厅长、天津教育局局长、河北省图书馆馆长。抗日战争爆发后，弃官赋闲，居家卖字。父亲李福景南开学校毕业后，先就读香港大学，后转学英国曼彻斯特大学，学习土木工程专业。家中富有藏书，既有传统典籍也有时尚书刊。由于20世纪上半叶，大地测量是土建专业的主课之一，因此天文学则是必修课程。家中书架上就列有父亲就读国外时的天文书籍。其中有本部头颇大，精装本的天文画册——Splendours of the Heaven（《星空灿烂》），从小学五年级的年岁起，开始好奇而又有兴趣地翻看书中丰富的天象照相和天文图画，当然是"看图而不识字"。到中学时代才得知那本大书原来是当代的欧洲天文科普名著。除了逐渐领悟"宇宙之大，星空之多彩"，还对通过运算和推理而发现海王星的天文学家，以及对根据日食观测验证高深而难懂的科学道理的天文学家，产生敬重崇拜，成为心目中的神人。在中学时，还认识了一位在学的土木工程专业大学生，这下有了认识星座，熟悉星空，了解天球坐标等基本天文知识的老师。那时，我已自诩为天文爱好者，并向往在再进一步地正规学习天文学。中学毕业后，考入开设有三门天文课程的辅仁大学物理系。1950年，经过"近代物理"授课老师何泽慧推荐，并由于有选修过刘景芳的"天文学概论"和"高等天文学"、王辅仁的"球面天文"以及在前北平师范大学旁听过一个学期祁开智的"天体力学"的经历，投考中国科学院紫金山天文台的招聘，并被录取。从此，实现了宿愿，从学校中的天文爱好者步入神圣而向往的天文科研殿堂。

二、步入紫金山天文台

在到达梦寐以求的新科研岗位后，全力以赴地渴求弥补缺欠的天文学识，一则为今后合选的科研选题准备，同时又借助紫金山图书馆丰富的藏书，增补阅读外文专业书刊的能力。然而，不久之后，接到通知，派往外地，脱产离职学习俄语。这对我很是意外，而又不心甘情愿，舍不得暂离刚才获得的科研环境。不过，我还是服从调遣，前去学习俄语。一年多的外语学习结业后再返紫金山天文台，从事的第一项业务是验收和鉴定从国外进口的可变光阑光瞳光度计。这是当时较为先进的照相测光附属设备。检验结果在中国天文学会年会上报告，并将《冥王星冲日附近时刻的照相测光》文章投寄《天文学报》发表。这可能是国人首次的冥王星照相测光记录。同时，还作为助手，协助天文学家龚树模从事建立"太阳型恒星的能源和内部结构模型"的计算操作。而后，才开始着手"变星照相测光巡天"的长期常规科研。首批目标是"球状星团 M15 的短周期造父变星巡天"。

三、北京天文台建设

根据中国科学院远景规划，并由于旅法天文学家归国定居，北京天文台开始筹建。因参与过天文台站的远景规划的酝酿，北京地区将建设天体物理观测台站是早已知晓的，但令我参与筹建，并被任命为选址组组长，却出乎意料。其实，颇不心甘情愿。因为，变星测光巡天已经上手起步，中途中断，难以割舍，更难料何日何时才能再重返刚才起步的专题。即便心情如此，还是服从分配，告别紫金山天文台，定居北京。在随后多年，主要是以选择天体物理观测台址为主业的科技生活。

台址选择分两个阶段：首先是根据地形和环境的要求条件进行踏勘，其次是在几个候选地同时进行可以相互比对的特定天文观测，以期选定最佳天体物理观测台址。为此，从近郊香山、望儿山、妙峰山开始逐步向周边远郊山地巡查。西北到延庆之北，西端到门头沟雁翅、斋堂、清水、百花山，西南达房山史家营、蒲洼，北端到怀柔喇叭沟门，东北到古北口一带，东端达平谷黄松峪。在此之后，又跨出北京，巡查河北省地界，例如，滦平的五道营子、虎什哈一带，密云以东的鹰手营子、兴隆县境山区，等等。最后，经过比对河北滦平县和兴隆县的两个台址候选地的天文选址观测，选定兴隆台址。在20世纪50年代末，山区踏勘全凭步行，有如地质考察。

直到"文化大革命"前夕，国外订购的施密特望远镜、双筒天体照相仪等大型天文以期陆续到货、安装、验收和校准，才又从新起步，恢复中断十年的天体测光科研。"文化大革命"之后，利用北京兴隆观测站的施密特望远镜和双筒天体照相仪以及云南天文台凤凰山观测站的1米反射望远镜完成了爆发后银河新星的光学证认和测光，成果刊登于《云南天文台台刊》。20世纪80年代初曾作为访问学者到英国爱丁堡天文台进行了为时半年的游学，实习照相底片的数字化处理和测光，同时商借到该天文台设在澳大利亚观测站的4个银道带天区的广角巡天底片复制件，以及数字化测光扫描记录磁带。归国后，应用这批境外观测资料相继完成了4个南天银道带天区的近红外天体的测光研究，论文先后发表于《天体物理学报》。

四、热心天文公益事业

从自诩为天文爱好者的岁月起，即开始参与天文公益活动，六七十年来热情不减不退，也确实从事、经历和完成了不少科研之外的"天文杂事"。

1. 天文学名词审定和编撰

20世纪50年代初，学习了俄语之后，即受中国天文学会的委托，在戴文赛指导下，和沈良照一道，审定和编撰"俄中天文学名词"。我在天体测光科研之余，以很高的热情和效率投入。全部手工操作的名词卡片均由我一人编撰和制作。前后历时三年，超额完成了"俄英中"、"英俄中"和"中俄英"三部三种文字对照的天文学辞典，并于1958年和1959年先后由科学出版社出版。这是新中国成立后，第一部俄语对照天文辞书。

80年代初，中国天文学会恢复和重组天文学名词审定委员会，先后被任命为副主任和主任委员，主持名词审定。主编了《汉英天文学词汇》（1991）和《英汉天文学名词》（2000）。其中后者由我一人完成全书的电子版编辑和录入。与此同时，全国科学技术名词审定委员会也组建了天文学名词审定委员会，也先后任命为副主任和主任，主持名词审定。公布了《天文学名词》（1987）和《天文学名词》（1998）。这前后两版的电子版编辑和录入均为我一人操作。此外，1985~2010期间刊登于《天文学进展》的17批"天文学名词的推荐译名"（英汉对照）以及1991~2010期间载于《中国科技术语》的11批"天文学新名词"（汉英对照）的电子版的编辑和录入也都经我之手。

顺便说一句，国家级的天文学名词的审定也和我国的其他科学技术名词工作传统一样，从来都是天文学家的公益事业，从事编辑和录入名词所需的个人计算机也是自备的。名词审定，虽然受到尊重，但大多不计入科研业绩。

2. 大百科全书的编辑和撰写

1978年，北京天文台指派我参加《中国大百科全书·天文学卷》的筹备组。总主编姜椿芳邀请我作为天文界的代表陪同他南下，先后到上海天文台、南京大学天文系、紫金山天文台以及云南天文台拜访天文界同仁，动员全国天文学家参与天文学卷词条的拟定和撰写。随后又指定我为"星系和宇宙学分支学科"主编，负责组稿、撰稿和审定。第一版"天文学卷"于1980年问世后，从此就和大百科全书结下不解之缘。在随后近30年间，一是参与了《不列颠百科全书》（国际中文版）（1999）全部天文学近600词条的翻译，近10年又担任全部天文学电子文本新词条的翻译。二是受聘为中国大百科全书第二版天文学卷（2009）的副主编，参与修订和撰写其中太阳系和太阳系天体、天文仪器和空间探测器等领域的全部词目。

此外，还参与了《朗文英汉双解 科技大辞典》（1995）和《图解科技大百科》（1996）二辞书的全部天文词目的翻译和撰写。

3. 天文学史的撰写

"文化大革命"后，曾任中国科学院自然科学史研究所研究生导师。在此期间，发表了《20世纪天文学的发展》，载于《20世纪科学技术简史》（1986第一版）和（2000第二版）；《哈勃常数的今昔》（1986）、《银河系结构的今日观》（1986）、《中国古代航海天文学》（和他人共同撰写）（1989）、《自然科学发展大事记——天文学卷》（其中1850年之后的事件）（1994）。

4. 天文教学和研究生培养

1960年，天体物理观测台的选址最终确认和选定。此时，将我调出，参与南京紫金山天文台提出的2米光学望远镜设计草案的审定。我和韩念国、李焕荣二人携带图纸赴中国科学院长春光机所听取评审。归来后，开始从事并完成了望远镜分光设备的总体设备。随后，又被调任北京天文台主办的中国科学院科技大学天体物理培训班的副主任，主持教务并担任"天文学概论"、"天体物理方法"和"俄语天文阅读"的授课教师。在此两年期间，完全脱离了选址岗位，也暂时搁浅了迎接国外订购的天文观测仪器的科研课题预研究。我仍无怨无悔地服从安排和调遣。

1981~1982年先后兼课于北京师范大学天文系（2学期）和北京大学地球物理系天体物理专业（4学期），讲授"天体物理方法"和"恒星和银河系"。此后，成为天文台研究生事务小组成员，主管研究生专业培训事务，同时每年一个学期到中国科学院研究生院讲授"恒星物理"和"天文学新进展"，持续十年，直到退休。

5. 天文科普、天文学会和学报事务

20世纪50年代，紫金山天文台传统地规定周日上午为开放日，免费接待公众参观紫金山陈设的古代仪器，并游览天文台外景。我到职不久，即被吸收为天文科普讲解员，并积极参与，乐此不疲。

"文化大革命"前，热心地参与北京天文学会在北京天文馆举办的公益性天文科普讲座。"文化大革命"后，在任北京天文学会副理事长和学术委员期间，大力恢复并身体力行主持科普讲座。

1975~1976年，被指派为北京天文台的代表，参与北京科教电影制片厂拟定制作的大型科教影片《宇宙》脚本的写作。最初，参与写作组的尚有南京紫金山天文台和北京天文馆的天文学家各一人，不久，此二位退出离去，只留下我一人。每日按时到科影制片厂报到上班。脚本创作完成后，又续聘为摄制组顾问，参与外景和内景，实物和动画的拍摄。其间还参与了抗日战争期间遭到破坏的河南登封元代古观星台的古建修复的方案拟定和复建验收，以及外景拍摄。影片的制作于1976年"文化大革命"结束前夕告成。由于影片主编和导演石梅音的运作，《宇宙》拍摄成不具政治色彩的天文科普影片，仅将极具"文化大革命"政治色彩的说教语言，分别录制于片首和片尾。所以，"文化大革命"后，立即删除片首和片尾而问世。上映后，颇得佳评。随后，又录成英语解说的外文版，还曾在国外展映并获奖。

20世纪80年代，北京天文台筹建中国天文学会新创办的机关刊物之一的《天体物理学报》。我被任命为第一届常务副主编，负责组稿和审稿事务。这一公益性任务持续到退休。此外，在退休前和后，还曾任《天文学进展》、《自然科学史研究》、《中国科技术语》等学报编委。

6. 外事活动

1956年，国家制订"科学发展远景规划"，我和沈良照奉命作为工作人员出差北京，协助张钰哲、李珩、孙克定、戴文赛等与会代表。会议期间，苏联科学院代表团成员天文学家谢维尔内，以及随后的苏联天文委员会主席米哈伊洛夫、副主席

库卡金、成员德依奇和谢格洛夫等 4 位天文学家陆续到京，作为外国专家参与天文科学远景规划拟订。我又作为专业翻译陪同外宾分批走访紫金山天文台、上海天文台、云南天文台、南京大学天文系、北京古观象台；到天津、西安、兰州、昆明等地考察作为天文台台址候选地的气象等自然条件和环境；还担任谢维尔内、库卡金等人在北京和南京的学术和科普报告的翻译。

1958 年，旅法天文学家程茂兰归国。我又被派出陪同当时作为紫金山天文台贵宾的天文学家走访各个天文台站以及程茂兰在河北的农村故里。所有这些外客和内宾的陪同走访都耗费时日并中断正常的科研生活。

应该提及的是，在苏联天文学家库卡金访华期间，留驻上海天文台佘山观测站，在沈良照和我协助下，考察了该台的底片库，进行了库存历史巡天底片的耀发变星的测光，研究成果的论文发表于《天文学报》，库卡金为第一作者，我和沈良照为第二、三作者。文章的中文本由我执笔。以此为契机，促使我后来的《球状星团变星巡天》的科研课题的确定。

1988 年，年满 60 周岁，按时办理了退休手续。由于任博士生导师，以及尚在研究生院兼课，就留任返聘。最终一连续聘了 4 年半。在此期间和在职研究生肖真共同完成了《南天银道带 4 个选区的近红外天体测光巡天》课题。并在任全国天文学名词审定会主任任期内主编编撰了《汉英》和《英汉》2 部天文词典。

1992 年之后，完全退离科研前线。开始着手主持国家规范的《天文学名词》第二版的审定和编辑，于 1998 年完成并出版。与此同时，全力协助主编王绶琯修订和撰写《中国大百科全书·天文学卷》第二版。此项重大任务于 2009 年最终完成，出版问世。

1997 年，应邀加入了新组建的社团——中国科学院老科学家科普演讲团，成为第一批成员，迄今 14 年来，积极而热心地在北京和外省市面向公众，主要是在学的青少年，普及天文知识和宣讲天文进展成就。到 2009 年底演讲的次数已满 300 场，依旧乐此不疲。

进入 21 世纪，还受聘参加"中国科技馆"新馆中《宇宙之奇》展区的筹建，并撰写讲词。为此，获得"宇宙之奇"主题展区建设贡献奖。

五、李竞主要论著

李竞（天文学卷星系和宇宙分支学科主编）. 1979. 中国大百科全书（总论 2 款、恒星 7 款、星系 11 款、天文学史 8 款）. 第一版. 北京：中国大百科全书出版社.

李竞. 1980~1990. 银道带选区的近红外天体. 天体物理学报.

李竞. 1982. 哈勃常数的今昔. 自然科学史研究, 4: 70-79.

李竞. 1985. 简明不列颠百科全书（缩写天文学长条目5款）. 北京：中国大百科全书出版社.

李竞. 1994. 朗文英汉双解科技大辞典（翻译全部天文学辞目）. 北京：清华大学出版社.

李竞. 1999. 不列颠百科全书（翻译和修订全部天文学条目）. 国际中文版. 北京：中国大百科全书出版社.

李竞. 1999. 21世纪始于2000年的建议的由来和依据. 科技术语研究, 1.

李竞. 2000. 我们的宇宙在膨胀. 物理教学, 2.

李竞. 2004. 我们宇宙的膨胀正在加速. 物理教学, 6.

李竞. 2005. 20世纪天文学的发展. 20世纪科学技术简史. 北京：科学出版社.

李竞. 2006. 行星的新定义. 科技术语研究, 3.

李竞. 2009. 中国大百科全书（太阳系全部条款）. 第二版. 北京：中国大百科全书出版社.

李竞. 2011. 解密玛雅纪年柱. 光影谜程：玛雅文明一瞥. 香港：香港图书文具有限公司.

李竞主编. 2012. 邮票上的天文学. 北京：人民邮电出版社.

撰写者

李竞

叶式煇

叶式煇（1928~），四川成都人。天文学家。中国太阳光谱和太阳磁场的主要研究者之一。1952年毕业于清华大学物理系，曾任中国天文学会理事、国际天文联合会太阳活动委员会领导小组成员、《天文学报》常务副主编和中国科学院紫金山天文台太阳研究室副主任。1956~1960年在苏联科学院克里米亚天体物理台做研究生，获苏联数理科学副博士学位。对日珥光谱取得优质观测资料，对日珥的物理参数、能源函数、原子激发和电离机制等进行深入研究，获中国科学院二等奖。参加1980年2月16日日全食的闪光光谱观测，集体获中国科学院一等奖。对磁场内谱线形成理论、太阳黑子的磁场结构和磁光效应等进行较深入的研究，获中国科学院三等奖。在国内外专业刊物发表论文50余篇。学术专著《天体的磁场》于1978年由科学出版社出版，英文改写本于1994年由荷兰克鲁威尔（Kluwer）学术出版社出版。1990年退休后，致力于天文专业书刊的编辑和翻译工作，主要是英文季刊 Chinese Astronomy and Astrophysics 全部稿件的校改审定工作。此外，积极参加天文科普和天文名词审订，对培养研究生也发挥了一定的作用。

一、少年天文爱好者

从远古时代起，浩瀚深邃的天穹和明亮晶莹的日月星辰就引起人们浓厚的兴趣，在各个文明古国，天文学都是最早诞生的自然科学，天文爱好者遍布全世界。还在童年时期，我就爱听长辈和教师讲述天文常识。大约在小学毕业时，我就认识北斗七星、牛郎织女星和猎户星座。在我的故乡——四川成都，有一位大名鼎鼎的天文学家——李珩，他当时是华西大学的教授。有一次我的哥哥带我到华西坝听他的科普演讲，他口若悬河，妙语连珠，讲得非常精彩。虽然我懂得不多，但也听得津津有味。我接触的第一个天文事件，是在1946年一位从法国回来的学者刘子华宣称用自己创立的"八卦宇宙论"，发现了一颗新行星，取名为木王星。这件事引起了轰动，但遭到中央研究院天文研究所张钰哲所长的驳斥。很凑巧，我的一位同班同学刘公海是刘子华的侄儿。于是刘公海带我到成都东大街他的家中，去拜访刘子华。

他出示自己撰写的一本法文书,书中把太阳系的一些天体排列在八卦图形中,图中有一个空缺,他说这就是木王星的位置。我问他,这颗星有多大,离太阳有多远,怎样去发现,他都说尚待研究。我想这很难令人信服。

时光流逝,到1948年,我考进清华大学物理系,入学后不久我就结识了同班同学乐光尧。我们后来成为终生的莫逆之交。我们有不少共同点,其中之一是都爱好天文。有一次,我们到离清华不远的燕京大学(校址就是现在的北京大学)去拜访知名的天文学家戴文赛。我们径直找到他的住宅,敲门进去,受到热情接待。他为我们热爱天文感到高兴,并送了一本新著的天文科普书。在这之后,我们和清华及燕京的天文爱好者经常集会,戴先生成为我们的导师。

在1948年岁末,我们物理系的一位同学沈良照,用他自购的双目望远镜发现了一颗彗星,并接连几天在学生宿舍的平顶上向同学们指认。我结识了他,并进一步了解到清华大学有一批天文爱好者,为首的是物理系比我高两级的孙良方。大约在1951年,我们一群同学(大概有三四十人)正式建立了"清华天文学习会",并在科学馆的一间教室里举行成立会。孙良方被推举为会长(当时用的是另一个名称,我记不清楚了),我也是领导小组的成员之一。孙良方做了主题报告,题目是《掌握大宇宙作为物理实验室》。他从古希腊到哥白尼、牛顿、爱因斯坦,讲述天文与物理的密切联系。着重说明浩瀚无垠的太空可以为物理学提供许多独特的场所来检验物理理论。著名的相对论三大验证,就是脍炙人口的例子。他的这个演讲,可以说为我指明了前进的方向。

到了三年级暑假,按规定我们可以外出实习。我和同学杨海寿提出去紫金山天文台。经教务长周培源批准并征得紫台张钰哲台长同意后,我们在紫台实习了将近两个月,学到一些有用的知识。第二年毕业后,我和沈良照由国家统一分配到紫台。就这样,我从一个天文爱好者成长为天文工作者了。

二、虔诚的追日者

紫金山天文台的前身是原中央研究院天文研究所。它在1934年建立时,规模甚大,设备良好,堪称东亚一流。但在抗日战争中,它惨遭破坏,60厘米主镜也损坏了。在1952年10月我到紫台时遇到的第一件大事是参加第一届扩大台务会议。当时全台(包括隶属紫台的徐家汇和佘山两个天文台)工作人员不满一百人。所有的研究实习员以上科技人员都参加了这次会议。会上决定成立四个业务组,我分在天体物理组。具体工作是进行太阳黑子目视观测,并协助陈彪先生开展太阳光谱研究。

我们真是白手起家。幸好在中国科学院上海分院有一个口径40厘米的定天镜，它是日本人在中国观测1941年日全食后留下的。我们把它接收过来并修配好。另外，中国科学院物理所调配给我们一台棱镜光谱仪。从试拍实验室光谱入手，在小赤道仪楼下用铝皮管子搭装出一个自准直的太阳光谱仪，但效果很差。于是想到要制造一架大型的太阳光栅光谱仪。但在这时，紫台领导决定派我去苏联学习，于是我就和紫台暂时告别了。写到这里，我要高兴地提到，在我离台后，在陈彪的领导下，经过尤建圻、许胤林等同志的艰苦努力，并经两次选址重建，紫台的太阳光谱仪已经成为一架优良的中型仪器了。

在1955年的暑期，我通过了留苏研究生选拔考试，正准备去北京俄语学院留苏预备部学习。这时国际天文联合会在爱尔兰首都都柏林召开第九届大会，中国科学院决定派代表团参加。代表团里有张钰哲、戴文赛两位先生，以及中国科学院数学所的吴新谋研究员。另外，我作为代表团的秘书，也和他们一道去。这是我第一次出国参加学术会议，大开了眼界，也学到不少新知识。会议结束后，我返回北京，去留苏预备部报到，开始正规的俄语学习。到第二年春季，中国科学院订制12年科学发展规划，邀请了十几位苏联科学家来协助，其中就有苏联科学院克里米亚天体物理台台长谢维尔内（A. B. Severny）。有一次我应邀去北京饭店和他见面。他热情地和我谈话，并告诉我去苏联后到克里米亚天文台做他的研究生。就这样，事情定下来了。我把太阳物理当作终生事业，就像我国古代神话人物"夸父"那样，成为一个虔诚的追日者。

克里米亚是黑海北面的一个半岛。那里风景优美，是疗养胜地。早在20世纪初期，在半岛南面海滨小城夕米兹就有一个小天文台。在第二次世界大战结束后，苏联科学院决定在巴赫契萨拉伊附近另选新址，筹建一个设备精良的大天文台。经过多年努力，新台建成并于1955年9月举行隆重的落成典礼，张、戴二位先生应邀参加了。我在1956年10月来到克里米亚天文台，受到热情接待。在我之前已经有一位捷克研究生邦巴（V. Bumba）来到这里，他也是谢维尔内的学生。我和邦巴同住一套房间，亲如兄弟。他在学习和生活中，都给我很大的帮助。克里米亚天文台有很多大型仪器，对我们来说最重要的是太阳塔。它的定天镜口径是当时世界最大的，附有大型摄谱仪，还有光电磁象仪。作为研究生，首先要通过四门功课（理论天体物理、实验天体物理、俄文和马列主义哲学）的考试。这些考试我都得了五分。在这之后，开始学位论文的工作。论文题目是导师指定的，即日珥光谱的研究。日珥是伸展出日面边缘的活动体。它的光谱已经有不少人研究过。但是用大型摄谱仪拍日珥光谱，只能分波段，逐条谱线拍摄。在摄谱期间，日珥本身可能有变化。此外，摄谱仪狭缝前的太阳像也会移动。于是拍到的各条谱线不属于同一时刻和日珥的同一部位。为了克服这些缺陷，克里米亚天文台太阳塔的摄谱仪在1958年安装了阶梯光栅，这样就能够在同一张底片上同时拍到从可见区到紫外区的全部光谱。这在太阳活动体光谱的观测史上是一个划时代的进步。1958～1959年我在太阳活动峰年期间拍到了几十套优质的日珥光谱底片。接下来的任务是测量和归算这些资料，这花费了我大量的时间和精力。然后我对光谱资料的处理结果进行分析研究。我钻研了日珥物理中的一系列课题，主要是物理参数、谱线致宽机制、能源函数、激发和电离机制，最后写出了学位论文。1960年6月，我参加在基辅举行的全苏太阳物理学术会议，并在会上报告我的研究工作，受到一致的好评。接着在7月份，我在莫斯科大学史登堡天文研究所进行论文答辩。该所学术委员会投票一致通过，并授予我苏联数理科学副博士学位。

我的日珥光谱研究在国际上受到很大的重视。我在克里米亚天文台台刊上发表的两篇文章由美国萨克拉门托峰天文台从俄文全部译成英文，并出版单行本。日本天文学家平山淳（T. Hirayama）用我的资料做进一步的研究。苏联的《天体物理和恒星天文教程》第三卷（1964）用较多篇幅详细介绍我的日珥光谱工作。美国天文学家齐林（H. Zirin）在他的《太阳天体物理》书中也提到我的日珥光谱研究。至于在国内，我从苏联带回的日珥光谱资料经朱灿生、赵定理、汪景琇等同志使用，也做了不少有意义的工作。

在1960年7月从苏联回国和重返紫台后，我在日珥光谱方面还做了两项工作。第一项是考虑斯塔克（Stark）效应时，氢原子的高项巴耳末谱线宽度与波长之比会随谱线序数增加，由增加的幅度可以推求日珥的电子密度。另一项工作是从日珥、耀斑等活动体的光谱特征，可以探寻它们的物质运动状态。具体说来，是创立了下列四个方法：①由谱线的附加致宽推求视线速度梯度；②由强发射线两峰的不对称性求出能源函数；③由谱线的倾斜度推导活动体的旋转速度；④从谱线的弯曲求得角速度的梯度。这项工作可以说是为太阳活动体的运动学研究开阔了一条途径。文章在国际刊物 Solar Physics 发表后，引起一些国外同行的重视。

三、磁场的诱惑

在1966年，"文化大革命"开始了，和全国数以万计的科学工作者一样，我的科研工作停止了。从1970年初到1973年中期，我和全家下放到苏北农村，这段时期我和科研工作彻底脱离了。1973年4月我调回紫台后，开始进入我的科学工作的第二个领域——天体磁场的研究。回想起来，这个转变并非偶然，因为许多太阳活动现象（尤其是黑子）都与磁场结下不解之缘。要深入了解太阳以至众多天体活动的根源，必须研究它们的磁场。

天体磁场的研究起始于美国天文学家海耳（G. E. Hale）通过塞曼（Zeeman）效应测量太阳黑子的磁场，但是理论研究的基础是日本天文学家海野和三郎（W. Unno）奠定的。具体说来，他建立了一组在磁场内的斯托克斯（Stokes）参数（即 I、Q、U、V）的转移方程，并在一系列简化条件下求解这组方程。这样就可以从天体光谱中的磁场敏感谱线，推求天体磁场的物态、数量和结构。但是由于课题的复杂性，他采用了一系列简化假设来求解这组方程，这样得出的结果难免是粗糙的。在海野之后，许多学者致力于改进海野的理论，使之更趋合理，更为精确。从70年代中期起，我与合作者金介海同志也加入这个行列。为了避免过多的简化假设，我们用电子计算机推求海野方程组的数值解，并在此基础上先后研究了有关太阳磁场的下列课题。

1. 太阳的磁场敏感谱线——谱线的朗德（Lande）劈裂因子 g 代表磁场敏感度。g 愈大，谱线对磁场愈敏感。我们对太阳磁场观测常用的磁敏线，研究了它们的下列性质。

（1）斯托克斯参数的轮廓——海野理论的基础是斯托克斯参数的辐射转移。我们用数值计算求得斯托克斯参数轮廓，比海野代数解的结果更为精确。

（2）形成深度——我们发现四个参数的轮廓在恒星大气中形成的深度不同，并可能相差悬殊。

（3）温度敏感度——我们对四条常用的磁敏线求出它们的温度敏感度，并发现 $Fe\lambda 5250$ 对温度过于敏感，不适于用作磁象仪的工作谱线。

（4）磁场增强量——我们计算了磁场引起的磁敏线等值宽度的增加量。

2. 用西尔斯（Seares）公式测定太阳黑子磁场的方向——这组公式是海耳等人用早期太阳黑子磁场测量结果建立的经验公式。我们用精确计算表明，这个方法不宜使用。

3. 磁敏线单色像与黑子磁场结构——因为磁敏线的"o"和"e"轮廓都与磁场强度（H）及方位角（γ）有关，所以测量两个单色像上同一点的强度，便可推求 H 和 γ 两个数值。我们在紫台太阳光谱仪上对一群黑子试用这个方法，得到满意的结果。

4. 矢量磁场的信息——海野的简化假设之一是偏振面固定不动，因此磁场方位角可取为零。这样一来，第三个斯托克斯参数 U 恒等于零，于是海野方程组只有三个方程。实际上这个假设与事实不符。我们对包含四个斯托克斯参数和四个方程的 Unno-Beckers 方程组进行数值解；并设计了一整套方法，可以由斯托克斯参数轮廓依次推求磁场强度、磁场方向与视线的夹角以及磁场的方位角，即求得矢量磁场的全部信息。我们把这个方法应用于日本冈山（Okayama）天文台的观测资料，得到可靠的结果。

5. 太阳黑子磁力线扭曲的诊断方法——为研究黑子磁场的三维结构，需要确定磁力线是否扭曲，即横场方位角是否随深度变化。在磁敏线的一定波长范围内测定 Q 和 U 两个参数，可算出横场方位角，让波长范围由线心到线翼不断移动，则可测出不同深度的方位角。我们对指数模型和线性模型，分别算出可能的诊断结果。

6. 太阳黑子的法拉第（Faraday）旋转——由于法拉第旋转的作用，直接测出的偏振面方位角可能与横向磁场的方位角相差甚远。我们由 Unno-Beckers 方程组的数值解指出，法拉第旋转的影响对线心的磁场观测结果影响最大。由此我们为消除法拉第旋转对矢量磁场测量的影响，设计了一种方法。

7. 太阳黑子的线偏振单色像与磁场结构——北京天文台怀柔观测站和美国马歇尔空间飞行中心的单极黑子的 Q 和 U 单色像，都显示出四个象限中的同心圆结构。我们用磁光效应和三维磁场模型对此进行模拟，并指出这与磁力线倾角随与黑子中心距离的变化有关。

对上述各项研究结果，我为 1990 年 8 月在美国萨克拉门托峰天文台召开的太阳磁场国际学术会议，提交了一份综合报告，并在该会议的文集发表。

近年来天体磁场的研究变得愈来愈重要，研究成果丰富多彩。为了向广大读者介绍这方面的知识，我编写了一本专业书，名为《天体的磁场》，于 1978 年由科学出版社出版。后来，由于几位国外同行的建议，我用英文对这本书进行全面的扩充和改写，并在 1994 年由荷兰克鲁威尔（Kluwer）学术出版社出版。这花费了我大量的时间和精力，也得到了良好的效果。例如国际学术刊物 *Solar Physics* 发表了一篇书评，对这本书的内容作全面的介绍，并予以充分肯定，这使我感到欣慰。

四、辛勤的笔耕

我是从天文爱好者成长出来的天文工作者，因此我经常想到向人民群众传播天文知识。还在清华大学求学时期，我就参加了李元先生组织的"大众天文社"，并为它的刊物写稿。到紫台工作后，我加入他牵头的天文普及组，接待络绎不绝的参观群众，并到一些学校和单位做科普宣传。在 20 世纪 50 年代上半期，我参加由孙克定副台长发起的翻译苏联《天文爱好者手册》。进入60年代，我开始积极为北京天文馆主办的刊物《天文爱好者》写稿。我估计总数超过20篇，其中包括《太阳研究谱新篇》的系列文章。这个系列的第一篇是介绍1976年我在美国访问时，了解到的"蒙德（Maunder）极小期"概念。这是美国天文学家艾迪（J. Eddy）提出的一个新概念。在过去长时期中，人们普遍认为太阳活动呈现出11年的周期，但是艾迪指出在公元1645~1715年间，太阳活动持续70年都处于极小期，这引起国际天文界的广泛重视。

为了系统讲述关于太阳的科学知识，我编写了一本科普读物《太阳》，在1982年由科学普及出版社出版。这本书问世后，我收到十几位读者（主要是青年学生）的来信，提出一些问题和我讨论。他们的认真阅读和深入思考，使我感到高兴，也让我进一步认识到科普工作的重要意义。

除一般的科普读物外，我撰写了一些层次较高的科普作品，这主要是在上海《自然杂志》上发表的6篇文章，其中包括《磁单极子之谜》、《宇宙中的反物质》和《日冕谱线的证认》。

1980年2月16日有一次日全食，我国进行了大规模的多学科观测，取得丰硕成果。我为这次日全食写了一篇长文章，详细描述这次日食的有关情况和我国各项观测的成果，发表在1981年的《自然科学年鉴》。

在20世纪80年代后期，我在科学史专家席泽宗的鼓动下和应科学史工作者任定成先生的约请，翻译哥白尼（N. Copernicus, 1473~1543）的名著《天体运行论》。这是一部流芳百世的科学名著。波兰天文学家哥白尼，用长期的天象观测资料创立了日心学说，推翻了作为宗教神学支柱的地心学说，成为人类宇宙观的一次大革命。在1973年，为纪念哥白尼诞辰500周年，波兰科学院重新整理和出版这部名著。我把这个新版本的英文本全部译成中文，于1992年由武汉出版社出版。后来我对全书六卷分别加写导读，由陕西人民出版社于2001年再次出版。再往后，北京大学出版社请我写了长达一万多字的译序（包括各卷导读），并加入许多珍贵图片，于2006年又一次出版。哥白尼的原著是400多年前撰写的，当时的科学概念和名词术语和现代的差别甚大，并且书中不少词句是用拉丁文撰写的。在翻译过程中我克服了不少困难，加上中译本几经修订，可以说北大版的译本达到了完美的地步。

近年来我全力以赴的重要任务是 Chinese Astronomy and Astrophysics（简称 CAA）的编译工作。这是荷兰爱思唯尔（Elsevier）出版社的一份英文季刊。它是爱尔兰籍华裔天文学家江涛（1929~2009）于1977年创办的。那时的中国，刚从"文化大革命"的浩劫中苏醒过来，正在谋求恢复在国际天文联合会的席位。当时许多国外同行认为，中国近代天文学的根基本来薄弱，再加"文化大革命"的重创，也许天文学在中国已经消失了。为了让国际同行了解真实情况，江先生创办了 CAA，把我国的《天文学报》（以后又加上《天体物理学报》和《空间科学学报》）发表的大部分文章，全文译成英文发表。这个原汁原味的中国天文刊物发挥了很大作用。它加强了中国和国际天文界的密切联系，对我国天文事业发挥了促进作用。

江涛为 CAA 付出了艰苦的劳动。他独自一人兼管选稿、翻译、校对、出版和发行，使这份刊物在国际天文界站稳了脚跟。在 2001 年，由于江先生承担其他办刊任务，紫台熊大闰继任 CAA 主编，主要的译稿审改任务由我承担，但江先生还是对每期文稿作最后校阅，直到 2009 年 4 月他不幸逝世。现在 CAA 有一个精干的编辑部、一批核心译者和一套完整的工作制度，每期刊物都按时发稿，由爱思唯尔出版社向世界各国的订户发行。我决心在有生之年，把 CAA 坚持办下去，并让它愈办愈好。

对于干部培养，我做的工作不多，我正式培养的研究生只有王海民一人。他是 1981 年南京大学天文系毕业生。跟我学习两年后，我推荐他去美国留学，师从大熊湖天文台台长齐林。海民学习勤奋，工作努力。目前已在国际太阳物理界崭露头角，并担任大熊湖台副台长。此外，北京天文台研究员汪景琇和云南天文台研究员屈中权，在他们的研究生学习阶段，都接受过我的辅导。我分别给他们提供资料和拟订在日珥光谱和太阳磁场方面的研究方案，审定他们的学位论文，并主持他们的论文答辩。至于开设讲座，我在云南台、紫台和中国科技大学，都先后进行过。

回顾我的一生，从天文爱好者成长为天文工作者，是党培养教育了我，人民用血汗哺育了我。抚心自问，我学习是努力的，工作是勤奋的，也为我国天文事业做了一点微薄的贡献；但回想起来做得很不够。对我的工作能力和表现，我的苏联导师谢维尔内有一个中肯的评价。他说，我的动手能力差，搞仪器技术是不行的，但是我肯钻研，勤思考，善于分析观测资料，并提出自己的见解。我的日珥光谱研究在国内外太阳物理学界，都获得相当高的赞誉，这和克里米亚台大型太阳塔和阶梯光栅摄谱仪密不可分。观测资料是国际一流的，加上我的精细分析，作出较高水平的成果是顺理成章的。至于太阳磁场的研究，我只是改进和发展了海野的理论，在一系列课题上把前人的研究往前推进一步。文章发表很多，有一定的价值。附带谈到：我的语文水平较高，中文、英文和俄文都学得不错；因此，写书、办刊和做科普宣传都甚为得力。我对自己的要求是，坚守岗位、勤奋学习、努力奉献。长期坚持下去，这一生就没有虚度了。

写到这里，情不自禁，我赋诗一首，作为本文的结束：

天宇浩瀚多奇景　　深邃机理待探寻

骄阳灿烂勇追逐　　磁流弥漫任纵横
钟山松涛伴华年　　黑海涟漪寓辛勤
皓首犹存少年趣　　畴界老牛未辍耕

五、叶式煇主要论著

Yeh S H. 1961. A spectrophotometric study of solar prominences (in Russian). Izv Krim Astrofiz Obs, 25: 180-233.

Yeh S H. 1961. A study of hydrogen excitation and ionization in solar prominences (in Russian). Izv Krim Astrofiz. Obs, 25: 234-248.

叶式煇. 1961. 日珥和色球的电子密度. 天文学报, 9: 1-10.

叶式煇, 王振一, 金介海. 1978. 太阳光谱中的磁场敏感谱线. 天文学报, 19: 152-165.

叶式煇. 1978. 天体的磁场. 北京: 科学出版社.

叶式煇, 王振一, 金介海. 1978. 论用西尔斯公式测定太阳黑子磁场的方向. 天文集刊, 2: 70-75.

叶式煇, 金介海. 1981. 阿耳芬波与磁场敏感谱线. 天文学报, 22: 265-272.

叶式煇. 1981. 1980 年 2 月 16 日日全食. 自然科学年鉴: 1-11.

叶式煇. 1982. 太阳. 北京: 科学普及出版社.

叶式煇, 金介海. 1983. 太阳黑子的磁光效应和矢量磁场, 天文学报, 24: 119.

Ye S H, Jin J H. 1985. The kinematic processes in solar prominences and flares and their spectral features. Solar Physics, 96: 113-128.

Ye S H. 1986. Solar studies in China. Astrophysics and Space Sciences, 118: 9-14.

Ye S H, Jin J H. 1986. Monochromatic images in Stokes parameters and the structure of magnetic fields in sunspots. Solar Physics, 104: 273-285.

Ye S H, Jin J H, 1987. The Faraday rotation of sunspots. Solar Physics, 112: 305-312.

Ye S H, Jin J H. 1988. Alfven waves and the cooling of sunspots. Proceedings of International Solar Physics Workshop Held in Irkutsk, USSR: 147-151.

Ye S H, Jin J H. 1990. A diagnostic method for probing the possible twist of magnetic field lines in sunspots. Solar Physics, 129 (2): 247-258.

Ye S H. 1991. Polarimetric studies of solar magneto-sensitive spectral lines. Solar Polarimetry-Proceedings in 11th National Solar Observatory/Sacramento Peak Summer Workshop, Sunspots, New Mexico, 27-31 August 1990: 403-415.

Ye S H, Jin J H. 1993. Monochromatic images of sunspots in linearly polarized radiation and the structure of their magnetic fields. Solar Physics, 146: 229-239.

Ye S H. 1994. Magnetic Fields of Celestial Bodies. Dordrecht: Kluwer Academic Publishers.

哥白尼. 2006. 天体运行论. 叶式煇译. 北京: 北京大学出版社.

撰写者

叶式煇

沈良照

沈良照（1928～），浙江杭州人。天文学家。1952年毕业于清华大学物理系。中国天文学会会员。国际天文学联合会第42组（密近双星组）成员。14岁自学认星，17岁自学推算并借得小望远镜找认出天王星，20岁自学找认出海王星、小行星，练习观察变星。24岁进紫金山天文台做变星测光等工作。1955年到北京参加俄语口语训练班学习。1957年到沈阳参加德文学习班学习。1958年由紫台调到北京天文台筹备处，投入门头沟区山野选址踏勘观测等。1962年起与北京师范大学天文系合作，参加变光恒星光电测光。1963年提出以食双星为关键对象的密近双星课题方向，内容包括光谱工作，写成《食变星工作建议》。1981～1983年起分别和美国内布拉斯加州大学及爱荷华州立大学协作，进行食双星测光解分析，以及用视向速度仪观测研究分光双星。1956～1983年在天文台接待外宾活动中担任俄语与英语口译。曾任《中国大百科全书·天文学》卷恒星和星际物质分支学科主编，参与中英文《天文学名词》的编与审。1978年所在集体获中国科学院重大科技成果奖，个人被评为先进工作者。1980年所在集体获中国科学院科技成果奖三等奖。1986年被北京天文台聘为研究员。1992年起享受政府特殊津贴。

一、成长历程

1928年我出生在杭州郊区。1940年在旧书店买得一册顾元编著的《天文学》，但用了它并没有认出任何星星。直到我已是省立杭中初中二年级学生的1942年8月某夜，用浙江图书馆借来的《趣味的天空》（单稼书译）对比星空，忽然认出了牛郎星、织女星和天津四这三颗亮星，高兴极了！从此夜复一夜找场地，爬高登城墙对比星图去认一个又一个星座。在杭州读完初中三年级，1943年6月父亲带我来到上海，让我进普陀区上海工业专科学校继续求学。父亲是上海纬成绢丝厂职员，期望我花五年读完该校能当一个纺织行业的工程师。可是我心拙手笨，翻砂艰难，工程画少慢差费，使父亲忧虑。不过，我学数学和英文进步快，对天文知识兴趣浓。1944年我常到上海明复图书馆学习阅读美国科普月刊 *Popular Astronomy*，特别是其中的每月行星动态，兼学天文与英文。然而馆中并没有当年当月该刊，尽管"开卷有益"，但不能直接指导我辨认夜空所见是什么行星。更何况，那时我接触不到较新的天文年历，只好从老历中的行星信息出发，利用开普勒方程 $M = E - \sin E$，由一批 E 值算出 M，并且不计行星轨道面倾角的影响，来粗略推算行星，特别是火星的地心黄经预告表，然后观察火星的移动，对比所算。1945 年 8 月抗日战争胜利，父亲同意我离开上海工业专科学校，到上海育英中学读普通高中三年级。这年，我根据旧资料推算，用借来的一具 2 英寸口径双眼望远镜，于 11 月 23 日至 12 月 2 日在上海成功找认出在金牛座中缓缓西移的天王星，高兴得用红色在天象记录本子上写下了这件喜事。由于爱好天文，高考时我填志愿为物理系。1946 年 11 月初，我和四个同学乘客轮渡海经天津到了北平，我开始在清华大学读物理系。面对校图书馆、系图书室和北平图书馆那样丰富的天文书籍和洋洋大观的学术期刊，感到琳琅满目，如入宝山。我白天上课，阅读学习，夜里观星赏月（例如 1946 年 12 月 9 日 0 时至近 7 时在清华善斋屋顶守望月全食），天天兴奋忙碌。1947 年初夏，我到燕京大学拜访戴文赛。他启发我，要把眼界从行星动态、天体力学扩展到天体物理。他很热情地和我谈话，还送我一册他的新著《星空巡礼》，这是一本特别生动丰富的科普读物。1948 年 3 月~4 月间在清华大学，经粗略推算并用借来的小望远镜边观察边画星场，我和一个同学找认出了在室女座中甚缓移动的海王星；4 月份收到父亲从沪寄来订购自美国的、极限达到乃至超过 9 等星的 Webb 星图，于是开始练习观察一些长周期变星和食变星。暑假在上海，8 月 4 日，我和一个老同学孙盘澄在某店看中一架 7×50 双眼望远镜，父亲不惜花重金为我买了下来。自从有了自己的小望远镜，我观察星空的兴趣更加提高。回到清华大学，利用父亲为我订阅的 *Popular Astronomy*，在鲸鱼座找认出了我所见到的第一颗小行星，它的永久编号是 8 号，名叫花神星（Flora）；从 9 月 28 日起跟踪它，直到 11 月 10 日，共记录了 32 个观测点。11 月 11 日晨前，在善斋屋顶用 7×50 镜找变星长蛇座 R 未得，却看到长蛇座东部竟然出现一个明亮长尾大彗星，使我惊喜万分！天亮后马上跑到校邮局发航空信告知紫金山天文台李元同志，他们收到信从 14 日起就开始了观测，赶在了从美国航空邮寄南京的相应《哈佛快报》（*Harvard Announcement Card*）之前。后来得知，这个彗星临时编号为 1948 l，永久编号为 1948 XI，11 月 1 日被一位美国飞行员发现，它沿十分狭长的轨道绕太阳公转一周约需 95000 年。

1949~1950 年，1952~1958 年，我两度在南京紫金山天文台工作（1952 年清华大学物理系本科毕业）。1952~1958 年在紫台要况包括，由王绶琯指导做短周期变星照相测光；由陈彪指导学习恒星大气理论，编写天文专业俄文阅读学习教材并开班主讲；1955年到北京参加俄语口语培训班，1956年起在接待几位苏联天文学家时作口译；1956年随龚树模访匈牙利和苏联参加变星会议并参观天文机构；1956年参加苏联天文学家 Кукаркин 主持的 M15 与 M42 区等变星的底片目视测光；1957年到沈阳参加德文学习班；1958年初到北京作为学员兼口译参加苏联专家 Щёголев 主持的人造卫星光学观测训练班，参加用 60cm 镜照相观测 M15，参加 1956 年某时冥王星照相星等的测定等。

1958年3月，我被调到北京天文台筹备处投入选址建台任务，跟李启斌等同志到门头沟区走荒野小村，登黄草梁、东灵山等察看地形作评论分析等。1959 年我提出，在原有的衍射环选址外还可增加目视双星项目，利用已知双星角距估计星像角径，来反映大气宁静程度。1960 年忽知杜家庄是重要部门预定地，天文台无权建站。当年 11 月 28 日至 1961 年 1 月，我参加了一个八人团队，投入了勘察河北省涞源、阜平、平山与山西省太行山间的地带，重新选找台址的艰辛任务。1962 年，我参加了光电光度计的实验室测试，边干边学。这年 8 月下旬中国天文学会在北京开会，我代表光电小组蒋世仰、石春明等同志向大会汇报了 32 Cyg 1962 年星食和 SS Cyg 接近最亮时的三色光电测光试验。对北京天文台筹备处在创业阶段就开始试做变星多色光电测光这样的国内创新观测，既发挥了 15 厘米口径小望远镜的作用，又体现了科研单位与北京师范大学这样的教学单位之间的协作，与会代表们给予了积极的评论和鼓励。

二、主要研究领域和成就

1. 变星多色光电测光

1963 年 2 月~6 月，中国科学院北京天文台筹备处恒星物理组光电小组用自制的光电光度计（其中光电倍增管为美国进口的 EMI 6256B 型）和 15 厘米口径镀铝卡塞格林望远镜，与北京师范大学天文系协作，装在天文系 13 厘米赤道仪上，利用后者来导星，对 1963 年武仙座新星进行了五个宽波段和四个窄波段光电测光观测。得到的结果包括这一新星的 V 星等光变曲线，窄波段四种光变曲线和（B-V）、（U-B）色指数变化曲线等；我们分析认为这一新星应归入快新星类型，推算其极大光度绝对目视星等约为 -7.6。这项工作发表于 1964 年《天文学报》，署名按照参加人员的实际情况，除我以外，本应该还有蒋世仰、翟迪生、张焕志、石春明等同志。这个署名问题当年我们和《天文学报》有关编辑同志通信争议了好一段时日，结果仍由后者作决定。文章题为《1963 年武仙座新星的光电观测》（后来认识到，其中观测二字不如改写为测光,这样较为确切)。署名中列出具体姓名的只我一人。

2. 密近双星的测光和视向速度观测

1963年9月写出三千多字的内部材料《食变星工作建议》,提出我们准备做食变星极小亮度时刻的测定和周期变化的分析、色指数测定、绝对参量的测定(包括测光与视向速度观测研究及 MK 光谱分类)、发现与定型,以及特殊食变星的测光和光谱研究,这样五方面工作。用到的仪器包括 90 厘米施密特望远镜和将来的 2 米望远镜连同其光谱等设备。特殊食变星之中突出了呈现红超巨星大气食的 zeta Aur, 31, 32 Cyg, AZ Cas, VV Cep 食期研究,特别提出 zeta Aur 1963~1964 年冬季有利食的 UBV 三色光电测光,用当时现有的 15 厘米反射望远镜就可进行。我和蒋世仰同志合作写出了 zeta Aur 这次有利食的光电测光方案报告,在蒋世仰同志的具体指导下,北京天文台和北京师范大学好些同志协同对这个有名食变星作了测光观测和分析,后来由天文台张焕志和天文系刘学富两位同志署名,发表了 zeta Aur 这次星食的 UBV 光电测光研究于 1965 年《天文学报》。

1973 年写成一篇内容较广的调研报告,《密近双星物理和演化的若干问题》,作为内部资料,登在北京天文台的《天文动态》1974 年第 17 期上。报告中写到密近双星与其他天体及恒星物理各分支多种多样联系的国际现状和发展动向,列文献 300 多条,成为北京天文台恒星物理室的开题报告之一。

1974~1975 年北京天文台兴隆观测站 60 厘米望远镜开始能用于变星测光,我提出建议并帮助李峰等同志抓住一个食变星项目,对轨道周期 9 年多的 AZ Cas 1975 年星食作 UBV 三色光电测光。经集体观测和李峰归算,我于 1976 年幸好在唐山大地震前几天写完 AZ Cas 质量问题文稿。后来继续努力,我在不知前人有否测光解的情况下,用 Russell-Merrill 法得到测光解,并推求了质量等基本参数,由我参加 1977 年黄山会议作了报告,其书面版本署名李峰、蒋世仰、郭子和等,登出在 1981 年《黄山天体物理学术会议论文集》。同年投稿的《仙后 AZ 的 1975 年食》,登在 1982 年《天体物理学报》,署名李峰、蒋世仰、沈良照;其中报告了 1975 年 9 月至 1976 年 12 月在北京天文台兴隆观测站用 60 厘米反射望远镜卡焦光度计对此星作 UBV 光电测光,得到全食和上升段三色光变曲线,红超巨子星(光谱 M0e I b)与蓝矮子星(光谱 B0-1 V)各自的 V 星等和色指数(B-V)与(U-B),以及星食主要数据和初步测光解,结合文献资料的讨论中得到两子星质量之和为 32 倍太阳质量,文献得到为约 31 倍太阳质量,符合良好,但也提出了问题。

1981~1983 年,我主要是在美国两处当访问学者。先是在内布拉斯加州大学物理系向梁鉴澄学习，用 Wilson-Devinney 方法从食变星光变曲线通过计算机求测光轨道解。结果之中，食变星 RZ Dra 的测光解由我写成文稿交给梁鉴澄；CG Vir 的 W-D 法测光解不确定性太大，我写成了有关文稿，题为《室女座 CG 的多重测光解》，于 1982 年夏在加拿大自治领天体物理台作了报告并讨论；对于北京天文台蒋兆基同志选星观测并求得经典测光解的食变星蝎虎座 AW，我求得一批 W-D 测光解并写了文稿，再由梁鉴澄更新与改进，写成一文题为《早型相接双星蝎虎座 AW》，署名蒋兆基、梁鉴澄与沈良照，后来发表于 The Astronomical Journal（美国《天文学报》）。后来我到爱荷华州立大学，与 W. I. Beavers, J. J. Eitter 等合作，学会了观测恒星特别是分光双星的视向速度，使用的是四面八方都远离灯光影响、荒郊一座楼中的 Fick 天文台 60 厘米望远镜折轴焦点色散 $2.6Å \cdot mm^{-1}$ 的视向速度仪。这里，白天野兔游鹿出没，偶有蝴蝶飘舞秋风。每逢晴夜，我通宵观测，忙个不停，梅派名剧《洛神》的一句二黄散板唱词"野荒荒星皎皎夜深人静"也恰好描绘此种情景。不过这里每天 24 小时总是我一人在活动或沉睡，只有每周一次 Eitter 开车带来邮件，接我去买食品，才会打断沉寂。我在荒郊一座楼度过了大约七周，直到秋霜浓重的 1982 年 11 月才结束了我的观测阶段。除了积累了一批分光双星的视向速度数据，Beavers 和我合写了一篇从单谱双星中搜寻双谱双星的共 7 页内部资料，由他向美国国家科研基金会（NSF）汇报。单谱分光双星双鱼座 zeta B 即 HR 362，历经 Fick 台视向速度仪数年观测，确定为双谱分光双星，我参加了这项工作，后来署名包括我的此星双谱解结果发表在 PASP（《（美国）太平洋天文学会会刊》）。

  关于五车二（御夫座 α），虽然早在 1899 年就有两处学者发表它是分光双星，但由于两子星之一相对快速自转，很多年来好些天文学家处理分析它的照相光谱总难得出明确不二的两子星质量比。1981 年我在 Fick 天文台用视向速度仪观测，注意到五车二两子星的视向速度描迹位移量能够分别测得很准，经过我和 Eitter 协作频繁复测以及我调查分析，五车二成为双方协作研究的重点分光双星对象。1983 年 1 月的一天，在波士顿举行的美国天文学会第 161 次会议上，我代表 Beavers、Eitter 和我自己作了题为五车二光电视向速度观测的报告，其摘要登在 1982 年 Bulletin of the American Astronomical Society（《美国天文学会公报》）。1984 年，在北京举行的中日恒星活动与观测方法讨论会上，我作了题为《双星的基本参量 I. 五车二》的报告，全文以英文打成一份 5 页书面材料，登在会议录中，后者发表于 1984 年《北京天文台台刊》第 6 期上。这份报告列表对比 1922 年到 1984 年不同文献得出的五车二两子星质量数据（包括 1953 年 O. Struve 与龚树模发表数值），也对比这一期间不同文献得到的五车二对我们的距离，还对比了不同文献所列五车二子星的自转速度视向投影值，Fick 台得到主子星该值约（9±5）km·s^{-1}而 1983 年 Fekel 得 6 km·s^{-1}，Fick 台得次子星值（35±4）km·s^{-1}则与 Fekel 所得（36±5）km·s^{-1}符合颇好。后来我在北京继续做这项工作，其中处理了 1896~1982 年五个不同天文台的视向速度数据，和对方通信讨论，求得五车二的双谱分光解（作为对比，1978 年出版的分光双星分光解第七总表只列其单谱分光解），结合文献中的干涉观测数据求得两子星质量新值，并由轨道视差得出五车二对我们距离的新值。以《五车二的一组双谱分光解》为标题，署名沈良照，W. I. Beavers，J. J. Eitter 与 J. J. Salzer 的文章发表于 1985 年 AJ。

文中写及，还没有测得来自五车二的射电。但研究发展很快，1983~1984 年就有学者用甚大天线阵（VLA）测得其波长 6 厘米处流量密度 0.20 毫央的射电，可能源自五车二星冕。推算起来，如果把五车二移近到离我们只有 1 个天文单位处，其 6 厘米波长的射电流量密度将达 1.79×10^5 太阳流量单位（s. f. u.），已知黑子极大期宁静太阳在 6 厘米波长处的射电流量密度约为 150 太阳流量单位，所以实际上 6 厘米波长处五车二的射电光度大致比太阳强 3 个量级。这反映了一对黄巨星与一颗黄矮星在某一方面的对比。

五车二是人们肉眼看到的北半天球最明亮的物理双星。这一对黄巨星是射电源兼 X 射线源与活动色球星，它实际上是一个相对短暂演化阶段的表现。2009 年下半年 G. Torres 等学者发表的五车二双星轨道，对物理和演化问题的深入研究，求得两子星质量（以太阳质量为单位）为 2.466±0.018 与 2.443±0.013，还得出了化学组成新数据。文章结论包括，主子星（质量较大者）很像是处在核心区氢聚变阶段而次子星则是正在穿越 Hertzsprung 空隙，前者历时较长。我们（Shen L Z，Beavers W I，Eitter J J，1985）文中所得两子星的质量为 3.31±0.08 与 2.80±0.05。对比起来，我们是四分之一世纪前用了口径只有 0.6 米的 Fick 天文台望远镜所作的研究，2009 年探究五车二文章的水平远胜过 1985 年文章是历史的必然。回想 1981~1982 年，通过观测恍悟，用视向速度仪能够可靠而精确地测出五车二相对快转子星的视向速度，用 60 厘米望远镜就能颇大程度上解决很长年代困扰经典照相光谱的疑难，在那时起了启迪作用。明显的影响是，Beavers 和 Eitter 接着就开展了大规模收集 Fick 台五车二两子星视向速度数据的工作，其数量之多在 Torres 等上述 2009 年文章的列表中排名第二。看起来，1981~1982 年我作为一个访问学者，在接触视向速度仪的短促岁月中能够找准五车二这个课题，也可以算是努力加运气了。

另一个密近双星研究对象是室女座 CG。1977 年我和北京天文台恒星室两位同志用兴隆观测站 60 厘米望远镜卡焦光电光度计观测此星，得到 960 个黄光观测点，光变曲线呈大陵五型，用 Russell-Merrill 法求得测光轨道解，署名沈良照、翟迪生、蒋兆基发表于 1978 年《科学通报》。1982 年我在内布拉斯加州大学和梁鉴澄协作期间用 W-D 程序试求此星测光解，方知 10 组可能解的残差对两子星质量比 q 很不敏感，测光解不确定性突出。1985～1986 年，上海天文台陆文贤在加拿大自治领天体物理台用 1.8 米望远镜卡焦像管摄谱仪和光电二极管阵接收系统，以 $15\text{Å} \cdot \text{mm}^{-1}$ 的色散观测 CG Vir，观测跨度 400 余天，得到其热、冷子星各自的视向速度 33 个与 22 个测点。采用圆形轨道，以测光周期作为分光轨道周期并固定不变，用北京天文台的计算机和蒋兆基编的分光解程序，分别求出两子星的分光解，于是得到冷子星对热子星的质量比 $q = 0.528 \pm 0.013$；采用此值重新计算测光解，结合测光解与分光解，我们得到轨道面倾角 $(74.81 \pm 0.33)°$，两子星中心相距 (5.22 ± 0.07) 倍太阳半径，光谱分类像 F6Ⅳ 的热子星质量 (1.43 ± 0.05) 倍太阳质量，光谱像 K5Ⅴ 的冷子星质量 (0.76 ± 0.02) 倍太阳质量，热子星表面温度约 6390 K，冷子星约为 (4360 ± 60) K，热子星全波光度为太阳的 4.22 倍，冷子星则为太阳的 0.78 倍；热子星极向、尖端向、侧向和背向半径分别为太阳半径的 (1.64 ± 0.03)，(1.75 ± 0.04)，(1.68 ± 0.03) 与 (1.72 ± 0.04) 倍，冷子星这四项半径依次为太阳半径的 (1.50 ± 0.03)，(1.79 ± 0.05)，(1.55 ± 0.03) 与 (1.67 ± 0.04) 倍；推算所得还有，热子星的绝对目视星等为 3.34，冷子星则为 5.77；如果 d 表示 CG Vir 对我们的距离，Av 表此双星因星际消光使我们观测它时在 V 波段变暗的星等量，查知它食外 $V = 10.56$，银纬为 $+50.90°$，采用 1975 年 AJ 上一篇文章的平均红化关系，估算得到 $Av \sim 0.2$，与之相应的 $d \sim 270$ pc；这样推算，如 $Av \sim 0$ 则 $d \sim 290$ pc，$Av \sim 0.5$ 则 $d \sim 230$ pc。此外我们注意到，1975 年 Acta Astronomica（《波兰天文学报》）发表 CG Vir 测光视差所相应的 d 为 $(240 + 350 - 90)$ pc；可见，CG Vir 的距离问题离解决还很远。

我们的 CG Vir 工作只是对它的初步探测，发表在 1990 年《天体物理学报》，文题为《双谱食双星室女座 CG 的测光和视向速度研究》，署名沈良照、陆文贤、蒋兆基。

分光双星天龙座 θ，1984 年已被选中为我们和云南天文台协作，用 1 米望远镜折轴摄谱仪进行照相视向速度观测的对象。但过了不久，上海天文台陆文贤 1985～1986 年在加拿大用自治领天体物理台 1.2 米望远镜折轴视向速度仪观测了这个单谱分光双星，并先后在相应夜间对 IAU 视向速度标准星 α Cas, 16 Vir 等 18 星也作了观测；我和蒋兆基同志作了分析并结合历史资料，推算得 θ Dra 1898～1986 年这个时段的双星轨道周期为 $(3.0707943 \pm 0.0000010)$ 天，把周期固定于此数主值，可求得椭圆和圆轨道两种分光解，然后用 Bassett 判据选取后者为 θ Dra 的新分光解。这项工作发表在 1988 年《天体物理学报》，署名陆文贤、沈良照、蒋兆基，文题为《分光双星天龙座 θ 的光电视向速度观测和新分光解》。

需要说明一下，在着手密近双星视向速度问题这一课题之前，我只能以调研这一领域的基本内容、国际现状和动态为开端。1980 年，为了在昆明恒星光谱会议上汇报，我写了《分光双星视向速度工作》，共 14 页。1989 年我写的《分光双星视向速度研究》调研报告，登在 1990 年《天文学进展》，其中关于研究进展方面写的内容包括分光解，特别是提到 R. F. Griffin 在英国 The Observatory 双月刊上以《光电视向速度分光解》为同一个总标题已发表文章 88 篇（到 2010 年 12 月已累计发表 215 篇），还有是恒星基本参量的测定，包含造父变星的分光双星，W UMa 型双星，共生星，星族 II 双星（过了不久见到 1992 年 PASP（104：981-1034），发表 P. Hut 等学者题为《球状星团中的双星》的特邀评论，内容涉及分光双星，测光双星等；较新的一例可举 2007 年 AJ（133：2457-2463）球状星团半人马 ω 中双谱食双星 V 209 测光与视向速度的研究），主序前分光双星，大质量分光双星（21 世纪发表一例可举 2004 年 ApJ（611：L33），WR 20a 甲子星质量推算得 83.0±5.0，乙子星质量为 82.0±5.0，都以太阳质量为单位）等。此外，我在 1990 年写了一篇《视向速度标准星》投稿，后来登出在 1991 年《天文学进展》。文章讨论了 IAU 视向速度标准星的缺点与问题，简短介绍了视向速度参考星，写到一些较新进展时特别提出大角与织女星（α Lyr）的情况与问题；关于今后的发展，除了反映文献外，也陈述了一点自己的想法。顺便还应写到，C. D. Scarfe 在 2010 年 8 月号的 The Observatory 发表一文题为《标准速度星的照相折轴视向速度》，值得关注。

三、沈良照主要论著

沈良照，李竞. 1957. 1956 年 3 月 12.6 日的一次冥王星照相星等测定. 天文学报，5：123.

沈良照. 1963. 食变星工作建议. 内部资料.

沈良照，等. 1964. 1963 年武仙座新星的光电观测. 天文学报，12：83-102.

沈良照. 1974. 密近双星物理和演化的若干问题. 天文动态，17.

沈良照，翟迪生，蒋兆基. 1978. 短周期食双星室女座 CG 光电测光研究. 科学通报，23：673-677.

沈良照. 1980. 分光双星视向速度工作. 1980 年 10 月昆明恒星光谱会议上的报告.

沈良照. 1980. 亮星光谱工作. 1980 年 10 月昆明恒星光谱会议上的报告.

李峰，蒋世仰，沈良照. 1982. 仙后 AZ 的 1975 年食. 天体物理学报，2：138-143.

沈良照. 1983. 分光双星的视向速度工作（国际概况）. 北京天文台台刊副刊，6：33.

Shen L Z. 1984. Basic parameters of binary stars. I, Capella. Proceedings of the Sino-Japanese Workshop on Stellar

Activity and Observational Techniques Publications of the Beijing Astronomical Observatory, 6: 120.

Shen L Z, Beavers W I, Eitter J J, Salzer S S. 1985. double-line spectroscopic orbit for Capella. AJ, 90: 1503-1510.

Shen L Z. 1986. A comparison of the mass-luminosity relation with recent results from some binary stars. Critical Observations vs Physical Models for Close Binary Systems. the Colloquium held in Beijing on Nov. 7-12: 239-243.

陆文贤, 沈良照, 蒋兆基. 1988. 分光双星天龙座 θ 的光电视向速度观测和新分光解. 天体物理学报, 8: 99-103.

Shen L Z. 1989. On the rotation periods of Vega, Altair, and Regulus. Publications of the Beijing Astronomical Observatory, 14: 5-7.

沈良照, 陆文贤, 蒋兆基. 1990. 双谱食双星室女座 CG 的测光和视向速度研究. 天体物理学报, 10: 137-146.

沈良照. 1990. 分光双星视向速度研究. 天文学进展, 8: 109-118.

沈良照. 1991. 视向速度标准星. 天文学进展, 9: 192-200.

Shen L Z. 1991. Rotation periods of bright stars II. Estimates for Pleione and Alcyone Publ Beijing Astr Obs, 18: 27-29.

Shen L Z. 1991. Rotation periods of bright stars III. Estimates for 9 early-type stars and a comment on Alcyone and Vega Publ Beijing Astr Obs, 18: 30-34.

Shen L Z. 1992. Rotation periods of bright stars IV. Pleione (rediscussion), P Cygni and zeta Tauri A. Publ Beijing Astr Obs, 19: 6-8.

主要参考文献

沈良照等. 1964. 1963 年武仙座新星的光电观测. 天文学报, 12: 83-102.

Shen L Z, Beavers W I, Eitter J J, Salzer S S. 1985. A double-line spectroscopic orbit for Capella. The Astronomical Journal, 90: 1503-1510.

沈良照, 陆文贤, 蒋兆基. 1990. 双谱食双星室女座 CG 的测光和视向速度研究. 天体物理学报, 10: 137-146.

沈良照. 1991. 视向速度标准星. 天文学进展, 9: 192-200.

撰写者

沈良照

刘 辽

刘辽（1928～），湖南湘潭人。引力与相对论天体物理学家。1952年毕业于北京大学物理系。曾任中国物理学会理事，中国引力与相对论天体物理学会理事长，国际广义相对论和引力委员会委员，是改革开放后在我国普及和研究广义相对论的主要学者之一。他在中国首先开始黑洞物理和弯曲时空量子场论的教学与研究。70年代曾给出过当时普适性最好的强子质量的半经验公式，该公式把费曼与盖尔曼发现的一个公式作为特例包含于其中。他证明了最一般的稳态黑洞热辐射狄拉克粒子；所有稳态时空中的未来视界均会产生热辐射；黑洞表面附近热辐射的状态方程与平直时空不同。他和学生在研究黑洞反作用的基础上，建立了黑洞的膜模型。他提出真空涨落可以产生虫洞；发现可利用虫洞来消除量子电动力学中的发散困难，给出了重正化的新思路。他还提出了 Higgs 场的宇宙学起源的可能性。在霍金提出时序保护猜想以阻止"时间机器"的出现之后，他和学生探讨了避开这一猜想来制造时间机器的可能性。他还与同事合作提出蒸发黑洞量子化的一个新方案，在此方案中蒸发黑洞留有遗迹或基态，这是对黑洞理论的一个有意义的修正。由他主持的项目曾两次获得国家教委科技进步奖二等奖。

一、动荡的青少年时代

刘辽出生于辽宁省沈阳市。他的父亲刘朴是著名的中文教授，20世纪20年代后期应兼任东北大学校长的张学良将军之邀，到该校任教。其时，日寇亡我之心已昭然若揭，刘朴教授悲愤之至，为自己新生的四子起名为"辽"，字"子复"（给他三哥起名为"沈"，字"子恢"），意在恢复辽沈。强烈的爱国之心又促使刘朴教授写了一篇《过辽论》，揭露日本鬼子与汉奸亡我中华的阴谋。这篇论文当时流传颇广，影响很大，因而受到日本鬼子的注意，把刘朴教授视为眼中钉。于是，刘朴教授不得不于九一八事变前夕举家迁往关内，以躲避日寇、汉奸的迫害。

少年刘辽曾在四川就读于国民政府办的"空军幼年学校"，想当飞行员，保卫祖国。后因抗战胜利大局已定，青年刘辽希望参与科学救国，不辞而别，离开"空幼"。

1947年刘辽在重庆上中学时，对国民党的腐败统治极为反感，参加了共产党的外围地下活动。正当他填写入党申请书时，川东地下党被国民党反动政府破获，大批党员和革命群众被捕，刘辽的名字也被列入了黑名单。幸亏在此之前他已离开四川，于1948年考入了北京大学数学系学习（一年后转入物理系）。在北平，刘辽加入了党的外围组织民主青年联盟。他积极参加反饥饿、反内战、反对国民党政府的游行活动，监视一些特务学生的行踪，反对国民党政府南迁北大的阴谋，满腔热情迎来了解放和新中国的诞生。

新中国成立后，身为北京大学学生的刘辽，积极参加共产党领导下的革命运动。在抗美援朝期间，他深入农村向人民群众宣传抗美援朝保家卫国的必要性。当得知前方缺乏御寒衣物时，毅然把刚领到的政府补助自己过冬的崭新棉衣捐给了前方。前方战士在装备落后的情况下浴血奋战付出极大牺牲的消息，进一步激励起刘辽科学救国的精神，他希望通过自己的刻苦学习和钻研，为祖国的科技进步和繁荣富强贡献一份力量。

二、在困境中自强不息

1952年，刘辽从北大毕业，被分配到唐山铁道学院工作，因有上过"空军幼年学校"的经历受到怀疑并挨整。

1956年，刘辽调到北京师范大学物理系工作。次年整风运动在全国展开。他作为一名青年教师，一开始对运动并不关心。他一心扑在教学和科研上，力图把教学工作搞好，同时钻研理论物理的书籍和论文，希望能步入科研的领域。此时，有关负责同志找他谈话，动员他积极参加整风运动，于是，刘辽响应号召，在座谈会和大字报上发表了意见，对党组织工作中的缺点提出了批评。

不料风暴来临，整风运动突然180度转向，变成了"反右斗争"，广播和报纸强调"右派分子"趁党整风之机向党发动进攻。刘辽的批评意见被作为"大毒草"加以批判。一开始，师大物理系还只把他的谈话看作错误言论，并没有认为他是"右派分子"。但是上面不同意，坚持将他定为"右派分子"。于是"反党反社会主义的资产阶级右派"这顶帽子，刘辽一戴就是十八年。

此后，政治运动不断升级，刘辽被反复批判、劳改，他和家人长期受到极大的政治压力和各种歧视。但刘辽没有被巨大的压力所压垮。他利用劳动之余努力钻研科学著作，坚韧地希望凭一己之力进入科研领域。功夫不负有心人，当改革开放的春风沐浴神州大地的时候,刻苦钻研相对论近20年的刘辽成为了广义相对论的积极传播者和科研专家,为中国的广义相对论研究做出了不小的贡献。他参加了中国引力与相对论天体物理学会的创建工作,并曾担任中国物理学会第5、第6届理事,中国引力与相对论天体物理学会第2、第3届副理事长,1989年9月在特殊情况下接任第3届理事长,并连任第4届理事长。他还曾担任国际广义相对论和引力委员会委员,俄罗斯"引力和宇宙"杂志的中国编委。

刘辽1994年退休,至今虽已80岁高龄仍在从事广义相对论与天体物理的有关理论研究。

三、建立广义相对论研究的一个生长点

在被错划为"右派"的日子里,刘辽以坚韧的毅力自学了量子场论、基本粒子理论、李群与李代数和广义相对论,而且基本上读懂了有关书籍。当时,中国国内熟悉广义相对论的人为数有限,他在艰难的环境中在北师大建立了中国广义相对论研究的一个生长点。

作为"右派分子",刘辽被剥夺了教学的权利,没有资格讲课,被安排在系资料室作资料员。他不顾一些人的歧视,努力使资料室成为自己的避风港,一有空就在那里钻研理论物理。奇妙神秘的科学世界使他暂时忘掉沉重的现实生活,他的思想在科学的领域中愉快地游荡。此外,刘辽对哲学和音乐的爱好,也使他在逆境中体验到人类文明的乐趣。

1966年"文化大革命"的风暴降临。刘辽遇到了更为严重的灾难,他被反复批斗、劳改。夜里烧锅炉,白天挨批斗,非人的生活待遇,使他满身满脸黑灰,只有两只眼睛还透出生命的活力。

刘辽并没有被压垮,继续保持着对科学和教育的兴趣与信心。两位因贴林彪大字报而被打成"现行反革命"的学生,成了刘辽最早的相对论弟子。这两位青年在共同的劳改生活中,发现刘辽并非"坏人",而是一位博学多才的正直学者。他们开始与刘辽攀谈,向他学习相对论的知识。在稍获自由,取得回家睡觉的权利之后,这两位青年便悄悄到刘辽家中秘密研讨相对论。他们后来都成为了重点大学的物理教授。

同时,刘辽在资料极其匮乏、生活条件很差的年代中,对粒子物理进行了一些深入的研究。当时他全家挤在一间房内,晚上支起床板睡觉,夫人则睡在水房中。家中没有合适的桌子,他就用大板凳代替,经常趴在那里钻研、计算到深夜。他发

现著名的强子质量的 Gellman-Okubo 公式（CMO 公式）存在一些问题，计算值与实验值之间有较大偏差。他结合线性上升 Regge 迹线和 SU_3 群论对强子的分类，通过大量的实验数据分析提出一个新的强子质量的半经验质量公式。与 CMO 公式比较，刘辽的质量公式形式简单对称，需要的经验参量明显少于 CMO 公式，符合 Regge 迹线的线性上升这一重要的经验规律。对于某些重子和介子八重态，比 CMO 更接近实验结果。刘辽公式的部分结果与 Feynman 1970 年发表在 *PRD* 的结果一致。这一工作完成于 1973 年，但是"文化大革命"结束之后，才于 1978 年、1979 年发表。

1978 年，改革开放的春风开始在神州大地飘荡，极"左"的政治压力逐步消退，刘辽也从"铁杆右派"过渡到"摘帽右派"，再过渡到"改正右派"之后，终于成为了"错划右派"。

这一年，在天文系老师的帮助和推荐下，刘辽开始以一名资料员的身份招收研究生。天文系师生这一空前的创举，促成了北师大广义相对论生长点和硕士点的诞生。

四、在全国宣传、传播广义相对论

科学的春天到来之后，刘辽全身心投入引力与相对论天体物理的教学与研究。他不仅在北师大讲授广义相对论，而且在中国科学院研究生院、南京师大和四川大学等地开课。北京大学、湖南师范大学在讲授广义相对论时，也采用过他的讲义。刘辽走出去讲学，弟子遍布全国各地，使北师大成为中国广义相对论教学、研究的一个重要基地。目前，引力与相对论天体物理界的科研和教学骨干中，有相当大一部分直接或间接出自刘辽的门下。

刘辽编著的《广义相对论》一书，是国内流传最广的相对论读物之一。这本书同时又是一本科学著作，从入门开始把初学者一直引导到广义相对论的研究前沿。例如黑洞、白矮星、中子星、宇宙学、引力波等诸多研究领域。国内有许多引力与相对论天体物理专业的教师和研究人员是从阅读这本书进入科研前沿的。

70 年代之前，中国只有少数人懂得广义相对论。"文化大革命"期间，一些饱受摧残而又矢志不渝的知识分子躲在角落里自学爱因斯坦的理论。当严寒过去，科学的春天降临的时候，他们站出来讲授自己苦读得来的知识，使广义相对论的知识在全国广泛传播，刘辽就是这样一位传播者。此后，在周培源等老一辈学者的关怀与支持下，广义相对论研究在中国形成规模，"中国引力与相对论天体物理学会"作为物理学会的一个分会应运而生。刘辽是该学会的首届理事之一。

五、开创黑洞物理的教学与研究

刘辽在中国首先开始了黑洞物理的教学与研究。

刘辽第一篇科学论文是《强子质量的一个半经验公式》，这是当时普适性较高的一个公式。此后他便专注于引力与相对论天体物理的研究。他指导研究生完成了脉冲双星 PSR1913+16 辐射引力波的计算，验证了泰勒等人的结果。

20 世纪 80 年代，刘辽开始把主要精力放在黑洞的研究与教学上。他攻克的第一个难点是转动、带电黑洞热辐射狄拉克粒子的问题。当时国际上认为这类黑洞应该热辐射狄拉克粒子，只是找不出证明方法。弯曲时空中的旋量方程耦合十分强烈，很难求解。刘辽及其同行在刻苦钻研之后，发现该方程在黑洞表面附近可以求解，成功地证明了这类最普遍的黑洞确实热辐射电子、质子等狄拉克粒子。后来，他又进一步证明，任何一个未来事件视界都应具有霍金辐射。

在此之后，刘辽领导的小组对黑洞温度、黑洞熵以及黑洞附近的其他量子效应做了大量研究。他们探讨了霍金辐射的反作用问题，建立了黑洞的膜模型，该模型把黑洞事件视界看作有物理意义、存在表面张力的膜，很好地解释了黑洞热力学。他们还提出了计算非稳态黑洞温度和熵的方法。刘辽等对黑洞附近的状态方程做了修改，得到与天文观测相一致的结果。

刘辽及其合作者还在黑洞量子化方面做出了具有启发性的创新工作。他们把索末菲量子化条件，移植到广义相对论中来处理周期引力系统量子化问题。首先把 Sommerfeld 作用量量子化应用于史瓦西黑洞，可以简单地得到史瓦西黑洞的质量量子化条件和视界面积量子化条件。因此霍金辐射是一个不连续的分立过程，可以求得辐射量子的质量。特别有意思的是，量子史瓦西黑洞在演化中存在一个基态质量，任何量子过程不可能使得一个量子史瓦西黑洞的质量低于其基态质量。这意味着一个进入晚期、强烈喷射的史瓦西黑洞，量子力学的能量量子化规则将迫使它在到达基态时停止辐射，结果是任何蒸发的量子黑洞最后均有一个基态质量遗迹，霍金蒸发不会把黑洞化为乌有！黑洞蒸发中的信息丢失疑难可能不再存在。由于量子史瓦西黑洞的遗迹不再产生包括霍金辐射在内的任何量子辐射与经典辐射，其存在只能通过引力作用来探测，我们可把此类遗迹叫作暗物质或"暗星"，看来天文观测中通过星系的转动曲线探测出的暗物质极有可能就是这里谈到的量子黑洞的遗迹或暗星。

在科研的同时，刘辽还在国内首先开设了"黑洞物理学"这门课，把许多广义相对论专业的研究生，领进了黑洞研究的前沿。

六、探讨宇宙学与弯曲时空中的量子场

此外刘辽还带领研究生涉足于宇宙学领域，展开了对暴胀宇宙学、量子宇宙学、虫洞和时间机器的广泛研究，他们在国内外重要刊物上发表了数十篇论文，其中包括《Higgs 场的宇宙学起源》、《利用虫洞消除 QED 中的单圈发散》、《真空涨落可以产生虫洞》等，探讨了研究 Higgs 场和 de Sitter 时空量子化的新思路，认为 Higgs 场可能来自 Anti-de Sitter 时空中真空量子共形涨落，得到的 Higgs 粒子的质量与宇宙常数有关。著名相对论专家霍金教授为了避免时间机器带来的困难，曾提出"时序保护猜想"。刘辽等人研究了霍金的时序保护猜想，指出了避开这一猜想来制造新的时间机器的可能性。在科研工作的同时，刘辽编著了《广义相对论》、《量子场论》（平直时空）、《弯曲时空量子场论》和《量子宇宙学》，还与合作者一起出版了《黑洞与时间的性质》、《暴胀宇宙和宇宙弦》、《李群与李代数》、《狭义相对论》等学术著作。

2008 年，刘辽已是 80 岁高龄，饱受帕金森综合征的折磨，仍然顽强不倦地研究引力波的问题，2010 年发表了 de sitter 时空中的宇宙引力波。

刘辽从不脱离教学，他长期为研究生讲授广义相对论、量子场论、李群与李代数、弯曲时空量子场论、暴胀宇宙学、量子宇宙学等课程，还为本科生开过量子力学、量子场论导论等课程。特别值得一提的是，"弯曲时空量子场论"课是刘辽率先在国内讲授的。

刘辽授课清晰、严谨，强调物理思想，富于启发性，深受学生和进修教师的喜爱。他思想活跃，平易近人，从不在学生面前摆架子。刘辽总是和学生平等讨论，允许学生当面反驳他的意见，在课题组内营造了良好的学术气氛。因而，他培养了一批广义相对论的教学与科研骨干。在刘辽的领导下，他的课题组近年来发表了几百篇研究论文，其中不乏创新内容的工作。

刘辽正直、谦虚，从不为自己和自己的小组谋求私利，并且要求他的学生也要这样做。在他的学生担任行政职务的时候，刘辽告诫他"一定不要利用职权为个人或我们的小组谋私利"。他十分鄙视那种为个人私利而伤害他人、甚至伤害国家和人民利益的举动。

刘辽和他领导的小组在广义相对论领域长期辛勤耕耘，于 1986 年和 1996 年两次获得国家教委科技进步奖二等奖，获奖项目分别是"黑洞、奇点及早期宇宙理论"和"黑洞物理学与量子宇宙学"。

七、刘辽主要论著

刘辽. 1978. 一个强子质量的经验公式. 北京师范大学学报（自然科学版），14（3）：24.

刘辽. 1979. 一个强子质量的经验公式. 物理，8（3）：285.

刘辽，许殿彦. 1980. Dirac 粒子的 Hawking 蒸发. 物理学报，29（12）：1617.

刘辽. 1982. 费曼路径积分和霍金蒸发. 物理学报，31（4）：519.

刘辽. 1987. 广义相对论. 北京：高等教育出版社.

曹雨芳，刘辽. 1987. 李群与李代数简介. 北京：北京师范大学出版社.

Huang C G, Liu L, Zhao Z. 1993. The thermodynamical approach to the back reaction problem. Gen Rel Grav, 25（12）：1267.

Liu L. 1993. Wormhole created from vacuum fluctuation. Phys Rev D, 48（12）：R5463.

Li L X, Xu J M, Liu L. 1993. Complex geometry, quantum tunneling, and time machines. Phys Rev D, 48（10）：4735.

蒋元方，刘辽，钱振华. 1993. 暴胀宇宙和宇宙弦. 上海：华东师范大学出版社.

刘辽. 1998. 时空泡沫结构与量子电动力学中发散的消除. 物理学报，47（3）：363.

Huang C G, Liu L, Wang B B. 2002. Thermodynamics of de Sitter universes. Phys Rev D, 65（8）：083501（4）.

刘辽. 2003. 量子场论. 北京：北京师范大学出版社.

Liu L, Pei S Y. 2003. Can Higgs field have a cosmological origin? Chin Phys Lett, 20（5）：780.

Liu L, Pei S Y. 2004. Sommerfeld's quantum condition of action and the spectra of quantum Schwarzschild black hole. Chin Phys Lett, 21（10）：1887.

刘辽，赵峥，田贵花，等. 2008. 黑洞与时间的性质. 北京：北京大学出版社.

刘辽，费保俊，张允中. 2008. 狭义相对论. 第二版. 北京：科学出版社.

刘辽. 2008. 刘辽文集. 长沙：湖南科学技术出版社.

Liu L. 2010. Cosmological gravitational wave in de Sitter spacetime. Chin Phys Lett, 27（2）：020402.

主要参考文献

刘辽. 1987. 广义相对论. 北京：高等教育出版社（2004 年第二版）.

刘辽. 2008. 刘辽文集. 长沙：湖南科学技术出版社.

刘辽，赵峥，田贵花，等. 2008. 黑洞与时间的性质. 北京：北京大学出版社.

刘辽，费保俊，张允中. 2008. 狭义相对论. 第二版. 北京：科学出版社.

撰写者

赵峥（1943~），北京师范大学物理系教授。1943 年 8 月 31 日出生于四川成都，原籍江西萍乡。1967 年毕业于中国科学技术大学物理系，1981 年于北京师范大学天文系获硕士学位，1987 年于布鲁塞尔自由大学获博士学位，曾任中国引力与相对论天体物理学会第 6 届理事长。主要从事广义相对论、黑洞与弯曲时空量子场论的教学与研究，是刘辽的研究生和科研合作者。

郭权世

郭权世（1929～），广东梅县人。太阳物理学家。中国太阳耀斑观测与预报的开始者与组织者，太阳工作为军用及民用服务的带头人之一。1951年毕业于中山大学天文系，曾任紫金山天文台太阳物理研究室主任。从1952年起，一直从事太阳活动区的观测和研究，取得了大量高分辨率的光球、色球资料。1981年提出耀斑的起因来自光球下层新出来的磁场。1984年进入美国航空航天局（NASA）太阳极大任务（SMM）研究组，成为客座研究者，和各国同行共同探讨耀斑的起因。1985年由美国航空航天局国际事务部提出，经中国科学院二部（科学技术部）同意，中美双方共同合作研究"耀斑过程新磁场快速浮现和硬（及软）X射线发射"这一课题。1987年美国天文学会提供一笔奖金，短期（半年）访问美国、捷克、匈牙利三国，进行探讨大尺度磁场与活动区形成的关系，以提高长期预报太阳活动水平。作为太阳预报主要参加者，预报组集体的长期努力，获得过政府部门多次奖励，其中主要者为：1986年和1990年分别得到中国科学院科学技术进步奖一等奖，1992年国家科委颁发的国家科学技术进步奖三等奖。从事太阳观测与研究40年，寒来暑往，乐在其中，当早晨地面大气处于宁静状态时，望远镜已经对准太阳拍照了，追求高质量观测资料的精神，也许可为后来人借鉴。

一、改进太阳分光镜以观测耀斑

1951年10月郭权世中山大学天文系毕业后，分配到中国科学院紫金山天文台，随后再分配到上海佘山天文台（当时属紫金山天文台领导）。佘山天文台（1900年建立）在上海西南郊属上海天文台的一部分。此时佘山台的太阳方面的工作测量仪有黑子投影的10.5厘米口径赤道仪、太阳辐射自动记录仪和观测太阳耀斑的太阳分光镜。我被分到观测耀斑。这架太阳分光镜是海耳型的。佘山天文台的这架太阳分光镜，就是按照海耳的原理，佘山台的金工场加工，1949年做成的。1950年完成试观测，1951年全年进行观测共计148天，但只观测到几个小谱斑、连一个小耀斑都没有记录到。可是1951年仍是太阳活动相当活跃的一年，特别是4～5月份一个持续二个太阳自转周的特大黑子群（有时可用肉眼看到），曾产生过 5 个以上 2 级大耀斑，佘山台的地磁仪也记录到磁暴，在这情况下，太阳分光镜只记录到小谱斑，不能不令人怀疑，这架仪器本身可能存在问题。仔细分析，可看出定天镜系统是好的，成像镜也很好，有 4.5 米焦距。问题就出在光谱仪上，光谱仪的焦距只有 1.4 米，所形成的谱线过窄，即第二狭缝里除 Hα 谱线外还混有光球的连续谱，故观测到的兼有光球现象，所以决定把光谱仪的焦距延长至 3.2 米，使 Hα 谱线宽度增加一倍多，观测色球现象就不存在什么问题了。改造光谱仪是和复旦大学及浙江大学合作，金工部分仍由本台的金工场完成。光谱仪的焦距延长了，观测室也顺应延长，于是重新建立观测室。1955 年完工，1956 年开始观测，并增加南大天文系毕业生一人，共同监视太阳活动，记录耀斑开始、极大、结束的时刻，产生的位置和级别，有时可记录到大耀斑 Hα 发射线的宽度，观测结果发表在《天文学报》上。这也是中国迎接的第一个太阳活动峰年，这可是 1755 年有完整黑子记录以来最强的一个峰年。

其实 20 世纪 50 年代初期，用太阳分光镜作太阳耀斑观测是比较简便而有效的，因为那时窄带滤光器（透过约 0.5 埃）的色球望远镜仍未问世。要记录突然出现、快速地发展、而且复杂多变的太阳耀斑，用单色光摄影仪是难于实现的。用太阳分光镜还可记录耀斑的谱线发射宽度，英国的天文学家艾利逊（M. A. Ellison）对此很有研究，称其全过程变化为耀斑的光变曲线。在佘山天文台也进行过这项工作，曾记录到一个大耀斑的光变曲线（发表在当时苏联《太阳数据》上）。曾受到高度评价的美国《科技百科全书》（1960 年美国麦格-希尔图书公司出版，连续再版四次）在其天文学卷中，太阳学科条目有 13 项，其中一项就是"太阳分光镜"，足见其时的太阳物理家对这简便仪器的重视了。

1958 年 4 月 19 日海南岛三亚县可观测到日环食，领导层决定用此分光镜系统，来作日食光谱仪的光源，因此停止耀斑观测以完成日食观测计划，从此太阳分光镜逐步走向停止观测的命运。

二、成立太阳活动预报组，并发布太阳图

1958 年底郭权世调回紫金山天文台，主持一个小组从事太阳耀斑观测与研究。此时的紫金山天文台已经拥有当时世界一流的色球望远镜，这得感谢老一辈的科学家龚树模。20 世纪 50 年代初法国墨冬天文台正在研制一台装备有李奥（B. Lyot）型滤光器的色球望远镜。此时龚树模由美国留学回国，路经法国时订购了和此同样

的一台望远镜。制成后，在墨冬天文台安装做过实际观测，完毕后于1958年运抵中国。1958年上半年安装，下半年就可试观测，年底已正常运行了。这架色球望远镜口径14厘米，滤光器透过带可调至0.5埃，有谱线移位器，使Hα谱线可透过不同部分，附有电影机可以快速拍照，也可慢速，随观测者控制。记录的是全太阳像，附有光度标以测量耀斑全过程的亮度变化。6人小组排班观测，守候在望远镜旁，不错过一个晴天。这番努力很快就记录到一批对地球有强烈影响的耀斑，特别值得一提的是1959年7月10、14、16日三个3+级的特大耀斑（16日的耀斑记录得不完整），它们都对电离层及地磁场产生强烈的扰动。引起各方的关注，有关部门毫不怀疑，这个二百多年来最强黑子周期的未来几年，将频繁地给地球以强烈干扰。首先中国科学院制定的1960~1962年重要科技项目中，就把研究太阳黑子、耀斑等活动现象以及耀斑预报作为重点项目，太阳研究室依此制定了1960~1962年三年预报耀斑的计划。初期向有关部门提出大耀斑后可能出现电离层暴和地磁暴。同时开展资料分析，和上海长途电话台（刘行电台）合作研究长途电话中受太阳活动干扰的情况。并派一位能力强的研究人员到刘行电台实际进行考察和研究。经过对三年多长途电话受干扰记录的分析，证明短期干扰往往来自大耀斑进行时，小时以上长时间干扰来自耀斑后的电离层暴和地磁暴，对某些线路（如洲际长途）特别影响严重。以后随着太阳活动逐渐走向宁静期，预报工作也放松下来。

1964年10月旧太阳周期结束，新太阳周期（第20周）随即开始，经过短期（半年多）的宁静后，1965年3月、6月、9月都出现过短波通信受扰现象，1966年7月一个对地球有强烈影响的大耀斑发生了（此耀斑类似上文提到的1959年7月10日、14日的3+级大耀斑），在这形势下要求紫金山天文台提供太阳预报的部门多了起来，要求较高的是电离层研究所，双方制定长期合约，还有些重要部门，要求提供短期在通信中可能受到的干扰，尽管那时有许多干扰，我们还是尽到了责任，工作照常进行。

1970年，中国第一颗人造卫星上天，标志中国进入空间探测时代，对太阳预报有了更高的要求。首先将发出预报的单位改在北京天文台，而紫金山天文台和云南天文台按期发出太阳预报给北京天文台，汇总后直接提供给使用部门。接受任务之初，北京天文台派了一个小组来紫金山天文台，我们介绍了历年预报的情况和方法，共同探讨如何开展工作，紫金山天文台的经验和资料起到了作用。

20年后的1990年，在北京总结为航天部门所作的预报，使用部门对此作出积极的评价。认为这项工作做得好，接近国际水平，对国家做出了贡献。

最后举些紫金山天文台发布预报的例子，来表明我们工作的实际情况。1980年

5月，一个重要部门要求作电离层突然骚扰预报。我们作了为期12天的逐天三日报，总共发出12次预报，其中6次报的是C级（最低）的骚扰，处于安全期，实际情况是有3次完全对，三次偏高一点，另6次的预报是M级（中等）突然骚扰，实际每次都至少有一个M级骚扰，可以说是基本正确。这说明我们的预报基本上和太阳活动的真实水平相接近。这也和国际水平大体相近。美国布尔德（Boulder）的预报中心，每星期在"太阳地球物理数据"上发布下周的太阳活动预报，举一例来表明，如1988年4月10日发出4月11～17日的预报，内容为："耀斑活动总水平将提高，有一段时间会有中等活动水平"，实际情况是有一个强活动区出现，有大耀斑（$X_1/2B$级）出现，另有四个中等（M级）耀斑，由此可见报得不算差，只是低估了一点。总起来说，大家使用的方法不会有很大差别，基本上用经验判据，还没有数字化的精确计算，掌握完整的资料做基础是十分关键的。

最后还须提到一项工作：发布太阳图。它是太阳室预报组工作的一部分。从1959年起，向其他天文台、地球物理所、无线电通信部门、气象台等发布太阳图，这是综合太阳光球和色球资料于一图，图上有每天的耀斑数据，每天出一张用晒蓝图方式复制供有关使用部门，从此图可判断当前太阳活动水平，及对未来水平作出估计，当时德国、法国也发行同样性质的太阳图。由于该工作纯系服务性，且要耗大量的人力和物力，于1968年停止。

三、探讨太阳活动区磁场与耀斑关系

太阳耀斑的研究，在天体物理学科中显得有其特异之处。太阳是最靠近我们的一颗恒星，可以把它看得非常仔细和深入，特别是人类进入空间时代，更可全方位、多途径的探测它。

所以我们对太阳的了解，一方面有较为完整、深入的观测资料，另一方面却在理论上有多种多样的解读，如对耀斑的根本问题，它巨大的能量（10^{32}尔格）从何而来，又如何以几分钟量级时间快速释放，仍然没有大家认同的模式。也许是虽然我们能把太阳看得很仔细很深入，但仍然没有看到最关键的东西，如果是这样，我们应该如何去找到这关键的论据呢？下面是郭权世40年来从事太阳活动研究的历程，做一小结，也许可提供一些可参考之处。

1. 初期阶段主要是探讨黑子磁场和耀斑的关系。大多数耀斑，开始都产生在黑子群范围内，由谱斑突然发亮开始，随后迅速扩展，这自然就把黑子磁场和耀斑的发生联系起来。经过资料分析，很容易发现大多数（83%）磁场结构简单的双极黑子群，最多只能产生一些很小的耀斑，较大的耀斑（≥2级）总是磁场结构复杂，而且在快速变化的条件下出现的。如果对地球有强烈扰动大耀斑，即称为质子耀斑者，更有其特殊结构，即磁极性相反的N、S极包容在同一半影内，也就是它们间的磁场梯度很大。问题是上述这些现象，对耀斑的产生，并不是充分的必然条件，因为上述的结构复杂并在变化着的黑子群，在其经过日面的13天中，可以长久保持这个态势不变，但不一定产生大耀斑，而是有时产生，有时不产生，所以大耀斑的产生，除上述需要的条件外，还需要一些至今人们还没有发现的条件。

2. 第二步研究黑子群周围的光球磁场，也就是研究大尺度磁场与耀斑的关系。所谓大尺度磁场，就是黑子群外的光球磁场，有百高斯量级者。从1959年起，美国威尔逊山天文台就正规记录这磁场，从5高斯到80高斯描出它的等强线，麦庆托斯（P. S. Mcintosh）把它和Hα单色像资料比较，证明了太阳表面大尺度的Hα图形态和用威尔逊山磁图仪测量的大尺度磁场间，二者有很好的对应关系，暗条就是这大尺度场的N、S极性分界线。在等高斯线内包含了黑子群和光球背景场。因此研究黑子群邻近的光球磁场与耀斑的关系是很有必要的。

研究了1981年4～5月份一个强活动区，持续两个太阳自转周产生的6个大耀斑和1个小耀斑（主要是紫金山天文台观测到的耀斑），用威尔逊山天文台大尺度磁图和匈牙利天文台黑子照片为基础，以紫台17厘米的黑子描图为校准基线，将黑子、大尺度磁场和耀斑三者定位在一张图上，比较耀斑前后的磁场图形，可以明确看出，耀斑的产生直接联系到大尺度磁场的发生和发展，也可以说这大尺度的双极磁区持续的磁流出来，也同样导致耀斑产生，这和上面所说的黑子群情况是一样的。这二者变化对耀斑的产生是须要而不是充分的。

3. 从上面两点结果引导我们寻找能直接联系到耀斑产生的论据，看来寻求耀斑前后及耀斑过程光球黑子磁场变化是可以有成功可能。

这想法直至实现高时间、空间分辨率的黑子拍照，才逐步认识它的重要性。首先感谢天文仪器研究室的工程师，改装了20厘米赤道仪，把太阳像放大至28厘米，在胶卷上可容纳一个大黑子群，露光时间约千分之一秒。天好时守候在望远镜旁，太阳活动宁静状态时，半小时至1小时拍一次，有耀斑征兆或者耀斑出现时就快速拍照，每分钟可拍3～4张，这样色球和光球都有足够可研究资料，从1980年开始积累大量可供研究的资料，以解释和耀斑发生直接联系的磁场问题（此前，1961～1965年也用胶卷拍太阳黑子，但没放大太阳像，空间分辨本领不高）。

所得结果，肯定地论证了耀斑前后小时量级的时间内有新黑子出现，有时还伴有白光（连续辐射），这也就为耀斑的能源和释放问题，提供有价值的新论据。此结果发表后，很快引起国外同行们高度重视（详见后面国际合作部分）。

其实还可以用较简单的方法来论证上面的结果。举一例来说明，1984年的《太阳物理》杂志上，美国天文学家拉斯特（D. M. Rust）发表了美国空间飞船记录的两个硬X射线暴（发生在1980年11月11日）。他的结论是这两耀斑和其硬X射线暴是日冕爆炸的结果，可能作者并没有考虑到新出现磁场的作用。但用这耀斑前后的黑子照片比对，明显硬X射线爆发区在耀斑前后的黑子照片上确有一片新形成的黑子。耀斑前的照片用紫金山天文台和匈牙利天文台所拍的，耀斑后的用美国大熊湖黑子照片，这些照片和耀斑发生时间差约在十小时量级。

四、组织太阳峰年联合观测

太阳耀斑对地球有强烈的影响，早就引起科学家们的重视，在太阳峰年耀斑频发之际要完整地记录到它，就必须组织许多天文台的共同观测。当海耳发明目视观测耀斑的分光镜后，在1936年，也就是第17周太阳峰年前一年，通过国际天文协会，将这仪器按经度分配给许多国家，昆明天文台分到了一架，于1940年3月观测到二个较大耀斑后，就未有观测结果，最后停止了工作。第二次世界大战结束后的第一个太阳峰年，是第19周的1957～1958年，也是有史记录以来最强的一次，国际上成立称为"国际地球物理年联测"组织有50多个天文台参加（中国未参加），记录到一万五千多个光学耀斑，最后汇集成二大本资料，称为《国际地球物理年太阳图D1、D2集》，紫金山天文台购买了这套有价值的资料。

中国对太阳峰年的观测一直是十分重视的，新中国成立后的第一个、第二个峰年，主要由紫金山天文台组织实施，那时北京天文台正在筹建，云南天文台还属于紫金山天文台领导。第三个峰年（第21周）其峰值期在1979～1982年，中国科学院二局组织紫金山天文台、北京天文台、云南天文台进行为期三年（1980～1982）的太阳活动区联合观测和研究。此时紫金山天文台积极行动起来，落实计划。首先对观测仪器进行改造，以提高观测资料水平，目标是光球资料在1"细节，色球资料接近1"，其他仪器以高标准来要求。分为光球、色球、光谱和射电四组。按统一要求，当色球望远镜观测到大耀斑可能来临时，立即通知各方共同行动，大活动区出现时也通知各部门准备。1980年9月起，参加国际"太阳极大年（SMY）活动"按共同的观测程序行动，这样可以交换资料，有利于开展研究。

总起来说，国际上在这峰年取得了很大的进展，美国空间探测得到许多关于耀斑研究有价值的资料。中国的观测有其特色，发挥出常规仪器最好的水平，特别是高时间、空间分辨率的资料，在耀斑问题研究上，仍然有其独特的作用。还值得一提的是，中国时区的重要性，很多大活动区的大耀斑，往往在中国时区观测得最完整，如这次峰年的1981年5月一系列大耀斑，又如上文提到的1959年7月一系列特大耀斑，都是中国时区有最完整资料。

五、参加国际合作，研究耀斑起因

耀斑是十分复杂的物理现象，发射电磁波全波段，以及各种能谱的高能粒子，从单个手段观测到的太阳现象，往往难于解释。例如，在大黑子群出现时，居然出人意料地降低了太阳辐射能，以前我们一直认为地球上接受的太阳辐射是不变的，称之为太阳常数。可是在1980年4月靠得很近的二个黑子群经过日面时，太阳辐射有0.15%的下降，记录是真实可靠的，但引起下降的原因，是黑子，还是耀斑，或其他太阳现象，却无法判定，有待更详细资料的分析。总之，国际合作研究是十分必要的。下面就是多年来进行国际合作和同行们讨论的情况。

第一次走出国门是在1979年，应邀参加美国布尔德空间环境实验室召开的日地预报会议，中国派了三人参加，紫台、北台、云台各派一人，这是中美建交不久去美国，那时驻美国使馆还未建好，临时租用一栋楼，我们就住在临时使馆里。美国的天文学比我们先进得多，我还是应邀作了《紫金山天文台预告太阳活动方法》的报告，分析了太阳黑子的活动期，根据它在西边缘附近的活动状态，来预告二周后再从东边缘转出来的可能活动程度，并介绍了这方法经过一年多的实际预报检验，有一定效果，但不一定有很大的说服力，毕竟是开始迈出的第一步。

第二次走出国门是在三年之后了，那是1982年第24届国际空间研究委员会（COSPAR）在加拿大渥太华召开，中国派出十人的队伍前往参加，三个天文台、地物所、科技大等单位派人组成，参加者先寄出论文摘要给大会秘书处，我寄去的论文题目是《耀斑过程的光球现象》，文中介绍了1980年9月至1981年7月用高时间、空间分辨率的黑子照片，对十个以上耀斑进行研究的结果，皆可肯定耀斑的发生，可联系到新黑子的形成，也就是新磁场的出来，有时还伴有白光连续辐射，这些观测结果，还未在文献中见到过。出人意料的是，大会的组织者，看到这篇提要，很快发来一信，要求前来参加会议，在会议期间可得到经济支持。我在小组会上报告了我的研究，用详细的观测事实，论证我的结论，大会秘书处也不食言，给代表团领了一笔钱，这件事不由得不想起，这项研究已引起国外同行们的注意了。

第三次参与的国际学术活动是1983年11月在昆明召开的"太阳物理和行星际

现象"研讨会，到会的有美、英、法、德、日、加拿大等十个国家的知名学者，与会者有百多人，首先请知名科学家作专题演讲，我在小组会上的报告，题目是《浮现磁流和大双带耀斑》，指出这些大耀斑后期出现的环弧系以及记录到的硬 X 射线暴都可用我的黑子资料来解释。耀斑发生在新磁流浮现过程的初始阶段，磁通量可达 10^{22} 麦克斯韦，这些耀斑的发展取决于出来磁流区的扩大，直到磁流停止出现，这一变化范围在光斑场内进行，又在耀斑环的足点处，也观测到新黑子和光斑，这些论述在文献上是很少见到的。又一次出乎我意料的是，邀请来参加的知名理论家皮利斯特（E. R. Priest）对此颇感兴趣，对我说，这一工作很重要希望能继续进行下去取得更多的资料。他回英国后不久，寄来他的新作，以后在较长一段时间里联系比较多，后来我仔细研究了他的理论，了解到这一理论很可能从我的观测结果，找到突破口。他在 20 世纪 70 年代就提出当新磁流从光球层下出来或卫星黑子移动时，两种体系交界面的电流相互发生作用，由于磁的重联，导致磁流从一体系转到另一体系，电流的密度愈来愈大，导致耀斑触发。这次他在昆明会上的报告是《太阳耀斑的磁流体动力学》，基本上是再次强调上述理论。可见这位著名理论家急需从光球精细观测资料中得到理论计算上的数据，多次他来信希望和他共同参加国际学术研讨会，并出主意帮助申请费用，我都因当时许多问题（包括签证问题）而不能赴会。

第四次国际合作更迈出了一大步。美国航空航天局自 1982 年 2 月发射的"太阳极大（SM）"卫星，出故障又修复后，已经取得了十分丰富的空间探测资料，有大量耀斑高能粒子和电磁波辐射记录，1984 年成立了专门小组，名为太阳极大任务组，除美国本国已有 20 多位太阳专家外，也从其他国家招募客座研究者，不言而喻，参加者都是代表一个方面的权威，我提出一篇研究报告，题为《耀斑过程新磁场的快速浮现和耀斑硬（及软）X 射线》，美国航空航天局于 1984 年 10 月 31 日来函，说："经过评审小组的讨论，决定接纳你为 SMM 的客座研究者"，成为 15 人的客座研究组的成员，可以使用 SMM 的资料以及小组成员国的资料，这些资料无疑是其时世界第一流的资料。美国航空航天局为了落实我在国内的工作能顺利进行，其主管国际事务的负责人于 1985 年 1 月 7 日致函中国科学院二部负责人王大珩，提出把我的课题作为两国间的合作项目，在国内的研究由中国科学院负责落实，在国外的研究由美国航空航天局有关部门负责落实执行。王大珩于 1985 年 2 月 24 日复函同意按美方来函的意见执行，并转达当时紫金山天文台台长张和祺落实，至此中美间的合作研究，落实执行起来。美方向我提供了我研究中所需的资料（包括空间探测的和许多国家地面观测资料），并定于 1987 年 3 月在美国哥达德（Goddard）飞行中心举行研讨会，可惜与我的欧洲访问行程冲突，未能成行。以后还有类似的研讨会，我都未能脱身前往，实系一憾事。我按计划，给美航空航天局寄出我的工作总结，题为《1985年7月9日质子耀斑磁流浮现所起的作用》此篇总结性的论文，写得比较详细，并用非质子耀斑作了比较。美航空航天局方面表示满意，一直不间断地寄来他们的研究计划，一直到1994年我已退休多年才停止寄来。

第五次的国际合作更加得益不浅。从1982年起，美国天文学会每年提供一笔名为克里斯琴（Chretien）奖金，以开展国际合作。我于1986年2月22日提出一份申请书，题目是《超前一个太阳自转周预告活动区的形成》，9月8日美国天文学会给我信中说"接受你的申请，给予比你申请款额还要多的钱去访问法、荷、捷、匈诸国，以促进太阳活动区的研究"，由于签证上的原因，最后决定访问国家定为美、捷、匈三国，为期半年。第一站在美国布尔德空间环境实验室和其预报中心负责人麦庆托斯工作两个多月，共同研究大尺度磁场和活动区形成的关系，彼此之间大体思路相同，很快在两个问题上取得了一些成果，一为《活动区形成的预告》，一为《预告强X射线活动区》，这二项研究分别在美国第二届太阳周期会议和地球物理学年会上宣读。这两篇工作都基于对太阳大尺度磁场的研究。其实太阳大尺度磁场对长期的太阳活动预告有着十分重要的作用，似乎对此感兴趣的人并不很多。

在布尔德还做了一件有趣的小研究，美国的天空实验室（SKY Lab）记录到许多日冕瞬时现象（也就是日冕爆发）。恰好他们不久前记录到一个较大的爆发，主管此事的负责人问我，能否对此爆发找到解释，我答应试试看，利用他们实验室里大尺度磁场的资料，仔细分析，发现日冕爆发物的坐标在日面上是一个暗条，而且爆发点下面有一个黑子群在形成，原来这也是新生成的磁场对原有磁场的扰动造成的，如果这个结论能得到更多资料的证实，那就是不但色球耀斑而且日冕的爆发现象，都和新磁场出现有关系，这可能对理论家们来说是重要的。

下两站是到捷克天文台和匈牙利天文台，这两个天文台都是太阳工作做得很出色，捷克天文台的太阳磁场和黑子研究是很有名的。我和他们交流了看法，得益不浅。匈牙利天文台人员更少，只有3~4人研究太阳，但他们的工作很出色，以前由格林尼治天文台发表权威黑子数据，现改由匈牙利天文台接班继续，他们的黑子和色球照片，可以说是十分好，台长热情，和我的研究内容有很多共同之处，所以他给了我很多好资料（高质量的黑子照片），对我的工作很有帮助，他们资料的特点为连续天数长，而且空间分辨率高，所以在研究活动区上有很大作用，可惜的是时间分辨率不高，一般都是一天观测一次或两次，对变化快的耀斑现象，时间分辨率就不够了。我回国后他们仍不断寄来好资料，甚表感谢。

半年结束访问，回国后写了总结报告，寄给美国天文学会，他们表示满意，从这年起成为美国天文学会会员。

六、其他工作：参加二次日全食观测

第一次是发生在苏联高加索地区的日全食观测（1954年6月30日），观测地点在苏联高山天文台（即日冕观测站），此站在高加索山区，一望无际的高山草原，空气很好，适宜于观测日冕，山上只有2~3个工作人员，我做为张钰哲台长的助手，在山上住了几天，观测日食的仪器是苏联观测站提供的，为一架小型的光电流记录仪，仪器对准太阳后，由光电偶出来的电流在电流计上读出，我就是记录日全食过程电流变化的数据，张台长则操控仪器对准太阳，天气很好，我把日食全过程数据完整记录下来，以后由张台长整理好数据发表在《天文学报》上。

这次日全食观测是附带的产品。1954年5月20~23日苏联普尔科夫天文台（在列宁格勒，称为总天文台）战后重建揭幕，邀请中国参加庆祝活动，中国科学院派了以华罗庚为团长的代表团参加这个庆典，我作为七人代表团成员中的一员参加了这次活动，以后代表团到高加索山区疗养，此时发生日全食，所以我和张钰哲台长顺便去参加观测这个难得的天象。

第二次参加的是1958年4月19日发生在海南岛三亚县的日环食，那时我在佘山天文台工食，但紫金山天文台决定去三亚作日环食的光谱观测，要用到佘山台的定天镜系统，于是我带着定天镜去三亚参加了日环食观测，资料的分析研究我未参加。

七、尾声：退休前的最后工作

我于1990年退休，退休前做了两件事，以结束我的科研生涯。

第一件事，填好1990年度计划表，该计划为"国家自然科学基金资助项目"为期四年，1990年是第三年，填好表后，交由年轻一代负责贯彻执行，从此我的科研生涯打上句号。

第二件事，利用最后一年，最后一个课题"大尺度磁场和强活动区间的关系"研究了从1954年至1990年历经三个太阳活动周期的大活动区出现的规律，这段期间出现了189个强活动区，研究表明，其中的160个大活动区都位于大尺度磁场的边界。这对预报未来太阳周期的强活动区出现很有帮助，也就有可能预告未来峰年的活动情况，文献上这方面的研究报告不多，只知道美国的麦庆托斯在研究这一课题，因曾共同合作研究过，所以把我最后的研究寄给了他，供其参考。最后，我退休，颐养天年。

八、郭权世主要论著

郭权世. 1955. 佘山观象台太阳分光镜的改装. 天文学报, 3（1）.

张钰哲, 郭权世. 1955. 1954 年 6 月 30 日日全食观测. 天文学报, 3（1）.

郭权世. 1957. 一个大耀斑 Hα 谱线宽度曲线（俄文）. 苏联太阳数据.

郭权世, 经嘉云. 1958. 1957 年 6~12 月耀斑观测结果. 天文学报, 6（1）.

郭权世. 1963. 太阳黑子周期的经验公式. 天文学报, 11（1）.

郭权世. 1975. 关于太阳活动长期预报的一个方法. 科研工作报导（紫台）, 3.

郭权世. 1976. 关于短期（几小时）预报耀斑的几个问题. 科研工作报导, 4.

郭权世. 1979. 紫金山天文台的太阳活动预报. 美国日地预报会议论文集（英文）. 第一卷.

郭权世, 陈协珍, 赵爱娣. 1979. 太阳耀斑和新磁场浮现. 科研工作报导, 16：16.

郭权世, 赵爱娣, 陈协珍. 1981. 关于耀斑起因问题. 科研工作报导, 23：27.

郭权世, 陈协珍, 赵爱娣. 1982. 耀斑过程的光球瞬时现象. 渥太华"24 届国际空间研究委员会会议报告文集"（提要）（英文）：13.

郭权世, 赵爱娣, 陈协珍. 1982. 1981 年 5 月 13 日 3B 级大耀斑的能源. 紫金山天文台台刊, 1（1）：1.

郭权世, 陈协珍, 赵爱娣. 1983. 大双带耀斑过程的新出现磁场. 昆明"太阳和行星际现象研讨会"论文集（英文）. 卷二：642.

郭权世. 1984. 硬 X 射线暴和新浮现磁场.（中-日太阳、恒星物理合作）讨论会文集（提要）（英文）：15.

郭权世, 陈协珍, 赵爱娣. 1984. 耀斑过程磁场快速浮现和硬（及软）X 射线暴. 中·美合作项目研究报告.

郭权世, 陈协珍, 赵爱娣. 1986. 1985 年 7 月 9 日质子耀斑新磁场浮现研究. 中·美合作项目研究报告.

郭权世. 1987. 新黑子磁场和耀斑环状结构. 美国空间环境实验室报告.

郭权世, Mcintosh P S. 1987. 强活动区形成的预告. 美国第二次国际太阳周期会议报告.

Mcintosh P S, 郭权世. 1987. X 射线强活动区的预告. 美国地球物理学会年会议报告.

郭权世. 1987. 1986 年 10 月 15 日日冕大瞬时现象的起因. 美国空间环境实验到研究报告.

郭权世. 1987. 大尺度磁场和太阳第 22 周期强活动区预告. 匈牙利天文台报告.

撰写者

郭权世

万同山

万同山（1929～），江苏宜兴人。射电天文学家。抗日时期随父亲至四川，胜利后复员到杭州，因此分别在鄞都和杭州完成了中学学业。由于家境不佳，营养不良，又因学业极为刻苦，患上了肺结核病，耽误了4年学业，所以比同班同学年龄稍长。南京大学数学天文学系毕业。1957～1958年去南京板桥公社劳动锻炼，接受贫下中农再教育。1958年进入上海天文台工作，任研究实习员，科学大会后不久升任副研究员。1987年任研究员。1984～1991年任射电天文研究室主任和中国VLBI网技术总体组组长，直到上海VLBI站和乌鲁木齐VLBI站建成，投入常规的VLBI观测。由于上海VLBI系统建成，获得中国科学院科学进步奖一等奖，国家科学进步奖二等奖。由于突出的学术贡献获中国天文学会2004～2005张钰哲奖。

一、研究工作

1. 微波脉泽（MASER）

这是一种激光器（LASER）在微波段的机器。20世纪60年代，上海天文台的主要工作是时间工作，而在当时对于时间测量的精度已愈来愈高。上海天文台的科学家们不甘落后，要求创新的愿望是非常强烈的。在我进入上海天文台不久，国际上已出现一种氨分子振荡器（即MASER），它有很高的频率稳定度，也就是可用于建立高精度的时间，几千年不差1秒。于是我被分配做该种机器的研究。我们的任务是想跟进这新型前沿的机器。既然国外有，我们也应该有。

我们的研究小组都是大学毕业不久的青年，于是进行了艰苦的工作。我们能得到的资料是美国、日本等著名物理实验室（如美国加州理工学院）公开发表的文献。

现在我们遇到的已经不是我们在大学学过理论和技术了。机器需要利用分子束经过能级跃迁产生能量，把低能级的分子分离出来，经过聚焦，束中仅有能够产生自激振荡的高能级分子束，以便用它做时间测量，开始，我们不知道这种分子束的技术，建造了一个庞大的实验室。但是，这是不能成功的。因为，机器真空度不够高，把低能量的分子分离出来的效率似乎仍不足。后据报道他们用液氮把分离出来的分子凝结起来，问题就解决了。我们即时地改变了方案，这一来氨分子束就获得了。同时，机器的规模大大缩小。有趣的是，创建氨分子振荡的美籍华人来参观我们的实验的时候，看到我们的实验室中两套不同实验装置时，并不表现吃惊，看来他们也和我们一样，走过一段弯路。实践高于理论。我们和他们也许用过同样的理论，计算出我们需要的高能量级的分子，以便得到高稳定度振荡信号。其次，还必须有一个高静电高压的共振腔。这样，高能级分子被聚集到这个低损耗的共振腔，在腔中便产生自激振荡，这个共振腔光洁度要求极高，达几微米。这个共振腔是由一名资深的工人用手工制造的。到此氨分子振荡器（MASER）所需的主要部件已经齐备，而且进行了组装。美国专家已经看到这一切，但他没有告诉我们什么。事实上，经过一段摸索，我们自己成功了。真可以说，我们捅破一张薄薄的纸便成功了。其实，由于我们没有经过严格的物理实验训练，没有注入精准数量的氨分子流量，如此而已。

于是我们发现，复杂仪器的调试需要有耐心。但是，由于氨分子振荡器的稳定度比较低，不久便淘汰了。它被氢原子振荡器所替代。由于"文化大革命"，我没有参加该项目的研究。现在我们知道，氢原子振荡器具有更强大的生命力。没有它，就没有VLBI，研究氢原子振荡器的人们正是经过研究氨分子MASES的那些取得了丰富经验和理论知识的人们来完成的。

2. 甚长基线干涉测量法（Very Long Baseline Interferometry，VLBI）

VLBI首先要用大型抛物面天线，或叫射电望远镜。上海天文台为什么要提出这个项目呢？那时，这并不是一目了然和令大多数中国天文学家清楚的，因此在天文界起初是不一致的。这涉及用途和经费。大约要500万人民币才能建造一个25米口径的抛面式大天线。由于提出大型天文项目的争论，组成了天文委员会，以便统筹使用经费。上海天文台以天体测量为主要研究目的VLBI的建议受到了怀疑。

为了得到大家的支持，我阅读了大量的文献和（u, v）图的演算，容易发现VLBI的主流是天体物理学，用于测地界不是天文学家的本行。大量用于测地学是大富豪美国宇航局（NASA），他们称之为地球动力学。同时，我们了解到欧洲的射电望远镜大多联合起来，形成了欧洲VLBI网（EVN），进行定期观测。并定期协调VLBI的有关技术。我证明，如果把我们的两个VLBI站（即上海VLBI站和乌鲁木齐VLBI站）和EVN联系起来，不仅可以大大增加观测分辨率，且可有一定的射电源成图能力。我的资料和信息引起了中国天文学家的兴趣，得到了支持，沿着这条路走下去，我们的孤独的VLBI站就活了。这一点后来得到了充分的证明，我们进入了 EVN，成了 EVN 的成员。我们始终不要忘记，所谓 VLBI，就是多天线的联合同步观测。

于是，我当即被院任命为中国 VLBI 网的技术总体组长，在上海天文台的领导下进行工作。

VLBI 总体组的工作如下：

(1) 中国和德国之间首次 VLBI 实验

1985 年德国普朗克射电天文的科学家访问了上海天文台。这时候，我们的 25 米射电抛物面天线尚未建成。我们仅有一个 6 米口径的天线，它和一个玩具一样放在天文台院内；我们还有氢原子钟，以及一台仿制的 MKⅡ型的 VLBI 纪录终端。和德国的科学家讨论之下，这些设备已经有可能和德国波恩的 100 米天线联合起来进行 VLBI 实验了。于是我被派往德国，并访问了那里的科学家，讨论准备 VLBI 方案的拟定。

正如我在前面 MASER 研究时那样，我们需要把各分系统联结起来，我们离成功只差捅破一张纸了。就是那么简单！不过这一次不单靠自己，事实上，德国工程师也来到了上海天文台协助调试，因为，这比 MASER 复杂得多。一切都进行得很顺利。这再一次证明，成功是建立在平常一点一滴刻苦钻研的基础之上的。

(2) 建设上海 VLBI 系统

建设上海天文台的 VLBI 系统是技术总体中最重要的任务。我们所定义的 VLBI 系统由天线系统、多波段馈源系统、多波段前置放大器系统、氢原子钟系统、VLBI 专用的终端系统和 VLBI 专用的数据处理机和软件系统组成。这是一个大型的电子学系统。总体组必须对各分系统提出技术指标，以便考量 VLBI 整体的观测能力。幸好，上海天文台已经有氢原子钟了，它提供了系统的要件之一。

同时技术总体组帮助保证各分系统的质量和工程进度，帮助薄弱环节完成既定的指标，及时引进新技术。新技术发展是如此的迅猛，必须及时引进新技术，这些都反映在 VLBI 观测的质量上，因此，总体组必须熟知国际上任何进展。总体组的工作并不是原创性的，但必须运用天文学和电子学。还好，我在研究 MASER 时有机会专门进修过无线电电子学。这也正是射电天文学所需要的。实际上，上海天文台的 VLBI 系统的各个分系统是由多名高水平科学家和无线电工程师完成的，总体组仅仅是做了必要的组织和协调工作。

3. 国际合作 VLBI 观测

(1) VLBI 合作观测

在 VLBI 系统完成后，我随即和澳大利亚的研究所联系，提出了进行南天区射电源的普查式观测的建议。因为，以前所做 VLBI 观测，绝大部分在北天区，因为欧洲 VLBI 处于北半球。这次南天区观测获得了成功。填补那部分的空缺。这次观测是以中国为主的，观测数据全部归中国所有，这是惯例。哪位科学家提出科学内容的建议，其他望远镜均为之服务，而数据被该科学家享有。不过科学家的建议需一个委员会进行严格的评审。

（2）与外国专家联合培养研究生

我和美国哈佛大学的 VLBI 科学家合作指导一名博士研究生。南天区观测资料的数据处理和射电源的图形完全由这位博士完成。我的合作导师非常认真地对这位博士生进行了指导，甚至认真地改写了英文稿，虽然，在我看来，论文的英语已经很不错了。但这基本上不是改错，而是使论文的语言更加符合他的母语——英语的表达方式。

VLBI 工作是一个大系统，所以，要强调的是，这里所提的进展是集体的工作，它是由许多高水平的科学家合作的结果。我最为高兴和满意的是我所培养的研究生大大发展了上海天文台的 VLBI 研究。他们已成为上海天文台 VLBI 的研究的支柱。

二、科普工作

当我退休的时候，我偶然地应邀写了两本小册子，书名为《行星探索》，这本来是不值一谈的，但是，当我从事 MASER 和 VLBI 研究时几乎很少接触天文学的许多方面。《行星探索》的写作使我对我们太阳系有更多的了解。除冥王星以外，特别是空间探测太空飞船已去过太阳系中所有行星。我了解到人类对宇宙的认识是如此粗浅；特别是对宇宙起源和生命起源等最基础的问题，我们还远远地无知。在大自然中，人类是渺小的，我们今天的知识也是极其粗浅的。我们的每一个进展都是渺小的，那不过是大海中的一粒沙子而已。

三、结束语

从天文学的观念来说，万物都是有生必有死，那些星星、太阳系，无不如此。人，一个生命体，不过是地球上的一个物种之一，并不例外。不过，人对社会的实践和科学实验最后还可以做出自己细微的贡献。这个，从伦理的观念来说似乎是有难度的，但从科学上来说那是非常容易的！那就是把自己的遗体捐出来。我的做法极其简单：我办了一个遗体捐献的手续。我的遗体可供科学研究（不离本行），有用的器官可以使用。即使骨灰也不必保存，完全彻底地回归自然。这便是我终极的话了。

四、万同山主要论著

Qian Z H, Wan T S, Wu L D, et al. 1981. Preliminary observation results of the experimental VLBI system. Annals Shanghai Observatory, 3: 249.

Wan T S, Wu L D, Qian Z H, et al. 1982. Techniques of the first VLBI experiment between Shanghai and Effelsberg-West-Germany. Annals Shanghai Observatory, 4: 190.

Wan T S, Qian Z. H, Graham D. 1982. Preliminary analysis of Shanghai-Effelsberg VLBI Experiment. Geodetic Applications of Radio Interferometry, Proceedings of the 5th Symposium. International Association of Geodesy, held 7-8 May, 1982 in Tokyo, Japan. Convened by William E. Carter and A. Tusuchiya. NOAA Technical Report NOS 95 NGS 24. National Oceanic and Atmospheric Administration: 91.

Wan T S, Qian Z H, Wu L D, et al. 1982. Summary results of the Shanghai-Effelsberg VLBI experiment. Acta Astronomica Sinica, 23 (4): 376-384.

Wan T S, Wu H W, Qian Z H, et al. 1987. The first joint Sino-Japanese experiment of Very-Long-Baseline Interferometry (VLBI). Sci Sin, A30 (3): 307 – 316.

Wan T S, Qian Z. 1987. Chinese VLBI Network Project. The Impact of VLBI on Astrophysics and Geophysics; Proceedings of the 129th IAU Symposium, Cambridge, MA, May 10-15, 1987. Edited by Mark Jonathan Reid and James M. Moran. Symposium sponsored by IAU, URSI, NASA, et al. Dordrecht, Kluwer Academic Publishers: 475.

Wan T S. 1990. VLBI astrophysics in the 90´s. Prog Astron, 8 (4): 268-277.

Wan T S, Liang S G. 1991. Shanghai VLBI system for astrophysics. Ann Shanghai Obs, Acad Sin, 12: 95-106.

Wan T S. 1991. Progress of VLBI techniques and the role of the Chinese VLBI network. Prog Astron, 9 (4): 309-320.

Wan T S. 1992. Joint VLBI observation with space VLBI observatory and ground VLBI array-next generation VLBI. Prog Astron, 10 (3): 201-210.

Wan T S. 1993. Sub-arcsecond radio astronomy (Manchester, UK, July 20-24, 1992). Prog Astron, 11 (1): 82-83.

Wan T S, Shen Z Q, Moran J M. 1994. Preliminary report on the first southern VLBI survey at 5 GHz. The 3rd APT Meeting and Workshop on the Compatibility of VLBI System, Held in Urumqi, P. R. China, October 10-14 1994.

Wan T S, Hong, X Y. 1994. Radio astronomy in the next century: instrumentation development. Prog Astron, 12 (4): 247-258.

Wan T S, Hong X Y. 1995. Radio astronomy in the next century: intrumentation development. Ann Shanghai Obs, Acad Sin, 16: 313-321.

Wan T S, Zheng X W, Jiang D R. 1995. Future observations of cosmic masers using space VLBI. Prog Astron, 13 (3): 175-184.

Wan T S. 1999. The present and future of space VLBI. Prog Astron, 17 (2): 136-147.

Wan T S. 1999. Ultraviolet astronomy space explorer. Prog Astron, 17 (3): 207-216.

Wan T S. 1999. NGST, GAIA and SIM-space telescopes in the first decade of 21st century. Prog Astron, 17 (3): 217-227.

万同山. 2001. 行星探索：内太阳系行星（水星、金星、火星、小行星）. 上海：上海科学技术文献出版社.

万同山. 2002. 行星探索——外太阳系行星. 彗星. 地球. 上海：上海科学技术文献出版社.

撰写者

万同山

许邦信

许邦信（1930～），浙江吴兴人。天体测量学家。南京大学天文系（今南京大学天文与空间科学学院）教授。1949年毕业于福建南平剑津中学，随后进入福州协和大学物理系学习，次年转学到济南齐鲁大学天文算学系。1952年大学毕业后经国家统一分配到新成立的南京大学天文系任教。先后任助教，讲师，副教授，教授，博士生导师。1994年起退休。他的教学和科研的主要方向为天体测量学。20世纪80年代起，在国内率先开始天文参考系的研究。他多次应邀参加国际天文学联合会（IAU）的天文参考系专题讨论会，并成为IAU天文参考系专业小组成员。他还为我国天文学名词的审定做出了突出的贡献。曾担任过全国科学技术名词审定委员会和中国天文学会所属天文学名词审定委员会主任和《天文学报》副主编等职务。

一、前期生涯

许邦信，1930年2月7日出生于天津，原籍浙江吴兴。父亲许颂葵，在天津经商；当许邦信年仅3岁时，就因病去世了。母亲许屈璜，苏州人，原是一位家庭主妇，她一共生育了5男3女，邦信是"小八"。许家本是富裕人家，几个大的儿女都上天津著名的南开中学，而后又升入著名的大学。但是，父亲的去世使一家的经济突然陷入困境。那时，已有兄姐大学毕业后在上海工作，母亲决定举家南迁到上海去。为了谋生，并养育几个尚未成年的子女，母亲决心跟上海的老中医恽铁樵大夫学习医术，以后她果然成了一名专业的中医。

在这一次搬家过程中，许邦信因年龄太小，被交托给奶妈，单独留在天津过了大约两年，才被接回上海与家人团聚。不久，抗日战争爆发，母亲又决定带一子一女西迁去重庆，路途十分艰险；小邦信再一次因年幼被留在上海，寄养在一家孤儿院中。1941年夏，在福建行医的二姐，托人把他从已成孤岛的上海，接到闽西南的山城南平；从此他就住在二姐家里，一直到读大学才离开。

许邦信从小就离开父母，记忆里从来没有人督促过他的功课；凭着自己不错的颖悟能力应付课业，经小学而升入中学。中学时代，他比较喜欢数学，觉得数学的逻辑性强，只要懂得了原理，就可以推算出结果；而他最怕的是需要死记硬背的课程。1949年夏天他毕业于南平剑津中学。时值解放军进军福建省，由于战局的影响，他没有机会参加大学的升学考试。不过他在班上的成绩偏上，被母校保送到福州协和大学物理系就读。次年他转学到山东济南齐鲁大学天算系。齐鲁大学天算系的学生要学习数学、气象和天文三个学科的课程。当时，他还是一名不谙世事的青年，并没有多少天文知识，转学的目的只是希望扩展自己的世面；没有想到将来会以天文学为终身的职业。

当时在齐鲁大学天算系讲授天文课程的是程庭芳，程庭芳于1936年毕业于天算系，留校任教。抗战爆发后齐鲁大学内迁成都，程庭芳留守在校，坚持天文观测和气象记录，直至1941年日寇占据齐大校舍作为陆军医院而被迫中止。程庭芳为人敬业而淡定，耿直而宽厚。他是许邦信学习天文的第一位启蒙老师。

1952年全国高校院系调整，齐鲁大学天算系的人员、设备、图书等被调到南京，部分师生并入南大气象系，另有部分师生与由广州调来的中山大学天文系合并，组成南京大学天文系。教师中有来自中山大学的赵却民、容寿铿、李春生和萧云。来自齐鲁大学的只有一位程廷芳，另外还有由国家统一分配来的齐鲁大学天算系应届毕业生苗永宽和许邦信。

1954年，著名天文学家戴文赛由北京大学调入南京大学天文系，并担任系主任。1955年南京大学天文台落成，南大天文系粗具规模。当时，天文系按学科方向分为天体物理、天体测量和天体力学等三个教研室。许邦信属于天体测量教研室，教研室有两门重要的基础课，由容寿铿老师主讲《天体测量学》，由程廷芳主讲《球面天文学》，许邦信的教学生涯，就是从担任这两门课的辅导和答疑开始。

南京大学天文系是全国唯一的天文系，学生来自全国各地区，大多是第一志愿的高材生，他们中间有不少本来就是天文爱好者。当一名新助教，站在辅导课的讲台上，要答复这些与自己年龄相仿的同学所提出的各种问题，确实并不容易。有一次，有位同学提出了一个他未曾想到过的问题，他一时语塞，只好回答我也不知道。提问者调皮地说，哈！哈！老师也不懂！老师也不懂！这次遭遇对他有很深的影响，他养成了习惯，无论上什么课（或作科研报告），前一天晚上都要开夜车备课，躺在床上还要预想听课者对讲课的内容会有哪些疑问。同时他利用南大良好的学术环境，通过旁听数学、物理和外语课程，参加天文、物理和地学的各种学术活动，不断地努力充实自己。

天体测量学是一门理论与实测相结合的课程。在容寿铿的领导下，许邦信参加了天体测量实验室的建设，如保养精密观测仪器，准备教学实习，撰写实习讲义，带领学生作天文观测和观测资料的处理等。后来随着历届留系任教的毕业生陆续加入天文系的教师队伍，许邦信也担负了培养年轻教师的工作，始终对他们满腔热情和严格要求。许邦信教学认真负责，一丝不苟，自己以身作则，对自己的要求十分严格，而且通过言传身教把严密和严格的作风传授给青年教师（他们其实都是他的学生，如笔者）和学生，这种作风也始终贯穿在他今后的学术活动中。

按照南京大学天文系的教学大纲，本系的学生要参加去天文台的生产实习。当时，天体测量专业的学生是到上海天文台，许邦信作为带队教师，多次前往，这对他的帮助很大。上海天文台由原徐家汇观象台和佘山观象台两部分组成。徐家汇观象台装备着中星仪（后来改成光电中星仪）、超人差棱镜等高仪等测时测纬仪器，也发布时号，是我国的时间工作中心之一；佘山观象台装备着大赤道仪等天体测量望远镜，也积累了自20世纪初以来的大量恒星照相底片，是我国唯一的从事方位天文工作的基地。许邦信在齐鲁大学天算系学习期间，由于师资力量、课程设置和仪器设备等条件的限制，所学专业知识无论从理论和实践上来说，都相当有限。实习期间，通常先由天文台的人员讲课，然后由他们带领作观测和观测后的数据处理。在这些过程中，许邦信不仅学到了许多新的知识，也使自己来自书本的理论知识得到了与实际相结合的机会，从而提高了教学和科研的能力。

到了20世纪60年代上半期，南京大学天文系经不断发展已具有相当规模，天体测量教研室已有10余名在编教师和数名实验员，并添置了当时相当先进的大型测量望远镜——天顶仪。为全系学生开设了多门课程和实习。十余年里许邦信兢兢业业、踏踏实实地从事实验室建设、课程建设和课堂教学，作为"开系元勋"是功不可没的。

在国家"向科学进军"的号召下，许邦信在做好教学工作的同时也投入科研工作。南京大学天文系天体测量教研室确定的中心科研项目是"纬度变化与极移"。他环绕这个项目研究了地极移动的天体测量效应，于1963年发表了论文《地极移动对天文测时的影响》。

从1965年起，正常的教学和科研秩序便不能继续维持了。1965年，全校的老师开始轮流离开学校去参加农村社会主义教育运动（即"四清"运动）。接着便开始了十年浩劫，教学和科研完全停顿。由于家庭出身和在教会学校上学的背景，许邦信在"文化大革命"的"清理阶级队伍"中受到冲击，甚至遭受抄家。从1968年开始，南京大学师生先后赴长江大桥工地、南京郊区矿山、位于溧阳县的本校农场等处劳动，他与天文系的"反动学术权威"等被编在一起，属于"监督劳动"的对象。最后，"审查"以不了了之告终，但这一段经历，却在他的身上发生了不少变化。他从小患有先天性气喘病，每年秋冬都要发作，甚至连体育课都不能参加；是"被监督"的环境使他学会了干各种粗活重活，甚至喜欢劳动，进而治好了他的气喘病。

二、学术活动和学术成果

1976年随着"四人帮"的垮台，"文化大革命"宣告结束，中国进入了新的历史时期。中国的知识分子迎来了科学的春天。许邦信重新焕发了教学和学术研究的青春。从"文化大革命"后期到退休，许邦信的教学主要是讲授"天体测量学"，学术活动主要是两个方面：天文学名词的审定和天文参考系的研究。

1972年上半年，南京大学开始招收"工农兵学员"，实现"复课闹革命"。虽说"复课"，但正常的教学秩序的恢复，却经历了一段时间。"文化大革命"前所用的"旧"教材，被看成充斥着"封资修"的内容，一律不能使用。新教材必须以"工宣队"和参与"上管改"的"工农兵学员"为主导重新编写。当时学校要求每门课必须在课前把讲义发到学生手上。当许邦信"文化大革命"后第一次担任《天体测量学》这门课的主讲时，只能是一边上课一边赶讲义，相当匆忙。

鉴于我国整个天文界的学术工作已经停顿多年，而国际上在20世纪50年代末至70年代初天文学的发展突飞猛进，新发现、新技术、新概念、新理论层出不穷。既出现了很多新的分支，如空间天文学、高能天体物理学、红外天文学等；又出现了新的天体，如类星体、脉冲星、中子星等。因此，天文学词汇在这十多年的时期里有了大幅度的增加。我国天文学界同仁，甫从"文化大革命"的躁动中静下心来，开始投入工作，睁眼望向世界，骤感许多陌生的天文学名词扑面而来。我国曾于1959年以戴文赛为首编辑、由科学出版社出版了《天文学名词（英俄中对照试用本）》。鉴于我国天文界对于修订天文学名词的迫切需要，科学出版社委托南京大学天文系担任修订工作，对上列1959年出版的英俄中对照试用本中的英汉对照部分进行增补和修订。为此1972年上半年，经驻系"工宣队"批准，当时的南京大学天文系革命委员会调集各专业多名教师组成了天文学词汇编审小组，由已经"解放"了的原系主任戴文赛任主编，并把当时刚从溧阳南大农场劳动回来的许邦信也调入组内。这个编审组投入工作后，除对原有词汇进行修订外，主要的任务是增订新词。当时图书馆里没有英文版的天文学辞书，所有的名词都要到多本主要的专业书籍和期刊中去收集，做成卡片，讨论中文定名。许邦信以他一贯踏实的工作态度在组内发挥了相当的作用。后来，戴文赛由于健康原因不能坚持工作，由许邦信实际负责。1974年11月，由南京大学天文系天文学词汇编审小组主编的《英汉天文学词汇》由科学出版社出版。该书的出版曾得到许多天文研究人员和教师的支持。

中国天文学会的前辈一贯重视名词工作，尤其是戴文赛。中国天文学会早在1930年就成立了天文名词编译委员会。戴文赛于1946年起任该委员会的主任。1983年，中国天文学会恢复工作，同时恢复了天文学名词审定委员会，"文化大革命"后的首届名词委员会的主任是著名天文学家张钰哲，龚树模、许邦信和李竞为副主任。此委员会由全国各天文台的研究人员和大学天文系的教师组成，旨在有组织、有计划、常规性地开展天文学名词的收集、整理、翻译、审定、注释等工作。随后担任各届天文学会名词委员会主任的有许邦信、李竞（两届）、李启斌和卞毓麟等。

1985年经国务院批准，全国科学技术名词审定委员会（原称全国自然科学名词审定委员会）成立。这是经国务院授权，代表国家进行科技名词审定、公布的权威性机构。原中国天文学会的天文学名词审定委员会，成为全国科学技术名词审定委员会的一个学科分委员会，天文学名词工作从此正式纳入国家名词审定体系。因为天文学会的名词工作基础较好，全国科学技术名词审定委员会决定由一位副主任牵头，以天文学名词的审定为试点。天文学名词审定委员会的成员在各自的岗位上，在完成本职工作的同时，以很大的热情去收集和研究新词。1986年至1990年许邦信担任天文学名词审定委员会主任。在其任期内，由天文学名词审定委员会审定并编辑完成的《天文学名词（1987年）》和《天文学名词（1987年）》（海外版）上报全国科学技术名词委公布。许邦信在完成这项工作中，几年来不仅孜孜不倦地按自己学科的专业领域出色地完成了任务，更在成员集中的会议上，主持讨论，组织各分支学科间的协调，尤其在最后文本的定稿上投入了大量的精力。由于天文学名词是所有学科中首先完成的，又是全国委员会的试点，所以当时国家科委和中国科学院专门向国务院呈送了《关于公布天文学名词的请示》。1987年8月12日国务院的批复中写道："天文学以及以后各学科经审定的自然科学名词，国务院授权该委员会自行公布。经全国自然科学名词审定委员会审定公布的名词具有权威性和约束力，全国各科研、教学、生产经营以及新闻出版等单位应遵照使用。"这表明天文学名词委员会的工作获得了国家的肯定，这使全体委员深感欣慰。

1986年由科学出版社出版了许邦信主编的《英汉天文学词汇》（第二版）。嗣后，天文学名词审定委员会承接了扩编《英汉天文学词汇》的工作，又经过十余年的努力，于2000年由上海科技教育出版社出版了以李竞（北京天文台研究员）和许邦信为主编的《英汉天文学名词》。这一版本迄今仍是我国天文工作者案头的重要工具书，而且成为两岸天文学名词一致化的基础。许邦信在我国天文学名词的审定工作中做出了突出的贡献。

自从20世纪60年代以来，天体测量学范畴内的时间和极移的测量出现了全新的局面。原子钟技术经过近20年的发展，导致国际上于1967年定义了国际原子时，比传统的天文测时的精度有质的飞跃，而且冲击了传统的关于时间的定义。与此同时，天体测量的新技术如人卫多普勒测量、激光测卫、激光测月、甚长基线射电干涉测量等，也使传统的天体位置以及时间和极移的测量精度空前提高。这就冲击了关于地球自转、地极移动、岁差章动等方面的传统理论，相应地涉及天文常数系统理论、太阳系天体运动理论和天文参考系理论。这些理论都有待重新考察并加以改进，使之精确化。为此，国际天文学联合会（IAU）自20世纪70年代起，组织了多个工作小组，并通过了一系列有关决议。

"文化大革命"结束后，在这样的学术背景上，许邦信重新开始了他的科研活动。大体上可以分为两个阶段。前一阶段探讨与地球自转和天文参考系有关的传统天体测量学的一些概念和理论，结合学科的新发展，提出新的看法。后一阶段主要从事天文参考系精确化的研究，瞄准国际上的前沿问题，作了深入的研究。

前一阶段的主要工作如下。

分析了长期以来国际纬度服务（ILS）处理各测站平均纬度的非极变化的方法，指出这些方法的缺陷。

与天文系的同事任江平和研究生孙竹申一起探讨了关于世界时的定义，对于国际上将于1984年采用的世界时的新定义作了讨论，指出应注意区分两种赤经岁差和两种非旋转原点概念上的差异，建议采用与地球自转速率有明确关系的世界时的新定义。

国际天文学联合会于1976年的第16届大会上决议从1984年起在国际上采用的新的天文常数系统（称为1976天文常数系统）以取代已经应用了80余年的旧系统。其中有一个突出的问题是章动的计算，这涉及以之为参照的天极的定义和所依据的地球模型。许邦信敏感地察觉到这个问题的重要和困难，于1979年及时地写出了题为《章动计算的新问题》的论文，讨论了日月受迫章动周日项（奥泊策项）对测定纬度变化和极移以及对绝对测定赤纬的影响，并建议以消除日月极移影响的地球自转轴与天球的交点作为天极的定义。这个定义与国际上提出的天球历书极（CEP）的定义实质上是一致的，即这个极在章动方面，只有日月受迫章动；在极移方面，只有张德勒（自由）极移。

1980年，许邦信赴美国参加国际学术会议，会后顺访了设于华盛顿的美国海军天文台。该台长期以来堪称国际天体测量界的翘楚。许邦信在那里与美国同行进行了学术交流，带回了一些学术论文，发现其中有一篇关于天文参考系的论文中存在问题，于是决定回国后组织力量开展天文参考系的研究。天文参考系涉及的问题相当广泛，在理论上与地球自转理论、潮汐理论、引力理论、天文常数系统等有关；在实测上与测量时间、极移、恒星位置等的各种经典技术和新技术，以及观测数据的处理方法有关。除了组织本教研室的老师成立了"天文参考系的研究"课题组以外，许邦信还与其他专业的老师以及兄弟天文台的研究人员合作，开展各方面的研究。

1980 年，国际天文学联合会宣布采用瓦尔（Wahr）基于弹性地幔和液核地球模型的章动理论取代 1976 年天文常数系统中基于刚体地球模型的章动理论。章动所选用的参考极是天球历书极（CEP）。1982 年许邦信发表论文对 CEP 的性质进行了讨论，阐明 CEP 在天球参考系中没有近周日自由章动，而在地球参考系中没有近周日受迫极移，即它是消除了日月极移的角动量极。这些见解进一步深化了在前一篇（1979 年）论文中的思想。这些都为我国天文界在 1984 年接受和应用新的天文常数系统作了必要的理论准备。

接着许邦信又与上海天文台的朱圣源和陕西天文台的张挥合作深入探讨了世界时的定义问题。他们分析了传统的世界时定义的缺点，就当时国际上关于岁差值对世界时的影响所存在的分歧提出了新的看法；建议采用统一的 UT1 的概念性定义，认为这个定义具有明确的物理意义；并建议对各种测定世界时的观测技术都采用这个定义。

关于观测数据处理的问题，许邦信仍与朱圣源和张挥合作探讨了地球自转参数（ERP）平差计算中未知量变化带来的问题。指出由于本身的不规则变化和观测条件的制约，传统的平差处理会带来相应的误差。为此建议，在新技术测定 ERP 时，把它们随时间的变化率和周日极移分量也作为未知量一并求解。

许邦信与本系天体力学专业的教师黄天衣和陕西天文台的张挥合作，研究了当时反映太阳系天体运动的 DE 历表，指出当时通用的岁差公式与这个历表不一致。他们采用了与前人不同的新方法，推导了与历表一致的岁差公式。

就在第一阶段的研究不断深入的过程中，许邦信逐渐认识到以牛顿力学为基础的天球参考系的经典理论，已不能满足大幅度提高的观测精度和解决多方面出现的新问题，而必须以广义相对论为理论基础来处理这些问题。于是他组织了广义相对认学习研讨班，邀请天体物理学家陆埮（中国科学院院士）和天体力学家易照华为课题组讲授广义相对论并组织研讨。接着便开始了第二阶段的学术研究。

从 20 世纪 80 年代末至许邦信退休的 4~5 年时间里，许邦信和黄天衣、研究生朱进、韩春好一起就天文时间、天文单位、天文常数、坐标规范等方面在相对论的框架里作了一些深入的研究。这些工作在国内是空白，在国际上也刚刚起步，具有相当的前沿性。是引力物理、天体测量和天体力学的交叉课题。

在他们合作发表的第一篇文章里指出，国际原子时 TAI 和力学时 TDT、TDB 等天文时间都是坐标时而非原时。更重要的是在实际的太阳系和地球的环境里，不能应用爱因斯坦同时性，只能实现坐标同时性。这导致这些天文时间依赖于理论模型和坐标系的选择。在第二篇论文里，他们指出现有的关于距离的天文单位（AU）的定义是不恰当的。只有固有量才有单位，在取定固有量单位和选定坐标系后，相应的坐标量才有数值量度。这些看法澄清了相对论应用到天体测量问题时产生的很多争议。

这两篇论文发表在国际重要天文期刊上，论文引起了国际同行的反响和注意。1991 年至 1994 年许邦信和黄天衣一起被邀请参加国际天文学联合会的天文标准工作小组。

他们又一起合作研究了相对论框架里的天球参考系，给出了在相对论框架里参考系、参考架和坐标系的定义。讨论了天球坐标系的选择和光线偏折的定义。就这些问题提出了相应的建议。他们的研究给出了地心谐和坐标系与地心准费米坐标系之间的坐标转换关系式。指出两者之间的差异在实际应用中是完全可以忽略的。还给出了地心坐标系与太阳系质心坐标系之间的坐标转换关系。

许邦信是下列学术活动机构的成员：中国天文学会，《天文学报》，天文学名词审定委员会，全国自然科学名词审定委员会，国家自然科学基金会天文学评审委员会，国际天文学联合会参考系与地球自转委员会。

许邦信于 1994 年因其夫人患严重心脏病需要照顾，申请退休，并移民美国。

（致谢：在本文成文前，笔者承蒙许邦信先生当面赐教，并惠赐若干书面材料，本文引用了这些材料。在成文后，又承蒙许先生亲自审核并修改，本文采纳了其中的意见。笔者又承蒙黄天衣先生惠予允准引用本书"黄天衣"条目内若干相关内容。笔者谨向许邦信先生和黄天衣先生致以诚挚的谢意。）

三、许邦信主要论著

许邦信. 1963. 地极移动对天文测时的影响. 南京大学学报，9：72-75.
南京大学天文系《英汉天文学词汇》编审小组（许邦信参编）. 1974. 英汉天文学词汇. 北京：科学出版社.
许邦信. 1979. 关于平纬的非极变化. 天文学报，20（3）：319-322.

许邦信. 1979. 章动计算的新问题. 天文学报, 20 (4): 339-343.

Eichhorn H. 1981. 恒星方位天文学. 许邦信等译. 北京: 测绘出版社.

许邦信. 1982. 关于天球历书极的定义. 陕西天文台台刊, 7 (2): 1-5.

许邦信, 任江平, 孙竹申. 1982. 关于世界时的定义. 中国科学, A7: 644-649.

许邦信, 朱圣源, 张挥. 1985. 再论岁差值对世界时的影响及世界时的定义. 中国科学, A4: 363-369.

朱圣源, 许邦信, 张挥. 1985. 地球自转参数平差计算中未知量变化带来的问题. 天文学报, 26 (4): 349-354.

许邦信主编. 1986. 英汉天文学词汇. 第二版. 北京: 科学出版社.

Zhang H, Huang T Y, Xu B X. 1988. A method for deviation of precession expressions. Astron Astrophys, 189: 292-296.

黄天衣, 许邦信, 张挥, 等. 1989. 相对论框架里的时间尺度. 天文学进展, 7 (4): 43-50.

Huang T Y, Zhu J, Xu B X, et al. 1989. The concept of International Atomic Time (TAI) and Terrestrial Dynamic Time (TDT). Astron Astrophys, 220: 229-334.

韩春好, 黄天衣, 许邦信. 1990. 地心准Fermi坐标系和地心谐和坐标系. 中国科学, A12: 1306-1313.

Murray C A. 1990. 矢量天体测量学. 童傅, 许邦信, 等译. 北京: 科学出版社.

Han C H, Huang T Y, Xu B X. 1990. Reference systems in relativistic framework. Preceeding of IAU Symposium No. 141: Inertial Coordinate System on the Sky: 99-110.

Huang T Y, Han C H, Yi Z H, Xu B X. 1995. What is the astronomical unit of length? Astron Astrophys, 298: 629.

李竞, 许邦信主编. 2000. 英汉天文学名词. 上海: 上海科技教育出版社.

撰写者

萧耐园, 1962年毕业于南京大学天文系。1979~1982年曾作为访问学者到法国巴黎天文台进修。现为南京大学天文系教授, 中国科学院紫金山天文台客座研究员。科研主方向为天文地球动力学, 兼及天文历法和天文学史。先后在国内外学术刊物发表论文60余篇, 编写和翻译专业图书十多本。热心从事科普宣传, 曾被评为全国科普工作先进工作者。

潘君骅

潘君骅（1930～），江苏常州人。光学仪器专家。1952 年毕业于清华大学机械工程学系。1952～1980 年在长春光学精密机械研究所工作，其中 1956～1960 年在苏联列宁格勒普尔科沃天文台读研究生，学习天文光学，获副博士学位。1980～1993 年在南京天文仪器研制中心工作至退休（研究员）。1999 年被选为中国工程院院士。2000 年以退休人员身份受聘于苏州大学现代光学技术研究所。在长春时，为靶场光学仪器的研制奠定了光学系统制造的技术基础。1980 年调到南京天文仪器研制中心工作，2.16 米望远镜先后有四人担任过组长，潘君骅是其中之一，2.16 米望远镜获 1998 年国家科技进步奖一等奖，潘君骅担任折轴阶梯光栅分光仪研制组组长，该项目获 1999 年国家科技进步奖三等奖。此外，他还为航天部 508 所资源卫星研制了主光学系统，及其他国防单位研制了多套非球面光学系统及仪器。1994 年出版了专著《光学非球面的设计、加工与检验》。2003 年他提出了一类新的望远镜系统，名之为"泛卡塞格林望远镜系统"。《光学非球面的设计、加工与检验》一书 2004 年 12 月在苏州大学再版。

一、少年生活

潘君骅生于 1930 年 10 月 14 日。祖籍常州，父亲潘蔚岑（树勋），是中国最早的西医之一，毕业于北洋海军医学堂（天津海军医学校）第十四届。前母范慕英，是嘉兴范古农居士之胞妹，辛亥革命积极分子，沪军北伐敢死队队员。生母朱贞慧（振威），门出嘉兴朱聚元缸甏行，早先学体操，后学助产，结婚后操持家务。前母生潘君牧（1919）、潘君拯（1922）、潘君昭（1924 女）。胞兄潘君乾（1928）。

日寇发动九一八事变后，1932 年又挑起一二·八淞沪战争，我家从吴淞迁居嘉兴，父亲仍在上海圣心医院工作。我大概一岁多时，家先暂住在南门徐家埭。北门秀城桥附近房子造好后搬入，母亲说，是借了明娘舅（朱德明）的钱 2900 银圆造的。

嘉兴中学附小离家很近，附小有幼儿园，我长大一点就入园了。1937 年七七事变爆发日寇大举入侵我国之前，父亲在上海圣心医院的工资待遇较高，母亲又是节约惯了的人，四五年之间积了些钱。父亲在尚未还清舅舅的钱时，又在吴淞张华浜和常州老宅基地上盖了一点住房和商用房，本想靠房租和工资慢慢把造房子的钱还掉。再以后就不怕失业的威胁，子女的教育经费也有了着落了。谁知日寇一把火将吴淞和常州两地新造好的房子烧光，这是后话。

1935年我上了小学一年级。1937年七七事变，读完二年级，日寇在浙江全公亭登陆，江南形势立刻十分紧张。父母决定全家到"乡下"逃难，作了长期打算。我们逃到莫干山，打仗了山上人很少，空房很多。另外，偏僻处有三舅舅的一个小屋，万一日本人上山，也可暂时躲一下。

1937年秋天，学校该开学了，山上有一所小学，我上了三年级。到了1938年，战争丝毫没有结束的样子，而各种各样的坏消息却不断。吴淞和常州两处房屋被鬼子一把火烧掉。嘉兴的房屋被日本人强占着。父亲上海圣心医院的工作丢了。杭州市的汉奸市长何希甫曾要父亲到杭州市的卫生厅工作，父亲不想做汉奸，坚决拒绝了。

没有了工作，一家人要吃饭，小孩要读书，怎么办？于是父母决定到上海去，那时日寇还未进租界。父亲在上海静安寺租一间写字间，挂牌开诊所。再向熟人朋友（朱恢伯，二房东）租了善钟路（今常熟路）42弄十号一间三层楼面，全家人挤住在里面。大哥二哥在省立上海中学读书，我和哥哥进入附近的正志小学读四年级。姐姐失学在家。那时外婆和我们还住在一起，大约八九个人，现在想起来母亲实在不容易。而父亲新来上海，没有名气，家庭经济情况可想而知。

母亲最大的愿望是我们把书读好，常说财产不值得羡慕，要紧的是学好本事，没有本事只好做苦力，拉黄包车。大哥和二哥在省立上海中学读书，二哥是高材生，我很佩服。我小时候很贪玩，老师常家访告状。不过小学里算术比赛我是得过奖的。

父亲在上海行医很难维持生计。1939年他独自一人从上海到武康县卫生院去工作，家仍在上海。但是父亲在后方工作，家在上海开销，经济上还是很拮据。

1941年夏天，大哥交大毕业准备到大后方去就业，二哥考入了交大，可以到重庆去入学，我和哥哥反正刚小学毕业，无所谓。于是全家就从上海搬到父亲工作的地方。这时，武康县中及武康卫生院已从莫干山搬到安吉县的小村，小村真是一个很小的村庄。从上海到那里去，要通过日本人的封锁线，有一些风险，都是母亲一个人在处理那些烦杂和危险事情。我和哥哥在上海读了初中一年。

武康县中只有初中，初二两个班，初三一个班。我和哥哥是从上海来插班初二。国文老师叫钱渭川，苏东坡的词念奴娇（大江东去）就是他教的。代数老师叫何健春，水平很低，课讲得很糟糕。史、地老师姓蔡，名字忘了，个子很矮。教初三物理和几何的老师汪家籴，很有学问，爱读书，教课也好，我升初三后也是他教的，受益匪浅。新中国成立后他到浙江大学教数学、力学，和紫金山天文台有联系，80年代有一次在南京开会还遇到过，这是后话。初三班上有一个叫茹志鹃的，后来成了小有名气的作家了。在小村一共住了一年，读完初二，已是1943年的暑天。

1943年暑假过后，大概日本人气势已衰，不大出据点骚扰老百姓，武康县政府认为莫干山上太平了，决定将武康县中和武康卫生院从安吉县的小村搬回到武康县境内的莫干山。我们家也随着搬上山。后来，父亲的工作被一个叫周遵基的医生挤掉，就在家给人看看病，生活失去了保障。

1943年秋季开学我读初三，教物理和几何的老师汪家籴，课讲得特别好，学起来一点不难。我最怕的是上"教学概论"和"历史"课。

二、远行上高中

1944年夏天，初中毕业，武康县没有高中，打听到在天目山的浙西一中可上高中。报考日期也知道了，要走很长路去参加考试。不幸，临走前我突然感冒发烧，当然是无法去了。哥也只好不去，因为我们年纪小，父母希望两人同行，有照应。后来又打听到在孝丰县境内有一所中正中学，刚设高中班。无奈之下，只好决定去。地点是在孝丰县章村附近的一个叫"河干"的小村子。要走三天两夜山路，顾人挑着行李，直接去了。第三天白天到校，校长叫孙殿柏，听说学校是胡宗南办的，为了拍蒋介石马屁，取名中正中学。条件很差，借用民房，刚去时，在大房间里打地铺，后来换成大通铺，一排有十来个人，还是上下两层。吃得也很差，经常是八个人一桌，一小木盆清汤萝卜不见油花。早上有时咸菜也没有，只有一盆炒盐粒。吃肉算是大事，一个学期里最多吃三四次。

高一上学期结束，放寒假了，约了几个家在同一方向的同学，上路回家。本来准备过了寒假再去上学，1945年春节过后，学校不能按时开学。父母决定去人把行李取回。由母亲和我去，我熟悉路，也不怕走长路。还好，学校有留守人员，我们的物件基本都在。回到莫干山，本该是读高一下学期了，但无学校可进。父母总是千方百计让我们读书的，但那时大概已实在没有办法了，只能待在家里。除了有时看看书，我很愿意为母亲分劳，所以实际上做了不少家务劳动。

后来日本人又上山了，直到8月16日或17日，传来惊天喜讯——日本吃了原子弹，宣布无条件投降。

三、回老家，继续读高中

此时，首先考虑的是回嘉兴去，大概母亲先下山去了一次，探明情况。从莫干山搬家回到嘉兴，天气已很凉了，八年抗战总算结束，逃难生涯也可告别了。回到嘉兴，首先要解决生活来源问题。父亲经人介绍想到湖州的一个医院去当院长，了解情况回来说，是一个破烂摊子，他没有办法收拾，没去上任。找工作没有结果，嘉兴的医院也进不去。想来想去，只能暂时私人开业行医。

1945~1946年，我和哥哥已失学一年。这时，复员后的嘉兴省立中学只认浙西一中的学生，我们只好插班到私立秀州中学高一就读，到暑期再转到嘉兴省立中学。1948年夏天我在嘉兴中学毕业，算下来，我初中三个学校，高中三个学校，中学共读了6个学校。1948年夏天，没有考上理想的大学。回想起来，主要是自己以为把握很大，没有好好复习。是年冬天，国民党军队有的已经开始向南撤，路过嘉兴，住过我家，有过两次。记得有一次，一个满脸凶气的小军官，要用我们的灶头烧东西吃，父亲正在做菜，发生了矛盾，吵了起来，那家伙把父亲手里的碗夺过去，往地上狠狠一摔吼着叫勤务兵拿枪来，要打死我父亲。蒋介石的兵如此对待老百姓，我算是亲自领教了。

过了年，寒假后托人介绍我们到上海南洋模范中学插班旁听复读，住校。南洋模范中学教师水平高，学风好，我们只读了高三下半学期，半年时间，得益匪浅。南模的地下党力量很强，当时我并不知道，邻座徐弘毅就是地下党，临解放之前，他曾叫我去将学校附近某地的一些高级住房的地理位置、道路情况画下来，说是为迎接解放军进城做准备。他介绍我参加了"新青联"，还给我看《新民主主义论》等书。高三共有甲、乙、丙三个班，我是丙班。

四、蒋家王朝覆灭，上大学，走上工作岗位

1949年的春天，国民党的败退已指日可待，5月下旬的一个晚上，睡在床上，听到枪弹声不断，不时有子弹从房子顶上飞啸而过。第二天解放军就进了上海，学校里的地下党马上组织同学写标语，"欢迎解放军"，"解放全中国"等。实际上，解放军过了长江，占领南京后就标志蒋家王朝的覆亡。对于解放，我们是举双手拥护的，解放军进城后的表现，有口皆碑。上海解放后，我们没有立刻回嘉兴，而是留校一段时间复习功课，因为上海到嘉兴的铁路桥梁被国民党军撤退时全炸毁了。

后来回嘉兴时，铁路桥梁还没有修好，人要下车乘船摆渡，上了岸再坐另一列火车。这一年高考并没有因战事而取消，我考取了交大工业管理系、清华大学机械系和浙江大学物理系。当初决定去上交大，已放弃了大批清华大学新生集体从上海去北京的机会，后来哥哥接到北京大学的录取通知书，我临时改变主意，决定和哥哥一同去北京上大学，家里也赞成。赶上清华大学第二批学生集体去北京。

集体从上海出发，那时过长江要轮船摆渡，得花费2小时左右，人都要下火车，上岸后等火车车厢都连接好，人再上车。那时火车很慢，过了两个晚上才到北京。报到后，当天晚上吃的是白米饭，第二天就吃高粱米了。上课没多久，就逢开国大典，天不亮就在操场集合，互相检查，身上不许带小刀。步行进城，回校时天已黑，坐敞篷货车回到清华园火车站。刚解放，学校政治活动还不多，有个天文学习会，是叶式煇、杨海寿、孙良芳等物理系的高班生在操办的。我对它发生很大兴趣，可以学到好多知识。第一次活动，是听戴文赛先生讲："关于太阳，我们知道得还很少。"懂得了伽利略望远镜原理之后，一年级暑期回嘉兴，找到父亲的一片老花镜片，和二哥的一片深度近视镜片，做成一个低倍数的伽利略望远镜，用来看看月亮还是比肉眼强不少。那时非常想有一架口径50毫米左右的望远镜，但是只能想想而已。孙良芳有一个2英寸的双胶合物镜，他自己用纸做镜筒做成一个望远镜，十分羡慕。我试图自己磨镜头，不得其门。课外天文学习和磨镜片，花掉不少宝贵时间，甚至影响正课。到大二时自己做了个决定，以后向精密机械和光学仪器方向努力。

二年级将结束时，知道我们这一届的理工科将提前一年毕业。毕业前，中国科学院提前到学校来招兵买马，我从报上知道由王大珩、丁西林、钱临照等几位科学家发起筹建仪器馆，而我正好在迷天文望远镜，很配胃口，就填了表。

分配名单宣布后，比较早就与其他系分配到科学院的同学一起到城里文津街科学院院部报到。物理系的人比较多，如唐孝威、叶式煇等。唐孝威是临时学习班的党支部书记，邓锡铭是副书记。一共学了两个月左右，主要是听报告，学文件，讨论等，也有文娱活动，看电影等，记得在劳动人民文化宫音乐厅，听过朱德的报告。集中学习结束后，到各自的单位报到。仪器馆当时还是筹备处，在真如境（离文津街不远）。很快见到王大珩馆长，他带我们去一个私营小厂参观体温计的制造过程，还到物理研究所参观光学车间。这时我才明白正经磨光学镜头的过程。这个光学车间划归仪器馆，搬到长春。大部分人，包括1951年分配到仪器馆筹备处的几个大学生，像唐九华、刘颂豪、郑璋等先行去了长春，我被王大珩留下来整理和登记几箱要运到长春去的图书。1952年10月25日和物理研究所光学车间的人一起坐上开往东北的火车。10月26日到达长春，有总务科的人来接站，用马车把我们拉到铁北，先安顿好住房，是日本人造的二层小楼，在二楼第三间，四人一间，干福熹、周盘麟、吴世法已先在。丁衡高、沈人骥、唐九华等住在第一间。

办公楼离宿舍很近，是东北材料试验机厂一层楼的旧房子。王大珩放弃北京到长春，主要是想很快发展，合并了东北材料试验机厂、东北综合研究所的光学部分等。我到长春时，先到的人已开始工作，分机械、物理和化学三个研究室，学机械的主要是在设计炼玻璃的熔炉，看他们经常挟着书和计算尺出出进进，不胜羡慕，而我却被分去技校教书。那时"服从"是第一位的，无二话可说。技校是为试制车间培养青工的，而试制车间属机械研究室管。要我教金工及代数两门课，我认真备课，认真讲课，那些从上海招来的高中生，很快就和我关系处得不错。

我在技校专职教书时间不长，被调回室里，边搞仪器的改造和仿制工作，边教书，前后有：炮队镜改经纬仪、沼气检定仪、气体流量计、修复150毫米赤道仪镜筒、仿制意大利经纬仪等。那时我们从设计到工艺、施工什么都要管，但没有经验，很辛苦。经纬仪原则上应该是内调焦的光学系统，但指导我工作的先生要我把炮队镜的目镜改为调分划板，以代替内调焦，这就引起很多机械设计、机械制造、光学原理上的不合理。当时我不懂，只能照办，结果在调分划板前后位置的机械结构上无论怎么样也做不好，我寝食不安。王大珩馆长对我在标定气体流量计时用的土办法，很为欣赏。

工作之余，我在宿舍里还自己磨镜片，虽然仪器馆有光学车间，我从来没有想到占用公家器材，而是到街上去买。连镀银用的硝酸银也买了。加上喜欢买书，所以总存不起钱来。1955年元旦刚过，上班第一天，接到父亲电报，说母亲病危，快回家。向杨秀春借了六十元钱，立即动身。经天津、济南、上海转车，8日凌晨才到嘉兴。回到嘉兴才知道是肝病，杭州医院说是"间质性肝炎"，其实就是肝癌。

1955年春，领导上调我脱产学俄文，共有六人。请了一个白俄（俄国十月革命时，逃亡到国外的，苏维埃政权的敌对阶层及其后代）叫苏斯洛夫。我认真下了工夫，还背字典，听力进步很快。1956年春节后不久，开始搞全国12年科学发展规划，需要俄文翻译，作为工作人员，我和姚骏恩被调到北京，住在西郊宾馆，一直工作到六月中旬结束。在结束前不久，接到长春通知，要派我去苏联学习，有点喜出望外。1956年夏天，我和干福熹到北京，和当年科学院要派出国的人一起，集中突击学俄文，住在朝阳门内的"九爷府"。

五、留 学 苏 联

短短两个月的俄文学习很快结束，九月上旬成行，经过长春时，仪器馆的同事到站台来送行。经过7天7夜的颠簸，到达莫斯科，休息1～2天，我们部分人员到列宁格勒。

普尔科沃天文台在列宁格勒南郊的一块高地上，是进入列宁格勒的门户，第二次世界大战时打得很厉害，都轰平了，见到的都是新种的小树，天文台的建筑都是刚修复的。我被安排在三楼仪器组的办公室里，有两个在读研究生，一个副博士，一个老的本科生，还有一个计算员，都是女的。很快见了导师马克苏托夫，他见面第一句话就问我吸不吸烟，知我不吸，就说非常好。而他自己烟瘾大得不得了，就是戒不掉。他在家里的墙上贴了一幅画，画着一个人的上半身，两个肺都烂了，下面写着：吸烟就是死亡。马克苏托夫给我定了研究题目，指定要看的书，安排好车间实习内容（磨一块直径160毫米，F/6的抛物面镜）。第一年，我们还要学哲学和俄文，都要到城里科学院院部去，每周2～3次。冬天列宁格勒日很短，早晨去，晚上回来，都是黑天。1957年，中苏关系紧张还只在最高层，苏方科学院对我们很好，普通人也非常热情，有一个人几次邀我到他家里吃饭。第一个暑假还安排我们到海边"ЧЕРОДЕЙКА"疗养院休养，不过条件并不好，十几个人住一大间，洗澡要走很远的路。

初到苏联的时候，大概有1～2年，感觉十分孤单，记得有一次苏方安排我们研究生乘船出涅瓦河，到波罗的海口，远望克朗施达特要塞等，我一面感到乘风破浪的快乐，心里却有强烈的"身为异客在异乡"的孤独感，心想，这才过去半年时间。所以，我很乐意国内来人访问，要我去翻译。一次是李明哲、龚祖同和邓锡铭，另一次是王大珩先生。陪他们访问了ГОИ和ГОМЗ。那时，中苏关系已经闹翻，这两个单位的军工方面不给参观，我方（李明哲）想介绍自己的军工项目来套他们话，他们当即用电话请示莫斯科，回答：不同意听。精明得很。

1957年苏联发射了世界上第一颗人造卫星，普尔科沃天文台组织了人工观测，就是观测者用很大视场的低倍望远镜，守在预报区，等卫星飞过时默记住它和邻近恒星的相对位置，并用手中的跑表记下时刻，再立即将默记住的位置点在事先准备好的星图上，由专业人员做事后处理。这个方法现在看来非常原始，精度很低，靠多人观测结果平均来提高精度，但在当初是唯一的办法。我参加了观测，并且很认真，天文台发了积极观测者证书，还有一枚纪念章。1958年国内"大跃进"，搞国庆献礼，波及国外留学生，我和访问学者杨世杰向老师提出要做一个200毫米口径的天文照相物镜，老师听了十分吃惊地说，要做这样的光学镜头，这个小光学车间只好全交给你们了。不过，他还是替我们着想，建议做一个马克苏托夫系统，相对要简单很多。我们也真卖力，加班加点，我3～5天内搞好设计，二人在一个星期内就磨好了。

学习上我很努力,主导思想是至少不要给国家丢脸,第一年内,研究生四门课程:哲学、俄语、两门专业都得了 5 分,这并不难。工厂实习也很努力,自己摆弄过磨镜片,做起来得心应手。磨好的 Φ160 毫米抛物面镜,老师说 оченъ хорошо(好得很)。第二年起就进入课题,给我的题目是"大望远镜二次凸面镜的检验",老师的期望是对 Hindle 方法做一个全面计算和分析研究。我在做的过程中发现,反射检验的补偿原理,也可以用在凸面镜的检验中,从而找到一个新的检验方法,比 Hindle 方法有优越性,我的论文重点也就移了位置。反射检验的补偿原理,是老师提出的,用在检验凹面主镜,苏联研究生 М. А. Соснина 正在做,作为她的论文内容。当我把我的想法和推导的公式向老师汇报后,他马上就接受了。苏联研究生在学习期间,要在研究所内作一次学习报告,我就将已经做好的部分和下一步要做的这个新想法作为报告内容,讲了一通,结果被评为优秀报告,还得了奖励一个月的研究生津贴,700 卢布。老师有时主动到我们办公室来讲讲,一次他来,说起我这个想法,他指自己,说:"我怎么就没有想到呢?"我心里想,老师都想到了,那学生还做什么?我把这新的检验方法写成文章,投到国内《天文学报》发表了,想使国内先受益,那个苏联女研究生 Соснина 知道后,叫我马上写成俄文在普尔科沃天文台台刊上发表,所以国内发表在先。还有一次,老师高高兴兴地来讲他新近推导出的一个公式,是用于最后收敛马克苏托夫光学系统设计的,我抱着学习的心态自己也推导一遍,结果发现有一点小错,就去和他说了,正好他在用这个公式时,发现总不能一次到位,很不自在。后来他用了我改正了的公式,就非常利索地一次解决问题。当然,他很高兴,表扬了我,还对其他研究生说:"你们只知道听,听过就算了,应该像潘那样……"弄得我很不好意思。还有,在读他的《天文光学》一书时,发现一处小错,他一方面很高兴,一边在嘀咕,"那么多人看过,还是有错"。我用新的检验方法检验,并磨出了天文台上正在做的 PM700 望远镜的凸面镜,为我的论文加强了力度,也为台上解决了一个不小问题。1960 年的元旦,老师请我到他家做客,就在天文台近旁,只他一人,他拿出珍藏的蟹肉罐头请我吃,临走还送我一套俄罗斯套娃。听说他和太太离婚是因为太太特喜欢养猫,还养一大群,他反对没用,只好离婚。1960 年 7 月底,回国临别时,他和我在天文台门口的公共汽车站贴面告别,他的满脸胡子茬就像板刷。看来他对我这个学生是满意的,我也没有辜负国家的期望,确实学到了有用的知识,包括书本的和实际的。在我的研究生毕业鉴定书上写道:潘君骅的毕业论文给出了一个新的更加合适的检验望远镜副镜的工艺方法,它将被我们用在建造巨大的望远镜中,特别是口径 6 米的望远镜。

六、回到长春

　　1960年7月下旬离开列宁格勒，在莫斯科稍作停留，自己参观了克里姆林宫，8月初，回到北京。当时留学生回国，可以结合个人志愿重新分配，长春光机所（原仪器馆，1959年改名）已派人到中国科学院，一定要留住我。那时所长是王大珩，书记兼副所长是李明哲。1959年，光机所已将通光口径2.16米望远镜任务争到手，而后中苏关系紧张，国防任务重要，李明哲开始抓60#和150#任务。我回所时，60#已在做，但光学系统有问题，像质不好。我检验后发现有剩余球差和轴上横向色差，王之江说，可能透镜的等厚有问题。而那时装校车间的工作人员认定是玻璃材料用错了，说是经复查证实过。我要求重新再查，后来复查结果表明，玻璃没有用错，的确是有等厚差。从这件事开始，我在光机所渐渐建立起技术上的威信。我看出光机所搞150#任务的薄弱环节是在光学技术，即大口径光学的制造、检验和装调。所里有一台为"中间试验望远镜"磨主镜用的，刚造好还未用过的磨镜机，拟用来磨150主镜，要我决定是否可行。我看了空车试车，只听声音像开火车，振动也大，磨不出高精度镜面，认为要从新设计。向李明哲汇报后，他放下手头事，立刻和我一道去现场看过，并同意重做。通过这件事，我对他有了一个好印象。我的工作除了为光机所建立起大镜加工、检测等基础外，还主动为夜视仪的光学镜头加非球面改正板，使其提高分辨率等。王乃弘搞砷化镓半导体，出不了激光，找我帮忙，我就陷了进去，当然，总是配角。很快，在1964年初就出了激光，国内第一，领先于半导体所。1965年中，中国科学院接了仿制"红眼"导弹任务，院内几个所搞协作，光机所做位标器。所里将41室的部分人员调到43室，成立541任务组，王乃弘当组长，我当副组长。和协作所的人有过一次共同到西安、洛阳等地调研的经历，回到北京后，张劲夫副院长还接见了大家，并讲话鼓励。当有人介绍我时，张劲夫副院长居然还知道我在苏联学习时搞了一个"潘氏法"的事，使我很感意外。"红眼"导弹没有实物，只看到几张发射时的照片和极少量资料。根据"响尾蛇"的图纸，我大致按比例缩小，画出了541位标器的结构总图，由裴庆魁拆成零件图。另外我还设计了测试用的光学系统。那时，试制工作进度很快，不到一年就出来样机，在实验室里能很远处跟踪一根香的头。1966年上半年做了很多次试验，最后装成整弹，到怀柔做打靶试验，记得那次郭永怀也去看了。那时"文化大革命"已开始，政治风暴即将来临，老一点的难逃扣上"资产阶级学术权威"的帽子。题目组陷入内部矛盾和争论之中，541工作已基本停止。记得有一次王乃弘较长时间出差上海，我独自利用541题目多下来的硫化铅元件，设计加工了一个简易装置，做了一次红外成像试验，将加了热的电烙铁头在荧光屏上成了像，蔡仁堂等领导看了很感兴趣。这个试验的原理是王乃弘想出来的，在1964年左右对我说过。我本想541既然做不下去，我们就另找题目，避开41室合过来的人，少些矛盾。科技处还给了题目为67号。后来"文化大革命"局势越来越乱，除了150等紧急任务，别的题目基本上都停了。红外成像要是那时当回事来做，说不准后来可以发展成光机所的一个重要方向。

"文化大革命"期间，光机所是重灾区，当权派挨整，知识分子也在劫难逃。回想起来，最大的遗憾是耽误了最宝贵的一段时光，36～46岁。还在挨整的时候，做太阳模拟器的研究室仍找我去讨论方案。林彪倒台后，我得到彻底解放，到1972年，我已是军代表"改造"知识分子的典型，政治环境好了很多，可以做一些自找的零碎的工作，在光学车间，我做了激光球面干涉仪原型试验，并接着设计了正式的激光球面干涉仪，后被光机学院作为校产品；还做了一台大型光学测厚仪，很解决实际问题；为输电供电部门设计制造了遥测高压线接头温度的红外测温系统；有一次，科技处组织人，有王大珩、唐九华、干东英等，在装校车间查看新到货的进口T4经纬仪，发现目镜视场里看到度盘刻度的一个局部模糊，他们不知道什么原因，又不敢贸然拆开，把我找去。那时期什么都要首先从政治考虑，有人就嚷嚷说，这是帝国主义欺负我们，把发霉的货卖给我们，但这样说不解决实际问题。我仔细看了之后，发现模糊的地方和刻线有视差，不在同一平面，并判断，只要在目镜外加一片负透镜，就能看清模糊的地方究竟是什么。很快找来负透镜，一看，原来是一点油滴。

但是"文化大革命"大风暴过去之后，工作上究竟做什么？对我是个很懊恼的问题，我提出做红外，科技处蒋厚震说"没有人"，但又说不出有什么可做。1975年天文界要从东德蔡司厂进口一台1米望远镜，作为贸易补偿，缺少俄文翻译，找到所里，经军管会同意，我就去了。1977年又去一次东德蔡司厂，验收光学镜子，回来时经罗马尼亚，在大使馆接到国内通知，叫我在使馆等国内的一个代表团，一道去联邦德国考察光学，是王大珩先生带队，我的英语听力还可以。1977年年底，光机所紧急把我从南京叫回去，因为法国的光学权威马尔夏要去长春访问和讲课，要我当讲课口译。1975年左右，经王大珩推荐，我已和重新上马的216任务挂上钩，经常出差南京。我想早日调到南京，只是碍于当时的人事体制，好不容易到了1980年中才办成。光机所为了想留住我，还给我安了个光谱室主任的头衔，他们可能根本不知道我要走的主要原因：第一，没有适合的工作方向，感到非常空虚，这是主要的；第二，想回故土。"当官"之事，我是根本不在心上的。

七、入　关

  1980年5月，总算办好手续搬家南京。去南京我是有思想准备的，要准备"吃亏"，就是多做事、不考虑好处。1983年把我推到副厂长的位置，人家说我"有权不会用"，一语说到要害，我丝毫不后悔，人各有志，应该发挥各人长处，对国家最有利。1986年天仪中心换届，要换我下来，南京分院找我去谈话，他们以为我会不大乐意，想送一个总工程师头衔来安抚一下，我说用不着。1986年到1990年这几年，大部分时间花在"216"项目上，特别是在车间装调和拍照试验，以及到兴隆山上的调试。1989年年底，北台能按计划实现国际联测，我也是起了重要作用的。

  2.16米望远镜项目的工作占用不了我的全部时间，所以还做了不少其他事情：九院和科大的轮胎面加工、总参二部侦察车镜头、508所资源一号镜头及红外平行光管（第一次采用Yolo系统）等。单件制造离轴抛物面镜的技术，是由于昆明物理所的要求而开发的。经过一段时间磨练，想不到现在成了一个特色，已为国内做了几十块镜子了。在这同时，在设计理论上也有不少收获，如：Yolo系统的设计理论，三镜系统的求解方程等。1994年出版了《光学非球面的设计、加工与检验》一书，这倒是老伴催促出来的，很费了一番工夫。书出版后，反应很好，800册，市面上很快就没了。

  2000年，苏州大学通过老友薛鸣球，把我"挖"去。我是以南京天仪中心退休人员的身份应聘的。苏大给了一笔科研启动费，使我实现了一个愿望，就是老早在"文化大革命"时期，无事可做时琢磨出来的，制造非球面的新原理。苏州有我一位老同学，退休在家，当过长风机械厂厂长，他自己懂机电业务，又熟悉各类人才，组织了几个人，一年左右就把机器做了出来，虽免不了有些缺点，但作为自用，关系不大，并证明了原理的正确。2003～2004年我把书作了一些增删，由苏州大学出版社再版发行，也算完成一件心事。也是在2003～2004年，我发现了一个新的望远镜系统，称之为"泛卡塞格林系统"。

八、潘君骅主要论著

Пань Цзюнь-хуа. 1960. Исследование оптических систем зеркльных телескопов. Известия Главной Астрономической Обсерватории. Том XXI, выпуск, 6：152-162.

潘君骅. 1960. 检验反射望远镜中二次凸面镜表面形状的新方法. 天文学报, 8（1）: 70-79.

潘君骅. 1965. 两个二次曲面反射镜组成的光学系统的一般研究. 天文学报, 13（1）: 46-56.

潘君骅. 1980. 轴对称波面误差的计算机干涉图补偿. 天文学报, 21（1）: 79-85.

潘君骅. 1981. 产生非球面的新机构原理. 光学学报, 1（1）: 43-49.

潘君骅, 王建国. 1984. 用铣磨法加工二次非球面的数学原理. 光学学报, 4（3）: 252-256.

潘君骅. 1988. 具有三个二次曲面反射镜的光学系统研究. 光学学报, 8（8）: 717-721.

潘君骅. 1992. 反射式施密特望远镜的初步研究. 天文学报, 33（1）: 67-74.

潘君骅, 李新南. 1994. 偏轴两镜系统的设计. 光学学报, 14（8）: 867-871.

潘君骅. 1994. 光学非球面的设计、加工与检验. 北京: 科学出版社.

潘君骅, 朱永田. 1997. 两非球面反射镜非扫描式软 X 射线投影光刻系统. 光学学报, 17（12）: 1756-1758.

潘君骅. 2002. 关于大望远镜卡焦 R-C 系统视场改正镜设计的研究. 光学精密工程, 10（3）: 231-234.

潘君骅. 2003. 一个新的泛卡塞格林望远镜系统. 光学精密工程, 11（5）: 438-441.

潘君骅. 2003. 大口径红外成像系统的光学设计. 光学学报, 23（12）: 1475-1478.

潘君骅. 2004. 光学非球面的设计、加工与检验. 再版. 苏州: 苏州大学出版社.

撰写者

潘君骅

苗永瑞

苗永瑞（1930~1999），山东桓台人。天体测量和时间频率专家。中国高精度授时服务开拓者和学科带头人。1991年当选中国科学院院士。1951年毕业于山东齐鲁大学天文数学系，早年在中国科学院紫金山天文台和上海天文台从事天体测量和恒星天文研究，首次提出采用天顶星进行中天观测，建立中国第一个赤经星表及天顶星表，提高了世界时测时精度。1965年从上海奔赴大西北，夫妻两地分居埋头苦干23年，从选址开始筹建短波授时台，为建成BPM短波授时台做出贡献。1972年开始，参与领导长波授时系统的建立，主持总体设计，任技术总负责人。长波授时系统建成，实现测时、守时、授时等技术现代化，将中国的授时精度由毫秒（千分之一秒）量级提高到微妙（百万分之一秒）量级，填补了国内长波授时领域的空白，使中国在原子时授时系统方面进入世界先进行列。开展高精度时间频率服务，为我国战略武器试验、空间技术和其他领域的发展，提供了可靠的高精度时间频率保障。成果获1987年中国科学院科技进步奖特等奖，1988年国家科技进步奖一等奖。历任中国科学院陕西天文台（现国家授时中心）副台长、台长、名誉台长，研究员、博士生导师，中国天文学会常务理事，中国天文学会时间委员会主任、国际天文协会时间委员会组织委员，国家科委天文学科组成员等职。

一、出身与学历

苗永瑞，原名苗永睿，为认读和书写便捷，自改为苗永瑞。1930年12月3日出生在山东济南知名的民族工业实业家"苗氏家族"。其父苗星垣白手起家创办实业的经历，至今仍为人称道。1891年出生于农村的苗星垣，上过4年私塾。因父早逝兄体弱，他便担当起家庭重任，18岁从家乡索镇村（现桓台县城）到济南粮栈学徒。他勤快又精明，肯吃苦，爱学习。夜里别人睡了，他则学练珠算，自此养成终生一天只睡4个小时的习惯。几年后聘为粮栈副理。29岁时与人合股开办粮栈，变身为老板。由于经营有方，仅两年就成为济南业界翘楚。

颇有眼光和心计的苗星垣，经商获利后旋即转向办实业，到齐鲁大学学习了点数理知识后，与堂兄苗杏村共同发起创办股份制的成丰面粉厂。几经扩资，成丰面粉厂设备与产量即成济南业界龙头。后来苗杏村另谋高就，成丰厂为苗星垣掌控。深谋远虑的苗星垣看准山东产棉优势，全力培养其弟苗海南，推其考入当时国内唯一纺织专业学府南通纺织学院，又送往英国留学，专攻纺织机械。1932年苗海南学成归来，苗星垣再次联手苗杏村发起集股创办成通纱厂，由风华正茂的苗海南出任经理兼总工程师，与当时众多日资纺织厂竞争。稍后，苗杏村退出另办厂，成通纱厂遂成苗氏兄弟掌控的股份制工厂。他们又着手向外扩展进军大西北，在西安先办起面粉厂分厂。再办纱厂分厂时，因抗日战争爆发，苗氏兄弟的西扩计划半途夭折。

1937年12月27日日军占领济南后，成丰、成通两厂被日军军管，后又以合资名义侵占。直至1945年抗日战争胜利，日本投降，两厂才被收回。随后几年，山东战乱，社会动荡，市场萧条，工厂无法正常开工。直到济南解放，苗氏兄弟积极响应共产党和人民政府号召，带头恢复生产，发展经济，参加各项社会活动，大量购买公债，捐献飞机大炮支援抗美援朝前线，并积极参加公私合营社会主义改造运动，成为山东红色资本家的代表人物。苗星垣曾任济南市政协常委、市人大代表，至1958年病逝。苗海南历任华东军政委员会委员，山东省人民政府副主席、副省长、省政协副主席，省人大代表，全国政协委员，山东省工商联主任委员，民主建国会山东省工委主任，山东省科协主席等众多职务，至1966年病逝。

苗氏家族1957年之前兄弟未分家，过着大家庭生活，直系亲属20余人，全家最多时40多人。苗永瑞在其父母生养的11个子女中排行第七。其父苗星垣深受孔孟之道的影响，一心发家，为人检点，洁身自好，生活简朴，酷爱科技。对子女要求甚严格。他家开着济南最大面粉厂，家中却只有老母和长嫂吃细粮，子女等众只能吃粗粮。也不让子女乱花钱，学生期间男孩一律布衣布鞋剃光头，让他们从小吃苦，养成简朴的生活习惯。但对子弟的教育却分外重视，不吝花费，以致苗家的第二代14个男孩就有13个接受高等教育，理工人才济济，出现十几位专家教授，多人名气甚大。在日军占领期间，为防止子侄受到日本奴化教育，不让子侄外出上学，专门请来家庭教师办家庭私塾。苗永瑞从七八岁开始就在家里上私塾，读四书五经。对枯燥呆板的旧学教育，他很反感。如要死记硬背《弟子规》，他便暗中抵制，半年下来只背出几句，私塾先生也无可奈何。几年私塾对他在国学上没留下太深刻的印记。后来其父在弟弟的劝解下，才改变对子侄的教育方式，改请中学、大学的教师来家执教，改学英语、数理化、国文等中小学正规课程。苗永瑞用几年的时间系统地学完了小学、初中和部分高中课程。新的学习内容引发他的极大兴趣，尤其喜爱数理化，还看了一些天文读物。对天文或多或少的知识，使他萌发了将来学习工程或天文的心愿。

1945年抗日战争胜利日本投降，苗永瑞到济南黎明中学插班上高二。这所天主教会办的学校，神父当道，"好教员不来，坏教员不要"，他深感师资环境太差，还不如在家学习，只读了半年便退学回家自修。1947年7月，他以同等学力考入齐鲁大学，并选择了天文数学系。

苗永瑞的母校，正式名称是山东基督教共和大学，通称齐鲁大学。是外国教会团体在中国办的13所教会大学之一，创建于1904年，是座历史悠久、办学条件优越的大学，附设有天文台。最盛的时候，齐鲁大学被誉为"华北第一学府"，还有"南齐北燕"之称，与燕京大学齐名。这里幽雅的校园环境给师生们留下了深刻的印象。在趵突泉南侧，充满异国情调的校舍建筑，参天古木，浓荫匝地，槐叶飘香，堪称"济南明珠"，在此执教的老舍先生称之为"非正规的公园"。

苗永瑞4年的大学生活，前期平静后期受干扰，有几段令人难忘的插曲。按照苗氏家族的规矩，苗永瑞入学后的第一个寒假，到成通纱厂劳动实践整整一个月，学金工，掌握了开车床的技术，也养成自己动手的习惯。1948年10月，由于国民党发动的内战影响，济南形势紧张，齐鲁大学先迁南京，再迁杭州。他还参加过一次学生运动，与同学一道从杭州到南京国民政府教育部门前请愿静坐示威。1949年5月3日杭州解放，7月齐鲁大学迁回济南。1950年暑假赴南京紫金山天文台实习一个月。1951年1月参加山东长山县马庄乡土改工作队一个月，担任过小队副队长。1951年7月苗永瑞完成大学学业，从齐鲁大学毕业，随后由北京中国科学院和教育部联合招收，分配到南京紫金山天文台工作。一年后，全国高校大调整，所有教会大学被拆分，齐鲁大学天文数学系并入南京大学，校属天文台搬至南京紫金山，齐鲁大学遂成历史。

二、奉献大西北

初出茅庐的苗永瑞，来到南京，走进一年前由原中央研究院天文研究所改名的紫金山天文台，开始了他的天文学科研生涯。在紫金山天文台这个"中国现代天文的摇篮"里，他有幸遇到学识渊博、治学严谨的张钰哲台长和众多老一辈天文学家，也见识了大量古今精美的天文仪器设备。他心驰神往，白天如饥似渴地向老同事求教学习，晚上专心致志投入天文观测。因心无二用，以致冷落了一起分来南京在山下某工厂的大学女友，导致两人分手。这段日子的确使他获益匪浅。经过几年的科研探索，积累知识，开拓视野，他选定天体测量和时间频率为自己的研究方向。

1955 年 4 月,他转到上海徐家汇观象台。这里当时属紫金山天文台建制,天体测量和时间频率是主要业务方向,并承担授时服务,负责中国短波时号 BPV 的发播。1962 年徐家汇观象台与佘山观象台脱离紫金山天文台,组建为上海天文台。

1958 年苗永瑞获得一次出国进修的机会。经半年的俄语学习培训后,被派往苏联科学院天文总台。他来到列宁格勒的普尔科沃天文台,参与子午天文观测和科研工作。在苏联他有机会到天文系统的授时台参观学习。从此,他对国外授时技术开始更多的了解和关注。

苗永瑞在紫金山天文台和上海天文台前后工作十多年。在提高天文测时精度的研究方面,他编制了天顶星表,测定了天顶星专门用于测时,提高了测时精度,同时改进了观测星的星位置,得到精度较高的测时星表。在天体测量选址的研究方面,根据微气象理论,制定了一些天体测量选址方案,改进了观测室及观测位,提高了测定精度。

国民经济、国防和科学技术的很多部门,都需要使用标准时间标准频率,而且随着现代化的进程,其要求的精度越来越高。确定和建立计量时间和频率的基准,连续不断地精确保持这个基准,并通过现代技术手段精确地传送出去供各地用户接收使用。这个包括测时、定时、守时、播时等一整套复杂的系统过程,即为时间服务,通称授时。这是天文学直接服务于社会、服务于经济和国防建设的重要工作项目。我国的时间服务即短波无线电授时,原先由徐家汇观象台及后续的上海天文台负责,由他们提供标准时间频率信号,租用邮电部门的电台发播。由于上海天文台地理位置太偏东端,且进一步发展受限,国家科技部门早在 20 世纪 50 年代中期就规划在中国腹地建设一个以时间服务为主的天文台。

由于我国发展战略武器和空间技术的迫切需要,1965 年酝酿已久的西北天文台的筹建工作启动,由上海天文台为主技术支持。苗永瑞被选定为上海天文台支援西北天文台的首批技术骨干,先行借调,后于 1970 年 7 月正式调动。从此,他离开在中国最大城市上海的家,来到当时相当艰苦的大西北,夫妻长期两地分居(期间他在上海天文台工作的妻子许瑾丽曾借调到后来的陕西天文台工作,但因身体不能适应,不久又返回上海)。在大西北,他身负重任,埋头苦干,过着极其清苦的生活,整整 23 个春秋,从年富力强的 35 岁的青年,直到年近花甲 58 岁的老者,1988 年才功成身退调回上海天文台与家人团聚。他一生的大好年华都奉献在大西北,他一生的心血都凝聚在中国的授时事业上。

1965 年 8 月 29 日,由苗永瑞等 3 名中青年专家组成的西北天文台选址工作组,稍做准备后从北京奔赴大西北。他们在一个多月的时间里,马不停蹄地跑了青海、甘肃、陕西和新疆三省一区，行程万余里。对22个地点进行踏勘和调研，收集气象资料，实地观察地形地貌，查询交通环境，了解水电供应现状等，然后分析研究比较，最终提出选址报告。初步选定西北天文台址在陕西关中西安西侧的武功县杨陵镇附近。1966年6月综合考虑多种因素后，最终台址东移至渭南以北蒲城县境，定名为中国科学院326工程。

326工程及以后正式定名为陕西天文台的早期，实际是筹建专用的短波授时台。当基建和设备安装于1970年基本就绪，开始第一阶段试播时，中国科学院确定将苗永瑞抽出来负责长波授时台筹建的技术工作。肩负重任的苗永瑞，遂于1972年起不再参与短波授时台的工作。短波授时台历经改建扩建，1979年重新试播，1980年12月通过中国科学院组织的技术鉴定。经国务院批准，1981年7月1日正式发播，承担国家短波授时任务，上海天文台短波授时即同时终止。

随着我国国民经济、国防建设和科学技术的发展，特别是战略武器和空间技术的试验研究，对时间同步精度的要求已提高到微秒量级，仅有短波授时显然无法满足使用要求，1973年由中国科学院、国防科委、海军司令部和空军司令部联合提出，经国务院、中央军委批准建设长波授时台。这是国家的一项技术基础性工程，正如钱学森在工程总体方案论证会上所说是"建设一个全国性的标准钟"。工程建设工作由中科院负责抓总。工程代号定名为"3262"工程。当年5月中国科学院在北京设立"3262"工程指挥部，开展筹建工作。苗永瑞担任工程指挥部技术组组长，负责工程的总体工作和技术协调工作。当时中国科学院从陕西天文台和全国其他一些单位，调配20多人作为工程指挥部的工作人员，长年住招待所坚持工作。其中技术组的十多名主力，都是只有几年工作经历的青年科技人员。

长波授时台以无线电长波发播高精度标准时间频率信号。长波无线电波的地波，不受电离层波动影响，信号极其稳定，衰减较小，接收定时精度很高；经电离层反射传播的天波，虽也受电离层扰动影响，但因其波长长，信号的稳定性也比短波好得多，定时精度大大优于短波。长波授时利用天、地波相结合，可同时实现高精度和大面积覆盖我国辽阔国土两项要求，在当时是最适合的一种高精度标准时间频率传播手段。但长波授时台系统庞大，技术复杂，涉及较多的学科专业领域，建设难度大。国际上技术先进的国家如美、苏也是在20世纪60年代开始建设，70年代才投入全面使用的。

苗永瑞深知，在我国建设长波授时台，几乎是白手起家，缺乏技术参考资料，没有现成的设备，也没有现成的经验。只能依靠国内科研、教学、生产单位的科技人员大力协作，一面研究，一面设计加工，共同努力攻关，才能取得结果。

当时，国内某部门正在筹建小功率长波导航试验台，工程尚未动工，但其主台的发播设备由某导航研究所设计制造已近完工。经协商并报请中央批准，决定长波授时台的建设步骤分两步走：陕西天文台先安装长波导航试验台 300 千瓦小功率发射台进行试播，以取得经验并解决国防急需，同时安排 2000 千瓦大功率发射台的研制和土建工程。

苗永瑞感到了肩上担子的沉重，全身心投入紧张的工作。他一面关注督促小功率长波台的基建进度和设备安装调试，而把主要精力用于大功率授时系统的设计、研究。他在工程指挥部负责人戴仲溶的指导、支持和协助下，带领工程指挥部的科技人员，首先由他主持完成了长波授时台的总体技术方案，由中国科学院组织方案论证，通过全国专家学者的审定修改后，为工程全面铺开确定了纲领和目标计划。工程的难点有：如何建立时间标准系统；大功率长波脉冲发射机国内没有生产过；天线在相对带宽较小的情况下如何与发射机配合辐射带宽较大的标准波形；在我国复杂地形条件下，如何取得高精度的电波传播时延数据；定时接收机需研制。这些问题解决不好工程难以成功。他对工程指挥部技术组的科技人员充分信任，分兵把口，合理分工又紧密配合。整个工程按系统组成部分细分为时间频率基准、大功率发射机网络设计、天线选型、电波传播、接收设备研制、监测站建设等几个小组，各有人负责，与国内相关科研、教学、生产单位的科技人员合作，共同研究试验攻关。大发射机经过理论研究，提出设计数据，再上计算机模拟，反复修改才定下方案。大天线则在充分调查研究后，对预选的几种方案进行模拟实验，经过专家论证，选定合适的形式，并为验证发射机和天线的接口参数，专门到电波传播研究所天线试验场，做十二分之一的模拟试验。为加快进度，工作紧张时则夜以继日连续工作。一个个难题最终被攻克，各个方面均一步步取得有效进展。

小功率长波台完成土建、发射机安装调试、天线架设调试等各项工作后，于 1976 年 7 月开始试播。从 9 月开始，苗永瑞技术抓总和统筹安排，陕西天文台（3262 工程指挥部人员已返回陕西天文台）与有关协作单位派出的科技人员一起，开展了一系列的测试试验项目。动作比较大的远场测试就有好几项。一是由空军专派的运输机，运载原子钟从临潼分别飞往银川、定襄、酒泉、成都、西昌、贵阳、大足、当阳，定点接收小长波台的信号，进行测试比对。二是搭乘长江客轮运载原子钟，从重庆启程东下，分别在涪陵、万县、巴东、宜昌、沙市、城陵矶、武汉、九江、安庆、芜湖、南京、南通的码头附近和上海市区，接收小长波台信号测试比对。三是利用海军军舰顺道载运原子钟，从上海出港北上，沿近海航线分别停靠连云港、青岛、威海、旅顺、葫芦岛码头，定点和航行中接收小长波台信号测试比对。

分别设在 3 个天文台、3 个人卫站等处的 7 个长波监测站，也进行了接收小长波台信号的测试比对。各地各项接收测试比对结果表明，小长波台达到设计要求，也验证了大功率长波授时台的总体技术方案是可行的。小长波台经中国科学院组织鉴定后正式发播，开展授时服务，满足了我国空间技术发展的急需。后来小长波台在大功率长波台建成后，于 1983 年 5 月停播，1991 年报废。

小功率长波发射台建成，为大功率长波授时台的发射系统建设提供了技术参数，在电波传播时延修正方面则主要靠工程指挥部自己探索。低频地波传播时延主要与收发点的距离和路径大地电导率有关，我国内陆地区复杂地面的电导率前人没有测过，没有相关资料。在苗永瑞主持和指导下，将等效电导率法推广到我国内陆这样复杂地形地貌上，并采用实测长波场强值对路径等效电导率进行分段拟合，对等效电导率法作了改进和发展，将不规则不均匀的复杂传播路径等效为多段具有不同等效电导率值的光滑路径，然后用已有的公式进行计算。经过大量实测计算，得出了我国各类地貌的大地电导率值和适合工程需要的我国大地等效电导率分布图，填补了我国大地参数的这项空白，满足了长波授时需要，对其他通信、导航部门也有重要参考价值。

由于各方面的协同努力，大功率长波台的进展基本顺利。1985 年 7 月 1 日大功率长波台全功率试播，1986 年 6 月通过由国家科委主持的国家级技术鉴定。鉴定结论认为：长波授时台系统各项技术指标达到或超过工程总体方案的技术要求，具备了正式发播的条件。长波授时台建设终于成功了，对激动不已的苗永瑞来说，确实来之不易。他二十多年的奋斗，他八千多个日日夜夜的奉献，终于有了结果。他对祖国、对人民、对他二十多年两地分居的家人终于有了一个交代，一个令人满意的交代。

长波授时台系统的建立，受到各方面的高度评价。1987 年 1 月中央电视台和《科技日报》联合评选的 1986 年中国十大科技成果，长波授时台是其中之一。1987 年获中国科学院科技进步奖特等奖。1988 年获国家科技进步奖一等奖。

苗永瑞在陕西天文台建立了长波电波监测站，接收国外长波导航台发播的一跳天波信号，发现其信号相位与幅度变化，是太阳 X 射线爆发引起 D 电离层剧烈扰动的结果。反过来，通过监测长波电波变化，即可监测 D 电离层突然扰动，进而推算出太阳 X 射线爆发流量。这样就首次在地面上探测到一般只能靠人造卫星才能探测的太阳爆发时 X 射线流量的时间演变过程，开创了利用长波手段进行日地空间物理研究的新方法。

苗永瑞着力指导、培养和锻炼"3262"工程指挥部的一帮青年科技人员，让他们在参与设计、研究和建设长波授时台的工作实践中迅速成长，成为擅长和熟悉时间频率和授时发播工作各个环节的科技人才，他们大都成为陕西天文台的科技骨干。

三、高精度授时

苗永瑞作为中国高精度授时服务的开拓者和学科带头人，其主要功绩就是建成我国微秒量级高精度授时系统。该系统由原子时频基准、长波无线电发播系统、接收监测系统和电波传播时间延迟修正三大部分组成。

均匀准确的时间频率基准是授时台的心脏。长波授时台的原子钟系统，在1979年10月1日以前采用国产的氢原子钟校准一组国产铷原子钟构成，建立初步的原子时间频率基准。并建立起与原子钟精度相适应的测量比对系统，在国内首先实现原子钟自动循环时刻比对。由苗永瑞主编的国内第一份以原子时为基础的《时间频率公报》正式出版，开始了原子时的时间服务。1980年建成以国产氢原子钟和3台从国外引进的商品小铯钟为基础的比较完备的原子时间频率基准。并用飞机搬运原子钟和人造卫星同步比对手段，多次进行了与美国海军天文台、法国巴黎天文台、意大利国家电子技术研究所等国外主要时间频率实验室之间的国际时频比对实验。测量了本地原子时和国际原子时的差值，与国际原子时系统建立了联系。国际时间局（BIH）从1981年1月开始，在其主办的月刊和年报上正式刊布中国陕西天文台的协调世界时尺度UTC（CSAO）的结果。这套原子时频系统连续运行，性能可靠，在准确度、均匀性和可靠性等各方面的技术指标，达到国际先进水平。

发播系统的主体，由我国第一套兆瓦级长波脉冲发射机、第一座长波四塔顶负荷倒锥形天线组成。发射机工作频率为100千赫兹，发播的信号格式为载频相位编码脉冲组。编码种类为八码元、二相二周期互补码。最初使用的重复周期为60000微秒。每个脉冲组有8个脉冲。脉冲间隔为1000微秒，另加秒脉冲。脉冲包络形状为指数不对称形。由四座206米高铁塔支持的顶负荷倒锥形天线，其特性是阻抗低、电抗曲线平缓，本身带宽比较宽，辐射脉冲上升快，效率带宽积可满足技术要求。其在结构方面，顶部电压不高，铁塔接地，天线系统电气绝缘问题容易解决，工程上好实现。天线可以放下来，检修维护方便。表征天线性能的最主要技术指标天线效率，测试结果：当天线带宽在7千赫时，效率在60%左右，达到系统对天线的要求。发播以来，发播系统运转正常，具备24小时连续工作能力，取得了成功。

长波授时台为用户提供了相应的接收设备与技术，从而使长波授时台一发播，用户即可接收应用。在长波授时台的建设阶段，就同步进行用户接收设备的研制，

3262工程指挥部与电子工业部生产厂家合作，研制成功PO20型长波定时校频接收机，鉴定后投入批量生产，及时供应用户。多次举办技术培训班，为用户培训接收机操作技术人员，并给用户提供高精度定时必须的长波天波与地波精确的时延修正值。

大功率长波授时台建成，于1985年7月1日正式全功率试播并开展时间服务。1986年6月，由国家科委主持对长波授时台进行国家级技术鉴定。1987年1月2日国家科委颁发技术鉴定证书。

鉴定确认：长波授时系统作用距离，天地波结合可达3000千米；地波定时精度0.5~0.7微秒（均方误差，下同）；天波定时精度，正常白天1.2微秒，正常夜间2.8微秒；地波校频精度$(1-3) \times 10^{-12}$/天；天波校频精度，正常白天1.1×10^{-12}/天，正常夜间4.4×10^{-12}/天。长波授时台的建成，使我国授时精度由毫秒量级提高到微秒量级，使我国在原子时授时系统方面进入世界先进行列。填补了我国长波授时领域的空白。长波授时台的建设，有效地促进了我国在原子时频技术、低频发射、接收监测技术和低频电波传播研究等方面的科学发展和技术进步。从1987年1月2日后长波授时台转为正式发播，开展高精度时间频率服务。

四、苗永瑞主要论著

苗永瑞，杨克俊，郑恒秋，等.1979.长波授时中地波传播时延的预测.陕西天文台台刊，2.

苗永瑞，杨克俊，郑恒秋，等.1979.无线电长波传播时延的测量.陕西天文台台刊，2.

苗永瑞.1980.我国的时间频率工作.天体测量学术讨论会文集.

苗永瑞，杨克俊，郑恒秋.1980.在长波授时中一跳天波传播时延的预测.陕西天文台台刊，3（1）.

苗永瑞，杨克俊，潘练德.1980.太阳活动对长波传播的影响.陕西天文台台刊，3（2）.

苗永瑞，杨克俊，梁仲环，等.1980.我国中部地区的大地电导率.陕西天文台台刊，3（2）.

苗永瑞，杨克俊，潘练德.1981.太阳X射线爆发对长波定时与校频的影响.陕西天文台台刊，4.

苗永瑞.1982.三年来我国的授时工作.陕西天文台台刊，5（1）.

苗永瑞.1982.关于组成我国综合原子时的问题.陕西天文台台刊，6（1）.

苗永瑞，潘小培，宋金安，等.1983.飞行钟对我国范围内长波、电视同步精度的确定.天文学报，24（4）.

杨克俊，苗永瑞.1983.太阳X射线爆发与低频电离层突然骚扰.陕西天文台台刊，6（1）.

苗永瑞，漆贯荣.1986.长波授时台技术性能综论.陕西天文台台刊，9（2）.

苗永瑞，宋金安，郑恒秋，等.1986.陕西天文台时钟的国际比对试验.陕西天文台台刊，4.

主要参考文献

毛德驰，1987.微秒量级高精度授时系统——长波授时台.中国科学院院刊，3.

撰写者

毛德驰,副编审,长波授时系统建设主要参加者,苗永瑞任陕西天文台台长即任台长直属秘书科科长,后任台
　　长办公室副主任、情报室副主任。
王治才,高级工程师,长波授时系统工程主要参加者。

沈海璋

沈海璋（1931～），浙江海宁人。天文学家。新中国成立前在工厂任练习生，后为技术员。1951年秋，在长春综合研究所从事机械热处理工作，后来综合所分若干所，改为中国科学院机械学研究所，共工作了7年。1958年下半年调到北京中国科学院技术科学部工作，后升为研究员。经过在综合研究所的学习，到汽车拖拉机学院学习，到东北人民大学听课等，刻苦自学，曾任中国科学院天文处处长。

一、为农民服务

1966年，领导提出口号"知识分子要接受工、农、兵再教育"。中国科学院机关部门去了数十人，我们学部选定我和两位新来的哈尔滨工业大学的大学生。关于我，单位是有争议的，但是我已经决定去，去"改造"也是应该的。

我们坐上火车，去了合肥，省里派人去车站接，住在高级接待所——稻香楼，听了三天的报告，"形势大好，问题不少"。新到合肥，到大街上看了一下，只有一条大街长江路。

第四天，公布名单，大部分人去了肥东、肥西两个县。最后只有我和一位新大学生没有离开，下午省农机局来找我们二人，说有个农机项目要我们参加。我们离开了大队伍，心中总放心不下。我们多次说明是来"改造"的，农机局的干部（副局长）说工作需要服从，就把我们调到肥东的一个公社去了。我们的工作是面向一个万亩的水田，改造用电犁种田。

再后叫我们二人为"工程师"。第二天，书记、社长带我们走了圈田一周，有一万二千亩，要我们做出计划，改进为电犁种地。

那位学生在学习中做过电工，我们招收45名学生，先从学习开始。从电下手，先招收初中毕业的（男25人，女20人，后来招收的人有一半是读过高中的）。没有教室，就在室外树下听课。"用电种田"这是个新式事情。计划、要钱等，已经三四个月，把电线杆搭好，计划可以满足他们的需要。

学生干劲很足，有了技术，已经成了"田犁"手。我们带他们去配备、选型，到无锡去选压稻机，已经完成了任务。我们又回到改造队伍中去了。

我回到队伍中，在合肥远郊，分配的新工作是拉运粪车。每天早上走 12 里地到合肥一工厂拉运粪车，在合肥吃中午饭，下午运回来送到地里。每天如此工作，可以每天计 16 工分。后来又成为"四清"工作队的成员，省里派出了领导，让我们参加。我是一个生产大队的"材料员"，到十个生产小队收集各种各样的材料，统计综合成为大队的材料，送到公社去。一年后我回到北京中国科学院。

二、研制 2.16 米天文望远镜

天文学研究的对象是遥远暗弱的天体，望远镜的作用是收集天体的辐射并形成清晰的像。2.16 米光学天文望远镜是天体光度、光谱摄像中的中型设备，是当今中国天文学和天体物理学研究的最主要设备之一，设想是在 1958 年下半年提出的。当时苏联正在建造 2.6 米望远镜，如果将口径定在 2.16 米，在国际上可排在第五位，也是一个伟大的创举，并且会对我国光学、精密机械和自动控制技术产生巨大的带动作用和影响。中国科学院比较重视，成立了联合组织，"文化大革命"期间停止工作。

1974 年 3 月 15 日，中国科学院批准研制 2.16 米望远镜，其中有光学、机械、自动化等力量和上海、南京等合作，成立了南京天文仪器厂。望远镜做成后，我工作在北京天文台兴隆站。

为了这台望远镜，开会数十次。参加工作近百人，工作量比较大。

研制工作全面展开。第一步是设计任务书。从任务书参加工程设计、保证落实加工等工作开始，到安装在兴隆站，多是一步紧一步严格进行的。协作加工方面八大件（极轴、赤纬轴、中间件、主钟框、赤经轴、蜗杆、平衡重等），机械部设法安排，只有上海机电一局作为任务下达。可以在上海市区内调，由上海重型机械厂、上海造纸机械厂、沪东造船厂、上海汽车厂、上海机床厂、上海钢铁研究所和上海轴承厂等多厂合作承担。1974 年 4 月，中国科学院天文处沈海璋、工厂处刘建基率领天文仪器厂领导和科技人员 16 人去上海落实八大件的加工。上海市委会、工教组、机电一局、造船局、轻工局等，我们到各单位说明要求协助。

1978 年在上海加工的部分全部圆满完成。1984 年 7 月，南京天仪厂进入机械总装。1987 年 10 月，望远镜光、机、电总装备联调成功。1988 年，北京天文台天文专业人员到天仪厂对望远镜的各方面性能、指标进行全面测试，同意验收。同年 10 月起运往北京天文台观测站。

1989 年年底基本完成在兴隆站圆顶观测室内安装调试工作，并首次参加国际联合观测，一举成功。

1996 年 12 月 16 日，中国科学院专家鉴定为：2.16 米光学望远镜是中国自行设计研制的，是国内口径最大的光学望远镜。它集中了光学、机械、电控自动化多种先进技术于一体，配备了现代的装备，成为中国天文学和天体物理学研究的最主要的观测设备，已经取得了丰硕的天体物理研究成果，这是一台 2 米级别的、达到国际先进水平的光学望远镜。

2.16 米光学天文望远镜获 1998 年国家科技进步奖一等奖。

主要完成单位：中国科学院南京天文仪器研究所、北京天文台、自动化研究所等。为表扬参与这项工作的老专家和有关领导，中国科学院向他们颁发了荣誉证书，获得者是：龚祖同、程茂兰、王大珩、雷天觉、戴耀、洪斯溢、沈海璋。

1999 年，洪斯溢和沈海璋发起出版《2.16 米天文望远镜工程文集》，主编苏定强，副主编潘君骅。2001 年 11 月出版。

三、参加太阳日食观测

1987 年 9 月 23 日，我国发生日环食，其全食带横贯我国新疆、甘肃、内蒙古、宁夏、山西、河南、山东、江苏、浙江、上海等省（市、自治区），总长 4000 多千米，由上海市进入东海，直至西太平洋地区。这是 20 世纪最后一次主食经过中国中部地区的日食天象。

1985 年 4 月，在南京召开的"太阳射电学术讨论会"，中国科学院紫金山天文台等 4 个天文台单位提倡组织观测。

1987 年的日环食进行全国性的多波段联合观测并指出这是一次可以在各个波段上同时取得高空间分辨率观测资料的极其难得的机会。这些建议得到了中国科学院数理学部、中国天文学会等部门的支持，在数理部天文处直接领导下，开始准备有关工作。

1986 年 12 月上旬，日环食观测会第一次会议在昆明举行，会上介绍了 1987 年 9 月 23 日有关报告对联合观测研究课题、联测方案、仪器准备和有关的协调工作，做了充分的讨论。会后，中国电波传播、空间物理等分别开会，引起专业学者的兴趣。地学部、气象单位多要参加日环食观测。紫金山天文台天文组安排了各台站的总体情况和计算，国家海洋局接收日食期的卫星云图、天气图，各天文台、站在日食期加强记录，光学望远镜中能现在观测射电、电离层的、全部准备投入观测。

中国气象学会理事长陶诗言先生对日食观测甚为重视,建议能见到日食能经过的地方都要做准备,并建议日食期间正在西太平洋考察的科学一号观测船参加日食观测（19°30′N 120°38′E）,观测船作了远程探测,并使用飞机做了高空观测。

国家科委有关领导听取郑州会议的汇报,对会议的安排满意,正式批准成立日环食联合观测协调组。协调成员为:

组长:沈海璋;副组长:徐志根、王德正;成员6人。

参加日食观测项目有:①射电多波段联合观测;②光学观测（光球、色球、磁场、日光学圈、太阳光学半径的精准测量等）;③电离层及日地物理（日食电离层及电波效应）;④射电气象（日食前后各四天的加强观测）。

正式报来参加的单位共有199个观测站。

北京时间9时21分（世界时间1时21分）环食始到13时02分（世界时间5时02分）环食终。食带宽度为144～185千米,食分最大约0.98。

河南安阳是一个理想的观测点,环食那天到安阳的人特别多,满街人山人海,布满高地。从北京来的学生有几千人。日环食联合观测协调组也临时设在安阳,河南省有关学院、站、研究所临时集中安阳。那天安阳成为了日食中心。

1988年1月4日～9日在北京由中国科委、中国科学院主持召开了经过一年多的总结、核对、研究、交流的"1987年日环食联合观测总结会",会上交流和展示了这次学科联合观测取得的成果。与会代表还推选了成果编辑委员会,收集论文81篇,全文557页。1987年9月23日中国日环食观测研究文集由科学出版社出版。

中国科学院院长周光召为文集做了《序言》:1987年9月23日日环食联合观测在国家科委和中国科学院组织下,在国家自然科学基金委员会和河南人民政府支持下,由中国科学院、水利电力部、机械电子工业部、国家教育委员会、国家气象局、国家海洋局及国家地震局等多部门的70多个单位,199个台、站、校,海洋科学船和飞机组成的观测组,经过周密准备,认真的观测,已经圆满地完成计划。这是我国日食观测史上一次规模大、成果多的观测。

这次日环食观测范围广,探测频率宽,使用新的观测手段多,对综合性的日地系统进行整体观测,为多学科联合观测也给予了特别注意。因而取得了丰富的资料,有些是首次取得的新资料。这些资料不仅在中国科学史上有价值,在国际上也具有较大的意义,所以十分珍贵。

四、加强天文学研究的报告

中国科学院于1973年6月21日~7月16日在北京召开了天文学座谈会。有关天文学、研究所、工厂、大学共34个单位，99名代表参加了会议。

在"文化大革命"快结束的时候，周总理指示中国科学院召开了三个会议，天文学是其中的一个，另两个会是高能物理和生物学。

中国科学院由郁文同志主持，各天文单位都有党委、天文学家、青年天文者、工人、教员等参加。先统一对天文学认识，天文学是一门重要的基础科学，天文学领域历来充满了唯物论和唯心论，辩证法和形而上学两个科学宇宙观的激烈斗争。经过"文化大革命"的斗争，大多天文工作者，都对天文学有了正确的认识，统一到天文学研究在揭示物质运动基本规律，发展自然科学理论，处于前沿地位。

目前，我国天文工作在太阳活动预报、标准时间发布、人造卫星轨道预报、天文科学等方面，直接为工农业生产，以及发展空间技术、战略武器、大地测量、无线电通信、航空、航海等服务。随着空间天文观测技术的发展，天文将会有更多的应用，进一步明确了天文学研究的意义。

新中国成立以来，在党和国家的关怀、重视下，我国天文事业发展很快，目前有5个天文台，4个观测站，1个天文仪器厂，3个天文系。天文的科技队伍从新中国成立初期的几十人已经发展到1500多人，在研制天文仪器、开展天文观测研究中为国民经济和国防建设服务做了不少工作。但从国家需要和国际先进水平来衡量，还有很大的差距。

会议除了天文方面的同志参加外，还请了理论物理、高能物理、力学、数学、地球物理、地球化学等方面的同志参加，对近代天文发展趋势，以及与有关学科的密切联系，作了多方面的介绍，活跃了思想，加深了讨论。大家决心树立无产阶级雄心壮志，自力更生，艰苦奋斗，努力攀登天文学研究的高峰，为人类做出较大的贡献。

整个天文会议在"文化大革命"后期是一次天文学的大联合。天文要干，要快干。代表们都坐不住了，讨论发展规划，八年计划（1973~1980年）。汇总起来，有6个方面：①进一步明确了天文学研究意义；②八年规划的主要任务；③八年规划的重点课题；④改善天文台站的布局；⑤八年内所需要的仪器、基建和经费；⑥加强天文科技队伍的建设。

数经改稿，最后写成了《关于加强天文学研究的报告》。报中国科学院党组、中央国务院审批，已经国务院领导的批示"原则同意"，并指示结合长期规划，同意考虑。

计委主任余秋里同志批示：其他学科都应有天文学科那样一个详细报告，可以结合长短规划，逐步统一安排（大意）。

这个"原则同意"为会后的发展提供了依据。

从会议准备开始到整个过程，我都全面参加了，这对我是一个深刻的教育，我跟天文学更亲切了。

五、吉林陨石雨

1976年3月8日02时37分（北京时间），在我国吉林市北部降落了一场世界罕见的陨石雨。

中国科学院电话通知中国科学院地球化学所、各天文台、国防科委、北京大学和北京天文馆等各单位。我和地学部的一位同志连夜到吉林现场。在离吉林市半小时车程的一个农村中间空地中，离住屋只有20多米，就看见一个大坑，约有10米大。坑边散落大面积陨石雨，大陨石在泥水中。当地有市科委人员在边上，有人要跳下坑去拿出陨石，我告诉市科委同志："陨石在坑里，再不能逃跑，在泥水中也不会消化，一定可以拿上来，但是千万不能'乱干'。估计陨石体积比较大，要用吊车。特别要小心拿出陨雨的完整性和保护周围环境，这是国家的宝贝，一定小心，要订个办法出来，有计划、有组织把陨石拿出来。"

外地单位也已经报到，3月9日中国科学院决定组织"吉林陨石雨联合考察组"，选出地球化学所欧阳自远先生（陨石学专家）任组长，组员有地球化学所、紫金山天文台、北京大学、地质研究所、国防科工委、力学所等技术研究人员。开了第一次吉林陨石雨会议，对陨石的来路、去脉等列出了许多的课题，分别列出了计划，落实到人。

会议中一个重点是陨石的化学分析，队伍比较分散，领导分配我管理，从研究单位到分配陨石的数量，是一个有争吵的任务：①说明国家需要从农民手头收回陨石，用于化学分拆；②"去伪"，要真正的陨石碎片；③合理地分配给各个参与单位；④用称量精确分配给各个单位。学习美国从月球拿回土分给单位的办法，直接交换和分析。

7月各单位分析陨石已有了成果，我们第二次开会，各单位将分析公开在黑板上，互助比较、分析，综合成文章。吉林陨石重1170千克，是当今世界上最大的石陨石。1979 年汇集各种成果出版了《吉林陨石雨论文集》。1986 年《吉林陨石综合研究》获中国科学院自然科学奖一等奖。1987 年该项研究获国家自然科学奖三等奖。

六、太 阳 研 究

　　太阳是一颗典型的恒星，与人类最亲密，太阳的光和热暖着地球，维持着人类生存以及地球上一切生命活动。太阳也是地球上除了原子能以外的其他能源的直接和间接创造者，四季变化、昼夜交替、风云和雪、植物生长……无一不是太阳作用的结果。

　　1972 年，太阳磁场望远镜启动，为了给这架具有世界先进水平的仪器寻找一个合适的观测站，在传统的天文台上白天的太阳观测与夜间的天文观测是共存的。但客观上是不能混在一起的。太阳观测要求晴日多、大气透明度高和白天视觉度好。

　　1973 年，选址有两种意见：（1）北京含有 5 个站（天津、沙河、兴隆、密云、中关村）不能再选址了；（2）太阳磁场是具有世界水平工作，选个好的观测站，是非常重要的事，不能含糊。美国大熊湖太阳天文站，是在水中间，有成功的先例。

　　选址要结合可用为首，如果现有 5 个站可观测，那可以选一站。如果没有合适观测，只好选新址。用互相比较的方法，选址的成果在天文刊物公布。先在密云水库，有水可用，但水差每年 16 米多，不适合作观测站。后去怀柔水库，在堤上远望，水库北面有一个水中小岛。我们租小船到小岛一看只有 10 平方米，怀柔水库是调节水库，水面变化不大。但是天文气象、晴天数、城市水、电、通讯、交通……情况多，需要调查。在《天文学报》公布与各站互相评比后，结果是怀柔水库中条件最好，"太阳光学台址的选择"项目，1988 年获中国科学院科技进步奖三等奖。

　　1980 年经北京市规划管理局批准。1984 年建成后成为怀柔水库一景。获得了北京市建筑设计奖一等奖，北京市建设工程鲁班奖。1998 年 5 月江泽民总书记参观怀柔站，题词"发展空间天文，探索太阳奥秘"。1997 年春节，温家宝同志来站慰问春节坚持工作的科技人员。中国科学院三任院长卢嘉锡、周光召、路甬祥及多位副院长来站指导工作。

　　1985 年怀柔站建成后，太阳磁场望远镜安装在站上，获得大批高质量的矢量磁场和速度场观测资料，使我国太阳磁场和速度场的研究工作跃上世界先进行列，引起国际同行的瞩目，吸引了大批国际有名的太阳物理学家。华裔科学家也都来合作交流。现在太阳射电是集中在此。美国太阳科学家成中杰多次来台开会、交流，去世后其夫人贺敏华女士设立了"纪念成中杰奖"，以奖励在中国太阳物理和月地物理领域做出突出贡献的青年科学家。1996~2000年先后有15人获此荣誉。

我参与太阳工作以来，共参加4次太阳峰年。太阳峰年9年开始进入，每次峰年大小高峰峰值不相同，这是研究太阳的好机会。从中科院接受太阳峰年，预报方法不断发展与完善，从经验预报到数值预报，逐步迈出国门走向世界，多次得奖。参加的太阳峰年有：19周峰年（1954.4~1958.3~1964.10），后期总结参加；20周峰年（1964.10~1968.11~1976.6）；21周峰年（1976.6~1979.12~1986.9）；22周峰年（1986.9~1989.6~1996.5）；23周峰年（1986.5~2000.4~），开始时参加。

参加太阳日食观测共有5次：

1968年9月22日在新疆边境，分空中，北疆边上，南疆带，共300人。

1980年2月16日春节在云南瑞丽，共300人，21周太阳峰年。

1983年6月11日全日食，出国观察，巴布亚新几内亚，共14人。在我国驻巴布新几内亚使馆和当地爱国华侨张志明等积极支持和帮助下，圆满地完成观测任务。1984年年底中科院向天仪厂下达了研制日食光谱仪任务，由于仪器性能精良，又拍到了有色光谱，观测渠道极大成功。在358.9~660.8纳米区范围内证认出7047条色球谱线，其中3324条在国外同类工作未见发表过。在食测期间，我们用光刻狭缝还拍摄到10多条日冕谱线。

1987年9月23日起自苏联的巴尔喀湖西面，在我国新疆入境，经甘肃、内蒙古、宁夏、陕西、山西、河南、山东、安徽、江苏、上海入东海。全国各地都处在偏食带中。在国家科委、中科院和河南省政府统一安排下，全国70多个单位，布设199个台、站参与。

1997年3月9日，日全食起自我国（新疆阿尔泰地区）和哈萨克斯坦边境，经蒙古国，我国黑龙江省漠河县，俄罗斯东部，止于北冰洋，是20世纪我国境内可见的最后一次日全食。在漠河地区食延时间2分46秒，太阳高度约21.5度，全食带宽度约370千米。本次日食期间，海尔-波普彗星也会同时出现。日全食发生在上午9时，此时气温低至零下30℃。专业观测分两地：（1）射电观测，设在漠河三中大操观测；（2）日食光谱观测，地质观测设在地球所漠河地磁台（黑龙江）。我国天文界有7位人大代表，正在北京参加全国人民代表大会，经请假特批，专程到漠河参加本次观测活动。还有中国科学院王大珩、何泽慧、艾国祥、方成等院士也参加本次观测活动。中国科协和中国天文学会组织了600余人来到漠河观测此次天文奇观。中央广播电视台到现场拍摄。同时在漠河召开"太阳与人类环境国际学术讨论会"，本次日全食的观测成果汇编成《日全食与近地环境（1997年3月9日）日全食观测文集》，"太阳与人类环境"也出版了本题文集。

撰写者

沈海璋

易照华

易照华（1931～），四川乐山人。天文学家。中国现代天体力学和历书天文学创始人之一。长期从事天体力学的教学和研究工作，在相关领域做出了开创性工作。

一、生平和事迹

易照华为四川省乐山市人，1931年出生于乐山市五通桥区金粟镇姜市街。祖父是文盲，青年时努力经营手工业（酿酒）和商业，使家境从贫穷上升到小康；晚年担任镇长。工作中体会到文化的重要，坚决要子女们读书。父亲易朝选为长子，1930年毕业于四川师范大学（不久改为四川大学）化学系。后长期在四川各地教中学，主要教化学、物理；但他知识广泛，对中国古典文学、历史的修养很深，对地理、生物、哲学、天文也有兴趣，有时还客串相关课程。他的形象对易照华后来的发展有重要影响。另外，三叔易朝煜是成都著名的中学数学教师，促使易照华决心报考大学数学系。祖父在1931年底去世，经济来源主要靠父亲和三叔的工薪。抗战前保持小康生活，1937年后，因物价飞涨，逐步降为贫困。1940年母亲去世后，由祖母照看。

1. 天文兴趣

易照华自幼喜欢天文，启蒙人就是父亲。老家金粟镇处于丘陵地带，在岷江东岸；江边空间开阔，读小学开始，喜欢黄昏时到江边玩。父亲在家时，常问他"天上有什么东西，是否有神仙？"父亲就教他认星。到小学毕业时，能认出大熊、小熊、天蝎、仙后等几个星座；牛郎、织女、北极星等几颗亮星。

1942年初到离家15公里的五通桥读初中，1945年初到父亲工作的成都考高中。在父亲和三叔的坚持下，考上当时最著名的四川省立成都石室中学。中学阶段除父亲把所知的天文知识全部教他外，没有继续深入，但所学数学、物理、外语、中国文学等课程，为后来学天文打好基础。

真正对天文感兴趣是在进入大学以后。1948 年夏考入当时成都理学院数学系；1949 年暑假开始的一个黄昏，易照华同其他 7 位同学坐在草坪上聊天。一位同学望着天空感慨地说："天空如此神秘浩瀚，我们却不能欣赏，真是遗憾！"大家异口同声地说："我们自己学天文。"当场决定两件事：一是大家分别找天文书刊阅读，相互交流；二是请留学法国的教务长教大家法语。易照华对两件事都很积极。到暑假结束时，法语能阅读数学书刊；天文方面阅读了几本通俗书，如张钰哲的《天文学论丛》等。帮助最大的是陶宏（著名教育家陶行知之子）的《每月之星》，根据它来认星。到暑假结束时，易照华已能认识成都地区能看到的全部星座、亮于 5 等的全部恒星、肉眼能看见的星云和星团，并开始自绘星图。真正巩固了对天文的兴趣。

1950 年初，教育部决定成都理学院合并入四川大学。半年后，打听到解放军有几辆空汽车回陕西；在一些同学和三叔的鼓励下，易照华决心到北京去读北大或清华。到北京后了解到北大、清华都招收转学生，决定报考北大；考上后 9 月入学。10 月看到"北大天文普及组"学术活动的布告，毫不犹豫去参加。得知此组织是北京市科学馆在北大办的，除自己学习天文外，主要是协助科学馆在中学生和居民中普及天文知识，破除迷信。易照华积极参加各种活动，并在 1951 年初被选为此组织的组长。9 月因被选为北大数学系学生会主席，不得已辞去天文普及组组长职务，但仍积极参加活动。一年内在中学和居民中做科普报告 20 多次，还写了几篇科普文章在报刊上刊登。

2. 天文入门

1952 年 6 月，正在毕业前夕；临时调易照华到干部高考补习班教数学。9 月初公布毕业分配名单中，易照华是唯一留校做研究生。他打算研究应用数学，如有可能就转向天文。正巧当年全国高校院系调整，清华、燕京大学的数学系并入北大，建立新北大的数学力学系。著名天文学家戴文赛就来到北大，得知易照华情况后，表示愿意收为研究生。这样，易照华就成为我国国内第一个天文学研究生，并参加北京市天文学会。

当时的政策是全面学习苏联，开学先突击俄语（40 天）；然后组织翻译苏联教材，按苏联高校教学计划设置课程。因此数学、气象、地理专业一年级都有一学期天文课，每周 4 学时。易照华的第一项任务就是协助戴先生开出三个专业的普通天文学课。克服了缺乏教材、仪器等困难，边教边学；既完成教学任务，又系统学习了天文基础内容。1953 年秋入学新生也有天文课，教材和仪器都有了；但接到上级通知，要戴先生参加赴朝鲜慰问团，三个班课程全部落到易照华一人身上。他实在忙不过来，请人事处调来杨海寿（清华物理系毕业，曾任"大众天文社"社长）协助。但是，因教学和学习研究生课程等负担太重，于年底病倒；体检发现严重肺结核（浸润型溶解期），搬入隔离宿舍。幸好戴先生回来，接过教学。

戴文赛是著名天体物理学家，当然希望易照华选择天体物理方面的研究课题。但易照华有顾虑，因为是数学系毕业，物理基础较弱，担心短期内难完成论文；考虑搞天体力学。在周培源（当时教务长兼力学专业主任）的支持下确定下来。戴先生还介绍他去请教王竹溪先生；王先生建议先读天体力学的主要经典著作，共三卷 10 册。易照华从清华和数学研究所借来后，全部是法语，共 4000 多页。虽然语言上没有困难，而全部读完至少要 2 年时间。于是选择基础部分 3 册作为重点阅读，其余则浏览或查阅。同时还与杨海寿合作翻译俄语《球面天文学教程》，又翻译《苏联 30 年来的天体力学》投《天文学报》，借此了解天体力学的现代研究方向。

1953 年春，在戴先生介绍下，第一次见到来北京出差的紫金山天文台台长张钰哲先生。当时科学院的全部天文机构，都属于紫金山天文台。张台长对易照华很感兴趣，表示可以随时到南京去找他，也欢迎去天文台做毕业论文。1954 年春，易照华参加了戴先生在北大组织的"恒星天文学"讨论班，席泽宗（当时为科学出版社助理编辑）也来参加。

由于按苏联教学计划，学生负担太重。从 1954 年秋开始，数学、气象、地理专业取消天文课。又经教育部同意，借调戴先生到南京大学天文系；要易照华健康允许时到南京。1955 年春，戴先生来信讲，紫金山天文台学术讨论会将于 3 月中在南京召开。于是易照华就在 3 月 13 日到了南京。同张台长和上海天文台负责人李珩先生商议后，决定 7 月去上海佘山观象台做毕业论文。

3 月 18 日开始的紫金山天文台学术讨论会上，易照华见到全国天文界的业务人员和各单位领导。主要是：研究员和教授有张钰哲、李珩、龚树模、戴文赛、陈遵妫、赵却民、邹仪新、李鉴澄、方俊、孙克定等。王绶琯还是副研究员，陈彪、叶叔华、苗永瑞、罗定江等是助理研究员。学术报告重点是与应用有关的时间、历书、星表、测绘、太阳活动等。7 月初同南京大学天文系毕业班学生一起到上海进行实习；内容有恒星自行归算、小行星照相定位观测、太阳单色光观测等，并参观测时、守时、播时、时号改正数归算全过程。7 月底在佘山开始毕业论文；李珩无保留地交给易照华全部资料，主要是法国专家留下未完成的 3 颗小行星摄动和轨道改进计算手稿，以及相应的公式推导和参考文献目录。易照华在 3 个月内看完文献和计算资料，弄清了理论基础和计算方法；并对一些细节修正后，完成留下的 3 颗小行星的计算，精度符合国际小行星中心的要求。

在年底召开的紫金山天文台学术讨论会上报告了工作情况，得到老专家们的肯定和鼓励。后同刘振锐（1953 年中山大学天文系毕业）一起，收集了 16 颗伏罗拉（Flora）群的小行星在世界各个天文台的观测资料，用此方法计算出它们的摄动和轨道改进，以及寻星星历表。5 月初完成毕业论文，题目为《伏罗拉群小行星的摄动计算和轨道改进》，1956 年 6 月 9 日，在南京大学天文系通过了易照华的研究生毕业论文答辩。答辩委员会主席张台长还表示，将与北大联系，希望分配易照华到紫金山天文台。

由于佘山台的天文书刊在全国是最齐全的，易照华回佘山等待分配期间，对天体力学的文献进行全面调研。用卡片写出 500 多篇论文摘要，按主要研究领域：摄动理论、多体问题、天体形状理论、月球和大行星运动、太阳系小天体运动等，进行分类整理。调研摄动理论中，看到改进摄动函数展开式收敛性是关键问题之一。深入研究后，写出一篇论文。

3. 天文工作

1956 年 9 月初接到分配通知，是到南京大学新建立的数学天文系任教师。不久，紫金山天文台派人来南京大学联系；希望易照华去做兼职研究人员。南京大学同意后，从 12 月中开始，易照华每周到紫金山去两天，首先承担的任务是做天文年历独立编算研究。到 1957 年秋，易照华完成了三项工作：一是编写出我国第一本《天体力学》课程讲义，并开始讲授此课；二是写出了改进摄动函数展开式收敛性的第二篇论文，并在中国天文学会第一届代表大会暨紫金山天文台学术委员会成立会上，易照华的报告《摄动函数展开式收敛性的改进》，得到与会的学术委员们的普遍赞扬，被评为优秀论文之一；三是完成了中国天文年历独立编算的研究阶段，只要领导下令，可立即进行编算。10 月，苏联人造卫星上天，易照华同紫金山天文台和南京大学天文专业同事们一起，投入人造卫星观测、轨道计算、位置预报工作。

1958 年春，任命易照华为数学天文系系主任助理（戴先生为副系主任，系主任为数学教授），分管天文专业日常工作。时值"大跃进"开始，一切工作都加快进行，打乱了教学科研工作的正常秩序。要执行当时的教育方针："教育为无产阶级政治服务，教育与生产劳动相结合。"生产劳动列为必修课，办起"天文仪器厂"，作为劳动基地。先后研制了口径 3 米、波长 3 厘米射电望远镜、口径 3 寸反光望远镜（一度作为商品）、马克苏托夫望远镜、天文台自动化设备、日冕仪、太阳塔等，主要骨干是当时还是学生的苏定强、方成、胡宁生、王京生等；理论研究也大跃进，易照华直接参加的有"人造卫星轨道研究和应用"、"击中月球火箭的轨道设计"、"太阳系起源中的'俘获理论'"、"飞向火星的最短时间火箭轨道设计"等；到1962年秋为止，易照华先后开出了《摄动理论》、《球面天文学》、《宇宙概况》、《星际航行轨道》、《数理方法》等课程。所直接参加的研究工作，先后写出了6篇论文发表。另外，天文专业还先后接受了北京师范大学天文系、北京大学地球物理系、北京天文台等单位派来的30多位教师或技术人员来此进修。

在1962年夏天召开的中国天文学会第二届代表大会上，易照华被选为理事、《天文学报》编委；不久又接到中国科学院聘书，担任紫金山天文台学术委员。9月，南京大学重新设立天文系，戴文赛为系主任，易照华仍为系主任助理，并负责新成立的天体力学教研室。1963年春，科学院在南京召开"空间探测学术研讨会"，华罗庚主任代表数理学部参加；他赞扬了易照华在会上的报告《人造地球卫星的轨道研究和应用》。接着在视察南京大学时对校领导夸奖了易照华的学术水平。不久，匡亚明校长上任，重视师资培养和学术水平提高。1964年提出培养"重点骨干教师"计划，全校挑选了20几个中年人作为重点骨干教师，易照华是其中之一。系里解除了他的系主任助理职务，他自己也订立了个人和教研室的教学和科研5年规划，准备1965年开始大干。可惜，学校通知，全体教师和毕业班学生，下乡参加"四清"；1966年春回校后，接着开始"文化大革命"，规划无法实行。

"文化大革命"期间业务停顿。1972年恢复招生，易照华组织教研室同事一起对近年天体力学文献全面调研，并同数学系几位教师搞讨论班。明确其中最活跃的三个领域：天体力学定性理论、人造卫星动力学、天体力学数值方法，安排水平较高的孙义燧、刘林、黄天衣分工深入研究。他自己负责探索天体力学老问题和新发展领域。1974年11月，易照华被借调到当时国务院科教组，参加科学大会典型材料调研工作。调研组负责人是科学院二局副局长，钱三强先生为顾问。由于"四人帮"干扰，调研组无功而散。

1977年夏，易照华先参加全国规划会议筹备工作，接着参加规划大会。1978年召开的中国天文学会第三届代表大会上，继续当选为理事；并担任新成立的天体力学专业委员会第一届主任。9月提升为副教授。11月参加《中国大百科全书·天文学卷》编辑会，并选为编委兼天体力学分册主编；并参加1979年春在苏州召开的第一次审稿会。还接受上海科技出版社修订赵进义《天体力学》手稿。

4. 国际交流

早在1960年，因国际天文学联合会（IAU）接纳台湾，中国天文学会宣布退出。1978 年，IAU 派秘书长来华访问，同中国天文学会讨论恢复中国席位问题；事后中国决定参加 1979 年在加拿大召开的 17 届大会，并谈判中国席位。易照华是中国天文学会代表团成员（张钰哲台长为团长，其他成员有赵先孜、叶叔华、洪斯溢）。经与 IAU 主席、秘书长以及台湾天文学会理事长沈君山多次会谈，海外学者林家翘、江涛、袁旗等协助联络。最后 IAU 同意我们方案：中国天文学会代表中国；台湾天文学会以中国台北天文学会名义参加。会议期间，易照华在天体力学专业委员会报告了中国近年内的研究情况、结识了大批国外同行、了解到国际最新研究成果。会后参观了加拿大科学研究中心、太阳观测站、口径 45 米的大型射电望远镜。

1980 年，易照华被选为代表，参加 6 月召开的第二届中国科协代表大会。1981 年春，易照华提升为教授，同时接到美国在得克萨斯州大学 Jefferys 邀请，共同向美国科学基金会申请一个研究项目："太阳系的稳定性研究"，7 月作为访问学者到达在奥斯丁市的得克萨斯州大学天文系。他们有当时先进的大型电子计算机，易照华在美国期间，学会了程序设计；与 Jefferys 合作完成了两篇论文；参加了 1982 年 1 月的美国天文学会年会和动力天文学分会；参加 McDonald 天文台的小行星照相观测，并在那里第一次看到黄昏时的美丽黄道光。还学习了天体力学定性理论的一些新方法。

1982 年回国后得知，前不久召开的第四届中国天文学会代表大会上，易照华继续当选为理事和天体力学专业委员会主任。1983 年春，在报纸上公布，易照华被任命为第一届国务院学位委员会天文学科组评议员；并在 9 月召开的第一届第二次评议会上，通过易照华为博士生导师及南京大学天文系天体测量和天体力学博士点负责人。1984 年，根据学科发展需要，易照华和几位同事一起学习爱因斯坦的广义相对论，希望建立"相对论天体力学"；但不久得知，苏联 Brumberg 已在 1982 年正式提出，还出版了一本以此为书名的俄文书。

1985 年 7 月，易照华参加在印度新德里召开的 IAU 第 19 届大会，以及天体力学专业委员会召开的学术讨论会。在会上他代表中国同行介绍了国内改革开放以来的研究成果和国际交流情况，并做了两次学术报告。在专业委员会上被选为组织委员，会见了对我国友好的同行，特别是与建立"相对论天体力学"、"相对论天文参考系"有贡献的两位专家：苏联的 Brumberg 和日本的福岛纪登夫；后来他们都受邀访问南京大学。

1985 年 1 月，易照华到北京师范大学天文系讲学，并受聘为兼职教授。接着到青岛海洋学院讲学，同该院物理海洋系和科学院海洋研究所的专家，共同讨论了影响潮汐的作用力问题。得出结论，否定了有人提出要考虑地心相对地月质心运动离心力的看法。1986年，第二届国务院学位委员会成立，易照华继续担任天文学科评议组成员。以后几年，他除正常教学外，还带领研究生从事"相对论天体力学"和"相对论天文参考系"等领域的研究工作。1996年又受聘为紫金山天文台兼职研究员。2001年9月，易照华正式退休（70岁）。

在北大生肺结核养病期间，认识了植物生理专业的学生金以丰；她在1956年秋考入上海植物生理研究所的副博士研究生。他们于1957年夏天结婚，生活幸福美满，家有二子三孙。长子易敏任江苏省交通厅高级工程师；次子易斌在美国担任一家医疗保险公司的高级分析师。

5. 发挥余热

退休后，易照华继续担任紫金山天文台兼职研究员；主要协助以前的学生们指导研究生、学术成果评审、学位论文答辩等。在身体条件允许下，也合作做一些课题研究。

几年来，从事的研究领域主要同航天有关，有人造卫星初轨计算方法、人造卫星摄动计算和轨道改进方案、用海船上测量资料确定人造卫星轨道方法、深空探测航天器的轨道设计等。

二、学术工作概况和成果

易照华自幼喜欢天文，未正式学习天文课程前，就业余从事天文普及工作，他的一生可算是天文人生。在教学中，写出并出版我国第一本中文《天体力学》教材；首先开出天体力学方面的其他主要课程。在科学研究中，他是国内天体力学主要研究领域的开拓者。

1. 教学工作

易照华从1952年做研究生开始，就担任天文学的教学工作。50多年间，听过他讲课的学生有3000多人；全国各天文单位都有不少，有的还是领导，可算桃李满天下。讲授过的课程有："普通天文学"、"球面天文学"、"天体力学"、"摄动理论"、"宇宙概况"、"星际航行轨道"、"数理方法"、"LCN的理论和应用"、"广义相对论"等10余门；编写过10门教材，其中有5部出版。

2. 小行星运动

易照华第一次在佘山做研究的课题是小行星运动。佘山台积累了一批小行星位置的照相观测资料。法国人 Villemarque 于 20 世纪 40 年代，用 Hansen-Bohlin 方法基本建立了两群小行星摄动计算和轨道改进方案，还对 3 颗小行星进行了具体计算。1949 年离开中国时，手稿留下来。易照华整理、完善了系统方案，并同刘振锐一起，收集了伏罗拉（Flora）群的 16 颗小行星在世界各天文台的观测资料，用此方案计算出摄动和轨道改进。按国际小行星中心（当时在苏联理论天文研究所）要求整理，得到他们肯定。方法原理、理论公式、计算方案、结果讨论和全部需要发表的计算资料，组成《佘山天文台年刊》第 24 卷，于 1957 年初出版。易照华 1956 年秋离开佘山后，刘振锐带领两个年轻人继续算了几十颗 Flora 和 Hungary 群小行星的摄动和轨道改进，全部内容组成《佘山天文台年刊》第 25 卷，于 1958 年出版。

3. 摄动理论

易照华在佘山等待分配期间，全面调研天体力学文献。在摄动理论领域中，看到摄动函数展开式收敛性的改进是关键问题之一。查看近期文献中，找到苏联 Subbotin 论文提出的观点：用复变函数中保角变换，使展开区域远离奇点，从而改进收敛性。易照华用此观点具体到限制性三体问题，写出此领域的第一篇论文投《天文学报》。到南京大学后，继续工作，写出第二篇。在 1957 年召开的中国天文学会第一届代表大会暨紫金山天文台学术委员会成立会上，易照华所做报告《摄动函数展开式收敛性的改进》被评为优秀论文之一。由于 Subbotin 是苏联理论天文研究所所长，易照华的这两篇论文发表后，该研究所很重视；将此两篇翻译成俄语，作为科学著作于 1959 年出版。1958 年指导大学生写出此内容的第三篇论文。

易照华在南京大学开出"摄动理论"课后，想利用三角函数的最新研究成果继续改进，为此请教了国内三角函数理论方面的专家（如北京大学的程明德等），但没有成功。

4. 历书天文学

1956 年 12 月，经紫金山天文台邀请，易照华到那里兼职（每周 2 天）。第一项任务是"天文年历独立编算研究"。此前中国出版的《天文年历》以翻译为主，仅少量内容（如天象等）计算。易照华分析了情况，年历中占大多数篇幅的恒星位置部分，完全可以独立计算；主要困难是月球、太阳和大行星位置计算，其中最难是月球。正好在 1941 年，因在我国观测日全食的需要，张钰哲台长试算过月球位置，虽然后来同美国年历数据比较，偏差略大，黄经差 1 角秒（当时理想偏差是 0.1 角秒）。易照华决定从月球着手，1 个月后完成；发现张台长过去的计算没错，只是最后黄经章动改正时少加1角秒。汇报时，张台长非常高兴。到1957年秋，年历独立编算研究阶段全部完成。但因电子计算机出现，后来由更年轻的人用电脑完成编算，1966年起正式出版独立编算的《中国天文年历》。

5. 人造卫星动力学

人造卫星上天后，易照华同南京大学和紫金山天文台的同事们一起，从事人造卫星观测、轨道研究、位置预报等工作。1957~1960年为第一阶段，以寻星为主，探索一些简略定轨和预报方法。以后就深入全面研究动力学问题。易照华负责综合调研，进展性论文《人造地球卫星的轨道研究和应用》在1963年《天文学报》上发表后，受到国外同行重视；我国的《参考消息》也报道了国外反映。同年科学院召开的"空间探测学术研讨会"上，易照华所做这个内容报告，也受到好评。后来这个领域由更年轻的人负责。

6. 月球和大行星的探测轨道设计

1962年起，易照华带领学生从事月球和火星的探测轨道设计研究。主要讨论了击中月球的火箭轨道设计，并计算了实例；还研究了月面击中点的分布问题。探测火星的轨道设计中，主要讨论了最短飞行时间的轨道方案设计。这些研究结果写出了4篇论文发表。在对月球和大行星探测轨道全面调研的基础上，编写了《星际航行轨道》教材，作为高年级的选修课。

7. 多体问题

多体问题是天体力学重要经典课题之一，也是著名的难题。易照华一生都在进行钻研，但成果不多。研究得最多的是"限制性三体问题"和"一般三体问题"。初期只是在限制性三体问题模型下讨论摄动理论；1961年后主要研究它在一些特殊条件下，是否能成为可积系统。由于急于求成，在1962年的一次报告中，还出现低级错误。

"文化大革命"后期回校后，易照华在调研中认为，三体问题不存在新积分的证明，都不够充分；试图寻找这些证明中的错误，最好能找到新积分。几年努力，无功而退。

1981年赴美合作研究中，结合"太阳系稳定性"课题，用LCN（Lyapunov Characteristic Number）研究限制性三体问题的稳定区，得到初步结果，并研究了LCN的计算方法。写出了两篇论文。

退休后，2006 年起，与紫金山天文台同事合作研究引力波探测器 LISA 轨道设计中，提出了"共轨限制性三体问题"模型；得到有用的特解，能用到该航天器的轨道设计中。此内容先后在国内外发表了三篇论文。

8. 科学史

1982 年起，易照华接受中国科学院邀请，参加《世界著名科学家传记大辞典》编写工作，并担任天文学分册编委。撰写了在数学和天文学都有重大贡献的 5 位科学家的传记，他们是：Laplace, Lagrange, D'Alembert, Hamilton, Newcomb，先后在 1990 年、1992 年出版。

9. 相对论天体力学和相对论天文参考系

随着天体位置、速度、距离、形状等的观测精度不断提高，牛顿的力学和参考系理论已难于解释；1984 年，易照华同其他几位教师一起，学习广义相对论。试图建立"相对论天体力学"和"相对论天体测量学"，提高天体运动和观测资料处理的理论精度。这个领域的开展，比国外同行仅晚 3 年左右。

易照华先打算按天体力学框架，首先建立"相对论二体问题"，求出基本解；再用摄动方法不断精确化。可是在建立严格的相对论二体问题运动方程上，就碰钉子。请教了国内外的相对论专家，也不能解决。后来只好他自己或协助弟子们带研究生，在后牛顿框架内做这个领域的应用课题研究。写出了一批论文。这个研究领域内没有得出较大进展，是易照华的遗憾之一，表示今后还要努力。

上述领域研究中，易照华本人的成果不算大，主要起带头开拓作用。另外还研究过其他一些课题，虽然没有发表论文，但充实了教学内容，如：《太阳系起源中的"俘获理论"》、《星际航行导航理论》、《轨道过渡》、《脉冲双星的质量界限》、《时间序列和空间序列》、《天文观测和引力理论》、《辛算法在天文学中的应用》等。

易照华的学术工作还包括在一些重要类书中撰稿。除《世界著名科学家传记大辞典》外，还在《中国大百科全书·天文学卷》担任编委兼天体力学分册主编，自己撰写了其中 20 多个条目；在《数学辞海》应用数学卷中担任副主编兼天文学分册主审，自己撰写 30 多条目。在《自然科学简明手册》中，易照华撰写了天文学篇全部。

易照华在国内外出版物中发表的学术论文和报告约 50 篇，属 SCI 的有 8 篇；国内出版的著作有 8 册。

三、易照华主要论著

勃拉日哥. 1954. 球面天文学教程. 易照华, 杨海寿译. 北京: 高教育出版社.

易照华. 1957. 摄动函数展开式的收敛性的改进（Ⅰ, Ⅱ）. 天文学报, 1: 63-80; 2: 101-111.

易照华, 黄天衣. 1961. 关于向火星发射宇宙火箭的最短时间轨道问题. 天文学报, 1: 40-43.

易照华. 1962. 天体力学教程. 上海: 上海科学技术出版社.

易照华, 童傅, 孙义燧, 等. 1962. 星际航行中的天体力学问题. 天文学报, 1: 86-98.

易照华, 赵德滋. 1963. 一种月球火箭的轨道选择方法. 南京大学学报, 7: 12.

易照华. 1963. 人造卫星运动和有关问题. 南京大学学报, 7: 44.

易照华, 赵德滋. 1964. 击中月球的火箭轨道设计. 南京大学学报, 8: 367.

易照华. 1975. 天体力学引论. 北京: 科学出版社.

Yi Z H. 1979. Celestial mechanics on China. Proc XVII IAU General Assembly, 96.

易照华. 1980. 地球相对太阳系的质心运动. 国际天体测量学会议文集, 73.

易照华, 孙义燧. 1981. 摄动理论. 北京: 科学出版社.

Jefferys W H, Yi Z H. 1983. Stability in the restricted problem of three bodies with Lyapounov Characteristic Numbers. Contemporary Mathmatics, 30: 85.

易照华. 1983. 天体力学的展望. 天文学进展, 1: 68.

易照华, 朱威廉. 1983. 关于平面圆型限制性三体问题的 LCN 的计算. 天文学报, 1: 60-69.

Yi Z H. 1985. Application of the theory of one complex variable to celestial mechanics. Contemporary Mathmatics, 48: 243.

Yi Z H. 1985. On the qualitative study of n-body problem. Proc XIX IAU General Assembly, 110.

易照华. 1989. 人造卫星运动中的相对论效应. 人造卫星的观测与研究, 2.

易照华. 1993. 地球轨道长期变化同古气候变迁的关系. 气象学研究论文集: 1-10.

易照华. 1993. 天体力学基础. 南京: 南京大学出版社.

易照华, 黄珹, 李林森. 1994. 相对论天体力学. 天文学进展, 12: 1-10.

赫德曼. 2000. 天外智慧. 易照华译. 南京: 江苏人民出版社.

Yi Z H, Li G Y, Heinzel G, et al. 2008. Coorbital restricted problem and its application in the design of orbits of the LISA spacecraft. Inter J Mod Phys, 17: 1005.

Yi Z H, Li G Y, Heinzel G, et al. 2010. The Coorbital restricted three-body preblem and its application. Science China G, 53 (1): 171.

撰写者

易照华

陆 埮

陆埮（1932～），江苏常熟人。天体物理学家、教育家。1957年毕业于北京大学物理系，曾先后在中国科学院原子能研究所、哈尔滨军事工程学院、长春防化学院和南京电讯仪器厂工作。1978年，随着知识分子政策的落实，他便归队到南京大学天文系任教。2003年7月调去中国科学院紫金山天文台，当年11月当选为中国科学院院士。2006年紫金山天文台与南京大学共建粒子、核、宇宙学联合研究中心，陆埮任主任。他的科研分两个阶段，1978年以前，他与罗辽复、杨国琛通过3000多封邮政信件进行了近20年主要在粒子物理和理论物理领域的业余科研合作；其后至今，他的科研成为国家基金资助下的项目，结合培养研究生进行，研究方向转到了天体物理领域，包括致密星物理、γ射线暴和宇宙学等。至今，他已在国内外科技学术刊物上发表了约300篇论文与著作，已获得国家自然科学奖二等和三等奖各1次，国家科技进步奖二等奖1次，何梁何利基金科技进步奖天文学奖1次，国家教委、教育部科技奖一等奖2次，以及中国天文学会张钰哲奖一次。他言传身教、教书育人数十年，成才率、优才率很高。

一、求学历程

陆埮，1932年2月23日生于江苏省常熟县（今常熟市）。那时正是在九一八事变（1931年）和七七卢沟桥事变（1937年）之间。他的童年就是生活在日本侵略中国和中国奋起全面抗日的年代，经历了逃难、生病和颠沛流离。期间，他和妹妹就是请人挑着担子随祖母、父母、叔叔、婶婶以及他们一辈的弟妹们，一大家子一起奔码头，再换乘轮船逃难到上海。当时，经济十分困难，住房非常简陋。他和父母以及他的弟弟、妹妹5人就住在一间约9平方米的阁楼小间里。房间里放了3张单人行军床就已经再没有空地方了。他们住的楼下是一家蛋行，他们经常在那里买便宜的破鸡蛋做菜吃。在这个很差的环境中，一次几乎全家感染上了严重的传染病"猩红热"，几乎全家都进了上海的一家传染病隔离医院。所幸终于平安渡过了这个难关。

陆垾的父亲陆增祥在读到高中三年级时，因体育课不慎从单双杠上摔下来，摔伤了肺，身体一直不好。后来又患了肺结核。虽他一心想上大学，却终因身体欠佳，未能如愿。因此，他非常强烈地希望他的儿子能上大学，陆垾也就一心想着上大学，几乎没有想过别的什么。不过，虽然陆增祥只读到高中，却还是在大学里工作，先后在苏州东吴大学、江苏医学院、南京医学院教务处、图书馆任职员。母亲谭娟操劳家务。二叔陆增祜长期在东吴大学附中及其他中学教英语。三叔陆增礽一直在东吴大学物理系及附中任教。在这样的环境中，陆垾形成了对物理科学和教学事业的兴趣。

陆垾从小身体瘦弱，加之国家受日本侵略，生活颇不安定。小学期间，上学很不正常。时而上学，时而休学，而且连奔带跳，断断续续读了上海普育小学、常熟义庄弄小学、大田岸小学和米业小学等四所学校。在抗日战争逃难在上海期间，他首次上学就是在普育小学上二年级下学期，却只读了两个月又因病休学。接着在义庄弄小学读三年级上学期，也只读了两个月。在大田岸小学读的是春季班的三年级下学期和四年级上学期。后来又跳去了四年级下学期未读而直接升入米业小学读五、六年级。期间，一天下午，当他走在大街上，听到中国抗日战争胜利的消息，兴奋得直奔家里把一本日文课本撕得粉碎。整个小学读书，跳跳、读读、停停，却锻炼了自学能力，他的功课一直很好。米业小学毕业时，他是全年级第一名，获得了摆满一桌子的奖品。这些奖品其实都是各位老师送的各色文房四宝之类，但有一件奖品特殊，那是一个专门刻上字的银盾。

小学毕业以后，1946 年他考入常熟县立初级中学。这是一所很好的中学。由于在小学里养成的自学习惯，他总爱看点课外书。在他初中二年级的时候，作为练习他曾写过一篇讲故事性质的小文章，投寄给《小朋友》之类的杂志，拿到了约金圆券 3 元的稿费，约值 2 斗大米。那时流通的"法币"刚刚以 3 百万元兑换成"金圆券" 1 元，可不到一年金圆券的面额就上升到了百万元以上，可见通货膨胀的严重程度。虽然抗日战争已经胜利，但物价依然飞涨，生活极不安定。

初中的课程对他印象最深的是钱孟豪先生讲的"平面几何"。那里，所有命题竟可以在很少几条十分明显的公理基础上，只用圆规与直尺，通过严格的逻辑推理，就能条条给以证明！在整个证明过程中，没有废话，言必有据，第一次显示出严格逻辑推理的强大威力和重要意义。从此他对数学，并进而对科学，产生了强烈的兴趣。

初中时，每个星期一早晨都有一节课的周会，校长陈旭轮先生总要向全校学生做一次讲演。他经常讲到一首诗和一副对联。对联说的是："岂能尽如人意，但求无愧我心",教导我们,做事不必多去考虑人家怎么想,但自己要对得起良心。诗是一首七言绝句:"男儿立志出乡关,事不成名誓不还,埋骨何须桑梓地,人生到处是青山",鼓励学生要志在四方。陆埮初中毕业的时候,正是常熟得到解放。此时,他父亲正在苏州东吴大学教务处任职,他便考到东吴大学附中读高中。苏州便是他出乡关的第一站。

东吴大学原是一所教会学校。学校规模不大,但却是一所综合性大学。附中师资力量雄厚。前后教过陆埮语文课的两位老师都是全国有名的小说家,号称苏州三老之二。一位叫程小青,是侦探小说家,30多册《霍桑探案》系列小说的作者。另一位叫范烟桥,作品广泛,著有20多部集子和百万字小说。正因为听他们的课,陆埮在中学时期曾对文学作品发生过浓厚兴趣。比如朱自清的《荷塘月色》、陶渊明的《五柳先生》和《归去来辞》以及唐诗宋词都是他比较喜欢的。他对英文文学也产生过不少兴趣。那时,他常到旧书摊上去购买一些旧书,比如,《莎士比亚故事》(*Tales From Shakespeare*,作者是 Charles and Mary Lamb)、《见闻录》(*Sketch Book*,作者是 Washington Irving)等。他还读了不少短篇小说,如 Alphonse Daudet、Guy de Maupassant、O. Henry 等人的作品。那时课余时间比较多,陆埮就常读这些书。开始时比较艰苦,读一页要查一二十次字典。越读越觉得有趣,就坚持了大约一年半时间(在高中一、二年级)。这里,英语老师戎更生先生给了他很多帮助。作为练习,他经常将一些短篇小说改写成1~2页的短文,戎老师总是很认真地帮他改,大大提高了他英语的"读"和"写"的能力。他的英语基础主要就是在这个时期打下的,对他今后阅读资料、写作学术论文起了良好的作用。要知道,到了大学外语课就不再学英语(而是学俄语)了。另外,他还用部分课余时间看了一些大学一年级用的物理书(Sears 和 Zemansky 著的大学物理英文版),还把当时上海南洋模范中学的"三角"习题集全部做了一遍。

也许是因为太累了,在1952年初将进入高中毕业班的时候,体检发现他的左肺尖有轻度浸润性肺结核。那是即将毕业的一个学期,好在大部分课程他已提前读过,学校同意他可以不上课,只参加政治运动,同时允许他参加毕业考试。毕业后,他参加了当年的全国高校统一招生考试。他的报考志愿为:第一志愿物理(北京大学、复旦大学等),第二志愿数学(北京大学、复旦大学等),第三志愿天文(南京大学)。发榜那一天全国各大报纸公布名单。由于他自觉考得不错,就按填报志愿的先后次序逐个查看名单,却均没有找到他的名字。最终,在报纸末尾最后一个学校(北京俄语专修学校二部)中才找到了他的名字。过了几天收到正式录取通知单后才知道被选拔到了留苏预备班。当年10月初,怀着很大兴趣他第一次搭乘火车奔赴北京报到（那时从苏州上车到北京约计 32 个小时）。非常巧的是火车上坐在他背面的罗辽复也是去北京俄专二部报到的留苏预备班新生，他所填报的高考志愿，居然与陆埮的一模一样。

然而，在俄专读了两个月后，陆埮却因体检不适合于留学而回家（苏州）休养。次年由高教部直接按第一志愿免试送北京大学物理系学习。其实，由于半年的半休息状态，他的轻度肺结核已经基本痊愈，俄专的体检结果也只是发现了已经稳定的陈旧病灶。由于国家刚解放不久，急需的是采矿和工业，如果他留苏，多半是去读地质。延迟一年上学换来了按第一志愿读他心爱的物理学。

大学求学的四年（1953～1957）是安定的，受到的教益是难忘的。"普通物理"是物理专业的第一门重头课，要上两年半（五个学期）。"普通物理"中的力学、声学、热学、分子物理和电磁学占三个学期，由黄昆讲授。黄昆是一位理论物理学家，特别是在固体物理的理论研究方面做出过重大贡献。他与 Max Born 合著的《晶格动力学》已成为这个领域的一部经典著作。但他的讲课风格却非常重视实验，讲解内容深入浅出，讲解概念，生动、清晰、明白。"普通物理"中的光学占一个学期，由虞福春先生讲授。他是一位实验物理学家，特别是 1949～1951 年间在研究核磁共振和测定原子核的自旋和磁矩方面作出过重大贡献。他与 W. G. Proctor 合作在世界上最先发现核磁共振谱线与原子核所在的化学环境有关，被称为核磁共振的化学位移效应，其实也可称为 Proctor - 虞效应。但作为实验物理学家的他，讲课风格却非常重视理论，推导严谨，层次分明，条理清晰，逻辑性强。陆埮非常欣赏他们的讲课风格，在他自己后来的教学实践中也时时运用。陆埮记的笔记总是每页留出三分之一的空白，每堂课后总要用 2～3 倍的时间进行复习，仔细回味、思索、联想，并把理解、欣赏、体会以及若有所得加注在笔记本的空白处。三年级下学期分配专门化，陆埮被分配到理论物理方向。

四年级刚开学不久，系里从各个专门化抽调一批学生（陆埮也在名单中），同时又从全国各重点大学的物理系抽调一批学生，去"物理研究室"学习。物理研究室的教学地点不在北京大学校园内，而是在中关村中国科学院化学大楼旁的科学大楼内。它有单独的邮箱，叫"北京市第 546 信箱"。实际上，它是后来的北京大学技术物理系的前身。在那里，虞福春又教了"核物理实验方法"和"β、γ能谱学"两门课。即使对于"核物理实验方法"这样的课，无论讲到 Wilson 云雾室或者 Geiger 计数管，虞先生都要详细分析它们的探测原理。他在讲"β、γ能谱学"时，更详细地分析了多极辐射理论。

王竹溪教的是热力学和统计物理，用的是他自己编写并且已经正式出版的教材。

这在当时并不多见。那时，大多数教材都是用苏联教材的中译本。王先生的教本写得清晰而且严谨，对于教学有很大帮助。他的教材中还包含了许多王先生自己的科研成果，特别是在热力学书中推广了 Planck 的理论，给出了对多元系复相平衡理论及其稳定条件的普遍证明。

那时，王竹溪还是陆埮课外阅读的指导老师，主要是给了他两本经典的科学原始论文集，让他有机会较早地阅读一些物理学大师们的原著。一本是关于布朗运动的，一本是关于相对论的。给他印象最深刻的是爱因斯坦 1905 年那篇只有小开本 3 页的关于质量能量关系（$E=mc^2$）的短文。爱因斯坦抓住了最基本的原理，用非常清晰的物理直觉，如此简洁明了、令人信服地导出了头等重要的结论，为人们指出了无穷无尽能源之所在！另一篇爱因斯坦在 1905 年发表的关于布朗运动的论文，用原子分子碰撞布朗粒子的观点，明确算出了可供实验检验的布朗粒子的运动规律，也给他留下了深刻的印象。那时，原子分子学说还没有得到公认，以 E. Mach 和 W. Ostwald 为首的学派就反对这个学说。爱因斯坦布朗运动论文的发表起到了搬掉原子分子学说的最后一块绊脚石的作用，使 Ostwald 最终接受了原子分子学说。

北京大学物理系师资力量雄厚，那时教过课的著名学者还有很多，比如朱光亚、周培源、褚圣麟、周光召、胡济民、卢鹤绂、郭敦仁、徐献瑜等。学校的学术氛围非常浓厚，经常有国内外大师来校作学术讲演。陆埮受到这种氛围的熏陶，深深感到自己将来工作的责任。

在大学 4 年级的时候，1957 年春，国际物理学界出现了一件轰动性的大事，李政道、杨振宁提出的弱作用中宇称可能不守恒的理论，首次被吴健雄等人的实验所证实。随后又接二连三地被世界各地许多实验证实。这件事情，在新闻报纸上竟轰动了好几个月。大量实验确认，弱作用中宇称确实不守恒，导致了杨振宁和李政道当年就获得了诺贝尔物理学奖。大家知道，中国是一个伟大的国家，有悠久的、灿烂的文化，但科学上尚落后。翻开中国科学史，奠基性的成就很少。中国有过四大发明，但基本上是技术性的，没有上升到科学的高度。而这一次的科研成就，正是发生在最基本的科学问题上，具有极高度的科学意义。这件事告诉我们，中国人同样可以在科学上作出重大的、基础性的成就，给陆埮留下了特别深刻的震撼，也激发了他今后长期从事科研的热情。

二、业余科研，通信数千封

1957 年中国出现了"反右运动"。随后，政治运动一个接着一个。到了 1966 年更进入了持续 10 年的"文革动乱"（即所谓的"文化大革命"）。政治运动前后经历了约 20 年之久，覆盖了他的 25 到 45 岁的青春岁月！原本陆埮想在毕业后认认真真做些科研的强烈梦想也就泡汤了，因此注定这段时间的科研要在极困难的条件下进行。

他毕业后的第一年（1957 年 10 月至 1958 年 8 月）虽然名义上是分配在中国科学院原子能研究所（当时在中关村，是后来高能物理研究所的前身），其实这一年所里都在搞政治运动，而他们这批上百名刚毕业的大学生就全体人马统统送到北京郊区温泉农村劳动锻炼，兴修水利，挖水库等，一直到 1958 年 4 月陆埮因吐血（肺结核复发）而提前回到所里，为政治运动干些抄写大字报之类的杂活。所以，这一年他们没有做任何科研工作。直到 1958 年 8 月，他被调到哈尔滨军事工程学院去教基础课，教了三年书。1961 年 8 月，他所在的系（六系）迁到长春扩建成为长春防化学院，继续教了 8 年书（其实后 3 年已在"文化大革命"期间，全校停课，无课可教）。所以，他在部队也有 11 年的工作经历。1969 年部队（特别是军事院校）大批复员，陆埮就复员到南京电讯仪器厂，又当了 8 年多的技术员。"文化大革命"结束后，1978 年随着知识分子归队政策的落实，他被调到南京大学天文系。不久，防化学院派人来为他改正，说他在复员时是讲师，为营职，不应"复员"，应改为"转业"。实质性的变化是，他要把已领取的"复员费"交回，同时补发"复员"以来的原工资，然后再改发"转业费"。总的说，这次改正给他净补发了二千多元人民币的差额。

从北大毕业到"文化大革命"结束，在这差不多 20 年的时间内，政治运动不断，科研难以正规进行。只能做点业余科研。既然业余，首先，要在做好本职工作之后，完全在业余状态下进行，没有时间保证；其次，单位没有任何经费支持，科研要靠自费；三则，当时科研并不受重视，而且常被批判为"只专不红"或者"走白专道路"。说实在的，要不是深信科研有重要意义，并为强烈的兴趣支撑着，是很难将业余科研坚持搞下去的。

陆埮刚到哈军工不久，他就承担了一门基础课"原子核物理"。在认真备课之余，他经常翻阅新文献，把收集到的新知识选一些重要的补充到教材中去，大大改善了讲课的质量，也活跃了教学，得到了好评。为科研做准备，他特别关注如下三个方面的内容：

1）物理上具有基本意义的新思想、新观点、新概念等；
2）特别灵敏、显示度特别高的新效应、新现象等；
3）有广泛和深远应用价值的新发现、新方法、新仪器等。

比如那时，他就很关注 Aharonov-Bohm 效应、Mössbauer 效应和 Josephson 效应等的新发现，其中前一个效应具有重大的基本意义，后两个效应具有极高的灵敏度。作为业余科研的首次尝试，他着重研究了 Mössbauer 效应，并在中国杂志上发表了这个领域最早的两篇文章。发表这两篇论文的时候，他已经在长春防化学院教书，是在教学之余做的最早的业余科研。要知道，那时中国还没有"学位"制度，这些业余科研使他自我锻炼了科研能力。

其实，大学毕业后，他一直保持着与北大老同学罗辽复和杨国琛的通信联系。1958 年，罗辽复毕业分配到内蒙古大学物理系，杨国琛毕业分配到天津工学院（现在的河北工业大学）。他们都在教基础物理课，同时教学之余也在做一些科研工作：罗辽复在做粒子物理理论研究，杨国琛在做原子核物理理论研究。经过讨论，他们决定三人通信合作，集中研究粒子物理理论，这正是那时很轰动的李政道、杨振宁的研究领域。于是开始了分别以 LF（罗辽复）、Y（杨国琛）和 LT（陆埮）为代号的编号通信。甚至到了"文化大革命"期间，陆埮与罗辽复还继续进行这种通信合作。在持续约 20 年的合作中，邮政通信远远超过了 3000 封（仅陆埮与罗辽复两人之间的通信就达 2800 余封）。

在这 20 年间的通信合作是相当艰苦的。与现在的情况相比，那时的艰苦几乎是难以想象的。首先，那时没有电子邮件，电话只在系办公室有，一般的教研室都没有电话，私人电话完全没有，而且系办公室的电话一般人是不准用的。所以，那时唯一可用的通信方式只能是邮政通信。为了便于前后对照讨论，通信是以代号编序的，比如 LF1287、LT963 等，并且复写一式三份，各自留底一份。他们的通信非常频繁，有点像双手玩 3~4 个球的杂技那样，当左手接到一个球时，右手已经又抛出几个球在空中待接了。其次，是自费的，一切费用得从各自的工资中去开销。要知道，在那长达 20 年期间，每人的月工资基本上一直维持在 50 几元人民币，图书费、资料费、邮费、交通费等都要从工资中省出来。再则，这种业余科研，并不受到鼓励，反而经常处在挨批判的状态，动不动会被批判为"只专不红"或者"走白专道路"。

1966 年陆埮与周精玉女士结婚。她 1938 年生于湖南石门，1961 年毕业于武汉大学化学系。1978 年到南京大学化学系任教，1987 年任副教授，曾应邀访问过美国拉玛尔大学和得克萨斯州立大学（奥斯丁）等。陆埮的家庭是幸福的，他的科研和教学得到了他妻子的积极支持，数十年如一日。他们生有二子（轻锂（1967）、轻铀（1969））和一女（轻铱（1972）），分别从事微机应用、凝聚态物理和纳米材料领域的工作。

近 20 年的业余科研虽然艰苦，毕竟也锻炼了科研能力。在这期间，陆埮与罗辽复、杨国琛等合作也发表了约 40 来篇文章，作出了一定意义的成果。比如，"文化大革命"初期，他们曾合作得到过几个重子和介子之间的质量关系，如：

$$\frac{\rho - \pi}{K^* - K} = \frac{\Delta - N}{\Sigma^* - \Sigma},$$

$$4(\Lambda - N) = 3(K^* - \rho) + (K - \pi),$$

$$\frac{\rho - \pi}{\Delta - N} = \frac{(\varphi - \rho) - 2(K - \pi)}{2(\Omega - \Delta) - \frac{3}{2}(K - \pi) - \frac{9}{4}(\varphi - \rho)}$$

等，式中字母代表粒子的质量。这三个关系式均与粒子质量的实验值符合得很好。那时，国际上已有的质量关系总是只在重子与重子之间，或者介子与介子之间，而且质量总是以平方形式出现，而这里却是在重子与介子之间，即在一个关系式中既有重子，又有介子，而且质量是以一次方而不是平方形式出现。那时是 1968 年，全国所有刊物均停刊，文章写好后无处可以投稿。要知道，那时是没有人敢将稿件投往国外杂志去发表的。一直到 1974 年《物理学报》复刊，尘封了 6 年的这篇文章才在复刊后的第一期上发表（陆埮、罗辽复、杨国琛，物理学报，23（1974），63）。有趣的是，次年（1975），A. De Rújula, H. Georgi, S. L. Glashow 以及 1980 年 H. J. Lipkin 也分别发表了上面的前两个关系式。

有一次，约在 1974 年 11 月，陆埮在某期《参考消息》上见到了一则报导，说是丁肇中领导的小组发现了一个非常特殊（共振宽度非常窄）的新粒子，称 J 粒子。稍后，B. Richter 领导的另一个小组也发现了同一粒子，称ψ粒子。后来，文献上一般就把它叫做 J/ψ 粒子。《参考消息》上还给出了极少几个数据。由于那时根本无法及时看到杂志，便在这些数据的基础上，陆埮和罗辽复很快完成了一篇论文，评估了这个粒子的一些基本性质（物理学报，24（1975），145）。J/ψ 是由当时还不知道的粲夸克和反粲夸克组成的共振子。1974 年分别独立发现这个粒子的丁肇中和 B. Richter，两年后分享了 1976 年度的诺贝尔物理奖。

1969 年 8 月，陆埮从长春防化学院复员到南京电讯仪器厂，做些收集仪器动态、了解发展方向、推荐先进技术、管理图书资料等工作。期间，在引进阿伦方差、制定频率稳定度计量标准和提倡在仪器中引入计算技术、建议试制计算计数器方面还曾获奖。

三、知识分子归队

1976 年 10 月"四人帮"垮台，"文化大革命"结束。1978 年起中国实行改革开放政策。这两年中国变化很大，拨乱反正，恢复高考，知识分子归队，一切都开始正常起来。他们的业余科研成果不仅得到了肯定，1978年3月18日~31日，陆埮和罗辽复还因此而均出席了全国科学大会，并获得了"全国先进科技工作者"称号和"重大科技成果"奖状。这次大会是中国科学史上的一次空前盛会，充分肯定了科技工作中的成就，大大鼓舞了科技工作者的积极性。

在全国科学大会期间，作家柯岩到他们下榻的北京友谊宾馆专门采访了他们，并在当年4月份的《人民文学》上发表了她的以"奇异的书简"为标题的报告文学。这篇报告文学曾收录在以"科学的春天"为书名的文集中。后来，柯岩又将这篇报告文学收录在她的2005年由人民文学出版社出版的以"奇异的书简"为书名的文集中。

那时，陆埮还当选为第五届全国人大代表，以后又连续当选为第六、七届全国人大代表，一直到1992年，前后共出席了15次每年一度的全国人大全体会议。罗辽复后来也连续当选为七、八、九届全国政协委员。

随着知识分子归队政策的落实，1978年5月，陆埮从南京电讯仪器厂调到南京大学天文系。其实，那时他已经46岁，从此才开始正规的科研工作。特别是从1982年起，他开始招收硕士研究生；1985年起，开始招收博士研究生。此后，他在天体物理方面的科研，便主要与培养研究生结合进行。也从那时起，他们的科研不再是业余的，而成为在国家自然科学基金和教育部博士点基金等的资助下进行了。20多年来，中国科研基金支持的力度也有了大幅度的增长。就拿个人申请的中国自然科学面上基金来说，1987年的额度是3年1.5万元人民币，而最近一次（2010年）的额度已达到3年47万元人民币了，增长了30多倍。

四、天体物理早期研究

随着调入天文单位，陆埮的科研方向就从粒子物理转向天体物理，此时最合适的切入口自然是宇宙学（特别是早期宇宙）以及中子星、夸克星（奇异星）和高能天体物理。其实，一个中子星就是一个巨大的原子核（质量与太阳相似，半径约10公里），其内极大部分都是中子（多达10^{57}个），还有相对少量的质子。星内密度与普通原子核密度相近，其核心区密度还可高得多，甚至可能成为夸克物质。

陆埮的第一批研究生是硕士生，他们是王青德、左林和惠小惠。陆埮给他们讲了一门粒子物理课。王青德就选了研究中子星内的夸克物质这个课题。由于d夸克和s夸克之间可以通过奇异数不守恒的弱作用而转变（u+d↔s+u），很多d夸克就可变成 s 夸克，使夸克物质成为 u、d、s 三种夸克数相近的基态（化学势最低），因而整体具有很大的奇异量子数，称为奇异物质。如果整个星由夸克物质组成，它就成为奇异星。有趣的是，当奇异星作膨胀和收缩的振荡（即星体的体积或密度做周期性的变化）时，这种体振荡会导致严重的耗散，甚至会使整个星体的动能在短于秒级的时间内快速地耗散掉。这表明奇异物质有极强的体黏滞性，比通常核物质要强好几个量级。这是奇异物质区别于中子物质的最显著的动力学特征，为寻找奇异星提供了依据。这个理论得到了 R. S. Sawyer, P. Haensel, J. L. Zdunik, R. Schaeffer 等许多人的发展，特别是 1992 年，曾任奇异物质物理和天体物理国际会议主席的 J. Madsen 对此作了详细研究，指出：奇异星的自转周期可以比中子星短得多，因此，寻找超短周期脉冲星便成为发现奇异星的有效途径。

陆埮的第一批博士研究生是冯珑珑、赵刚和赵永恒。那时，陆埮的研究方向还没有聚焦，还涉猎在包括致密星、高能天体物理和宇宙学等较宽的领域，而这批博士生以后也确实工作在相当宽的业务范围内，他们在各自的岗位上做出了杰出的贡献。赵刚和冯珑珑均获得了国家杰出青年科学基金，而赵刚和赵永恒还获得了中国科学院百人计划的资助。

中子星首先是以脉冲星的形式于 1968 年被 A. Hewish 和 S. J. Bell 等用射电天线观测发现，休维希为此获 1974 年度诺贝尔物理奖。射电脉冲星已被发现了千余颗，γ射线脉冲星也已被发现了百余颗。脉冲星的辐射是在级联过程的基础上产生的。以极冠模型为例，从极冠间隙区加速而射出的高能电子在脉冲星表面附近的弯曲超强磁场中产生的曲率辐射高能光子为第一代光子，它会在电磁场中进而转化为正负电子对。这些电子、正电子又会在磁场中产生多个同步辐射光子，这是第二代光子。这些光子如果能量仍足够高，它们还会转化为正负电子对，进而再产生同步辐射第三代光子。如此发展下去，直到光子能量低于某个阈值不再转化为正负电子对而直接射出成为可观测的γ射线光子。由于一个电子可以产生许多光子，一代一代发展下去，光子数越来越多，光子能量越来越低。γ射线探测是以光子计数为基础的，因此，可发展的"代"数越多，越容易观测到γ射线脉冲星。显然，这里的"代"总是整数，是对一个光子而言的。对于一个脉冲星，它有许多能量各不相同的光子，它们所能进行的"代"数也各不相同。1994 年，陆埮与韦大明、宋黎明等在分析了这些级联过程后，首次提出了一个具有普遍意义的新概念"代参数"，并通过脉冲星的周期和周期变率用一个简洁的方式表述出来。它表达了一个脉冲星级联过程的有效"代"数，成为描述脉冲星的一个特征参数。这个参数可以取分数值，其值越大，γ射线光子数就越多，光子能量就越小。因此，观测到的γ射线脉冲星应当是代参数比较大的。这个参数有助于寻找新的γ射线脉冲星，也有助于表述脉冲星的γ射线能谱特征。次年（1995年），P. Goldoni 等人以及 P. A. Caraveo 将这个代参数公式用来研究脉冲星的多波段性质。接着，G. F. Bignami 等在1996年度《国际天文与天体物理年评》上撰文介绍了代参数概念以及它的主要性质和应用。1997年，韦大明、宋黎明和陆埮进一步建立了代参数、辐射效率和辐射能谱之间的关系。近年来，张冰和 A. K. Harding 又进一步发展了这个工作，将它应用到逆康普顿散射情形。

五、γ暴及其余辉的研究

20世纪60年代，美国以监测核武器爆炸为目标发射了一系列的 Vela 军事卫星。因为核爆炸的主要特征是放射γ射线，因此，这种卫星上都安装了γ射线探测器。一次，Vela-5 和 Vela-6 卫星果然探测到γ射线的短时间突然增强的现象，随着发现这些γ射线不是来自地面而是来自深空，于是确认这是一种新发现的天文现象，被称为γ射线暴（简称γ暴）。放射γ射线的持续时间一般只有几秒到几十秒，最短甚至只有毫秒，最长也不过千秒。那么，γ暴究竟是一种怎样的天体？它起源于什么？那里又发生着怎样的物理过程？这些就成为重要的研究课题。由于γ暴离地球的距离难以测定，它的性质就无从知晓，因而长期处于神秘状态。直到1997年意大利-荷兰的X射线卫星 BeppoSAX 首次对γ暴作出了成功的精确定位，并与地面和空间望远镜配合发现了γ射线短暂辐射后，还可能有甚至长达几天、几个星期的X射线余辉和/或几天甚至几个月或年的光学甚至射电余辉，为γ暴的研究提供了极大的方便，特别是很快测出了一些γ暴的红移，才首次确认γ暴是在遥远的宇宙学距离上，离地球有几十亿光年甚至更远。因此，γ暴释放的能量非常巨大，它应当是宇宙间最猛烈的爆发事件。此后，这个领域获得了飞速发展，已经形成了一个标准模型：γ暴被认为产生于一个以极端相对论速度（0.9999 光速）膨胀的火球。火球内部不同膨胀速度的各层气壳相互碰撞产生内激波会导致γ暴，火球继续膨胀与星际介质碰撞会产生外激波而导致余辉。

陆埮小组在获悉 BeppoSAX 的消息后立即全力以赴研究γ暴及其余辉，获得了多项原创性的成果。

1. 统一模型：1998年，黄永锋、戴子高、韦大明与陆埮分析了这个问题，发现这种极端相对论膨胀的火球在几天，至多几十天后，就会显著减速而转入非相对论膨胀阶段，而余辉的可观测时间往往可以延续若干个月甚至一年以上。因此，一个有用的模型必须既适用于极端相对论，又适用于非相对论膨胀阶段。为了解决这个问题，1999 年，他们提出了一个统一模型，能够描述火球膨胀从早期高度辐射的、极端相对论阶段一直演化到晚期绝热的、非相对论阶段整个过程。光学余辉的发现者 J. van Paradijs 等人在 2000 年的《国际天文与天体物理年评》上撰文详细介绍了这个模型。

2. γ暴起源：所谓γ暴的标准模型，是指在①外部介质是均匀的典型星际介质（每立方厘米约 1 个质子）；②导致γ暴和余辉的能量注入是短暂脉冲式的；③辐射主要是同步辐射；④膨胀、辐射是各向同性的等简化假设下得到的极端相对论膨胀的火球内外激波模型。这个模型能很好地描述γ暴特别是余辉的主要特征。随着观测数据的不断积累，渐渐地显示出偏离标准模型的各种情况。这种对标准模型的偏离，可称之为后标准效应。这种效应不仅扩展了对γ暴性质、规律和起源的认识，而且也可以通过γ暴来研究其环境和外部世界。

早在发现余辉的第二年（1998），戴子高和陆埮就首次发现γ暴 GRB970616 的 X 射线余辉的能谱与标准模型不符。他们指出，这个γ暴的环境不是均匀的星际介质，而是密度与距离平方成反比的星风环境。以后人们又在 GRB980326、GRB980519、GRB991208、GRB000301C、GRB040106、GRB081109A 等γ暴周边观测到星风环境。这种环境正是前身星的星风造成的。接着，这个观点得到了 R. A. Chevalier 等人的进一步发展。这个模型非常清晰地给出了γ暴起源的信息，它应起源于大质量恒星的塌缩。1998 年 4 月 25 日发现的γ暴 GRB980425 似乎与超新星 SN1998bw 成协，但这个γ暴和超新星不是很典型。直到 2003 年 3 月 29 日发现了非常典型的γ暴 GRB030329 与非常典型的超新星 SN2003dh 成协，γ暴起源于大质量恒星的塌缩便得到确认。这是 Ib、Ic 型超新星爆发的结果。

1999 年 1 月 23 日 BeppoSAX 卫星观测到一个极强的γ暴，即 GRB990123。这个γ暴光学余辉的光变曲线上出现了一个突变（一个拐折），即在暴后约 2 天在光变的对数图上斜率从 -1.1 变陡而成为 -1.8。J. Rhoads, S. R. Kulkarni 认为拐折是由于这个γ暴不是各向同性而是喷流式定向暴发，喷流的侧向膨胀等因素会加快衰减而导致拐折。戴子高和陆埮首次指出，相对论性膨胀转向非相对论性膨胀也会导致这种突变。如果环境是致密介质，膨胀在密度高的介质中进行就会加快减速到非相对论，使在暴后较短时间（比如 2 天）就出现这种拐折。喷流机制和致密介质已成为拐折的两种常用解释。很可能一些γ暴的拐折是因为喷流，而另一些则因为致密介质。比如，2001 年，J. J. M. In't Zand 等指出，观测到的γ暴 GRB010222 不能用喷流机制来解释，却能很好地用致密介质机制来解释。星风环境和致密环境，都是重要的后标准效应。前者反映了前身星的性质，后者可能与星云、恒星形成区有关，两者均清晰表明γ暴起源于大质量恒星的塌缩。

3. γ暴中心引擎：1998 年，戴子高和陆埮指出在一些γ暴生成时有可能在其中心形成了一颗强磁场毫秒脉冲星。这种脉冲星可以在γ暴主暴结束后以磁偶极辐射的形式持续向火球注入额外能量，预言余辉的光变曲线会显著变平。值得注意的是，2004 年后发射的 Swift 卫星发现了大量早期 X 射线余辉光变曲线确实存在"变平段"，美国科学院院士 Gehrels 等将 GRB070110 余辉光变曲线的平坦段视为这一持续活动中心引擎的直接证据。这个中心引擎效应已经得到了广泛应用，特别是被用来限制脉冲星的周期和磁场。Swift 卫星还发现近一半的γ暴有 X 射线耀发。这种 X 射线耀发现象也可能与脉冲星的持续活动有关。

逆康普顿散射与同步自康普顿辐射：在标准模型中，辐射模式被假定为同步辐射。同步辐射固然是γ暴辐射的主要形式，但韦大明和陆埮（1998，2000）研究了逆康普顿散射，发现它在一些条件下会对γ暴余辉有重要作用。特别是对于谱指数比较大的，介质比较稠密的γ暴，逆康普顿散射可以有相当重要的贡献，而且会明显影响余辉光变曲线的形状。王祥玉、戴子高、陆埮还利用反向激波中电子的同步自康普顿辐射，解释了γ暴的早期高能光子。

4. γ暴的综合研究：自从极高能量γ暴 GRB990123 被发现后，能源危机就成为γ暴最突出的难题。假如它的膨胀和辐射是各向同性的，那么仅仅γ射线的能量就高达 3.4×10^{54} 尔格，相当于太阳静能量的近 2 倍。由于辐射γ射线的效率往往比较低，γ暴又是一个恒星层次的现象（总质量不过若干个太阳质量），竟会有如此高能量的γ射线辐射出来是难以理解的。这使人们设想，这个γ暴不应当各向同性，而应当以喷流形式辐射出来。这样，γ暴的辐射能量就可以大为降低。不过，为保持观测到的频数，就要求γ暴的发生率大幅增大。黄永锋、戴子高、陆埮等在综合考虑了喷流张角、环境性质（包括星风环境、介质密度、阶跃变化等）、电子能量分数、磁场能量分数等各种参数影响的情况下，利用他们自己的动力学演化统一模型，给出了喷流的演化规律。

六、执教数十年，为国家培养了一批杰出人才

1957 年大学毕业以来，陆埮极大部分时间均从事大学教学和科研工作。大体上分两个主要时期，"文化大革命"前在部队大学本科教基础课。他从事教学十分认真、十分投入。当时有一种说法，说教学要给学生许多空瓶子，使学生可以广泛应用，在瓶子里装各色各样的东西。陆埮不喜欢这种教学方法。他讲课总是通过一些

实际例子来阐述概念、说明原理。他把这叫做实瓶子方法。实瓶子更加形象，更加清晰，更加好懂，而装了东西的瓶子同样可以用来换装别的东西，一点不会影响学生广泛应用它。部队大学的学生中已有好几位成长为将军。"文化大革命"以后在南京大学天文系任教，开始培养研究生。他培养学生，特别是研究生，着力于培养他们的创新能力。他经常说，基础科学本身代表着人类对客观世界的认识范围，基础科学研究就在于从已知范围向未知范围的扩展，这本身就意味着需要创新。特别是理论研究，没有创新几乎等于"抄袭"。因此，创新其实是科研的灵魂。研究生的培养正是从学习到创造的整个过程。在这个过程中，导师带领学生参加有指导的科研，是一个指导性逐渐减少，独立性逐渐增多的过程，是一个培养独立工作能力的极为重要的阶段。他注意到，聪明与毅力往往并不是同时具有的，就好比仪器的灵敏度与稳定性。因此，他特别关注对学生的毅力方面的培养。他一再强调他不是严师，他与学生之间是非常融洽的朋友关系。他还经常强调，基础科学的作用是长远的，不是立竿见影的，往往没有明显的直接经济效益。因此，要特别培养事业心和兴趣。的确，他是花了很多心血来培养学生的。他培养研究生大体上分三个时期：第一阶段主要是培养硕士生，前面谈到的王青德就是这个时期培养的；第二阶段开始培养博士生，冯珑珑、赵永恒和赵刚是这个时期培养的3名博士，两位赵在国家天文台，冯在中国科学技术大学（2004年调入紫金山天文台），均入选中国科学院百人计划；第三阶段继续培养博士生，并且创建了一支很成功的研究高能天体物理和致密星物理的科研队伍，前面谈到的科研合作者戴子高、宋黎明、韦大明、黄永锋、王祥玉等就是这个阶段培养的博士。调入紫金山天文台以后又培养了一些宇宙学领域的博士。至今，陆埮已经培养了10余名博士，其中5人获国家杰出青年科学基金；2人为国家杰出青年群体基金项目首席；1人获中国青年科学家奖；1人获中国青年科技奖；1人被聘为长江学者特聘教授；3人获中国科学院百人计划资助；1人获何梁何利基金科技进步奖天文学奖；获2项国家自然科学奖；2人获全国优秀博士学位论文奖；1人曾任中国天文学会理事长，1人为副理事长。他在教学岗位辛苦耕耘数十年，为国家培养了一批杰出人才。陆埮本人1993年被江苏省教委、省学位委评为优秀研究生教师；2008年被中国科学院研究生院授予杰出贡献教师称号。

陆埮1957年北京大学物理系毕业以来，主要是在高校和科学院工作。科研跨物理和天文两个领域。特别是在γ暴等方面，取得了不少原创性成果，获得了包括国家自然科学奖、国家科技进步奖、何梁何利科技进步奖等奖项。曾任中国天文学会高能天体物理专业委员会主任和中国物理学会引力与相对论天体物理分会主任等职。

七、陆埮主要论著

Lu T, Luo L F, Yang G C. 1974. 基本粒子的质量关系和层子相互作用. 物理学报, 23: 63-66.

Wang Q D, Lu T. 1984. The damping effects of the vibrations in the core of neutron star. Physics Letters, 148B: 211-214.

Lu T, Shi T Y. 1990. Gamma-ray emission from Pulsars and Hardee mechanism of electron-positron production. A&A, 231: L7-10.

Dai Z G, Lu T, Peng Q H. 1993. The birth of strange matter from two-flavor quark matter in a Neutron star. Physics Letters, 319B: 199-202.

Lu T, Wei D M, Song L M. 1994. The γ-ray pulsars and the generation order parameter. A&A, 290: 815-818.

Dai Z G, Peng Q H, Lu T. 1995. The conversion of two-flavor to three-flavor quark matter in a supernova core. ApJ, 440: 815-820.

Wei D M, Song L M, Lu T. 1997. The generation order parameters and gamma-ray spectrum of pulsars. A&A, 323: 98-104.

Dai Z G, Lu T. 1998. Gamma-ray burst afterglow: effects of radiative correction and non-uniformity of the surrounding medium. MNRAS, 298: 87-92.

Cheng K S, Dai Z G, Wei D M, Lu T. 1998. Is GRO J1744-28 a strange star? Science, 280: 407-409.

Dai Z G, Lu T. 1998. Gamma-ray bursts and afterglows from rotating strange stars and neutron stars. Phys Rev Lett, 81: 4301-4304.

Wei D M, Lu T. 1998. The evolution of GRB remnants. ApJ, 499: 754-757.

Dai Z G, Lu T. 1999. The afterglow of GRB 990123 and a dense medium. ApJL, 519: L155-158.

Huang Y F, Dai Z G, Lu T. 1999. A generic dynamical model of gamma-ray burst remnants. MNRAS, 309: 513-516.

Huang Y F, Dai Z G, Lu T. 2000. On the optical light curves of afterglows from jetted gamma-ray burst ejecta: Effects of Parameters. MNRAS, 316: 943-949.

Lu T. 2000. What do gamma-ray bursts look like? invited talk at 1999 Pacific rim conference on stellar astrophysics, Hong Kong, 1999; published in "Stellar Astrophysics", ed. by Cheng K S, Chau H F, Chan K L, Leung K C, Kluwer: 355-368.

Huang Y F, Dai Z G, Lu T. 2000. Rapid fading of optical afterglows as evidence for beaming in gamma-ray bursts. A&AL, 355: L43-L46.

Dai Z G, Lu T. 2001. Could the unusual optical afterglow of GRB 000301c arise from non-relativistic shock with energy injection? A&A, 367: 501-505.

Dai Z G, Huang Y F, Lu T. 2001. Lightcurves of jetted GRB afterglows in circumstellar clouds. MNRAS, 324: L11-L15.

Huang Y F, Dai Z G, Lu T. 2002. Failed gamma-ray bursts and orphan afterglows. MNRAS, 332: 735-740.

陆埮, 罗辽复. 2005. 从电子到夸克. 北京: 科学出版社.

主要参考文献

柯岩. 1978. 奇异的书简. 人民文学, 4.

陆埮. 2001. 奇异星物理发展中的一个故事. 现代物理知识, 13 (3): 8.
陆埮. 2002. 谈谈研究生的培养. 学位与研究生教育, 4: 8.
罗辽复. 2002. 数风流人物, 还看今朝. 现代物理知识, 14 (6): 52.
王亚军. 2003. 中国天文学界的"奇异星". 学位与研究生教育, 11: 17.

撰写者

陆埮

胡宁生

胡宁生（1932~），广西南宁人。天文仪器专家。主持研制成紫金山天文台人造卫星观测用的43/60/80厘米（它们分别代表改正镜口径/球面反射镜口径/焦距）施密特望远镜。提出两种测量大气反常折射的实用公式，受到国外同行的注目；主持创制使用真空镜筒的Ⅱ型光电等高仪和真空照相天顶筒。在大型子午环中推出使用反射光学系统的方案。参与欧洲大型太阳望远镜（LEST）工程的国际合作研究，并被推选为LEST的科技指导。发展了大型精密光学封窗的制造技术。

一、简　　历

胡宁生，1932年10月生于广西南宁。幼年在上海、杭州上学。1949年7月参加中国人民解放军，入华东军政大学学习。1950年12月至哈尔滨空军第一航空学校学习飞机军械，后在该校任教。1955年复员后考入南京大学数学天文系天文专业，后该专业独立建为南京大学天文系，1959年自该系天体测量专业毕业后至中国科学院南京天文仪器厂进行天文仪器的研制工作。1964年主持研制成43/60/80厘米施密特望远镜，当时成为紫金山天文台观测国内外人造卫星的主要仪器。1968年研制的光学跟踪经纬仪数据经计算后能测定卫星发射时的初轨，并能输出高度与方位角的实时测量数据。此经纬仪在发射我国第一颗人造卫星时起了应有作用。

之后，对提高天体测量仪器的精度进行了理论上的研究。在消除地球大气反常折射误差和克服仪器的温度效应上有深入独到的研究。在此基础上研制了两种全新的测时、测纬仪器——光电等高仪。新仪器取得了国际上一流的精度而受到国内外的高度评价。

由于以上杰出成绩，胡宁生于1978年获全国科学大会先进科技工作者奖、南京市劳动模范。之后又被选为六、七两届全国人民代表大会代表。胡宁生因研制成多种天文仪器获中国科学院重大科研成果奖2次、中国科学院科技进步奖一等奖1次、国家科技进步奖1次。

20世纪80年代中期任南京天文仪器厂厂长。1992年离休。离休后仍主持研制了出口日本的 1 米望远镜镜筒及去西班牙调试出口的 2 台望远镜。1994 年后任南京文明人新产品研制所代所长。之后 10 年中仍为国内外研制了多种尖端天文仪器。

二、学术成就

1. 发明用真空镜筒自动抵消大气折射

数百年来，测天体位置时，需由当时记录的气压、气温、湿度等参数来计算出大气折射改正。由于大气折射的快速变化、检测的误差及大气色散等影响，测定的大气折射值精度不高。1972 年胡宁生先从理论上导出有水平密封窗的真空镜筒可以自动抵消（天文）大气折射及大气色散。当然也可消除镜筒内的反常折射。之后，又克服技术上的困难成功地在 II 型光电等高仪上使用真空镜筒，获得较大创造性成果。1978 年美国天文考察团来华，回美国后撰文写道："II 型等高仪在真空室内，这是一个新颖而重要的特点"。

1977 年，真空照相天顶筒的论文在《天文学报》发表后，得到日本东京天文台的高度重视。他们通知了德国蔡司厂驻东京办事处，蔡司厂将此论文译成日文。由于真空镜筒的效果在国内曾有过争论，为此，1982 年云南天文台在 II 型等高仪上对真空和非真空作了对比观测。结果证明真空观测时单星精度和组精度都有提高，从而保证了 II 型仪器达到了世界一流精度。

2. 高空气球太阳望远镜姿态控制用的"控制力矩陀螺"结构的成功研制

日本气球观测设备专家矢岛信之于 20 世纪 90 年代发明了控制力矩陀螺并制成小型样机。然而北京天文台（现国家天文台）所承担的中国科学院重大更新项目——球载太阳望远镜的姿态控制中需要一个大型控制力矩陀螺作为关键零件。当时国内的科技人员尚未掌握这种陀螺技术，因此，国内一专门单位提出研制周期将长达 5 年，经费要 500 万元。胡宁生承担了该陀螺全部结构部分的设计、制造和调试，研制成功后，矢岛信之在检测后评价说："你们的优秀而灵敏的控制技术将大型球载系统内高精度的姿态控制提高到了一个新的高度。"北京天文台取得此成就只用了一年半时间和 40 万元经费。

3. 国际合作

胡宁生自 1978 年起与国外同行在大望远镜及水平子午环方面开展了较广泛的合作研究。1985 年 10 月起胡宁生参加欧洲大型太阳望远镜（LEST）工程的研究。并应邀成为 LEST 的中方技术协调人。他进行了 LEST 中的重大难题"充氦太阳望远镜镜筒内发生的像质变坏问题"的研究，在理论上作出了明晰的解释和预言。此预言被国外作了三年实验后证实正确。1986 年，胡宁生在国际会议上被选为 LEST 科技指导。

胡宁生在天体测量仪器上的成就受到日本国际纬度天文台的重视。自 1983 年起该台数次向日本科技厅申请外国科学家基金以请胡宁生去改进他们的几种仪器。该台对胡宁生的评价可在他们向日本文部省的申请报告中看出："招聘理由：胡宁生氏在光电等高仪及真空照相天顶筒等高精度光学仪器上做出了开发性工作。本研究所负有提高光学观测仪器精度的任务，故请胡氏来共同研究地球自转观测用的新型光学仪器并对我国（日本）的照相天顶筒、天顶仪和等高仪作改进研究"。

三、胡宁生主要论著

光电等高仪研制组（胡宁生执笔）. 1975. II 型光电等高仪. 天文学报, 16（2）：115-122.

南京天文仪器厂（胡宁生执笔）. 1978. 中国制造的真空照相天顶筒（英文）. 中国天文学（英文），2：210-217.

胡宁生. 1980. 在光学车间内用多个平面摆镜来检验大望远镜的镜面（英文）. 应用光学（美），19（16）.

胡宁生，蒋筱如，王曾和. 1984. 在天体测量仪器旁用测定水平气温梯度来求反常折射（英文）. 日本国际纬度天文台台刊，17（2）：35-46.

胡宁生，蒋筱如. 1985. 在天体测量仪器旁实测水平气温梯度来求反常折射的实验（英文）. 贝尔格莱德天文台台刊，136.

胡宁生. 1985. 用地面水平气压梯度来计算反常折射（英文）. 贝尔格莱德天文台台刊，136.

胡宁生. 1986. 真空镜筒在天体测量仪器上的应用（英文）. 天体测量技术，469-481.

胡宁生. 1986. 一台具有反射光学系统的大型中星仪的设计（英文）. 天体测量技术，421-426.

胡宁生. 1991. 改进地面光学天体测量仪器精度的途径. 天体物理和空间科学（英文），177：235-243.

撰写者

胡宁生

张家祥

张家祥（1932～），江苏南京人。天文学家。1950年毕业于南京市第一中学，考入同济大学土木工程系学习，旋因家庭困难休学。1951年春考入中国科学院紫金山天文台，历任见习员、技术员、助理研究员、副研究员和研究员，研究生导师，行星研究室副主任、主任，近地天体探测望远镜项目首席科学家。1988～2003年，连续五届担任国际天文学联合会第20委员会（小行星、彗星及天然卫星委员会）组织委员。从事小行星、彗星探索发现和天体力学轨道理论研究，在小行星和彗星的发现、定轨、轨道演化和光度观测，精密太阳系动力学数值模型，人造卫星测轨定轨，近地天体危险预防等方面取得重要成果，为中国第一颗人造卫星和第一颗通信卫星的发射做出了贡献。1956年和1959年先后两次被评为全国先进工作者，1987年与张钰哲等共同获得国家自然科学奖二等奖，1988年获得献身国防科技事业荣誉证章，1991年美国哈佛-史密松天文台命名小行星"家祥星"，1995年被评为南京十大"科技之星"，1999年出席"两弹一星"表彰大会，2005年获何梁何利科学与技术进步奖。

一、来到巨人身边

1950年的冬天特别寒冷，张家祥站在人生的十字路口。

半年前，他从南京市一中毕业，进入同济大学土木工程系。大学生活为他打开了全新的世界。高等数学等课程严格缜密的推理论证令他神往，他如饥似渴地吮吸知识的乳汁，憧憬为新中国建设高楼大厦。寒假很快到了，他依依惜别地离开上海校园，归心似箭地回到南京家中。眼前的景象令他心酸。在离开的半年里，家计已经难以为继。他有一个大家庭：除了二哥不幸走失，大姐二姐远嫁台湾外，家中还有父亲母亲，大哥大嫂，小弟小妹。七口之家的生活重担本来由父亲和大哥分担。但此刻原本是机关职员的父亲张康龄和小学教师的大哥都待业在家，不久后大哥又罹病早逝，一家人的日子怎么过？

责任重于一切，张家祥当即有了自己的决定。他对父母说："大学不能上了。我去挣钱，去考工。"不久，他先后拿到了济南铁路管理局和中国科学院紫金山天文台的录取通知书，济南铁路局是会计岗位，天文台是见习员岗位。家祥面临着又一次重要的抉择。为了养家，应该去铁路局，那里待遇较高。然而，高中时参观天文台的情景不时浮现在他的脑海，挥之不去，神秘宇宙似在向他发出召唤。这一次，是他的堂叔、水利专家张昌龄先生为他做了选择："孩子，你应该去天文台，那里是做学问的地方。你天资聪颖，做事认真，又爱好数理，这类工作更适合你。"

1951年4月5日，这是张家祥生命中最重要的日子。这一天，他见到了自己的老师、领路人和合作者张钰哲先生。张钰哲是世界著名的天文学家，中国现代天文学的奠基人之一，当时的身份是紫金山天文台台长。与张家祥一起面见先生的还有与他一起录取的三位同伴，他们四人从将近300名考生中脱颖而出，都有不俗的表现。他们不知道的是，先生当时要从他们当中挑选谁作为学生兼助手。另外三位年龄都比家祥大，学龄也比他长，家祥不觉得自己有何优势。然而，先生恰恰就选中了他。就这样，他来到了先生的身边，伴随着先生走过了中国天文学蓬勃发展的35年，开始了探索小行星和太阳系的事业。三位同伴也各自师从了其他专家，然而不久后都离开了。

是缘份，是命运，也是使命，召唤张家祥到了紫金山天文台，到了张钰哲的身边。

张家祥雅爱诗词，五十多年后赋"随感"诗回忆此次相逢：

　　少年辍学寓金陵，我本无才一介青。

　　邂逅名师劳指点，科坛披月戴星行。

二、初识小行星

张家祥随着张钰哲先生学习天文观测，很快就认识了小行星。几天后的一个黄昏，先生带着他来到小赤道仪观测室。先生打开观测记录本，写下日期、时间、气温、气压；观测内容栏写下：小行星；观测人员栏写下：钰，家。

张家祥至今清楚记得，记录本第一页以先生特有的书法工整地写着：1949年12月始。

小行星是太阳系中运行于火星和木星之间，个头不大、为数众多的星体。意大利天文学家皮亚齐在19世纪的第一天发现了直径约700千米的谷神星，是世界天文史上的大事；1928年，张钰哲在美国发现中华星，是中国天文史上的大事。从谷神星发现至今，对小行星的观测和研究一直是天文学研究的热点领域，对天文学的发展做出了重大贡献。南京解放后，张钰哲主持紫金山天文台，恢复研究工作，第一件事就是用小赤道仪开始小行星观测。1949 年 12 月开始的，不仅是中国的小行星观测，也是新中国的天文观测。

当时观测小行星，用的是照相方法。小赤道仪是一架口径 15 厘米的折射望远镜，底片安装在焦平面上，对着选定星空曝光约半小时，即得到一张记录着星象的底片。为了使星象成精确的圆点状，望远镜需随着天球的转动而转动，这是由跟踪系统自动实现的。由于存在机械误差，仅靠跟踪装置还不能保证得到满意的星象。观测者需要及时手动调整望远镜的方位，叫做导星。这是一件枯燥乏味的事情：曝光的几十分钟里，观测者需全神贯注，眼盯导星镜视场中的目标星和十字丝，手握控制望远镜指向的微调器。目标星相对十字丝的位置稍有变化便立即调整望远镜的方位。观测时圆顶室天窗大开，无论严冬酷暑，完全是在露天。张家祥与先生一人一张底片，轮流导星、拍摄。漫漫长夜中不仅收获了知识，提高了能力，还时时感受到先生的关爱。

张钰哲先生一贯身教重于言教，循循善诱的启发指导。张家祥在刻苦自学高等数学、理论力学、天体力学等基础理论的同时，怀着极大的兴趣、忘我地投入了观测和计算工作，成了轨道计算"迷"。当他整天埋头孜孜计算时，曾有同事问他："眼看这颗星的轨道又要算出来了，下面没有新的轨道要算，你怎么过日子？"

数十年后，他曾回忆这段期间的工作情景：

> 微积推研初学理，苍穹测算趣横生。
> 钟山日走数无计，星宇夜巡常五更。

夜间观测之余，他把望远镜对准各种天体。月面的环形山、火星的极冠、木星的大红斑、土星的光环，以及密密麻麻的星团、梦幻般色彩的星云，一一呈现在他的眼前，激发起对宇宙奥秘的求知热情。不久后，在每周六天文台的开放日，他俨然成了向公众讲解各种天文问题的专家。

一年后，父亲有了工作，同济大学也来信催促他复学。张家祥试探着问先生是否应该去复学？先生说："你留下吧！"

三、发现紫金一号

小赤道仪的观测持续了两年，中国小行星观测的数量和质量进入了国际前列。但 15 厘米的口径毕竟太小，发现不了新的天体。1954 年秋天，60 厘米口径反射望远镜的修复启用提上了议事日程。张钰哲不仅决策和领导，而且亲自动手来做这件事，张家祥是他的助手。

镜面镀膜是启用的关键工序。反射望远镜靠抛物面镜面反射光线成像，镜面要镀上薄薄的银反射膜，镀膜质量关乎成像质量极大。当时国内没有专人完成此项工艺，先生带着家祥自己动手。他们从查阅文献开始，设计机架，试验配方，确定工艺，终于高质量地完成了镀膜。当他们冒着呛鼻的氨水气味完成最后的抛光工序，晶莹光亮的镜面呈现在眼前的时候，先生高兴得像个孩子。作为犒赏，张钰哲夫人陶强当晚请先生和张家祥一起看了梅兰芳的京剧。1954年9月，一切就绪，在大望远镜观测室开始投入小行星观测。

南京的冬季，特别是春节前后，天气晴朗，是小行星观测的黄金时段。1955年1月20日，先生和张家祥捕捉到了一颗小行星。22日，这颗小行星又出现在底片上。为了定出轨道，还需要再观测。不巧的是，23日下起了大雪，一直到25日下午天才放晴。这天是大年初二，张家祥急忙踏雪上山。从1951年开始，这已经是他第四次在紫金山上过春节。这一夜的观测带来了丰收。很快，轨道计算出来了——这是一颗新小行星！数据上报给国际小行星中心后，得到临时编号1955BG，后来命名为紫金一号星，并与先生合作发表了论文《紫金山天文台初次发现的小行星》。这是中国人在中国土地上发现的第一颗小行星。此后，新的发现接踵而至，到1964年，共发现了有编号的小行星31颗。

小行星的动力结构多种多样：有密集，有疏散，还有混沌，充满谜团。虽然支配小行星运动的主要是太阳引力，但研究的重点却是叫做摄动的其他天体引力和各种物理因素对小行星运动的影响。1954年一年，张家祥随先生一起，一边研读德文原版的《轨道计算》，一边用数值方法计算415号小行星受到的摄动。计算非常繁复，精度要达到七位以上有效数字。那时还没有电子计算机，也没有计算程序，张家祥和先生先讨论好公式和算法，然后各自用电动计算机一步一步地计算。每完成一个段落，就互相核对，确认无误后再接着算下去。先生赞叹张家祥对计算有特殊天赋——他从不出错。24年后笔者师从张家祥老师时，天文台已经用上了X-2电子计算机，但控制流程的还不是高级程序语言，而是打在穿孔纸带上的机器语言。老师的纸带和编程经常是一次通过，极少有错。

计算持续了将近一年，发表了论文《小行星(415) Palatia 的特别摄动》，这是中国太阳系动力学研究的开创性工作。主持《天文学报》的李珩先生，赞赏张家祥的研究工作，称与张家祥为"忘年交"，并经常约稿鼓励。

1956年和1959年，张家祥两度当选为全国先进工作者。

四、辉煌小行星和彗星研究

1961年，紫金山天文台行星研究室成立，张钰哲兼任室主任，张家祥作为研究室副主任，承前启后，主持工作。此后的几年里，人员有了很大加强，紫金山天文台许多知名天文学家都是经过这个摇篮走出去的。始终追随张家祥，后来为近地天体探测望远镜工程做出重大贡献的杨捷兴、汪琦二人，就是这一时期来到行星室的。1964年，从德国进口了口径40厘米的双筒折射望远镜（又称双瞳望远镜）。这架望远镜视场大，光力强，一次曝光可得到两张同样的底片，便于查对，特别适合于小行星和彗星观测。张家祥具体领导的、人员设备都加强了的行星研究室，有如插了双翼，要为国家做出新的贡献。

很快就有了成果：1965年元旦和1月8日，尉淑玲、杨捷兴等接连发现了紫金山1号和紫金山2号彗星。此后直至20世纪80年代中期，共发现了130多颗获得正式编号的新小行星。按同一时期发现的新小行星数排名，紫金山天文台晋身世界第五。这些小行星中，（2223）萨尔帕冬、（2260）涅阿普托勒摩斯、（2363）克布里俄涅斯和（2456）帕拉墨得斯四颗，是在天体力学研究上具有特殊意义的脱罗央小行星；（2077）江苏星和（2078）南京星两颗是靠近地球轨道的越火小行星。杨捷兴和汪琦还于1977年11月3日发现了双曲线轨道的紫金山彗星；葛永良和汪琦于1988年11月在北京天文台发现了葛-汪彗星。汪琦和法国天文学家Alain Maury于1990年在法国格拉斯地球动力学及天文学探测研究中心发现了近地小行星1990AD。

20世纪60年代初期，张家祥与徐婉芬合作，在中国科学院计算研究所的"104"计算机上，首次完成了用电子计算机以数值方法研究小行星特别摄动的工作。经过数年不断的改进和完善，张家祥创建了国际先进水平的太阳系小天体观测数据处理系统。该系统能快速高精度地完成观测位置数据处理、初轨计算、精确摄动计算、轨道改进和摄动星历表计算等一系列工作，完全满足了小行星和彗星观测发现工作的需要。

为了表达对张家祥研究工作的敬意，美国哈佛史密松天文台于1991年命名该台自己发现的4760号小行星为"家祥星"。

由于在小行星和彗星的探索、发现和研究领域的贡献，张钰哲、张家祥、杨捷兴、汪琦、尉淑玲等荣获1987年国家自然科学奖二等奖。

1986年，一代天文巨星张钰哲先生逝世，张家祥痛失良师，无比悲痛。在先生百年诞辰纪念时，他写了一首"纪念张钰哲先生"的诗，以表怀念：

> 赤子情怀度远帆，学从海外故乡还。
> 开天创业传千古，辟地兴台历万难。
> 立志观星寻奥秘，潜心究理论精专。
> 曾经探索得丰果，熠熠中华耀宇寰。

五、开拓人造卫星运动研究

1970年4月24日，中国第一颗人造卫星发射成功。喜讯传来，张家祥格外兴奋，这项成就凝结着他13年的心血。

1957年初春，早在苏联发射第一颗人造卫星之前，张钰哲先生高瞻远瞩，郑重地对张家祥说："今年是国际地球物理年，很可能要发射人造地球卫星，我们要及早做些研究。"当时在全世界，人造卫星动力学理论都尚在襁褓中，无可借鉴，必须自己创新。好在家祥两年来对小行星运动理论的研究已经奠定了基础，他可以由此出发，一试身手。

人造卫星运动与小行星运动的第一个区别是：支配小行星运动的是质点太阳的中心引力，支配人造卫星运动的则是地球椭球体的分布引力，在运动方程中必须考虑非球形地球的摄动。张钰哲和张家祥借鉴处理小行星运动的方法，按小偏心率展开，导出了方程的近似分析解，定量阐明了在地球引力场中人造卫星运动的基本特性：轨道半长径、偏心率和倾角做周期变化，而升交点则沿地球赤道面缓慢移动。

人造卫星运动与小行星运动的第二个区别是：人造卫星还受到大气阻力的摄动，大气阻力模型至今仍然是研究的热点。他们建立了初步的大气阻力模型，然后以偏近点角作为基本变量，借助含虚变量的贝塞尔函数，导出了含大气阻力摄动运动方程的近似分析解，定量阐明了人造卫星在大气阻力作用下轨道逐渐缩小直至陨落的全过程。

研究成果于1957年发表了《人造卫星的轨道问题》的专题论文。这篇论文是中国人造卫星运动理论的奠基之作，被实际验证，备受国外同行重视，论文处理大气阻力摄动的方法，尔后曾为苏联学者所采用。

9年后，1966年的秋天，席卷中国的风暴肆虐正酣，张钰哲首当其冲地受到冲击，张家祥忧心忡忡。9月的一天，领导找他谈话，命他担负我国人造卫星任务轨道计算方案的预先研究。任务组随即成立，成员还有刘亚英、陆本魁和吴连大。10月4日，任务组转战上海嘉定华东计算技术研究所，利用该研究所的X-2计算机开展工作。家祥得以远离"运动",继续在探索的海洋里游弋。然而,对先生的牵挂时刻萦绕心头。

经过两个月夜以继日的工作,进行了大量的模拟、实测计算,反复比较了各种算法的正确性和可靠性,中国第一个人造卫星轨道计算方案诞生了。方案考虑了地球椭球引力场的一阶摄动,同时适用于光学观测和无线电观测资料,能够胜任第一颗人造卫星工程的需要。张家祥后来说:"那时,为祖国航天事业做贡献的强烈心愿使我们忘却了一切,每天工作十几个小时,连做梦都是公式与数字。短暂的挫折令我们焦躁不安,每一步成功又使我们欢欣鼓舞。"

1967年3月,国防科工委在北京召开了第一颗人造卫星地面系统方案复审和任务落实会议。张家祥报告了紫金山天文台的轨道计算方案和模拟计算结果,得到了会议的充分肯定。根据会议决定,4月5日,在南京成立了负责第一颗人造卫星测轨预报方案研究制定的项目组,命名为"405任务组"。25名成员来自紫金山天文台、中国科学院数学研究所、西北计算所、701工程处和发射中心,其中很多人后来成为中国人造卫星工程领域有影响的专家或领导。任务组行政归发射中心领导,业务由紫金山天文台负责。下设测轨定轨、轨道改进和预报三个小组,张家祥兼管测轨定轨组。

方案的难点在于不能在国外布设观测站,必须完全依靠国内站网提供的以无线电观测为主的各种资料进行短弧段测轨定轨,国家的要求是"万无一失",这是世界性的难题。张家祥依天体力学经典定轨方法推导出了适用于电子计算机的、通过反复迭代求解卫星初始状态向量的方程组,提出分两步走的策略:第一步,以紫金山天文台已建立的算法为基础,设想卫星头一两圈可能出现的各种情况和测站分布的实际,对模拟数据进行计算,修改和完善算法,提出初步方案。第二步,使用国外卫星的实测数据检验方案。从4月到10月,计算了上万条模拟轨道,完成了初步方案。这期间,尽管外面大字报铺天盖地,高音喇叭喊声喧天,武斗队伍狼奔豚突,任务组计算机房却一片宁静,只有计算机风扇的嗡嗡声和钢笔在纸面上演算的沙沙声。从清晨至深夜,张家祥和伙伴们凝视着计算机面板上闪烁的氖管,思考着计算的进程和结果,常常为多准确一位而欣喜,又为了少准确一位而担忧。到了11月份,终于进入实测检验阶段,所用数据为国内4个测站观测得到的美国探险者22号、27号和29号三颗卫星的多普勒测量数据。先用每秒一点的实测数据检验,通过。又用10秒一点的平滑数据检验,仍然通过。机房里顿时沸腾:"终于成功了!"

"405任务组"在南京近一年的辛劳结晶,是完成了即将付诸实施的、厚厚的研究报告。

1970年第一颗卫星上天，轨道计算和预报获得成功，任务圆满完成。

1971年，张家祥又和刘亚英等一起，完成了我国第一颗赤道同步卫星轨道理论的研究，定性定量地阐明了同步卫星轨道在非球形地球引力场中变化的规律，写成6万多字的研究报告，成果应用于中国同步（通信）卫星工程。

1999年9月，张家祥出席了"表彰为研制'两弹一星'做出突出贡献的科技专家大会"。

六、奠基太阳系精密数值模型

1978年，张钰哲不再兼任行星研究室主任，由张家祥担任。同年，笔者通过"文化大革命"后第一次研究生招生考试，从新疆天山深处来到张家祥老师身边学习。张家祥的研究工作开始由小行星和人造卫星运动拓展到全部太阳系天体运动。

张家祥敏锐地察觉到高速电子计算机的出现给太阳系天体运动研究带来的变化。两百年来，天体力学研究中并行着两种方法：分析方法和数值方法。分析方法虽然十分理想，能够给出天体状态随时间变化的分析表达式。可惜的是，只有最简单的二体问题才能得到这样理想的解，而这早在微积分和天体力学诞生之前的17世纪初就由开普勒用几何方法解决了。至于略为复杂一点的三体问题，除了个别特殊情形之外，至今仍然无法求解。天文学家只好退而求其次，分拆摄动量和状态变量，只保留主要部分，摒除次要部分，以求简化运动方程，设法得到近似解。这种方法成为研究的主流，一直盛行到20世纪中叶。数值方法得到的也是近似解，而且无需变换运动方程，方法比较简单，但计算繁复，用电动计算机即使计算一个天体的轨道，往往也需要经年累月，应用受到限制。高速电子计算机的出现突破了瓶颈，使数值方法成为天体力学研究的主流之一。

张家祥着手用数值方法处理包括行星在内的太阳系所有天体的运动。数值方法成功的关键之一是要有一个精度高、速度快的积分器。他总结以往研究小行星和人卫运动的经验，比较各种积分器的短长，寻找提高精度和速度的途径。传统的Cowell积分方法适合太阳系天体长期运动的积分，但精度和速度都不够理想。精度和速度是一对矛盾：为了提高精度就要增加字长，而这又会牺牲速度。他分析发现，影响精度的关键量是外推过程中的二次和分，只需要增加二次和分的字长，就可以大大提高精度而不过多影响速度。于是采取双变量单元处理二次和分，改造Cowell方法，解决了积分器的问题。这个积分器，后来由笔者和国外合作者命名为Cowell-Zhang积分器。数值方法成功的关键之二是根据精度要求在运动方程中合理选择摄动因素，当取全取，不能遗漏。小行星轨道研究覆盖的时间较短，精度要求相对较低，太阳系天体研究涉及天体较多，覆盖时间也长得多，精度要求很高。精益求精，他逐步增加了广义相对论效应、太阳和地球非球形摄动等因素，独立创建了太阳系天体动力学精确数值模型。到 20 世纪 80 年代，该模型给出的太阳系自然天体的位置，在数十年内，误差不大于 1 角秒，内符合计算精度高于 10^{-12}。在计算设备相对落后的条件下，达到了国际先进水平。

应用张家祥初创的太阳系天体动力学数值模型，张钰哲、张家祥和董明就曾在 1974 年研究了根数相近的彗星紫金山 1 号和紫金山 2 号的轨道在 1695~2195 年间的演变，指出这两颗彗星的轨道相似，完全是木星引力长期作用的结果。1978 年张钰哲又用以计算研究了哈雷彗星的轨道在此前 3 000 年间的演变，分析考证了中国历史上关于该彗星的记录，提出了武王伐纣之年适逢哈雷彗星回归的观点；1981 年笔者进一步考虑广义相对论和非引力效应，研究了同一彗星轨道的长期演变。

小行星 Icurus 是一颗能深入水星轨道之内的小行星，对 Icurus 的观测可以检验广义相对论。1987 年 Icurus 大冲，到达最有利于观测的位置。张家祥应用其动力学数值模型，综合计算研究国外和自己得到的观测数据，在 1992 年得到验证广义相对论的相关系数 $\lambda = 1.0124 \pm 0.0410$，为当时国际最好结果之一。

20 世纪 80 年代初，国际天体力学研究的另一个热点是计算太阳系天体轨道在数十万年尺度上的变化，探寻这种变化与地质时代气候变迁的关联。精确动力学模型研究太阳系天体运动的时段，只能达到两三千年，对此无能为力。张家祥改进传统的 Gauss 方法，创造了新的半分析半数值研究方法。他和笔者一起先后研究了九大行星在 210 万年期间，31 颗主带明亮小行星在十多万年期间轨道的动力演化。在他的指导下，笔者于 1985 年在国内首次研究了小行星碰撞问题。

1994 年 7 月中下旬，发生了 Shoemaker-Levy 9 号彗星的一系列彗核碎片碰撞木星的罕见天象。张家祥主持了我国的预报工作。他在上述太阳系动力学模型的基础上，结合彗木碰撞的特殊性，创造性地提出了定位数据野值自动剔除算法，横向扩展、一次积分非常数增量差分改进算法，以及在彗核临近木星时采取的非常小步长积分方法，和汪琦、杨捷兴、王思潮、陈协珍等人一起，在缺乏临近碰撞前最后一批关键的国外观测资料的情况下，仅用 486 兼容机，独立进行了碰撞预报。预报时间与伽利略飞船测得的实际碰撞时间比较，均方差为 8.46 分钟，精度与美国宇航局喷气推进实验室的预报相当。彗木碰撞预报的成功，是对张家祥创建的太阳系动力学模型最重要的实际验证。

2002 年，笔者发展张家祥模型，发表了 PMOE2003 行星–月球历表，预报天体状态达到美国宇航局 DE405 历表同样的精度。在此基础上，笔者与赵海斌研究了 1998 年狮子座流星雨粒子的来源；与德国合作者解决了美国宇航局和欧洲空间局合作的引力波天文台（LISA）航天器轨道优化设计的问题。张家祥奠基的太阳系动力学模型至今仍在团组的研究工作中发挥着基础作用。

七、为了保卫地球

1994 年的彗木碰撞震惊了科学界，天体碰撞以至毁灭地球不再是杞人忧天和科学幻想，而是人类面对的现实威胁。6 500 万年前恐龙的灭绝，1908 年西伯利亚通古斯卡地区上空的大爆炸，以及近年来多次发现的天体在近距离上掠过地球的事件，都告诉人们，近地天体碰撞的可能性尽管很小，但确实存在。近地天体碰撞地球的事件一旦发生，其危害就不容低估。一颗直径百米的小行星如与地球碰撞，可能造成东南亚海啸那样规模的灾害。直径千米以上小行星，将造成全球性的毁灭。预防近地天体碰撞灾害，成为全人类共同的课题。

彗木碰撞事件后，张家祥率团赴纽约参加了在联合国大厦召开的"国际预防近地天体撞击地球学术讨论会"，提出建造中国近地天体探测望远镜和基地的设想。1999 年，近地天体探测望远镜工程作为科技部重点项目和中国科学院与江苏省院省合作项目在江苏盱眙启动，张家祥担任首席科学家。2005 年 3 月，笔者参加中国代表团出席联合国外空委科技小组委员会第 42 次会议，再次向世界承诺将把盱眙观测站建设成为近地天体危险评估和预防国际网在亚洲地区的中心。

2006 年，盱眙观测基地和 1 米近地天体探测望远镜建成并由赵海斌主持投入试观测。试观测非常成功，入选当年"中国十大天文科技进展"。到 2007 年底的时候，已经发现了阿波罗型近地小行星 2007 JW2，新彗星 P/2007 S1 ZHAO 和另外 332 颗新小行星。上报观测数据数量在全世界 379 个台站中进入前八，按数据质量排序名次还要更前，成为国际联测网中有影响的台站。2008 年初，美国《科学》杂志发表长篇专访，报道该团队的研究工作。2009 年，项目通过鉴定，转入正式观测。

近地天体探测望远镜工程成功的一条重要经验，是张家祥培养和组织了一个团结、勤奋、高效和廉能的专业团队，创新了项目组主导科学工程建设的管理模式。每个成员都努力谱写了各自动人的乐章，项目组则合奏出了胜利交响乐。张家祥曾赋诗称赞团队：

> 观星矢志磨锋剑，竭虑殚精展异才。
> 技克尖端山可过，研臻极理路为开。

  甘泉入地银锄掘，巨树参天铁臂栽。

  待得功成圆梦日，愿君齐上集贤台。

  兵马未动，粮草先行。筹集经费是项目最重要的一件事。这个项目虽然得到科技部的编号和部分支持，但实际上是一个"民办公助"工程，大部分经费需要自筹。张家祥的老搭档杨捷兴和汪琦担起了这个重担，他们四处奔走呼吁，宣传保卫人类生存环境的重要性，历尽艰辛，终于保障了经费供给。

  总工程师姚大志集工程的机械、光学、电控和基建的技术协调、现场管理和监督于一身，成年累月地忙碌在第一线，奔波于管理、设计、直至一线工人之间，为合作单位出主意，想办法，突破了无数技术和管理难关。

  副研究员姚进生负责观测站选址，当时天文界有人认为东南人口稠密地区不可能有合格的站址，选址成为一项富有挑战性的任务。姚进生搭乘长途公交车，农用拖拉机，甚至步行，走遍了苏南和苏皖边的山头，终于选定了位于大别山余脉的盱眙跑马山。当他风尘仆仆地背着黄色挎包走进盱眙县委办公室的时候，工作人员十分诧异：现如今哪有科学家没有专车出差的？以致打电话到天文台问："你们单位有没有姚进生这个人？"

  1999年正月初四，张家祥率项目组驱车4小时，于黄昏时分到达跑马山考察。稍事休整后，一行人打着手电，踏着荆棘摸黑登上山峰。山顶平坦，伸手难见五指。翘首以望，只见银汉低垂，繁星满天。张家祥高兴地说："这地方条件好，有希望。"又经过一年的选址观测和专家论证，最后确定跑马山为观测站站址。

  现在担任观测站站长的赵海斌，1996年到紫金山天文台攻读学位。张家祥对这个隔代弟子关爱有加，2004年，望远镜即将安装调试，张家祥和项目组决定由海斌担负重任。赵海斌继承张家祥老师理论联系实际的学风，勤于思考，勇于实践，精心准备，精心实施。试观测不负所望，出乎意料地顺利和成功。2006年11月，张家祥看到新望远镜拍摄的星区图像，万分欣慰，喜极而诗：

  摄像无暇传捷报，开天有物畅心胸。

  喜看一代英雄气，矢志观星探碧空。

  又书《采桑子·新望远镜》一阕，表达自己激动的心情：

  横空霁夜星光灿，

  看是牛郎，确是牛郎。

  似傍银河盼织娘。

  人间今日天工夺，

破也沧桑，立也沧桑。

镜察重霄惊玉皇。

八、漫天星斗数年华

21世纪初期，张家祥逐步退休，但仍惦记着奋斗在望远镜工程第一线的同事们。2005年3月，在旅美探亲一年、行将启程回国的时候，他遥想即将再去盱眙新站，居住紫苑，参与天文观测，兴奋不已，作诗一首：

观光纵是新洲好，落叶依然溯旧踪。

梦过千回游故地，神牵万里念江东。

山村小住临春色，紫苑怡居赏劲松。

寂静寒宵人不寐，巡天测度傲苍穹。

受父亲张康龄熏陶，张家祥自幼喜爱唐诗宋词和书法。退休后，他才有时间习诗练字，几年间写成近体（格律）诗词数十首，抒发他对祖国、对事业、对同志、对亲人的真挚情感，并以理科分析综合方法研究诗词格律声韵，写成《诗的格律简介》一文，连同书法作品，结为《星月集》付梓。

《星月集》出版后，张家祥送王绶琯先生请教。王先生于1953年从英国回国后，就职于紫金山天文台，直至1955年到上海天文台任副台长，两年间与张家祥朝夕相处，成莫逆之交。王先生读后答《浣溪沙》词一首，谨录于下，作为本文的结束语：

一卷相招星月槎，

旧游逐梦到天涯，

遥聆琴瑟认君家。

玉树芝兰心作圃，

颜筋柳骨笔生花，

漫天星斗数年华。

最后三句，是对张家祥的诗词、书法和科学精神的贴切写照。

九、张家祥主要论著

张钰哲，张家祥. 1954. 小行星（415）Palatia的摄动计算及轨道改进. 天文学报，2：169.

张家祥. 1954. Abell彗星（1953g）的摄影观测及轨道计算. 天文学报，2：197.

张钰哲, 张家祥. 1955. 紫金山天文台初次发现的小行星. 天文学报, 3: 1.

张家祥. 1956. 新小行星紫金二号. 天文学报, 4: 82.

张钰哲, 张家祥. 1956. 小行星（134）Sophrosyne 的轨道改进. 天文学报, 4: 84.

张家祥. 1957. 小行星紫金三号和紫金四号. 天文学报, 5: 79.

张家祥, 黄长春. 1957. 特殊直角坐标在恩克（Encke）特别摄动计算方法上的应用. 天文学报, 5: 90.

张钰哲, 张家祥. 1957. 人造卫星的轨道问题. 天文学报, 5: 196.

张家祥, 等. 1959. 天琴座 β 星的光电测光. 天文学报, 7: 198.

张钰哲, 张家祥. 1962. 七颗变光小行星的观测研究. 天文学报, 10: 101.

张家祥, 徐婉芬. 1963. 在电子计算机上进行的小行星特别摄动计算——方法与精度问题. 天文学报, 11: 1.

张家祥, 王德昌, 徐婉芬. 1965. 小行星的行星摄动、轨道改进和冲日星历表全部连续的自动计算. 天文学报, 13: 75.

张钰哲, 张家祥, 冼鼎璋, 等. 1965. 定点击中和航测月球的火箭轨道. 天文学报, 13: 131.

张钰哲, 张家祥, 董明. 1974. 彗星紫金山 1 和紫金山 2 的轨道演变. 天文学报, 15: 3.

张家祥. 1982. 行星长期摄动研究. 天文学报, 23: 56.

张家祥, 李广宇. 1984. 一些小行星轨道的长期摄动. 紫金山天文台台刊, 3（2）: 1.

张家祥, 杨捷兴, 吴月珍. 1988. 特殊小行星 Icarus 的 CCD 观测. 天文学报, 29: 260.

张家祥. 1989. 行星运动方程的数值积分问题. 紫金山天文台台刊, 8（3）: 159.

张家祥. 1993. Icarus 运动中广义相对论效应的研究. 天文学报, 34: 315.

张家祥, 汪琦, 杨捷兴, 等. 1996. 彗木相撞预报. 中国科学, A26: 280.

撰写者

李广宇（1945~），出生于甘肃省陇西县，1968 年毕业于西安交通大学数理力学系。1978 年从新疆昭苏县人防办技术员任上考取紫金山天文台研究生，师从张家祥。1986 年参加部队院校工作。1996 年为参加近地天体探测望远镜建设，从正师职教研室主任岗位转业。1999~2005 年担任知识创新工程近地天体探测和太阳系天体研究团组首席研究员、博士生导师。2010 年被聘任南京大学高级访问教授、空间环境与航天动力学研究所顾问。著有《夏商周时期的天象和月相》、《天球参考系变换及其应用》。

20 世纪中国天文学大事记

1900 年
- 八国联军入侵北京，北京古观象台上的天文仪器遭到法国和德国的抢劫。法国抢走的明制简仪、赤道经纬仪、黄道经纬仪、地平经纬仪和象限仪被运送到了东交民巷的法国使馆，1902 年归还我国。德国抢走的明制浑仪、天体仪、玑衡抚辰仪、地平经仪和纪限仪则被运送到了德国，陈列在柏林的波茨坦离宫，至 1921 年根据凡尔赛和约归还我国，1921 年 10 月 9 日中央观象台举行了规模宏大的公开展览。
- 法国天主教耶稣会在佘山建立天文台，台内安装有口径 40 厘米、焦距 7 米的双筒折射望远镜及小赤道仪、太阳分光仪和子午仪等仪器。

1904 年
- 青岛观象台天测室和报时球台落成。青岛观象台利用口径 4 厘米、焦距 25.5 厘米的折轴式中星仪进行时间测量，并于 4 月 1 日开始报时工作。

1905 年
- 佘山观象台创办《佘山观象台天文年刊》，主要刊载佘山观象台观测资料和观测报告，至 1942 年共出版 42 卷。

1908 年
- 清廷下旨废除全国一体救护日食、月食的大型活动。这是清末新政期间为了提高民众科学素养而实施的一项重要举措。

1912 年
- 1 月 1 日孙中山发布"改用阳历纪元令"，以 1912 年 1 月 1 日为中华民国元年元月元日。此举废除了中国传统的阴阳合历，改用国际上通用的阳历。
- 5 月民国政府教育部裁撤清钦天监，成立中央观象台，高鲁任首任台长。
- 香港天文台获得英皇佐治五世颁赐的"皇家天文台"称号。香港天文台成立于 1883 年，首任台长（1883 ~ 1907）是杜伯克博士（Dr. William Doberck）。

1913 年
- 中央观象台采用国际通用的 S. 纽康太阳表和 P. A. 汉森月亮表进行历书推算，废除清钦天监使用的《历象考成后编》的旧法、旧数。

1914 年
- 中央观象台根据近代天文方法编算《观象岁书》，它是《中国天文年历》的前身。
- 徐家汇天文台开始使用无线电授时，成为中国标准时间的发源地。

1915 年
- 中央观象台出版月刊《观象丛报》，并与国际天文机构进行交换。《观象丛报》是中国最早的现代天文刊物，1921 年停刊。

1916 年	· 民族实业家张謇在江苏南通军山顶上建立天文台，它是中国唯一的民办天文台。1938 年日军侵占南通时被损毁。
1917 年	· 英美基督教会在山东济南创立齐鲁大学，下设文、理、医、神四个学院。理学院中有天文算学系，它是中国最早建立的天文教育机构。
1922 年	· 10 月 30 日中国天文学会成立，高鲁为会长，秦汾为副会长，会址设立在中央观象台。中国天文学会成为最早一批成立的学会组织。
1923 年	· 10 月 28 日中国天文学会在北京召开第一届年会。 · 中国天文学会接受社会捐赠，设立"隐名奖金"，奖励优秀的天文学作品。
1924 年	· 中国从日本手中接管了由德国建立的青岛观象台，成立胶澳商埠观象台。台内设有天文磁力科开展天文工作，高平子任天文磁力科科长。天文磁力科从本年开始利用中星仪和摆钟做测时工作。 · 《中国天文学会会报》第一期出版，年出一册，至第八期后改为不定期刊，第九期于 1933 年出版后停刊。
1925 年	· 中国天文学会委派张云列席在英国伦敦举行的第二届国际天文学联合会大会。 · 5 月青岛观象台利用口径 16 厘米的赤道仪，采用投影法目视记录太阳黑子的位置和数目，这项工作成为我国现代太阳观测的开端。 · 中国天文学设立"淡园奖金"，以其息补助出席国际天文学联合会代表的旅费，并奖励研究中国古代天文的著作。 · 陈垣《二十史朔闰表》出版，它是我国第一部贯穿 2000 年中历、西历、回历换算的精确年表，是研究中国古代历史必备的工具书之一。
1926 年	· 胶澳商埠观象台代表中国参加了国际第二次经度联测。这是我国首次参加国际天文合作。 · 张云在中山大学建立数学天文系。 · 余青松创立的"恒星光谱分类法"被国际天文学联合会正式命名为"余青松法"，并得到得到广泛应用。英国皇家天文学会因此将他吸收为第 1 位中国籍会员。
1927 年	· 5 月南京国民政府在教育行政委员会下设时政委员会，负责编制历书。 · 朱文鑫《史记天官书图考》出版。此后十多年中，朱文鑫还陆续出版了《天文考古录》、《历代日食考》、《历法通志》等书籍，成为中国天文学史的经典著作。

1928 年
- 2 月中央研究院天文研究所在南京成立，高鲁任第一任所长，高平子和陈遵妫任研究所专任研究员。
- 张钰哲在美国叶凯士天文台用照相定位法发现 1125 号小行星，命名为"中华"，这是中国人发现的首颗小行星。
- 中国天文学会委派余青松、赵进义列席在荷兰莱登召开的第三届国际天文学联合会大会。

1929 年
- 天文研究所接管中央观象台，并将其更名为"国立天文陈列馆"。
- 5 月中国天文学会派余青松参加在爪哇举行的第四次太平洋科学会议，会议期间余青松参观了爪哇茂沙天文台。
- 6 月中山大学数学天文系天文台落成，台内装备有 15 厘米赤道仪和 6 厘米子午仪、20 厘米反射望远镜和 15 厘米折射望远镜，并配备有计时器等。
- 7 月中央研究院聘请余青松任天文研究所第二任所长，主持紫金山天文台的选址和建设工作。
- 张钰哲留美回国，被聘为天文研究所特约研究员。
- 中国天文学会成立变星观测委员会，会址设在中山大学天文台，张云为第一届主任委员。

1930 年
- 2 月由中山大学主办的《国立中山大学天文台两月刊》创刊，1936 年 12 月停刊。
- 南京国民政府发起推行公历，废除旧历的运动。
- 中央研究院天文研究所出版 1930 年《天文年历》。
- 7 月中国天文学会编印的天文科普期刊《宇宙》出版发行，高平子任总编辑。
- 中国天文学会成立天文名词编译委员会。

1931 年
- 1 月天文研究所利用海尔太阳分光仪从事太阳分光观测。该观测为国际合作项目之一，也是天文研究所开展最早、观测最为系统、观测次数最多的一个项目。
- 法国马赛天文台台长普契里参观中国青岛观象台和在建的紫金山天文台。
- 青岛观象台和佘山观象台参加了国际爱神星观测。

1932 年
- 4 月 23 日青岛观象台口径 32 厘米天图式赤道仪装配调试竣工，举行开幕典礼。

	· 中国天文学会会址从北京迁到南京，挂靠在中央研究院天文研究所。
1933 年	· 天文名词编译委员会审定天文名词 1400 余条，均有英、法、德、日四种文字对照，由国立编译馆出版发行。
	· 北京古观象台上的古代天文仪器：简仪、浑仪、圭表、地平经纬仪和漏壶迁往南京，陈列于紫金山天文台内。
	· 11 月 24 日中国天文学会在南京举行纪念徐光启逝世 300 周年大会。
	· 中山大学数学天文系天文台和青岛观象台应邀参加第三次国际经度联测。
1934 年	· 9 月紫金山天文台建筑完成，天文研究所全部人员迁入该台。这是中国建立的第一座现代意义上的天文台，台上安装有 60 厘米大赤道仪、20 厘米折光赤道仪和海尔单色光观测镜、13.5 厘米超人差自动子午仪及 10 厘米罗氏变星照相机等现代观测仪器。
	· 李珩编写的《球面及实用天文学讲义》和《天体力学讲义》出版，成为中国最早的自编天文学教程。
1935 年	· 中国天文学会派高平子、潘璞出席巴黎的第五届国际天文学联合会大会，并正式成为该会会员。
	· 周培源在《物理学报》第 1 卷第 3 期上发表论文《膨胀宇宙新论》，这是我国第一篇现代宇宙学的论文。
1936 年	· 余青松、陈遵妫、邹仪新等赴日本北海道进行日全食观测。同时张钰哲、李珩去苏联观测日全食。这是我国首次现代意义上的日食观测。
1937 年	· 中国天文学会第 15 届评议会第 1 次会议上决定编纂天文学丛书，由李珩和陈遵妫负责。三四十年代陆续出版了一批天文学书籍，为普及天文知识起到了一定作用。
	· 日本侵略军占领南京，天文研究所被迫内迁，先迁到长沙，后到达桂林。1938 年 4 月天文研究所到达昆明，11 月在昆明东郊开始兴建凤凰山天文台。1939 年 7 月凤凰山天文台建成，台内安装有内迁时携带的罗氏变星照相机和海尔单色光观测镜。
1941 年	· 余青松辞去天文研究所所长职务，张钰哲任第三任所长。
	· 9 月 21 日张钰哲、李珩、陈遵妫、李国鼎、龚树模去甘肃临洮观测日食成功。这是在中国境内首次进行科学观测日食活动，也是一次颇具影响的天文普及活动。
1942 年	· 中国天文学会在云南昆明和福建永安两地举行纪念牛顿诞辰 300 周年

大会。
- 5月昆明凤凰山天文台开始太阳黑子观测。

1943年
- 中国天文学会举行第19届年会。在此届年会上，评议会改称理事会，张钰哲任首任理事长。

1946年
- 天文研究所和天文学会从昆明迁回紫金山天文台。

1948年
- 5月9日中国华东和华南部分省份出现日环食，天文研究所派以陈遵妫为首的观测小组赴浙江余杭县进行观测。
- 11月清华大学物理系学生沈良照独立发现1948L彗星，天文研究所用小赤道仪进行了观测和拍摄，并进行了科普宣传。

1949年
- 11月中国科学院建立，天文研究所改属中国科学院领导。

1950年
- 5月20日天文研究所更名为中国科学院紫金山天文台，张钰哲任台长。
- 12月紫金山天文台派陈彪、贺天健分别接管徐家汇天文台的授时工作和佘山天文台的天文工作，两台分别改称徐家汇观象台和佘山观象台。

1952年
- 8月中山大学数学天文系和齐鲁大学天文算学系合并迁往南京，成立南京大学数学天文系，赵却民任系主任。
- 9月北京师范大学在普通物理教研室下设立天文学教学小组，主要任务是为物理系和地理系开设天文学选修课。

1953年
- 3月张钰哲参加中国科学院访苏代表团赴苏联访问。
- 8月中国天文学会创办《天文学报》，张钰哲任编委会主任，李珩任副主任。在《天文学报》创刊号上，李珩发表的《红巨星的模型》是该领域前沿性的研究成果。
- 紫金山天文台60厘米反射望远镜修复成功，成为建国初期天文界进行观测的主要设备。
- 中国科学院成立中国自然科学史委员会，委员会主任竺可桢，副主任叶企孙。天文学史研究是该委员会首先开展的工作之一。
- 南京大学开始在校园内兴建天文台，1956年4月开始启用，1957年完成了三个圆顶室。台内安装的主要设备有28厘米和15厘米折射望远镜和天顶仪等设备。

1955年
- 紫金山天文台历算组成立，专门负责历书、天文年历的编算和出版工作。
- 席泽宗发表《古新星新表》，它是现代中国天文学家在国际上影响最大的工作之一，对于天体物理学的发展有重大历史意义。

- 张钰哲当选中国科学院学部委员，同年当选的还有机械工程学家吴学蔺。吴学蔺于1979年调任南京天文仪器厂担任厂长并负责组织2.16米望远镜的研制工作。

1956年
- 《国家十二年天文学发展远景规划》（1956~1967）制定，授时和纬度变化、方位天文、天体力学和年历编算、太阳物理和日地关系、恒星天文和恒星星云物理以及射电天文等几个方面被列为我国天文工作的发展重点，在北京建立以天体物理研究为主的现代化天文台和兴建西北授时台被列为重点建设项目。
- 10月以苏联天文委员会主席米哈伊洛夫（A. A. Mikhailov）为首，由苏联科学院天文委员会副主席库加金库卡金（B. V. Kukarkin）、普尔科沃天文台照相天体测量天文学家德依奇（A. N. Deich）、乌兹别克塔什干天文台台长谢格洛夫（V. P. Shchegelov）组成的苏联科学院天文代表团应邀访到紫金山天文台考察，商讨中苏在天文学研究方面的合作并访问了南京大学数学天文系。
- 9月竺可桢率领代表团到意大利参加第8届国际科学史会议，在会上宣布天文学史论文3篇。
- 紫金山天文台杨世杰磨制成功中国第一个施密特（Schmidt）照相镜，为我国今后研制多个施密特望远镜奠定了基础。

1957年
- 2月中国天文学会在南京召开新中国成立后的第一届全国代表大会及中国科学院紫金山天文台学术委员会成立大会。天文学会选举了理事会，张钰哲当选理事长。
- 3月青岛观象台天文部分的工作划归紫金山天文台领导。1978年青岛观象台被撤销建制，1993年原名原隶恢复建制。
- 7月天体物理学家程茂兰从法国回国。
- 7月中国科学院自然科学史研究室成立，内设天文学史研究小组，开始有计划地整理我国古代的天文学遗产。
- 9月29日北京天文馆建成对外开放，馆内安装有蔡司大型天象仪，陈遵妫任第一任馆长。北京天文馆是建国后建成的第一个大型科普场馆，它是向大众展示宇宙的剧场，传授天文知识的课堂。
- 10月紫金山天文台派李竞、李启斌、林元章、黄硼，后来还有沈良照等随程茂兰开展北京光学天体物理台选址工作。
- 10月15日"中国科学院人造卫星观测系统"创建，随后组建紫金山天文台人造卫星观测研究组和我国第一个人造卫星观测网。
- 中国科学院天津纬度站建成，邹仪新任主任。这是新中国筹建的第一个天文观测台站。1962年天津纬度站划归北京天文台筹备处管理。
- 张钰哲、张家祥发表《人造卫星的轨道问题》，这是我国在人造卫星轨道方面发表的第一篇论文。

1958年
- 2月国务院批准成立北京天文台筹备处，程茂兰任主任，开始筹建中国科学院北京天文台。
- 4月天文科普期刊《天文爱好者》创刊，李鉴澄任首任主编。《天文爱好者》宗旨是向大众宣传普及天文知识，介绍重要天象和天文学的进展等。
- 4月19日苏联科学院天文总台和中国科学院进行海南岛日环食联合射电观测。此后射电天文成为北京天文台发展的科研方向之一。
- 5月中国科学院决定筹建南京天文仪器厂，12月筹备处成立，朱人俊任主任。1960年被正式命名为中国科学院南京天文仪器厂，这是中国唯一一座研制天文仪器的工厂。1964年建成。
- 7月8日中国科学院人造卫星观测办公室成立，由紫金山天文台主管，办公室主任张钰哲，组织各地人造卫星的观测，执行中苏合作观测人造卫星的计划。
- 9月中国天文学会天文名词委员会编辑的《天文学名词》5000条由科学出版社出版。

1959年
- 我国第一台射电望远镜在沙河建成，开始了太阳射电的常规观测。
- 张和祺、赵定理、尤建圻、许胤林发表《1959年7月10日太阳特大耀斑的 Hα 光谱分析》（《天文学报》第7卷第2期，第175~181页），这是我国在太阳耀斑方面发表的第一篇论文。
- 紫金山天文台与江南光学仪器厂合作的60厘米口径的中间试验望远镜研制成功。1978年获全国科学大会奖、中科院重大科技成果奖。
- 全国射电天文讲习班在沙河举办，30名学员参加学习。

1960年
- 2月5日中国天文学会宣布退出国际天文学联合会及其所属专业委员会。
- 沙河工作站"授时组"自5月1日起正式向中央人民广播电台提供精度为0.1秒的民用授时信号。
- 北京师范大学设立天文系，冯克嘉任副系主任，未设系主任。
- 北京大学在地球物理系下设天文专业，1976年正式定名为天体物理专业。
- 北京沙河工作站正式成立，王绶琯任站长，站内设有授时组、射电组、天体物理组和光学组。
- 9月北京天文台筹备处受中国科学技术大学委托，主办天体物理专业训练班。

1961年
- 2月中国科学院正式下达研制2.16米口径的大型光学望远镜的任务。
- 4月南京大学数学天文系分为数学系和天文系，天文系设立射电天文专业，戴文赛任天文系主任。

1962年
- 4月沙河工作站开始建设太阳望远镜观测室、色球观测室、目视等高观测室、双筒观测室和施密特观测室。
- 7月中国科学院第四次院务会议讨论决定建立"中国科学院数理化学部天文委员会"，张钰哲任主任委员，程茂兰、李珩和戴文赛任副主任委员。
- 7月中国科学院决定北京天文台筹备处为院直属单位。
- 8月徐家汇和佘山观象台从紫金山天文台分离，合并成立中国科学院上海天文台，李珩任台长。
- 9月紫金山天文台招收第一批研究生2名。
- 南京大学天文系出版第一批自编天文学教材。
- 中国科学院测量与地球物理研究所在武昌建立时辰站，研究经纬度的变化和时号改正数精度。
- 紫金山天文台尤建圻、许胤林、赵定理、张和祺研制成功我国第一个多波段太阳光谱仪。

1963年
- 上海天文台负责的"中国综合时号改正数"精度达到了世界先进水平，仅次于国际时间局，居世界第二。
- 9月北京天文台招收第一批研究生5名。
- 澳大利亚著名射电天文学家克里斯琴森（W. N. Christiansen）首次访问北京天文台，参观沙河站。

1964年
- 进口的双筒天体照相仪和施密特望远镜在沙河站安装成功，并投入使用。四年后，这两架仪器迁到新建成的兴隆工作站。
- 10月北京天文台光学天体物理观测站选定河北省兴隆县连营寨为新的台址。同年12月，中国科学院批准兴隆站基建设计任务书。
- 北京天文台密云射电天文工作站选址完成。

- 紫金山天文台与南京天文仪器厂合作研制成43/60/80厘米折反射望远镜，用于人造卫星观测。
- 南京天文仪器厂和紫金山天文台在胡宁生的主持下研制成40/60厘米施密特型人卫照相机。
- 紫金山天文台历算组按照国际一般天文年历的内容，开始独立逐年编算中国的天文年历。
- 中国科学院北京天文台筹备处建成3.2厘米波段太阳射电望远镜，于1965年投入太阳常规观测。

1965年
- 1月1日紫金山天文台用双筒望远镜，在双子星座发现了一颗亮度微弱的新天体，经1月5日晚再度观测证实，确定是一颗彗星。这是中国自己发现的第一颗彗星。1月11日，该台又在巨蟹星座发现一颗彗星，亮度约为15等，并有模糊的彗尾。
- 3月16日紫金山天文台设计的人造卫星预报、可见期预告、轨道改进、视差和光学观测资料处理程序正式投入了常规测轨预报工作，这标志着中国独立自主地建成了第一个比较完整的人卫测轨预报中心。
- 8月28日中国科学院选派上海天文台和天津纬度站的科技人员组成了西北授时台选址工作组，赴新疆、青海、陕西考察选址。
- 11月北京天文台设立恒星物理研究室，程茂兰任室主任。

1966年
- 2月7日上海天文台受中国科学院委托提出《西北授时台筹建方案》和《西北授时台第一期基本建设设计任务书》。3月，中国科学院决定在陕西关中地区筹建授时台。主要的任务是天体测量，以开展时间和频率为重点。11月29日，国家科委正式批复同意，代号为"中国科学院326工程"。
- 10月由程茂兰、王绶琯等组成的中国科学院天文代表团出访法国。
- 南京天文仪器厂研制成功精确确定卫星轨道的GJ-1型光学跟踪经纬仪和GJ-2型光学跟踪经纬仪。
- 上海天文台研制成功氨分子钟，短期稳定度为5×10^{-11}，长期稳定度为5×10^{-10}。

1967年
- 4月5日紫金山天文台和数学研究所等单位，完成了中国第一颗人造卫星整套测轨预报实施方案的制定任务，该方案经1970年4月24日发射证明是完全成功的一项开创性成果。
- 4月上海天文台提出在"326"工程中增设发射长波计划，1970年9月中国科学院再次提出该计划,并将其列入了"五四"规划中。
- 密云建成16面6米直径天线组成的干涉仪,开始了对太阳I型爆发和"噪暴"样本的收集和研究工作。
- 紫金山天文台研制成功了多波段太阳摄谱仪,利用口径40厘米的定天镜从事太阳耀斑和日珥等活动现象的光谱观测。

1968年
- 北京天文台参加了"珠穆朗玛峰地区科学考察"工作。珠峰地区综合科考工作获中国科学院特等奖。
- 8月1日北京天文台兴隆天体物理工作站举行竣工典礼。
- 9月22日中国科学院和教育部组织新疆日食观测工作。这是新中国成立后组织的第一次大规模、多学科的日食观测,包括日冕偏振、亮度、色球结构、射电以及地球物理和气象等多种观测项目,甚至还首次动用了飞机进行了观测。
- 南京天文仪器厂苏定强、王亚男、何凤宝、沈磐安、宋慕陶研制成功中国第一个李奥(Lyot)双折射滤光器(半宽0.66埃。而由水晶组成的半宽2.6埃的李奥双折射滤光器他们在1966年已制成),此后我国所有以双折射滤光器为核心的太阳观测仪器就全部由自己制造。
- 2.16米望远镜的60厘米中间试验望远镜,安装在兴隆观测站。在以后的二十多年间,60厘米中间试验望远镜对变星观测发挥了重大作用,90年代这架望远镜又被胡景耀等改造成了发现超新星的望远镜。

1969年
- 9月紫金山天文台完成了中国第一颗人造卫星轨道计算方案的制定("671"工程)。
- 12月周恩来接见上海天文台的技术人员,要独立自主建立中国原子时系统的指示,"930工程"领导小组于12月正式成立。

1970年
- 4月6日中国科学院批复紫金山天文台在"五四"规划中提出来的关于南方天文台选址的计划,同意立即成立南方台选址筹备小组。
- 4月24日中国发射第一颗人造地球卫星,由紫金山天文台、数学研究所等单位制定和研制的人造卫星测道预报方案软件,获得圆满的成功。中国第一颗人造地球卫星发射成功,在中国航天史上有划时代的意义,是中国发展航天技术的一个良好开端。
- 上海天文台与其他单位合作成功投产三台氨分子钟,并投入使用。
- 陕西天文台短波授时系统基本建设成功,于12月15日开始试播,电台呼号为BPM。

1971年
- 南京天文仪器厂在包可人领导下研制成三台HC651-112人造卫星跟踪摄影机,这种摄影机有4根轴,能作小圆弧跟踪。
- 南京天文仪器厂、北京天文台、上海天文台等单位先后研制成功了Ⅰ型光电等高仪和Ⅱ型光电等高仪并陆续安装在了陕西天文台、上海天文台、北京天文台、云南天文台。这些仪器不仅为地球自转的高精度测定提供了大量的资料,而且在基本星表的改进方面也作出了显著成绩。光电等高仪研制组的成员是胡宁生、李东明、王兰娟、谈志祥、蒋德广。
- 9月《中国太阳地球物理资料》(月刊)创刊,邹仪新任主编。
- 10月测量大气折射专用射电望远镜折射仪研制成功。

1972年
- 2月2日中国科学院将紫金山天文台昆明工作站扩建为云南天文台,陈彪为台长。
- 9月《北京天文台台刊》(中文版)创刊,罗定江任第一届编委会主任。2003年停刊。
- 方励之发表《关于标量-张量理论中含物质及黑体辐射的宇宙解》(《物理》第1卷第1~3期,第163~167页),这是我国在大爆炸宇宙学方面发表的第一篇论文。
- 中国第一台氢原子钟在上海天文台研制成功,标志着中国拥有了最精确的守时原子钟和频率标准。
- 南京天文仪器厂苏定强和王亚男建立了一个有创新的光学系统优化程序,这是以后三十年间我国天文光学设计和研究用的主要程序。

1973年
- 6月16日国务院、中央军委批复同意"关于长波授时台与长波导航试验台结合建设问题",设计计划任务书送国家计委审批后列入了国家计划,合建台的建设由中国科学院总负责,代号"3262"工程。
- 6月21日~7月16日中国科学院在北京召开"天文学座谈会",协商制定了1973~1980年我国天文学八年研究规划。同年12月以中国科学院名义向国务院报送了《关于加强天文学研究的报告》。这个报告成为70~90年代中国天文学发展的主要纲领性文件。
- 6月22日中国科学院和中国天文学会联合召开"纪念哥白尼诞生500周年"纪念会,同期北京天文馆还举办了"纪念哥白尼诞生500周年"展览。
- 中国科学技术大学成立天体物理研究小组,1977年扩展为研究室,后发展为天体物理研究中心,1999年成立天文和应用物理系,大量培养研究人员。

1974年
- 由国内多个天文台合作观测，陕西天文台编制出版《中国授时赤经星表》，获1978年全国科学大会奖。
- 3月15日中国科学院下达"2米反光望远镜设计任务书"，2.16米望远镜再次开始进行具体设计。
- 8月31日美籍华裔天文学家黄授书访问紫金山天文台和北京天文台等。
- 11月，中国科学院、教育部和国家文物管理局在北京召开中国天文学史整理研究规划座谈会，全国52个单位120人参加，成立了"中国天文学史整理研究小组"。此后成立了天象资料组，进行了约250人参加的普查与整理古代天象记录工作，组成了近40人的研究队伍。
- 南京天文仪器厂研制的15厘米人卫跟踪经纬仪安装到人卫台站使用。
- 12月密云站450兆赫2×16太阳射电复合干涉仪调试成功，并投入了第20周太阳活动峰年观测。

1975年
- 南京大学天文系戴文赛提议，组织"南片天体物理讨论班"，具体的学术活动是召开了1975年南京江苏饭店"南京地区天体物理讨论会"、1976年7月合肥稻香楼"南片天体物理讨论会"、1977年6月南京大学的"相对论讲习班"。
- 5月真空照相天顶筒在南京天文仪器厂研制成功，1976年安装在天津纬度站。它为我国播发标准时间和地极坐标提供了准确的资料。12月上海天文台和上海光机所合作研制的30厘米口径第一代红宝石人卫激光测距仪投入正常观测，可测量3000千米以内的近地卫星，测距精度为1~2米，是我国第一个完整的并投入使用的卫星激光测距系统。

1976年
- 3月8日吉林地区发生陨石雨，分布面积500平方千米。中国科学院组织紫金山天文台等进行现场考察和多学科的研究。1978年完成出版了《吉林陨石雨研究》的论文集。
- 4月中国科学院组织北京天文台、物理研究所和北京天文馆等单位赴新疆观测日环食。
- 4月~6月林家翘二次访华，在北京地区开办星系旋涡密度波理论讨论班，十多位中青年学者参加了该讨论班，从此开始了星系旋涡结构密度波理论在中国持续十年的发展。
- 11月~12月北京天文台王绶琯、黄磷等组成的中国科学院天文代表团访问美国，并参观考察了美国的21个天文研究机构。这次访问是"文化大革命"后第一个出访的学科代表团，揭开了中国天文学界与国际交流的帷幕。

- 国产 QT-6 电子计算机安装于紫金山天文台，1978 年投入使用。这是天文机构开始使用国产大型计算机。

1977 年
- 3 月 10 日紫金山天文台与北京天文台联合观测天王星环掩星成功，使得中国成为世界上首次观测天王星环掩星几个国家之一。
- 我国建立了以"1968 年平北极为原点的地极坐标系统"，简称 JYD 系统。4 月在北京召开了"极坐标原点（JYD）"的鉴定会，国家测绘部门正式接受使用。
- 8 月天体物理学术会议在安徽黄山召开，有 37 个单位的 120 多名代表参加了会议，这是我国天体物理研究者的一次盛会，会上提交论文 96 篇，会后出版了《黄山天体物理学术会议论文集》。
- 9 月云南天文台主办的《云南天文台台刊》创刊。创刊初期为内部刊物，不定期出版，后改为半年刊。
- 9 月中国科学院在北京召开全国自然科学学科规划会议，北京天文台、紫金山天文台、南京大学天文系等国内天文机构派人参加了 1978~1985 年的天文学发展规划。
- 9 月 15 日著名天体物理学家黄授书在北京去世。
- 10 月以第 15 届国际天文学联合会主席、美国基特峰国家天文台台长 L. Goldberg 为首，由 V. M. Blanco, E. M. Burbidge, L. Goldberg, D. S. Heeschen, G. Herbig, A. Sandage, M. Schwarzschild, N. Sivin, H. J. Smith, C. H. Townes 10 位著名天文学家组成的美国天文考察组访问中国。美国天文考察组与中国天文学家进行了多学科的学术交流，这件事和 1976 年 11 月~12 月中国科学院天文代表团访问美国，开启了中国天文学与国际交流的新时期。
- 10 月英国格林尼治天文台台长 F. G. Smith 和英国皇家学会会员 C. G. Wynne 访问中国。
- 爱尔兰华裔天文学家江涛开始独立将中国的天文期刊《天文学报》（后来加入了《天体物理学报》（1981 年创刊）、《空间科学学报》（1981 年创刊））中的部分论文翻译成英文，以刊名 *Chinese Astronomy and Astrophysics*（*CAA*）由 Elsevier 出版向全世界发行。此后长期担任 *CAA* 和 *ChJAA* 的编辑，致力于将中国天文学成果介绍给西方同行。

- 紫金山天文台和北京天文馆合编的《天文普及年历》正式出版。
- 中国科学院高能物理所宇宙线研究室成立了高能天体物理组。

1978年
- 全国天文机构开始招收"文化大革命"后的第一批本科生和研究生。
- 北京师范大学天文系聘请刘辽指导新招收的三名研究生从事广义相对论、宇宙学和黑洞研究，开创了北师大天文系广义相对论研究和促成了该专业硕士点的设立。
- 4月25日国务院、中央军委批准卫星动力测地任务，由紫金山天文台和总参测绘所为主，有中国科学院、国防军委、总参测绘所、国家测绘总局所属的14个卫星观测台站参加，在紫金山天文台制定的《卫星动力测地方案》基础上，从1980年6月至1982年6月完成实测工作后，到1984年底完成了处理归算工作。
- 8月29日到9月12日中国天文学会学术年会及第三届会员代表大会在上海举行，来自全国各地的会员代表、相关单位的代表和特邀代表202人，列席代表30多人。这是中国天文学会十多年中断后的首次活动。
- 9月中国科学技术大学天体物理研究室成立，北京天文台台长王绶琯任研究室主任。1983年天体物理研究室更名为天体物理中心。
- "中国天文学史整理研究小组"完成了《中国天文学史》的编写和出版工作。
- 《中国大百科全书·天文卷》编辑委员会成立，张钰哲任主任，戴文赛、李珩、程茂兰、王绶琯任副主任，编委会由万籁、王绶琯、方励之、叶叔华、冯克嘉、曲钦岳、李珩、苏定强、邹仪新、易照华、陈彪、陈遵妫、张钰哲、席泽宗、龚树模、程茂兰、戴文赛共17人组成。
- 11月20日~12月6日引力理论及相对论天体物理讨论会在广州召开，周培源主持会议。
- 中国天文学会正式设立普及委员会，总部设在北京天文馆。
- 从该年起国家开始公费选派学校师资去欧美发达国家进修，天文专业涉及的教师人数占总人数的15%。这次派遣对天文教育水平的提高意义重大，影响深远。出国进修的教师不仅在短期内进入了国际天文研究的前沿，而且建立了广泛的国际联系，开辟了获取信息的渠道。
- 南京天文仪器厂研制成三架太阳色球光球双筒望远镜，分别安装到云南天文台、乌鲁木齐天文站和北京天文台沙河站。
- 12月31日著名天文学家程茂兰逝世。

1979年
- 《佘山观象台天文年刊》复刊并改名为《中国科学院上海天文台台刊》，叶叔华任主编。1980年出版第1期。
- 2月21日~3月3日国家科学技术委员会在北京召开天文学科组扩大会议，参会的有全国各大天文机构的60多个成员。
- 4月30日著名天文学家戴文赛在南京逝世。
- 8月以张钰哲为团长，赵先孜、洪斯溢、叶叔华、易照华、朱进宁等组成的中国天文代表团前往加拿大蒙特利尔参加第18届国际天文学联合会有关学术会议，并进行关于恢复中国天文学会会籍问题的谈判。
- 9月到10月赵先孜率领中国科学院天文代表团访问日本。
- 10月广东省天文学会成立。

1980年
- 2月16日中国科学院组织云南日全食观测，分别在云南瑞丽、潞西、昆明设立观测站，太阳、日地、电离层等专业人员参加观测，研究成果《云南日全食观测集》于同年出版。
- 3月~4月南京大学天文系和紫金山天文台联合在南京举办高能天体物理研究班。
- 4月13日中国天文学会高能天体物理、空间天文和卫星动力学及应用三个专业委员会正式成立。
- 7月~9月上海、北京、紫金山、陕西等天文台和武汉测地所参加国际天文学联合会与国际大地测量和地球物理协会联合举办的国际地球自转联测的短期联测。
- 10月陕西天文台台部机关办事机构、视频基准、各研究室和工厂迁往临潼新建成的台址，光电中星仪和光电等高仪等天文仪器也一并迁入。
- 《中国大百科全书·天文卷》出版，是中国大百科全书出的第一本。
- 陈彪、方励之、曲钦岳、王绶琯、叶叔华当选中国科学院学部委员（院士）。

1981年
- 1月由北京天文学会和北京天文台合办的《天体物理学报》季刊创刊，首任主编王绶琯，副主编林元章、吴鑫基。
- 从7月1日起陕西天文台的BPM短波授时台正式承担发播我国短波授时号任务，上海天文台停止BPV时号发播。
- 11月国家教委批准在南京大学天文系设置天体物理和天体测量与天体力学2个博士点和2个硕士点。
- 紫金山天文台研制成3毫米波段太阳射电望远镜，这是国内第一架短毫米波射电望远镜，可用于大气吸收、高云吸收等研究，对于毫米波射电天文、遥感遥测和国防上都有意义。
- 5月13.7米口径毫米波射电望远镜由南京天文仪器厂、紫金山天文台和美国太空电子系统公司合作研制成功。南京天文仪器厂、紫金山天文台与美国太空电子系统公司签订为期20年的合作与制造ESSCO射电天线系统的合同。
- 7月~8月"1.2米红外望远镜及其测光系统"被列入中国科学院院重点计划，望远镜本体由南京天文仪器厂建造，计算机控制、数据采集和红外测光系统由北京天文台研制。
- 1981~1983年云南天文台叶彬浔和紫金山天文台王传晋去美国，在美国基特峰国家天文台的帮助下研制成功我国第一套CCD系统，安装在云南天文台的1米望远镜上。
- 12月20日~26日中国科学院在南京召开毫米波射电天文观测定址会议，选定青海省德令哈东35千米处为具有发展远景的毫米波和亚毫米波观测的站址。

1982年
- 3月15日~18日中国天文学会成立60周年暨第四届代表大会在陕西临潼陕西天文台举行，5月编印《中国天文学在前进——中国天文学会成立六十周年纪念文集》(1922~1982)。
- 3月在北京师范大学天文系何香涛的指导下，日本冈村定矩利用冈山天文台的1.88米望远镜发现了室女座星系团区的类星体Q1216+158，后来被命名为中国-日本类星体。
- 6月南京大学塔式太阳望远镜建成并通过国家鉴定，它是我国建成的第一座太阳塔。
- 上海天文台利用15厘米口径红外望远镜于1982年和1983年两次成功地对太阳进行了球载观测，这是我国首次成功的球载红外天文观测。
- 8月17日~26日以王绶琯为团长的中国天文学会代表团参加在希腊举行的第18届国际天文学联合会大会，会上正式宣布恢复中国天文学会在国际天文学联合会上的合法席位。
- 北京古观象台被国务院列为全国重点文物保护单位，1983年4月1日北京古观象台修复，重新对公众开放。
- 12月13日~17日中国科学院数理学部组织院士及科学家65人对紫金山天文台进行学术评议。学部认为紫金山天文台是我国历史比较悠久的天文台，为我国各天文台站的建设，为天文界干部的培养、科研工作的发展都做出了显著的贡献。
- 以上海天文台为首，紫台、北台、陕台、云台、武昌站共同合作的"我国世界时系统的建立和发展成就"获国家自然科学奖二等奖。

1983年
- 6月由上海天文台主办的《天文学进展》创刊，首任主编为叶叔华。
- 6月16日中国科学院组团赴巴布亚新几内亚进行日全食观测，此次观测有13人参加，有天文光学、地磁和电离层等观测项目。为此还专门研制了一架日食光谱仪。
- 6月27日中国天文学会天文学名词审定委员会在南京成立，张钰哲任主任。1985年全国自然科学名词审定委员会成立后，天文学名词工作正式纳入国家名词审定体系。
- 9月至1984年12月由上海台、紫台、陕台、云台、武昌站参加的，中国有13架经典时纬仪、2架多普勒接收机和1架人卫激光测距仪参加了国际地球自转联测（MERIT），通过这次大规模的国际合作，中国天文地球动力学研究走上世界舞台，进入了新的发展阶段。
- 11月21日~25日昆明国际太阳物理学术讨论会在云南天文台举行。这次会议是继中国科学技术协会于1982年恢复在国际科学联合会中的地位后中国第一次召开的大型国际会议，来自13个国家的92位天文学家出席了本次会议。
- 12月密云232兆赫综合孔径射电望远镜系统联调成功，绘制了第一张仙后座A二维天图。1984年通过中国科学院鉴定，确认达到国际同类设备的先进水平。
- 徐光启逝世350周年学术讨论会在上海召开。

1984年
- 南京天文仪器厂与北京天文台联合研制的太阳磁场望远镜安装在北京天文台怀柔观测站。这是世界上最先提出并研制成功的用太阳的光球和色球两条谱线进行双层次太阳磁场和速度场视频测量的观测仪器，总体性能处于国际领先地位。
- 9月1日~7日紫金山天文台举行建台50周年纪念活动，全国科协主席周培源、中国科学院副院长周光召，学部委员王绶琯、叶叔华等以及各个天文台站的负责人共计92位嘉宾，中国天文学会3个专业会议的代表131参加了台庆活动。
- 中国科学院高能物理研究、大气物理研究所、空间科学和应用研究中心、上海天文台和广州电子研究所等5个主要的应用单位组成工程总体组，建成了万立方米级高空科学气球系统，能设计、制造和发放8万立方米之下的零压式自然形气球。建成了静态发放设备、地面站和遥测遥控系统。同时，装备了气球回收系统并形成了一套回收的方法，使中国高空气球初步达到了应用阶段。

- 北京师范大学天文系何香涛改进了发现类星体的无缝光谱法，剑桥大学天文研究所设计了一台自动程序搜索机（APM），按照何香涛的工作，将其程序化。从此，寻找类星体的工作效率有了极大的提高。后来，美国的SDSS工作也是基于剑桥的程序。
- 曲钦岳被任命为南京大学校长（1984~1997）。在任职期间，他特别重视科学研究，南京大学连续7年SCI论文数量在大陆高校中名列第一，连续8年论文引用数在大陆高校中名列第一。

1985年
- 南京天文仪器厂和北京天文台合作研制的1.26米红外望远镜在兴隆站安装成功。它是我国自行设计制作的、周期短、造价低、结构轻和采用部分新技术的望远镜。该望远镜运行后，投入了一列红外源的观测和国际合作，成为我国红外天文学的开端。此项目1991年获国家科技进步奖二等奖。
- 南京天文仪器厂和云南天文台合作研制成两架太阳精细结构望远镜，其中李奥双折射滤光器半宽0.24埃，一架安装于云南天文台，另一架安装于紫金山天文台赣榆站。1992年获国家科技进步奖二等奖。
- 10月7日中国科学院天文委员会成立。它是中国科学院领导下的统筹全院天文事业发展的咨询和协调机构，王绶琯任首届主任委员，苏洪钧为副主任委员。
- 中国空间和应用中心、上海天文台和紫金山天文台与日本宇宙科学研究所签订了为期3年的中日合作越洋气球飞行协议。3年共发放9个气球，7个到达中国成功回收。
- 1985~1986年哈雷彗星回归，中国组织了全国天文机构和天文爱好者团体参加了国际哈雷彗星联测（ZHW）。
- 国产大型天象仪、太阳塔建成并投入工作、氢原子钟的研制与进展、万立方米级高空科学气球系统、密云米波综合孔径射电望远镜获国家科技进步奖二等奖。

1986年
- 1月~3月北京天文台派人首次赴南极进行天文考察，取得了极地太阳分光辐射曲线 135 组以及极地地面太阳总辐射等资料。
- 3 月我国第三代人造卫星激光测距仪投入运转，卫星距地面高 8000 多千米，测距误差仅 5 厘米，这表明我国的人造卫星激光测距技术达到了国际先进水平。
- 5 月 26 日~30 日国际天文学联合会学术讨论会专题讨论会（Symposium 125）在南京举行，主题是"中子星的起源和演化"，60 名中国代表和 40 名外国代表出席了会议。
- 6 月陕西天文台长波授时台通过鉴定，各项技术指标达到了总体方案设计要求，它的建成把我国的授时精度从毫秒级提高到了微秒级，使我国在原子时系统方面进入了世界先进行列。1987 年长波授时台由试播转为每天定时发播，正式开始我国的长波授时服务。
- 7 月 26 日著名天文学家张钰哲在南京逝世。
- 8 月 25 日~30 日国际天文学联合会学术讨论会（Symposium 124）在北京举行，主题是"观测宇宙学"，来自于 21 个国家的 200 学者参加了该次会议，中国学者占总数的 1/3。
- 13.7 米毫米波望远镜安装于青海德令哈。该望远镜的成功研制和运转为中国天文学家从事当今天体物理学十分活跃的前沿分子天文学研究提供了有力的实测手段，为中国天文学填补了一个至关重要的空白，实现了中国天文学发展战略的阶段性目标。
- 戴文赛等著《太阳系演化学》出版。此书系统地整理了戴文赛关于太阳系天体起源的学说，是学术水平较高的重要的天体物理著作。

1987 年
- 由中国科学院文献情报中心、中国科学院天文学文献情报网、中国科学院北京天文台主办的《中国天文学文摘》季刊创刊，收集中国出版的天文文献目录，首任主编李启斌。
- 上海天文台佘山观测站 1.56 米天体测量望远镜安装调试成功。它是中国自行设计、采用国产材料研制成的一架大型天体测量光学设备，也是目前国际上口径最大的天体测量望远镜，用于精确测定恒星的三角视差，也可开展天体物理观测研究工作。
- 3 月 20 日"中国科学院黄授书天体物理学研究基金"成立，资助中国科学院的天文学家赴国外利用先进设备进行天体物理学研究。1990 年正式启动。
- 5 月 2 日中国科学院北京天文台在中关村挂牌，至此天文台的研究人员和行政人员有了一个固定的办公和交流的场所。
- "郭守敬天体物理暑期讲习班"开办，每年一期。
- 8月12日国务院签发"国务院关于公布天文学名词问题的批复"，天文学名词成为全国自然科学名词审定委员会的第一项成果。同年科学出版社出版《天文学名词》和《天文学名词》（海外版），收录1956条基本名词。
- 10月4日~9日国际天文学联合会第四次亚洲-太平洋地区天文会议在北京举行，来自16个亚太地区的182位天文学家参加了这次会议。这次会议充分展示了中国天文学所取得的成就，加强了中国和亚太其他国家之间的交流与合作，提高了中国天文界的国际学术地位。
- 10月26日中国科学院正式批准"中国科学院乌鲁木齐人造卫星观测站"改名为"中国科学院乌鲁木齐天文站"。
- 11月上海天文台VLBI系统建成并投入使用，装备有25米口径的射电望远镜和MKⅢ处理器。自1988年以来，上海天文台VLBI系统共进行了100多次VLBI国际联合观测，在天体物理和天文地球动力学研究方面获得了一批研究成果。
- 1.56米天体测量望远镜与VLBI系统同时开幕，它是中国自行设计、采用国产材料研制成的一架大型天体测量光学设备，也是目前国际上口径最大的天体测量望远镜，用于精确测定恒星的三角视察，也可开展天体物理观测研究工作。
- γ暴是来自宇宙遥远星系的一种短时标爆发现象。南京大学汪珍如指出：γ暴与年轻的致密源有关，研究结果发表在美国 Science 杂志上。
- 张钰哲等"小行星、彗星探索发现与研究"获国家自然科学奖二等奖。
- "卫星动力测地"获国家科技进步奖一等奖。参加本项研究的主要单位有中国科学院紫金山天文台、总参测绘研究所、全国十四个人造卫星观测站等，主要技术人员有黄坤仪、吴连大、鲁福等。

1988年
- 7月庄威凤、王立兴主编的《中国古代天象记录总集》出版。这部著作是80年代完成的最重要的天文史工作之一，为研究中国古代天文科技提供了广泛的科学素材。
- 8月2日~13日中国天文学会派代表团出席美国巴尔的摩举行的第20届IAU大会，会上叶叔华当选为IAU副主席（1988~1991）。在第21届IAU大会叶叔华连任该职位（1991~1994）。

- 10月上海天文台研制的工程型氢原子钟通过了中国科学院主持的院级鉴定，逐步形成一种实用、工程型、可搬运的高精度新型氢原子钟，稳定度达到10^{-15}量级。
- 11月19日由中国天文学会主办的"纪念苏颂首创水运仪象台900周年大会"在福建同安举行。
- "长波授时系统的建立"获国家科技进步奖一等奖。
- "太阳磁场望远镜"获国家科技进步奖一等奖。

1989年
- 3月中国科学院人造卫星系统应用研究中心成立，陆本魁任中心主任。
- 4月世界数据中心中国中心天文学科中心在北京天文台成立，李启斌任中心主任。该中心以中国天文学界为依托，主要为中国天文学界和有关学科领域服务，以促进国内外数据交换，达到资源共享，充分发挥天文数据的作用。
- 陈遵妫《中国天文学史》（1980~1989）由上海人民出版社出版。把中国古代、近代、现代的丰富史料做了系统而全面汇集整理，阐述了中国天文学的发展历程和所取得的成就。
- 7月国家专业实验室"天文资料分析与计算物理实验室"在南京大学天文系成立。
- 8月19日著名天文学家李珩逝世。
- 11月13日我国自行研制的2.16米望远镜落成典礼在北京天文台兴隆观测站隆重举行，直到2008年它一直是我国最大的光学望远镜，也是取得天文成果最多的望远镜。
- 11月北京天文台现代化建设31周年庆祝大会在北京举行。
- 由上海站、长春站、武汉站、昆明站和北京站5个固定站点和2个流动站点的第三代人造激光测距系统组成了中国SLR网，负责单位是上海天文台，开始了联合观测及合作的技术服务。

1990年
- 太阳多通道望远镜安装于怀柔观测站。它可同时提供9个波段上的太阳单色像，以用于太阳磁场、速度场和亮度场的同时观测。
- 北京师范大学天文系设立天体物理博士点，从此北师大天文系成为多层次培养天文人才的摇篮之一。
- 10月16日中国科学院射电天文联合开放研究实验室成立。该实验室由紫金山天文台的毫米波分部、上海天文台和乌鲁木齐的VLBI分部、北京天文台的米波分部组成，总部设在紫金山天文台。

- 6月紫金山天文台与南京天文仪器厂等单位合作研制成我国首次涉足空间的天文仪器30厘米球载红外望远镜，并在香河搭载一个5万立方米氢气球飞到32千米的高空进行了首次观测，取得了红外波段的观测资料。
- 我国发行一套科学家邮票（4枚）和科技成果邮票（4枚），天文学家张钰哲和2.16米天文望远镜分别入选。
- 上海天文台郑大伟研究团队，从杂然无章的地球自转变化信息中成功提取了与厄尔尼诺有关的日长变化，准确预报了此后十年发生的厄尔尼诺，1990年的 Nature 杂志发表了这项成果，成为中国天文学家在这本权威杂志上发表的第一篇文章。
- 徐遐生当选第18届台湾"中央研究院"院士。

1991年
- 2月2日著名天文学家陈遵妫逝世。
- 3月中国科学院光学天文联合开放研究实验室组建。该实验室拥有位于北京天文台兴隆观测站的2.16米光学望远镜、1.26米红外望远镜，上海天文台佘山观测基地的1.56米光学望远镜，云南天文台1米光学望远镜。实验室的主要任务是为中国天文学家从事可见波段和红外波段各类天体物理观测研究提供良好的观测设备保证，并根据天文学科得主要研究方向从观测上对课题予以引导。
- 5月中国天文学会天文学名词审定委员会审定的《汉英天文学词汇》由上海科技教育出版社出版，收录13400词条。
- 《中国大地测量星表》出版。这一星表由于星数多，精度高，全天分布均匀，可满足我国任意地方的大地天文作业需要，同时还为精化恒星基本参考系，进一步研究参考坐标系提供了宝贵的资料。
- 6月以苏定强为首的课题组启动主动光学的研究，目标是为建造新一代大型望远镜做准备，1993年和1998年先后建成薄镜面和拼接镜面两个主动光学实验系统。
- 国家科委和中国科学院批准成立世界警报中心北京日地物理预报中心，下设四个分中心：地球物理预报中心、空间环境预报中心、电离层预报中心和太阳活动预报中心，总部设在北京天文台。
- 10月中国科学院南京天文仪器厂更名为中国科学院南京天文仪器研制中心，主要研制各类天文观测设备与仪器以及其他光、电、机、计算机技术一体化仪器。

- 叶叔华当选中国科协副主席（1991~2001）。
- 熊大闰关于恒星非局部对流理论获国家自然科学奖二等奖。
- 11月陈建生、苗永瑞、苏定强、席泽宗、熊大闰当选中国科学院学部委员（院士）。

1992年
- 北京天文台开始实施BATC（大视场CCD多色测光）巡天计划。BATC巡天是将北京天文台原有的60/90厘米施密特望远镜经过更新改造，配以先进的大面积CCD系统一套15色，跨300~1000纳米光谱范围的中等带宽滤光片，而组成的一个在国际上有特色、有影响的巡天计划。以北京天文台为主，参加单位有美国的亚里桑那大学、康涅狄格大学、中国台湾地区的"中央大学"天文研究所。BATC就是这4个单位的首字母连接而成。
- 我国建成两组球载X射线望远镜HAPI-4和STAR-2，标志着我国拥有了较大型的、高水平的空间高能天文望远镜。
- 台湾"中央大学"天文研究所建立，阙志鸿担任首任所长。它是台湾第一个与天文、太空教学和研究相关的高等教育学府。
- 1.56米天体测量望远镜获国家科技进步奖一等奖。

1993年
- 9月我国与俄罗斯、德国合作用HAPI-4望远镜对天鹅座天区进行了扫描观测，首次实现了准直调制探测器的高精度成像。
- 从1993年到1994年，中国天文界进行大规模科学工程项目的论证工作，这是我国天文学界的一件大事，涉及未来大望远镜的建设和今后中国天文学若干年的发展。
- 王力帆和胡景耀对超新星SN1993J进行光谱观测，发现其中氧的紫线有较大的蓝移，不能用以往的尘埃论来解释，他们提出这是由爆发时的"块状"结构造成的，或通俗地称为手指模型来解释，发表在Nature上。同时应当指出，这项研究是用中国自己研制的2.16米望远镜的观测资料进行的。
- 台湾"中央研究院"天文及天文物理研究所筹备处正式成立，徐遐生任咨设所询委员会主任委员，李太枫担任首任筹备处主任。2010年6月1日正式成为研究所。
- 上海天文台VLBI系统获国家科技进步奖二等奖。
- 苏定强、王亚男等"天文望远镜光学的研究"获国家自然科学奖二等奖。

- 10月北京天文台艾国祥当选中国科学院院士。

1994年
- 紫金山天文台成功预测了苏梅克—列维9号彗星与木星相撞的重大天象。4月"全国苏梅克—列维9号彗星撞击木星监测计划协调组"成立，组织和协调各单位的观测研究工作。7月16日苏梅克—列维9号彗星的21颗碎片相继撞向了木星。这次罕见的天文事件为研究彗星、木星及灾难性碰撞过程提供了良好的机遇。
- 8月中国天文学会组团参加第22届国际天文学联合会大会，艾国祥当选第10专业委员会副主席。
- 10月中国第二个VLBI站乌鲁木齐南山站建成并投入正式观测，并成为欧洲VLBI测量网的正式成员。
- 10月10日中国天文学会设立"张钰哲奖"，以表彰在天文学研究领域中取得优异成绩的研究者。
- 《密云米波射电源表》完成。这个射电源表覆盖了赤纬30度以北的全部天区，共记录了33348个射电源，其中包括大量的河外星系、类星体等河外射电源，及1000个首次记录到的射电源。
- 王绶琯当选为中国科学院数学物理学部主任（1994~1996）。

1995年
- 1月中国成功观测到彗木相撞系列天文现象和中国研制成世界首架多通道望远镜入选1994年中国十大科技新闻。"太阳多通道望远镜"获1996年度国家科技进步奖二等奖。
- 5月，北京天文馆对陈列于古观象台上的八架清代天文仪器进行维修。此次维修历时7个月，先后重点修复了天体仪、玑衡抚辰仪和纪限仪。
- 10月中国天文学会首次访问台湾，对我国台湾地区的天文研究机构和科普机构有了全面的了解。
- 11月中国天文学会第八次（累计第十五届）全国会员代表大会在南京举行。会议代表137人，选举产生了第八届理事会。李启斌任理事长。
- 大射电望远镜中国推进委员会成立，提出了利用贵州喀斯特洼地建造球反射面即Arecibo型天线阵的KARST工程概念。为推进KARST工程概念，预先建造一台500米口径球面望远镜的FAST工程成为其先导。
- 陕西天文台的Ⅰ型光电等高仪搬到俄罗斯伊尔库茨克。此前的1991年12月北京天文台的一架Ⅱ型光电等高仪搬到阿根廷圣胡安。这些仪器的观测用于FK5系统的改进和编制9.5~13等中间暗星星表，同时也开展了推算星表系统差方法的研究、星表系统差对地球自转参数测定的影响、由恒星自行决定岁差常数和银河系自转的奥尔特常数等工作。
- 10月南京大学方成当选中国科学院院士。
- 12月上海天文台朱能鸿当选中国工程院院士。

1996年
- 1月由北京大学、北京天文台和乌鲁木齐天文站组成的"脉冲星观测研究"课题组用南山站的25米射电望远镜在中国首次成功地对脉冲星进行了观测。
- 2月11日中国天文学会接纳中国科学院自然科学史研究所为团体会员。
- 5月13日~17日亚太地区空间地球动力学研究计划（APSG）首届国际会议在上海召开，来自10个国家和地区的代表参加了该次会议，选举叶叔华任主席，成立APSG中央局秘书部，总部设在上海天文台。
- 6月3日~7日中国科学院第八次院士大会、工程院第三次院士大会在北京举行，会上选举产生了第二批10名外籍院士，澳大利亚著名射电天文学家W. N. 克里斯琴森当选。
- 我国第一个恒星光干涉实验系统建成，在南京天文仪器研制中心调试有了一个初步结果。
- 武向平和毛淑德发表 The cosmological constant and statistical lensing of giant arcs，提出利用强引力透镜统计检验宇宙学常数的思想，发现 $\Omega\lambda = 0.7$ 的平坦宇宙可以缓解引力透镜理论预测和观测到的光弧数目的差异。这是第一篇在引力透镜中研究宇宙学常数的文章。得到的结果支持暗能量 $\Omega\lambda = 0.7$ 的存在和宇宙膨胀是加速的。
- 10月北京天文台兴隆观测站基于60厘米望远镜完成的超新星巡天系统通过验收。超新星巡天系统包括了望远镜的计算机控制、圆顶控制（自动跟踪）、观测对象的自动安排、主焦改正镜系统、CCD相机（T1215，1024×1024像元）、数据采集系统、超新星自动检出软件等。利用这一系统每晚可观测约250个星系，使得超新星发现率达到国际先进水平。现已发现SNl996w、1996bo和1996bU三个超新星，而且它们均在极大前或附近发现的，对于研究超新星的爆发机制、确定 H_0 等有重大意义。
- 12月16日由南京天文仪器研制中心、北京天文台、自动化所共同研制的2.16米光学天文望远镜经过七年的运行，在北京天文台兴隆观测站通过了鉴定。

1997年
- 3月7日~8日"太阳和人类环境"国际研讨会在漠河召开。同时，陕西天文台的刘次沅等在新疆塔城组织实施验证日出前后日食造成的天光变化，证实了《汲冢竹书纪年》之"天再旦"是日食现象。
- 3月9日黑龙江漠河发生日全食。为观测此次日全食，中国科学院于1996年成立了以叶叔华为首的日全食观测领导小组。中国天文学会组织了规模最大的日全食—彗星观测团。中央电视台对此次日全食进行了全程直播。
- 4月大天区面积多目标光纤光谱望远镜（缩写LAMOST）经国家计委批准立项，这是天文方面的第一个国家大科学工程。王绶琯提出了它的科学目标和卧式中星仪式布局，苏定强提出采用形状变化的改正镜，LAMOST在观测的每一个瞬间都是一架反射施密特望远镜，但在不同的瞬间是不同（改正镜面形不同）的反射施密特望远镜，传统上这样的光学系统是没有的。稍后，王绶琯提出在焦面上放置4000根光纤。邢晓正提出了分小区的光纤定位思想。王绶琯、苏定强、崔向群、褚耀泉、王亚男提出了研制LAMOST的建议。崔向群负责了LAMOST的研制，她创造性地发展并实现了新的薄镜面和拼接镜面相结合的主动光学，使我国的主动光学技术走到了国际前沿。LAMOST是我国创新的望远镜，已于2008年10月落成，平均通光口径4.3米，视场5度，是世界上口径最大的大视场望远镜。当前世界上其他几个项目也正在计划沿着王绶琯提出的4000根光纤的方向去做。赵永恒负责了LAMOST的试观测，已发布48万条天体的光谱，更多、质量更好的光谱将在下一步得到。
- 7月22日国家领导人江泽民视察兴隆站并题词"探索宇宙奥秘，造福人类社会"。
- 8月17日~31日中国天文学会组团参加了在日本京都举行的第二届国际天文学联合会大会。会上艾国祥当选为第10专业委员会主席（1997~2000），金文敬当选为第8和第24专业委员会副主席（1997~2000），苏定强当选第9专业委员会的副主席（1997~2000）。
- 10月南京大学孙义燧、高能物理所李惕培当选为中国科学院院士。
- 汪珍如、曲钦岳"恒星大气物理"获国家优秀教学成果奖二等奖。

1998年
- 1月18日北京天文台本部（今国家天文台本部）落成。
- 4月南方天体物理实测基地天文选址工作按照计划完成并通过了验收，确定丽江高美古是我国南方的优良台址，特别是视宁度达到了世界优良台址的水平。
- 6月11日中国科学院和北京大学联合创建的天文学前沿领域与人才培养

基地北京天体物理中心正式成立。中心设在北京大学，陈建生任主任。

· 9月中国科学技术大学在天体物理中心和基础物理中心的基础上成立天文与应用物理系，1999招收第一届天文专业本科生。

· "2.16米光学天文望远镜"获国家科技进步奖一等奖，获奖单位：南京天文仪器研制中心、北京天文台、自动化研究所，前5名获奖人：苏定强、包可人、潘君骅、黄磷、黄玉棠。在2.16米望远镜中首创卡塞格林和折轴两个系统共用同一个副镜的思想和加一块中继镜的折轴系统，这样的折轴系统并能同时消去球差和彗差。后来，欧洲南方天文台VLT中的4架8米望远镜也采用了与此类似的折轴系统。机械结构精心设计和加工，采用了油垫、齿轮传动等先进技术。在国内率先研制成计算机控制系统。2.16米望远镜使我国天文学的研究由测光进到了光谱，由河内进到了河外。从1989年到2008年它一直是国内最大的光学望远镜，通过它取得了大量的天文成果。

· 11月22日李珩先生百年诞辰纪念会和铜像典礼在上海天文台举行。

1999年

· 4月16日中国科学院决定在院属五台三站一中心的基础上，批准组建"国家天文观测中心"。其中的"五台"分别是：北京天文台、上海天文台、紫金山天文台、云南天文台和陕西天文台；"三站"分别是：乌鲁木齐站、长春人卫站和广州人卫站；"一中心"是南京天文仪器中心。4月23日国家天文观测中心（北京天文台作为其总部所在地）举行成立大会和挂牌仪式。艾国祥被任命为国家天文观测中心主任。

· 5月22日张钰哲先生铜像揭幕仪式在紫金山天文台举行。

· 6月8日由紫金山天文台、南京大学、上海天文台和中国科学技术大学联合建立的华东天文与天体物理中心成立。

· 7月12日由上海天文台、武汉测量与地球物理研究所、同济大学联合建立的"天文地球动力学联合研究中心"成立。

· "13.7米毫米波望远镜"获国家科技进步奖二等奖。

· 10月云南天文台黄润乾当选为中国科学院院士。

· 12月南京天文仪器研制中心潘君骅当选为中国工程院院士。

· 台湾"中央大学"天文研究所建立鹿林山天文台。

参考文献

中国天文学会.1982.中国天文学在前进（1922~1982）.中国天文学会编印.

中国天文学会.1984.现代中国天文学大事记.中国科技史杂志, 3.

中国科学院紫金山天文台编. 1985. 紫金山天文台五十年（1934～1984）. 南京：南京大学出版社.

中国科学院北京天文台. 1990. 台庆资料汇编. 北京：北京天文台办公室编印.

中国天文学会. 1992. 中国天文学在前进（1922～1992）. 合肥：中国科学技术大学出版社.

漆贯荣. 2001. 中国科学院陕西天文台（1966～2000）. 西安：陕西天文台印刷厂.

江苏省地方志编纂委员. 2002. 江苏省志·天文事业志. 南京市：江苏古籍出版社.

中国天文学会. 2002. 中国天文学在前进（1922～2002）. 中国天文学会编印.

王绶琯. 2003. 20世纪中国学术大典·天文卷. 福州：福建教育出版社.

中国科学院国家天文台主编. 2010. 中国科学院北京天文台台史（1958～2001）. 北京：中国科学技术出版社.

撰写者

宁晓玉，中国科学院国家授时中心博士研究生，中国科学院自然科学史所副研究员，长期从事天文学史研究。曾经参与国家社会科学基金资助的重大课题"中国古代传统文化中的科学思想、方法和价值取向研究"的课题，承担"中国古代传统天文学中的科学思想、方法和价值取向研究"的子课题；承担了"夏商周断代工程"中"天文计算中心后继工作"的课题，其他从事的课题还有"清初历算家王锡阐的综合性研究"，"《西洋新法历书》的历法研究"和"《历象考成》历法研究"等。在国内期刊发表论文20多篇。

孙小淳，江苏溧阳人，中国科学院自然科学史研究所研究员，主要从事天文学史研究。

(P-2489.01)

ISBN 978-7-03-039580-1